CONTEMPORÁNEOS

ABC

SERRANO, 61

HISTORIA ÍNTIMA DEL DIARIO

CIEN AÑOS DE "UN VICIO NACIONAL"

ABC
SERRANO, 61

HISTORIA ÍNTIMA DEL DIARIO

CIEN AÑOS DE "UN VICIO NACIONAL"

Juan Antonio PÉREZ MATEOS

NEWS
L H
C
LIBRO-HOBBY

Primera edición: Noviembre 2002
Segunda edición: Diciembre 2002

Fotografías: Cortesía de Prensa Española y archivo del autor

C/ Virgen de África, 6 - Bajo
Tel.: +34 - 91 405 71 86
Fax: +34 - 91 405 71 87

e-mail: lhc@librohobbyclub.com
www.librohobbyclub.com

Printed in Spain – Impreso en España

ISBN: 84-9736-246-2
Depósito legal: M-46735-2002

Fotocomposición: IRC, S. L.
C/ Cantueso, 103 - 28029 Madrid
Tel.: 91 314 80 07

Impreso por GRÁFICAS COFÁS, S.A.

*A la gente de **ABC**.*

*A Melecio Mateos, mi abuelo, que se ponía de mal humor cuando no le llegaba **ABC**. A José y Cele, mis padres. A Pantaleón Tejedor. A mi sobrino Jesús. In memoriam.*

A Estrella, Juan Antonio, Billy y Christian, en las páginas diarias del afecto.

"ABC existirá siempre. Es inmortal. Ha sobrevivido a la República, a la guerra civil, a Franco, y seguirá en pie con cualquier régimen o gobierno. Y aunque ya no es tanto 'un vicio nacional', como decía Marañón, a él acudirá siempre la gente para informarse y guiarse." Luis Calvo.

"O la República acaba con ABC o ABC acaba con la República." Manuel Azaña.

"Cuando España esté mal, ABC estará bien." Franco, susurrando en un Consejo de Ministros, ante la condena de una actitud del diario de Serrano.

"Estoy a camino entre ABC y Egin." Xabier Arzalluz.

"No es casual que los mejores diarios sean aquellos controlados por familias para quienes hacer periódicos es una tarea sagrada." Benjamín Bradlee, ex director del Washington Post.

Sumario

PARTE TERCERA
Paz en España y conflicto mundial. La larga Posguerra (1939-1952)

PARTE CUARTA
Larga y fructífera dirección de Luis Calvo (1952-1965)

PARTE QUINTA
Luces y sombras de la dirección de Torcuato Luca de Tena (1962-1975)

PARTE SEXTA
La transición de Cebrián Boné (1975-1977)

PARTE SÉPTIMA
El viejo león vuelve a rugir (1977-1996)

PARTE OCTAVA
Nueva singladura como Grupo Correo Prensa Española (2000)

Nota del autor

He aquí un libro acogido a la historia con un toque lírico y mucho de periodismo en la escritura. Lleva, además, algún que otro ingrediente de memorialismo, fruto de una estancia de muchos años y un trabajo apasionante. Del paso por Serrano 61, he heredado una memoria de otros tiempos, como quien escucha la caracola de viejas historias y vivencias del siglo pasado. Hace años, *ABC* era un periódico familiar y un tanto íntimo, la gente se conocía y se trataba. Por razones de trabajo, el trato se extendía más allá del ambiente de la Redacción, bien en talleres, bien en archivo, menos en rotativa y fotografía.

Aún percibía el aliento de una etapa dura como la posguerra y redactores que narraban hechos, acontecimientos, biografías. Todo esto lo he archivado en el baúl de la memoria y lo revelo en color sepia, si exceptúo los testimonios postreros, años recientes, varada la nave de *ABC* en la "galaxia Gutenberg".

Así pues, con mayor o menor fortuna, y de ello dará cuenta el lector, he querido plasmar —tarea ardua— la memoria centenaria de este acorazado periodístico, sus gozos y sus sombras, sus vicisitudes, testigo de un periodo romántico y trágico, como la playa de papel que recoge el mensaje de los siglos XIX y XIX. Además de los hechos clave, me ha interesado mucho el hombre y los hombres que hicieron *ABC* bajo la capitanía de don Torcuato.

Los hombres y su tiempo, la sociedad y el mundo político, el caudal humano que discurre sobre el lecho de papel. Apasionante tarea facilitada por los compañeros, pálpito de un tiempo ido y recuperado como un Proust sencillo. En la segunda navegación platoniana, la más serena y hermosa, lejos del mundanal ruido de rotativas y talleres, prisas y nervios, he recuperado vivencias de compañeros, cuando el tiempo es más sereno, lejos del ajetreo juvenil de una Redacción. Sería larga la lista de gratitudes y la acogida de compañeros, su propio descubrimiento por mi parte.

La obra ha sido escrita con amor, lejos de cualquier rencor, sin hurgar en la herida de las maldades humanas, sin narrar escaladas y faenas en el deseo humano por subir la cucaña. En la psicoterapia de la charla, algunos compañeros han abierto su corazón en sus relatos, algunos con el rostro oscuro de la condición humana.

Mi intención era haber aprovechado el río de la historia de *ABC* para contar, de manera sucinta, la vida de los periódicos coetáneos, casi todos, si no todos, embarrancados en el oleaje de la historia y así publicar este libro con motivo del centenario del periódico, es decir: en el 2005. Para *ABC* 1905 figura como la fecha de su nacimiento diario y el periódico se ha acogido siempre, en la publicación de números extraordinarios y otras efemérides, a ese año mítico.

El cambio de fecha, es decir 1903, como conmemoración del centenario, ha cambiado mis planes y acelerado, por tanto, la escritura, circunstancia siempre ingrata por los inconvenientes que, generalmente, crea la urgencia. No obstante, aquí está esta historia/reportaje de esta máxima *"oración laica de la mañana"*, como decía Hegel o *"un vicio nacional"*, en palabras del doctor Marañón, cuando se refería a *ABC*. *

* Quiero expresar mi gratitud al personal de la Hemeroteca Municipal de Madrid, en la figura de su director, Carlos Dorado, y de Cristina Antón, por las facilidades y atenciones que han tenido con el autor. No quiero olvidar a José Antonio Moraga, Gonzalo Pérez Vázquez (Barroso) y Luis Javier Pérez Velasco, quienes, ante alguna duda, me la aclararon con creces. En esta gratitud, la generosidad de Angelika y Juan Fernando Dorrego, la lectura del manuscrito, el ánimo al autor.

El día en que conozco *ABC*

Nunca olvidaré el día en que llego a *ABC*; es una tarde larga y oscura de invierno. Andrés Revesz acaba de pronunciar una conferencia en la Escuela de Periodismo de la Iglesia y, con su compañía, Eugenio Nasarre y yo subimos las escaleras de mármol del periódico, nos detenemos en el último descanso, frente a un gran espejo, seguimos las estancias alfombradas de la Casa y llegamos a la sala de visitas. Estoy viendo a Revesz como un doble del pianista Rubinstein, su pajarita, el pelo alborotado y blanco, rizado, y aquellas palabras suyas: *"Un espacio tan grande como este no lo tiene ni se concibe en el* New York Times. *Allí* —matiza— *no se desperdicia el espacio como se hace aquí."*

En la atmósfera invernal de esa tarde, con el sueño propio de la juventud, Nasarre y yo soñamos, por un momento, con la gloria literaria, ese trono coronado de laureles como poetas románticos y pequeños Zorrillas o Quintanas. Nuestros años son esas ensoñaciones y pobre de nosotros si renunciamos a ellas. Yo soy un chico de provincias, ni aun de provincias. Para ser riguroso, un muchacho de pueblo, el que, un día, llega a Serrano 61, sede social de Prensa Española, editora de *ABC* y *Blanco y Negro*. Como tantos otros españoles, crece, física y literariamente, con la lectura de *"un vicio nacional"*, como definía el doctor Marañón el diario *ABC*.

En el tedio abrumador del pueblo, el diario forma parte de nuestra existencia, es algo más de uno mismo, como un órgano, paisaje del mundo y de España en el lento camino de las horas, ábaco de la lectura en las noches apagadas e interminables de posguerra, a la tibia luz de una bombilla Osram 5 vatios, junto a la vieja radio Philips.

El *ABC*, así, precedido del artículo —que es una manera de decirlo muy provinciana— lo hace más solemne, más mítico, también más familiar, más rotundo. *ABC* nos llega como un mensaje lejano e incomprensible desde la capitalidad hasta lo rural como una luz en la noche oscura del alma, hojas volanderas juguetes del viento, como un poema becqueriano, el abecedario del mundo, la guía que nos enseña el misterio redondo del universo, nos orienta, de alguna manera, entre las avenidas inmensas de los meridianos y los paralelos del día a pasearlas y tenerlas en nuestras manos, a llevar el mundo bajo el brazo, a iniciar el día con la *"oración laica de la mañana"*, que diría Hegel.

En tan lejana época, la llegada de *ABC* al pueblo es algo así como el amor que esperamos cada tarde, y al que le quitamos la faja de papel como si entráramos en el corazón de la chica de nuestros sueños, y lo acariciamos como quien palpa el rostro fino de una carta, que viene en la valija sucia y polvorienta del autobús.

Como se decía antiguamente, en casa entra el *ABC*, ese ser indiscreto que comparte nuestra vida, un raro familiar al que abrimos lo más sagrado de nuestra estancia: la puerta. El abuelo, por ejemplo, no puede vivir sin él y forma buena parte de su vida. Hasta cierto punto, el diario era/es como una droga, algo más que una adicción, la necesidad de palpar el orbe y saber que existe, para cerciorarse, tal vez, de que él también vive y tomar, en fin, el pulso al mundo. Como se sabe, *ABC* cierra su pulso con la orla negra de las esquelas y, alguien, en un ejercicio literario, se levantaba una vez que observaba que su esquela no aparecía.

Para un chico de pueblo, resulta difícil llegar hasta la capital del Reino, cuando viajar es, más que nunca, según Cesare Pavese *"un acto de brutalidad"*. Además hay que enfrentarse y conseguir el "placet" de la familia que considera, entonces, a los escritores y periodistas como cómicos de la lengua.

Atrás dejo el conformismo y el perfume que desprende un periódico, esencia de lavanda de tinta en el patio cacereño del palacio de la Generala, donde se hornea el periódico *Extremadura*, humilde y provinciano; y aquellas líneas escritas a pie de campo, con la plumilla de un rey renacentista en el ambiente campestre, un cuadro de Renoir tostado al sol.

Nadie conoce el sabor a gloria de esas letras efímeras, color amarillo del tiempo, redondas y cursivas desperdigadas en la placita rectangular de la página; o las publicadas en *El Adelanto* salmantino, moneda generosa de los dioses, el tributo mejor pagado del mundo, cuando es tan pequeño y tan grande a la vez; fugaz visita por la vieja "Gaceta" salmantina.

Tras una conferencia de Andrés Revesz, este periodista mítico nos lleva a Eugenio Nasarre y a mí a las estancias de *ABC*, visita fugaz a Serrano 61, un deslumbramiento del mito, encuentro con redactores, nombres conocidos en las tardes de tedio del pueblo. Revesz nos muestra algunas dependencias del periódico, un poco a hurtadillas; entreabierta la puerta de la Redacción, vemos los perfiles de unos rostros y una inmensa y azulenca atmósfera de humo. En un despachito, nos presenta a Vázquez Dodero.

Habrían de pasar tres años para encontrarme, frente a frente, ante la mitificación del diario que anida en el niño y se desarrolla en el adolescente. Hasta ese día en que vuelvo a Serrano 61, conocía el ambiente del diario *Ya* y los viejos periodistas, algunos procedentes del *Debate*. Recuerdo, entre otros muchos, a Rafael Salazar, que había hecho Cortes durante la República, y a don Lucas González Herrero, extremeño como yo, placentino, que había servido en Palacio como alabardero del rey Alfonso XIII, y a Curro Castañares, viejecito y gordo, un revistero del XIX —hablo de épocas no de años, como decía Borges—, y a Antonio Ortiz Muñoz, y a José María Claver, y al bueno de Alejandro Fernández Pombo, y a Aquilino Morcillo y su máxima periodística *"del interés humano"*.

Al fin vuelvo a Serrano 61, asciendo por sus escaleras palaciegas, piso sus mullidas alfombras de la fábrica de los Stuick; y encuentro ordenanzas vestidos de uniforme, y a Pedro de Lorenzo en un despachito más bien humilde, primera tarde calurosa del mes de julio del sesenta y seis; y a Luis María Anson en su despacho de huecograbado, la mirada perdida, un cuerpo adolescente, el rostro de un crío, el pensamiento en Estoril en fechas clave para el destino de Don Juan y el nombramiento de Don Juan Carlos como sucesor del general Franco. Anson confía en este mozo amanuense y le deja hacer; vulgarmente dicho: le da cancha.

Los primeros pies de foto, las planillas de confección, los colores y las "rayas"; y los hombres y nombres de Tomás Herrero, José María Menéndez, Guillermo Bolín, primo del que busca el avión inglés que traería a Franco hasta Canarias para la sublevación del treinta y seis, y los fotógrafos Teodoro Naranjo y Manuel Sanz Bermejo en una sala cuadrangular, alta, muy alta, las ventanas abiertas al paseo de la Castellana, y una hora clave, la de las siete de la tarde, hora de cierre, obsesión en las mentes de todos: el cierre y los correos.

El periódico es la Casa. La Casa se dice y se escribe en un lenguaje familiar en los sobres que contienen notas interiores, y se escribe como quien disfruta de la misma mesa camilla, allí donde nace el ente tan abstracto como es un periódico, brota el ajetreo turbador de las máquinas y alienta el brasero de las ilusiones diarias, pan de las horas, donde transcurre buena parte de la vida y la sucesión de las sagas. Ese ambiente se percibe y, en esa pequeña sala, comienzan mis sueños, los de un joven amanuense en el "trivium" del mundo, que escribe los pies de foto —epígrafes como los llaman en *ABC*—, redacta el de la portada y las imágenes del breviario periodístico español por excelencia. Como diría Camba: *"Escribir en* ABC *y después morirse."*

Primera parte

INICIO DE UNA FASCINANTE AVENTURA (1903-1929)

Capítulo I

DON TORCUATO, EL FUNDADOR

HACEDOR DE PERIÓDICOS Y FIEL A LOS NÚMEROS UNO

> *"Constructor, armador y capitán, nos dio la más bella nave de España para andar en los mares difíciles del tiempo."*
>
> Rafael Sánchez Mazas

Serrano 61, bello e histórico inmueble, templo gótico de la noticia, *"oración laica de la mañana"* (Hegel), *"museo efímero de pequeñas minucias"* (Borges), recuerdo de un patio sevillano en Madrid, adorno de azulejos en las paredes, torrecilla mudéjar y airosa, la Giraldilla, con vistas al paseo de la Castellana, remata la gran bóveda de las rotativas del diario *ABC*.

Como un gran estratega, nacido para la empresa y la gloria periodística, Torcuato Luca de Tena elige el mejor sitio de Madrid, entonces casi alfoz, para levantar la basílica del periodismo, el lugar idóneo y, desde ese campanario, hace sonar el eco de sus campanas a toda España. Así pues, desde Serrano 61, lanza a los cuatro vientos un mapa mundi diario de noticias, hecho de redondas y cursivas. Como si adivinara el pensamiento posterior de Benjamín Bradlee, veintidós años al frente del *Washington Post*, don Torcuato tal vez piense que *"no es casual que los mejores diarios sean aquellos controlados por familias para quienes hacer periódicos es una tarea sagrada"*. Con él se inicia el sentido sacro de la noticia, el de su pensamiento, el de una saga. Será noticia —según don Torcuato— cuando el acontecimiento o lo que fuere lo publique *ABC*.

ABC es mucho la calle Serrano y la calle Serrano mucho *ABC*. Histórica y señorial, sobre la pizarra del asfalto, escribe la historia muchos renglones contemporáneos. En la calle de Serrano vive el presidente Azaña, y puede vérsele de etiqueta y chistera, en coche descubierto, acompañado de Julián Besteiro, presidente de las Cortes, camino del palacio de la Carrera de San Jerónimo. Calle Serrano de niñas bien; maniquíes de carne y hueso en el escaparate de la belleza, figuras de arte sobre la pasarela juncal de las aceras. Calle Serrano, aristócrata y eclesial, diplomática: el templo de los jesuitas y la embajada de los americanos con el morse de la CIA en los tejados.

ABC, Serrano 61, festón policromado de azulejos, línea clásica arquitectónica. Bajo sus cúpulas plúmbeas, el ruido de linotipias y rotativas, olor fresco a tinta, cruasán de la noticia, *"vicio nacional"*, según el doctor Marañón, rito matutino de la vida española, junto a la calle de la "Ese" —Martínez de la Rosa—, arbolada y tranquila, levemente empinada, ya casi inexistente, pero rotulada, mercadillo carnal durante la década de los años 1960, checa famosa en el volcán hispánico del 36 —*"Brigada del amanecer"*— cuando, de la puerta del diario monárquico, cuelga, como una espada de Damocles, el huracán revolucionario de la Historia de España. Sobre la puerta de un arco de medio punto y bajo una marquesina de cristal, un cartel reza: *"Este edificio ha sido incautado por el Gobierno de la República."* Por esa puerta, tintero nacional, entra y sale la pluma que escribe y describe el estado de España, la que redacta sobre la piel de toro sus luces y sus sombras.

Ningún periodista que sueñe con la gloria literaria o la fama que irradia el periodismo, olvidará el día en que atraviesa, por vez primera, la puerta solemne de *ABC*, y observa la gran rejería de forja artesana, el acento andaluz y arquitectónico del edificio y su patio andaluz de fuentes y ensueños, obra del arquitecto Aníbal González, *"un cuarto de kilo* —según el vulgo sevillano— *de la plaza de España de Sevilla"*. *ABC* es un mito, el mito de las plumas nacionales y extranjeras, de noticias, crónicas y columnistas que llenan horas de ocio y camillas galdosianas durante tantos años, braseros amenos durante los largos inviernos, cenizas del tiempo sobre cabellos plateados, paso burgués de las horas en los casinos, brújula de papel, rosa náutica del país, pulso sereno o convulso del mundo y de España, según sople el viento.

ABC es/son muchas cosas. Por ejemplo: la gran sinfonía de redondas, negritas y cursivas, titulares y sumarios, ladillos y fotos —*"los santos"* que decía el vulgo—, partitura incorporada del orbe, catedral gótica de la noticia. *ABC* umbral de la puerta de Serrano 61, traspasado, en ocasiones, por las visitas de la Reina Regente, doña María Cristina y la popular "Chata". En alguna otra, aparece el Rey Alfonso XIII, fotografiado en el inicio de la escalinata, regia y marmórea, con Juan Ignacio Luca de Tena, conocido como el Marqués, a secas, o, más familiarmente, como don Juan Ignacio, hijo del fundador; laboralmente como el "patrón". Es una foto para la Historia en la que aparecen con el marqués una corte de aristócratas. Entre otros, figuran el general Primo de Rivera, amigo íntimo y jaranero de don Torcuato, más los periodistas de la Casa, Galinsoga y Portasany. Es una imagen muy propia de la época, fiel a los tiempos, como figuras de museo de cera, posan atildados, bien puestos, como si estuvieran en un estudio, vestidos de chaqué —sabedores de que esa imagen es o será historia— y, en su mayoría, con un fino bigote, mínimo tejadillo cursi subrayando la nariz.

De fondo, la imagen de la escalera de la Casa, entre dos globos de luz, centinelas de la escalinata, inmensos pebeteros esféricos alumbran un espacio romántico y eclesial con vidriera del águila al fondo. *ABC*, obra y gracia de Torcuato Luca de Tena y su *"fiel infantería de las letras"*, como diría Víctor de la Serna. Nombres y hombres hornean, cada día, el pan rectangular del mundo y de España.

A pesar del tiempo transcurrido, aún palpita en el ambiente de la Redacción el espíritu del fundador. Sigue vivo como quien no renuncia a la obra creada, vaga y late en la galaxia "Gutenberg", anda entre las paredes, puede que por los pasillos o por las rotativas. Don Torcuato continúa presente como un ángel inmortalizado en bronce, gracias al buril de Benlliure y sigue vigilante, como si todavía estuviera en el viejo despacho de padre abad, confesonario solemne de un cardenal y la puerta que accede a un cuarto de baño, un espejo y, sobre el mismo, la figura de un burro que pintara Xaudaró, y esta inscripción: *"Ya somos tres."* En la Casa, don Torcuato parece que anda por allí, y se escucha el eco de sus palabras y se obedecen sus órdenes.

Encarnado en bronce, su estatua preside, sobre un estrado, la Redacción y, tras él, una playa de penumbras y los restos de un naufragio de anaqueles y colecciones de la *Ilustración Española y Americana* y *La Esfera*. El Fundador aparece con una pluma en la mano, la chaqueta cruzada, una camisa de cuello alzado y un rostro, sereno y apacible, con la rúbrica de un bigote. A veces se asoma una luz, cuando se abre una puerta que comunica con la Giraldilla, airosa y sutil, colorista de azulejos, acento sevillano sobre el gran pálpito arterial de la Castellana. Para muchos redactores, el fundador es el "negro", oscura silueta del busto, marco de la foto de los visitantes de la Casa. La estatua de don Torcuato impone en una penumbra de mundo acabado y de ocasos sobre estanterías lóbregas. A veces se tiene la tentación de colocarle el abrigo, la gabardina o la chaqueta sobre los hombros, en la percha ideal, aunque, llegado el momento, una sensación de culpabilidad invade el deseo, pero no. Don Torcuato puede aparecer en cualquier momento.

Empresario

¡El Fundador! La palabra emana de la caverna de los viejos redactores, la pronuncian y se escucha en voz baja, como el susurro de un misterio; y la dicen reverencial y solemne, hombres del siglo XIX como si hablaran de un caballero medieval o de un viejo señor andaluz, dueño de un cortijo de azahares, el agua mansa de ansiedades y nervios, un remedio para el estrés de los periodistas. El Fundador es, además de creador de periódicos, fabricante del oro andaluz del aceite y, sobre todo, un empresario, un emprendedor que, en ocasiones, siente el calor de la firma en la yema de los dedos, escondido en los guantes de "Ego sum". El espíritu de Don Torcuato anda y pulula por la Casa, bien sea en la zona noble, en la biblioteca, noches de "Cavia" y "Luca de Tena", anaqueles y colecciones del diario, museo sepia de la pequeña historia.

Desde el estrado, el Fundador extiende su mirada, seria y grave, sobre la mesa grande, larga y noble, mesa de nogal eucarística, sentido de unión que tiene, utópica e ideológicamente, el periodismo; algo en común, flecha de ideas en el viento multicolor de los ojos. *ABC* es esta mesa, horno grande, levadura de folios y noticias, el territorio de la creación sobre una tierra de cristal, las hojas blancas de folios y cuartillas —numeradas en la época de don Fernando Luca de Tena— y los trebejos humildes y sencillos como la goma de pegar, el engrudo, las tijeras... —la otra cara de la gloria literaria— bajo el ojo alargado y centelleante del neón, y los cajetines como mínimos armarios adosados a la mesa; y heredados "cuando ya se está en plantilla".

Entre las paredes de la Casa, don Torcuato está en espíritu. Está, además, en la lápida que preside la Redacción, encima de la puerta grande, o el relicario de otra en el testero de la nave de máquinas, como quien no quiere dejar su gran obra, como quien no renuncia a ella: *"Honró y sirvió a su Patria* —se lee—, *engrandeció a la Prensa, enalteció al trabajo. Nos guió con fecunda enseñanza y con amor entrañable. Homenaje de gratitud y veneración, voto de fidelidad a su nombre y a su ejemplo, de todos los continuadores de su obra."*

Con lejana procedencia de un falansterio andaluz, don Torcuato está seguro de lo que quiere: ha nacido para crear periódicos. Es hijo de esa idea y quiere expresarla. Fiel a los números unos, este guarismo forma parte de su vida: el día diez de mayo de 1891 sale *Blanco y Negro*, vive en el inmueble cuarenta y uno de la calle de Claudio Coello, después en el once de la calle Ayala. Su gran obra se alza en el número sesenta y uno de Serrano, antes cuarenta y tres y cincuenta y cinco. Pronto, *Blanco y Negro* adquiere la aureola de una leyenda. Hay quien dice que don Torcuato funda la revista para anunciar el agua de azahar, el negocio de su padre en Sevilla. Y no es cierto, porque don Torcuato se independiza, precisamente, para fundar la revista, y aporta el millón de pesetas que le corresponde. Está seguro de que su amor por los periódicos ha nacido con él; afición creativa y empresarial coronada con *Blanco y Negro*. Tan grande es el éxito, *"que al poco tiempo de fundado* —confesará— *tenía imprenta propia y más tarde un palacio"*.

Atrás ha dejado, como Machado, su infancia de juegos en un patio sevillano, sus estudios en Madrid y los pinitos periodísticos en las páginas de *La Educación*. Muy joven es agregado de nuestra Embajada en Rabat. En esa época, el embajador es Romea, bisabuelo del humorista Álvaro de Laiglesia, fundador de *La Codorniz*. Durante algún tiempo vive en Tánger, Fez y otras ciudades marroquíes. En Madrid, dirige la sucursal bancaria de su familia. *"Trabajaba bastante y me quedaba tiempo para divertirme... Montaba mucho a caballo, asistía a los teatros y dedicaba dos meses al año a viajar por el extranjero."* Precisamente en uno de sus viajes a Munich le entusiasma la revista ilustrada *Fliegender Blätter* ("Las hojas volantes"), una de las mejores de Europa. Durante esa época, en España no se publica más revista que *Madrid Cómico*. Con envidia, don Torcuato piensa lo que significaría en nuestro país una publicación como "Las hojas volantes". Y lo lamenta en una tertulia. Sí, don Torcuato se queja de que, en España, no se edite un buen periódico.

En esa tertulia, en el Círculo de Bellas Artes, uno de los tertulianos dice: *"Aquí sobran artistas para poder hacerlo; lo que falta es dinero." "Yo tengo* —dice don Torcuato— *todo el dinero que haga falta."* En esa empresa arriesga su fortuna y la de su esposa.

Vende personalmente *B y N* en las calles

Así nace *Blanco y Negro*, a quince céntimos el ejemplar y una tirada de veinte mil ejemplares, agotada rápidamente. Siempre estará muy agradecido a este hijo de papel y nunca toca las cuatro mil pesetas destinadas a darle vida. *"Desde que nació se pagó él, triunfó en la calle y se instaló con holgura",* recordaría siempre don Torcuato. En Barcelona, los vendedores se niegan a vender *Blanco y Negro* a veinte céntimos, porque quieren una comisión de siete por cada ejemplar, en vez de cinco. Entonces, don Torcuato coge el tren, llega a la Ciudad Condal, recluta a unos cuantos muchachos y, capitaneados por él, recorre las Ramblas, vocea y vende *Blanco y Negro*. Él, veinticinco ejemplares.

Después viene la experiencia de *ABC*. Su nacimiento, el día uno de enero de 1903. A partir del 19 de junio de ese año, *ABC* sale dos veces a la semana: los martes y los jueves. El 17 de marzo de 1904 se convierte en semanario hasta el 29 de diciembre. Tras cinco meses de suspensión, pendiente de construir el edificio de la calle Serrano, reaparece el 1 de junio de 1905. Don Torcuato lo anuncia: "ABC *es un periódico de información universal que nace para ser diario.* ABC *se dedicará a la información gráfica y será independiente de todo partido u hombre político." ABC* tiene una orientación ideológica bien definida, monárquica y conservadora. En el primer número, aparece una entrevista con Alfonso XIII, y *"no desmiente nunca su apoyo al monarca y su hostilidad a las ideas nuevas"* (Desvois).

El público de *ABC* es el de la aristocracia, gran burguesía, Iglesia —hasta que salga *El Debate*— y parte del Ejército, además de una representación de la pequeña burguesía reaccionaria, especialmente en provincias. En 1913, *ABC* cuenta con 20.000 suscriptores. Al mes, *ABC* anuncia una tirada de 50.000 ejemplares, pero pierde mucho dinero: unas 80.000 pesetas en los dieciocho primeros meses, debido al buen sueldo del personal, muy numeroso, y a los gastos, muy elevados.

Innovador y creativo, don Torcuato funda otras publicaciones como *Actualidades*, *Gedeón* y *Gente Menuda*. Así nace en 1909 Prensa Española. Capital: tres millones de pesetas en tres mil acciones de su propiedad y de su familia. Don Torcuato preside el primer Consejo de Administración; el resto lo componen Nicolás Luca de Tena, Cayetano Luca de Tena, Florencio Álvarez Osorio y José Elola y Gutiérrez.

El diario ofrece al lector una información completa, nacional y extranjera. En octubre de 1905, Alfonso XIII hace una visita oficial a Berlín y Viena y cubre la información, como enviado especial, Guillermo Silva Kemper. El 3 de noviembre, fecha de la llegada del Rey a Berlín, publica a toda plana "Tres mil doscientas palabras por telégrafo".

El Fundador elige personalmente a sus redactores y colaboradores. Como redactor jefe, Ángel María Castell, nacido en Burgos en 1865. Castell trabaja en la Redacción de *La República*, diario dirigido por Pi y Margall. En 1889 dirige, durante catorce años, *La Voz de Guipúzcoa*. Al fundar *ABC* en 1903, don Torcuato lo nombra subdirector, cargo que ocupa muchos años. Castell firma en el periódico de la calle Serrano la crítica musical y la veteranísima columna de "Madrid al día", esta bajo el seudónimo de "Amecé". Muy vinculado a San Sebastián —colabora en *La Voz de Guipúzcoa*—, el Ayuntamiento lo nombra cronista honorario. Castell es académico de Bellas Artes y cultiva el teatro y la novela. Como redactores, Sixto Pérez Rojas, toledano de Villaluenga, uno de los fundadores de la Asociación de la Prensa. Hasta su incorporación a *ABC* dirige el madrileño *El Diario Español* y *El Noticiero Sevillano*. En 1907, don Torcuato lo nombra redactor jefe. Tras un paréntesis como subdirector de *Ecos* —diario de la noche que saca el Fundador el primero de julio de 1912—, Pérez Rojas lleva las colaboraciones y las informaciones de provincias. En 1932, Juan Ignacio Luca de Tena lo nombra jefe de informaciones. Otro periodista de la primera hornada, Álvaro Calzado. Tras pasar por la Casa, trabajará en *El Radical*. En el sueño de la primera Redacción, la vida periodística de José Campo Moreno transcurre en *ABC*.

José Martínez Ruiz, "Azorín" —anteriormente utiliza el seudónimo de "Cándido"—, es un muchacho volteriano, nacido en Monóvar, lleva melena roja. El Azorín de esta época es ambicioso y revolucionario. Durante un tiempo lleva un paraguas rojo y abusa del pronombre personal "yo". Como tantos otros escritores, Azorín sueña con la gloria literaria; y viene a la conquista de Madrid al 25 de noviembre de 1896. Azorín vive en una buhardilla de la calle Barquillo y visita el director de *El País*, Ricardo Fuente, a quien entrega una carta de presentación del político y periodista Luis Bonafoux.

Ricardo Fuente es la antítesis de Roberto Castrovido, ambos directores de *El País*, sucesivamente. Castrovido, buena persona; fuerte, embaucador y perezoso. Decía con gracia: *"La pereza siempre tiene su premio."* En este medio colabora hasta febrero de 1897, época en que publica un artículo defendiendo el amor libre. Este artículo crea gran polémica. Clarín es uno de sus primeros admiradores. Azorín pasa de ser un inicial anarquista —de derechas— a subsecretario del Ministerio de Instrucción Pública en el reinado de Alfonso XIII. Previamente, pasa por malos momentos y conoce el mundo de la bohemia; no tiene dinero para comer y se alimenta de pan. En *España* firma, por vez primera, con el seudónimo de Azorín; y en *España* introduce sus "Impresiones parlamentarias", que continuaría en *ABC*. Con un estilo directo y conciso informa de los debates parlamentarios.

Fernández Flórez y las "Acotaciones de un oyente"

Esa herencia periodística la recoge Wenceslao Fernández Flórez. En 1916, a los dos años de llegar a Madrid, don Torcuato le ofrece la columna de Azorín e inicia las "Acotaciones de un oyente". Con esta sección comienza su fama, pese a que no las firma; Alfonso XIII se interesa por saber quién es su autor. Con un lenguaje cáustico, escribe las "Acotaciones de un oyente" entre octubre de 1916 y julio de 1918 y entre agosto y diciembre de 1931. En su columna, Fernández Flórez dedica sus palabras *"Al maestro 'Azorín', genial creador de las crónicas parlamentarias en el Periodismo español"*. También en el mismo género de Cortes, la escritura del popular charlista Federico García Sanchíz.

Se dice que Fernández Flórez es un descubrimiento de Azorín. Sea como fuere, don Torcuato, sagaz descubridor de periodistas, atrae a sus páginas a este muchacho precoz, literariamente hablando, que pisa las primeras redacciones de El Ferrol y La Coruña siendo un imberbe y, como tantos, viene a la conquista de Madrid, como funcionario de Aduanas.

Este humorista, según cuenta en un artículo, goza *"la felicidad de ser llamado por su creador, el hombre citado con respeto y encomio generales y delante del cual todo periodista experimentaba la turbación de encontrarse ante quien podía tener las llaves del destino"*. Se refiere, naturalmente, a don Torcuato.

*"*ABC *surgió con un ímpetu que me atrevo a llamar geológico* —prosigue—*; se alzó como un monte, visible desde todos los puntos cardinales de España, y la fuerza sísmica que lo había elevado era el pujante espíritu de Luca de Tena, su impecable honorabilidad, su señorío, su sentimiento patriótico hecho no sólo de amor al pasado y de justa ponderación del presente (...). Incluir su firma en* ABC *era la oportunidad más codiciable para un cronista (...). Don Torcuato descubría a sus hombres, a veces cuando su talento aún no había fructificado y era una incógnita para los demás."*

Azorín, enviado especial, cuenta el atentado del Rey

Azorín elogia el buen periodismo de *El Imparcial*, donde trabaja, y lo califica de "cumbre". Nada más causar baja en la Redacción de *España*, el director de *Los Lunes de El Imparcial*, José Ortega Munilla, le propone escribir una serie de artículos sobre "La ruta de don Quijote"; y Azorín acepta. El 4 de marzo de 1905 inserta *El Imparcial* un breve suelto, que dice: *"El notable escritor Azorín colabora desde hoy en las columnas de* El Imparcial. *Hoy sale de Madrid para describir el itinerario de don Quijote en una serie de artículos que seguramente aumentarán la nombradía del original humorista."* Le agradara o no la alusión de "humorista" —que nunca acepta—, Azorín está satisfecho y recorre después las ciudades y los campos andaluces; y nacen los capítulos de "La Andalucía trágica". Los envía a *El Imparcial* y *"no se publicaron más que contados. El mutismo de la dirección* —escribe— *me inquietaba. No pasó más. Se acabó 'La Andalucía trágica' y yo descendí confuso de la cumbre del gran diario".*

Si desciende de la "cumbre" de *El Imparcial*, pronto ascenderá a otra: la de *ABC*. Al Fundador no le importa la ideología del escritor alicantino. Sin embargo, sí quiere saber cómo firmará; el joven de Monóvar le responde lacónicamente: *"Azorín."* No se sabe la razón, pero el Fundador pretende suprimir los seudónimos del diario; y pregunta a Azorín *"por qué no se aviene a firmar con su nombre y apellido".* Ahora es él quién le pregunta: *"¿Suprimiría usted la marca 'La Giralda' en las botellas de agua de azahar? Pues Azorín es mi marca de escritor." "Me ha convencido usted"*, responde don Torcuato.

Antes de iniciar su viaje a París, Azorín ha visto algunos números 0 y pormenoriza la disciplina del diario. *"El director* —señala— *se imponía por la flexibilidad y la constancia; era a la vez que director un compañero. Ordena desde cuartillas hasta los titulares; está con el personal de la Casa."*

El Fundador le encomienda una misión delicada e importante: la de informar sobre el viaje emprendido por don Alfonso XIII a París el 30 de mayo del año 1905. Desde la capital francesa proseguiría viaje a Londres con el propósito de buscar esposa. La primera crónica azoriniana, titulada "Crónica de viaje regio. La sonrisa del Rey", la publica el diario de la calle Serrano en la primera página de su primer número, el del 1 de junio. Del viaje regio, y de la impresión causada en la gente de París por la simpatía del joven Rey; de ese viaje, Azorín escribe y transmite once crónicas y tiene la suerte de narrar en la segunda la explosión de una bomba lanzada contra el automóvil ocupado por don Alfonso y el presidente de la República francesa, Émile Loubet, cuando ambos regresan del Teatro de la Opera. La crónica se publica el día 2 y se titula simplemente "Viaje regio. El atentado"; y la encabeza esta indicación: *"Crónica escrita esta madrugada en París y transmitida por teléfono y telégrafo."* El texto, más literario que informativo, dice: *"Yo ruego al señor González Besada* —era el ministro de la Gobernación en el Gobierno presidido por Fernández Villaverde y de él dependía la censura—, *este mundano y culto político, que deje saltar íntegramente estas pocas palabras desde los hilos telegráficos a las cajas de tipografía. Ellas servirán para disipar infundadas alarmas."*

Tras esta apelación benevolente a la censura, y después de describir el ambiente teatral y el abigarrado aspecto de las calles parisienses, Azorín relata el atentado: *"La comitiva ha atravesado ya la plaza del Teatro Francés y ha entrado en la breve calle de Rohan. La multitud lo invade todo; una fila de agentes, vueltos de cara a las fachadas, bordea las aceras, y de pronto, cuando el coche real acaba de dejar la calle de Rohan y va a torcer hacia la de Rivoli, retumba una detonación. Un griterío inmenso se produce; la enorme masa humana corre y se atropella; los caba-*

llos de los soldados saltan y patean; son derribadas las mesas y las sillas de los cafés que están en las aceras; se grita; salen coches en todas direcciones..., y rápidamente, por todo París, cafés, círculos, redacciones, se extiende la noticia. Se ha cometido un atentado contra el Rey de España; los hilos internacionales han funcionado; se ha dado a la noticia proporciones desmesuradas." [1]

"Como un sueño"

No puede iniciar mejor *ABC* su andadura. Sólo él cuenta, de primera mano, un hecho dramático afortunadamente sin consecuencias. De vuelta en Madrid, Azorín escribe un artículo, "Como un sueño", donde cuenta el nacimiento de *ABC* y esa cabecera tan rara para las gentes. *"No se tomaba tampoco en cuenta —lo sabían pocos— que en el extranjero circulaba con profusión un título análogo. La imagen dominaba el texto. La información era minuciosa, abundante; pero el público iba a estas hojas atraído por la ilustración cotidiana, rápida y variada. La tipografía salía limpia, clara; en papel ligero, lustroso y consistente."*

Azorín vive esa Redacción y la cuenta, aun cuando no participe de la noche larga de la salida del diario por encontrarse en París. El escritor alicantino habla de los escritorios, el pupitre *"con un cajoncito y un armario; yo tenía el mío junto a una ventana. Escribí allí mucho; todos escribían en silencio; nadie entablaba conversaciones ni promovía grescas. Las cuartillas las llevábamos después al redactor jefe"*. Para él, *ABC* aporta a la prensa dos novedades: la imagen y la literatura inactual. *"El fotograbado limpio y universal lo usó en la Prensa por vez primera nuestro director. La literatura —otra de las novedades— abundaba en los periódicos: los* Lunes de El Imparcial *daban literatura. Pero la literatura de los periódicos tenía siempre un carácter de actualidad. No se había dado —y eso es lo que hizo ABC."*

Azorín describe "una ancha sala, una larga mesa; todos tenemos en ella nuestro puesto y nuestro cajón para guardar papeles y libros". En un extremo de la sala, un estrado donde trabaja el redactor jefe. Y por una puerta aparece, de cuando en cuando, el regente, y reclama cuartillas para los talleres; y, pasada la media noche, se presenta don Torcuato; *"sonreía; se colocaba de pie en una cabecera de la mesa. Interrogaba; consultaba una reforma de titulares de confección; pedía el parecer sobre la orientación del periódico"*.

No se entiende *ABC* sin la firma ni sin la presencia —casi medio siglo en la Casa— ni sin la huella de tres mil artículos de Azorín. Como un Guadiana, su nom-

---

[1] El día 3 de junio de 1905, *ABC* publica el artículo: "La bomba de París", cuyo autor es el redactor de la Casa Francisco Navarro Ledesma, figura literaria de la época.

bre aparece y desaparece de las páginas abecedarias. El domingo 5 de octubre de 1930, un suelto, en *El Heraldo de Aragón*, dice: "Azorín cesa en *ABC*." Una vez divulgada la noticia, el diario monárquico la confirma: *"Azorín ha enviado a nuestro director una carta, en que le comunica su separación, con un recuerdo de afecto y gratitud a don Torcuato Luca de Tena, y con la expresión del sentimiento que le produce su retirada. Bien se comprende lo uno y lo otro; su gratitud al fundador* —ha muerto el 15 de abril de 1929—, *que siempre tuvo para él apoyo incondicional y amistad cordial, sin el menor eclipse, y su sentimiento al salir de esta Casa, que no parece cosa fácil romper una convivencia de veinticinco años. Nosotros lamentamos también la separación de Azorín, doblemente por desconocer las causas a que obedece."* No ingresa, como se le supone, en el diario *Ahora*. Sin embargo, se incorpora a *El Sol* y este publica, en primera página, la incorporación del escritor y una fotografía de Azorín. *El Correo* es el título de su primer artículo.

Con el tiempo, Azorín diría que deja *ABC*, tras guardar un año de luto por la muerte de don Torcuato. La República está cercana y *El Sol* apoya el cambio de Régimen. Azorín recorre como un Guadiana, anualmente, periódico tras periódico, hasta la llegada de la guerra del 36 y su marcha a París. En la capital del Sena mantiene su neutralidad y silencio. Al final de la contienda, vuelve a escribir en *ABC* y se declara partidario del Régimen. Al regresar a España, Azorín tiene sesenta y seis años y sigue fiel a su consigna de escribir, según su amigo Baroja, *"elogios excesivos de todos los gobiernos que ha habido en España, fuera cual fuere su tendencia". "Azorín: cronista en ABC* —escribe Haro Tecglen— *(no hay que engañarse diciendo que ABC era distinto antes en materia política y en persecución: era, eso sí, más abierto y más sensato, mejor escrito, y no había perdido la razón), anarquista de derechas, aristocratizante y, en fin, con 'la debilidad' —dijo Vargas— de caer en el franquismo. La verdad es que Azorín estaba encantado del franquismo, como el propio Cela, que fue también a reprochárselo.*

Podían haberle dejado en su olvido mejor que sacarle así, a tirones displicentes de gente superior. Azorín fue conservador: no creo que fuera un escritor menor. Creó una literatura que sigue siendo fascinante; descubrió unos clásicos, explicó Castilla y Levante."

Un día su nombre desaparece del cuadro de colaboradores de *ABC*. El 19 de noviembre de 1952 anuncia, en un acto de torería, su retirada del inmenso ruedo cuadrangular del periodismo. La publica *ABC* en la primera página de tipografía y lo hace mediante una entrevista firmada por Juan Sampelayo. Azorín arguye el aniversario de su llegada a Madrid, el 25 de noviembre de 1896. Pero el acceso a la dirección de *ABC* del nieto del Fundador, Torcuato Luca de Tena, y la irrupción de nuevos hombres líricos elimina del cuadro de colaboradores a un histórico de Serrano 61. Entre 1952 y 1954 no aparece su firma en *ABC*. Humanamente hablando, cuantos le conocen y lo tratan definen a José Martínez Ruiz como la cortesía en persona.

Primera Redacción

En la primera Redacción, Azorín recuerda a Virgilio Colchero como *"la figura severa, vestida de negro, callada, digna y noble"*. Y no sabe por qué ha sido designado para tan importante cargo. Colchero es amigo del fundador e imparte clases de Geografía e Historia en el instituto de San Isidro, donde es una institución y forma parte del tribunal que examina a los hijos de Alfonso XIII. Nacido en Almadén, abogado, es un hombre de izquierdas y milita, con el tiempo, en Izquierda Republicana. La guerra le coge lejos de Madrid, en el País Vasco y, al final de la contienda, tras pasar unos meses en la cárcel de Irún, sufre destierro en Andalucía.

Redacción primera de *ABC*, hombres que sueñan, como tantos otros, con la gloria literaria, Redacción más serena que las posteriores, más sosegada, más tranquila también, cuando la vida es más plácida, más relajada, sin el vértigo de las prisas sobre el pupitre grande del mundo con pluma y tintero. Sueña en esa Redacción Eduardo Mendaro, prendado de la escalera de mármol que lo lleva a la Redacción, las alfombras que pisa, los grandes despachos; y la Redacción tan distinta, muy diferente de otras de la época, y la seguridad de cobrar, mensualmente, cincuenta duros. Todo un sueldo, frente a tanta bohemia.

En algunas redacciones, como la de *España Nueva*, se espera, con impaciencia, la llegada del capataz de venta y los periodistas prácticamente lo asaltan. Sueldos de miseria, pobres remuneraciones. Un redactor de prestigio cobra entre ciento cincuenta y doscientas cincuenta pesetas mensuales, excepcionalmente hasta quinientas, pero son más corrientes los sueldos de cincuenta, setenta y cinco o cien pesetas. Hay que ser famoso para cobrar quince o veinticinco pesetas por una colaboración.

La popular "Colombine" —Carmen de Burgos—, la primera mujer periodista —colabora en los primeros números de *ABC*— llega a las ciento veinticinco. *ABC* es la excepción: doscientas cincuenta. Eso sí: dedicación exclusiva. Nunca ha tenido buena prensa el periodismo. En sus *Memorias*, Baroja relata un viaje de periodistas al embalse de Guadalcacín, acompañando al ministro Rafael Gasset. En ese viaje, entre otros, está Ramiro de Maeztu. Al llegar a Jerez los llevan al palacio de la marquesa de Casa Pavón. Al cabo de un rato notó muy exaltados a sus compañeros: *"¿Quiere usted, marquesa, que pasen los periodistas que vienen conmigo?"* Y ella ha contestado: *"Sí, que pasen; pobrecillos."*

No es de extrañar, por tanto, el gozo de Mendaro por trabajar en un medio serio y que, naturalmente, no olvidara su llegada y su trabajo en la sección política; y el recibimiento que le hace don Torcuato, la atracción personal que despierta, similar a la de Eduardo Dato. Según Juan Ignacio, su padre tiene *"una simpatía arrolladora"* y dicen que es el hombre más simpático de España. Sin embargo, cuando se enfada, *"tenía el peor genio"*. Eduardo Mendaro es un burgalés de Briviesca. Trabaja en *ABC* y, años después, funda y dirige *El Español*. Tras dejar el periodismo, el cargo de gobernador civil en Albacete y Zamora. Sueña también, Rómulo Muro que dirige varias publicaciones extremeñas. Aunque toledano —de San Martín de Pusa—, Muro es abogado y escritor y crea el carné de periodista.

Ortega: "Navarro Ledesma, mi aventura"

No es ajeno al sueño literario: Francisco Navarro Ledesma, archivero y catedrático de Literatura en el Instituto de San Isidro, buena pluma, escribe editoriales y temas literarios. Es un caso de precocidad: a los trece años gana, por oposición, un premio escolar de ocho pesetas y, en el interior de su cuaderno, escrito con letra infantil, se lee: *"Francisco Navarro, editor."* Navarro Ledesma es seducido por el magisterio hipnotizador de Nicolás Salmerón, uno de los presidentes de la primera República: *"Yo empecé a estudiar Metafísica con el ilustre orador. Su arrebatadora elocuencia nos subyugaba a todos los chicos de dieciséis a dieciocho años."*

En sus libros de texto cita a los escritores del día y mantiene correspondencia con Juan Ramón Jiménez, al que felicita por su último libro; y le pide colaboraciones para *Blanco y Negro*. Pero el poeta de Moguer muestra cierta reticencia, porque le envía unos versos en los que habla de las flores amarillas del otoño y él tacha lo de "amarillas" y lo sustituye por "secas". *"Lo de amarillas* —dirá J. R. J.— *le parecía poco poético... ¿Qué idea tienen esos hombres de la Poesía?"* En una tertulia se comenta esto y por qué el gran vate onubense claudica, enviando colaboraciones, a Navarro Ledesma.

Gente que sueña con publicar, que es la gloria particular de cada uno, pequeños escritores y filósofos que desean asomarse con un artículo al mirador de las redondas y se le aconseja que acuda a Navarro Ledesma. *"¿Quién sabe si se lo publicará?... ¡Digo, el* ABC*!"* Y, un buen día, toman la acera de Serrano y llegan a este suntuoso palacio, suben las escaleras de mármol alfombradas y, tras una espera, pasan al despacho del redactor-jefe, decorado con cuadros y espejos dorados. *"¿Y qué desea usted, joven?"*, preguntará Navarro Ledesma, hombre gordo, ancho de rostro, todo él grueso, mientras el joven le tiende las cuartillas y él las hojea. *"No está mal, joven, pero es una cosa triste... esas viejas que toman el sol del invierno..., ¿por qué esa tristeza? ¿Por qué estos jóvenes están tan tristes?"*

Espera el joven que su sueño se cumpla; que un día de estos esas cuartillas aparezcan en la gloria eterna de *ABC*, y espera la sentencia literaria de Navarro Ledesma, cuando aparece Pérez Zúñiga. *"Este joven quiere escribir en* ABC *y me trae una crónica triste, de día de difuntos."* Y vuelve a preguntar Navarro Ledesma por qué los jóvenes de ahora están tan tristes, *"cuando nosotros, sin embargo, rebosamos alegría de vivir"*; y Pérez Zúñiga, que está en la escena, dirá: *"Son los modernistas"*, mientras el catedrático sentencia: *"Están neurasténicos"*; y el joven que tocaba la gloria con sus cuartillas, volverá por la acera, deprimido, escuchando el rumor de la rotativa como un romance de cordel en la esquina de una plaza.

Navarro Ledesma procede de *Blanco y Negro* y trabaja en numerosas publicaciones de la época, entre otras, *La Ilustración Española*, *El Globo*, *Nuevo Mundo* y *El Imparcial*. Con una vida muy efímera —muere a los treinta y cinco años—, llega una noche a su casa a las dos de la madrugada, acompañado de Salamero, Colchero y Palomero. Los tres regresan de visitar, en la plaza de Matute, a don Andrés Mellado, director de *El Imparcial*. "En nombre de la justicia distributiva", ruegan los tres que les ceda "un par de días dos columnas del periódico para elogiar a un maestro de la literatura que andaba por aquel entonces en no recordamos qué comisiones oficiales en Alemania". Navarro Ledesma lleva la voz cantante en la charla y don Andrés los convence de que pretenden un imposible.

Navarro Ledesma es humanista y escribe una biografía de Cervantes. Navarro es íntimo amigo de Ganivet. Al fallecer, *ABC* publica en primera página su esquela. Muchos años después, ese mismo tratamiento necrológico tendría la muerte del fundador, y la de Calvo Sotelo —tras morir víctima del asesinato que abría la contienda bélica del 36— y la muerte del general Franco. Para Ortega y Gasset, Navarro Ledesma constituirá *"mi aventura, porque coexistían en él junto a una agudísima e incansable ideación las dos más altas virtudes modernas: el cumplimiento de los deberes oscuros y el idealismo inmarcesible. Nietzsche hubiera llamado a Navarro Ledesma, como se nombraba a sí mismo, 'argonauta del ideal'."*

Gil Parrado, bohemio y soñador

Bohemio y soñador, Antonio Palomero Dechado es un personaje de la época. Madrileño, firma con el seudónimo de Gil Parrado y tiene una larga trayectoria en revistas y periódicos de la época; y funda y dirige *La Noche*. En 1885 crea la Asociación de la Prensa de Madrid.[2]

Sin embargo, hombre clave en el organigrama empresarial del fundador, es Enrique Mariné López, madrileño, abogado y secretario de redacción del periódico. Mariné es un joven periodista, además de taquígrafo, y procede del "Diario de Sesiones del Congreso". Tres meses antes de que aparezca el diario, es secretario del fundador y trabaja en la Redacción. Su vida está vinculada a Prensa Española hasta los años cuarenta, excepto el paréntesis de la guerra civil. Mariné es, por decirlo coloquialmente, la mano derecha de don Torcuato y, al parecer, tiene poder en el diario. Un día, don Torcuato, alegre por la marcha del periódico, le dice: *"Mariné... ¡El día que* ABC *tenga mil pesetas diarias de publicidad!..."*

En la gloria efímera periodística, tras el paso por varias publicaciones, entre ellas *La Corres*, *La Ilustración Española y Americana*, *Blanco y Negro*, Roberto

[2] En la fundación de la Asociación de la Prensa figuran Antonio Palomero, Sixto Pérez Rojas y Miguel Moya, cuando es a este último al que se le atribuye.

del Palacio. También compañero de sueños, conocido en la época, crítico de teatro y de toros, Luis Gabaldón, oculto tras el seudónimo de "Floridor", pasea su pluma por las avenidas de corondeles y columnas. Gabaldón tiene una pluma humorística y, cuando llega Luis Calvo al periódico, teme que le arrebate la crítica teatral. En esa Redacción, Don Silverio (José Trabado), revistero taurino muy de ese tiempo, a la antigua usanza, durante tres años —1905-1908— hasta la llegada de "Dulzuras", Manuel Serrano, manchego de Manzanares. "Don Silverio" y "Dulzuras" pertenecen a una generación de críticos históricos como "Don Modesto" y "Don Pío" —Alejandro Pérez Lugín— hasta la aparición de Corrochano, capítulo aparte como escritor y renovador de la crítica taurina.

Abogado y poeta, redactor jefe, Alfredo Ramírez Tomé, buen currículo, cubre, además, las corresponsalías del *Daily Mail* y del *New York Times*. Toda una vida en el periódico, Alfonso Rodríguez Santamaría, subdirector y director en funciones en 1932. Presidente de la Asociación de la Prensa de Madrid, muere asesinado en los inicios de la guerra de 1936. Y cierra la nómina Manuel Tercero, cronista de tribunales y observador de la vida municipal madrileña. Dieciocho periodistas bautizan la larga vida de un diario, rostros muy de ese tiempo, con barba y bigote.

Gozo de víspera

Los redactores viven con gozo y esperanza la última noche del mes de mayo de 1905, primera cita matinal con los lectores. Cuando el número ya está hecho y la Redacción espera ansiosamente la salida del diario, llega la noticia del atentado contra Alfonso XIII, en el momento en el que el rey regresa de la ópera, en compañía del presidente de la República. Milagrosamente, los dos salen ilesos. ¡Qué primicia! *"¡Vaya notición!"* Todos celebran este gran desayuno de la sociedad española. No importa el sueño, ni el cansancio.

Aunque *ABC*, independientemente de los artículos, se ha resistido, generalmente, al columnismo —hasta la incorporación triunfal de César González Ruano con su media columna "Penúltima hora" y, después, Cándido con "Última hora"—, sin embargo tolera los comentarios al frente de las secciones. En sus primeros tiempos, el diario lleva la firma de Manuel Troyano y su habitual "Crónica Política"; "Madrid al día", firmada por "Aemecé", seudónimo de Ángel María Castell; las "Impresiones parlamentarias", de Azorín; y los versos políticos de Sinesio Delgado, "Gil Parrado", Luis de Tapia, Antonio Casero y Juan Pérez Zúñiga. Kasabal firma la crónica de sociedad; la caricatura política, Inocencio Medina Vera, introductor de los "apuntes teatrales", muy populares en *ABC*; y el caricaturista Fernando Fresno; le sucedería Joaquín Xaudaró y, con el tiempo, Antonio Mingote.

Dos años después de su salida como diario, *ABC* acoge las firmas de Juan Ramón, Benavente y Maeztu, corresponsales en las principales ciudades europeas; redactores, fotógrafos y telegráficos, casi doscientos obreros bajo el orden del regente Emilio Burgos.

ABC tiene un apartado iconográfico, un capítulo dedicado a la imagen que, según el proverbio chino, vale más de mil palabras. *ABC* pasa de ser "crónica ilustrada" a "diario ilustrado".

La noche de la salida del diario, la Casa se convierte en un hervidero de gente. Pasos de redactores, nervios, visitantes y curiosos. En talleres, "El Caballero Audaz", seudónimo de José María Carretero, hace una entrevista al Fundador. Como otros periodistas, Carretero se asombra al subir las escaleras del edificio de *ABC*. Don Torcuato se mueve de un sitio a otro, metido en el alma del diario. A Carretero le acompaña el secretario de don Torcuato hasta *"la nave de máquinas. Ya allí, nos hemos quedado un instante quietos, estupefactos, maravillados, contemplando la grandiosidad de esta nave..."*. "El Caballero Audaz" habla con el Fundador durante las pruebas de la rotativa, en talleres. Rodeado de un grupo de obreros, don Torcuato observa *"la gran rotativa de cuatro cuerpos, enorme como un acorazado, veloz como una centella y silenciosa como una respiración. Cuatro hombres recogen los ejemplares de* ABC, *que perfectamente impresos y doblados arroja por las bocas de sus plegadoras..."*

La casa König-Bauer la ha construido expresamente para editar ABC —señala Luca de Tena—. *Podemos tirar, poniéndola a su marcha máxima, ciento veinte mil ejemplares de ocho páginas en una hora, perfectamente impresos."* Llevan varios días de prueba. Ahora *"el ensayo es general, con decorado y todo, porque está tirando una de las ediciones de provincia"*. Hasta este momento, el Fundador lleva gastado, en esta rotativa, más de ciento cincuenta mil pesetas. *"Y es poco"*, señala don Torcuato; *"no se puede usted imaginar la de estudios ¡números, viajes, visitas! Luego, ya aquí, no apartarse de ella y presenciar su montaje desde el primero hasta el último ovalillo... Yo, amigo Carretero, me he puesto más de una vez la blusa azul para ayudar a los obreros."*

"He rechazado cargos"

Impresionado, Carretero encomia la tarea de este magnate de la prensa. Entre el ruido de las máquinas, le hace una pregunta. Don Torcuato dice que ha rechazado puestos relevantes. *"No sé si tiene mérito o no; pero esto no lo sacrifico por nada."* Renuncia a una carrera política *"por no mermar un ápice la independencia del* ABC —afirma don Torcuato—, *que es donde tengo puesto todos mis amores."*

Carretero observa cómo la rotativa sigue vomitando ejemplares. El señor Romea, atildado, con su bigote de mosquetero, sus aborrascados cabellos peinados hacia atrás y con gesto delicado e ingenuo, va de un lado a otro. Carretero conoce *"los más renombrados rotativos ingleses, franceses y alemanes y no encontró en ellos nada comparable con esta gran sala, sin una columna, donde hay más de treinta máquinas, donde trabajan y se mueven holgadamente más de doscientos obreros, bajo la luz azulosa que desparraman una veintena de focos eléctricos, y donde la atmósfera es pura y transparente. Don Torcuato da órdenes y, de vez en cuando, con su mano derecha, en un movimiento habitual, se acaricia el bigote".*

Don Torcuato está, además, orgulloso de la maquinaria y su nave de máquinas. *"Por lo menos* —señala—, *resulta más higiénica y los obreros trabajan con gusto. He puesto en ella mis cinco sentidos. Merced al sistema norteamericano para la renovación del aire, jamás se respira la atmósfera viciada. ¿Ve usted? No hay humo, a pesar de que se está fumando todo el día. La temperatura es igual en cualquier estación del año." "¿Estarán muy contentos sus obreros?"*, le pregunta "El Caballero Audaz", seudónimo de José María Carretero —Unamuno lo llamaba "El Carretero Audaz". *"Sí, señor. Hago por ellos todo lo que humanamente puedo y tengo la ilusión de que me quieren."*

Relaciones sociales y concursos

Don Torcuato cuida las relaciones sociales del diario, hasta el punto de celebrar, en el periódico, la noche del 23 de octubre de 1905, una fiesta en honor del séquito del presidente francés, Loubet, acontecimiento al que asisten relevantes personalidades de la política, la cultura y la sociedad. Aficionado a los concursos, el fundador hace popular el de *"¿Tiene usted las quinientas pesetas de* ABC?" Una persona, *"no diremos si del sexo femenino o masculino"* daría un largo paseo por lugares de espectáculos y entregaría dicha cantidad a quien le hiciese esa pregunta. El gobernador civil de Madrid, Juan de la Cierva, ordena, temiendo alguna alteración de orden público, la suspensión del mismo. El periódico acata la orden y vuelve a poner en práctica el concurso. Es un éxito; hay que ver la calle de Alcalá, llena de gente y lo que significan quinientas pesetas en esa época. Todo el mundo habla de *"las quinientas pesetas de* ABC*"*, y esta frase se dice en los textos de una obra de teatro... Al mes, *ABC* rebasa los 50.000 ejemplares. Antes del final de la guerra europea, roza los cien mil y en vísperas del 36 supera los doscientos mil.

No obstante, en los inicios de la andadura periodística, pierde ochocientas mil pesetas, tras hacer grandes tiradas. En esa época, el papel de periódico cuesta tres céntimos y los anuncios tardan en llegar. Por tanto, hay que esperar a que se cumpla la fórmula de Émile de Girardin; es decir que la inversión del periódico se amortice con los anuncios. Inicialmente, cada número le cuesta dos o tres mil pesetas de pérdida. *"Con paciencia y serenidad* —confiesa don Torcuato—, *llegamos a tener un respetable número de anuncios y eso nos permitía dar a tres céntimos lo que vale cinco o seis..."*

Todo en el diario nace y se hace, es como un río que busca el cauce. Con el tiempo, la publicidad halla en el rotativo de la calle Serrano el mejor medio de anunciarse. En 1930 los ingresos por publicidad superan a los de venta y rondan los ocho millones de pesetas frente a los seis y medio aproximadamente de aquella. Azaña comenta: *"Todo el que se anuncia, se va a* ABC.*"* Tres años más tarde, disminuye la publicidad y aumentan las ventas.

La llegada de la publicidad al periódico será de tal magnitud que, en la década de los años sesenta y setenta, se dice, hiperbólicamente, que es como el Banco de España: una máquina de hacer dinero; y muchas noches el redactor jefe, muy a su pesar, deja sobre la platina anuncios sin insertar; en ocasiones, se recurre, incluso, a la recomendación.

ABC es, pues, la obra que "había imaginado" Luca de Tena. No importa que la guerra del catorce frene sus proyectos. Don Torcuato pretende fundar un periódico en cada capital de provincia. Y tiene el plan perfectamente diseñado. Esos periódicos se imprimirían en las distintas ciudades y tendrían una Redacción local. El resto del diario, es decir editoriales, la información política y los artículos se enviarían desde Madrid a través de radiotelegrafía. *ABC* se publicaría diariamente en todas las capitales de España.

"¡Un periódico de monos!"

ABC aporta, especialmente, a la prensa española una información gráfica, relegada a las revistas semanales. Aporta la imagen, los "santos" en el lenguaje popular. Según el Fundador: *"La letra con monos entra."* Para don Torcuato, la dirección de un periódico es incompatible con un puesto político. Por eso, ¿cómo renuncia él al diario por mucho que Canalejas le ofrezca una cartera o Eduardo Dato la Comisaría de Abastecimientos? *"¡Ah! No, perdónenme, pero no acepto* —responde—; *más que hacer decretos y reales órdenes en el Ministerio, me seduce hacer patria desde la dirección de* ABC..." Rechaza también una Subsecretaría que le ofrece Sagasta.

A don Torcuato le gusta la independencia, le gusta sentirse independiente, no estar ligado a partido político alguno; independencia que logra, además, gracias a los beneficios de su empresa. En este sentido Gonzalo Redondo escribe: "ABC y El Debate *fueron... en 1906 y 1910 respectivamente... intentos de construir una prensa independiente o, al menos, no personalista. Más acusadamente lo consiguió el primero que el segundo, aunque en cualquier caso ambos quedaron marcados por sus bien conocidas tendencias, monárquico-liberal el primero, y el segundo al servicio de las nuevas corrientes de opinión que llegaban por entonces de Italia."*

Sin embargo, don Torcuato duda cuando López Domínguez le habla de la Dirección de Correos; y duda, porque tiene estudiado un plan de reformas: el franqueo concertado y los giros de Prensa. No obstante, con el político liberal Sagasta es diputado, durante cuatro legislaturas, por el partido jiennense de Martos. Políticamente, se confiesa *"neutral"*. No es conservador ni maurista. *"No soy de nadie."* Ante todo, se siente patriota. Admira, especialmente, a don Antonio Maura. "ABC, *que es como un ciudadano honrado* —dice—, *aunque sea independiente, tiene que llevar a los hogares la verdad diáfana, y desvanecer leyendas antipatriotas como la de Ferrer, la de Maura y la de La Cierva."*

"¡*ABC*, ha salido *ABC*!"

A las seis de la mañana, las rotativas lanzan los nuevos ejemplares. Fuera del edificio del diario, el grito de "¡*ABC*!" se mezcla entre el bullicio madrileño de la gente y el ruido de tranvías y trolebuses. "¡*ABC*, ha salido *ABC*!" Desde ahora, España tiene quien escriba, diariamente, la Historia.

Hay fechas inolvidables en la saga de los Luca de Tena, especialmente la del día uno de junio del año 1905. El pequeño Juan Ignacio, hijo de don Torcuato, recuerda las horas de una mañana de prisas y nervios, antes de acudir al colegio, cuando lo llevan al periódico para dar los buenos días a su padre. Con ojos de asombro observa cómo funciona la rotativa y mira el primer número de *ABC*. El padre le acerca un ejemplar y dice: *"¡Toma, Juan Ignacio, tócalo!"*

Como si se tratara de un sacerdocio, don Torcuato consagra su vida al diario; y aparece todas las noches, a la una de la madrugada en la Redacción; y trae noticias políticas y madrileñas de última hora; y espera la tirada de las cuatro ediciones: la de la madrugada, que coge los primeros trenes, la de Madrid y las dos de provincias.

ABC es don Torcuato y don Torcuato *ABC*; uno y otro son la misma cosa. Cuando viaja, le envían ejemplares a su destino y los lee, como hace cada mañana, nada más desayunar. En su casa de la calle Ayala 5, no hay más tema de conversación que el de la fundación de *ABC*.

Sin compartir muchas de las ideas y propósitos del diario, el tradicionalista Vázquez de Mella no duda en calificar de extraordinaria la tarea de *ABC*. Para Francisco Cambó es *"admirable"*. El político conservador, Juan de la Cierva, alaba la *"obra gigantesca"* de don Torcuato; y elogios le dedican Antonio Maura y Eduardo Dato. *"Los militares hemos visto siempre al* ABC —según Miguel Primo de Rivera— *igualmente alejado de la adulación, que enerva y envilece, y de la injusticia, que desalienta."* Joselito y Belmonte, Gaona y Regaterín elogian también el periódico.

ABC nace en una España de dieciocho millones y medio de habitantes y un Madrid de más de medio millón de almas, pequeño y recoleto. Madrid y sus cinco esquinas —Cortes, Senado, Palacio, Teléfono y Telégrafos—, mientras la gente bulle por el Ateneo, casinos y círculos, viejos cafés y un alto en el camino en las tertulias taurinas y saloncillos teatrales. Un Madrid de tertulias, "absurdo, brillante y hambriento", según Valle Inclán. Un Madrid donde se habla de política, toros y sucesos. Por los felices años veinte —la *belle époque*— nace la inquietud por la política internacional y balbucea la pasión del fútbol. Los "chicos de la Prensa" pasan del "Chiscón de Telégrafos", de San Ricardo, al salón de Teléfonos de la acera izquierda de Alcalá, río de noticias y bulos, de "pisotones", primicias informativas en el argot periodístico.

Teléfonos es también un mentidero periodístico, cita y lugar de encuentros a la una de la madrugada; cuando se apagan los arcos voltaicos de la Puerta del Sol, la gente sale de los teatros, toma los postreros tranvías y, junto al Colonial, reina la animación. Periodistas que acuden atraídos por el frenesí que despierta la noticia; es estar, en cierta medida, en el foco de la misma, saber qué se "cuece" en España y en el mundo, en las redacciones.

Allí se citan, cuando no se encuentran, políticos, periodistas y gente de la farándula; y se habla a gritos, se comenta tal crisis, si cae o no el Gobierno; el ambiente tiene ese aire humano de la presunción; y veréis a redactores de los más variados periódicos. Ahí está Eduardo Palacio Valdés, sobrino de don Armando, trabaja en la Redacción de *ABC*. Escribe, además, de toros, hace la información de los festejos en la plaza de Tetuán de las Victorias y siempre llega al periódico en el mismo taxi, abre la puerta y saluda con unas *"¡buenas noches, cabrones!"*, se supone que ante la respuesta irónica de algunos compañeros o la ira contenida de otros, o el desprecio de todos. Palacio Valdés va bien vestido y luce un gabán de pieles, dicen que regalo de esa cómica llamada Carlota Paisano.

Antonio Heredero de *El País*, bajito, cualquiera reconoce su voz inconfundible, habla a gritos, pone de *chupa me dómine* a todo el mundo y no deja lo que se dice títere con cabeza. En Teléfonos y fuera de él, habla pestes de políticos y periodistas y cuenta chismorreos: que si los amoríos del venerable fundador con Rosario Leonis; que si su director hace trampas en el juego. ¡Qué personajillo! Es el diario hablado de lengua viperina y difamante.

Serrano Anguita pertenece a la Redacción de *España Nueva* y se hace famoso, a principios de siglo, con su libro *Viaje a París en burro*. Después, en la posguerra, hará en el *Madrid* de Juan Pujol un artículo diario, cruasán periodístico de la merienda de la tarde de sus lectores.

"En aquella agonía del periodismo político hacia su tránsito al de empresa —escribe Altabella—, *el periodista estaba al aire, viviendo a todo riesgo el puro milagro cotidiano de su quehacer, cambiando el oro de su energía intelectual por la calderilla de su necesidad. Sólo se reunían —al margen del periódico— en algún banquete de circunstancias, como aquellos a que aludía la popular cuarteta: 'Y asistieron al festín / que fue una fiesta completa, / por* El Imparcial, *Cantín; / por* El Liberal, *Trompeta.' Aquel 'cuarto poder' que vio nacer* ABC *era raquítico* —prosigue—, *pero siempre lleno de ilusiones y esperanzas. Sueños, miseria, bohemia y romanticismo, salpicados de gestos gallardos, de dramáticas renunciaciones —'el divino fracaso', lo calificó Rafael Cansinos Asséns—, de duelos espectaculares, de suspensiones ordenadas por el fiscal de turno, y algunas veces, hasta de cárcel."*

Para mitigar, en parte, aquella vida prendida muchas veces del hambre, la botica y el desamparo, lleva diez años de existencia la Asociación de la Prensa de Madrid.

Sánchez-Ocaña en Serrano

A pesar de que don Torcuato se rodea de un buen equipo humano, bien sean periodistas como gente del mundo de la imprenta, la Redacción está formada cuando el diario inicia su andadura, pero las puertas del mismo están abiertas a nuevas incorporaciones, como es el caso de Francisco Sánchez-Ocaña y Beltrán, abogado valenciano tocado por la magia del periodismo, y funda y dirige el periódico *El Correo*. Toda una vida pasaría Sánchez-Ocaña entre las paredes históricas del edificio periodístico de la calle Serrano: de 1907 hasta su muerte en 1935. Al día siguiente, el periódico publica una nota necrológica titulada "El periodista anónimo". Sánchez-Ocaña ejerce la corresponsalía en Casablanca y en Tánger nada más ingresar en *ABC*. Dos años después testigo y notario, como acredita su firma, en la campaña de Melilla y su protagonismo como corresponsal de guerra; y organiza, según la idea del Fundador, la eficaz "Estafeta de *ABC* en Melilla", cuyo fin era llevar a los soldados destacados en la plaza marroquí noticias y encargos de las familias.

En estas tierras permanecería Sánchez-Ocaña dos años y vuelve al diario donde ejerce la crítica de libros. Sánchez-Ocaña es hombre monárquico y pertenece al partido Liberal del conde de Romanones. Como muchos de los periodistas de esa época siente el gusanillo de la política y es diputado por Torrente, y desempeña el cargo de inspector general de Primera Enseñanza.

Redacciones y competencias

Redacciones del siglo XX, reducidas a dos o tres redactores políticos; un par de ellos hacen sucesos; otro cubre la información de Palacio, el revistero taurino, a veces colaborador; el redactor que sigue la vida parlamentaria, y el que informa de las sesiones en la Casa de la Villa; el que cuenta el movimiento bursátil de la Bolsa. En ese equipo humano, el director, un redactor jefe y el periodista que escribe editoriales; en la parte prosaica, el oficinista lleva la administración. Cierra la mancheta o el *"staff"*, las críticas teatrales, literarias y musicales, generalmente a cargo de algún escritor. Redacciones clásicas y clasistas entre redactores de "mesas" y de "calle" o "patas". Como señala Altabella, con la llegada del siglo XX se refleja en el periodismo español el apogeo de un liberalismo en lucha con las fuerzas conservadoras. Tiempo de periódicos de cabeceras resonantes, duermen ya su época dorada en las hemerotecas. Periódicos de la competencia; *ABC* no tiene un camino fácil. Con la aparición del demócrata *Heraldo de Madrid* finaliza una época dominada por los tres grandes diarios independientes, *El Imparcial*, *El Liberal* y *La Correspondencia de España* —*La Corres*—, primera empresa periodística española, agoniza lentamente hasta el año 1925 en que desaparece.

La Corres la dirige Leopoldo Romeo Sanz, más conocido por el seudónimo de Juan de Aragón, zaragozano de nacimiento (1870). Aragón es un ex republicano y quiere despertar a sus lectores de la somnolencia de estas páginas, "gorro de dormir", según lo llama la gente, y hacer de él un gran periódico; un diario que luche codo a codo con otros periódicos, entre ellos *ABC*, ese diario que cada día va a más y despierta la envidia de la gente de la prensa, que dice que lo fundó un jabonero, que no es periodista y, sin embargo, se lleva de calle a los lectores y se los quita a otros periódicos dirigidos por Moya y Vicentí.

Para ello, Aragón ha de quitarse esa cuadra de viejos redactores y gente reaccionaria que pulula por el diario entre halagos al propietario, el marqués de Santa Ana, catalán hacendado, amante de la buena vida, que se gasta en juergas la fortuna de sus padres y le queda, únicamente, el periódico y un ferrocarril particular hipotecado. No obstante, Aragón hace obra en la sede del diario, Factor 7, y sueña con hacer un periódico competitivo, nutrido de información extranjera, gracias a la maquinaria nueva, pero, por más que lo intente, *La Corres* no parece levantar cabeza y sus 95.000 ejemplares de tirada en época boyante van menguando lentamente.

Redacción, grave y solemne, con un gran salón como el de *ABC* y el techo artesonado, las paredes forradas de tapices con motivos alusivos a la imprenta de Gutenberg; y la chimenea francesa, y los estantes de caoba con enciclopedias para cualquier consulta, y los balcones a la calle del Factor, y aquellos periodistas cultos y educados, lejos del ambiente de la bohemia. Los Fabián Vidal, seudónimo de Enrique Fajardo; los Delgado Barreto, Juan y Manolo, canarios. Este último diputado y director de *La Nación*, el periódico de don Miguel Primo de Rivera, fusilado en Paracuellos de Jarama, en 1936. Betancourt, secretario de don Benito Pérez Galdós; Félix Lorenzo, futuro director de *El Sol*, moderno y buen cronista; el crítico teatral Catarineu; y un muchacho francés que organiza viajes a París para los suscriptores. Redactores que leen a Baudelaire y, a la salida del periódico, alguno, en una tasca, pide un "Chinchón". En *La Corres* trabajan, entre otros, Rafael Cansinos y Juan José Cadenas hasta que se convierte en amante de la Fornarina, hija de un guardia civil y una lavandera, pero Cadenas, autor de *La vida alegre en Madrid*, la lanza, artísticamente, en Francia. Cadenas firma habitualmente en *ABC*.

El Imparcial y sus "Lunes"

A principios de siglo, *El Imparcial* está en pleno auge y supera a *La Corres*, pero pierde la independencia cuando su director Rafael Gasset acepta la cartera de Fomento que le ofrece, en 1900, el presidente Francisco Silvela. Entonces su tirada es de ciento treinta mil ejemplares y baja a los ochenta mil, un año después de aparecer *ABC*, es decir en 1906. *El Imparcial* edita un buen su suplemento literario: *Los Lunes Ilustrados de El Imparcial* y Ortega Munilla al frente del mismo; el periódico desaparecerá en 1933. *El Imparcial* y sus famosos *Lunes de El Imparcial* inserta cuentos, críticas y artículos. En *Los Lunes* colaboran las plumas más reputadas de la época. En estas páginas, Valle-Inclán inicia su vida literaria. Un amigo suyo lleva un artículo a Ortega Munilla —padre de Ortega y Gasset—, y lo publica en el suplemento literario. Por cada colaboración le abonan cincuenta pesetas y, cuando pasa de cien líneas, lo divide en dos. Las "Sonatas" se publican, en su mayor parte, en la citada página periodístico-literaria. A Valle-Inclán todos los periódicos le habían cerrado sus puertas. *"Mis artículos eran, según confesión del autor teatral, acogidos con un extraño desdén: eran raros, de forma original y nueva..."*

Pío Baroja colabora también en *Los Lunes* y suele visitar la Redacción del periódico. En una gran sala que huele a tinta de imprenta y retiembla con el ruido de las máquinas, está la figura del director, Ortega Munilla. Aquí escribe su artículo, y en un aguamanil están colocadas, siempre, cuatro o cinco botellas de cervezas, que bebe según escribe. Baroja observa cómo se acercan hasta el director los redactores con sus carpetas y le consultan qué tratamiento se da a cada original. Sin embargo, Ortega Munilla no despacha nunca con los colaboradores. A Mariano de Cavia se lo encuentra más fácilmente en las tabernas, acompañado siempre de su fiel y discreto escudero García. Si *El Imparcial* es el periódico literario por antonomasia, *El Radical* es político; y Alejandro Lerroux, su "alter ego". Este periódico de Lerroux está en un inmueble de la calle Factor, perteneciente a *La Correspondencia de España* y después se traslada a un local situado en la calle del Príncipe.

En la sede de *El Radical* se citan los políticos republicanos y algún que otro anarquista, tertulia a la que acude Baroja y gente en la que no cree.

El Liberal y *El Heraldo*

Otro periódico de esta etapa es *El Liberal*, que surge de una escisión hacia la izquierda de la Redacción de *El Imparcial*, capitaneada por don Miguel Moya. Anticlerical y moderadamente republicano, se hace muy popular por la buena combinación entre la seriedad informativa y la amenidad, además de ser un infatigable defensor de la libertad de prensa. *El Liberal* forma parte del "trust" y mantiene, durante la guerra del catorce, una postura a favor de los aliados. A raíz de la huelga de los periodistas, en diciembre de 1919, un grupo de redactores lo abandonan y fundan *La Libertad.* Esta escisión contribuye también a la crisis del "trust". *El Liberal* mantendrá una postura muy radical frente al Régimen dictatorial de Primo de Rivera.

Popular e influyente, antes de finalizar el siglo, el vespertino *El Heraldo de Madrid.* Su segundo director, José Gutiérrez Abascal, más conocido como "Kasabal", seudónimo de sus crónicas mundanas, hombre de *ABC*. En 1902 lo dirige don José Francos Rodríguez. El propietario es el líder liberal, don José Canalejas. Francos Rodríguez —"Juan Palomo" de seudónimo— acaba escribiendo en *ABC* sus "Memorias de un gacetillero". Ideológicamente progresista, también se enfrenta a la dictadura de Primo de Rivera y su último número se publica el día 27 de marzo de 1939. Únicamente *El Gráfico* en 1904 y *ABC* en 1905 tienen información gráfica. En la mancheta de los diarios —Madrid llega a tener, en esta época, veinte periódicos— nombres muy relevantes en las galeras del periodismo como los de Ortega Munilla, Mariano de Cavia, Julio Burell, Vázquez de Mella, Miguel Moya, Navarro Ledesma y una legión de hombres y nombres.

El "trust" de la Prensa

Un año después de que *ABC* vea la luz, nace la Sociedad Editorial de España, que integra a los diarios madrileños *El Liberal*, *El Imparcial* y *El Heraldo de Madrid*. A estos se suman varios diarios más de provincias, casi todos ellos liberales. En un primer momento se dice que *ABC* y *La Correspondencia de España* formarían parte del mismo, pero lo desmienten, incluso *La Corres* se publica durante muchos años y alardea de su independencia con el rótulo bajo la cabecera de *"este periódico no pertenece al 'trust'"*.

Con el nacimiento de esta Sociedad surge el "trust" de la prensa. Alma de la Sociedad, fundada para un periodo de diez años, será Miguel Moya, director de *El Liberal,* y Antonio Sacristán, su principal accionista. José Ortega Munilla, periodista de *Los Lunes del Imparcial* y Rafael Gasset y Chinchilla, director de *El Imparcial* forman parte del comité ejecutivo; ambos son diputados liberales desde finales de siglo.

Según Mercedes Cabrera puede pensarse que el "trust" nace con la voluntad de *"superar las discrepancias internas en el partido liberal que había dirigido Sagasta, para poder hacer frente a un partido conservador, reforzado bajo el liderazgo de don Antonio Maura."* El "trust" tendrá una gran influencia en la caída del político mallorquín.

Resultaba contradictorio, sin embargo, que se unieran *El Imparcial* —defensor de la Monarquía— con *El Liberal,* surgido de una disidencia de aquel y de tendencia prorrepublicana; y *El Heraldo,* demócrata.

La Sociedad Editorial pretendía salvar de la ruina económica las empresas de elaboración del papel y la protección arancelario al mismo. *El Imparcial* se opone a la *"desdichada obra arancelaria"*, a la protección injusta y excesiva que *"media docena de industrias bien representadas en la Junta de Valoraciones"* iban a conseguir. Pero su crítica se concreta en la protección a la industria papelera y, concretamente, en una *"sociedad acaparadora, dueña del mercado"*: La Papelera Española, incapaz de producir barato. La Papelera es, en opinión del *El Imparcial*, *"un fracaso mercantil para sus accionistas, y un 'fracaso intelectual para la nación. El periódico liberal denuncia que la Papelera pretende imponerse un derecho arancelario elevado' para que siempre LPE (La Papelera Española), única que puede producir en España cantidad bastante para atender al consumo de la prensa, esté libre de toda competencia"*.

A Nicolás María de Urgoiti este ataque le parece desmedido e injusto. Urgoiti es un personaje muy interesante y capaz por toda su actividad humana y su formación como ingeniero de Caminos y lo que su figura supone en la estructuración del mundo del papel, de la prensa y de su visión regeneracionista de España. Es Nicolás María de Urgoiti, director de La Papelera y fundador del periódico *El Sol* y *La Voz*.[3]

Urgoiti responde desde *ABC* y don Torcuato informa

A ese ataque, Urgoiti responde desde las páginas de *ABC* y *La Correspondencia de España*, periódicos que no pertenecen al "trust". Además a Urgoiti le duelen las opiniones de *El Imparcial* sobre La Papelera Española, y a la que atribuye el que el papel sea caro por los defectos que la empresa arrastra desde su constitución. *El Imparcial* se refiere en uno de sus fondos —entiéndase editoriales— a ese *"trust monopolizador, ejerciendo un verdadero feudalismo industrial"*, que impone tanto a la prensa como a los editores unos costes abusivos.

Para la situación de la Papelera es un momento delicado y la respuesta de Urgoiti significa enfrentarse públicamente al "trust". El ingeniero vasco niega que la Papelera sea dueña del mercado, y niega también que el papel de los periódicos fuera más caro que antes...

A partir de esta polémica, la Papelera se consolida y Urgoiti ha de soportar críticas de periódicos y revistas. Su contacto complicado con la prensa, le permite conocer el funcionamiento de una empresa periodística y los avatares, si los hubiere, por los que atraviesa. Por ejemplo: don Torcuato pretende obtener inversiones sustanciosas de algunos capitalistas vascos y estos solicitan a Urgoiti un informe detallado de la situación de Prensa Española.

Desde hace unos años, Urgoiti conoce a don Torcuato y le admira por su idiosincrasia renovadora, concretada en el lanzamiento de *ABC*. No comulga, sin embargo, con el monarquismo del fundador, lo que no es óbice para que reconozca el arrojo de *ABC* al defender a Maura en 1909. Don Torcuato le facilita toda la información de su empresa que, en esos momentos, atraviesa por algunas dificultades económicas.

---

[3] Para conocer tanto su figura como su vida, es muy interesante el libro de Mercedes Cabrera *La industria, la prensa y la política*, editado por Alianza Editorial. Lo recomiendo para conocer la vida de Urgoiti.

Con el paso del tiempo, el lector se hace a *ABC* y este al lector; y *ABC* resulta grato, es cómodo y distinto a los otros diarios, el tamaño tan de la mano, cogido como quien lleva algo familiar, fácil de manejar en el tranvía, el autobús y el metro; y así se familiariza, fácilmente, el lector con él. *"Limitado a la información, no teníamos, en lo doctrinal, voz decisiva* —comenta Azorín. *Los fondos* —entonces, los editoriales de El Imparcial— *claros y persuasivos eran los que decidían en el Parlamento y en la calle. Nos esforzábamos en el trabajo; queríamos adelantar. Una honda conmoción espiritual —en toda España, con repercusiones mundiales— hizo que la ancha mesa de trabajo fuera otra; respirábamos otro ambiente. En la misma Corte se originó una grave crisis, la de 1909. El periódico se transformó; dejó de ser meramente de información para ser, a la par, doctrina. Y tenía su voto en España. Ya no podíamos temer los temerosos fondos de* El Imparcial*."*

Poco a poco, don Torcuato Luca de Tena consolida su obra periodística. El diario aumenta la tirada y hay dos normas claves para el fundador: respeto al escritor y defensa del periodista. El nacimiento del diario es, para Azorín, *"como un sueño"*, un sueño convertido en realidad y lo piensa, a las cuatro de la madrugada, cuando deja la Redacción, mientras el escritor levantino camina —*"a estas horas no había ya ni tranvías ni coches"*— desde *"el* ABC *hasta la calle del Carmen, esquina a la calle de la Salud, donde yo entonces vivía"*.

Noches de Redacción

Azorín sueña con la gloria literaria mientras sube las escaleras del diario, *"con calma, llevando en el bolsillo interior de la americana el artículo. Como se trata del primer piso, las escaleras no son muchas. Pero en esos pocos momentos, bajo los resplandores de las lámparas que iluminan la escalera, siento que se expande voluptuosamente toda mi personalidad. Al otro día, una partecilla de esta personalidad será comunicada, con mi artículo, a millares y millares de lectores.*

En las Redacciones —prosigue Azorín— *hay una mesa larga. Heme sentado a esa mesa en incontables noches de trabajo, y me he sentado ante las mesitas autónomas. En las Redacciones el escritor, escritor innato, deja algo y saca algo. Deja las adherencias superfluas del estilo y saca la limpieza de ese estilo. Como hay que escribir rápidamente, sobre la marcha, pasada la media noche, en tanto que las máquinas marchan ya, se apartan los arrequives impertinentes y se escribe de un modo rápido y directo. En las Redacciones —escuela de buen estilo— he trabajado yo mucho de madrugada..."*

Azorín cuenta cómo aparece don Torcuato *"en la Redacción después de media noche y entra en la sala de trabajo comunal. No habrá existido director de periódico más obseso con su periódico. Don Torcuato Luca de Tena piensa en todo, lo prevé todo, lo perfecciona todo. No hay detalle en la casa, en el periódico, que escape a su mirada. Desde el tamaño de las letras, en las distintas secciones del periódico, hasta la organización del trabajo de los corresponsales, todo, todo está inspeccionado por el director.*

Junto a la mesa de trabajo —señala Azorín—, *don Torcuato charla con los redactores. En el meñique de su mano izquierda lleva una gruesa sortija de hierro con fúlgido diamante: fortaleza y claridad. Y también don Torcuato Luca de Tena en los momentos delicados, me convoca a su casa. Sentado don Torcuato en sillón frailero, de anchos brazos en que apoyarse cómodamente, y sentado yo enfrente, conversamos. La idea de injusticia le exalta. Su noble ímpetu estalla en palabras enérgicas. Golpea el brazo del sillón con fuerza y su rostro se enciende.*

'¡No, no! ¡Eso no puede ser! —exclama—. ¡Y no será! ¡No puede ser mientras yo tenga vida! ¡Antes quemo el periódico! Con España no se puede jugar. ¡Soy patriota, amo a España intensamente y pongo ese amor por encima de todo!'"

Enamorado de su trabajo, don Torcuato pasa catorce horas en el periódico hasta que se marcha a casa, a las cinco de la mañana. Él conoce bien el sentimiento que lo lleva a *"una afición desmedida por el periodismo, esa tendencia loca"* desde que tenía catorce años, cuando ya dirige un periódico gráfico, *La Educación.*

A pesar de gustarle el mundo de la creación, especialmente el teatro, don Torcuato no sueña con la gloria literaria, aun cuando respira una atmósfera literaria. Su esposa, doña Esperanza, escribe unas cuartillas en las que describe el ambiente de familia, unas memorias de Villa Esperanza.

Intuitivo, don Torcuato encuentra la fórmula ideal de un periódico: el tamaño y la grapa, además de la inclusión del huecograbado. A estos aciertos, Azorín añade otro: la literatura en los periódicos como la de *Los Lunes de El Imparcial. "Un periódico bien escrito y buenos creadores."*

Poco a poco, el fundador pretende vertebrar el periodismo, hacerlo más profesional, quitarle el aire romántico y bohemio propio de la época. Tan es así que un día dice a un redactor que si el diario fuera una oficina de *"cuenta y razón, no valdría la pena de que nos llamáramos periodistas".*

Hombre de baja estatura, don Torcuato, como los hombres de su época, tiene bigote y lleva siempre un bombín en la mano. A su llegada a Serrano 61, se instala en su despacho, un despacho original, de la abadía medieval y vidrieras coloristas. Veréis un busto del rey Alfonso XIII, los sillones frailunos y un original y artístico mueble a manera de confesionario. Todos lo conocen como "el confesonario de don Torcuato", como si se tratara de un padre abad del trivium y el cuadrivium. El Fundador llama y charla con los redactores en este rarísimo despacho, con mucho de intimidad y secreto. Al lado, el cuarto de baño y un espejo con el dibujo de un burro y la frase de "ya somos dos". No sabemos qué pretende don Torcuato con esta imagen, ni qué significa. ¿Una forma de humildad? Entre los cuadros, "El Pecado"; el techo, decorado por los pinceles de Cecilio Pla.

Sin duda alguna, un toque de sobriedad preside sus despachos. En casa, por ejemplo, tiene un sencillo cuarto de estar, se levanta a las diez de la mañana y enseguida lee el periódico, lo analiza y compara con los otros; se enfada y sonríe, según las equivocaciones y el buen trabajo. Después despacha con Mariné y, años después, con su hijo Juan Ignacio.

Por la tarde, a primera hora, prosigue la misma tarea con los editorialistas, regente y otros jefes de sección. Desde su puesto de mando, ordena el funcionamiento de una compleja maquinaria. Todo lo ve, todo lo observa, todo lo escruta. Por cuidar, don Torcuato cuida hasta las erratas, ese desliz que siempre tiene una rectificación, una fe. Convencido de la pureza de la edición, de la dorsiana *"obra bien hecha"*, llega a premiar, con una elevada cantidad de la época, al lector que encuentre una.

Embarcado en su galera, don Torcuato es feliz, se cumple el sueño de su vida, lejos de esa primera etapa, del largo año y medio de vida, cuando el periódico le cuesta más de ochocientas mil pesetas con tiradas enormes: cuarenta mil ejemplares en los inicios. Tan seguro está de su éxito que ha arriesgado su fortuna.

Al caer la tarde, sus relaciones sociales, la tertulia con los amigos en el Círculo de Bellas Artes —donde surge la idea creativa de *Blanco y Negro* y de *ABC*— o en el Casino, lugar de reuniones y encuentros. La gente habla de los ociosos y, con cierta ironía, lo llaman: *"La unión general de los trabajadores."* En el Círculo, don Torcuato conversa con su amigo Miguel Primo de Rivera, cenan juntos y van al teatro. A la una, regresa al periódico y suele traer noticias. Cuando las rotativas empiezan a tirar una edición, diez mil ejemplares por hora, se retira a descansar a su casa.

El fundador siente un gran respeto por el escritor y de ello dan fe Azorín y Fernández Flórez; y no urge la entrega de originales. Con el tiempo, el Fundador tendría, por decirlo en cierto argot, una cuadra de escritores de confianza, entre otros, Pedro Mata, Pérez Rojas, José Cuartero, Azorín, Luis Antón del Olmet... Al fundador le preocupa el transporte, el correo, la cita urgente del diario con el lector. Es una obsesión como es también el *"no hay noticia* —como dice— *hasta que* ABC *la publica"*.

Capítulo II

CAMBA CEDE SU CREDENCIAL A MATEO MORRAL

EL ANARQUISTA PRETENDE ATENTAR CONTRA LOS REYES EN LOS JERÓNIMOS

"Dejemos que se llamen periodistas esos aficionados que acuden a los periódicos para quitarnos el sitio y desahogar sus vanidades."

Julio Camba

Conocido como "diario monárquico", *ABC* nace cuando Alfonso XIII "busca" novia por Europa, con el fin de asegurar la sucesión al Trono, y el rotativo de la calle Serrano convoca una encuesta bajo el título *"¿Quién será la futura Reina de España?"* Y los lectores eligen a Victoria Eugenia de Battenberg. El sufragio popular no se equivoca de Reina; y *ABC* se apunta un gran éxito con motivo del enlace de Alfonso XIII con la Reina Victoria, víctimas de un atentado en la madrileña calle Mayor.

Cuando estrena la corresponsalía de *ABC* en Alemania, Camba escribe la siguiente crónica: *"Cuando un alemán entra en un salón, ya sea un salón aristocrático o el salón de una casa de huéspedes, hace una profunda reverencia y dice: 'Mi nombre es...' (aquí el nombre del alemán). Yo también, al entrar en el* ABC, *quiero presentarme a la manera alemana. Imagínenseme ustedes con un chaqué muy mal cortado. Yo avanzo hacia ustedes arrastrando los pies. De pronto me paro en seco, me inclino marcialmente, como si fuera a recoger de ustedes una orden militar, y exclamo, no sin cierta prosopopeya: 'Mi nombre es Camba.' Los alemanes suelen decir todavía otras cosas: lo que hacen, lo que ganan. Dos años atrás, yo entraba en un periódico de Madrid, como entro ahora en el* ABC, *y aquel periódico le contaba a sus lectores lo que yo ganaba. Luego publicó mi retrato, y las muchachas lo miraban y decían: 'Pues está bastante gordito'. 'Pero si este chico gana lo suficiente... ¡Como se administre bien...'! Y hasta S.M. el Rey, que fue informado especialmente de mi sueldo por un redactor del periódico, reconoció que yo estaba espléndidamente pagado (...).*

Porque a mí se me ocurren muchas tonterías, y en cuanto tengo confianza con la gente las digo (...). Mi nombre es Camba, y en el fondo yo soy un buen chico. Tengo un chaqué alemán, pero no tengo pedantería ni afectación ningunas. La idea que yo les dé a ustedes de Alemania, desde este Berlín, adonde vengo enviado por el ABC, *será casi siempre una idea personal, y por esto necesito que ustedes me conozcan antes de entrar en tarea para que ustedes no me tomen nunca completamente en serio. Ni completamente en serio ni completamente en broma."*

Alfonso XIII: "¡El periodismo no está mal pagado en España!"

Este es Julio Camba, hijo de un médico rural, en una aldea cercana a Villanueva de Arosa. Como además su padre era mañoso, ejercía de dentista y tenía un perro al que había enseñado a fumar, un perro del que la gente de esa villa se sentía orgullosa y se divertía con él. Julio Camba, corresponsal de *La Tribuna* en Londres, con un sueldo de quinientas pesetas; una buena cantidad para sus jefes, hasta el punto de publicarlo en primera página, y lo comenta el Rey con un periodista; y don Alfonso dice: *"¡Ya no dirán que el periodismo está mal pagado en España!"* Pero sus primeros artículos los cobra en la rara especie de relojes. Camba escribe en un periódico llamado *El Reloj de Oro*, órgano de un fabricante de cronómetros; y era publicar un artículo, recibir el reloj y empeñarlo o venderlo. *"Con aquellos relojes* —comentaría Camba— *se pagaron muy buenas firmas; una de ellas, la de Azorín."*

Como tantos otros gallegos, hechos a la emigración y a cruzar el Atlántico, Camba es un escritor tan precoz, que es comparable, en este aspecto, a Larra. Colabora en periódicos regionales antes de emigrar, a los quince años, como polizón, en la bodega de un trasatlántico a Buenos Aires en 1889. A los tres años de su estancia abandonaría la capital argentina, expulsado por "bullicioso y perturbador anarquista". Camba forma parte de un grupo anarquista que atenta contra la legalidad constituida. *"Me dediqué, a las pocas semanas, a escribir artículos tremebundos en los periódicos* —comentará—. *Me tomaron por un anarquista terrible. Me comía a los hombres crudos. Las autoridades me preguntaron: '¿Usted qué es? Anarquista', dije, echándoles mis trece años a la cara como pudiera decir Napoleón o el rey de Abisinia."* Entonces regresa a Pontevedra, con un informe policial y escoltado por la Guardia Civil. Este episodio lo cuenta en la novela *El destierro*. Más tarde se traslada a Madrid, en una época de ideas anarquistas, afines a su idiosincrasia, pero lejos de compartir las formas de vida de los discípulos de Bakunin.

Camba vive además el esplendor de la bohemia; y vive como un miserable, duerme cubierto por periódicos en uno de los sofás del diario *El País*, o en otros diarios republicanos que se publican bajo el reinado de Alfonso XIII; frecuenta las tabernas de anarquistas y publica sus primeros artículos en *Tierra y Libertad*, órgano del líder ácrata Federico Urales, padre de Federica Montseny, ministra anarquista del Frente Popular con la cartera de Sanidad. Urales publica en Madrid un periódico, La *Revista Blanca* y participa en el dirección de *El Rebelde*, también anarquista. Años de bohemia, melenas al viento y recaudación de una o dos pesetillas para el condumio y el morapio, pero Camba ni bebía ni recaudaba.

Paisano de Valle-Inclán, se convierte en un lector voraz y en un admirador de la obra de Pío Baroja. En este Madrid bohemio, asiste a la tertulia de un café, frecuentada por Rubén Darío, los Baroja, los Machado y Valle-Inclán. Circunstancias de la vida: en ese café conoce al anarquista Mateo Morral. Procedente de Barcelona, Morral viene a Madrid dispuesto a atentar contra el Rey el día de su boda con la Reina Victoria, durante el trayecto que lo lleva del Palacio de Oriente al templo de San Jerónimo el Real.

Conversación de Camba con Morral

En el café, Camba charla con Morral, sabe que es anarquista, pero ignora que su acción llegue tan lejos. Como colaborador de *El País*, comenta al regicida que tiene un pase para la boda, acontecimiento al que él no piensa asistir. Entonces, Mateo Morral se lo pide y Camba se lo da.

Días previos a la celebración de la boda, el anarquista visita el templo donde tendrá lugar la ceremonia y observa, minuciosamente, el interior de la iglesia de los Jerónimos. Cuando está en ella, piensa en este escenario para realizar el atentado; pero al calcular la magnitud del mismo, desiste de su acción y opta por lanzar la bomba desde un balcón de un quinto piso en la calle Mayor.

Pío Baroja es otro de los tertulianos del café al que acuden Camba, Morral y otros escritores; en un café de la calle de Alcalá, el novelista ha visto también a Mateo Morral. Don Pío no llega a hablar con él y la impresión que le causa —según Gómez-Santos— es la de un hombre oscuro y silencioso. Baroja trata a Urales y a Isidro Ibarra, dueño de una taberna, "A la Viña de Noé", en la plaza de San Marcial, actualmente Plaza de España. A Ibarra se le considera cómplice del atentado de Morral e ingresa en prisión.

En la cripta del hospital del Buen Suceso, donde se traslada el cadáver de Morral, su hermano Ricardo hace un dibujo de la cabeza del anarquista muerto. Cuando el juez cita a personas implicadas para abrir el proceso, únicamente llama a Julio Camba. Desde entonces —año 1906—, hasta la proclamación de la República, siempre que llegue un ilustre político a Madrid, Camba recibe la visita de un policía.

Camba se hace rápidamente un nombre en el mundillo periodístico y marcha enseguida como corresponsal al extranjero, concretamente a París y Estambul, de *El Globo* y otros diarios. *Tierra y Libertad* deja de publicarse y Camba pasa brevemente por *El País* para ir como corresponsal literario de *El Imparcial* a Constantinopla, de actualidad en esta época por la contienda de los Balcanes.

En Turquía lo primero que hace Camba nada más llegar es darse un baño turco. Al salir del agua, el bañista le frota el cuerpo y le arranca de la piel unas tiras negras y Camba se alarma. Al preguntarle al bañista qué es eso, le responde que "su catolicismo". Camba cuenta todo este episodio en una crónica, y sienta tan mal en el ambiente pacato de *La Corres*, que no solo no se le publica, sino que lo abandonan a su suerte, sin dinero, y gracias a la Asociación de la Prensa retorna a Madrid. Durante varios años vive en Londres y escribe en *El Sol* de Ortega y Gasset y en ese periódico publica, casi diariamente, en la primera página, sus artículos bajo el título de "Crónicas de Camba". De *El Sol* vuelve a *ABC*. Luis Calvo, que lleva las colaboraciones, propone a la dirección del periódico que Julio Camba retornara a Nueva York. Qué paradójico y lejano el Camba anarquista del que escribe en el *ABC* nacionalista de Sevilla, durante la guerra, "furiosos artículos de propaganda".[4]

Foto histórica

ABC nace con buena estrella. La primavera de 1906 va a dar origen en Madrid a una apasionada secuencia por hacerse con el dominio de la noticia a través de la imagen; es la "búsqueda prodigiosa". Las bodas reales serán el cauce de una concepción gráfica. No sin asombro, los madrileños leen el día 31 de mayo este significativo anuncio: *"(...)* ABC *abonará 25 pesetas por cada fotografía de la comitiva regia que acepte y publique en su número del viernes."*

Una sola fotografía, firmada por "Foto Mesonero Romanos" y publicada en exclusiva por *ABC*, capta la explosión de la bomba con los caballos despanzurrados y las víctimas del atentado. Ese día, el estudiante Luis Mesonero Romanos se sitúa en el Pretil de los Consejos, junto al edificio de Capitanía General, en la calle Mayor. Dispone de un buen ángulo, pues la carroza real tuerce para enfilar por la calle de Bailén hacia Palacio. Mateo Morral, el anarquista catalán, lanza la bomba desde un balcón del piso quinto de una modesta casa de huéspedes, en el número 88 de la calle Mayor. Con la máquina que el padre ha regalado a Luis Mesonero, este solo tiene que disparar en el momento de confusión originado por el lanzamiento de la bomba. Fiel al anuncio, Mesonero llega con el negativo a *ABC*. Al verlo, don Torcuato sabe que tiene en sus manos una "bomba" periodística, la gran exclusiva, la fotografía que dará la vuelta al mundo, considerada en su tiempo "el éxito informativo más grande que se conoce en los anales de la Prensa".

La primicia del rotativo de la calle Serrano causa tal sensación que el periódico publica un editorial:

"La fotografía del atentado produjo sorpresa general. Hubo escépticos que preguntaban con dejo malicioso si sería efectivamente fotografía o dibujo. Ignorante

---

[4] Marino Gómez-Santos, hombre de ABC, buen escritor y periodista, conoce muy bien la vida de Camba y los personajes de la época en que viviría en el hotel Palace; y a él se debe precisamente la denominación "el solitario del Palace". Acaba de publicar sus memorias, muy interesantes, en Espasa Calpe.

se necesita ser para confundir tal cosa. Casualidad o no, fotografía es la que, reproducida en nuestras columnas, ha originado el éxito más grande que se conoce en los anales de la Prensa universal." Incluso un fotógrafo del prestigio de Franzen, se coloca con sus cámaras, a lo largo del recorrido, para no perderse un acontecimiento tan excepcional como este. A su estudio acude a retratarse el Rey y Franzen se desplaza a la calle Mayor para realizar, con sus cámaras, espléndidas panorámicas del recorrido de la comitiva regia.

Hay otros documentos gráficos sorprendentes como el captado por Díaz Casariego, frente a Capitanía, o el de Goñi y la inscripción que descubre *"en el quinto árbol de la primera fila en el Paseo de coches del Retiro"*, que decía: *"Ejecutado será Alfonso XIII el día de su enlace. Un irredente."* Y alrededor la palabra "Dinamita" para que no hubiera error posible. La muerte por suicidio del autor, el mismo del atentado, Mateo Morral, servirá para diseñar una página de información en la que aparecerá *"vivo hace unos meses en Barcelona"* y enfrentado a su *"retrato después de muerto"*, por medio de un recorte de la figura yacente en el depósito y montaje final sobre fondo neutro para componer adecuadamente el "antes y el después".

Inocentada: robo de uno de los leones del Congreso

Amigo de la inocentada, pionero, a *ABC*, aunque serio y grave, le gusta poner una nota de humor, gastar la broma de este personaje de papel. Así, los lectores abecedarios se desayunan el día siguiente de la festividad de los Santos Inocentes de 1907 con "El robo de uno de los leones del Congreso". *"De madrugada* —dice— *nos da cuenta el teléfono de un suceso inaudito que prueba la audacia de los fieles devotos de 'Caco': uno de los leones de bronce que eran gala del Congreso y testimonio de nuestras glorias en África ha desaparecido.*

Recibimos la noticia, enviamos un fotógrafo para que haga la información gráfica correspondiente —la cual reproducimos más arriba— y nos limitamos a hilvanar los informes que nos envían nuestros 'reporters'.

Cerca de las tres de la madrugada retirábase a su domicilio de la calle del Marqués de Cubas, don Juan López y Pérez, inspector del alumbrado público, cuando al pasar por delante del Congreso tropezó con un tablón que, apoyado en la base de uno de los leones del frontispicio, invadía parte de la acera..."

Tras una serie de peripecias, el diario cuenta que *"los ladrones no han sido habidos, pero que el león ha aparecido abandonado en un rincón del Retiro, junto a la Exposición de Industrias.*

El hecho demuestra lo que era creencia muy general, aunque negada por algunos técnicos: que los famosos leones son huecos, pues de ser macizos no hubiera sido fácil arrancar uno y llevársele con tanta rapidez y con tan escaso esfuerzo. Se supone que en todo el día de hoy no será posible volver a su sitio el león fugitivo —finaliza la información—; *pero mañana seguramente estará ya en su lugar".*

Gómez Carrillo y Mata-Hari

Un hombre de *ABC*, como el mítico Enrique Gómez Carrillo, con una vida envuelta en el escándalo y la aventura, se comenta de él, en el Madrid de la época —escándalo que dio mucho que hablar—, que en los últimos años de su vida —muere en 1927— mantiene relaciones con Mata-Hari; y se llegó a decir que había sido su delator y el causante del fusilamiento.

Gómez Carrillo escribe un libro titulado *El misterio de la vida y la muerte de Mata-Hari*, libro de gran éxito, escrito para desmentir esos rumores, puestos en letra impresa en un artículo de J. Edwards Bello reproducido al inicio del volumen: *"Se dice que Gómez Carrillo se hizo amigo de la bailarina Mata-Hari, de acuerdo con el prefecto francés, para entregarla al patíbulo. Esto se dice en todas partes en alta voz, con detalles precisos, en los círculos y cafés de París y Madrid."*

Probablemente es un rumor que hace correr Gómez Carrillo para dar publicidad gratuita al libro. Al menos eso piensa Baroja, quien, en sus memorias, no muestra mucha simpatía por el escritor guatemalteco: *"Carrillo era de una vanidad extraordinaria. Por vanidad no sé si escribió, pero al menos lo dijo, que él había denunciado a la Mata-Hari, bailarina holandesa, como espía alemana en el Palace Hotel. Gusto extraño el aparecer como denunciador. El hecho no era cierto, porque cuando llegó la bailarina al Palace Hotel de Madrid, llevaba mucho tiempo vigilada por el gobierno francés."*

Gratis en tranvía con *ABC*

ABC de los primeros tranvías —el "cangrejo", de color rojo y de "vía estrecha"—, de transportes colectivos en un Madrid "alegre y confiado", de atropellos y choques, de "la conquista del tranvía" como refleja el ilustrador del diario, Medina Vera. Una vez más surge la chispa imaginativa de don Torcuato. Con *ABC*, el pasajero del tranvía viaja gratis, tras un "contrato entre la Sociedad de tranvías de Madrid y la empresa de *ABC*". *"Todos los números de este periódico llevarán impreso un vale de cinco céntimos que admitirán por este valor los cobradores de los coches 'en todas las líneas de vía ancha', resultando, por tanto,* ABC *completamente gratis."*

ABC y la gran aventura aerostática del capitán Alfredo Kindelán —después colaborador de *ABC*— año también del estreno de *Los intereses creados* de Benavente y *Las de Caín*, de los hermanos Álvarez Quintero, cuando el mundo de la moda imponía el gran escote y el talle ceñidísimo. Aquella España que se divierte con los Carnavales o asiste a la boda del rajá de Kapurthala con la bailarina malagueña Anita Delgado, un romance que nace cuando el rajá viene a Madrid con motivo de la boda de Alfonso XIII y se queda prendado de Anita en el Central-Kursaal.

La familia real en la Casa

Don Torcuato, un monárquico de razón y de sentimiento. El periódico está, entre otros fines, inspirado para la defensa de la Monarquía y de España. El 4 de marzo de 1907 es día muy especial y alegre para el Fundador. Gracias a él y al Conde de Romanones se construye, mediante una suscripción popular, el templo de la Concepción en la calle Goya. Para impulsar las obras de la iglesia se celebra en la Casa de *ABC* una tómbola.

Con este motivo, la Reina María Cristina y las Infantas Isabel "La Chata" y María Teresa acuden a la sede del diario. Poco después, llega la Reina Victoria acompañada de su madre. Una vez finalizada la tómbola, recorren las instalaciones del rotativo entre el entusiasmo del personal de la Casa.

Un año después, el 16 de noviembre, visitan las instalaciones del periódico Don Alfonso XIII y Doña Victoria Eugenia, tras inaugurar una exposición de la Asociación de la Prensa. Un Rey juvenil, acompañado del fundador, observa, desde un balconcillo, el ajetreo de las rotativas. Don Torcuato se adelanta al monarca y, cuando este aparece, lanza un sonoro *"¡viva el Rey!"*, al que responden los obreros.

Prohibido afiliarse a un sindicato

En un ambiente de bohemia, el Fundador es partidario de profesionalizar la empresa periodística. Don Torcuato no quiere gente "revoltosa" ni afiliada a sindicato alguno, principio que se mantiene hasta la llegada de la República; y quien lo oculte será dado de baja. El año 1919 se constituye el Sindicato Español de Periodistas, vinculado a UGT, que preside Ezequiel Endériz, redactor de *El Liberal.*

Para la época, las condiciones laborables en la Casa de *ABC* son muy buenas. En 1918, Prensa Española establece la jornada laboral de ocho horas, dos años antes de que se implante en toda España. El Fundador es inflexible en los conflictos laborales. Ante un conato de huelga, los obreros, que acuden al trabajo, sufren presiones para que se den de baja en la Asociación del Arte de Imprimir.

Ante una huelga de cajistas, los huelguistas son despedidos y sus nombres pasan a la Unión de Impresores con el fin de que no se les admita en sus talleres. Prensa Española adopta medidas sociales, desconocidas en España, a favor del personal. En una de las paredes del palacete de la calle Serrano 61 existía un mosaico en el que se leía: *"De la prosperidad de Prensa Española dependen el bienestar y el porvenir de cuantos en ella trabajan."*

Don Torcuato selecciona muy bien el personal, redactores y escritores; y obreros. Alguien dirá que trabajar en esta empresa es *"como tener un puesto en las cercanías de su hogar"*; y se habla de la Casa con todo el simbolismo que lleva implícito esa acepción.

Hasta la década de los años 1960 y 1970, siempre que pasaba ante los ordenanzas y bedeles un alto cargo del periódico o un miembro de la familia Luca de Tena, aquellos, si permanecían sentados —generalmente en la antesala de las visitas—, se levantaban. Don Torcuato cuida las condiciones higiénicas del trabajo y, para ello, acondiciona bien el periódico. En su testamento, deja al personal un diez por ciento del jornal anual. Sagas y generaciones, tareas de manos anónimas, vidas laborales consumidas entre el sudor de las paredes, hombres y mujeres, hijos y nietos siguen sus pasos y entran, como aprendices, en Prensa Española; sí, de mujeres, un elevado número de ellas. En los años cuarenta ya trabajan las mujeres en Serrano 61 y, de ello, hay algunos ejemplos como los de la señorita Remedios Alonso o doña Antonia, maestra en excedencia, linotipistas de la sección de composición.

Propiedad de *ABC*

En 1909 *ABC* es Prensa Española, tres mil acciones a mil pesetas la acción. No obstante, el diario pasa por dificultades económicas y se rumorea que lo apoya Juan de la Cierva, ministro de Gobernación con el Gobierno Maura. El propio ministro confiesa que Alfonso XIII le pregunta, en varias ocasiones, si ha invertido dinero en Prensa Española. La Cierva consigue *"prórrogas* (bancarias) *que fácilmente le otorgaron"*. El año de la constitución de la empresa, el diario atraviesa por serias dificultades económicas, hasta el punto de que el Fundador pide al político murciano —La Cierva— que le busque compradores. Don Torcuato pide un millón doscientas mil pesetas. La Cierva llega a reunir ochocientas mil y su propósito es dejar al fundador con su diario y disminuir el capital invertido por don Torcuato.

También corre el rumor de que lo quiere comprar la Sociedad Editorial de España —el diario empieza a ser conocido, a despertar curiosidad, a abrirse camino con los anuncios gratuitos para suscriptores o la promoción, muy a la americana, de los famosos concursos que despiertan interés en toda España. Los concursos de *ABC* proceden y causan furor en Estados Unidos, después en Francia. *Le Petit Parisien* los organiza en el país vecino y *ABC* los populariza en España. En Francia hay que averiguar los granos de trigo contenidos en una botella. Don Torcuato sustituye el trigo por el garbanzo. Por eso, alguna publicación, no exenta de maldad, llama al diario "garbancero".

Con pocos años de vida, en el ambiente periodístico y en la calle se duda de quién es la propiedad del periódico de la calle de Serrano. Ante estos rumores, el diario sale al paso con una nota en la que dice que solo los accionistas son los propietarios, *"y los obligacionistas, acreedores más o menos privilegiados"*.

"Para saber, por tanto, quiénes son los propietarios de un negocio —dice el periódico—, *basta averiguar el nombre de sus accionistas. La totalidad de las acciones de Prensa Española, editora de* ABC, *es propiedad del Sr. Luca de Tena* —escribe con rotundidad el diario—, *así como la mayoría de sus obligaciones, pues sólo una insignificante parte de éstas ha sido suscrita. De dichas obligaciones sólo responden los edificios, y, por tanto, ni la maquinaria ni los periódicos comparten esa responsabilidad."*

En un rasgo de apertura, el periódico está dispuesto a poner a disposición de cuantos deseen comprobarlo *"nuestros libros y demás documentos necesarios"*.

"Ya sabe a qué atenerse el público cuando oiga decir otra cosa respecto a la propiedad de ABC *y demás publicaciones que edita Prensa Española."*

Primera foto aérea mundial

Poco a poco, el diario se abre camino: publica esquelas, edita suplementos para niños como el de "Gente Menuda", o páginas para la mujer, entonces con "la pierna quebrada y en casa", o la fotografía de Ramón Alba, captada desde un globo y considerada en el mundo como la primera fotografía aérea.

Ramón Alba capta esa imagen durante la guerra de Marruecos. *ABC* es mucho su portada, única en un diario. Portadas que resumen, en ocasiones, una jornada; en otras, una denuncia o una campaña, cuando no el cartel de una exclusiva. Fotografías firmadas por Cifuentes, Rivero y Duque. *ABC* es un periódico ilustrado, cultiva y valora lo gráfico y sabe que "una imagen vale más que mil palabras".

Ataques de la revista *España*

La revista *España* alaba el *"magnífico alarde técnico"* del rotativo de la calle Serrano, pero ideológicamente lo califica como el *"más funesto de España, por haber patrocinado con gran eficacia, bajo el manto de la independencia, las causas más retrógradas y haber combatido las más liberales"*. Según esta revista, los cuatro pilares del diario son: *"el incentivo visual de los grabados"*, los *"famosos concursos del frasco lleno de garbanzos"*, *"su actitud defensiva de los intereses de las clases acomodadas o gobernantes"* y *"una hábil manipulación industrial del concepto de patriotismo, que nunca falta en boca de aquellos a quienes menos importa la verda-*

dera Patria". Paradójicamente, la revista se anuncia en sus páginas *"para que los lectores del abecedario periodístico se dignen enterarse de su existencia"*.

La Infanta Paz escribe en *ABC* un viaje por España

La Infanta Paz de Borbón, hija de la Reina Isabel II y hermana de la no menos interesante personaje intelectual la Infanta Eulalia, se asoma a las páginas abecedarias y describe, con mucha sensibilidad, un documento muy valioso para conocer la España del año 1910. Son como ella las define: *"Impresiones de su vida, un viaje en automóvil de Munich a Madrid."* Acompañada de su marido, el Príncipe de Baviera y de su hija Pilar, la Infanta Paz escribe varios capítulos de su viaje por España, un viaje, en cierta medida, romántico y sentimental, donde surge la sensibilidad de sus impresiones a lo largo del camino y ciudades que ambos visitan. Es una visión muy interesante, rica y, hasta cierto punto, sociológica, en la que narra una manera de vivir de España. Errores que le hacen cambiar de carreteras como el que tienen al salir de Valladolid y le muestran la dirección de Segovia cuando quieren encaminarse a Soria y cómo llegan a esta capital castellana *"ya muy tarde cuando llamábamos en Soria a la puerta de una fonda, cuyo propietario, en el curso de una conversación, se descubrió que había sido fiel servidor de Palacio en la época de mi hermano* (Alfonso XII)".

Es también muy interesante todo lo que cuenta sobre *"nuestro fiel amigo el doctor Camisón* (que) *se moría"*. Al día siguiente de que la Infanta, su marido y su hija salieran de Madrid, en automóvil hacia Valladolid, se enterarían en Medina del Campo del fallecimiento del doctor Camisón. *"Estaba el ambiente lleno de tristeza* —escribe— *cuando nos dieron esa noticia."* *ABC* recoge la noticia de la muerte del médico de Alfonso XII y la esquela del mismo.

Capítulo III

DON TORCUATO DEFIENDE A MAURA Y AL REY POR EL CASO FERRER

TELEGRAMAS A DIRECTORES DE TRECE PERIÓDICOS MUNDIALES

"La prensa es peor que una manada de lobos."
Sidney Pollack

ABC, pulso nacional y mundial, inquietud y desasosiego de una España que trata de olvidar la pena por sus muertos en la guerra de África, o narra los sucesos de la semana trágica de Barcelona, días de mitines, huelgas y manifestaciones en una campaña antibelicista, orquestada por la coalición republicano-socialista; y la gran manifestación, inmensa manifestación republicana del primero de mayo, a la que asisten unas ochenta mil personas.

La vida de unos españoles que se juegan la vida en Marruecos, en gestas románticas y heroicas como el desastre del Barranco del Lobo, donde mueren más de mil soldados, o el sarpullido de la huelga general y el estado de guerra decretado por el Gobierno, en Barcelona, una ciudad tomada, durante tres días, por los revolucionarios, hasta la intervención del Ejército que acaba con esa *"explosión perfectamente carpetovetónica"*, en palabras del historiador Jesús Pabón.

En un gran número de bajas y detenciones durante la Semana trágica en la Ciudad Condal, la figura del Francisco Ferrer Guardia, afiliado a las logias masónicas en París y fundador en Barcelona de la "Escuela Moderna", de tendencia anarquista y a la que pertenece Mateo Morral. Condenado a muerte, Ferrer es fusilado el año 1909 en el castillo de Montjuich. Con esa acción, nace una campaña contra el presidente del Gobierno, Antonio Maura, y su ministro de la Gobernación, La Cierva, campaña que traspasa nuestras fronteras y toma un cariz internacional hasta el punto de mitificar a Ferrer. En esta época, don Torcuato pertenece al partido liberal y apoya al gobierno Maura y, según su hijo, se aleja en aquel *"momento de pasión política"* del partido liberal, enemigo irreconciliable de don Antonio Maura y de lo que significaba su pensamiento.

Con la caída del Gobierno Maura, don Torcuato, envía un telegrama a cada uno de los trece directores más importantes del mundo. Con un gran sentido de su patriotismo y sin ser maurista, el Fundador les dice: *"He visto, con profundo dolor, la calumniosa cruzada dirigida contra mi patria por la pasión de algunos y el desconocimiento de la verdad por parte de otros. Ferrer ha sido juzgado por un Tribunal legal, que ha obrado de acuerdo con las leyes y que ha dado al acusado cuantas garantías dan los Tribunales de los pueblos cultos y civilizados."*

Por el caso Ferrer, *ABC* gana muchísimos lectores y su tirada supera los ciento veinticinco mil ejemplares. El concepto de patriotismo, al que se refiere la revista *España*, se pone una vez más de manifiesto —según las historiadoras Seoane y Saíz— en el caso Ferrer, *"en el que* (ABC) *defendió a capa y espada 'el buen nombre de España', frente a la campaña de protesta que en el interior y en el extranjero desencadenó el escandaloso proceso".*

Esa doctrina conservadora llena, según las citadas historiadoras, *"un hueco en el panorama de la gran prensa madrileña, dominado excesivamente, en cuanto a su correspondencia con la opinión media, por diarios situados a la izquierda".*

El periódico salva una difícil situación económica y se convierte en uno de los primeros rotativos del país. Don Torcuato pasa un mal trago y toma la pluma para escribir el artículo "El proceso Ferrer", que publica el rotativo el 29 de marzo de 1911. En cierta ocasión, el republicano *España Nueva* llega a augurar que *ABC "no es ni será nunca negocio"*. ¿Por qué? *"Porque lo rige Luca de Tena, un hombre de negocios —he aquí la paradoja— pero que no entiende el periodístico, sólo alcanzable a los que nunca fueron negociantes."* Su augurio es un fiasco; el año 1910, *ABC* tira cien mil ejemplares y la publicidad supone entre el veinticinco y el cuarenta por ciento del periódico.

Defensa del Gobierno Maura

El Gobierno Maura cae y el fundador continúa su campaña en contra de todos los periódicos izquierdistas del mundo; y reivindica la honorabilidad del Gobierno Maura, y no cree oportuno aconsejar a la Corona el indulto de Ferrer, condenado por los Tribunales. Don Torcuato edita varios números de *ABC* en inglés, en francés y en español. En un acto de patriotismo, los envía a los periódicos más importantes del mundo. A los tres días de la caída del Gobierno Maura, el 25 de octubre de 1909, la izquierda celebra una manifestación por las calles madrileñas en señal de júbilo y suena en el aire el grito enfervorizado de la multitud: *"¡Maura, no!"* Parte de los manifestantes deciden airear sus protestas ante el edificio del periódico y don Torcuato observa, estupefacto, la manifestación. Y, ante esta, *ABC* escribe: *"¡Qué vamos a decir y qué vamos a protestar! En el solar que hoy ocupa ABC pudimos perfectamente, si tal hubiera sido nuestro antojo, elevar un palacio como los demás que existen en la Castellana, vivir en él tranquilos y asistir desde él, indiferentes, al espectáculo de la vida, viendo cómo los demás luchan, se atacan y se es-*

trellan. Pero en lugar de eso preferimos ser útiles a la Patria, coadyuvar al progreso del mundo, contribuir a la vida de los que honradamente quieren trabajar y fundamos el primer taller tipográfico de España, en el cual hallan ocupación y ganan su pan más de doscientos obreros."

Al defender don Torcuato al Gobierno Maura y al Rey de los ataques extranjeros, un día le llama don Alfonso para decirle que Moret, presidente del Gobierno, cree que la campaña de *ABC* y la actitud del fundador es más perjudicial que beneficiosa; y que, según Moret, la campaña del extranjero ha decrecido mucho desde que el partido liberal está en el poder; y le ruega que la suspenda. Entonces don Torcuato enseña al Rey el periódico parisiense, *L'Assiette au Beurre*. En la portada aparece el Zar de Rusia y estrecha la mano del Rey de España. Del apretón de manos cae un chorro de sangre. El Zar le dice al Rey: *"Gracias, Alfonso; ya somos hermanos."*

Recuerda bien Juan Ignacio, hijo del Fundador, los preceptos constitucionales de la época. Al cambiar de partido gobernante, la costumbre es que el Rey entregue el decreto de disolución y la convocatoria de las Cortes al nuevo presidente. Pasan unas semanas y Moret no tiene el decreto. A punto de cumplirse el plazo, Moret despacha con el Rey el Miércoles de Ceniza y los periodistas le preguntan, en la puerta de palacio, si lleva el decreto de disolución y la convocatoria para que lo sancione el Monarca. Moret lo lleva y contesta a los periodistas: *"A la salida hablaremos."*

Según *ABC*: Moret, sin la confianza regia

El diario de la calle Serrano cuenta el desarrollo de esa crisis gubernamental. Ha trascendido a la opinión pública que, este día, se firmará el decreto por el cual se disuelven las Cortes. Ante esas situaciones, el monarca tiene la costumbre de pasear por la Casa de Campo. A primera hora de la mañana, *ABC* afirma que Moret no goza de la confianza regia y Canalejas será su sucesor. Esa visita a Palacio levanta una gran expectación, acrecentada por *ABC*. Los periodistas cubren los distintos puntos de interés donde están los protagonistas. Fiel a su costumbre, don Torcuato se levanta a las diez de la mañana y espera la confirmación de la noticia. Moret se despide de los periodistas con un *"adiós, señores, ya no tendrán ustedes el disgusto de verme: desde ahora tendrán otra ninfa Egeria que los inspire"*.

Entretanto, Julio Burell y Santiago Alba comentan a los periodistas que lo que publica *ABC* es un absurdo, *"una broma de carnaval"*, según Burell. En el despacho con don Alfonso, Moret le presenta el decreto a la firma y el Rey le dice que *"he de abrir un periodo de consultas"*. En ese instante, Moret le presenta la dimisión del Gobierno. *"Me he visto obligado* —diría don Alfonso— *a despedir a Moret, porque, sin mala intención, pero también sin enterarse de lo que ocurría, estaba sirviendo a los enemigos de España."* Dos días después, el 9 de febrero, el presidente del Consejo de Ministros es José Canalejas.

Don Torcuato se entrevista con el Rey y Canalejas

ABC de 1910, cinco años en el escaparate periodístico nacional, contempla la España desmoralizada por la campaña de Melilla y las tensiones internas del partido liberal. La Monarquía pasa por una de las crisis más trascendentales. La intervención de don Torcuato en su charla con el Rey influye, decisivamente, en la resolución de la crisis. Apartado desde hace tiempo de la política, Canalejas es para Juan Ignacio Luca de Tena, un hombre de la extrema izquierda dinástica, casi un republicano. Sus ideas reformistas, sobre todo en materia religiosa, lo han enemistado con las clases conservadoras. Se comenta, incluso, que la Reina madre —con gran influencia sobre su hijo—, asegura que Canalejas no pisará más en palacio mientras ella viva.

A las pocas horas de la entrevista del fundador con el Rey, Canalejas cambia impresiones con don Torcuato sobre el momento político. Canalejas le confiesa que es un hombre de extrema izquierda, demócrata y liberal, partidario de reformar algunos artículos de la Constitución y darles un contenido más avanzado. En el caso Ferrer, Canalejas comenta a don Torcuato que Maura tenía toda la razón; que él hubiera hecho exactamente lo mismo, que aplaudía la campaña de *ABC* y que *"deseaba que en palacio se supiera cómo pensaba"*.

Entrevista, de la que se hablaría mucho en la época, en la cacería del duque del Infantado en su finca de Viñuelas, cercana a Madrid, días antes de la crisis que ocasiona la caída del Gobierno Moret. En la entrevista: el Rey, Maura y Canalejas. Don Torcuato aparece, como ministro de Fomento, en la lista del primer Gobierno de Canalejas. Pero don Torcuato —senador vitalicio— no acepta ese nombramiento, amante como es de su profesión periodística y de su sentido de la independencia. Ese rechazo tiene, además, un sentido de delicadeza: la intervención del fundador en la subida al poder de Canalejas; don Torcuato es buen amigo suyo y de La Cierva.

Acosado por la derecha y la izquierda, la guerra de África, las disensiones dentro de su propio partido, los movimientos revolucionarios —el de Cullera, entre ellos, con varios muertos—, la ruptura con El Vaticano, Canalejas muere asesinado en la Puerta del Sol mientras observa el escaparate de una librería. Juan Ignacio Luca de Tena sabe la importancia de esa bala y lo que hubiera cambiado el curso de la Historia de España de no haber resultado mortal.

A media mañana del día 12 de noviembre de 1912 suena el teléfono en la casa de don Torcuato. Agustín, uno de sus servidores, entra en su despacho y le informa de la muerte de su amigo; al momento llaman del diario. Don Torcuato mira, con asombro, el cadáver de Canalejas; con este son dos los magnicidios que contempla: el de Cánovas y el de Canalejas. *ABC* cuenta esa muerte y el cortejo fúnebre, presididos por el Rey; y un don Torcuato tras el féretro, apenado por la muerte del amigo.

Huelga del duque de Zaragoza

ABC y la manifestación contra el encarecimiento de la vida; el duque de Zaragoza, conductor del tren real, subido a una máquina de vapor, junto a algunos técnicos de la Compañía del Norte durante los días de la huelga de los ferrocarriles. *ABC* y la adhesión del pueblo a Alfonso XIII en la plaza de Oriente, o la imagen de un monarca sencillo, sentado en el suelo, que almuerza con militares y periodistas durante unas maniobras. *"Hemos toreado ya* —dice Alfonso XIII— *muchas corridas juntos, y justo es que toreemos esta también."* *ABC* lleva el luto a los españoles con la muerte del compositor Enrique Granados, al hundirse el "Sussex", cuando regresa a España tras una gira triunfal por Estados Unidos, o despide a José Echegaray, ancianito, *"cerebro portentoso"*, según escribe Benavente, *"ha llenado con su nombre y con sus obras medio siglo de nuestro teatro..."*; información que el periódico cuida mimosamente como corresponde a este hombre polifacético y primer Nobel español.

"Los republicanos en Palacio"

Los "reporters", como se les llamaba entonces, tenían una primicia la mañana del 14 de enero de 1913. *"Vayan ustedes a Palacio porque allí está la noticia"*, dice un diputado republicano, a varios periodistas reunidos en el Ministerio de la Gobernación. *"Se trata de la visita de una persona que nunca ha estado en el Regio Alcázar."* Ese personaje no es otro que don Gumersindo Azcárate, jefe de la conjunción republicano-socialista. No, no está en Palacio Azcárate; el que está con el Rey es don Santiago Ramón y Cajal. Sin embargo, Azcárate sería recibido a la seis de la tarde. Ante los nuevos aires ideológicos, Alfonso XIII inicia así conversaciones con la gente opuesta a su Régimen. Al día siguiente, *ABC* destaca la visita con gran alarde tipográfico: "Los republicanos en Palacio"; y el diario informa del siguiente diálogo: *"Cada cual mantiene sus ideas"*, dijo don Alfonso. *"Yo siempre seré republicano"*, contestó el interlocutor. *"Así me agrada"*, apostilló el Rey. *"En opinión del señor Azcárate* —continúa *ABC*— *el Rey es agradable, persona simpática, muy conocedor de los problemas de España."*

A Palacio llega el luto por la muerte de la Infanta Teresa y el 20 de junio de 1913 en el palacio de la Granja, Alfonso XIII a los palatinos reunidos en la antecámara: *"¡Señores: es un varón!"* A las 2,20 de la madrugada las 21 salvas de ordenanza anunciaban el nacimiento del Infante Don Juan.

Una España con dos bandos irreconciliables: germanófilos y aliadófilos: fortalecimiento de la anquilosada Constitución de 1876, mayor equilibrio en la relaciones Iglesia-Estado, más sensibilidad entre poder militar y civil, lo mismo que con el problema obrero. Muy pesimista, para el profesor Ferrandis la política era una farsa, se falsean las elecciones y son estériles las discusiones en las Cámaras; todo ello desemboca en la desmoralización ciudadana, en la carestía de la vida y en la indisciplina. Entretanto, los partidos mantienen una constante lucha por el poder. Cansados de la contienda, hay quienes, en la solapa, se colocan un letrero con un "no me hable usted de la guerra".

Un Rey humanitario, que abre una oficina en Palacio, con el fin de ayudar a los prisioneros de ambos bandos. Este gesto nace a raíz de una mujer francesa que intenta, por todos los medios, saber el paradero de su marido, desaparecido en uno de los primeros combates; y logra encontrarlo tras escribir una carta a Alfonso XIII. En contacto con la Embajada española en Berlín, el Rey conoce el campamento de concentración en el que se encuentra el soldado francés; y transmite la noticia a la mujer francesa. Los diarios franceses publican esa información y el gesto del Rey.

Noches de El Colonial

Noches de un Madrid romántico, noches de verano, noches que invitan a dar un paseo en automóvil —son contados los que lo tienen— hasta los aledaños de la Moncloa. En esa época circula, únicamente, uno de los primeros coches de Madrid; y en él viaja la familia Luca de Tena. Antes de regresar a casa, don Torcuato, fiel a su instinto periodístico, pasa por el Ministerio de la Gobernación y habla un momento con el ministro la Cierva. Entretanto, la familia le espera en el coche. Juan Ignacio ve, está viendo, el rostro de su padre y oye sus palabras: *"Me ha dado una noticia La Cierva: acaban de asesinar en Lisboa al Rey de Portugal y al príncipe heredero."*

Serrano 61 de un Madrid romántico y señorial, Serrano 61 de extrarradio, lejos del pálpito de la urbe. Mujeres guapas de un Madrid que capta el dibujo alado de Penagos. Un Madrid de valses, cafés y paseos, tertulias y juegos. Un Madrid excitante y divertido, la ciudad más movida de la noche europea, la más noctámbula. Espectáculos y cafés, convierten la ciudad en una alegría visual y conmovedora bajo su luz de gas. Noches de bohemia, noches de El Colonial y tantos otros cafés.

Al Colonial van, entre otros escritores, Valle-Inclán, testigo de un hecho singular: el enamoramiento del Maharajá de Kapurtala y de la bailarina malagueña Anita Delgado.

Madrid es, en palabras de Gómez de la Serna, *"la ciudad de la luz sensible y nada más. Es sólo presencia entretenida"*. Acostumbrado a su vida provinciana, Unamuno tiene miedo de dejar, por unos días, la paz provinciana de Salamanca y venir a Madrid: *"Me tengo miedo a mí mismo* —dice— *cuando voy allá."*

Madrid de noches mágicas; un individuo puede divertirse por el precio de una sola peseta, cuando subir en el tranvía cuesta cinco céntimos, el mismo precio que el diario.

"Viejo café solitario"

Periodistas de la era romántica, hombres del siglo XIX, históricos y prehistóricos, personas que ignoran la rutina del horario del trabajo y buscan la magia de la noche entre la luz cansada que ilumina los cafés madrileños.

"Viejo café solitario" de Emilio Carrere, *"Viejo café solitario, / cuyos espejos reflejan / los perfiles pintorescos / las pipas y las melenas. / Suaves rincones umbrosos / donde se siente la pena / de la vida que se pasa / y la gloria que no llega."*

Fornos y El Colonial. Noches de embrujo, *"¡Noches del Colonial!, centro de la vida nocturna del Madrid bohemio y artista* —como cuenta Cansinos—. *Noches de aturdimiento, de embriaguez egolátrica, de sueños quiméricos, en que ya se cree tener en las manos la gloria y el amor... y de donde se sale con el alba, a la luz cruda del amanecer, con el corazón nostálgico y desilusionado, como beodo al que le aplican el amoníaco..., repitiendo los versos de Manuel Machado:*

El alba son las manos sucias / y los ojos ribeteados; y el acabarse las argucias / para vivir encantados...

Por El Colonial se dejan ver, se hacen ver *"periodistas viejos y literatos noveles, como San Germán, el redactor de ABC —José San Germán Ocaña, cubano, firma con el seudónimo de 'Mosquetero'—, amigo de Leopoldo Bejarano y otros tipos de trueno, cuya especialidad consiste en hacerles la corte, por lo demás infructuosa, a las queridas guapas de los viejos ricos...* —según escribe Cansinos Asséns—. *San Germán mira provocativamente a la opulenta y matronal Rebeca cuando llega al café, del brazo de su protector, ese viejo calvo, Chávarri, dueño de los manantiales del agua de Loeches, que resuelve los conflictos intestinales de tanta gente. San Germán dirá algo porque el viejo se amoscase y le diera ocasión para armar un escándalo... 'No hay derecho —grita—, estando nosotros aquí, que esos viejos se lleven esas mujeres. ¡Es un crimen biológico!'(...)"*

"No soy un esclavo de Don Torcuato"

"Y él corteja a las claras a la Rebeca y también a esa rubia llamativa, querida de un periodista viejo, de los que hicieron carrera en los buenos tiempos y nunca fue capaz de escribir dos líneas con ortografía... En cambio, ahora..., él, novelista, poeta, tiene que bogar en la galera de Luca de Tena y sufrir a Mariné, que trata a los redactores como a galeotes y les prohíbe incluso pedir un café desde la Redacción... ¡Y todo por 50 duros! (...)

Y da sobre la mesa un puñetazo simbólico que va dirigido a don Torcuato, ese viejo hipócrita, beato y libidinoso, que se gasta el dinero de los redactores con la Rosario Leonís... ¡y luego mucha moral, mucho caballero español, mucho hacer patria... Ja..., ja..., ja...

Pero cualquier día cojo una silla, se la tiro a la cabeza a Mariné y me emancipo... (...)

San Germán se encoge altivamente de hombros...: 'Pues escribir..., hacer libros..., vivir de la pluma, como Dickens, como Balzac... Tengo ya planeada una serie de novelas en las que describiré las miserias del periodismo, la bohemia literaria..., la incultura de los directores de periódicos, como ese don Torcuato que confunde excremento con incremento..., y ese Cánovas Cervantes, el de La Tribuna, *que ha sido cargador de muelle y trata a los redactores a patadas, y como ese Juan de Aragón que tú padeces...'*

Daguerre, el viejo periodista, mira curioso a San Germán y sonríe escéptico. Está harto de oír tales cantatas... San Germán continúa:

—Sí, hay que desenmascarar a toda esa gente... Denunciar todas esas miserias. Yo pienso llevar el asunto a la Asociación de la Prensa... Aquí el periodista no come..., todos estamos pretuberculosos... La tuberculina impera..., he consultado estadísticas... En cambio los directores están todos gordos como cerdos y tienen queridas y coche... Esta es la selección al revés y esto debe acabarse... Si es preciso iremos a la huelga...

—¡Bravo! ¡Bravo! —aplaude Atranilla.

Daguerre, el viejo periodista, sonríe escéptico. Yo lo imito. San Germán insiste:

—Hay que luchar... Tú eres un fakir, un idealista, pero yo tengo aficiones muy justas, yo quiero vivir la vida..., tener coche y queridas, como don Torcuato... A mí no me basta con el opio de la Poesía... Yo quiero gozar de la vida... A ver, camarero, venga una copa de coñac..., para todos..., quiero celebrar mi emancipación... Esta noche correré una juerga... y desde mañana a casita a trabajar por mi cuenta, como Galdós..., a hacer obra... El ABC no me dejaba tiempo para nada... El ABC es un apagavelas... Por cincuenta duros, se traga hasta la gloria de un escritor.

Para celebrar su liberación, San Germán hasta se hace limpiar las botas.

"Y..., sin embargo, lo leen hasta los obreros"

"Juan de Aragón, seudónimo de Leopoldo Romeo Sanz, director de La Corres, despatarrado en medio de la sala y armado de tijera, repasa la prensa, a la caza de alguna noticia interesante que se nos haya escapado. Cuando la encuentra, es cruel el gesto con que hunde la tijera en el papel, como en el pecho de un adversario, antes de recortar el trozo deseado. En tanto repasa con su mirada experta los periódicos —sigue escribiendo Cansinos Asséns—, *emite juicios y comentarios despectivos para la labor de los colegas...: 'Aquí nadie entiende de periódicos... Vean ustedes qué periódicos hace el trust ..., con los elementos que tiene..., ¡rediez! ... Si yo los tuviera, habría que ver lo que yo hacía... Pero ese marqués y su camarilla me atan las manos..., ¡recristo! (...) No acaban de enterarse de que para hacer un periódico lo*

primero que hace falta es dinero..., como para hacer un cocido lo primero que hace falta son los garbanzos y la carne..., ¡reconcho! Pues esta cosa tan sencilla no les cabe en la cabeza a esa gente... Aquí tienen ustedes el ABC... *¿Por qué se vende tanto este periódico que no trae nada de particular? (...) Don Torcuato no sabe jota de periódicos..., es un fabricante de jabón, y, sin embargo, ha hecho este* ABC, *que lo leen hasta los obreros... ¿Y por qué?... Pues porque tiene elementos, ¡recristo! Sin elementos no se puede nada, ¡rediez!'*

Todos callamos en señal de asentimiento. Pepito Romeo nos mira, como asombrado de la perspicacia de su hermano. Fabián Vidal murmura, en tono plañidero: '¡Tiene usted razón, don Leopoldo!'

'¡Pero éste es un país de cretinos! —clama el director—. Cuando sale un hombre con ideas, nadie le hace caso. Yo me he desgañitado en el Congreso pidiendo la implantación de la moneda de siete céntimos, que nos permitiría elevar el precio de los periódicos y acabar con esa vergüenza de la perra chica y no he logrado convencer a nadie... Yo he tratado de hacerle comprender a Torcuatito la necesidad de formar un contra-trust, fusionando administrativamente ABC *con* La Corres... *pues no ha habido manera... Este es un país imposible'."*

Periodistas que viven el auge y declive de la prensa, la crisis económica de *El Imparcial*, *El Liberal* y *El Heraldo*. *El País* y *La Tribuna* mueren definitivamente. *"El único periódico que conserva su rango y es cada día más leído* —sigue escribiendo Cansinos Asséns—, *incluso por los obreros, cuyos principios socialistas combate, es* ABC, *ese periódico burgués, hecho por esquiroles, que cuenta con una base económica poderosísima y que, para dar la batalla a la Casa del Pueblo, paga a sus operarios no asociados más de lo que exigen las bases de trabajo. Colaborar en* ABC *es la aspiración suprema de todos los literatos, capaces de avenirse a la estrecha ideología de ese periódico.*

Con ABC *sólo compite* La Libertad, *muy leída también por la masa. En él colaboran, entre otros, el maestro Zozaya y los antiguos cronistas de* El Liberal; *en lo económico no puede competir con el periódico de don Torcuato. Los grandes industriales, las grandes compañías sólo dan su publicidad a* ABC *y, en las condiciones actuales, un periódico no puede vivir solamente de la venta en la calle, pues por notable paradoja, cuánto más vende, más pierde". "Sólo* ABC —sentencia Cansinos Asséns— *puede ofrecer a sus colaboradores una remuneración decorosa y segura. Pero ¡cuántas bajezas y renunciaciones hay que hacer para lograrla!"*[5]

El mundo de *La Libertad*

La Libertad dirigida por el extremeño y zafrense Luis de Oteyza, de larga trayectoria periodística, autor del libro *La vuelta al mundo de un periodista;* o de

[5] Muy interesante, para conocer esta época, las memorias de Rafael Cansinos Asséns.

Joaquín Aznar, hombre periodístico del presidente Silvela y ahora de Santiago Alba. Aznar es un hombre honrado y laborioso; Aznar estrena revistas con Eduardo Haro, padre de Haro Tecglen, en la barraca del "Noviciado" y música del maestro Teodoro San José y el fracaso monumental de la adaptación teatral de Don Quijote.

ABC de ese Madrid de teatrillos pobres y sillas ocupadas por un público ingenuo; aquel Madrid de títulos como "Ni a la ventana te asomes" y "¡Aprieta, Canalejas!". Barracas de barrios, donde la gente "consume" el ocio monótono de la época, barraca de La Latina, obras infantiles, provocadoras de una hilaridad casi nerviosa en algún que otro crítico que se acerca a estos humildes escenarios.

Libertad, competitiva y competidora con *ABC*, instalada en el viejo caserón de *El País*, ahora reformado y moderno, tan distinto que resulta difícil identificarlo con la vieja sede de don Antonio Catena y la agresividad disparatada de sus redactores y sus cuartillas. Ahora *La Libertad* es otro mundo; Aznar tiene su secretario, Manuel de Castro, poeta erótico, según se define el mismo, y una corte periodística variada y singular, donde no faltan los personajes exóticos, entre ellos Benlliure y Tuero, hijo del escultor, el que modela, el que inmortaliza en bronce la eternidad inmóvil y terrena de don Torcuato. Benlliure hijo es agresivo en sus crónicas y muy conocido por sus lances de honor, vamos, un tío, dicho en expresión castiza, "un echao palante".

El secretario de Aznar, Manuel de Castro Tiedra, ha nacido, sin embargo, para ser secretario de redacción, "esa especie de menuda diplomacia", como lo define Cansinos Asséns. Castro conoce bien el mundo de las redacciones y la idiosincrasia de los personajes que acuden a visitar a los directores, personajes de variado pelaje, raros y estrafalarios, y estudia sus comportamientos durante la espera en la sala de visita. Su despacho le permite observar a los visitantes y a los redactores. Está en esa garita con el ojo avizor, donde sabe a dónde se encamina cada paso y lo que desea. Castro ha sido hombre de confianza de Francos Rodríguez en la Redacción de *El Heraldo*, donde ha sido también secretario nada menos que veinte años, de 1909 a 1929. Hace un alto en el camino, un año, en la Redacción de *ABC* para desembocar en la compañía de Aznar.

Por *Libertad*, versos y críticas de Manuel Machado. Machado hace crítica de teatro; y por la avenida grande de la Redacción da vueltas y piensa en las calles de Madrid, su gran obra, Pedro de Répide. Entre los redactores se habla y se comentan las "notas oficiosas" de don Miguel, el dictador, la opresión de su Régimen, la oposición que mantiene contra el periódico, línea inspirada por don Santiago Alba desde su exilio parisiense. Aquella *Libertad* tras la que se esconde la ayuda, el sostén económico de Juan March; y en voz más baja se preguntan unos a otros qué favores debe el millonario mallorquín a Alba. Hay quien señala que March *"tira más a la derecha"* y, por tanto, los redactores están mejor pagados. Como siempre, ahí están los hijos periodísticos de don Torcuato.

March y el *Informaciones*

Juan March sostiene, además, las columnas informativas de *Informaciones*, ese periódico derechista, que funda Juan de Aragón (Leopoldo Romeo Sanz, del que hemos dicho que ha dirigido *La Corres* y lanza al aire las hojas del *Informaciones* desde el edificio de *La Libertad* y al que se accede por la calle de San Roque.)

Libertad de Aznar, hombre callado y trabajador, como una hormiguita, se hace él solito el diario, como quien dice, mientras otros enredan y tachan lo que creen que el censor no pasará, o el que permanece un momento en la Redacción y trae los bulos que corren en los mentideros de Teléfonos. Este es Lezama, llega, dice que si va a ver un golpe la noche de San Juan, que si Weyler cada día es más antirriverista, deja entre los humos de la Redacción sus bulos y no tiene la delicadeza de decirle a Aznar, cuando se despide: *"Manda algo, el director"*; y como este sigue, erre que erre tras sus lentes, salvo cuando lanza una mirada de desconfianza mientras rellena de letras las cuartillas, mojando la pluma en el tintero; y como a Lezama lo que le gusta es conspirar, no dice ni adiós, abre la puerta y sigue sumido en el surrealismo vital de sus bulos y fantasmas.

El pobre Aznar sólo encuentra ayuda en el redactor-jefe. Juanito Hernández del Pozo —"Ricardo Hernández del Pozo" como seudónimo habitual— conoce las redacciones de *La Corres*, *El Liberal* y otras publicaciones. En *La Libertad* es un todoterreno que mira con desprecio los corrillos de los redactores que se dedican a contar chistes verdes o discuten sentados como burgueses en los sillones, mientras dice a su jefe: *"Nos faltan los sucesos...; y Somoza no ha enviado lo del Ayuntamiento."*

Y Aznar moja la pluma del tintero, cada vez más vacío, mientras dice: "Tinta, por favor"; y distraen su tarea Manuel Machado, que regresa de un estreno teatral, acompañado de un amigo y un político; y llegan a la sala grande de la Redacción con el efecto de un buen vino andaluz; y saludan a Joaquín, y admiran su tarea anónima, y Machado le deja en la piel fina de su mano la cuartilla con la crítica de la obra de teatro; y alguno de estos, antes de despedirse, le ofrecen sus servicios: "Te echamos una manita..., te ayudamos"; y salen tan contentos, cargaditos de vino, tambaleados, alegres en la noche hasta la llegada del alba y el sueño.

Aquella *Libertad* por donde se oyen los pasos de Jiménez de Asúa, gran penalista, sabio del Derecho, se pierde por burdeles acompañado de las escritoras Sarita Insúa y la Nelken. A muchos les cuesta creerlo, pero este genio del derecho es, según el hijo de Benlliure: *"Un feminoide."*

También andan por *Libertad* el famoso Eduardo Zamacois, siempre joven, eternamente joven, en boca de tantos por su novela *Renacimiento,* o Antonio Zozaya, que moriría en el destierro mejicano, redactor y accionista del periódico, poeta ¡cómo no!, o el bohemio Emilio Carrere, víctima de la dictadura de don Miguel, pierde el empleo en el Tribunal de Cuentas tras malgastar la herencia de su presunto padre natural, en una orgía fugaz con automóvil y rubia incluida y vuelve a su bohemia, a dormir por las calles y las redacciones y a nutrirse de versos con un vino de tabernas.

Libertad de personajes, todos tan personajes, siempre con una chanza, alguna broma, cuando no hablan un doble lenguaje como actrices de revista, cada uno con su gloria particular, cada uno con su manía, con su grandeza y su miseria, el que lleva una colección de gazapos y que llama "El depósito de los atunes".

Como "Copio, copias, copiare" en *ABC*, que firma el coronel de ingenieros Pablo Parellada, con el seudónimo de Melitón González. Melitón, además, cómo no, estrena obras de teatro y recoge en esa sección los "gazapos" de los diarios. Nombres que entran en la sala de la Redacción como quien se adentra en un firmamento de sueños y glorias, la que sale cada mañana de las rotativas como una nube de sol refulgente y eclipsa, con sus rayos, los ojos de sus admiradores.

Redacciones donde se mira y se lee *ABC* como un deseo o como una injuria, donde se critica todo, donde esas tres letras despiertan tantos sentimientos. Esta *Libertad* de plumas tan opuestas como la del sindicalista Ángel Pestaña, padre ideológico de Ángel María de Lera, tan vinculado a *ABC*, años más tarde, y Royo Villanova, muy de *ABC* en los años duros de la República... *Libertad* libre, valga el pleonasmo, abierta a todas las firmas, sin sectarismos, cuyo deseo es vencer a la dictadura de don Miguel, derrotarla como sea y redimir a don Santiago Alba de la vejación a que ha sido sometido. Esta *Libertad* que como *El Liberal* tiene un parnaso de versos, un olimpo de laureles: "Los líricos", cuando los diarios tenían este rincito de estrofas y metáforas como quien planta en el alcorque de plomo un jardín de petunias. Esta *Libertad*, que como *ABC*, muchos años más tarde, saluda a los lectores con la sonrisa de un poema y dice adiós con el pañuelo de la última página y el sentimiento de un verso, bienvenida juanramoniana: *"...y poesía cada día."*

Duelo entre *ABC* y *España Nueva*

Una polémica entre *El Radical* y *España Nueva* desencadena una serie de incidentes en la prensa madrileña, a la que no está ajena el rotativo monárquico. El conflictivo e insolente diputado republicano Rodrigo Soriano es propietario de *España Nueva*, publicación que carece de director o, al menos, no figura en la cabecera. La polémica radica en que solo quien firma un artículo o información es responsable de lo escrito y no el director, vacío legal en la época. *España Nueva* no lo tiene y, si lo tiene, no figura.

Con estos antecedentes, el 8 de junio de 1911 *ABC* publica un suelto en el que censura la construcción, en la playa de San Sebastián, de un balneario que, al parecer, ocasiona perjuicios urbanísticos. Sin saber por qué, *España Nueva* entra en una polémica tras replicar con otro suelto firmado por un inexistente "Pedro Verecán", que prodiga insultos personales contra don Torcuato. A la respuesta del diario de la calle Serrano opone *España Nueva* este reto: *"Sepa, don Torcuato, que en esta casa cada redactor responde de lo que hace y de lo que escribe."* *España Nueva* cree que el agraviado es Mariano García Cortés, pero este no es el director ni ha escrito el suelto ni se puede batir a duelo; y da el nombre del real o supuesto autor, Carlos Micó España, conocido por su veteranía en materia de duelos. *ABC* rechaza esta forma:

"La teoría del señor García Cortés no sólo sería aceptable, sino plausible cuando el que así hablase y procediese fuese el ofendido; pero siendo el ofensor, y desde un periódico que no pone frenos a su pluma, como España Nueva, *hace pensar que para ser respetado no quedan más que dos caminos: o los tribunales, si un acta de diputado no se interpone entre los ofendidos y la justicia, o el castigo por medio de la agresión personal."* [6]

Mientras actúan los respectivos padrinos, ambos periódicos entran en una polémica sobre a quién corresponde lo que se publica. Según *ABC* es el director del periódico el responsable de cuanto aparece en sus columnas. Contrariamente, *España Nueva* afirma que *"el director de un periódico responde de lo que él escribe y de lo que ordena escribir, y que su responsabilidad con relación a lo que escriban los redactores por su propia iniciativa es solamente subsidiaria. Es decir, establecemos como principio general el de que cada redactor es responsable de lo que hace"*. Así se soslayaría la responsabilidad del director, subrogada en un posible testaferro.

Ante esta actitud, los redactores de *ABC* se solidarizan con don Torcuato, su director, a lo que *España Nueva* responde:

"Creemos que éste es el criterio que corresponde a periódicos, como el nuestro, que no están redactados por autómatas ni por inconscientes, sino por hombres que, al entrar en España Nueva, *no enajenaron su independencia"*. Los redactores de *ABC* rechazan, enérgicamente, este nuevo agravio y *España Nueva* vuelve a atacar: *"Ante esa actitud insólita, decimos a la Redacción de* ABC *que, si se considera ofendida por nosotros, todos los que formamos parte de la Redacción de España Nueva mantenemos firmemente cuanto hemos publicado y aguardamos las pertinentes resoluciones propicias a acudir a todos los terrenos a que se nos llame. Además, conste que lo que afirmamos anteayer y molestó a los redactores de* ABC *lo repetimos punto por punto. Y a la disposición de ustedes, caballeros."*

Duelo a espadas en la Calle de los Madrazo

El desafío de una a otra Redacción está hecho y conviene simplificarlo. Para ello, se acuerda que se batiera un representante por Redacción. Por *ABC*, Alfonso Rodríguez Santamaría; Pablo Nogués, por *España Nueva*. El ambiente que reina en ambas redacciones es expectante y serio. El duelo será a sable y tiene lugar en un salón de

6 Mariano García Cortés, concejal y cronista del Ayuntamiento de Madrid.

billares de la Calle de los Madrazo. Uno y otro contendientes resultaron heridos levemente en un brazo. Los respectivos periódicos publicaron este comunicado:

"Ha quedado honrosamente terminada la cuestión pendiente entre la Redacción de ABC *y la de* España Nueva, *suscitada por una polémica periodística. De ello se encargaron los señores Rodríguez Santa María por la Redacción de* ABC *y Pablo Nougués por la de* España Nueva. *Ambos señores demostraron una exquisita corrección y cumplieron dignamente el delicado cometido que sus compañeros les habían asignado."*

No obstante, prosigue el pleito. Carlos Micó España, filipino, insiste en que es él el autor del suelto y mantiene el desafío a don Torcuato. Este lo rechaza y envía a los directores de todos los periódicos madrileños la siguiente pregunta: *"¿Puede admitirse la teoría de que el director de un periódico no responda de los artículos y sueltos no firmados y remita al agraviado por uno de éstos a un señor que dice ser autor de la ofensa?"*

Las respuestas son negativas, pero don Torcuato ha dado en el quid de la cuestión.

Alfonso XIII lee los editoriales de Cuartero

El año 1911 ingresa en *ABC* José Cuartero. Cuartero escribe sus editoriales "a fuerza de cigarros, con el aire del matemático o del ingeniero". Como telarañas colgadas de las bóvedas del periódico, permanecen sus gestos, con sabor a leyenda, entre este ambiente cargado de humo, hecho de humo para que la bola del mundo siga girando y el niño de papel del alba llegue a la cuna de los quioscos.

El rey Alfonso XIII es, entre otros muchos, uno de los lectores asiduos de los editoriales de José Cuartero. En la lectura del diario, el Rey adivina sus líneas y las descubre por el estilo. En ocasiones, un servidor de Palacio lleva hasta la Redacción de *ABC* cajas de puros habanos con la vitola del Monarca. Entonces, José Cuartero, con tono socarrón, le dice al fundador: *"Vea, vea, don Torcuato, ¡algo cae...!"* Aún se recuerda en la Casa aquel silencio sagrado y sepulcral que envuelve la escritura de sus editoriales, un silencio que transfigura la Redacción en un convento de amanuenses y se convierte en una expectación casi religiosa y se escucha, incluso, cuando Cuartero moja la pluma en el tintero y los trazos de la estilográfica se deslizan sobre la cuartilla, mientras todos dicen callada y sorprendentemente: *"Ya ha caído otra palabra."*

"Quitando cuartillas —recuerda su hija Aurora, tan buena bibliotecaria como mujer— *'hacía' mi padre sus artículos. Cuando acababa de escribirlos, entregaba a la imprenta cinco cuartillas manuscritas por un solo lado con letra que era un 'conato' y con los renglones invariablemente torcidos de abajo arriba."*

Entretanto, en esa lenta meditación del editorialista, el muchacho encargado de llevar el original a talleres espera, paciente y respetuosamente, a las espaldas de don José Cuartero la entrega del editorial: *"Señor Cuartero: aguardan su editorial para cerrar el número". "Muy bien, muchacho; sólo me faltan las tres últimas líneas."* Como editorialista legendario, de él se dice que es rápido escribiendo los editoriales breves, sin embargo, según su hija Aurora, comenta que *"no ha existido periodista más lento que mi padre. Lo hacía meditativamente, y a fuerza de cigarrillos, con el aire del matemático o del ingeniero".*[7]

Cuartero tiene la habilidad y el desafío de llenar un espacio. Sabe, además, lo que vale esa espada medieval y el poder que tiene en un escenario de papel. Pluma y azote, viento y huracán, un editorial de Cuartero es la garrocha que alancea las embestidas del poder, el que derriba un Gobierno en los terrenos aledaños a Palacio.

Más que una pluma, Cuartero utiliza un "puñalito", él llama a su estilográfica el "puñalito". Deja su despacho, entra en la Redacción, cuando cree que su tarea ha acabado, o está a punto de acabarse, y pregunta al redactor jefe si hay algo más que escribir. Si el redactor jefe dice que no, comenta: *"Entonces guardaré el puñalito",* y mete la estilográfica en el bolsillo.

Nacido en Villarrobledo, José Cuartero es un hombre arrojado y valiente. Hijo de un maestro de escuela, es un buen latinista. Con dieciocho años funda en Albacete el semanario satírico y liberal *La Porra*. El cacique de la ciudad quiere acabar con su vida y uno de sus matones le infiere una puñalada en el vientre. Cuando su vida parece apagarse, se tapona la herida con la mano izquierda mientras, con la derecha, saca su revólver y logra que el agresor huya.

En Madrid vive el esplendor de la bohemia, estudia en la Universidad y trabaja en una agencia de noticias. Como editorialista ingresa en *El Nacional* y después se incorpora a *El Gráfico* y a *El Imparcial*.

Don Torcuato lo ficha porque al fundador le gustan, ya en esa época, los periodistas especializados y entre ambos surge una corriente de simpatía. Unas veces es don Torcuato quien le sugiere los temas para el editorial y a la inversa. No obstante, ambos discuten los temas y siempre el fundador lee el editorial antes de que se publique En esa época, Cuartero llega a ser el escritor político más autorizado y con más poder. Sus artículos llegan a distribuirse a través de las agencias nacionales y extranjeras.

Ortega: Cuartero "severo, agudo y bien templado"[8]

Un año después de proclamada la dictadura de Primo de Rivera, el dictador manifiesta su discrepancia con la línea de *ABC* y, al parecer, llega a sentir odio por Cuartero y sus tremendos editoriales a favor de la democracia.

---

[7] Conversación con su hija Aurora, bibliotecaria en la Facultad de Filosofía y Letras, con la que tuve una cierta amistad.

[8] Cuartero trabaja durante cuatro meses con el padre de Ortega —Ortega Munilla— en *El Imparcial*. De este periódico pasaría a *ABC*.

Tanto Alfredo Vicenti como Cuartero representan, en este tiempo, un nuevo estilo de editorialista, acostumbrado como está el lector y la profesión a leer a los maestros decimonónicos del género, Julio Burell y Luis Morote, que escriben editoriales muy largos, comentados en la profesión; y se llega a decir, por ejemplo, "parece un fondo de don Julio" como los "kilométricos" artículos de Morote que, según Arturo Mori, traza en cada hoja dos o tres líneas torcidas en centenares de papeles que se caen al suelo y recoge su criado.

En la época de Cuartero, sin embargo, el emplazamiento del editorial y su escritura cambian. La brevedad de los editoriales de Cuartero se debe, en parte, al propio y cómodo formato del periódico. En Cuartero, además, influye el que, en un principio, fuese confeccionador y detestara tanta palabra vana e inútil. A esta circunstancia atribuye Ortega y Gasset el *"severo, agudo, bien templado"* estilo del editorialista más importante de *ABC*.

Dato inventa las "ruedas de prensa"

El año del ingreso de Cuartero en Prensa Española, coincide con la polémica de *ABC* y *España Nueva*, polémica que acaba en el Tribunal de Honor, mientras el diario sorprende a sus lectores con varios suplementos dedicados al teatro, a los deportes, al turismo y a los toros. Además, Prensa Española saca *Ecos*, diario vespertino de vida efímera, y *ABC* ingresa 50.000 pesetas mensuales por publicidad. El diario de la calle Serrano está a la cabeza de los trescientos doce periódicos que se publican en España y su influencia es notable en la sociedad española tanto en la aristocracia como en la pequeña burguesía, no exenta de su penetración en el ambiente de provincias. *ABC* cuenta con veinte mil suscriptores en una España presidida por el Gobierno Dato, el político que consolida la "información en corro", invento español, recogido por el presidente norteamericano Wilson como "ruedas de Prensa".

Por otra parte, *ABC* es el primer periódico en crear la sección "Cartas al Director".

Presiones sobre Urgoiti

La primera experiencia de Urgoiti en el mundo de la prensa es la revista *Nuevo Mundo*, fundada por José del Perojo, años después de la fundación de *Blanco y Negro* por don Torcuato. La revista se edita en unos modernos talleres situados en la calle Larra y al morir su fundador la dirige Francisco Verdugo. Sin embargo, los herederos no quieren que la gerencia la lleve Mariano Zavala y piensan en el hermano de Ramiro de Maeztu, Miguel. Urgoiti sigue los avatares no solo de *Nuevo*

Mundo sino también de *Mundo Gráfico*. En 1913 recibe la visita de Zavala y le dice que están en negociaciones para la fusión de *Mundo Gráfico* y la editorial *Nuevo Mundo* y tienen el problema de un presidente del consejo de administración, pues cada una de las partes quiere a su candidato. Urgoiti solo lo acepta en caso de extrema necesidad, pues él es consciente de deslindar su cargo de director de La Papelera de este otro cargo que se le ofrece.

A comienzos de 1914, Urgoiti tiene en proyecto materializar la sociedad anónima Prensa Gráfica Española, que a la familia Urquijo le parece bien, sin embargo encuentra presiones en don Torcuato y en el mismo don Eduardo Dato a favor de Maeztu. Por último, a finales de 1914 ve la luz Prensa Gráfica, editora de *Mundo Gráfico, Nuevo Mundo* y *La Esfera,* con lo que Urgoiti puede producir más papel, conocer el mundo de las revistas y pensar en su gran proyecto, el diario *El Sol.*

Guerra europea

Desde la llegada de la contienda europea hasta el inicio de la dictadura de Primo de Rivera, España pierde la esperanza de recuperar al partido Liberal tras ser asesinado el líder del mismo, don José Canalejas, el año 1912. Se quiebra también la posibilidad de reconstruir el partido Conservador, en 1913, escindido entre los partidarios de don Antonio Maura —mauristas— y los idóneos o partidarios de don Eduardo Dato, con lo que eso significa para sustentar la Monarquía. Como diría Cambó: *"Se había destruido un artificio y no se había creado ni una realidad no otro artificio que viniera a sustituirlo."*

Pese al aislamiento de España, la Primera Guerra Mundial y la Revolución Rusa afectan a los diarios españoles. Sus páginas recogen los avatares internacionales de la contienda y lo toman el pulso arrítmico al mundo y a los problemas interiores y coloniales, entiéndase Marruecos y Cuba, cuando no a la guerra del pan, a la subida del precio, aquel mes de junio del catorce de manifestaciones y disturbios, asaltadas las panaderías, apedreadas sus fachadas, la harina arrojada a la calle y el pan distribuido entre los transeúntes.

El mundo pasa por París y un diario que así se precie debe tener junto al Sena un hombre de la información. Así empieza una época de grandes corresponsales. Nombres como los de Maeztu, Madariaga, Corpus Barga, Camba, Pla abren una nómina sobresaliente de plumas, de crónicas que describen los horrores de la guerra, cuando los que no pueden estar presentes en la noticia, o cerca de ella, lucubran la escritura gracias a los telegramas de agencia, a las guías de viaje y a la consulta elemental de la enciclopedia.

Los países beligerantes subvencionan a los periódicos y a los periodistas. Al inicio de la guerra, Madariaga y Araquistain están al servicio de la propaganda inglesa. Los ingleses también "untan" a Pla, Pérez de Ayala y Luis Bello, entre otros, mientras los franceses lo hacen con Corpus Barga, corresponsal de *La Corres* en París y, más tarde, en *El Sol*.

Reducción del papel

Por otra parte, en 1913 La Papelera reduce de manera considerable el precio del papel. La puesta en marcha de nuevas fábricas redunda en la caída de los precios y, sobre todo, en la negociación de las fábricas libres con La Papelera. El 15 de enero de 1914 los fabricantes firman una serie de convenios privados *"tras cerca de veinte años de lucha industrial"* —escribe entusiasmado Urgoiti en sus notas—, los papeleros llegan a un acuerdo y se consolida la situación preponderante de La Papelera; se reduce la producción por el descanso dominical y se crea una central de ventas, la Central Papelera, que preside Urgoiti.

En España, el estallido de la conflagración mundial alivia los enfrentamientos internos de los partidos políticos. Don Eduardo Dato preside el Gobierno y pide consejo a don Antonio Maura para definir cuál será la posición política española ante la contienda; y todos están de acuerdo en mantenerse neutrales, si exceptuamos al conde de Romanones, partidario de la Triple Entente, según el editorial de *El Diario Universal*, escrito por él, aunque no lo firme.

España se divide en "aliadófilos" y "germanófilos"; con estos simpatiza la derecha y la izquierda con aquellos. Hay, naturalmente, excepciones. Azorín es francófilo, mientras su amigo Baroja, más a su izquierda, germanófilo. La posición neutral española hace posible que los papeleros exporten más y a precios inimaginables y se sustituyan las importaciones. Así se encarece el papel durante la contienda y aumentan los beneficios. La Papelera está entre ellas. No obstante, en un principio, la Central Papelera trata de suavizar el precio y evitar, de esa suerte, los enfrentamientos con la prensa; y se compromete a no aumentar el precio a ningún periódico del acordado por un árbitro nombrado por el Gobierno y aceptado por ambas partes.

Capítulo IV

CUANDO EL ESCORIAL PUDO CONVERTIRSE EN EL VATICANO

EL PERIODISTA DE *ABC* MANUEL BUENO PREVIENE LOS PELIGROS DE LA ESTANCIA PAPAL

"Siempre es mejor hacer las noticias que leerlas."
Churchill

El estallido de la guerra mundial coincide con la exaltación al solio pontificio de Benedicto XV y el Papa se esfuerza por "reconquistar la paz" mientras Italia se mantiene en una postura de neutralidad. El que fuera cardenal Della Chiesa quiere la paz, aunque se le culpe de su supuesta parcialidad por Austria. En la misma línea del Pontífice, sobresale la tarea humanitaria de Alfonso XIII, que intenta salvar la vida del Zar y su familia y el Palacio de Oriente lo abre, de par en par, en bien del hombre. El Papa queda aislado en El Vaticano y corre riesgo personal si hay un posible triunfo de los ejércitos austroalemanes sobre un débil ejército italiano. Por tanto, hay que poner a salvo la figura del Pontífice y evitar, de esta suerte, la acción armada en la Sede Pontificia.

En Europa no hay sitio más adecuado que España para acoger al Papa. Eduardo Dato gobierna el país desde octubre de 1913 y quiere salvaguardar la paz española, respaldada por el Rey. Entonces, Alfonso XIII, nada más entrar Italia en la guerra, ofrece al Pontífice la posibilidad de que se instale en el Monasterio de El Escorial, oferta que el Papa rechaza y prefiere permanecer en El Vaticano.

Esa gestión del "Rey Católico" trasciende a la prensa y la carta —conservada en el archivo de Eduardo Dato— la ha reproducido el ilustre historiador, Carlos Seco Serrano. Don Alfonso ofrece a Benedicto XV *"el Monasterio de El Escorial como su residencia durante esta confragación europea. De este modo V. S. estará en perfecto contacto con todas las naciones del mundo y podrá sin presiones de ninguna especie influir para que su deseo ardiente de paz sea escuchado sin prevención en todo el mundo"*. La decisión del Papa de permanecer en Roma *"evitó las graves implicaciones internas que la generosa iniciativa regia hubiera podido suscitar en nuestro país, potenciando la exaltación del sector 'ultra'—los inefables integristas movilizados pocos años antes contra la famosa 'ley del candado'."*

Peligros de la estancia papal

Precisamente a estos peligros alude, en una carta reservada, el escritor Manuel Bueno, hombre de *ABC*, y dirigida a su buen amigo y admirador Dato. Entre otras cosas, le dice Manuel Bueno que *"la propaganda que se viene haciendo por traer el Papa a España empieza por ser peligrosa. Creo que conviene atajarla, sobre todo en las cimas oficiales. Es menester hacer ver al Rey que el papado en España significaría una dualidad de poderes, con menoscabo de la monarquía. No podemos impedir la fermentación clerical que produce aquella propaganda, pero suena la hora de que Palacio se inmunice de ese contagio, porque lo peor del caso, querido don Eduardo, es que esta perspectiva empieza a ser viable por el escaso celo con que se está conduciendo el Pontífice en el problema internacional. El Papa en España* —prosigue Bueno— *significaría tácitamente el destronamiento de Alfonso XIII y la galvanización de las extremas derechas. Es ocioso oponer a esa corriente los gritos de la canalla radical. Eso no haría más que perturbar más y traernos jornadas de sangre. El señor Maura con sus actividades ambiguas está dando contingentes juveniles al carlismo. Hacia ese campo derivarán las juventudes en vista de la pasividad política de su caudillo. Creo que vale la pena de que se medite sobre esto... Usted, que tiene lucidez y serenidad, debe anticiparse a conjurar ese riesgo, de orden moral, que se anuncia en el horizonte. El Papa, en España, es la guerra civil y la caída de la dinastía".*

Durante la guerra, en los ambientes literarios surgen nombres que empiezan a "pitar", como se dice en la época, y muy pronto, estos hombres de letras serán coronados con metáforas en el parnaso literario. Juan Ramón empieza a brillar como la luz cegadora de su Moguer natal, y Ramón Pérez de Ayala, y Antonio Espina, y Eugenio d'Ors, hombres muy de la Casa de *ABC*; y el también jovencito y regordete Ramón Gómez de la Serna, una revelación literaria. Sobre todo, suena un nombre, el hijo de Ortega Munilla, firma habitual en las columnas de *ABC*. Es el filósofo José Ortega y Gasset.

Mientras unos escritores y periodistas marchan a la trinchera para narrar el panorama bélico de los frentes de batalla, otros sin embargo buscan distintos horizontes, como Ciro Bayo que emprende la aventura a lo largo de la Pampa argentina, o navega por las aguas del Amazonas y deleita a sus lectores con un ambiente de aventura tan lejano y distinto al de la guerra.

El famoso Eugenio Noel, sin embargo, fustiga con su pluma la crueldad de las corridas de toros y se convierte en un mitinero contra este vicio nacional, además de ser testigo de la guerra de África, cuya visión narra en unos atractivos artículos publicados en *Nueva España*.

¡Ay la guerra! Cómo divide a escritores y artistas y cómo infuye en las mismas tertulias. El café de Levante cae víctima de la onda expansiva de la contienda y se queda sin palabras, sin voces como las de Azorín, Baroja, Valle-Inclán, Rubén, los

Machados, Penagos y tantos hombres que combinan su estancia entre Serrano 55 y este ambiente de café, humo y palabras.

Tanto en los cafés de la Puerta del Sol como en el Gato Negro no se habla de otra cosa que no sea la guerra. Sin embargo, la neutralidad española abre las puertas de las fronteras a los más variados personajes entre desertores, aventureros y espías. Son los días del Palace, cita de personajes esotéricos, y de los primeros bares de barrio, y de la estancia de Gómez Carrillo, tan personaje, tan mito, que se habla de sus amores con la Mata-Hari.

Es la época de Ramón Gómez de la Serna y su Antiguo Café y Botillería de Pombo. Pombo es un antídoto contra la guerra, una concentración de jóvenes creadores que buscan la modernidad y la renovación. Pombo es un refugio sabático donde no se habla de la guerra; está prohibido hablar de ella, lo mismo que de política.

La tertulia de Pombo se organiza, únicamente, los sábados, después de la hora de cenar. Ramón Gómez de la Serna se toma un bistec con patatas antes de que lleguen los tertulianos y la sorpresa de cada noche, aquella Originalidad entre voces y humo de pipas, la noche como creación, noche de palabras hasta la madrugada y aquel paseo ritual por la Puerta del Sol.

Don Torcuato y Moya buscan una solución al papel

El año 1915 es muy beneficioso para La Papelera Española y Urgoiti muestra a los Reyes la fábrica modelo de Rentería. De vuelta a Madrid en tren, el Rey quiere conversar con el ingeniero vasco en el tramo final del trayecto, desde El Escorial a Madrid. Don Alfonso se muestra "amabilísimo" con el presidente de La Papelera y hablan de los problemas del papel. Es más: el Rey le dice que no dude en acudir a él ante cualquier dificultad. Según Mercedes Cabrera, Urgoiti *"no era un monárquico apasionado, y no tenía buena opinión política de Alfonso XIII desde la resolución de la crisis que hizo caer a Antonio Maura. Pero la entrevista le satisfizo. Le facilitaba un acceso a la Corona con el que contrarrestar las opiniones que a Alfonso XIII pudieron trasmitirle elementos muy allegados a la Corte, y contrarios a sus intereses"*.

Ante la campaña de prensa contra los papeleros y la protección arancelaria que gozaban, Urgoiti pronuncia una conferencia en el Ateneo el día 7 de diciembre de 1915. Esta conferencia, titulada "La prensa diaria en su aspecto económico", sienta muy mal a los empresarios y directores de periódicos. Urgoiti denuncia la baja calidad de la prensa española, sus pequeñas tiradas, su mala gestión... Frente al ataque a la prensa, habla laudatoriamente después de la industria papelera.

Cuando los problemas con la prensa parecían haberse orillado tras el acuerdo de 1916, la campaña de los periódicos contra La Papelera renace ante la subida del precio del papel. Ante esta, Urgoiti pretende que esa empresa —la compañía que más papel proporciona a los periódicos— prescinda de ese tipo de papel y fabrique tipos superiores más remuneradores para la compañía, y los exima de enfrentamientos.

Ante la imprevista subida del papel, don Torcuato y don Miguel Moya se entrevistan en San Sebastián, en varias ocasiones, con el conde de Romanones, con el fin de buscar una solución al problema *"más favorable a sus intereses que el contrato firmado con la Central Papelera"*. La crisis de los periódicos es fuerte y se pide la intervención del Estado. Romanones cursa la instancia rápidamente y por Real Decreto Hacienda adelantaría a la Central Papelera el dinero suficiente para cubrir la diferencia entre el precio de 1914 y los sucesivos aumentos. Esa cantidad era como un anticipo que los diarios deberían devolver al Tesoro. El Decreto puntualizaba que mientras los periódicos se beneficiaran de ella debían abonar cinco céntimos por kilo sobre el precio del papel desde aquel momento y *"durante el tiempo que sea necesario para que el Tesoro se reintegre de las sumas adelantadas;"* es lo que se conoce como "el anticipo reintegrable" tan en boca en la gente de la época, tan en sus tertulias y redacciones, tan en sus ocios.

En nombre de la Central Papelera, Urgoiti suscribe el acuerdo, pero con recelos. Sabe que ha habido negociaciones previas e intenta convencer a don Torcuato, *"a quien consideraba mejor empresario y periodista más moderno que el resto, de que la ayuda directa del Estado no era la mejor solución, por el control que necesariamente implicaría. Pero aun cuando el director de* ABC *trasladó a los miembros del 'trust' de la prensa la opinión de que quizá cabían otras soluciones, no tuvo éxito y terminó plegándose a la voluntad de la mayoría"*.

El Socialista es el único periódico que rechaza el famoso "anticipo reintegrable".

ABC, en "las listas negras"

Ante el conflicto bélico, hay que definirse: o se es germanófilo o aliadófilo. De todos modos, resulta muy difícil mantener la neutralidad. Algunos rotativos mantienen su afinidad ideológica sin nada a cambio, probablemente *ABC* y *El Universo*, *"los únicos* —según sir John Walter— *que mantienen formas de decencia"*. John Walter era el presidente de la junta de directores del *Times* londinense y dirigía, desde Madrid, la propaganda británica en España. Azorín escribe sus impresiones en *ABC*, cuando él se autocalifica de moderado "aliadista". No obstante, los servicios de propaganda aliados consideran al escritor de Monóvar partidario del triunfo de los alemanes. A consecuencia de ello, *ABC* entra en el capítulo de las "listas negras" de los anunciantes, aliados a comienzos del año 1918. Germanófilo convencido es Juan Pujol, subdirector de *La Nación*, efímero diario fundado con ayuda alemana, cuyo inspirador es el marqués de Polavieja. Durante el año 1914, Juan Pujol, como corresponsal de *ABC*, informa desde la línea de combate alemana en Polonia y los Cárpatos. Cesa en 1916 por desavenencias con Prensa Española.

Desde su andadura inicial, el lector de *ABC* está informado de lo que acontece en Francia gracias a la pluma de Enmanuel Ceria, mujer parisiense, oriunda de Italia, que envía sus crónicas desde París. Entre 1914 y 1929 escriben desde la capital francesa José Juan Cadenas Muñoz, Gómez Carrillo, Manuel Bueno y Azorín. Desde Londres, el inglés Campbell.

Primera Guerra Mundial

Los periódicos y la Primera Guerra Mundial. El estallido de la contienda obliga a abrirse al mundo y olvidarse de Cuba y Marruecos. Es el aspecto positivo y los corresponsales en París y Londres de los grandes periódicos. Y los nombres de Maeztu, Madariaga, Corpus Barga, Camba, Pla y Araquistain, entre otros. No obstante hay privilegiados como Valle-Inclán, invitado por el Gobierno francés a visitar el frente, y fruto de esa visita es el folletín que publica *El Imparcial*. Otros periódicos, sin embargo, debido a sus recursos económicos, recurren a la imaginación y cubren informativamente el frente de una manera rudimentaria como la consulta de mapas y geografías y la ayuda de telegramas. En eso se basan las "Impresiones de campaña" de *La Época*, escritas por el abogado, político y periodista zamorano Mariano Marfil (Toro, 1883-1939).

Sin embargo, con la llegada de la guerra, el primer caído siempre es la libertad de expresión y, en consecuencia, la censura. En materia económica, el conflicto bélico repercute en el papel, en la publicidad y en los servicios de información.

El problema de la gran carestía del papel se alivia en diarios y revistas gracias al "anticipo reintegrable", mediante un decreto de la Hacienda Pública. Esta adelanta a la Central Papelera el dinero necesario entre el precio del papel en 1914 y los que se produzcan. Esa diferencia, pues, la cubre el Estado. Los periódicos irán devolviéndolo mediante un impuesto de cinco céntimos por kilo —dos más tarde. En 1975 —¡y ya había llovido!— aún debía Prensa Española unos nueve millones y medio por dicho anticipo.

Primera Guerra Mundial y la batalla de las subvenciones. España, mejor dicho, los españoles se dividen en dos bandos aliadófilos o francófilos y germanófilos. Aquellos significan la libertad y la democracia; estos, autoritarismo y reacción. La izquierda se alinea en el sentir aliadófilo mientras la derecha comulga con los Imperios centrales. Naturalmente que entre ambos bandos navegan los neutrales, en ocasiones disfrazados de germanófilos. Y aliados con estas dos posturas, los periódicos, bien sean de derechas o de izquierdas. Unos están vendidos al "oro del Rin" y otros al oro inglés. Por intereses políticos y comerciales, España, aun declarándose neutral su Gobierno, está más cerca de Francia e Inglaterra que de Alemania.

En las subvenciones, cada periódico obra según su conciencia —editoriales e información. Los hay que basan su apoyo en concepciones ideológicas, otros actúan desinteresadamente y unos terceros se limitan, simplemente, a venderse al mejor postor. Esto origina polémicas como las sostenidas entre Araquistain de un lado y don Torcuato y Juan Pujol de otro.

ABC y su neutralidad. El diario de la calle Serrano no admite ser de derechas. Sin embargo, *ABC* muestra simpatía por afinidad ideológica hacia la causa alemana, admitiendo como admite a aliadófilos, Azorín, por ejemplo, aunque el escritor de Monóvar se defina como "aliadista". Empero su amigo Pío Baroja se declara abiertamente germanófilo, pues Alemania es, para él, el país de la ciencia y la filosofía y el inventor de la aspirina. Según sir John Walter, antiguo corresponsal de *The Times* en Madrid y presidente del Consejo de Administración del diario londinense, encargado de la propaganda aliada, *ABC* mantiene una postura decente no obstante de considerarlo germanófilo.

En plena contienda Armando Guerra —seudónimo del militar Francisco Martín Llorente— deja *ABC* e ingresa en *El Debate*. Con gozo lo publica el diario católico, porque *"públicas son sus simpatías por la causa de los Imperios Centrales y pública es la germanofilia de nuestro periódico"*. *ABC* y su inclusión en las "listas negras" de anunciantes aliados. En un informe, el almirante Canaris —vive en España varios meses en 1916— alude a la buena repercusión de los artículos de Azpeitúa, corresponsal en Alemania de *ABC*, según él el periódico más importante y que no ha tomado partido. La inclusión de *ABC* en las "listas negras" de los aliados supone al diario monárquico —en tres años— dejar de percibir tres millones de pesetas por publicidad.

Salaverría vive para el artículo

Con el inicio de la contienda europea, José María Salaverría escribe sus crónicas para el diario de Serrano desde la orilla del Sena y con el paisaje del agua al fondo. Salaverría nace en el faro de Vinaroz en 1873 y se asoma, como buen observador, al decurso de la guerra. Salaverría tiene una vida dura, forjada en empleos diversos y trabaja en una plantación de tabacos puertorriqueña; se alimenta de un autodidactismo ejemplar, hecho para escribir, contar el mundo con los dedos de la pluma, hasta ingresar en el Estado Mayor del Periodismo, como escribe el romántico escritor Rafael Flórez, "Alfaqueque".

"Salaverría vivió en estado de gracia para el artículo —según Jacinto Miquel Arena. *Yo no sé si escribió tantos artículos como Ramiro de Maeztu, que nos confesó un día, meses antes de morir, que había publicado once mil, aproximada-*

mente; pero sí sé que pudieron ser tantos y que hasta es posible que fueran muchos más."

Germanófilo y manifiesto

A pesar de su cultura francesa —pasa parte de su infancia y adolescencia en San Sebastián—, Salaverría es germanófilo. Cuando vuelve a España, lo sustituye el popular y francófilo Alberto Insúa. En la dirección del diario no se discuten sus crónicas. En una línea germanófila escriben en el rotativo de la calle Serrano escritores como Benavente, Ricardo León y Rodríguez Marín. En una línea contraria, es decir partidarios de los aliados, Azorín, Enrique Gómez Carrillo, Manuel Bueno... En la Redacción de Serrano 55 hay más partidarios de los aliados que de los alemanes. El 12 de julio de 1915 Salaverría publica un artículo con el título "El manifiesto de los intelectuales españoles", *"firmado por numerosos catedráticos, pintores, decoradores y literatos de Madrid, Salamanca y Barcelona,* (que) *ha tenido en París un éxito muy honroso y muy legítimo. Todos los periódicos de todos los matices han reproducido íntegramente el manifiesto, acompañándolo de frases cariñosas (...).*

Entre los comentarios que el manifiesto suscita hay uno, de Gustavo Hervé, altamente curioso por las francas verdades que emite. 'El manifiesto de los intelectuales españoles a favor de los aliados es un testimonio de simpatía al que la nación francesa no quedará insensible... Preciso es confesar que en el fondo del alma española está latente el recuerdo de las violencias que nosotros cometimos hace un siglo...'.

Por mi parte —escribe Salaverría— *si he de decir mi impresión personal, declaro que el manifiesto me ha traído a la memoria los tiempos tristes de la cuestión Ferrer. El nombre de Simarro, inserto en las filas firmantes, ha venido a aumentar mi suspicacia."*

El 15 de noviembre de 1915, Salaverría, en un viaje por Alemania, describe, en un artículo, "El verdadero semblante alemán". *"El lector de buena fe, el que no ha visitado las naciones en guerra y no posee otros recursos de información que los folletos y los periódicos* —escribe—, *ignora hasta qué punto es elástica la fuerza resistente de esos grandes pueblos y cómo se hacen superiores a todos los cálculos y prejuicios anteriores a la guerra. Pero los cálculos y las hipótesis, donde más fallan es cuando tratan de referirse al pueblo alemán. La nación alemana está realizando un milagro..., si es que el espíritu alemán, todo inteligencia y reflexión, no fuese precisamente la negación de lo milagroso y el triunfo de las reales virtudes humanas.*

Por mucho que el Kaiser —prosigue—, *siguiendo una tradición verbal y acaso formulista, invoque a menudo a la providencia, la verdad es que los esfuerzos y los actos alemanes no se sustentan sobre lo fortuito y lo providencial, sino sobre la razón y el coraje del alma.*

Afirmemos, pues, que casi todo lo que se dice de la situación actual de Alemania son versiones erróneas, mucho más fantásticas que erróneas, y ridículas además de fantásticas."

Muy enfermo, don Torcuato dispuesto a vender el periódico

En *ABC*, la visión estrictamente militar de la contienda compete a Llorente, seudónimo de "Armando Guerra" y está seguro de la victoria alemana, aun cuando se exprese con la libertad que le otorga don Torcuato. Ante sus comentarios, por la importancia de *ABC*, los franceses coaccionan a Luca de Tena y prohíben la circulación del diario en Francia y países aliados, además de retirar la publicidad. En polémicas con otros periódicos nacionales y extranjeros, *ABC* defiende su neutralidad internacional, su independencia política y su concepción religiosa, tan discrepante de los rotativos de la extrema derecha e izquierda.

El diario mantiene polémicas con *The Times*, *El Liberal* y *El País*. Especial es la sostenida con Luis Araquistain, quien llega a acusar a Prensa Española de venderse a los alemanes. Para colmo, don Torcuato recibe cartas increpantes; y, de esa contienda, el fundador sale muy tocado, a punto de arrojar la toalla y de abandonar el periodismo. Enferma de pulmonía y llega a hacer testamento. Entonces Juan Ignacio tiene diecinueve años y un periódico como *ABC* es, para un muchacho de esa edad, un compromiso muy serio. Ante estas circunstancias, don Torcuato se plantea, con cincuenta y seis años, que, si se lo pagan bien, está dispuesto a vender el periódico.

Con este motivo, en casa de Azorín se citan, reservadamente, don Torcuato y Urgoiti. Para el fundador de *El Sol*, el precio que pide don Torcuato por su diario es muy elevado. No confía en su hijo Juan Ignacio, entre otras razones, por su juventud, estudia Derecho y su pasión es el teatro.

Armando Guerra a *El Debate*

Ante el panorama bélico, "Armando Guerra" —*"musa jocosa y dicharachera"* y *"pluma digna del más castizo de los revisteros taurinos"*— deja *ABC* y se incorpora a la Redacción del diario católico *El Debate*, que anuncia su fichaje a bombo y platillo. Tal es la germanofilia del periódico de Herrera Oria, que les niega la condición de españoles a los simpatizantes de los aliados. Pasado el periodo grave de su enfermedad y más sosegado, el Fundador se pregunta muchas cosas, sobre todo qué es lo que pretenden los franceses; y justifica sus críticas con las páginas abiertas como están, por ejemplo, a Azorín, que publica sus "páginas de un francófilo" o Gómez Carrillo y Bueno. El Estado Mayor norteamericano invita a Azorín a visitar el frente, mientras escribe sobre el bombardeo de París.

"Los únicos artículos que en España causan una impresión favorable a nosotros en círculos muy amplios —comentará el que, años después, sería el almirante Canaris—, *y que en parte han dejado sin efecto las noticias calumniosas propagadas por los aliados, son los de Azpeitúa (seudónimo de Javier Bueno), el corresponsal en Alemania del diario* ABC, *el más importante del país y que se considera que no tiene tomado partido."*

Capítulo V

SOFÍA CASANOVA, TESTIGO DE LA CAÍDA DEL ZARISMO

ABC CUMPLE DIEZ AÑOS

> *"¿Para qué autorizar la libertad de prensa?*
> *¿Por qué el Gobierno debe permitir que se le critique*
> *cuando hace lo que cree que debe hacer?"*
>
> Lenin

Desde el inicio de la guerra mundial hasta 1929, el periódico tiene, como casi siempre, corresponsales en la principales capitales europeas. En Bruselas, el popular charlista Federico García Sanchiz, que tanto anuncia el periódico. Ramón Pérez de Ayala envía crónicas desde Londres. Javier Bueno, Julio Camba, Juan Pujol y Juan José Cadenas cuentan sus impresiones desde Berlín; Cadenas y Bueno lo harían, también, desde Roma. Camba y Miguel de Zárraga muestran al lector de *ABC* la vida de los americanos; y Sofía Casanova cuanto acontece en Polonia y Rusia.

Sofía Casanova nace en Almeiras, La Coruña, el 30 de septiembre de 1862. Su afición literaria le lleva a las reuniones madrileñas celebradas en la casa de Ramón de Campoamor. Sofía habla siete idiomas, entre ellos el ruso y el polaco. En 1887 se casa con el noble, matemático y filósofo polaco Vincenty Lutoslawski, un patriota místico que llega a España a finales de siglo con el propósito de casarse con una española.

Según una profecía, la boda entre un polaco y una española dará como fruto el Mesías de su raza. Sofía frecuenta los ambientes literarios y, en este marco, el polaco conoce a Sofía, concretamente en el salón literario de don Emilio Ferrari. Este y sus amigos cooperan a fructificar esta unión y liberar así a la escritora de su penuria económica. Del fruto de esa unión nacen dos niñas y, al no tener la descendencia de un varón, la pareja se separa. Ante esta circunstancia, Sofía regresa a España, tras veinte años de ausencia de nuestro país. Sofía regresa a una España que ama y vuelve a frecuentar los ambientes literarios, tan en boga. Visita la casa de Colombine, donde se citan los escritores más varios. Sofía Casanova vuelve, en fin, al gusanillo de la tertulia y a tomarle el pulso a una España real.

Desde el país de su marido, mantiene una frenética vida de corresponsal con los más importantes diarios españoles y sudamericanos. Su firma es muy popular en la época, incluida la prensa polaca. De pensamiento liberal conservador, Sofía Casanova defiende la postura de los gobiernos españoles en asuntos como la guerra del Riff o la Semana Trágica de Barcelona y el fusilamiento de Ferrer Guardia. Mujer de una amplia cultura, es académica de la Real de Galicia. Durante la Primera Guerra Mundial, la presencia de Sofía en las páginas de *ABC* es muy asidua, bien sea mediante crónicas o a través de cartas, y aparecen en el escaparate de la "tercera". Entre 1914 y 1929, Sofía Casanova envía sus crónicas desde Varsovia y San Petersburgo. Sofía Casanova es testigo excepcional de la caída del zarismo y de la revolución bolchevique. Gracias a sus crónicas, el lector de *ABC* está al día, además, de lo que ocurre en Polonia, en Rusia y, en suma, en Europa.

Como premio a su actividad periodística y corresponsal en Moscú, *ABC* le tributa un homenaje en 1919 y ella pronuncia unas conferencias a los obreros de la Casa de *ABC*. Sofía Casanova tiene una visión negativa de lo que supone la Revolución rusa. *"El ejemplo de Rusia es espantable* —dice—. *Aquellos millones de campesinos a quienes el Pope y el Zar embrutecieron con la vodka y el látigo, aquellos obreros que con los soldados hicieron la revolución y tuvieron derecho a hacerla, han destruido su nación, se han destruido a sí mismos. El comunismo de sus apóstoles deslumbró sus débiles cabezas de descendientes de alcohólicos y de alcohólicos."* Al final de su intervención, Sofía Casanova se fotografía en la Redacción con operarios y redactores del periódico. Su tarea periodística descendería, notablemente, con la llegada de la República.

Personaje muy de esta época, Sofía Casanova estrena, en 1913, la obra de teatro *La madeja* y la veréis, exótica y señorial, tocada de sombrero y una gran pluma, durante el estreno, sentada junto a don Benito Pérez Galdós. Sofía Casanova es, además, autora de varias novelas; y aquella mujer menuda y baja muere, muy viejecita, en Polonia.

Miembro de la Liga Antigermánica en la conflagración europea es Pedro Mourlane Michelena, hombre de *ABC*, médico y periodista, vinculado a la vida literaria bilbaína y a la tertulia de Unamuno. Desde su ciudad envía artículos al rotativo de la calle Serrano.

Diez años

Para don Torcuato, el diario es un hijo más. Por eso, don Torcuato es feliz cuando su rotativo cumple años o celebra aniversarios. El día 1 de junio de 1915, el periódico cumple diez años. *ABC* tiene una tirada media de 176.000 ejemplares y, en ocasiones, llega a los 200.000. Una de las preocupaciones de don Torcuato es siempre la maquinaria, cómo, rápidamente, esta se queda obsoleta. El rotativo de la calle Serrano acaba de instalar el taller de huecograbado y la nueva rotativa permite imprimir fotografías. No obstante, es insuficiente —en contra del deseo del periódico— por las carencias de primeras materias. A don Torcuato no solo le preocupa la vida efímera de las rotativas, sino también el transporte del periódico y la transmisión de noticias.

Con motivo de este aniversario, el diario efectúa una encuesta entre sus lectores y más de cien personalidades de la política, las letras, las artes y el periodismo responden a ella. Los directores de los diarios españoles más importantes no dudan en confesar y admirar la tarea del rotativo de la calle Serrano. *"¡Cuánto amor a la Patria destacándose gallardamente desde las columnas de* ABC!", exclama Benigno Varela, director de *La Monarquía*. López Ballesteros, director de *El Imparcial*, alaba la conducta de don Torcuato ante *"los que acometieron en el extranjero la obra infame de desprestigiar a nuestra Patria"*. "ABC, *en suma, es un periódico* —dice Miguel Peñaflor, director de *El Correo Español— del que nos debemos sentir orgullosos."* Para el director de *El Globo*, Pablo García Becerra, *ABC* ha sabido *"interpretar los anhelos y las opiniones de la parte más sana o numerosa del público español, sin distinción de clases sociales, ni siquiera de partidos"*. Evaristo Romero, director de *La Correspondencia Militar* confiesa que "ABC *no es un periódico. Es un síntoma"*. Estos diez años de vida *"constituye una verdadera obra nacional",* según Luis Antón de Olmet. Para Ángel Herrera, director de *El Debate*, (*ABC*) *"alardea, y con fundamento, de amplio criterio liberal, lo que le resta el apoyo de los católicos consecuentes";* y responden a dicha encuesta periodistas tan conocidos como Delgado Barreto, Luis Silvela, el marqués de Valdeiglesias...

Innovador publicitario

ABC precursor en adelantos técnicos, innovador, sorprende a los lectores por su originalidad y audacia, con la publicidad y hasta se verá a tres actrices cómo promocionan, fotografiadas en color, una de las campañas publicitarias del rotativo monárquico. Prensa Española fleta un avión para enviar el periódico a provincias, primer correo aéreo que se proyecta en este sentido. Un "Avro", pilotado por el capitán Collier y acompañado del fotógrafo de la Casa Zegrí, parte de Madrid con destino hacia Ciudad Real y Sevilla. Tras resultar frustrado el primer intento, debido a un temporal, dos días después, tras una hora de vuelo, el aparato llega a Ciudad Real. La gente de la ciudad quita de la mano los ejemplares a los revendedores, que lo anunciaban: *"¡*ABC *llegado en aeroplano!"*

ABC de exclusivas y buen periodismo recoge en el pueblo madrileño de Loeches, en el automóvil de la casa de *ABC,* a la tristemente famosa Cecilia Aznar, la del "crimen de la calle Fuencarral", protagonista de una rocambolesca fuga de la cárcel de Alcalá de Henares acompañada de otra reclusa. *ABC* está en el lugar de la noticia con coche y reportero. El periódico sigue también atentamente el robo en el Museo del Prado, del llamado Tesoro del Delfín y la detención del ladrón, un antiguo guarda de la Pinacoteca que consolidaría la fama de un policía de la época. *"Yo soy el único culpable* —dice Rafael Coba, el ladrón— *como acabo de demostrar en la diligencia; no necesite de nadie para llegar hasta la vitrina y apoderarme de lo que quería."*

Corrochano, entre Marruecos y los toros

Todo esto ocurre en un país inestable, lejos del sonido de la guerra, pero sumido en el pesimismo y en el conflicto bélico de Marruecos tan latente en los hogares españoles, tan contado y narrado por el enviado especial del diario monárquico, Gregorio Corrochano, fotografiado con el general Sanjurjo en las afueras de Melilla. El periodista toledano cuenta el mismo día que se impone la Laureada al coronel Primo de Rivera, muerto en acción en Monte Arruit, *"cómo los despojos del militar habían sido encontrados a cielo abierto y reconocido por un diente de oro". "No todo fue desastre, no todo fue derrota* —decía recordando los sucesos de Annual—, *lo dicen estos restos laureados de don Fernando Primo de Rivera, el héroe de una derrota, el que murió sin rendirse y, cuando oyó pasos enemigos en la posición, que a él se le antojó Numancia, no pudo soportar ni la tierra que le cubría y se le desenterró."*

Corrochano, crítico de toros, trae un aire nuevo en los vuelos de su pluma, otra manera de contar la corrida. Corrochano va a los toros con el revistero de *ABC*, oculto tras un apodo muy taurino: "Dulzuras" —Manuel Serrano García-Vao (186-1914). Corrochano iba con él a la grada del 9, *"y veía cómo, siguiendo con la vista al toro, iba anotando cuanto acontecía en el ruedo; donde está el toro, está la corrida. Una de las cosas que apuntaba era la hora, que tomaba de un voluminoso reloj de bolsillo* —en la plaza no había entonces reloj—, *la hora exacta en que el matador desplegaba la muleta delante del toro y luego, cuando el toro moría, volvía a consultar su reloj y escribía: 'El toro tardó en morir tantos minutos.' Cuando 'Dulzuras' se iba de veraneo, yo iba solo a la grada del 9 a sustituirle, y apuntaba, como él hasta los minutos que tardaba el toro en morir, procurando que no se notara su falta porque entonces la revista de toros no se firmaba en* ABC".

El meticuloso "Dulzuras" muere cuando en el periódico *"andábamos cuidando mucho la información de la guerra del catorce"*. Entonces, don Torcuato llama a su despacho a Corrochano.

—Quiero que se haga usted cargo de la sección de toros.

—Don Torcuato: yo soy muy aficionado a la fiesta y he sustituido, creo que discretamente, al llorado "Dulzuras" en sus ausencias, pero no me creo capaz de llevar la sección con la autoridad que él la llevaba.

Según cuenta Corrochano, don Torcuato pone su mano derecha sobre un montón de cartas que hay en su mesa y le dice:

—Estas cartas son de solicitantes para el puesto de "Dulzuras" y de personas, algunas de mi intimidad, que los recomiendan. Pero yo he decidido que sea usted.

Aún Corrochano, tras agradecerle el gesto, se resiste a aceptar propuesta y dice al director que él no sabe de toros lo suficiente. Entonces, don Torcuato le replica tajante, *"entre enérgico y cordial":*

—A mí con que no confunda usted un par de banderillas con una estocada me basta. Usted será cronista de toros.

Gregorio Corrochano empieza la temporada *"entre el estupor de los que, no conociendo a don Torcuato, no comprendían su resolución para tan alta tribuna. Yo me sentía acechado por aquellos solicitantes que nunca supe quiénes fueron. Un día, en un telegrama que publicó* ABC *de una corrida de provincias, hubo una errata simple. Decía: 'Picando se distinguió Gamero'. Esto fue suficiente para que un periódico taurino arremetiera contra mí y dijera: 'Cómo se ve que al frente de la sección taurina de* ABC *no está ya Dulzuras, que sabía tanto de toros, y está ahora un joven inexperto. ¿No sabe usted, señor Corrochano, que el picador se llama Camero y no Gamero?'. Yo le contesté: 'Sí lo sabía, y para que no vuelva usted a caer en la misma errata que yo, le hago saber que yo me llamo Corrochano y no Gorrochano'."*

Intentos de soborno

"Lo que se me resistía era ir paso a paso con la corrida en mezcla fatigosa de vulgaridades y aciertos, de pitos y palmas. Pero no me atrevía a romper el modo de hacer de 'Dulzuras' ni las normas tradicionales de ABC*. Hasta que un día llegué a Redacción y le dije a nuestro redactor-jefe, el inolvidable don José Cuartero: 'He perdido las notas de la corrida y no puedo hacer toro por toro'. Cuartero me dijo, tranquilamente, masticando el puro: 'Haga usted una crónica de conjunto.' Mojó la pluma y siguió con la vista perdida. buscando palabras exactas con que aderezaba su editorial. No esperaba yo otra cosa ni otra oportunidad para variar el estilo de la revista de* ABC. *A la noche siguiente entra don Torcuato en la Redacción, y dirigiéndose como siempre, primero a Cuartero, pregunta:*

—¿Quién ha hecho hoy la crónica de toros?

—Corrochano —contesta Cuartero.

Después, don Torcuato viene hacia mi mesa y me dice:

—Muy bien. Siga usted haciendo crónicas y fírmelas. Ya le dije que usted sería cronista de toros."

En sus comienzos, don Gregorio es tentado por algunos matadores con el famoso "sobre", es decir tratan de sobornarlo y él les devuelve el "envío" con una frase estereotipada: *"Muchas gracias, pero yo no trago... ni me dejo comprar, ni al público se le puede engañar."*

Corrochano da empaque y estilo a la crónica, rompe con la tradición del clásico revistero, el gacetillero que narra mal, no enjuicia y se limita a dar el número de pases del diestro durante la faena. *ABC* es para muchos lectores la pluma de Corrochano, la lectura de su crónica. Corrochano es la última persona que cambia impresiones con "Joselito", cuando lidia a "Bailador", momentos antes de su muerte, en Talavera de la Reina.

Sánchez Guerra, segundo de Corrochano en *ABC*

Rafael Sánchez Guerra, hijo del presidente del Consejo de Ministros, es muy amigo de Juan Ignacio Luca de Tena y han sido compañeros de estudios muchos años. Ahora compartirá con el marqués, durante más de siete años, mesa en la Redacción de *ABC*. Traducen telegramas, corrigen galeradas. Juan Ignacio pasa por casi todos los cargos en el periódico. Rafael Sánchez Guerra, gran aficionado a los toros, ejerce la crítica taurina en *Blanco y Negro* y, algunas veces en *ABC*, como segundo de Corrochano.

Rafael llega a Serrano 55 de manera muy curiosa. Viene convaleciente de la guerra de África y se enamora de una chica, vecina suya, nieta de una marquesa. Está dispuesto a casarse con ella. Una vez celebra la ceremonia, está dispuesto a reincorporarse en Marruecos a Regulares. Dejaría a su mujer bien en Tetuán o en Melilla. Sabedor don Torcuato del hecho, decide ir con Juan Ignacio a visitar a su padre, en esos momentos, el hombre más poderoso de España. Y le cuentan una historia de un amigo, pero sin decirle de quién se trata y don José descubre que se trata de su hijo. Entonces, monta en cólera y dice que si es un inútil, un holgazán y que él no le ayuda. *"Los destinos del Estado* —señala— *no son para que los gobernantes protejan a sus hijos."* Entonces le dice don Torcuato: *"Le ayudaré yo."*

Esa misma tarde ingresaba en la Redacción de *ABC*.

Viaje de don Torcuato a Barcelona

Pero no todo es un camino de rosas en la vida de don Torcuato, en mucha medida, la singladura de *ABC*. El Fundador teme la entrada española en la guerra al lado de los aliados y las consecuencias que lleva consigo.

Don Torcuato lleva seguro el timón de una nave periodística. A la reacción francesa frente al diario, sigue en 1916, las Juntas de Defensa; y *ABC* se opone a ellas, y al pacto para la huelga general; y a la asamblea de parlamentarios. Con motivo de dicha asamblea, cuando está en la Redacción de *ABC*, Enrique Mariné, secretario general de Prensa Española, se acerca al sillón que ocupa Wenceslao Fernández Flórez y le transmite la orden, de parte del director, de que viaje a Barcelona con el fin de presenciar la reunión. Apenas llega a la Ciudad Condal el humorista gallego, se reúne con don Torcuato, almuerzan juntos y cambian puntos de vista sobre las intenciones políticas de las organizaciones de la asamblea. *"Probablemente él estaba en lo cierto* —escribe Fernández Flórez—; *yo apenas llevaba un año en Madrid y mi experiencia de la política debía de ser algo superficial.*

El caso fue que, tras conversar sin ponernos de acuerdo, cuando otro director me hubiese recordado que yo iba allí a expensas de ABC *con el encargo de escribir algunos artículos, me sorprendió cambiando de tema para preguntarme:*

—¿Conoce usted Barcelona?

—Es la primera vez que la visito.

—Pues paséela usted detenidamente. Es muy interesante y le complacerá. Después, cuando se canse, puede regresar a Madrid.

Y pagó mi disconformidad con una excursión de puro turismo."

Juan Ignacio, contra las Juntas de Defensa

Hacia el año 1922, y con responsabilidades en el periódico, Juan Ignacio se pronuncia en contra de las Juntas de Defensa y les atribuye todos los males que desprestigian al Ejército, sin excluir el desastre de Annual. Alfonso XIII entiende que la preponderancia de las Juntas —favorecida por la incapacidad política— socaba la disciplina militar y en el banquete del homenaje que se le tributa en Barcelona en junio de 1922 ordena, públicamente a los oficiales, que disuelvan estas organizaciones de dudosa legalidad. El entonces teniente coronel Millán Astray acata el deseo del Rey y solicita la baja en el Ejército. Un decreto acaba con las Juntas de Defensa.

Juan Ignacio "escucha" en la Redacción de *ABC* la bofetada que Sánchez Guerra padre le propina al general Aguilera durante una discusión sobre el cometido del Ejército y queda relegado al ostracismo al no enviar los padrinos al político. (Se refiere al duelo.)

Días antes de que estrene la comedia *El dilema,* Juan Ignacio se ve envuelto en una polémica periodística por su actitud frente al Ejército. No es cuestión de recurrir al campo del honor para satisfacer la ofensa, criterio que defiende Luca de Tena en su obra.

Polémica periodística de Juan Ignacio

El 25 de febrero de 1923, en un artículo titulado "En justa defensa", Juan Ignacio confiesa que no se ha *"mezclado jamás en las polémicas de* ABC, *aunque, en ocasiones, me haya producido mi forzosa inhibición muchas amarguras. Pero habiendo sido claramente aludido por su periódico y ocasionado esta alusión diversos comentarios en los círculos periodísticos, debo hacer las siguientes manifestaciones, que nunca hubiera hecho públicas de no haber mediado lo que indicado queda: que el marqués había buscado medios para no ir a Marruecos, después del desastre de Annual, hacía más de un año que acabara yo de cumplir, en el regimiento de Húsares de Pavía, el segundo plazo de dos meses de servicio en filas, y era suboficial".*

Entretanto la hoja literaria *Los Lunes de El Imparcial* se hunde en un ocaso de oro. En un gesto que le honra, el administrador del prestigioso periódico, dice a uno de sus colaboradores que el diario está sumido en la penuria y camina hacia la ruina. Sí, va camino de ella, porque don Rafael Gasset lo está matando y acabará vendiéndolo. Por lo pronto, la mitad del edificio se alquila a una sastrería.

Poco antes de morir *Los Lunes*, Astrana Marín trata de reanimarlo con una polémica con Julio Cejador y este lo desafía en el terreno del honor, es decir batirse a duelo, pero el experto cervantino no acude a la cita y presenta una denuncia en el juzgado de guardia. Cejador se burla del que llama *"soficoco"* y Astrana le responde llamándole *"soficaco"*. Triste destino de unas páginas consagradas a la más hermosa literatura.

En la decadencia de *El Imparcial* influyen, principalmente, dos circunstancias: la ambición política de Rafael Gasset y el auge de ventas de *ABC*; al cumplir los cincuenta años de vida, en 1917, *El Imparcial* pierde influencia.

"Don Herculano", esperpento de Valle, contra don Torcuato

En 1922, Valle-Inclán publica en la revista *España* un breve esperpento: "¿Para cuándo son las reclamaciones diplomáticas?" Cualquiera que conozca a los personajes abecedarios de la época no tienen dificultades en reconocerlos fácilmente. Es un entremés o un esperpento de Valle-Inclán en una escena en el que aparece don Herculano Cocodoro —en el nombre van las letras que forman el de Luca— en la Redacción de *El Abanderado de Las Hurdes*. Paredes patrióticas, retratos de personajes. Los pocos que saben firmar han dejado su autógrafo. El de Maura tiene una cruz. Un personaje obecede por el nombre de don Serenín, que no es otro que Azorín.

Vencida Alemania en la Primera Guerra Mundial, Don Herculano quiere que Don Serenín escriba varios artículos en los que proponga diferentes actos públicos en agradecimiento a Alemania por su gran técnica, copiada de los hurdanos. *"¡Qué grande es Dios!", dice Don Serenín. "¿Y en qué nos copia Alemania, Don Herculano?" Responde Don Herculano: "¿Ha leído usted el asesinato de Rathenau? ¿No le ha recordado a usted la muerte del pobre Don Eduardo?" Don Serenín: "Sí... ¡parece un plagio!"*

Don Eduardo Dato, jefe de los conservadores, es asesinado en 1921. Un año después Rathenau por un grupo de pangermanistas. Para Don Herculano es, en efecto, un plagio del asesinato de Dato. *"La actitud alemana adoptando para el asesinato de sus grandes hombres la técnica hurdana nos fuerza a un acto de agradecimiento."* Cita a Armando Guerra, seudónimo del general de Estado Mayor Francisco Martín Llorente, famoso por sus crónicas germanófilas en *ABC* y *El Debate*. En una de esas crónicas, describe la batalla naval de Jutlandia.

Este esperpento se publicaría en 1977 en la colección Austral junto con *Las galas del difunto, Los cuernos de don Friolera* y *La hija del capitán.*

Por otra parte, Luis de Araquistain escribiría, por esta época, una novela sobre Don Torcuato: *Las columnas de Hércules*.

"Gil de Escalante", cronista de sociedad

Hasta que don Torcuato ficha a Juan Spottorno, la crónica de sociedad la hace Montecristo, hombre con una pluma anticuada y, poco antes de sustituirle Gil de Escalante, seudónimo de Juan Spottorno, con olvidos y equivocaciones. Antes de encargarse de la sección "De Sociedad. Ecos diversos", Spottorno hace "Crónica Deportiva", desde el Hipódromo, promontorio del paseo de la Castellana, lugar donde se exhiben los elegantes. Escalante ingresa en el periódico en 1916 y hace compatible su tarea en el diario con el trabajo en el Banco de España. Era un personaje de la vida social. Escribe "Gente conocida" con el subtítulo de "Diario de un snob" y un consultorio sentimental llamado "Cuénteme usted su caso", de gran éxito. Hombre atractivo, tendría muchas *"fans"* y se casaría con Blanca Ascanio, hija del marqués de La Florida. Murió su mujer al poco tiempo de contraer matrimonio y él tuvo del detalle de no heredar nada de la rica fortuna de su esposa. Cuñado de Ortega y Gasset, no era nada entusiasta del filósofo. Antes de morir, recitó con ironía un verso de un drama romántico: *"A morir los caballeros / y las damas a rezar."*

Conocedoras algunas amigas suyas de su gravedad, llamaban con frecuencia interesándose por su estado de salud. Una se decidió ir a verle, dama muy conocida y de la que solo algunos saben el nombre.

Capítulo VI

DURA POLÉMICA DE DON TORCUATO CON *EL SOL*

A PUNTO DE ACABAR EN DUELO

"Los periódicos hostiles son más temibles que mil bayonetas."

Napoleón

Nacido a raíz de la crisis del año 1917 y convencido de que ha llegado la hora de la renovación española, el periódico *El Sol* abre una luz distinta en la vida periodística del país. Con su aparición, *El Sol* va más allá de informar simplemente. En sus páginas trata de educar, crear, formar una opinión pública. Ni por su precio, ni por sus contenidos, pretende nunca *El Sol* convertirse en un diario popular. Tan es así, que este diario no incluye en sus páginas ni el sorteo de la lotería ni las crónicas taurinas, aun cuando el auge de la fiesta nacional, durante esta época, es considerable y ejerce cierta fascinación entre algunos intelectuales del momento como Marañón, Pérez de Ayala y el propio Ortega y Gasset. Sin embargo, *El Sol*, con motivo de la cogida mortal de Joselito en Talavera de la Reina, lanzará una edición especial nada más conocer la noticia.

Alma y vida de este diario: Nicolás María de Urgoiti. Nada más salir el periódico, Ortega y Gasset se apresura a escribir a Urgoiti y le dice que es de los poquísimos diarios que pueden presentarse *"sin vergüenza y hasta con orgullo fuera de España",* tanto por su aspecto externo como por su *"alto nivel moral"* al venderse a diez céntimos y *"combatir todo género de subvenciones, actas cuneras de periodistas y ese ominoso* Reptilfund *que Bismarck regaló a los países de pobre vida ética";* y el filósofo piensa que este diario llegará a convertirse en *"el periódico de todas las derechas inteligentes, de todo el vasto centro de la opinión pública y de una gran parte de las izquierdas, esto es, el más nacional de los periódicos".*

Su director, Félix Lorenzo, discípulo predilecto de Mariano de Cavia, gran bebedor de cerveza, por cierto, vivirá, a las pocas semanas de aparecer *El Sol*, la primera polémica con el resto de la prensa. Circunstancialmente, el periódico aparece cuando se recrudece el conflicto de intereses entre los papeleros y la prensa *"por las discrepancias surgidas con motivo del precio del papel y la aplicación del 'anticipo reintegrable'".*

En sus primeros números, *El Sol* anuncia que no se acoge al anticipo para poder conservar su libertad. Esto provoca malestar en el resto de la prensa. La suficiencia con que *El Sol* hace gala de su independencia no comulga con el hecho de que Nicolás Urgoiti, en nombre de la Central Papelera, hubiera negociado y aceptado dicho anticipo. Por su relación con La Papelera, *El Sol* tiene privilegios, entre otros, el del suministro de papel, a buen precio. Por esta época, la situación de la prensa sigue siendo difícil y la subvención insuficiente. Para superarla, los periódicos deben doblar su precio y pasar de cinco a diez céntimos. Esa subida pone en peligro la vida de muchos diarios y acentúa, además, la competencia de *El Sol*. Por el mismo precio, ofrece más páginas. Ante esta circunstancia, los directores de los periódicos piden al Estado una subida del precio y limitar el número de páginas. A esa propuesta, *El Sol* se opone.

Difícil situación de la Prensa

Ante esta actitud, don Torcuato insiste en los beneficios de la Central Papelera, gracias a la subvención del Estado. Además, para el fundador, *El Sol* está *"inspirado por el presidente de la Central Papelera";* y provoca esa polémica. Por su parte, Urgoiti deslinda sus responsabilidades de fabricante de papel de las que pueda incurrir *El Sol*. Respecto a estas, Urgoiti señala que incumben al director. Esta y otras polémicas molesta a los accionistas de La Papelera Española y *El Sol* le crea un conflicto. Consciente del mismo, Urgoiti recomienda al director de *El Sol* prudencia en este asunto. El ambiente periodístico está muy tenso.

En el mes de marzo del año 1918, se forma un Gobierno "nacional" presidido por Antonio Maura. Torcuato Luca de Tena y Miguel Moya visitan a Maura y le piden una prórroga del anticipo a la prensa. Los créditos están agotados. Además, *El Sol* se opone y pide que se discuta en las Cortes. Pero el Gobierno decide aprobarla.

Este año, el diario de la calle Serrano bate los récords de venta y Juan Ignacio, hijo del Fundador, se incorpora al periódico.

Época romántica, tiempo de un elevado honor calderoniano, celoso el periodista de cualquier ataque; y de que se le desprestigie humana y socialmente. Ante cualquier acción recriminable, el afectado va a lavar su honor, que es lo mismo que recurrir al duelo, bien a batirse en un campo de batalla, bien mediante pistola o en el ballet sangriento de la esgrima, o en un torneo medieval de espadas en pleno siglo XIX. Duelos que llenan horas de ocio y multiplican conversaciones y rumores.

El duelo, los llamados "lances de honor entre caballeros" es un hecho social aceptado y practicado por hombres de pundonor —periodistas, políticos y militares— que entienden que *"el honor es patrimonio del alma y el alma sólo es de Dios"*. Ante un duelo no valen anatemas religiosos, escrúpulos morales ni sanciones penales. En la época del romanticismo, el duelo alcanza su esplendor.

Durante el siglo anterior, los lances de honor son habituales entre los periodistas. Los debates, doctrinarios y literarios, se convierten, fácilmente, en cuestiones de honor; y estas se resuelven, dignamente, con las armas en la mano. A comienzos de siglo, continúa el desafío espadachín entre periodistas; y hasta se crea un tribunal de árbitros, que interviene, amigablemente, en esas disputas y trata de evitar que terminen en contiendas personales. Sin embargo, el arbitraje casi siempre fracasa en su espíritu conciliador.

Conviene estar entrenado, manejar con soltura la espada y, por tanto, acudir a ese campo de batalla en buena forma. En Madrid hay salas de armas, están de moda, y al hijo del fundador de *ABC*, Juan Ignacio Luca de Tena, siendo niño, se le educa en la esgrima, por si hubiera de acudir a un trance de esa naturaleza. Juan Ignacio asiste a las clases de esgrima de Pepe Carbonell, que imparte en la calle del Príncipe, cerca del teatro de la Comedia.

Hay otra sala de armas en el número 13 de la calle Echegaray. *"Esa calle de día,* como la define Ruano, *es triste y desangelada, como una botella de vino rota, como una media que aparece colgada en un radiador, como una mujer que sale por la mañana de una casa donde entró vestida de noche, como una banderilla pisoteada por el toro."*

Afrodisio Aparicio, maestro de esgrima

En el Madrid del siglo XIX, Afrodisio Aparicio es el último maestro de esgrima, *"tiene algo de viejo tigre* —según Ruano—, *que se ha dejado las uñas en su propia cara. El blanco mostacho enhiesto apunta a los ojos duros y vivos en su mirada. Los años y el ejercicio de las armas han arqueado un poco toda su figura y él camina con pasos lentos y pesados, seguros, como ágiles y cautelosos al tiempo".*

El duelo tiene unas reglas y el marqués de Cabriñana escribe un tratado sobre su ordenamiento; tratado que se considera como la Biblia del duelo. Procedente de un pueblo segoviano, Afrodisio Aparicio viene a Madrid en busca de trabajo y lo encuentra en la sala de armas de José y Pedro Carbonell. En el Madrid de esta época, la calle Zorrilla es la calle de escuelas de esgrimas, como la del Príncipe es la de los dentistas. Además de la escuela de los Carbonell, se enseña esgrima en Brutén, en Sanz, en Roque, en Huete y en Lancho.

El gran auge en España del arte de esgrimir convoca a los maestros europeos en nuestro país; y viene Pardini, que contrata el arma de Caballería como instructor, y el famoso Pini, considerado como el mejor tirador de su tiempo en Europa. Pini se bate en un teatro madrileño a espada contra el francés Merignac.

Llegan personajes legendarios en este campo: el barón de Athos de San Malato, Rue "el Zurdo", Greco... Pardini y Cabriñana se exhiben ante la Reina Cristina. Duelos famosos del que todo el mundo habla y hacen correr mucha tinta en los periódicos; el duelo entre Afrodisio Aparicio y Ángel Lancho; el primero, un maestro en el manejo del sable; el otro, con la espada. Aquellos duelos de la "Quinta de Noguera", en los aledaños de la plaza de Manuel Becerra, cerca del arroyo del Abroñigal. En algunos de estos lances, interviene como juez de campo Luis de Armiñán, hombre de *ABC*, redactor y corresponsal de guerra, gobernador civil durante la República.[9]

La Reina Victoria practica esgrima

El tiro de pistola se practicaba en el salón de tiro del Círculo Militar o en la Escuela Nacional de Tiro de Carabanchel, y su manejo resultaba más sencillo que el de la espada y el sable.

Por la sala de armas de Afrodisio pasa "el todo Madrid". Militares como el general Primo de Rivera, Sanjurjo, Queipo de Llano, Millán Astray... Políticos como Romanones, el conde de Vallellano, que se bate a duelo con Lancho y salen malparados los dos en el lance. De ese encuentro nace, sin embargo, una amistad para toda la vida. El duelo se celebra en la finca Nogueras. Entre los alumnos del maestro Afrodisio, figura una alumna muy especial, la Reina Victoria.

¿Quién o quiénes de esta época o, posteriormente, no recuerdan los duelos? ¿Quién no guarda en su memoria, por ejemplo, el que mantienen Alejandro Lerroux y Julio Burell el año 1893? ¿O el del militar Paredes que en un teatro sevillano, en el entreacto de una obra, recibe la bofetada del marqués de Pickman? Al día siguiente, se baten con el uso de la espada y el militar acaba con la vida del aristócrata sevillano.

O el que sostiene el ministro de la Gobernación, Sánchez Guerra con el diputado republicano Rodrigo Soriano por un incidente ocurrido en el Parlamento. En el campo de batalla, el ministro hiere a Soriano. Eso lo recordaría Juan Ignacio Luca de Tena como algo que se graba cuando se es niño. Tiempo después, Soriano, personaje conflictivo y de leyenda, se batiría con el viejo general —al que injuria— Fernando Primo de Rivera.

Hasta en alguna Redacción existe un cuartito para la práctica de la esgrima. Concretamente en *La Corres*; y a él acude el profesor francés Dubois a enseñar este arte de viejo torneo medieval a esos periodistas del siglo XIX. Dubois tiene su escuela en la calle Zorrilla, muy cerca del Congreso de los Diputados y, por un momento, con su llegada, se escucha un ruido de sables y las cuartillas y los tinteros guardan silencio frente al sonido de las armas. Todos procuran aprender, por si su honor es mancillado; y hacen un alto en el camino de su tarea periodística, y se

[9] Más adelante, hablaré de él y lo recuerdo, con muchos años encima, escribiendo en una mesa situada a la derecha de la entrada a la Redacción, como un rescoldo de otro tiempo, como un testigo mudo de la vida romántica en una sala grande presidida por la estatua de don Torcuato.

adiestran; y hasta el crítico literario hace ejercicios y sortea los embates del "rival". Aunque sea una simple crítica adversa, puede llevar al campo del honor, pero, el que es pacifista, prefiere la pluma a las armas.

Cita en el Casino

Al regreso a Madrid de un viaje realizado a Barcelona, Nicolás Urgoiti lee, estremecido, un comentario sarcástico del director de *El Sol* al presidente del Gobierno, inspirado en la concesión de subvenciones a la prensa. *"No se les echa carne a las fieras periodísticas* —escribe—, *pero se les da un tentempié."* Ante esta nota, la respuesta de *ABC* no se hace esperar y el diario de la calle Serrano responde al día siguiente. Bajo el título de "El señor Urgoiti, los millonarios y la prensa, *ABC* se mofa de la "pureza" de *El Sol* frente al anticipo del Gobierno. Según el diario monárquico, *El Sol* es un periódico *"costeado por la Papelera y por millonarios que han engrandecido fabulosamente sus fortunas en los turbios negocios de la guerra".* A Urgoiti la respuesta le parece furibunda, mientras el director de *El Sol* enmienda su error y exige a don Torcuato el respeto debido a todo periodista. Con la publicación del comentario "Punto y seguido. La andante escudería", la réplica de *ABC* se torna más hiriente. Tal cariz toma la polémica, que Urgoiti llega a la conclusión de que se trata de un desafío personal. Pensando en un reto a duelo, Félix Lorenzo pide que se le releve de la dirección y Urgoiti está convencido de no poder evitar su propio desafío.

El día 3 de abril de 1918 Nicolás Urgoiti se viste de chaqué ante la probabilidad de que Luca de Tena le mande los padrinos. Él nombra a los suyos y ambas partes tratan de evitar el duelo. Urgoiti espera en el Casino, avisa a casa y visita a Mariano de Cavia, "apenadísimo" ante la situación. Entretanto espera noticias en el Casino y confía en que sus padrinos busquen una solución, pero está dispuesto a llegar al final. *"Tanteando mi conciencia* —anotó mientras esperaba— *y aunque jamás me he tenido por valiente, no me arredra lo que ocurre y estoy totalmente tranquilo pase lo que pase."* A las doce y media lo llama Félix Lorenzo desde *El Sol* y le dice que todo está arreglado, que el acta preparada por los padrinos de Urgoiti es satisfactoria.

Por frecuentes que fueran los duelos —que lo eran—, nunca piensa Urgoiti en batirse en armas, máxime frente a Torcuato Luca de Tena. Aunque discrepa políticamente de don Torcuato, le aprecia y han sido buenos amigos. Sin embargo, la polémica deteriora notablemente las relaciones, aunque no las interrumpe. Años más tarde, vuelven los enfrentamientos y no hay reconciliación.

El artículo "El Director de La Papelera falsifica un documento público", publicado por *ABC*, el día 21 de noviembre de 1923, es muy duro. En él se rememora el pleito de *El Imparcial* en 1917, y se le atribuye a Urgoiti la falsificación de uno de los documentos. Esta falsedad duele mucho a Urgoiti, tanto que acaba con las relaciones entre ambos.

Dura carta de Urgoiti a don Torcuato

A finales del año 1923, Urgoiti escribe una carta muy dura a don Torcuato. En ella, le demuestra la falsedad de sus afirmaciones y anuncia la interposición de una querella por injuria y calumnia. Urgoiti espera que el Directorio militar prive a Luca de Tena de la inmunidad que goza como senador vitalicio. *ABC* no publica la carta. Ante esta contrariedad, Urgoiti remite otra urgente al presidente del Directorio militar con el fin de que obligue al diario monárquico a publicarla. A pesar de las protestas de Urgoiti, el Directorio militar se limita a ordenar que finalice la polémica.

Al morir don Torcuato, Urgoiti no acude al entierro; lo ve *"desfilar con emoción y pena"* y deja su tarjeta; es el *"homenaje póstumo de un adversario que antes fue su amigo. La entereza con que don Torcuato* —como todo el mundo lo llamaba— *sobrelleva su enfermedad y su constancia en el trabajo hasta el final, le redimen a ojos de Nicolás Urgoiti de todos sus posibles errores y defectos".*

De todos modos, el ambiente periodístico siempre está que arde. Urgoiti, dueño del papel de las publicaciones periódicas, prepara la salida de dos diarios, *La Voz* y *Luz*, uno matutino; vespertino el otro. El sensacionalista *La Voz* tendrá como director a Fabián Vidal.

Urgoiti tiene intereses en *El Imparcial*, a cuya Redacción pertenece Félix Lorenzo; y el empresario vasco pretende que sea este el director, cuando la empresa no solo no lo reconoce, sino que en su cabecera figura Luis López Ballesteros, autor teatral, gobernador civil en tres capitales andaluza, periodista en varias redacciones. A López Ballesteros le gustan las armas, y en la profesión tiene fama de acudir fácilmente a las citas en el campo del honor.

Por el asunto de Lorenzo, Fabián tiene un rifirrafe con el director del *El Imparcial* y ambos dirimen esta controversia en el improvisado campo del honor de los sótanos de La Tribuna, en la calle Aduana, bien iluminados. Y allí acuden los dos contendientes, en un camión de la Papelera Española, disfrazados, envueltos entre bobinas de papel, para evitar la intervención de la policía. Menos diestro que Ballesteros y más pacifista, Fabián Vidal no le vuelve la espalda al duelo y sale airoso del trance, eso sí con una herida leve en un brazo y dispuesto a sacar *La Voz*.

Fabián Vidal es el seudónimo de Enrique Fajardo, nace en Granada y dirige *La Voz*. Buen periodista, desde sus páginas mantiene una campaña a favor de los aliados. Con la llegada de la contienda del 36 se exilia en Méjico y acaba sus días suicidándose.

Frustrado duelo entre Indalecio Prieto y don Torcuato

Según confesión del propio Prieto, escribe que la guerra europea encarece notablemente el precio del papel y las empresas periodísticas españoles quieren que sea el Estado el que los salve de la crisis; ellas seguirán pagando el precio de anteguerra y el resto correrá a cargo de la Hacienda pública, en forma de anticipo que reintegrarían los periódicos.

"El reintegro se estructuraba de modo que no se cubriría por los siglos de los siglos —escribe Indalecio Prieto—, *pues la cuota equivaldría, si acaso, al interés normal de las sumas anticipadas.* ABC, *por su gran difusión y crecido número de páginas, resultaba el más favorecido. Tanto lo fue, que la subvención para él llegó a once millones de pesetas..."*

Por la minoría socialista, Prieto se opone, enérgicamente, en el Congreso a este proyecto de ley. A la sesión, muy agitada, asiste don Torcuato Luca de Tena, *"quien, por ser senador vitalicio y a virtud de una cortesía recíproca entre ambas cámaras, podía sentarse en los escaños del Congreso, pero a cuenta de permanecer silencioso. Su indelicadeza le movió a interrumpir a los opositores. Se atrevió a más: pasando ante nuestros bancos, pronunció alguna insolencia. Me fui sobre él, empujándole hasta el centro del hemiciclo. Los cronistas dijeron que yo le había abofeteado".*

Al cabo de unas horas, Indalecio Prieto recibe una carta del general Sanjurjo y de otro militar, el señor Esbry, perito como Cabriñana, aunque no tanto, en materias de honor. En nombre de don Torcuato, le exigen a Prieto una reparación. El político socialista no quiere prestarse al juego de un documento que ha prometido. Entonces, Prieto visita a don José Manuel Pedregal y le pide que lo represente acompañado de un jefe militar que designe. Pero Pedregal no puede apradinar a Prieto, sencillamente por una cuestión personal que había tenido con Luca de Tena.

Weyler y Pérez de Ayala padrinos

Los padrinos del conocido popularmente como "don Inda" son el ayudante del general Weyler, José Sicardo y un escritor, cuyo nombre será habitual para los lectores de *ABC*. Se trata de Ramón Pérez de Ayala. La parte de don Torcuato asegura que Prieto le ha abofeteado y si este lo confirma asunto concluido.

Prieto manifiesta que si don Torcuato tiene dudas sobre su agresión, está dispuesto a abofetearle. Consultado el Cabriñana, *"no era menester una agresión, pues su simple anuncio constituía, de por sí, ofensa bastante".* Y el dirigente socialista da instrucciones a sus padrinos para que no se avengan "a farsas y pamemas". Según Prieto, el duelo ha de ser duro, *"hasta que uno de los dos contendientes quedase fuera de combate".*

Toda una noche pasan en el Casino de Madrid ambas partes discutiendo acaloradamente, mientras abren y cierran la "Biblia" del honor; es decir el *Código de Cabriñana*. De todos modos, los padrinos de los contendientes llegan a la conclusión de que, celebrado el duelo, los protagonistas deberían renunciar a sus escaños, en sendas cámaras, por impedimentos legales. El ofendido tiene derecho a la elección de armas, *"¿pero también a establecer las condiciones del desafío?"* Entretanto, Indalecio Prieto espera a ver qué ocurre en el cercano café de Fornos.

A las dos de la madrugada, cierra el café y Prieto espera en el también cercano cabaret Maxims, entre "cocottes", tahúres y gente de mal vivir; y en este establecimiento espera hasta que cierra, al amanecer. Entonces, Prieto queda al desamparo en plena calle de Alcalá, *"rodeado de Lola la Ojo de Plato, epiléptica vendedora de lotería; Lorenzo, mutilado de ambas piernas que tomaba por velódromo para su carrito de madera la ancha acera; Silvela, vendedor de periódicos, loco que odiaba a Juan Belmonte por achacarle encarnizada oposición a que él torease en la plaza de Madrid donde lo eclipsaría..."*.

Un Prieto muerto de sueño recibe el acta extractada de los debates infructuosos e inacabables de los cuatro padrinos que no se han puesto de acuerdo. *"Está visto* —señala el socialista— *que jamás habrá en el mundo una obra perfecta ni siquiera sobre el honor."*

Los socialistas no son partidarios de acudir a los lances de honor y, al parecer, existen recomendaciones de la Ejecutiva, en este sentido, para que los rechacen.

Tribunal de honor

Hay que acabar con los viejos usos y hábitos de dirimir pleitos y cuestiones de honor en el campo de batalla, en lances a base de duelos, práctica muy extendida en la profesión periodística. Es un hecho que preocupa a cierta gente del periodismo y, con este motivo, se crea en 1917 un Tribunal "para la defensa del honor", que haga paz y concordia entre los profesionales. La idea parte de don Miguel Moya ante un requerimiento de *El Imparcial*; idea bien acogida por todos los periódicos, revistas y agencias de la época. Se pretende que este organismo cuente con el mayor número de sufragios posible y que lo rijan, cada dos años, cinco periodistas que por su prestigio dicten fallos justos, respetables y respetados.

En su reglamento, muy concreto, se destaca que *"el Tribunal podrá intervenir en todas las cuestiones que se le propongan por individuos de la Asociación de la Prensa o ajenos a la misma, siempre que en el asunto de que se trate sea parte un periodista"*.

Capítulo VII

PÉREZ GALDÓS MUERE POBRE Y CIEGO

MARIANO DE CAVIA, SIN EMBARGO, DEJA UNA GRAN FORTUNA

"El artículo es una morcilla. Dentro metes lo que quieras, pero tiene que estar muy bien atada por los dos extremos."

González-Ruano

El día 5 de enero de 1920 *ABC* publica en portada la figura señorial de don Benito Pérez Galdós, imagen del fotógrafo Calvache. Don Benito sentado, muy natural, bigote y sombrero, acaricia con su mano derecha un gato, también muy natural, sobre sus piernas, cruzadas. Ciego y pobre —a pesar del mucho dinero ganado por su obra ingente—, el día 4 muere don Benito, víctima de una arterioesclerosis. El doctor Marañón le asiste en su enfermedad. Sensible como siempre a lo literario, *ABC*, que ha publicado los famosos *Episodios Nacionales*, dedica mucha información al duelo nacional por esta gloria literaria. Escribe sobre "Cosas de don Benito" el subdirector de la Casa, Blanco Belmonte. Pero resulta impresionante el artículo que publica en las páginas abecedarias, José Ortega Munilla:

"Galdós, enfermo. Galdós, ciego. Galdós, moribundo. Según iban circulando por la prensa estas noticias, en un lamentable ambiente de indiferencia, iba yo subiendo en los grados de la amargura, desde el consolable dolor a la suma tristeza. Y lo que más me entristecía era que hombre tal desapareciese sin que se produjera en la vida española un fenómeno de consternación general.

(...) Una tarde salía del Congreso don Emilio Castelar entre los fusiles, que le amenazaban, de los batallones revolucionarios. El gran patriota desafió el riesgo, y quedó libre y glorificado, para ser el postrer magno representante de la autoridad democrática, despreciadora de las viles multitudes.

Entonces apareció en las librerías un volumen titulado El Audaz. *Firmábalo Benito Pérez Galdós. (...) Él creía en la raza, él estudiaba su historia, él amontonaba documentos para erigir el alcázar maravilloso que se intitula los* Episodios nacionales. *En el año 1869 se inicia esa labor que hoy asombra por la mole y el centelleo. Ni un año sin uno o dos volúmenes, lo antiguo y lo presente, el ir y venir de la vida hispánica en cuatro generaciones; lo anecdótico y lo ideológico, la guerra civil, el cambio de doctrinas, la guerra de África, postrer desengaño del romanticismo cristiano, reconquistador; la Cantonal, el comunismo agrario de la Bética, los generales sublevados, los mártires del ideal político, el desencanto de un pueblo que se juzgaba dispuesto a imperar entre los otros de la descaecida Europa, y que perdía a cada hora un grado de su brío.*

Una centuria estudiada, analizada, atomizada, referida con el estilo cervantino, con la generosidad y la imparcialidad de un elevado numen. Episodios nacionales, *novelas españolas contemporáneas, monumento único, sin ejemplo ni tradición. Galdós hubo de inventarlo todo: la dicción, el modo de los diálogos, el tema de las cuestiones y hasta el público lector. Crítica no había. Sólo de tarde en tarde Clarín, el ovetense ilustre venía de lejos para dictar un juicio que animaba al maestro. (...) Y el maestro se va. Es como si hubieran arrancado del solar patrio toda una gran urbe llena de millares de ciudadanos que nos deleitaron, nos divirtieron, nos emocionaron y nos alegraron con sus decires y sus pasiones. (...) Por eso yo, más que dolor, en la ausencia del creador literario, siento ira por el descuido infame en que la torpe ciudadanía ha dejado que el hombre eminente se postre en la amargura, y decaiga, y muera en la escasez. (...).*

Don Benito, después de tantas maravillosas revelaciones, no ha sido sino un inocente que atravesó la vida con una llama en el cerebro y una angustia en el corazón. Cuando debía gozar de la abundancia, fruto de su trabajo, le rodearon las trágicas pruebas de la deuda. Como Balzac, del que era hermano, sufrió la zozobra de los acreedores. Y así vivió en la hora en que todo debía ser dicha y honores. Balzac halló en el fin de su existencia aventurera una dama rusa que le quiso dar los placeres de la opulencia. Casó con el gran psicólogo y le rodeó de un ambiente de riquezas. Víctor Hugo ha contado esas efemérides de estremecimientos, ocurrida en agosto de 1850.

Para Galdós no ha habido el final que el autor de Eugenia Grandet *alcanzó. La dama generosa y enamorada que debiera cuidar del noble desenlace de una vida de martirios había de ser España, a la que el poeta de* Zaragoza *y de* Doña Perfecta *dedicó sus ilusiones mozas, sus destrezas magistrales, sus inquietudes de pensador... Pero la dama no tuvo tiempo de pensar en su hijo excelsísimo. Ha sido inevitable, que se repita la tradición clásica. Para los abnegados servidores del ideal, el hambre, la persecución, el desprecio... El rostro agudo e irónico de Cervantes sonreirá al ver cómo llevamos a la tumba el cuerpo de Galdós.*

En la conmemoración inevitable habría motivos de desesperanza, si no supiéramos que la eterna justicia sabe perdonar al fallecido sus errores, a la multitud su estupidez vergonzosa y a los altos señores de la tierra la frivolidad de su poderío inútil. Véase cómo en el año 20 de la centuria actual va a proyectarse sobre la prosaica realidad ambiente la escena del domingo 24 de abril de 1916." Don Benito había sido víctima de los usureros.

Mariano de Cavia, "la perla de *El Liberal*"

El mes de junio de 1920, los periódicos aumentan sus precios y pasan de cinco a diez céntimos. *ABC* defiende la libre importación de papel y lo adquiere en el extranjero. El crítico taurino de *ABC*, Gregorio Corrochano, asiste en Talavera de la Reina a una corrida de toros. Uno de los diestros que hacen el paseíllo en el coso del parque del Prado es Joselito. Desde su localidad de barrera, Corrochano comenta con el gran torero andaluz un defecto en la embestida del toro, al parecer, reparado de la vista. Al pasarlo de muleta, el animal coge a Joselito y le infiere una cornada mortal. Joselito llega a la enfermería prácticamente muerto. España está de luto.

En el ambiente periodístico se llora la muerte de Mariano de Cavia, famoso cronista de *El Imparcial*. Cavia, además, forma parte del paisaje periodístico y de la vida social madrileña; personaje de clavelón en el ojal y habitual cliente de tabernas y sus famosas borracheras. Cavia representa la grandeza y la servidumbre del periodista escritor, su gloria y su tragedia. Cavia es el periodista más popular de su época, famoso sobre todo por una crónica-inocentada, publicada en *El Liberal* el 25 de noviembre 1892, con la falsa noticia de haberse incendiado el Museo del Prado. Tras su publicación se adoptan las medidas necesarias para evitar un incendio real.

Cavia es la esencia del propio oficio, *"vivir del periodismo y para el periodismo". "Un desnacer permanente de crónica a crónica, como escribe su paisano Altabella, un cotidiano vaciarse en artículos diarios* —Cavia fue un columnista *avant la lettre*—, *grávido tornillo sin fin de las ideas..."*

Su obra es como una antología esperanzada, unas obras completas en permanente estado de anti-memoria, salvable, tristemente no por lo literario, aunque recuperable, sin embargo, por lo que entraña de documentación de época. *"Así las cenizas de sus artículos se convierten en fertilizante abono testimonial: pasto de eruditos, cala de historiógrafos, centón de estudiosos, polvo de hemerotecas."*

Como a tantos otros periodistas, su Zaragoza natal se le queda pequeña y piensa en la gloria de Madrid; y viene tras ella y el azar que le lleva a *El Liberal*. Tras un escarceo periodístico, vuelve a *El Liberal*, *"el periódico* —como se autocalifica— *de mayor circulación de España"* [10].

Desde sus páginas, Cavia inicia una serie de secciones que lo acreditan como *"el más literato de todos los periodistas"*. Fernanflor lo define como *"la perla de* El Liberal". A Cansinos no le gusta su *"prosa relamida y académica"* y, para él, es *"un hombre de fin de siglo, mordaz, agresivo, creyendo en la inmunidad del escri-*

[10] Cavia nace en Zaragoza. Los padres creen que está muerto, porque no respira y su piel está amoratada. Su familia lo saca al balcón, le propinan unos azotes, llora varios minutos seguidos y, por el llanto, comprueban que el niño vive. Bautizado en El Pilar, trabaja en *El diarico*, el más antiguo periódico zaragozano.

tor, epigramático como Granés, y como éste, una copia de los escritores franceses del Segundo Imperio. Su mérito mayor —señala Cansinos— es haber comprendido y querido a Rubén Darío y bebido mano a mano con él. Y su mejor página el 'Responso pagano' que a su muerte le dedicó...".

Cavia inventa personajes, entre ellos el de Vicente de la Rea, hombre gregario, "dónde va Vicente; donde va la gente". Cavia es, en cierta medida, un hombre de leyenda y de anécdotas, chismes que corren por las tabernas, y que él frecuenta acompañado del autor teatral Dicenta. A veces, en la taberna se enfrenta a la gente por la bebida, pero siempre sale alguien en su defensa.

A Cavia le preocupa la reforma de las costumbres, la dignificación de la crítica taurina —escribe de toros y firma con el seudónimo de "Sobaquillo"— y el lenguaje. Él recupera el término "balompié" en vez de cómo antiguamente se escribía la palabra fútbol. La Real Academia Española lo elige miembro suyo, pero la muerte le impide ocupar el sillón.

"Plumeaba en *El Imparcial* a peseta por palabra"

Tras pasar fugazmente por el *Heraldo*, el 14 de octubre de 1895, ingresa en *El Imparcial*, el diario más prestigioso de su época. Tanto estima la familia Gasset a Cavia, que es el periodista mejor pagado de la época. Según su coetáneo Ruiz Contreras, "plumeaba en *El Imparcial* a peseta por palabra".

En pleno auge de la bohemia, Cavia vive como un señor en un hotel y tiene un piso para su espléndida biblioteca. Su vida transcurre en los salones del Ateneo, en la Redacción del periódico, en la tertulia del café y en la greguería de la taberna; y aquí escribe sus cuartillas. Solterón impenitente, misógino, siempre le acompaña un criado, que él llama amigo y los demás califican de escudero. Llora al primero, García, y el segundo, Manso, que Cavia llama García II, le llora a él. Ambos son criados ejemplares y llevan, con toda discreción, la vida del periodista.

En una carta que Blasco Ibáñez escribe a Artemio Precioso el 15 de diciembre de 1926, el escritor valenciano le dice: *"En Zaragoza existe, en un estado miserable, el primer criado, o mejor dicho, escudero, que tuvo Mariano de Cavia, el cual, recordando nuestros tiempos de 1898, me escribe de vez en cuando pidiendo protección. Ahora solicita una 'indumentaria' de verano, según verá en la adjunta carta. Envíele 200 pesetas con esta dirección: Señor don Francisco Álvaro. Estrella, 2. Zaragoza."*

Cuando *ABC* nace como semanario, don Torcuato lo llama para que colabore, pero su firma desaparece en el segundo número. En su nombre, instituye el premio Cavia, uno de los símbolos de la Casa de *ABC*. Siempre el rotativo monárquico tiene detalles con Cavia y le dedica una portada con motivo del descubrimiento de una placa en su casa natal de Zaragoza.

Urgoiti lo lleva a *El Sol*

Con el nacimiento de *El Sol*, Urgoiti se lo lleva como colaborador a sus páginas y en ellas firma hasta el final de sus días. Durante un mes, del 18 de septiembre al 18 de octubre de 1918, tras los coletazos de la Gran Guerra, Cavia se niega a escribir y firmar con su apellido y se esconde tras varios seudónimos. Después de una sordera causada por una trepanación y de sus padecimientos de reuma, se recluye en casa y sale de ella, únicamente, para tomar las aguas en el balneario de Alhama de Aragón. El periodista enferma de una neurastenia y padece graves crisis por el más mínimo ruido. Ante la ausencia de su pluma, los lectores añoran sus artículos. Cavia muere el 14 de julio de 1920 y su cadáver queda expuesto en la Redacción de *El Sol*. De allí mismo parte el cortejo fúnebre. *El Sol* llora su pérdida como tantos otros diarios, pródigos en el elogio del último adiós.

Urgoiti asiste al entierro, pues le aprecia muchísimo y a su pluma obedece el plan de *El Sol,* Cavia muere sin testar y en su cuenta corriente deja 26.000 pesetas, toda una fortuna para la época; en su domicilio, queda la espléndida biblioteca. Tras el entierro, Urgoiti y Aznar esperan confiados la decisión del Gobierno Dato sobre el precio y tamaño de los periódicos. Esperan que se aplique la libre competencia que avala el partido conservador. Sin embargo, Eduardo Dato replica a Aznar que no puede oponerse a una actitud unánime de la prensa, sólo porque discrepe *El Sol*. El 29 de julio una Real Orden fija en diez céntimos como precio mínimo de los periódicos; *El Sol* tendrá que reducir su tamaño o elevar el precio a quince céntimos.

Al día siguiente de la muerte de Cavia, *ABC* publica un artículo necrológico de su redactor Blanco-Belmonte: *"Hace algunos años —con ocasión de la muerte del brillante cronista Kasabal, que tanto se interesó por el esplendor de la villa y corte— Mariano de Cavia escribió un maravilloso artículo titulado 'Madrid está obligado a...'."* Como si tocaran a la puerta de *ABC*, con los nudillos del artículo, don Torcuato, un día después, la abre y crea, en su nombre, el premio "Mariano de Cavia".

Dionisio Pérez abre el capítulo de los "Cavia"

Tributo del periodista, aunque su nombre sea Cavia y entre en el otoño de las hojas amarillas y en el mausoleo solemne de la hemeroteca, el premio Cavia es mucho *ABC* y *ABC* es mucho el premio Cavia, Nobel de la calderilla de un día, lotería de redondas y cursivas, veladas de frac y discursos literarios, una cena y una ilusión de artículo, *tedeum* de gloria bajo la bóveda gótica del templo mayor del periodismo y el susurro de órgano de la rotativa.

ABC se convierte en la cucaña literaria del "Cavia", cita grande del periodismo, bajo la luna redonda de la noche y la insignia de oro en el ojal grande de un periodista. Quizás don Torcuato fuese consciente de lo que suponía de literatura, de creación esas columnas que quedan y se salvan del holocausto del tiempo. También don Torcuato está seguro de algo que repite con frecuencia: *"Dadme escritores, que ya les haré yo periodistas."*

Desde la creación del Cavia, este premio es para el periodista un estímulo casi obsesivo. Salvadas las distancias, ocurre como con la Academia, y Cela suele decir que —lo de la Academia— es algo que acaba por dar, así que conviene quitarse la obsesión cuanto antes. Con el tiempo, estos premios "abecedarios", salvo contadas excepciones, han convertido al periodismo español en verdadero periodismo. El artículo premiado se titula "La musa de Joaquín Costa", elogio a la figura del eminente regeneracionista aragonés.

Pérez de Ayala, "Cavia" por Zuloaga

En los años veinte, Ramón Pérez de Ayala abre ya un huequecito en la historia contemporánea de la literatura española y se apoya sobre el alféizar de la ventana por la que un periodista se asoma a ver discurrir el día y el mundo. Pérez de Ayala, azotado por el viento republicano, no le importa adentrarse en las páginas de *ABC* ni a *ABC* le importa acogerlo en su diaria sala de visitas a pesar de la ideología del novelista asturiano. A don Torcuato le gusta sentirse liberal; y Pérez de Ayala, que, años más tarde, tendrá una cita constante, desde la "tercera", con los lectores de *ABC*, quiere cantar la vida y la obra del pintor Ignacio Zuloaga.

"Visiones de neurastenia", el "Cavia" de Fernández Flórez

Un hombre de la Casa, un cada día más conocido humorista, Fernández Flórez, desde el prisma del humor aborda un estado del alma, se adentra en la teoría de los sentimientos, vistos desde su particular punto de mira. En esta época, aún no se habla de neurosis, pero los anuncios y los baños para los nervios proliferan; y Fernández Flórez, un señorito gallego, solterón, que vive con su madre y sus hermanas en los Bulevares, siente la necesidad de sentar en el diván al neurasténico y psicoanalizarlo como Freud, de ahí sus "Visiones de neurastenia".

Ramírez-Ángel y su "Cavia", "El balcón de pájaros"

Emiliano Ramírez-Ángel es un histórico de la Casa, uno de los que hornean el diario y asiste a su bautizo de plomo y tinta, y escucha la primera rotativa con ese oído especial de melómano que interpreta desde Händel a Beethoven, tras una estancia en París y olvida el mundo interpretando música clásica en una pianola.

Hasta el punto que se comenta en la Redacción de *ABC* —era redactor-jefe— y *Blanco y Negro* y en las tertulias madrileñas, que Ramírez-Ángel ha muerto como mueren, a veces, los directores de orquesta: dulcemente arrebatado por la emoción de una partitura; y Ángel, al parecer, escucha, cuando le sorprende la muerte, la "Patética" de Tchaikovsky. Muerte dulce podría decirse, fin de este hombre toledano, amante de los libros de viejos, buscador de curiosidades y buen coleccionista de cartas cruzadas con don Benito (Pérez Galdós, por supuesto).

Como discípulo de don Benito y Martínez Sierra narra la vida madrileña, sus costumbres, con la admiración que siente un discípulo por sus maestros y deja lo mejor de su pluma limpia en crónicas y novelas cortas en periódicos ilustrados. Recibe el "Cavia" por el artículo "El balcón de pájaros".

Del "huerto" de Miró al "Andrenio" de Cossío

Pero, ¿qué ocurre con los premios Cavia? A la dictadura, a su celo por lo que publican los periódicos, hay que sortearla, sin duda, con el lirismo, vestirla de metáforas, buscarle una salida literaria ante la mirada del censor.

Año tras año, cuando la noche convierte la Casa de *ABC* en un cielo de estrellas metafóricas, en una constelación de artículos, la prosa preciosista de Gabriel Miró, vituperada por los "neos", planta en las besanas de las columnas del diario, los cipreses de un "Huerto de cruces", publicado en *El Sol*. *"Trae la cruz parroquial un mozo labrador de sotana corta y alpargatas nuevas. Los monacillos alzan los ciriales como follajes frescos, y el sacristán con gafas de mal lector y cráneo moreno, calvo y español, lleva el acetre de bronces en el brazo como cesto de frutas; en el puño, el libro de los responsorios, y de su belfo le mana el caño de un Réquiem" (...).*

Gabriel Miró tiene pocos lectores y sus sueños, como el de casi todos, es el de ingresar en la Real Academia Española. En febrero de 1927 firma Azorín, con Palacio Valdés y Ricardo León, la propuesta de Miró para la vacante producida por el fallecimiento de Daniel de Cortázar; y no tiene éxito *"por razones de circunstancias, que nada tienen que ver con la obra literaria de Miró"*. *"Si el modernismo de Gabriel Miró puso en guardia hostil a la grey beata* —según el duque de Maura, primogénito de Antonio Maura—, *¿cómo no había de chocar con la inercia literaria de la generación anterior a la suya, que ocupaba aún las eminencias intelectuales y sociales?"*

En el fracaso de su candidatura para miembro de la Academia tal vez interviene la publicación, un año antes, de la novela *El obispo leproso,* también presentada al premio instituido por el hispanófilo alemán Fastenrath. La Academia premia una novela de Antonio Porras. Miró vive pobremente, ayudado por un sueldo de burócrata oficial, el que le otorga Antonio Maura, admirador suyo. El político conservador le designa secretario de los concursos literarios que convoca el Ministerio de Instrucción Pública y que otorga el Premio Nacional de Poesía a Rafael Alberti. Eduardo Callejo, titular del gabinete civil de Primo de Rivera, al leer la convocatoria para un concurso del Ministerio de Instrucción Pública, que le presenta Miró, le dice: *"Por ahí se dice que es usted un gran escritor; pero por esta convocatoria, que usted ha redactado, no lo parece."* En este cargo, a su muerte, le sucede Pérez de Ayala.

"Hombre ejemplar" según *ABC*

Devoto como era Ortega de los escritores contemporáneos, en el folletón de *El Sol* escribe: *"Varias veces me he acercado a algún libro de Gabriel Miró. He sorbido unas líneas, tal vez una página, y me he quedado siempre sorprendido de lo bien que estaba. Sin embargo, no he seguido leyendo. ¿Qué clase de perfección es esta que complace y no subyuga, que admira y no arrastra?"*

Seis años más tarde, el diario monárquico llora su muerte: *"Pierde España con Gabriel Miró* —comenta *ABC— a una de las más grandes figuras literarias de este siglo, y a un hombre ejemplar, consagrado desde la adolescencia al arte y a los libros, con devoción mística, aislado de una vida llena de emociones puras, familiares y líricas."* Al entierro asiste Olimpia, su hija mayor, probablemente una de las primeras en acudir a un acto al que, según la costumbre, no asistían las mujeres.

Lejos del luto, en el resplandor de la noche periodística, Jenaro Xavier Vallejos sacará "Mi paraguas", o Manuel Siurot se embarca en este periódico tan navegante en sus aguas hacia otros mundos y canta "El triunfo de las carabelas", mientras el gran Manuel Chaves Nogales, autor de una magnífica biografía sobre el torero Juan Belmonte, trata de saber "Cómo es Ruth Elder", *"esta muchachita americana* (que) *es la única belleza de fama mundial que no defrauda a quienes la ven de cerca. Siempre que se tenga, claro es, un sentido moderno de la belleza femenina. Todas la mujeres hermosas han dejado de serlo ya cuando la fama de su hermosura hace que se vuelvan hacia ella los ojos del mundo. Esta, no. Lo mejor suyo es la frescura juvenil, la gracia adolescente, el sabor ácido de fruta verde aún".*

A la belleza de Ruth, la espada brillante de la pluma de Cuartero con su famoso "Sin bilis y sin fiebre". *"Nuestra dictadura es un apellido, una persona* —escribe el editorialista—. *Tanto, que si el general Primo de Rivera se retirase, ya no habría otra dictadura posible, ni personal ni colectiva."*

Cossío despide a "Andrenio" y Cuartero "sin bilis y sin fiebre"

Si Cuartero deja su testimonio escrito contra la dictadura de Primo de Rivera por el artículo "Sin Bilis y sin fiebre", un hombre muy de *ABC*, como el vallisoletano Francisco de Cossío, despide a este tiempo sin libertades con un homenaje al periodista, a "Andrenio o el periodismo". *"La muerte de un periodista es por esto, para los del oficio, un suceso emocionante. Hay que asomarse entonces a esta estantería que tiene tantos nichos, donde se guardan las colecciones de los periódicos, y pensar que allí está todo lo que hizo aquel hombre, aplastado, seco, como las flores de los devocionarios.*

'Andrenio' ha podido ser el último gran representante del periodismo. Pudo hacer una obra para siempre y se conformó con hacer una obra para cada día. Si la conciencia pública no fuese olvidadiza, remediaría el destino del periodista, como deben remediarse todas las injusticias. Ideas para un día, ganancia para un día, gloria ... para siempre." Así es: "Andrenio" —Gómez de Baquero— ha muerto, a pesar de la ciencia y de su amigo el doctor Marañón por recuperar un organismo físicamente agotado. Al morir, la prensa, en general, le dedica unas exequias literarias de boato, sobre todo los medios de Urgoiti. Únicamente Astrana Marín le ha dedicado un artículo muy duro, cuando su cuerpo está aún caliente.

A pesar de las malas relaciones del dictador con los medios de comunicación, no es extraño, sin embargo, verlo en la Casa de *ABC* en algún acto o en la sala de máquinas. El artículo de Cuartero es, sin duda, un "Cavia" claro. En el artículo, Cuartero, entre otras cosas, dice: *"Nuestra dictadura es un apellido, una persona. Tanto, que si el general Primo de Rivera se retirase, ya no habría otra dictadura posible, ni personal ni colectiva (...). Valga lo que valga el dictador, valga lo que valga su obra y sus propósitos, lo que nos pone frente a la dictadura es una cuestión de dignidad civil."*

Ortega Munilla y Francos Rodríguez, firmas en *ABC*

El año 1920 cumple el diario quince años de vida —una generación para Ortega. Ante esta efemérides, don Torcuato pretende elevar el nivel de sus colaboraciones, amenizar sus páginas con los versos de Rubén Darío y Amado Nervo, abrirlas a los creadores hispanoamericanos. Don Torcuato acoge, además, en el regazo del periódico, a periodistas tan preclaros como José Ortega Munilla, padre de Ortega y Gasset, alma de *Los Lunes de El Imparcial*, académico y yerno de los Gasset, un personaje de la época, buena pluma, asidua en las páginas abecedarias.

Por Madrid corre el rumor de que Ortega Munilla envía artículos al periódico de su mujer, oculto tras un seudónimo, hasta que, al fin, Gasset descubre al misterioso autor. Trata, además, el fundador de reparar el daño que se le ha hecho a Ortega Munilla, ya viejo, pero lúcido. Ortega Munilla y la sección "Chispas del yunque", pequeños artículos, *"amor de mis amores periodísticos"*, que don Torcuato *"me invita a que renueve en estas columnas..."*. Ortega Munilla llena, por un instante, las mañanas y los ocios y devociones de muchos lectores durante dos años y se asoma, con su estro, a la "tercera". Durante la Regencia, Ortega Munilla visita en Palacio, varias veces, a Doña María Cristina. En cierta ocasión, la madre de Alfonso XIII quiere desmentir una información; y prefiere hacerlo a través de *El Imparcial*. En la mesa regia escribe Ortega Munilla esa rectificación.

Invitado a Ceuta por oficiales y soldados, a los que lleva un donativo de parte de la Reina, el académico y periodista escribe antes de partir hacia Ceuta: *"Quedan aquí mi mujer, mis hijos y mis nietos. Ya serán pocas las Navidades que yo he de vivir. Harto fatigado estoy. La salud se me escapa. El esfuerzo de mi mente disminuye... Sobre todas las amarguras de la vida, predomina en mí un ansia de fraternidad. Y voy a Marruecos para eso: para llevar al soldado que pelea al otro lado del Estrecho un abrazo augusto... La Nochebuena de 1920 será la página más ilustre de mi pobre vida."* Ortega Munilla muere el 30 de diciembre de 1922. Al entierro asiste don Torcuato y recoge en un libro los artículos del padre de Ortega y Gasset; los beneficios se los entrega a su viuda.

ABC abre sus páginas también a la colaboración a otro buen periodista: don José Francos Rodríguez. *ABC* se enriquece con su pluma y Francos Rodríguez con su publicación en *ABC*, elenco de plumas, cita concurrida de firmas ilustres, las más variadas y cotizadas de la época. Don Torcuato incorpora a su periódico a este histórico periodista, ex director de *Heraldo de Madrid*, a principios de siglo, ministro de Instrucción Pública, alcalde de la capital del Reino. Francos Rodríguez ha colaborado en *El Extremeño* y en conocidas publicaciones. A veces, firma con el seudónimo de "Juan Palomo" y trae a *ABC* su pluma y las "Memorias de un gacetillero", que el diario se las cuenta a sus lectores.

Qué lejos este Francos Rodríguez de aquel muchacho que escribe en *El Ideal* unos artículos muy duros contra Alfonso XIII, pluma envenenada hasta el punto de augurarle al Monarca una muerte próxima. Francos Rodríguez cree que el Rey padece una tuberculosis como su padre y observa en él una cabeza anómala; quién diría que, años después, sería amigo del monarca.

Nuevamente el papel, sale *La Voz* y duelo Urgoiti-Moya

¡Qué luchas de los periódicos con la Papelera! Siempre a la greña, metidos en polémicas, enzarzados bien sea por el precio del papel, o porque desaparezca la protección arancelaria, o suba el precio del periódico... Campaña de junio de 1920 y críticas de *La Corres* o protesta *ABC* ante el mismo Eduardo Dato y acusa a las fábricas del ramo de restringir la entrega del papel para perjudicar tanto al periódico como a *Blanco y Negro*. La cuestión es que el 15 de junio de 1920, La Gaceta impone, entre otras medidas, que el periódico cueste diez céntimos. *El Sol* protesta —su situación económica es delicada— y la campaña de prensa fuerte, especialmente *El Liberal*, caústico y provocador: llama habitualmente a *El Sol* el "Boletín de La Papelera" o su "botones". *"Si no es por el Kaiser y por los submarinos* —escribe el 20 de abril de 1920—, *a estas horas veríamos al señor Urgoiti empujando el carrito de los cacahuetes."*

A la actitud del periódico de Miguel Moya, se incorpora, con registros más bajos, *ABC* y *La Tribuna*, periódico vespertino que inicia su vida el 3 de febrero de 1912, bajo la creación y dirección de todo un curioso personaje, Salvador Cánovas Cervantes, al que, por estos apellidos, se le conocía como "Nini", es decir ni lo uno por Cervantes ni lo otro por Cánovas. Salvador Cánovas es, según Eduardo Zamacois, *"un optimista sanguíneo y alborotador, un 'sin miedo', armado de una osadía rayana en la inconsciencia, que, sin saber escribir, se autocalificaba periodista"*. El diputado Milá i Camps está, económicamente, tras este *"periodista"*, un hombre al que los redactores llaman el *"asno gris"* por *"su indigencia mental y al color de sus cabellos y de sus trajes"*, según Eduardo Zamacois.

Esta Redacción de jóvenes busca el Olimpo literario y se ve su inquietud, su vida, en las páginas entre la alegría de la escritura y un toque sensacionalista. Por ella andan los Tomás Borrás, hombre después de *ABC*, y Julio Camba —muy del diario de la calle Serrano— en sus estancias europeas de Londres, París y Berlín; el autor de la *Casa de la Troya,* Pérez Lugín, Gómez de la Serna y sus greguerías; y derraman los versos por los surcos de las columnas los Machado y Villaespesa. La música, entiéndase la crítica, bajo la batuta del maestro Amadeo Vives; y toros don Pío, seudónimo de Pérez Lugín; toros y sucesos, que le dan al diario un acento muy, pero que muy popular.

Estas páginas y un caricaturista excepcional como Luis Bagaría *"capaz de levantar una barricada en momentos de revolución",* según la pluma de Tomás Borrás. Bagaría y sus disputas con Valle-Inclán, a raíz de una caricatura que le hace al dramaturgo cuando estrena *La marquesa Rosalinda*. El periódico desprende un tufillo germanófilo, y Bagaría, que es un romántico, renuncia, por ese olor tendencioso, al sueldo, 250 pesetas. Bagaría, además de ser un excepcional caricaturista, es un joven gordo y simpático, con manos de escultor, amigo de los cafés, de Pombo, por ejemplo, amigo del pintor Rusiñol con quien se va de farra y bebe, bebe todo lo bebible desde cerveza a coñac.

La Voz llama "viejo libidinoso y cretino" a don Torcuato

España cuenta con un nuevo periódico y Madrid con un vespertino: *La Voz* es un proyecto acariciado hace tiempo por Urgoiti; así complementa la presencia de *El Sol* y el despertar periodístico a la España renovadora de sus sueños. *La Voz* se imprime en los mismos talleres que su hermano periodístico de la mañana, es decir en la calle Larra y se nutre de una parte fundacional de sus redactores. *La Voz* es un diario más alegre que *El Sol*. Como director, Enrique Fajardo, más conocido como "Fabián Vidal", buen periodista, que había militado en *La Corres* y Javier Bueno, redactor-jefe. *La Voz* es un éxito: es el diario de mayor tirada de la tarde y muy pronto empieza a dar dinero y sentencia la muerte de los prestigiosos vespertinos, *Heraldo de Madrid* y *La Corres*.

Época de polémicas periodísticas. Ahora es *La Voz*, el hermano menor de *El Sol*, quien enciende la mecha, a causa del precio mínimo de los periódicos. Don Torcuato y Fabián Vidal se enfrentan, a través de sus respectivas páginas, y se ponen de no vean dueñas. Si *La Voz* acusa a Eduardo Dato de actuar a las órdenes del fundador del diario monárquico, *ABC* califica a Vidal de *"invertido"* y *"bellaco"*, mientras el director de *La Voz* responde a don Torcuato con insultos de *"analfabeto conocido y popular"*, *"chulo despreciable, viejo libidinoso y cretino"*.

Duelo

Pero el ambiente periodístico está tenso, se diría que muy tenso, propio de la época. Tiempos de duelos. Un comentario duro de *El Liberal* desemboca en un "lance de honor" surrealista entre Urgoiti y Miguel Moya, mejor dicho con su hijo, pues el padre se encuentra en grave estado de salud.

A la una de la madrugada, ¡a la una!, recibe Urgoiti en el despacho de *El Sol* en la calle Larra, al general Primo de Rivera y a Francos Rodríguez, padrinos de Moya. El duelo está abierto. Por la mañana, acompañado de uno de sus padrinos, Leonardo Rodríguez se dirige a la escuela que, en la calle Echegaray, tiene el maestro de esgrima Afrodisio. Este acepta ejercer de juez de honor y se niega a darle clase a Urgoiti. ¿La razón? Afrodisio ha sido profesor de esgrima de Moya. Recurre a tres profesores más con el fin de recibir una clase de urgencia, y en el cine Príncipe Alfonso recibe unas lecciones de un muchacho. Se trata de aprender a atacar, romper y parar. Urgoiti lo que quiere es saber lo imprescindible, sobre todo atacar.

Todo está preparado tras muchos preámbulos. El otro padrino es Vicente Machimbarrena y el médico que lo acompaña es el conocido doctor Pittaluga. En Madrid el día es tormentoso y en una farmacia de la calle de Serrano compran vendas, gasas y esparadrapo. La cita está concertada en los Altos del Hipódromo, en el paseo de la Castellana. Allí, el general Primo de Rivera carece de autorización para el duelo y, además, no encuentra otro lugar adecuado. Por tanto, deberán dejarlo para el día siguiente, además, han de separarse pues el Gobierno conoce el lance y puede detenerlos.

Ante el retraso, Urgoiti se alarma pues teme que se entere su familia. Entonces, ruega a sus padrinos que busquen a sus rivales, ya que conocen lugares, donde puede celebrarse, en la carretera de Chamartín; y así, en una comitiva, se encaminan a estos pagos, donde el juez decidirá el lugar. En sentido contrario, en un automóvil, viene Manuel Aznar; Urgoiti lo saluda tranquilamente.

Al fin encuentran un lugar, en una hondonada. Urgoiti saluda a los padrinos de su rival, mientras Afrodisio traza en el suelo una raya perpendicular a la carretera, mide los pasos a uno y otro lado y pinta otras dos a diez metros. Entretanto los chóferes vigilan por si aparecen policías. Empieza el rito del duelo. Los contendientes se preparan para el lance y el juez elige los sables y sortea los campos.

En el momento del lance, comienza a llover y estalla un trueno. Los contendientes esperan el "¡avancen, caballeros!" y "¡alto! Con su brevísima clase, Urgoiti avanza en el combate. Los padrinos intervienen, el médico también y acaba el lance. Ambos contendientes se saludan y se reconcilian. Urgoiti pregunta a Moya por la salud de su padre. Se despiden de los padrinos y regresan al Hipódromo, donde les esperan Serapio Huici y José Ortega y Gasset. Al final, Urgoiti perdería la propiedad de *El Sol* y *La Voz*.

Sindicato de periodistas

Un año antes de la muerte de Miguel Moya, uno de sus redactores, Eduardo Endériz, funda el Sindicato Español de Periodistas, vinculado a UGT, el sindicato del Partido Socialista. Al fundarlo, la Asociación de la Prensa atraviesa por una de las mayores crisis en su historia. Fundada en 1895 para la defensa de los profesionales del periodismo, la situación económica llega a extremos insostenibles, ante lo cual, don Miguel Moya, dimite irrevocablemente y le sustituye Francos Rodríguez, pero la crisis no se supera y las rencillas internas siguen porque al sindicato no se le puede "plantar cara".

Hay un paréntesis de calma entre la Asociación, presidida por Francos Rodríguez y el sindicato, regido por Eduardo Ortega Gasset; y se busca una candidatura para que entre sus miembros no surjan enfrentamientos y se presenten unidos a las próximas elecciones. No es posible, debido a la hostilidad del sindicato hacia la Asociación.

No es de extrañar que la salud de don Miguel se debilite. Para colmo de desdichas, el local de la Asociación, situado en la calle San Marcos 44, es pasto de las llamas el 14 de julio de 1920. En medio de este caos, muere don Miguel Moya el 19 de agosto. Su muerte lleva el pesimismo a los asociados, que pretenden levantarle un monumento y que una calle de Madrid lleve su nombre, pero las gestiones no fructifican por la oposición maurista en el Ayuntamiento madrileño.

Con la muerte de Moya hay quienes piensan que don Torcuato puede aspirar a la presidencia de la Asociación y en los cafés y en los ambientes periodísticos y literarios se habla y corre este rumor.

"¡No tenga usted cuidado, Romeo (director de La Corres), *nosotros lo apoyaremos como un solo hombre!* —le dice Oteyza—. *Tendrá usted mayoría abrumadora... ¿Quién es don Torcuato? ¿Qué sabe de periodismo?... ¿Qué va a hacer en la Asociación de la Prensa? (...) Allí se necesita un viejo luchador como usted..."* [11].

[11] Comentario de Cansinos.

Huelga

En el otoño de 1919, el ambiente periodístico está muy caldeado, muy "calentito", y el Sindicato de Periodistas aprueba sus reivindicaciones, entre ellas, aumento de sueldo —mínimo de 300 pesetas en los diarios de más renombre—, descanso semanal, un mes al año sin sueldo... Durante una semana —del 6 al 13 de diciembre—, los periodistas dejan Madrid sin el cruasán de la mañana y van, decididamente, a la huelga, secundada por los tipógrafos. El personal de *ABC*, sin embargo, no está sindicado y, aunque sale a la venta, los vendedores se oponen y boicotean su salida. No obstante, la empresa busca vendedores espontáneos —mauristas en su mayoría— y surgen incidentes entre los huelguistas y los vendedores espontáneos en el centro de Madrid. La Casa no es la misma, acostumbrada como está al orden, y en la Redacción y en otras secciones se siente la extrañeza de la huelga, el personal voluntario dispuesto a echarse a la calle y a sufrir el acoso de los huelguistas.

Gracias a unos números de *Nuestro Diario*, editado por el Sindicato, los periodistas del mismo descargan sus iras jupiterinas contra don Torcuato y Miguel Moya, a los que ponen de "chupa me dómine", ataques que salen de los tinteros y las plumas ardientes de Endériz, Tomás Borrás, "El Caballero Audaz" y Víctor Ruiz Albéniz, el "Tebib Arrumi".

Un día sin periódicos es un día sin vida, como si a la mañana o a la tarde le faltara algo, alma tal vez, los ojos hechos a los titulares; y la gente está huérfana de esa rara compañía de papel. Sin embargo, en Teléfonos se citan los de siempre y se habla de cómo va la huelga, quién es esquirol y quién no. No falta, como de costumbre, ese redactor de *El País*, Heredero, que, como es habitual en él, habla a voces, a gritos casi, y habla mal de los directores y empieza por el suyo, Juan Catena, presidente del Sindicato de Periodistas. Anda también el masón Escolá, y Endériz, el de *El Liberal*, que acaba de llegar, después de entregar las cuartillas para la composición en ese periódico de ellos y meterse con Moya y don Torcuato. Hay periodistas veteranos, periodistas sin nombre... Se habla, se vocifera, se sueña con una profesión como Dios manda y no la que tenemos. *"¡Basta ya!" "Además* —agrega uno— *contamos con la Casa del Pueblo. ¡Mira que esos de* ABC! *¡Don Torcuato* —añade otro— *los tiene en un puño!" "De todos modos, lo tienen difícil... Me refiero a la venta..."*

La huelga va viento en popa y parece que se extiende a provincias. Todo es euforia: *"¡Ya era hora que enseñásemos los dientes! ¡Y ya está bien de ser negreros en vez de hombres de pluma!"* En *ABC* reina la calma, si exceptuamos el ir y venir de los jóvenes, muchos de ellos mauristas, que se llevan el diario a la Puerta del Sol y a la calle de Alcalá; y lo vocean pase lo que pase. Al parecer, según comenta un periodista, en *El Liberal*, el hijo de Moya pretende que los redactores no secunden la huelga; y un grupo, que lo oye, anima a unos cuantos a irse hasta *El Liberal*, calle Alcalá adelante; y suben a la Redacción y los recibe Gastón, el hijo de don Miguel, y les pregunta qué desean, que sí, que está dispuesto a escucharlos. Uno grita: *"¡Que hay redactores secuestrados!"* Entonces, Gastón Moya pregunta quién le ha dicho eso, y añade: *"Aquí no se coacciona a nadie."* Entonces surge Bejarano, conocido por sus duelos y pendencias; y Bejarano dice que si se refieren a Gabirondo, *"ahora lo saco para que los veáis";* y Bejarano lo muestra ante la mirada incrédula de muchos ojos.

Sin embargo, nadie pregunta por Ramón Gómez de la Serna y Ramón está allí, metido en una salita, a vueltas con sus "greguerías". El hijo de Moya lo sabe y no dice ni pío... como los huelguistas que no sospechan nada. Ramón, fiel a don Miguel, cree que la huelga es un acto de ingratitud para un hombre que ha hecho mucho por los periodistas; y Ramón está seguro de que esta España *"iba al desquicie de su sensatez".*

Entonces, a Gabirondo se le pregunta: *"¿Te coaccionaban?"* y, con rostro de mártir, responde, rotundamente: *"¡No!";* y, al final, Gabirondo se integra entre los huelguistas, que se encaminan a un mitin en el teatro Madrileño, en la calle Atocha. Y, en ese escenario, habituado a cupletistas, hablan, vociferan, lanzan arengas y soflamas cronistas y reporteros en un clima de frenesí. Hay quien exclama *"¡ya era hora!",* mientras, súbitamente, aparece en el escenario José María Carretero, "El Caballero Audaz", con esa figura grande y voz de campesino y arremete contra Endériz, *"que está al servicio de la Casa del Pueblo".*

Y la huelga llega a su fin, hunde a un par de publicaciones y provoca un cisma en *El Liberal*. Un grupo de redactores lo abandonan y fundan *La Libertad*, que dirigirá Oteyza, con buenas relaciones para encontrar un "caballo blanco", es decir un financiero; y se lleva con él, entre otros, a Manuel Machado y al cronista Pedro de Répide, autor del diccionario de las calles de Madrid.

Muere Miguel Moya

Maestro de periodistas, alma del "trust", Miguel Moya, fundador de la Asociación de la Prensa, muere en diciembre de 1920, al parecer *"a consecuencia del disgusto que le ocasiona la actitud que durante la huelga adoptan algunos de los principales redactores de* El Liberal, *sus hijos periodísticos.*

Don Miguel Moya, que con sus larguezas mecenáticas se había granjeado el epíteto de 'padre de los periodistas', que siempre tenía la mano abierta para los pedigüeños y las columnas de los periódicos de 'trust' para los noveles —según Cansinos—, *no ha podido resistir al dolor de ver que sus favorecidos, que antes lo adulaban con artículos y dedicatorias ditirámbicas en las portadas de sus libros, ahora, con motivo de la huelga, se volvían contra él y lo ponían de negrero y le negaban toda la capacidad literaria y todo saber periodístico...".*

Año veinte, año duro, de hombres ilustres que se despiden del mundo de los vivos. Prensa Española llora la pérdida del redactor de *Blanco y Negro*, Luis Romea, íntimo amigo y colaborador de don Torcuato.

En plena primavera muere Emilia Pardo Bazán, aquella mujer literaria que llevaba los originales a *El Imparcial*, en la calle duque de Alba, en un coche de caballos. Antes de su muerte se acercaría hasta este otro palacete de la calle Serrano 55 y, al día siguiente de su fallecimiento, *ABC* publica un artículo póstumo dedicado a la memoria de don Juan Varela. ¡Qué definitoria de una época la personalidad que entonces se apaga de la condesa de Pardo Bazán y a quien *ABC* elogia hablando sin ninguna connotación peyorativa de la *"masculinidad de su cerebro"*!

Capítulo VIII

BANQUETE DE DON TORCUATO A BLASCO IBÁÑEZ

CRÍTICAS DEL NOVELISTA AL REY Y AL EJÉRCITO

"El periodismo, por fortuna, es el poder sin trono."
G. García Márquez

Desde la fundación de *Blanco y Negro*, don Torcuato tiene una buena relación con el escritor Blasco Ibáñez, uno de sus colaboradores. Tentado por la política, el escritor valenciano funda el Partido Autonomista Republicano antes de alcanzar la fama literaria. Entusiasmado por su reconocimiento, el autor de *Cañas y barro* trata de emular a Zola y quiere ser el Zola español. Desde 1896 en que empieza su carrera literaria, Blasco Ibáñez está muy agradecido a don Torcuato, "que me ha favorecido y distinguido siempre con una especial amistad". Don Torcuato es uno de sus fieles lectores y, con motivo de su regreso a España, el fundador le ofrece un banquete. La comida transcurre apaciblemente y, una vez finalizada, Blasco Ibáñez pronuncia unas palabras y censura, con acritud, el desastre de Annual y de Monte-Arruit; son duras también las críticas contra el Rey y el Ejército. En ese momento del discurso se hace un silencio, roto por la intervención de don Torcuato, que recrimina la actitud de Blasco Ibáñez y defiende a Alfonso XIII. El escritor lo escucha entre pálido y anonadado. Al finalizar su intervención, el escritor rectifica su parlamento. En ese momento, don Torcuato se levanta y le tiende las dos manos en señal de reconciliación. Las páginas del diario están abiertas para él y el escritor envía varios artículos.

Blasco Ibáñez: "Nos apreciamos mutuamente"

En cartas a Artemio Precioso, Blasco Ibáñez habla de don Torcuato y de su hijo Juan Ignacio. El novelista valenciano habla del cariño que siente por ambos, *"a pesar de lo que haya existido entre nosotros, y que fue obra de nuestros diversos criterios políticos, no de falta de estimación personal. Ellos son monárquicos y yo soy republicano: he aquí todo; pero esto no impide que nos apreciemos mutuamente.*

En España no están acostumbrados a estas situaciones, que son muy frecuentes en otros pueblos, más poderosos y de mentalidad más elevada.

La prueba del aprecio en que tengo a Luca de Tena —prosigue— *es que en lo más fuerte de nuestra campaña contra el rey y el Directorio, exigí siempre a los que redactaban* España con Honra *y otros periódicos revolucionarios que respetasen siempre a Luca de Tena, y así lo hicieron por darme gusto, lo que les agradecía mucho. Jamás se publicó nada contra él: ni siquiera una chirigota de las que son frecuentes en los periódicos. Que él sea amigo mío o no lo sea por exigencias de la política, nada me importa. Yo continuaré siendo amigo suyo, pues creo que la principal condición del caballero es el agradecimiento.*

La prueba del aprecio en que le tengo —continúa— *es que antes de publicar mi primer folleto le escribí para hacerle conocer mi actitud (antes que a nadie), diciéndole que lo único que lamentaba era que esto iba a interrumpir nuestra amistad, cosa más penosa para mí que todas las persecuciones de que pudiera ser objeto.*

Ya sabe mi actitud en lo que se refiere a Luca de Tena. A su hijo Ignacio lo aprecio mucho, reconociendo en él un verdadero talento literario, y al mismo tiempo un hombre muy simpático y de sentimientos elevados.

Luca de Tena, que acoge con entusiasmo todas las iniciativas justas y patrióticas, podría realizar una gran cosa pidiendo la reforma de la ley de Propiedad intelectual."

Exiliado voluntariamente en "Fontana Rosa", en Mentón, en la Costa Azul, Blasco Ibáñez se ha caracterizado por ir contracorriente de su época; y, por ejemplo, no ha asistido a tertulias, ni se pierde en un café, *"ni perdí el tiempo figurando en grupitos literarios, infecundos y murmuradores"*, como confiesa en una entrevista. *"Tal vez el haberme dedicado a la política revolucionaria desde los diecisiete años me libró de esa vida de pereza y crítica negativa que ha atrofiado las facultades de tantos jóvenes."*

Blasco confiesa que lleva vida de millonario, pero no es digno de envidia. *"Trabajo doce o catorce horas diarias para atender los compromisos adquiridos con revistas y editores de Europa y América... Además, la gente ve el resultado final de una vida de continua producción, pero ignora lo que he tenido que sufrir y trabajar para obtener eso."*

Furibundo contra la dictadura primorriverista, Blasco Ibáñez está dispuesto a volver a la lucha política, *"para implantar la República en España, y en cuya lucha estaba dispuesto a arruinarse económicamente y a jugarse la vida* —según Artemio Precioso—, *desembarcando en Valencia para dirigir, a la cabeza de la multitud y dando el pecho, un movimiento revolucionario". (...) "Sería un fin bello para la vida de un novelista... Me gustaría morir así..."*

Cuando le hablan de las intenciones de derrocar la dictadura por parte de Cambó y Romanones, Blasco añade: *"Yo doy un dólar por cada peseta que den esos señores."*

El novelista valenciano publica un panfleto contra el Rey, "Alfonso XIII, desenmascarado" y don Torcuato le replica inmediatamente. Blasco Ibáñez aspira a ser presidente de la Segunda República. No obstante, las páginas de *ABC* siguen haciéndose eco de sus novelas y el crítico las trata con toda imparcialidad.

Romántico de la República

Blasco Ibáñez confiesa que no es un político y ni lo ha sido nunca. *"Soy un romántico de la República. A veces pienso, como digno final de mi existencia, morir lo mismo que aquel viejo desconocido que muere en* Los miserables *sobre una barricada, sin que nadie sepa su nombre, sirviendo de bandera a la juventud revolucionaria. No quiero volver a la actividad política para ser un político... un diputado. Hay veinte mil españoles, por lo menos, que pueden ser diputados, tan bien o mejor que yo lo fui durante muchos años (...). Yo creo servir a mi país haciendo lo que hago ahora: novelas. Y si algún día renacen en España los movimientos para implantar la República, entonces yo, aunque tenga ochenta años..."*

El novelista de *La Barraca*, que haría familiar el mundo de la huerta valenciana y la popularizaría, el cronista de los horrores de la guerra con *Los cuatro Jinetes del Apocalipsis* volvía un día de San Isidro a su Valencia; y llega laureado por la crítica francesa y americana, y recibido en olor de multitud, si exceptuamos a los que no comparten sus ideas, *"lo que determinó* —como cuenta ABC— *que muchos balcones de la carrera no tuvieran colgaduras, y otros incluso permanecieran cerrados"*. Pero, días después, un busto inmenso recorre las calles valencianas.

Amigo de don Jaime de Borbón

Cercana a su poética "Fontana Rosa", don Jaime de Borbón posee una propiedad agrícola en los alrededores de Niza; en medio, el casino de Montecarlo donde ambos se encuentran con frecuencia. Blasco es amigo *"de otro rey de España, que no está sentado en el trono, pero cuyos derechos a la Corona sostienen aún muchos españoles. Algunos tardes veo a don Jaime de Borbón, y echamos un párrafo con la alegría de dos compatriotas que se encuentran en tierra extranjera.*

Él tiene sus creencias y yo las mías. Somos dos españoles que amamos a España, cada uno a su modo, y nunca reñimos. Además, don Jaime posee la más sólida de las ilustraciones; la que no se adquiere en los libros, sino viajando. ¡Ojalá todos sus partidarios y los más de los españoles hubiesen hecho lo mismo...! Él ha corrido una gran parte de la tierra; yo no he viajado menos que él, y eso hace que nos entendamos perfectamente, con la tolerancia y el mutuo respeto de dos hom-

bres que se libertaron de esas estrecheces de criterio y miserias mentales que sufren los que no han salido nunca de 'la sombra de el campanario'. Además, lo repito: somos dos buenos españoles, y hay que vivir fuera de España para saber lo que representa esto como fuerza atractiva."

En una de esas cartas a Artemio Precioso, el novelista le dice: *"Habrá usted visto el artículo, repleto de elogios, que ha publicado espontáneamente el* ABC, *con motivo de 'El Papa del mar'. Yo he sido el primero en asombrarme, y a estas horas aún no comprendo qué finalidad pueda tener este cambio de conducta, Tal vez no tiene ninguna, y es un acto espontáneo de noble franqueza y de opinión leal, que no sé cómo agradecer, pues verdaderamente resulta raro en nuestro país.*

De todos modos, ese artículo es una demostración de que se puede hablar de mí 'literariamente', sin miedo a la censura, y hay que aprovechar esto para hacer un poco de propaganda."

Cuando muere el novelista, *ABC* le dedica una portada con la imagen de su cadáver y otra con el traslado de sus restos mortales desde Menton.

Dato, asesinado

Como un presentimiento, el mismo que sintiera Canalejas, don Eduardo Dato anuncia su muerte, dos días antes de que ocurra, al Rey y a cuatro comensales más, durante una cena, celebrada en el palacio del marqués de Viana. Al día siguiente, don Eduardo habla con Gabriel Maura y Gamazo y expone su deseo de abandonar el poder; y quiere que lo sepa su padre, don Antonio Maura, con el fin de que esté asegurada la sucesión conservadora. En los pasillos del Senado, Dato se encuentra con don Torcuato. Convecino de éste —vive en la calle Lagasca—, Dato le ofrece su coche para regresar ambos a sus respectivas casas. Dato es de los políticos que visitan con frecuencia al fundador.

Al día siguiente, Dato y don Torcuato vuelven a encontrarse en el Senado y cada uno regresa, al finalizar la sesión, a casa por distintos medios. El destino libra a don Torcuato de un final trágico. La noticia de la muerte de su amigo la recibe en el Casino de Madrid. El primer periodista que da la noticia de la muerte de Dato es González Cavada, quien, en esos momentos, paseaba por la plaza de la Independencia. Cavada, años después, pasaría su vida periodística en *ABC* como informador político. El rotativo de la calle Serrano realiza un gran despliegue periodístico del magnicidio.

Bueno califica de caracteres semejantes a Dato y Canalejas

Tras el desastre de Annual, el Rey encarga a don Antonio Maura el quinto y último Gobierno, que dura desde agosto de 1921 a marzo de 1922. En los dos últimos años de Monarquía constitucional hay once gobiernos. Maura insiste en que don Torcuato asuma un Ministerio, pero el fundador no lo acepta.

Según señala Seco Serrano "fue la muerte de Dato, una frustración más en el rosario de posibilidades 'regeneracionistas' anegadas en la política española del primer tercio de siglo. Hubo un momento en que, convertido en líder de los liberales el gran Canalejas, y en trance de autoanulación el propio Maura, pudo entreverse la oportunidad de un nuevo 'turnismo' montado sobre la 'comprensión social' de Canalejas —a la izquierda— y el 'reformismo' de Dato —a la derecha—. Al menos así lo estimaba el gran escritor Manuel Bueno (vinculado a la Casa de ABC), *incondicional de don Eduardo y muy poco amigo de Maura: 'Hay entre el temperamento de usted y el de Canalejas tan vivas semejanzas, que a no haber acreditado usted una hábil mesura en las funciones gubernamentales y en la exposición de la doctrina social, se les supondría a ustedes afines y colaboradores en una empresa común...'*

La Historia ha sido injusta con don Eduardo —prosigue Seco Serrano—. *La corriente tumultuosa del maurismo tendió siempre a oscurecerle o a denigrarle. La violenta marea libertaria le presentaría luego como un enemigo de las reivindicaciones sociales —cuando fue exactamente lo contrario. Allá por el año 1905, él se había definido en el Parlamento con serenidad y justeza. Ante una torpe salida de tono del senador Vicenti, que le tachó de socialista, don Eduardo puntualizó: 'Nada he hecho jamás para que se me encasille en el socialismo revolucionario, ni el socialismo conservador... Yo no soy socialista ni individualista: soy intervencionista'".*

Azorín recogió el momento, en sus crónicas parlamentarias en *ABC*: comentó la frase, con agudeza: *"Ya está lanzada la palabra; una palabra puede ser un partido."*

Xaudaró, el "Mingote de los años veinte"

Mucha historia de *ABC* es la sonrisa en los labios de la viñeta de Xaudaró, personaje de cara redonda, ojos grandes sobre unas bolsas llamativas, amante de la radio. Los monos de Xaudaró y el perrito testigo de sus chistes, amable carcajada de la mañana, alegre dibujo entre las columnas del diario. En una exposición canina del año 1922, celebrada en el Retiro, el "perro de Xaudaró" obtiene una señalada distinción. Así empiezan las mañanas los lectores de *ABC* el año 1921.

Desde entonces, en las páginas abecedarias, brota una carcajada, la que desprende el humor de Joaquín Xaudaró, su dibujo tan personal y la compañía insustituible de su perro en el ambiente del chiste. Xaudaró es uno de los fieles colaboradores del Fundador, trabaja en *Blanco y Negro* y *Gedeón*; y ameniza, como una orquestina, sus ilustraciones y caricaturas, las calles y plazas de corondeles y redondas del diario.

Con su pincelada humorística, Xaudaró cuenta la vida cotidiana de España y satiriza los pequeños y grandes dramas de la clase media española. Nacido en Filipinas, debuta en el primer número del periódico y da vida a sus personajes y a las escenas tituladas "La semana cómica". Xaudaró, sin embargo, quiere asomarse a la escenografía, y en la representación de *Madame Butterfly*, que inaugura la temporada del Real, 1906-1907, sus fieles de *Blanco y Negro* no dejan de admirar los figurines y bocetos. Durante la Gran Guerra y su estancia en París la casa Gaumont le edita una cinta de dibujos animados. En este sentido, es el primero en llevar al cine esta nueva modalidad. El sello, el estilo de Xaudaró queda inmortalizado en la colección del diario, miles de chistes, hasta su muerte.

Xaudaró, metódico, hacía su chiste, oía la radio y, por la tarde, se jugaba su partida al dominó en el Círculo de Bellas Artes. Después se acostaba temprano —"las once dan; yo me duermo"—, que esto lo cuenta muy bien Luis Gabaldón, amigo suyo y compañero de risas y trabajo en *ABC*. Para el lector, Xaudaró es la alegre risa del día, rayo del humor mezclado con el café del desayuno, diamante de las once de la mañana. *ABC* es mucho Xaudaró y viceversa; lo mismo que Sileno, hombre menudo y culto, siempre vestido pulcramente, siempre con corbatas de lazo como un dandy, como el que lleva la elegancia anudada al cuello. Sileno tiene un humor directo y profundo; y sus chistes, el valor de un editorial.

Desaparece *El País*

El año 1921 un periódico saca el pañuelo blanco de sus páginas y dice adiós a sus lectores, un viento de otoño se lleva las hojas de papel que cuelgan de la rotativa, un periódico nacido a finales del siglo XIX, concretamente en 1887. Esas hojas volanderas, que, definitivamente, se convierten y se confunden con las escritas por unas manos anónimas en las hojas de los árboles otoñales, dejan de ser juguetes del viento como un verso de Bécquer y entran en el cementerio sepia de las hemerotecas.

Frente al monarquismo de *ABC*, el republicanismo progresista de *El País,* con el que *ABC* mantiene intensas polémicas; *El País* de Roberto Castrovido Sanz, reputado orador mitinero, hombre afable y bueno, apoyado en una pierna de palo; Castrovido y sus fondos, gran articulista, hasta el punto de que muchos piensan que supera a los de Alfredo Vicentí y Manuel Troyano. *"Hay que leer los fondos de Castrovido. ¡Qué miga tienen!"* Castrovido y sus artículos durante el proceso Ferrer, tan opuesto a *ABC*, tan defensor de que el anarquista catalán sea indultado. Castrovido, hombre de una gran memoria y conocimiento de la historia. Aquel *El País* era tan antagónico al diario de la calle Serrano, que latía por su taquicardia republicana entre las paredes de un caserón destartalado de la calle de la Madera.

Baroja, el cura excomulgado y la bohemia

Por su Redacción surrealista se pierden los primeros pasos de Pío Baroja; aquel *El País* de púlpito, donde pontifica el cura Ferrándiz, hombre de talento, anticlerical furibundo, autor de libros de escándalo, oculto tras el seudónimo de "Constancio Miralta". Baroja se acerca a él y charla con él y afirma que al cura Ferrándiz le ocurre lo que al presidiario: que acaba por amar su cadena. Cómo no; Ferrándiz está excomulgado y sobre él pesan no una, sino varias excomuniones. Sin embargo, un día, esta oveja descarriada, acaba de párroco en la iglesia de San José.

Aquel espacio del caserón sería ocupado, posteriormente, por el ruido de las rotativas y las voces de los redactores de *La Libertad*, junto al viejo convento de monjas de San Plácido, el toque de los címbalos mezclado con el arrullo de las rotativas; y las oraciones de las monjitas tan opuestas a los modales de sus redactores, que hablaban a voces, y se insultaban, se metían unos con otros, y había un redactor que escribía las cuartillas con una navaja abierta al lado; aquella Redacción grande y surrealista, con algo mucho de logia, presidida por el ideal de la República, bajo la mirada atenta del dueño, don Antonio Catena, cubierto con un buen abrigo de pie. Al amanecer, el ordenanza le traía un guiso de carne, procedente de una taberna cercana, y entonces, los redactores se acercaban a él, lo adulaban y les dejaba algo de comida en un gesto de desprecio, de rico Epulón, cerca, muy cerca de aquel diván donde dormían las miserias los bohemios y el poeta alcohólico Barrantes, autor de *Delirium tremens*.

El País refleja la España de su tiempo, el Madrid de la bohemia y una manera de entender y vivir la vida. *El País* es Castrovido, honrado y bueno, que pasa sus horas entre el caserón desnudo de la Redacción y la casa vieja y pobre en la calle de San Marcos, austero como un cartujo, pegado al calorcillo de un brasero, sin recelos ni rencores en el mundo de la canalla periodística.

Qué distinto de Ricardo Fuente, antagónico, que hacía gala de su estado de pereza. De esta decía, *"siempre tiene su premio"*. Aquel Fuente, siempre con alguna anécdota y buen contador de ellas; y Antonio Palomero de charla salpicada de gracejo, no como sus escritos; y Carlos Soler, un fresco capaz de todo; y Adolfo Luna que andaba de un lado para otro con su joroba a cuestas; y aquel tal Pineda, cínico perfecto, amargado por la tisis, tose de suerte y escupe con cólera donde más daño le cause a sus compañeros.

Ahora, el lector ávido de los sueltos de Castrovido, echaría en falta el desayuno de sus fondos, aquellos que le enardecían, lo hacían más republicano, más burgués como don Antonio Catena, del que se decía que cobraba del fondo de reptiles. Don Antonio Catena escondía, en su enfervorecido republicanismo, un negocio de juegos prohibidos en casas clandestinas.

Para llegar a dirigir *El País,* Castrovido había hecho una turné periodística por Cataluña y Cantabria, hasta decir adiós a *El País* y emprender un itinerario por Valencia, Barcelona, siempre con su pluma en ristre por otras redacciones de periódicos, acaso muy parecidas a las del diario de la calle de la Madera o, al menos, con personajes similares; y acabar en el *Heraldo de Aragón* en pleno apogeo republicano, tras aquel recuerdo y estancia de quince años en *El País,* de sus sueños y sus retinas de bombillas y de alba con amaneceres a sabor de guisos de bar de estación. Hasta que llega el huracán sangriento del 36 y busca el refugio del exilio hasta llegar a Méjico, donde muere y su hijo, también llamado Roberto Castrovido, abre una librería.

Apeadero de Lerroux

Pero *El País* es mucha historia pequeña de la literatura española de este tiempo; es, por ejemplo, el piano donde Baroja, Azorín y Maeztu hacen dedos de medida creación sobre las teclas desafinadas del tiempo, cuando sueñan con el sol literario y el ánimo y el pensamiento están acogidos a otros registros, menos burgueses y más ácratas.

El País es, entre otras muchas cosas, el apeadero madrileño de Alejandro Lerroux, donde vela y esgrime sus primeras armas periodísticas, cuando es un mozo de veintitantos años, gana los primeros duros —ocho fijos mensuales—, después de resumir los artículos más interesantes de la gaceta; aquel *El País* dirigido por don Rafael Guinard de la Rosa, hombre vetusto y achacoso, más cercano de la paz que de la guerra, cuando surge una polémica con *El Nuevo Heraldo* y don Julio Burell reta al viejo director. No, no está para estos trances de duelo, el señor Guinard, ante lo cual se ofrece Lerroux; y comparece junto a las tapias del Buen Retiro y sostiene el lance de honor contra la mano aristocrática y delicada de Burell. En un momento del lance, dice el juez: *"No puede sostener el arma con la mano";* y ahí se acaba el duelo. En ese apeadero de *El País*, se hace una "firma" Lerroux a base de sable y de pistola, de apeadero en la estación de la política, camino de convertirse en "Emperador del paralelo" barcelonés.

En el Madrid de esta época, poblachón manchego, todos se conocen y se habla en las redacciones de quién es quién; y ese día en la Redacción de *ABC*, templo mayor del periodismo, los redactores comentan, seguros de la perennidad del rotativo de la calle Serrano: *"Otro que cae."* Se refiere naturalmente al periódico republicano, resucitado, tantos años después, tras la muerte de Franco, por Jesús de Polanco.

Cajal en *ABC*

ABC, abierto a los personajes más relevantes, puerta grande para los hombres de actualidad. El día 2 de mayo de 1922 se presenta, inopinadamente, en la Casa de

ABC, don Santiago Ramón y Cajal, y lo hace como quien cumple un rito, como quien lleva una colaboración al diario y se acerca a él, excepcionalmente, en un paseo provinciano. Don Santiago representa al sabio, es el gran sabio español y hay quienes, al pronunciar su nombre, se quitan el sombrero. Don Ramón acude hasta Serrano 61 simplemente para llevar una carta, una carta en la que expresa su agradecimiento a Blanco-Belmonte *"por su bellísima composición consagrada a mi humilde persona y de expresar igualmente mi gratitud a todos cuantos, singularmente al maestro Ortega Munilla, han exteriorizado en su culto periódico sentimientos de afecto o simpatía al que desde hoy deja de ser catedrático de la Universidad para sumergirse en el 'caput mortuum' de las clases pasivas"*.

La llegada del Nobel a la Casa causa una sorpresa y un revuelo cuando se trata, como es su caso, nada menos que de un premio Nobel y, sobre todo, un excepcional investigador. *"Cuando un ordenanza anunció la visita del maestro Ramón y Cajal* —escribe un redactor— *hubo un silencio de íntimo respeto en la sala de Redacción: primer homenaje de gratitud al acto generoso que en aquel instante realizaba el maestro.*

En un ángulo del salón de lectura —prosigue—, *suelto el gabán holgado, estrujando con mano nerviosa el sombrero flexible, en alto la despejada frente, fulgurantes las pupilas, el Excmo. Sr. D. Santiago Ramón y Cajal, el más grande de los prestigios de España, avanzó a nuestro encuentro, tendiónos la ancha y musculosa mano y sobriamente dijo así:*

'En este momento acabo de leer ABC, *y me ha faltado tiempo para venir a expresar mi leal gratitud a este diario tan español, y a Blanco-Belmonte, por sus estrofas de apasionada exaltación a mi pobre personalidad... A mi corazón sincero llega derechamente la voz de la sinceridad... Por si no acertaba a expresarme, o por si, como ha ocurrido, no encontraba al director, traía a prevención esta carta; ruego que, con mi saludo, la hagan llegar a mi excelente amigo D. Torcuato Luca de Tena.' Y la conversación continuó en el despacho del director. La palabra del sabio temblaba de emoción."*

Al parecer, don Santiago gira una breve visita por la Casa y se fotografía en la biblioteca de la Redacción. En la calle lo veréis camino de la imprenta de Juan Pueyo, que es donde edita sus libros, o bien en la Glorieta de Atocha, sentado en una terraza, solo y con aire fatigado.

Galinsoga ingresa en la Casa

Galinsoga es murciano y con diecinueve años colabora en el semanario bilbaíno *Luz y Taquígrafos*, fundado por José Félix de Lequerica. Poco después, en 1912 funda y dirige en Madrid el semanario *España*, órgano de las primitivas juventudes conservadoras anteriores al nacimiento del maurismo. En 1916, al lanzar Delgado

Barreto el diario *La Acción*, en Madrid, le encarga la información política. Galinsoga se especializa en ella. Sus crónicas parlamentarias son agudas e incisivas y se convierte en un ariete contra la corrupción.

Galinsoga es íntimo amigo de Calvo Sotelo y, junto a este, tiene actuaciones enérgicas en los mitines y en el Ateneo madrileño. Cuando, en 1918, don Antonio Maura es nombrado jefe del Gobierno, Calvo Sotelo y Galinsoga forman parte de su secretaría política. Un año más tarde, Galinsoga es el jefe de Prensa del Ministerio de la Gobernación; en él realiza una tarea de saneamiento de la Prensa nacional.

Cronista de cierto fuste durante mucho tiempo en la revista *Blanco y Negro*, Luis Martínez de Galinsoga ingresa en la Redacción de *ABC* en 1922, después de dejar su firma en la revista *Acción Española*, donde se convierte en uno de los principales colaboradores. Casado con una hija de Eduardo Gasset y pariente del filósofo Ortega y Gasset, con quien mantendrá buena relación, Galinsoga es firma destacada en el diario de la calle Serrano y firma, además, la crítica de arte y desempeñará, con el tiempo, la jefatura de Redacción en 1929. Sus campañas en este rotativo adquieren una gran resonancia, especialmente por su patriotismo.

Extraño y genial Gómez Carrillo

"Yo, señor, nací en la muy noble y muy leal ciudad de Santiago de los Caballeros de Guatemala, en el mes de febrero y en el año de gracia de 1873." Así inicia Enrique Gómez Carrillo el primer tomo de su autobiografía *El despertar del alma*. *"En el destino literario de Gómez Carrillo tuvo también la casualidad su poquillo de intervención* —escribe Antonio Cortón en el prólogo a El alma encantadora de París. *Colaboraba el despierto mozo en periodiquillos de andar por casa, y poseía su pequeño público, compuesto de gente levantisca, joven como él, y que aplaudía sus genialidades, jaleaba sus frases irreverentes, y le oía recitar a Verlaine, llamado el Divino por los muchachos que no creen en Dios. Hizo victoriosamente sus pruebas, y fue coronado en la Bombilla, y 'derrochó ingenio' en Fornos, y se atrevió con Eugenio Blasco, y puso cual no digan dueñas a don Emilio Castelar; pero, así y todo, hubiese llegado a la senectud saboreando a pierna tendida una de esas modestas reputaciones de literato de café con gotas, si Miguel Moya, que lo lee todo, no descubre un día a Gómez Carrillo entre el fárrago de las ilustraciones baratas. Aquel muchacho tenía ingenio. Cepillándose un poco, quitándose el polvo de la Bombilla, podía entrar en docena con los cronistas más circunspectos de* El Liberal —concluye Cortón. *¡Cómo recuerdo aquella noche de diciembre de 1891 en que llegué a Madrid, después de un viaje terriblemente largo y horriblemente triste!... En la estación, tétrica y sucia, diez o doce intérpretes, que al verme en compañía de una mujer elegante y al oírme hablar en francés, me tomaron por un rico extranjero, disputáronse el honor de apoderarse de mi equipaje y de conducirme a*

sus hoteles. La suerte, la mala suerte, me hizo aceptar los servicios de un viejo de aire eclesiástico, quien, con pocas palabras, logró convencerme de que en ninguna parte estaría mejor madame *que en el Bristol, en plena Puerta del Sol, en la esquina de la calle del Arenal.*

—Lo que no quiero —le dije con humilde franqueza— es pagar caro.

—Por diez pesetas cada uno, cuatro duros los dos —contestóme—, estarán los señores como príncipes."

Así se inicia "La miseria de Madrid", la llegada a la "Corte de los milagros", de Enrique Gómez Carrillo, una vida fascinante entre la aventura, el sueño literario y las mujeres. Este escritor y periodista que pisaría las alfombras de la mítica Redacción de *ABC*. En el año 1920 empieza sus colaboraciones.

Director de *El Liberal*

Miguel Moya, propietario de *El Liberal* le nombra corresponsal en París y, en su primera crónica, aborda el caso Dreyfus. Al morir Alfredo Vicenti, director de *El Liberal*, Moya llama a Gómez Carrillo a París y le ofrece la dirección del diario. Vicenti tenía verdadero afecto al escritor hispanoamericano y le llamaba *"mi lobito"*. G C envía crónicas de guerra desde la capital del Sena. Atrás deja una estela de aventura e información, que pasa por la guerra ruso-japonesa en 1904 y un año más tarde Tokio tras pasar por India y China; y así recorre Grecia, y Oriente, y Argentina... El mundo es pequeño para este hombre, el que un día le dice a su paisano Rubén Darío: *"Yo tengo orgullo y usted vanidad."*

Como director de *El Liberal*, el diario ofrece otro rostro muy distinto al que le imprimía Vicenti. G. C suprime "Los líricos", una sección de versos y la de cultos, si exceptuamos el anuncio exclusivo de los protestantes; y otro tanto hace con las crónicas. Él es un buen cronista y se le considera un maestro en este género, que parece menor, pero al que los modernistas califican de poema en prosa. Así que el diario tiene preferencia por los reportajes y los reporteros se encumbran como astros rutilantes cuando son plumas grises como la de Bejarano. El director de *El Liberal* ordena a Juan de Aragón suprimir el subtítulo —*entrefilet* decimos en el argot— *"Este periódico no pertenece al trust",* lo que despierta cierta alarma en la Redacción, pues tal para cual. Dos bravos frente a frente, Carrillo y Leopoldo Romea, y el lance de Extranjeros francés en el que le dice si está dispuesto a participar, *"como representante de* El Liberal, *en una excursión, organizada en la región de la guerra, en unión de periodistas escogidos";* y le pide que lo comunique *"con urgencia por telégrafo";* y a G C no le falta tiempo para viajar a París. Desde entonces, es un enamorado de la dulce Francia, y un defensor.

En el parisiense café Napolitano cae fulminado por una congestión cerebral y aquella figura atlética se convierte en una caricatura. "El Caballero Audaz" acompaña de paseo a su última esposa, animada por Gómez Carrillo, con el fin de que se distraiga un rato y, durante ese breve paseo, muere Gómez Carrillo. En una habitación, surge al poco rato una tertulia de mujeres afligidas; son las mujeres, las muchas mujeres que ha amado este hombre. Entre ellas, una multimillonaria hija de un presidente de una República sudamericana y la famosa actriz Georgette Lebranc, después casada con Maeterlinck. Entre flores, llega un telegrama de su ex mujer Raquel Meller; esa noche debutaba en Lyon.

"Raquel me hizo confidencias de su vida con Enrique Gómez Carrillo —escribe González Ruano. *Raquel representaba un Enrique Gómez Carrillo inédito, enamorado y no enamorador, desdeñado y pretendido mil veces."*

El "as" de la legión —Franco— visita *ABC*

Un joven Francisco Franco visita *ABC*. *"Está en Madrid el 'as' de la Legión* —escribe el diario—. *No hay que hacer un gran esfuerzo para comprender que hablamos del comandante Franco. No titubeamos en darle ese calificativo, un poco pintoresco, pero muy comprensivo, seguros, además, de que no despertamos recelos ni suspicacias. Toda la Legión sabe lo que vale el comandante Franco, y se sentirá alagada* (la escribe sin hache) *al ver que a su comandante se le hace justicia. Desde el oscuro legionario* —prosigue la crónica—, *que lucha en el anónimo o muere ocultando su nombre con un seudónimo, hasta su teniente coronel, el indispensable Millán Astray, que supo fundir de miles de vidas rotas la vida vigorosa que alienta la Legión; todos, sin envidia ni egoísmo personales, han de leer con alegría que a Franco le llamamos el 'as' de la Legión."*

Como si empezara un mito, que, en cierta medida comienza, con la loa de esta crónica, un Franco que inicia una popularidad *"un poco avergonzado de que la gente, al reconocerle, fijase su atención, porque Franco es el hombre más modesto que conocéis, no modesto por educación o por fórmula, sino porque realmente no se da importancia a sí mismo; en tan alto concepto tiene el cumplimiento del deber".*

Vestido con uniforme militar y destocado, un joven Franco, con bigote, observa la complicada maquinaria que cuenta a los ciudadanos, mediante el periódico, cómo transcurre los días en España y en el mundo.

El Rey en Las Hurdes; y a *ABC*

ABC, fiel a sus lectores, a la crónica de un día, cordón umbilical del mundo y España con la retina de quienes lo leen y releen, de los que lo esperan, pues como se espera a un amigo íntimo de mesa camilla, uno más de la familia, un contertulio más del casino, texto y pretexto para hablar de algo. *ABC* y el viaje del Rey Alfonso XIII a Las Hurdes, que cuenta las duras jornadas por una tierra maldita, abandonada. *"Si los caminos para llegar aquí han sido malos* —se refiere a Casar de Palomero, comenta *ABC* el día 23 de junio de 1922—, *los que hay que recorrer mañana son muchísimo peores y más escabrosos."*

ABC, además, publica un largo editorial con este motivo: *"La colonización de Las Hurdes no puede ser una obra de misericordia." "No es nuestra la observación, pero la tenemos por cierta, que más de una vez la hemos repetido: la gravedad de muchos problemas de la vida española que se nos ofrecen como actuales consiste en que ya trataba de ellos Carlos III con sus ministros... Y siguen sin resolver. Este es el caso de Las Hurdes..."*

El diario informa y publica conmovedores testimonios gráficos, gracias a la cámara de Campúa —elegido por sorteo para el viaje—, donde se ve al Rey caminando con dificultad por las calles de la alquería de El Cerezal —*"esto nos servirá de estímulo para tratar de remediar inmediatamente los problemas más acuciantes"*, comentará a Marañón, ya de vuelta en Madrid—; o la hurdana de Martilandrán que besa la mano al Rey, o la charla de Alfonso XIII con Matías Torres, un herido de la guerra en África, o los reconocimientos médicos de los doctores Marañón y Varela. Jornadas duras, que acaban en La Alberca, en la iglesia de la Trinidad, donde el obispo de Coria, don Pedro Segura, oficia la misa y, en su plática, dice: *"Cuando este hecho sea registrado en las páginas de la historia que habrá de escribirse de este viaje, quienes las conozcan convendrán en que por aquí pasó un Rey valiente, prudente y bueno, que despojándose de los atributos de la Majestad, descendió para dar consuelo a estos pobres y desgraciados hijos de mi corazón."*

El viaje levanta expectación y José Ortega Munilla, padre del filósofo, escribe en *ABC*, el día 25, una vez finalizado el viaje: *"(...) y como ha dicho con admirable perspicacia y exactísima locución el Rey, es urgente corregir lo corregible, sanear lo saneable, llevar a ese país médicos, curas y maestros que corrijan vicios atávicos. Y donde todo eso resulte imposible por la calidad y condiciones del terreno, que sean trasladados a otros parajes, menos inhospitables, los que vienen siendo condenados sin culpa, presidiarios sin delito, dolientes abandonados a la labor destructora de una naturaleza cruel...*

No hará falta que se grabe una medalla conmemorativa del suceso; pero él permanecerá en las conciencias de los tristes de allá y en la de los felices ciudadanos enamorados del ideal."

Con el sonido de fondo de la guerra de Marruecos, el eco del desastre de Annual, Alfonso XIII vuelve a la Casa de *ABC*, que visitara en 1908, en esta ocasión —7 de julio de 1922— para entregar 333.900 pesetas, donativo procedente de una suscripción que el pueblo de Madrid hace a favor de los soldados madrileños que combaten en Marruecos. El Rey, que viste uniforme militar, se fotografía, una vez más, en lo alto de una rotativa entre don Torcuato y el presidente del Consejo, Sánchez Guerra.

Benavente, Nobel

Esa España que se tambalea socialmente, indecisa y pacata, acoge con orgullo y satisfacción, sin embargo, la concesión del premio Nobel al autor teatral don Jacinto Benavente tras dos años de gestiones para que la Academia Sueca se decida por el autor de *Los intereses creados*. El premio está dotado con más de medio millón de francos. Como dirá, a través del diario monárquico —con el que tiene excelentes relaciones—, don Jacinto se lamenta de la falta de propaganda que en nuestro país se hace de los escritores, desconocidos para el público extranjero. *"Cuando los teatros de París comiencen a representar obras de Benavente, yo os diré lleno de júbilo: ¡Ya lo veis! Un premio que vino ayer de Escandinavia envuelto en sus consiguientes reclamos ha servido para poner aquí en plena luz de gloria lo que durante tantos años nadie quiso ir a sacar del arca de los escenarios madrileños."*

Vidal y Planas asesina a Olmet, amigo de don Torcuato

La tarde noche del 2 de marzo de 1923 difícilmente la olvidarían los redactores de *ABC* en su vida. Alguien llega jadeante a la Redacción y dice, rotundamente, que a Luis Antón del Olmet lo ha matado Vidal y Planas. No dan crédito a lo que oyen, no se lo creen, aun siendo, como es, verdad. Luis Antón del Olmet ha trabajado en *ABC* y tiene muy buena relación con don Torcuato.

Olmet nace en un ambiente literario en Bilbao y en la "Corte de los Milagros" ve, con sorpresa, cómo Ortega Munilla le publica un original en los *Lunes de El Imparcial*; en él se advierte la brillantez de este periodista y comienza una carrera de éxitos con su primera novela corta en *El Cuento Semanal*. Olmet será el tercer director de *El Debate* en 1910. Compagina su tarea periodística con la literatura. *La verdadera ilusión* es uno de los mayores éxitos editoriales de la época.

El 1 de abril de 1914 funda *El Parlamentario* al servicio de Sánchez Guerra, ministro de la Gobernación con Eduardo Dato. Iniciada la contienda europea, *El Parlamentario* recibe, al parecer, subvención de los franceses. El periódico está —por decirlo de una manera vulgar— a lo que cae, porque Antón es un pícaro mayor, periodista todoterreno, corresponsal en la guerra de Marruecos. Por su Redacción de la Carrera de San Jerónimo aparecen Alfonso Vidal y Planas y el hampón y cínico mayor, poeta y sablista, Pedro Luis de Gálvez, mito de la bohemia madrileña.

Antón es un hombre duro capaz de coger a un redactor y dejarlo suspendido sobre la calle. Cuando a Vidal y Planas le propina unos golpes el dueño de una casa de préstamo y lleva la cabeza vendada, Antón tiene humor para decirle: *"¿Qué hay, baturro?"* Antón es de los que practica el sablazo habitual en el marco del Congreso. Sí, se lleva cien pesetas a cambio de loas en el periódico a diputados; y fruto de sus sablazos es el hotel que construye en Carabanchel. Qué distinto este personajillo que su hermano, el marqués de Dos-Fuentes, diplomático que ha estado en China y escribe versos malos.

Apoyo a don Torcuato

El 4 de febrero de 1916 apoya a don Torcuato en su polémica con Araquistain. Más tarde, el diario sigue una línea de neutralidad y se acoge a una ayuda de Riotinto y, después, recibirá subvención de los franceses hasta que estos se la retiran por una ofensa del diario al embajador francés.

Olmet, por tanto, es conocido en los ambientes literarios y periodísticos, no solo por sus crónicas parlamentarias —muy en la línea de las de Azorín y Fernández Flórez—, sino también por sus novelas y biografías de Galdós, Maura, Canalejas, Moret y Echegaray. En los años veinte es uno de los autores más discutidos y leídos de España. Olmet está casado con una sobrina del presidente del último Gobierno monárquico, además de ser parlamentario maurista y jefe de prensa del Ministerio de la Gobernación. Luchador y orgulloso, *"ex pollo elegante, con obesidad y pantagruelismo propios de un arcipreste* —según Sainz de Robles—, *licenciado en bravuconería y dispuesto a fanfarronear con los recuerdos entreverados de verdad y fantasía...".*

Trabajador incansable, pasa muchas horas del día escribiendo. No es de extrañar, por tanto, que al año estrene dos obras de teatro, además de libros y artículos; dos días antes de su trágica muerte, aparece el último en las páginas de *El Heraldo*. En el ambiente periodístico, Olmet conocería a Alfonso Vidal y Planas, un buen muchacho seminarista en Toledo y que conocería, en Madrid, la dura realidad de la bohemia, hasta el punto de cumplir cuatro meses de arresto, tras robar unos borceguíes. Vidal y Planas trabaja en *El Parlamentario* y cobra diez reales diarios. Unos sueltos publicados en el diario lo llevarían a la Cárcel Modelo. Nada podría con su irrefrenable vocación literaria. Vidal empieza a publicar novelas y funda un periódico, *El Loco*.

Por un melodrama gana más de medio millón de pesetas

Sin embargo, pasaría de la miseria a la riqueza gracias a la obra teatral *Santa Isabel de Ceres*, un melodrama y folletín inspirado en la redención de un burdel, estrenada en el Eslava el 7 de enero de 1922. En unos meses, la obra le proporciona más de medio millón de la época. Tras este éxito, Vidal intenta otro con la tragedia *Los gorriones del Prado*, pero la obra es un fracaso. Ante este contratiempo, Vidal y Planas retorna a la bohemia, acompañado de Elena Manzanares, protagonista de una de sus obras.

Las relaciones profesionales entre Olmet y Vidal comienzan con la incorporación de éste a la Redacción de *El Parlamentario* en 1917. El éxito de *Santa Isabel de Ceres* tiene en su compañero Olmet a uno de sus más fervorosos panegiristas. La obra de Vidal recorre las capitales de provincia y la compañía de Fuentes-Vargas incluye en su repertorio la obra de Olmet, *Mala madre*.

Entre ambos autores se inicia una colaboración literaria en la obra *El señorito Ladislado*, estrenada en el teatro madrileño de la Zarzuela en noviembre de 1922; la obra pasa inadvertida. Olmet se contraría por ello y culpa de este fracaso a su compañero. Es más: Olmet escribe un duro artículo contra los críticos de teatro, a los que califica de "reventadores". En esta época la crítica de una obra tiene una especial influencia en el público. El artículo de Olmet molesta a Vidal y Planas, que, de alguna manera, se siente afectado por la repercusión que el mismo pueda tener ante el inminente estreno de *Los gorriones del Prado*.

La ruptura entre ambos es una realidad, por más que medien entre los dos Emilio Carrere y Felipe Sassone. Esa paz momentánea se quiebra a raíz de una obra de cada uno, *Los gorriones del Prado* y *Responsables* de Olmet. Aquella fracasa; esta triunfa. Vidal y Planas piensa que la mala acogida de su obra se debe al artículo de Olmet.

En el mundo de la bohemia, todo es posible: hasta la reanudación de la paz entre ambos autores, que, nuevamente, escriben una obra. Vidal y Planas redacta los dos primeros actos y Olmet acaba el libreto. El primero de marzo se ven en el café de Lyon sobre las diez y media de la noche. En el café hay mucha gente y deciden ir al café Platerías; les acompaña Elena Manzanares, compañera de Vidal y Planas. Este entrega a Olmet lo que ha escrito y le sugiere que no cuente nada de la colaboración entre los dos, entre otros motivos, para evitar chismes y sarcasmos en el ambiente periodístico y literario.

Los dos se despiden y se estrechan las manos; nadie puede sospechar lo que va a suceder doce horas después. A las dos y media de la tarde, Vidal y Planas se presenta en el teatro Eslava, donde se ensaya *El capitán sin alma*, nuevo drama de Antón del Olmet. Vidal dice al portero que cuando llegue Olmet le diga que lo espera en el saloncito de autores. Unos veinte minutos más tarde, Corona, una actriz de la compañía, sale rápidamente de su camerino y se dirige al escenario y grita a sus compañeros: *"¡Algo ocurre en el despachito! ¡He oído un disparo y voces de socorro!"*

Pistola en mano, Vidal observa el drama

Todos acuden donde está el verdadero drama: Olmet, gravísimamente herido, apenas si puede respirar; Vidal y Planas con una pistola en la mano observa el drama. Apenas puede pronunciar estas palabras: *"¡Perdonadme! ¡He sido quien lo ha matado!"* Los actores trasladan a Olmet a la casa de socorro, en la calle de las Navas de Tolosa; Vidal y Planas, detenido. Camino de la casa de socorro, Olmet apenas si tiene voz para decir al actor Vázquez: *"¡Mátame, que me ahogo!"* Al momento, fallece en la casa de socorro.

El juez de guardia ordena el levantamiento del cadáver y Vidal y Planas presta declaración en la Comisaría de Centro. Afirma ante el juez que sostiene una polémica con su compañero y que este le insulta y zarandea hasta cogerlo por el cuello con la intención de ahogarlo. Ante ello, no puede por menos que dispararle un tiro.

Acto seguido, Vidal y Planas ingresa en la Cárcel Modelo. Al salir de la Comisaría, el autor del crimen se encuentra con su novia y le dice: *"No te asustes; no pasará nada. Vive como hasta ahora."* Entretanto, el empresario teatral Gregorio Martínez Sierra comunica la muerte de Olmet a la esposa de este.

Capítulo IX

DON TORCUATO CONOCE EL GOLPE MILITAR DE PRIMO DE RIVERA

EL GENERAL SANJURJO SE LO COMUNICA EN LOS BAÑOS DE ALHAMA DE ARAGÓN

"Prefiero el control de la prensa que el del ejército."
Burke

El hijo del fundador, Juan Ignacio Luca de Tena, es testigo de grandes efemérides, de momentos convulsos de la historia contemporánea española. Por ejemplo, durante el verano del año 1923, el general Sanjurjo se encuentra al frente del Gobierno Militar de Zaragoza. Para aliviar sus bronquitis, don Torcuato toma las aguas en el balneario de Alhama de Aragón. Durante los primeros días del mes de septiembre, Juan Ignacio recibe una llamada telefónica de su padre. Ambos almorzarán con Sanjurjo en Alhama. Una vez finalizado el almuerzo, don Torcuato y el general se entrevistan en un saloncito reservado. El encuentro dura más de una hora.

Cuando padre e hijo despiden al militar, camino de Zaragoza, el padre dice al hijo: *"Nos vamos inmediatamente a Madrid."* Juan Ignacio quiere saber qué ocurre, a qué obedece esa prisa, mientras el padre se limita a contestarle con un *"no puedo decírtelo"*. A lo largo del camino, don Torcuato muestra un semblante de preocupación. ¿Qué ocurre? Sanjurjo ha ido a Alhama de Aragón para decir al director de *ABC* su intención de sublevarse contra el poder constituido el día 13, una vez que se levante Primo de Rivera en Barcelona. En esa entrevista, Sanjurjo quiere conocer la opinión de don Torcuato y este le dice que le parece mal y peligroso.

Durante esa época, un Gobierno liberal rige los destinos de España, un gobierno que preside Manuel García Prieto. Curiosamente, el día del golpe de Estado ha de celebrarse en la Ciudad Condal la inauguración de una importante Feria de Muestras, presidida por Portela Valladares, ministro de Fomento. Entre los numerosos periodistas, que acompañarán al ministro, figura el redactor político de *ABC*, José Losada de la Torre. Sabedor de lo que va a ocurrir, don Torcuato llama a su redactor y le ordena que suspenda el viaje. Acto seguido, Portela llama a don Torcuato para saber las razones de esa suspensión. Por más que insiste en saberlo, don Torcuato se limita a decirle que *"se trata de una corazonada"*. *"Es una corazonada, querido Portela* —le dice—, *y yo que usted no iba."* Sin embargo, Portela se pone en camino. Con el triunfo del golpe, a las tres de la madrugada, Sanjurjo lo detiene en la estación de Zaragoza.

Destierro de Unamuno, Cossío y Jiménez Asúa

Generalmente, el pueblo acoge bien la llegada de la dictadura, sin embargo el mundo intelectual la rechaza y la aborrece. Primo de Rivera cierra el Ateneo madrileño y destierra a Fuerteventura a Miguel de Unamuno y a las islas Chafarinas al penalista Jiménez Asúa, "culpable" de la algarada estudiantil en las calles madrileñas. Tres días antes de que llegara Jiménez Asúa, ya está en las islas Francisco de Cossío, director de *El Norte de Valladolid* —en la posguerra sería subdirector y firma habitual en las páginas de *ABC*. Su destierro obedece a la publicación de un artículo, hace un año, en el diario bonaerense *La Razón*, en defensa de Santiago Alba. Por este hecho, es detenido en Valladolid.

Todo resulta tan esperpéntico que al abogado Casanueva se le confina, también en las islas, por haber dirigido un telegrama a José Sánchez Guerra felicitándole por la actitud de protesta adoptada por el político conservador ante la suspensión del periódico *La Época*.

Desde su destierro, Unamuno, que ha sido privado de la cátedra, presenta un recurso ante el Supremo, defendido por Osorio y Gallardo, pero es desestimado y el rector salmantino huye de Fuerteventura y se instala en París, desde donde lanza tremendas diatribas contra la dictadura en el periódico *Le Quotidien*.

El ambiente en los cafés no puede ser más divertido y caliente; y las tertulias se convierten en un lugar de conspiración y de ofensas al dictador. Al frente de estas protestas, Valle-Inclán y la viñeta diaria en *El Sol* de Bagaría, cuando logra resistir al lápiz rojo de la censura. Ramiro de Maeztu, sin embargo, deja de asistir a las tertulias por su proximidad al dictador.

Siniestra en el fondo como toda dictadura, muestra, por el contrario, una faz alegre y brillante. Nunca, hasta ahora, ha conocido la sociedad española mayor libertad de costumbres; las mujeres se acortan las faldas por encima de las rodillas y se recortan sus largas cabelleras, mientras los hombres copian la moda americana y se desprenden de sus luengas barbas y bigotes para aparentar más su aspecto de virilidad. En las calles, las parejas muestran una actitud desenfadada de hacer el amor y la revista "La orgía dorada", en el Price, es un éxito, especialmente por la ligereza de la ropa. El dictador acude a verla y en Madrid se habla de sus amores con la "Caoba" y Niní Castellanos. En este sentido, la actitud de don Miguel es muy permisiva, sin censura alguna.

Censura

Con la llegada al poder de don Miguel, se implanta la censura. Entre los periódicos opuestos a ella, figura, *La Libertad* y en sus páginas publica Luis de Tapia unas coplas dedicadas al dictador y a su gobierno. *El Heraldo* juega con el doble sentido de sus titulares y con humor. La actitud de *El Debate* descompone a los censores. ¡Quién no tiene algún que otro rifirrafe con la censura, pues todos, si exceptuamos *La Nación*, órgano periodístico de don Miguel! También tienen sus más y sus menos con los censores los redactores de *El Sol* y *La Voz*, a pesar de la amistad de los hombres del lápiz rojo Lorenzo y Fajardo, sus respectivos directores. Con sus dibujos, el humorista Bagaría suaviza los enfrentamientos.

Ante *ABC*, el jefe de la censura, Celedonio de la Iglesia comenta que *"cuando se ponía enfrente del Gobierno* (era un muro) *contra el que se estrellaban nuestra celosa actividad y nuestros pobres recursos dialécticos... yo quedaba casi siempre vencido... En una ocasión se me dijo, tras la breve consulta de uno de ellos, que lo leyera con cuidado y tachara a lo largo del texto las frases o conceptos perniciosos sin alterar el sentido. Entre la tendencia que alababa, el estilo que admiraba y la dificultad de meterle decorosamente mi grosera lima, he optado por autorizarlo, confesando con bastante publicidad mi impotencia."*

"Primo es borracho"

Censores de don Miguel observan anuncios, calendarios, acrósticos y, curiosamente, algunos tan laudatorios que ven la luz en el periódico de don Miguel. En *La Nación* aparece el lunes día 15 de abril de 1929 un soneto titulado: "Primo es borracho" [12], firmado con el seudónimo de María Luz de Valdecilla y dice así:

> **P**aladín de la patria redimida,
> **R**ecio soldado que pelea y canta,
> **I**ra de Dios, que cuando azota es santa,
> **M**ístico rayo, que al matar es vida.
> **O**tra es España a tu virtud rendida:
> **E**lla es feliz bajo tu noble planta;
> **S**ólo el hampón, que en odios se amamanta,
> **B**lasfema ante tu frente esclarecida;
> **O**tro es el mundo ante la España nueva:
> **R**encores viejos de la edad medieva
> **R**ompió tu lanza, que a los viles trunca.
> **A**hora está en paz tu grey bajo el amado
> **Ch**orro de luz de tu inmortal cayado.
> **O**h pastor santo, ¡no nos dejes nunca!

[12] La familia Primo de Rivera reprocha y lamenta este acróstico. Mujeriego sí, pero no borracho.

Sánchez Mazas, corresponsal en Roma

Compañero en el colegio de los padres agustinos de El Escorial y amigo íntimo de Juan Ignacio Luca de Tena, Rafael Sánchez Mazas, inteligente y culto, descubre Roma y Roma a él, como hiciera un siglo antes Stendhal con Milán. Enamorado del Renacimiento, este escritor bilbaíno es enemigo acérrimo del nacionalismo vasco y descubre en Roma el fascismo y, tiempo después, con José Antonio Primo de Rivera, lo verá como solución para España, pero como diría el propio Mussolini, ese producto italiano no es susceptible de exportación.

Acompañados por el dictador, los Reyes llegan a Roma en visita oficial el día 24 de noviembre de 1923. Los dos embajadores ante el Quirinal y El Vaticano mantienen unas frías relaciones y los fallos protocolarios, surgidos durante la visita, molestan a Alfonso XIII. Tras la comida en una de las Embajadas, el conocido diplomático, José Félix de Lequerica, íntimo amigo de Sánchez Mazas, se acerca al Rey. En ese instante, Sánchez Mazas susurra al oído a Lequerica que le presente a Alfonso XIII y, cuando se dispone a presentárselo, el Monarca responde bruscamente: *"No quiero conocerlo..."*

Al regresar los Reyes a Madrid, días después del incidente, don Torcuato acude a Palacio y, al final de la entrevista, el Rey le cuenta lo disgustado que está por la intromisión del corresponsal entre los dos embajadores.

ABC y la Dictadura

ABC acoge positivamente el Régimen dictatorial del general Primo de Rivera, *"cuyo móvil es indudable que arraiga en el sentimiento patrio y al que quisiera, si estuviera en su mano, proporcionarle las mayores y más eficaces facilidades, precisamente porque abrigamos la convicción de que con el éxito se evitarían tremendos daños a España"*, según escribía el diario el 15 de septiembre. Sin embargo, alguien de la propia Casa define la postura del periódico de *"una razonable actitud"* y *"elogia sin reservas la restauración del orden público y el decidido impulso que pone fin a la guerra de África"*. En general, la línea del diario resulta favorable al Régimen encabezado por don Miguel, y se vuelve contraria, finalmente, a la prolongación del mismo. En todas las ocasiones posibles, *ABC* aboga por el restablecimiento constitucional.

Según revela el periódico dos semanas después del pronunciamiento militar en una conversación entre el Rey y don Torcuato cuando ambos regresan de San Sebastián en tren, el Monarca desconoce las maniobras previas al golpe militar y se encuentra con el pronunciamiento.

Don Torcuato dice en una entrevista que él es "enemigo acérrimo, antiguo y convencido" de la censura. Don Torcuato afirma que los Gobiernos usan la censura *"porque carecen de una moderna ley de imprenta"*.

Cuatro años después del golpe militar, *El Heraldo* dice que don Miguel autoriza en varias ocasiones artículos de *ABC* contra la Dictadura porque sospecha que obedecen a sugerencias de Palacio. El diario de la calle Serrano no llega a desmentirlo y escribe: *"Si fuera cierto, la consecuencia es clara: don Alfonso XIII soportaba la Dictadura como un mal menor y le satisfacía cuanto pudiera debilitarla ante el país para acabar con ella."*

A los cuatro años del levantamiento militar, Don Torcuato está convencido de que el momento que vive España, cuando se produce el golpe, resulta insostenible: o revolución o dictadura. *"Y, por fortuna, se impuso esta última. Pero cuando todos esperábamos que el general Primo de Rivera no fuese otra cosa que un magnífico cirujano, un benemérito purificador del infecto ambiente nacional —declarado así palmariamente en el manifiesto del primer Directorio—, se nos convierte, andando el tiempo, en médico de cabecera. Y esto —sin negar el valor de las razones con que se trata de justificarlo— no me parece tan acertado. Su misión, su providencial misión, a mi juicio, era clara y estricta: arrancar de cuajo la cizaña y dejar el campo limpio a la nuevas sembraduras. Claro está que no hay que colgarle a él solo toda la culpa que esto no haya sucedido así (...)".*

De espíritu liberal, según confesión propia, aun cuando *"muchas veces se ha dicho de mí que soy un retrógrado. Sigo siendo más liberal que los que han hecho un* modus vivendi *de su liberalismo, para después no practicarlos".* A don Torcuato —dice a un periodista— *"no le asustan las ideas avanzadas, no; incluso las comparte".*

Respecto a la Dictadura califica de *"eficaz y decisiva"* el anticipo reintegrable que hunde a muchos periódicos, pero evita *"que fuésemos a la guerra europea, que hubiese sido la ruina de España".*

Azorín, en la Real Academia Española

Al año de triunfar la dictadura de Primo de Rivera ingresa Azorín en la Academia Española. Pero la historia de esa graduación de inmortal es larga. Azorín sueña con un sillón de la Academia. Lejos queda el artículo en que Azorín llama a la Academia "Real Academia de las inutilidades españolas". Don Torcuato, que admira a su redactor, quiere verlo en la institución que vela por el rigor del lenguaje y, naturalmente, quiere apoyarlo. Don Torcuato es un hombre de muchísima influencia y uno de los hombres mejor informados de España, por no decir el mejor.

En 1912, Azorín ya tiene un nombre literario, además de haber sido subsecretario, diputado y militante del partido conservador de Maura. Azorín tiene cuarenta años y la Institución de la calle Felipe IV necesita hombres jóvenes. Desde los medios periodísticos lo apoyan, entre otros, Ortega y Gasset —que nunca será académico de la Española—, Juan Ramón Jiménez y Gregorio Marañón. Amigos del ingreso del escritor alicantino.

Ha muerto el orientalista padre Miguel Mir el 29 de diciembre de 1912 y Azorín presenta su candidatura, pero la retira inmediatamente. Tiene el apoyo de don Antonio Maura, don Benito Pérez Galdós, don Ramón Menéndez Pidal, Rodríguez Marín, Octavio Picón. Hay quien advierte, acaso sin fundamento, cierta hostilidad en Menéndez Pidal y Rodríguez Marín. Entre los aspirantes al sillón de la "inmortalidad" figuran Manuel de Saralegui y Juan Navarro Reverter, miembro del partido liberal, ministro de Estado y antes de Hacienda.

Maura recomienda al escritor de Monóvar que visite a don Mariano Catalina, secretario de la Española, mientras don Antonio hablará con el presidente, don Alejandro Pidal.

Tras sus visitas de protocolo, Azorín acaba desencantado. Cuenta con los votos de don Benito Pérez Galdós y Picón, los únicos republicanos de la Academia. Don Alejandro Pidal está fuera del ámbito literario y, hasta cierto punto, del mundo de la Academia. El sillón es, finalmente, para Navarro Reverter.

Esta elección levanta gran revuelo y en los periódicos hay polémicas y críticas duras, como la un joven escritor y periodista, un día hombre de *ABC*, Tomás Borrás, quien escribe en el diario *La Tribuna*, el 23 de enero de 1913, cuando parece inevitable la elección de Navarro Reverter:

"Este atropello inaudito de la justicia, de la lógica, de la literatura, de la dignidad académica y del sentido común, se debe a manejos políticos del interesado, en colaboración con el grupo que en la Real Academia capitanea don Alejandro Pidal (...). La Academia, baluarte sectario, asilo de viejos sin prestigio, donde toda vacuidad tiene asiento y toda medianía consagración, necesita, para volver a adquirir autoridad, que los hombres que la formen, estén reputados por mejores. Hoy —es hora ya de decirlo—, excluyendo a cuatro o cinco figuras, la Academia es demasiado grande para los liliputienses que la habitan."

Homenaje en Aranjuez y carta de Ortega

Con este ambiente, Ortega y Gasset y Juan Ramón organizan una "sencilla fiesta" a Azorín en Aranjuez, el 23 de noviembre de 1913. Días antes, *El País* anuncia el acto bajo el título: "Otro motín de Aranjuez. Por Azorín y contra la Academia". Ortega escribe una carta a su director, Roberto Castrovido, que dice:

"Mi muy estimado amigo: Al anunciar hoy El País *la fiesta modestísima que vamos a dedicar a Azorín, da al homenaje un carácter turbulento que, en opinión de algunos entre los iniciadores, ni tiene ni es bueno que tenga. Es conveniente, cuando es posible, mover una revolución contra la Bastilla, porque la Bastilla puede, al cabo, tomarse, aunque con dificultad. Pero no cabe hacer un motín contra la Aca-*

demia, porque esta dama es inexpugnable. Bastaría que nuestro acto tomara un matiz ligero de imposición y viva protesta para que la Academia elevara a caso de conciencia la exclusión de Azorín.

Más se trata —prosigue Ortega—, *no de darnos el buen sabor de disparar unos cuantos adjetivos contra la venerable institución, sino marcar simplemente nuestro justificado deseo de que Azorín sea académico. (...).*

No puede olvidarse que la desatención hacia la literatura —continúa Ortega—, *hacia la poesía, hacia el arte en general llega en nuestros días al grado ínfimo que aun dentro de España había tocado. Así es posible que un artista de la calidad de Azorín sienta en torno suyo un vacío y ausencia de gratitud verdaderamente irritante. Porque parece fuera de duda que algunas páginas de este escritor seguirán irradiando noble emoción estética dentro de algunos siglos. Luego, cuando el tiempo pasa, se sonrojan los españoles de haber dejado vivir en el olvido y el desdén a sus mejores artistas.*

Se trata de esto simplemente: corregir la desatención pública de que entra a participar la Academia, por lo visto.

Vayamos, pues, no en contra de la adusta dama Academia —prosigue Ortega—, *sino en pro de Azorín (...). Y cuando no lográramos nada* —finaliza el filósofo—, *nos cabría el placer de haber estado en Aranjuez con Azorín, escritor romántico, bien cómo en un día de otoño, alanceados por el sol, se convierten los árboles de los jardines en altas llamaradas de oro."*

Cita mayor literaria

El domingo 23 de diciembre de 1913 no es un día festivo más en el Real Sitio; es la cita mayor de la literatura en los jardines de Aranjuez, y a ella asisten muchos escritores y periodistas, entre ellos Pedro Salinas, Ramón Gómez de la Serna, Corpus Barga, Alberto Jiménez Fraud, Díaz-Canedo, Manuel Bartolomé Cossío...

Todo es muy romántico en esta "sencilla fiesta". Después del banquete y los brindis, los asistentes se desplazan a los jardines y en ellos, ante un cenador, se suceden las intervenciones, que abre Ortega y ofrece el homenaje:

"Amigo Azorín: Esta fiesta tan sencilla, que a usted dedicamos, tiene, como los ensueños, varios sentidos. El más complejo y trascendente preferiríamos que usted mismo se encargara de interpretarlo. El más sencillo y próximo no es, sin embargo, el de menos importancia moral, y consiste en que nos hemos juntado aquí unas cuantas gentes dispuestas a otorgar con fruición el santo sacramento del aplauso. (...).

(...) Viniendo a un lugar como éste, nos parece penetrar en una de las páginas que usted ha compuesto, tejidas con reminiscencias y temblores sentimentales."

Textos de Juan Ramón y Machado

Acto seguido Juan Ramón recita su poema "A Azorín, agasajado en los jardines de Aranjuez". Después Ramón de Basterra lee la carta de Pío Baroja remitida desde París. Nuevamente interviene Juan Ramón y recita el poema enviado por Antonio Machado desde Baeza. Azorín cierra el acto y hace suyas unas palabras de Giovanni Giacomo Casanova (1725-1798), viajero por España y que hace un alto en su camino en Aranjuez.

"Si España recobra alguna vez su puesto en la gran familia europea, mucho tememos por ella que no sea sino a costa de una terrible conmoción. Sólo el rayo puede despertar esos espíritus de bronce."

Juan Ramón dirá de este histórico día: *"Fue el día entero cual un artículo de Azorín: justo, espiritual, delicado."*

Ese día, la revista *Blanco y Negro* publica el artículo de Azorín "Escenas madrileñas. "La calle de Alcalá", aquel *B y N* en el que, con frecuencia, se anuncia: "Lea Vd *ABC*. 5 cents., en toda España."

Maura quiere que Azorín se presente

Tarda en olvidarse ese día grande en Aranjuez, como un concierto de otoño que no deja de sonar. El acto de Aranjuez llega a los oídos de los académicos. Ese mismo año, don Antonio Maura preside la Academia y escribe a Azorín. En esa misiva hay sugerencias e insinuaciones. Martínez Ruiz responde a su *"jefe y amigo"* con evasivas y *"dedicado al menester literario..."*. Al parecer, hay una vacante tentadora.

Por la tarde, cuando el redactor ve a don Torcuato le habla de la carta de don Antonio Maura y el fundador está seguro de que, con Maura como presidente de la Academia, ha llegado la hora de ser académico. Sin embargo, Azorín recela y no se atreve a dar el paso. Solo un impulso final de don Torcuato le hace reaccionar; y escribe una carta a Maura con aquella letra suya menuda, después grande y su afición por escribir a máquina. (En los primeros años de la fundación de *ABC*, Azorín pronostica: *"En los años cincuenta, en las redacciones, los periodistas escribirán a máquina."*)

En la carta, Azorín cuenta a Maura que don Torcuato está dispuesto a visitar a los académicos con el fin de que le voten; y el escritor levantino vuelve a caer en la decepción y retira su candidatura.

No obstante, don Torcuato le dirá: *"Azorín: tendremos otra ocasión. ¿Verdad que la tendremos? Yo lo veré a usted en la Academia."* Y Azorín responde: *"Sí, don Torcuato. Esperemos."*

"Una hora de España"

Desde que se inicia esa larga historia, pasan nada menos que doce años. Ahora, en 1924, sigue Maura al frente de la Academia; ha muerto Navarro Reverter y queda libre el sillón de la letra P. Apoyan la candidatura de Azorín Armando Palacio Valdés, Leopoldo Cano y Rodríguez Marín. Azorín resulta elegido académico por unanimidad en las votaciones.

El día 26 de octubre de 1924, Azorín lee su discurso, titulado "Una hora de España", ante la alegría de don Torcuato, Ortega, Marañón y Baroja, presentes en el salón. Al final, el Fundador le da la mano y dice: *"Ya le he visto a usted en la Academia, Azorín."* Mientras, su redactor le da las gracias. *ABC* está feliz de tener un redactor "inmortal" y los lectores de que se cuide el lenguaje, una obsesión para don Torcuato.

Muchos años después, Azorín le devuelve el favor y hará académico al nieto del fundador, ese niño que el abuelo ve nacer y le llama "don Torcuato", como quien sueña con una sucesión. De todos modos, Azorín nunca estará satisfecho de la Academia y le disgusta que la docta institución no lo designe para el cargo de bibliotecario, otorgado a otro miembro de la Corporación, según él con menor derecho. Con este cargo, Azorín no vive en la Academia, como era su deseo.

Azorín, expulsado de la Asociación de la Prensa

Es muy de la época el que dos escritores estrenen, al alimón, una obra de teatro. En un escenario madrileño, Azorín y Muñoz Seca levantan el telón con una obra titulada *El Clamor*. Es un texto menor, no muy difundido por la prensa, pero el libreto ataca a los periodistas y, más concretamente, a los críticos de teatro. Qué revuelo arma la obra... En la Asociación de la Prensa saltan chispas, y la directiva decide expulsar de la misma al escritor de Monóvar, con el voto en contra de Manuel Machado, que dimite como directivo. *"Perro no muerde perro",* dicen los directivos.

Manuel Machado hace la crónica en *La Corres* y alega que se ha sacado la cosa de quicio, pero el personal está alborotado por más que se ha suavizado la obra; y la gente ha expresado su descontento contra los periodistas.

De *La Tribuna* a *La Nación*

Los lectores de *La Tribuna* despiden tristemente su muerte, después de doce años de vida, doce años de apoyo a Maura y en esta línea hasta el nacimiento del vespertino *La Acción*. El alma del mismo, su fundador, Manuel Delgado Barreto y una corte de mauristas, entre los que figuran gentes, un día, de *ABC* como Mariano Daranas y José Gutiérrez Ravé. *La Acción* muere simultáneamente con *La Tribuna*.

En 1925 nace *La Nación*, órgano oficioso del dictador, en cuyo consejo de administración figuran personas de la aristocracia como el conde de Güell y otros títulos nobiliarios y personalidades, entre ellas, José María Yangüas Messía, ministro y hombre cercano a Don Juan y firma muy habitual en las páginas de *ABC* en la dictadura franquista.

Delgado Barreto dirige *La Nación* y este periodista canario pasa, entre otras, por las redacciones de *El Liberal* y *La Corres* y utiliza los seudónimos de "TAF" y "El Duque de G". En 1936 muere fusilado en Paracuellos de Jarama. En *La Nación* escribe Concha Espina, firma habitual después en *ABC,* y José Francés.

Lejos del fanatismo rojo y del negro

Hace algún tiempo que el dictador viene pensando en la posibilidad de transformar su Gobierno militar original en una dictadura civil. A principios de noviembre de 1925, Primo de Rivera explica a don Torcuato, que le ha acompañado, dicho sea de paso, durante la campaña marroquí, que su futuro "gobierno normal" sentaría las bases para un nuevo marco constitucional, que sustituiría la democracia parlamentaria por un sistema unicameral, basado en el sufragio corporativo.

Frente a esta actitud, *El Sol* se alarma por lo que significa el alejamiento de la esencia misma de la dictadura provisional. *"El Directorio* —protesta el diario de Urgoiti— *muestra la tendencia a estabilizarse* —y prosigue—: *La junta de generales que vino a barrer la vieja política ha desbordado su primera misión hasta mucho más allá de cuanto podía presumirse. Trata de reconstruir, tocando a lo más fundamental de los cimientos nacionales. El presidente del Directorio piensa, según sus propias declaraciones, reformar la Constitución... Ha imaginado una revolución en el sistema tributario. Quiere transformar el sistema legislativo... Todo esto tiene más importancia que el golpe del 13 de septiembre. Esto no es ya una función de policía... como aquella, ni una labor de saneamiento. Esto es una revolución que llega a las entrañas del país y afecta a las más arraigadas instituciones."*

Ante la Dictadura, la actitud liberal del fundador se refleja en unas declaraciones a un redactor de *El Heraldo de Madrid* en el año 1927: *"Yo estoy tan lejos —y al decir yo, nombro, naturalmente, a mi periódico—, del fanatismo rojo como del fanatismo negro... Se me ha presentado como retrógrado, olvidando, o queriendo olvidar, que mi periódico fue acaso el único que defendió y exaltó, contra viento y marea, la política de don José Canalejas, justamente en los días en que, lo mismo conservadores y liberales, obstruían, tenaces, la labor admirable de aquel gran político."*

Cuatro años después del golpe de Estado, Pedro Massa —será durante muchos años corresponsal de *ABC* en Buenos Aires— pregunta a don Torcuato qué opina sobre la Dictadura. *"Resbaladizo es el tema, pero procuraré decir algo 'intachable'* —alude, con un juego de palabras, a la censura previa. *La situación de la vida pública en España hace cuatro años era insostenible de todo punto. Habíamos llegado a una subversión tal de valores, que no quedaba más que un dilema: o revolución o dictadura. Y, por fortuna, se impuso esta última. Pero cuando todos esperábamos que el general Primo de Rivera no fuese otra cosa que un magnífico cirujano, un benemérito purificador del infecto ambiente nacional —declarado así palmariamente en el manifiesto del primer Directorio— se nos convierte, andando el tiempo, en médico de cabecera."*

Dura respuesta de don Torcuato a don Miguel

El dictador está disgustado por la actitud de *ABC* con su Régimen. Don Miguel llega odiar a José Cuartero, porque se opone a la euforia de la dictadura. En cierta ocasión, don Miguel dice al fundador: *"¡Porque yo me he jugado la vida al dar el golpe de Estado!"*, a lo que responde don Torcuato, muy frío: *"¡Y la mía, sin pedirme permiso!"*

En el plano empresarial, el periódico monárquico muestra el mundo, por primera vez, impreso en huecograbado —el 19 de septiembre de 1926—, técnica que le cuesta a don Torcuato, según cuenta al *El Pueblo Vasco*, más de un millón de pesetas; y otro tanto los talleres y la nueva fachada, que pone un acento andaluz sobre el paseo mesetario de la Castellana.

Con una censura fuerte, *ABC* lucha contra la dictadura. Una vez más, resurge el asedio a la libertad de expresión y, como respuesta, el acero del "puñalito" de José Cuartero. Ante sus ataques, el censor exclama: *"¡Pero ese dichoso Cuartero! ¡Qué hueso tan difícil para la Censura! No hay en sus escritos frondosidades ni ornamentos que podar."*

Como una concesión a la galería, y con el fin de distraer al personal, la censura autoriza el folletín "Siete años sin ley", resumen del año político 1927, escrito por Cuartero y publicado el 1 de enero de 1928. El folletín es una dura acusación contra el régimen militar, y es tal el interés, que lo reproduce *El Heraldo de Madrid*. No, no se calla el órgano periodístico de don Miguel, *La Nación*; y responde con un artículo sin firma, atribuido al propio dictador. Pero, el "puñalito" acerado de Cuartero deslumbrará por la brillantez de su hoja, titulado "Sin bilis y sin fiebre"[13].

[13] Es un artículo duro y su publicación, el día 5 de enero de 1927, va acompañado de una "nota de la censura", de inserción obligatoria, de lo que se infiere que la orden procede de don Miguel. En dicha nota se atribuye a *ABC* medio millón de lectores.

Luis Calvo en *ABC*

Siempre lo recordaría Luis Calvo: *"Yo entré en ABC el año en que nació Guillermo Luca de Tena, es decir en 1927."* Un joven periodista llega una tarde al café Universal, situado en La Puerta del Sol. Ese periodista se llama Luis Calvo, y es de un pueblecito de la provincia de Ávila, La Carrera —donde su padre ejerce de secretario de Ayuntamiento—, y habla dos idiomas: inglés y francés. Cuando en la tertulia, el encargado de la United Press en España pregunta a un grupo de poetas, escritores, pasantes de bufete, habilitados de primera clase, quién sabe idiomas, Luis Calvo es el único que levanta la mano. Así consigue su primer trabajo como periodista. En *La Vanguardia* traduce telegramas hasta el año 1926. Entonces le llama don Torcuato. Según confesión propia, *"era un joven libresco y algo pedante"*. Don Torcuato reduce sus humos de grandeza.

"Yo entré en ABC —confesará Luis Calvo— *en la época en que Floridor era crítico teatral y estrenaba también alguna obra con su verdadero nombre: Luis Gabaldón. A don Torcuato no le parecía bien aquella duplicidad y me encargó de las críticas. Cuando llegué al periódico, Floridor me salió al encuentro: 'Creo que usted viene a ocupar mi puesto', y en su mirada había tanta desolación y tanta angustia que le dije: 'No, señor. Esté tranquilo que yo no le sustituyo a usted.' Y empecé a escribir sobre teatro pero no hice ninguna crítica."*

"Bueno cobra como el pienso de una mula"

Encarnado en la bohemia, el periodismo representa la noche, la tertulia, los cafés. Noches de *Fornos*, noches de *La Luna*, noches del *Ateneo*. Envueltos en la capa mágica de la bohemia, los periodistas de ese tiempo, ¿cobran del "fondo de reptiles"? Eso mismo se pregunta Luis Calvo: *"¿Cobra o no el periodista, al margen del sueldo de su empresa? Naturalmente, el Gobierno paga, 'moja' a algunos profesionales, pero con cantidades irrisorias."* Un gran cronista de la época, Manuel Bueno, *"cobra como una mula* —en expresión de Luis Calvo. *Es decir: percibe el importe del pienso que consume una mula mensualmente, que viene a suponer unos cuarenta duros complementarios de esa época".*

Al parecer, Manuel Bueno cuida la imagen del general Primo de Rivera en sus crónicas de *La Nación*. *"Porque tengo conciencia y al estudiar Teología me asaltaron dudas* —dice un personaje de Cansinos Asséns— *que ni el rector del Seminario me pudo resolver. Yo fui honrado y renuncié a una carrera que prometía ser brillante. A mí me protegía el cardenal Monescillo y a su sombra habría llegado quizá a obispo... Pero yo no soy un arribista sin escrúpulos. Por eso sé que no he de triunfar en la vida y me resigno. Yo no claudico, yo no adulo, yo no cometo indignidades. Yo no me avengo a cobrar del fondo de reptiles ni a figurar en la nómina de los barrenderos o los guardias, o las amas de cría como Manuel Bueno...".*

Nacido en Pau, Bueno Bengoechea es un hombre de talante liberal y escribe, generalmente, en periódicos de izquierda. Al llegar la Dictadura, sus artículos se convierten en una loa para Primo de Rivera. Manuel Bueno envía los artículos a diarios de América. Tal actitud le crea numerosos enemigos, hasta el punto de que se desencadena una campaña contra él. Ante tantos ataques, Manuel Bueno decide marcharse, una temporada, a París.

Casualmente, Juan Ignacio Luca de Tena se lo encuentra en la capital del Sena. Al verlo, el marqués se alegra y le da un abrazo. *"¿Y cuándo vuelve por Madrid?"* —pregunta Juan Ignacio. *"Mi querido colegial* —que así le llamaba entonces—: *yo no quisiera volver nunca; es una ciudad de chismosos y calumniadores. ¿Sabe usted lo que allí dicen de mí?" "Tantas cosas, Manolo; entre ellas, muchas buenas." "Yo me refiero a una concreta. ¿Sabe usted lo que se atreven a decir de un hombre como yo, de mis antecedentes e historia política? Pues que Primo de Rivera me da cinco mil pesetas por cada uno de los artículos que escribo para América. ¿Qué le parece a usted, colegial? Aseguran que Primo de Rivera me paga cinco mil pesetas por artículo, ¿qué le parece a usted...? ¡Tres mil, querido Juan Ignacio, tres mil!"*[14]

"Espadón y tirano"

Si Manuel Bueno vela por la imagen del dictador, su amigo Valle-Inclán, sin embargo, no soporta al general Primo de Rivera; todo lo contrario: lo odia a muerte. Constantemente se rebela contra él. Y, por llamarle, lo llama *"espadón y tirano"*. Una noche cenan en el antiguo Jai-Alai un grupo de amigos, entre ellos, Luis Calvo. Como ya es habitual en Valle-Inclán, está furioso con Primo de Rivera: *"En cuanto me encuentre con él* —dice—, *le cruzo la cara"*. Poco después, entra en el restaurante Primo de Rivera acompañado de Martínez Barrios y otros amigos. Casualmente se sitúan detrás de Valle-Inclán y sus contertulios. En el ambiente, se percibe una cierta tensión y se teme que, en cualquier momento, el autor teatral increpe al dictador.

Tenso silencio, a pesar de que la cena transcurre en un clima de normalidad. Acabada la misma, el general abandona el restaurante. Entonces, los amigos de Valle-Inclán se vuelven hacia el autor teatral y le recriminan su actitud pasiva, ante lo cual don Ramón interrumpe las quejas: *"Pero, ¿no se han dado cuenta?... Durante toda la cena he levantado el cigarrillo por encima de mi hombro y he dejado caer la ceniza sobre él..."*

---

14 Juan Ignacio Luca de Tena: *Mis amigos muertos*, pág. 266.

¡Todo un personaje Manuel Bueno! Goza con las historias que cuenta, historias falsas y literarias. Bueno es, además, buen conversador, y lo que cuenta lo hace con gracia y hasta con orgullo pensando en que se diviertan sus contertulios. Cuenta, por ejemplo, siendo joven y redactor del *Heraldo*, que acude con Fulano y Mengano al Ministerio de la Gobernación. Querían sacar al ministro unas pesetas del llamado "fondo de reptiles". Antes de entrar, en la puerta, sortean quién iba a subir. Le toca a Mengano y, a la media hora, baja indignado.

"¡Este ministro es un miserable! —les dice—. No he conseguido sacarle más que trescientas pesetas. Tomad: cien para cada uno. Manuel Bueno tiene una corazonada: Quítate inmediatamente —le grita— el zapato del pie derecho. Y el personaje, muy apocado, se quita el zapato. Allí, el muy fresco, tenía escondidos los demás billetes que le había dado el ministro."

Ysasi-Ysasmendi

Amigo y compañero de Juan Igancio Luca de Tena, Joaquín Ysasi-Ysasmendi comparte con el hijo del fundador el pupitre en el colegio de El Pilar. En el colegio sacan una revista, *Proyección,* en la que, entre otros, colaboran Ramón Pastor, Rafael Sánchez Guerra y otros abecedarios. La revista se tira en los talleres de *ABC.* Joaquín Ysasi-Ysasmendi es redactor de *ABC* e ingresa en el diario de Serrano el 15 de mayo de 1926. Mensualmente cobra quinientas pesetas. Josechu para Juan Ignacio y los amigos participa en la campaña de África y, por méritos de guerra, asciende a Comandante de Estado.

Capítulo X

VALLE-INCLÁN PIERDE UN BRAZO

ADIÓS A BLASCO IBÁÑEZ

"Hoy no existe en la vida pública más poder espiritual que la prensa."

Ortega y Gasset

Lo anecdótico tiene un relieve especial en la vida de Manuel Bueno —hombre de *ABC*—, lo anecdótico y lo dramático. Manuel Bueno es arrojado y valiente, siempre dispuesto a batirse, en el campo del honor, bien sea en duelo con la pistola o la espada. El biógrafo con más personalidad que ha tenido Valle y otros autores es Ramón Gómez de la Serna. Este cuenta el dramático episodio, la disputa entre dos amigos, Bueno y Valle.

"Paco Sancha, el gran dibujante malogrado, y Ruiz-Castillo, como testigos inmediatos y presenciales, son los que más me han completado el relato. La causa ocasional fue una disputa que tuvo el caricaturista portugués Leal da Cámara —mi simpático y admirado amigo— con un joven distinguido que se llamaba López del Castillo, y que acabó en el planteamiento de un lance personal. En el local del hotel París, a ras de calle, está el café de la Montaña —entre la calle de Alcalá y la Carrera de San Jerónimo—; y en él se reunían Valle-Inclán, Benavente, Manuel Bueno, Fernández Bahamonde, Palomero y Ricardo Baroja, y allí se puso a discusión aquel duelo pendiente.

—Es inútil que traten ustedes de ese duelo —dijo Manuel Bueno—. No puede verificarse porque Leal da Cámara no tiene edad para batirse.

—No sea usted majadero, que usted no sabe una palabra de eso —replicó Valle-Inclán.

Manuel Bueno, al oírse insultado así, dio un paso atrás y levantó en el aire su bastón con barra de hierro. Valle-Inclán agarró una botella de agua por el cuello, como si manejase el as de bastos, y llenando de agua a todos, dio lugar a que Manuel Bueno descargara el bastonazo; pero con tan mala fortuna, que le incrustó en la carne el gemelo del puño."

Ante la gravedad del suceso, llevan a Valle a una casa de socorro. Los médicos le curan una herida en la cabeza, pero olvidan, lamentablemente, la más grave: la ocasionada en un brazo.

"Todo se arregló de momento, pero al día siguiente se gangrenaba la pequeña herida, y el médico dijo a Ruiz-Castillo y a Benavente que había que cortar el brazo. Se consultó con don Ramón y éste dijo que sí, que lo amputasen, pero sin cloroformizarle, y hasta hay quien dice que se cortó parte de la barba para ver bien la operación, añadiendo con mayor exageración que hubo que rectificar y cortarle por más arriba, ¡presenciando también don Ramón el segundo corte operatorio fumándose un puro! (...).

A partir de este momento sólo pensó el escritor en poder salir a la calle para matar a su desmochador, cosa que evitaron los amigos, haciendo que Manuel Bueno entrase en aquella alcoba, que olía a yodoformo, y logrando una lacónica y magnífica reconciliación."

No obstante, entre Bueno y Valle existe una excelente relación hasta el extremo que colaboran juntos en obras literarias.

Marañón se encuentra con el dictador

Desconsiderado y hasta despreciado en el ambiente intelectual, el general Primo de Rivera detesta a sus figuras: ha confinado a Miguel de Unamuno y a Rodrigo Soriano en la isla de Fuerteventura. A Gregorio Marañón lo mete en la cárcel, al parecer por una conspiración entre comillas. Cuando el doctor sale de la prisión, don Torcuato Luca de Tena quiere celebrar su libertad con un almuerzo íntimo, en un reservado. Para ello eligen el restaurante Molinero, situado en la confluencia de Alcalá con Gran Vía. En el restaurante, don Torcuato, su hijo Juan Ignacio, el doctor Marañón y Manuel Bueno consultan la carta y se disponen a cenar. En ese momento, aparece el general Primo de Rivera con otros amigos. Ante su presencia, la situación resulta incómoda para todos. No obstante, el general saluda uno a uno. Al llegar ante Marañón, le da la mano y dice: *"¿El doctor Marañón, verdad? ¡Siento mucho gusto en conocerle!"*

Camba "muerto" y detención de Valle-Inclán

En plena dictadura primoriverista, un periódico americano publica la falsa noticia de que Julio Camba ha muerto. Ante lo cual a Luis Araquistain se le ocurre celebrar un homenaje de cuerpo presente al "resucitado". No obstante, Julio Camba se resiste y no quiere entrar en el juego de una macabra ceremonia. Al fin, acepta el agasajo y este se celebra en el hotel Palace. En el transcurso del homenaje intervienen los amigos, se pronuncian discursos, hay loas, gritos y comentarios contra el Gobierno de Primo de Rivera. Ahí está, naturalmente, el verbo de Valle-Inclán.

Al día siguiente, un policía se presenta en la casa del dramaturgo con el fin de detenerlo. Al agente lo recibe la esposa de Valle-Inclán. Y, ante la pregunta del policía, le responde que su marido permanece aún en la cama, durmiendo y, por tanto, no puede recibirle. Tras varios intentos, otro agente policial convence a don Ramón *"de que antes o después tendrá que acompañarme. Yo soy* —le dice— *un gran admirador suyo y será mejor que venga usted conmigo"*. Por fin, don Ramón accede y llega a la Dirección General de Seguridad. *"Anoche, en el transcurso de un homenaje, usted dijo esto y esto contra el general Primo de Rivera." "Sí, lo dije." "Muy bien; firme usted aquí." "No señor* —señala Valle-Inclán—, *no firmo porque dije más. Hablé también del 'puig-moltejo'. Y quiero que conste en mi declaración." "Y es que a raíz de cierto rumor, en el que yo no creo, sobre una pretendida relación de Isabel II con Puig Moltó, el pueblo llamaba 'puig-moltejo' al rey anterior."*

A pesar de que cambiara la postura de *ABC* con don Miguel, este y el fundador son buenos amigos y hasta en el Madrid confidencial de la época se cuenta la orden urgente de don Miguel por detener el Expreso de Andalucía en la estación de Alcázar de San Juan y la búsqueda exhaustiva de unas cartas de don Torcuato. Cuando se las envían al dictador, éste llama al director de *ABC*: *"Torcuato: aquí están las cartas; manda a por ellas."*

El dictador sorprende a Daranas en su cuarto de baño

Nacido en Las Palmas de fin del siglo XIX, Mariano Daranas deja *El Debate* para incorporarse a *ABC* el año 1930. Desde las orillas de la capital del Sena, informa a los lectores durante veinte años, un alto en el camino —1947— como jefe de prensa de su paisano el ministro de la Gobernación, Blas Pérez González.

En el viejo diario se admira el valor periodístico de Mariano Daranas y resuenan sus carcajadas, su risa fácil y contagiosa, la saliva que escupe como un hisopo cuando habla con un verbo enfático, y aquella leyenda suya de buscador de noticias y la osadía para conseguirlas. También, cómo no, el abuso de adverbios cuando escribe.

Audazmente, entra en el palacio de Buenavista, residencia oficial del dictador Primo de Rivera. ¿Dónde creéis que se ha metido Mariano Daranas? Sentado con su bloc de notas y su lápiz sobre el "excusado". Sólo el amor por una primicia o el valor de una exclusiva logra que un periodista se esconda en el cuarto de baño —el "excusado" como se decía entonces— de la residencia de don Miguel. Cuando espera el momento preciso para huir, entra —¡qué casualidad!— el dictador. Asombrado ve cómo Daranas se encuentra sentado sobre la taza del wáter.

Un acto parecido comete, durante la República, José de la Cueva, periodista de derechas. Su intrepidez lo lleva tan lejos como a Mariano Daranas; nada menos que a situarse bajo la mesa del Consejo de Ministros, en el momento en que el Gobierno está reunido.

Veinticinco años de reinado

En primer plano la dictadura, España sin libertad, sin garantías constitucionales, el nuevo Directorio civil, el 3 de diciembre de 1925. Primo de Rivera pone en conocimiento del Rey la sustitución del Directorio militar por un gabinete civil. *"Desde que fue nombrado el Directorio ha sido su constante afán, que cien veces me expuso y sólo aplazó por patriotismo ante mi insistente ruego, el cesar en sus funciones, lo que no debía ser sin encauzar antes el problema de Marruecos."* El significado del nuevo paso queda expresado: *"No debe sustraerse por más tiempo al país en su representación civil, que es la adecuada, la participación y la responsabilidad."*

Dos años más tarde, en 1927, España celebra, jubilosamente, con numerosos actos, los veinticinco años del reinado de Alfonso XIII; y *ABC* dedica al acontecimiento un número extraordinario el domingo 15 de mayo, veinte páginas de huecograbado con abundancia de fotografías y los acontecimientos más sobresalientes de la vida del Rey. *ABC*, en la primera página de tipografía, dice, entre otras cosas: *"El recuerdo avalora la gestión de la Monarquía, y realza el provecho que supo sacar de las circunstancias, pechando con la escasez y la inferioridad de los instrumentos políticos, con la relajación del Parlamento, con la inestabilidad y el desánimo de los Gobiernos, con la torpeza consiguiente en toda la máquina del Estado. ¿Qué hubiera sido de la Monarquía y de la nación con otro Rey, sin las dotes extraordinarias de Don Alfonso XIII?"*

Adiós a Gaudí, Antonio Maura y Pablo Iglesias

España triste y de luto por la muerte del gran arquitecto Gaudí, autor de La Pedrera y La Sagrada Familia, hombre profundamente religioso y *ABC* lo resalta: *"Es aquí* —escribe— *donde brilla poderosamente la personalidad inconfundible de Gaudí, que rompe los moldes tradicionales de la construcción, con sus atrevidísimos proyectos, y crea estilo propio, que no tiene punto de comparación ni semejanza con ningún otro."*

Dos Españas de luto: Antonio Maura y Pablo Iglesias. El primero muere, repentinamente, mientras pinta una acuarela en la finca del Conde las Almenas, en lo alto de Torrelodones. Entretanto, los obreros españoles velan el cadáver de Pablo Iglesias, apóstol del socialismo, y lo despiden en uno de los entierros más concurridos de Madrid; cuarenta y dos landós abarrotados de coronas parten por la calle de Barquillo hacia la de Alcalá. El cortejo fúnebre sale de la Casa del Pueblo, a las diez de la mañana, detrás de una carroza con monumentales reproducciones de sus pensamientos. En la presidencia del duelo, Julián Besteiro, Largo Caballero, Fernando de los Ríos, Indalecio Prieto... Antes de recibir sepultura, Besteiro, desde una tribuna, pide fortaleza de ánimo ante la desaparición del maestro fallecido. Una y otra España están de luto. *ABC* se lo cuenta a sus lectores y dedica a la muerte de Maura dieciocho páginas, cuatro de fotografías y el resto literarias. Sin embargo, valora la desaparición del padre del socialismo, cuya imagen lleva a portada. *"No fue un falso apóstol para su medro; supo estimar su honradez. Nosotros que le combatimos tan reiteradamente* —dice ABC—, *porque era nuestro deber, lo consignamos como cumple a nuestra lealtad."*

Pesadísima broma: duelo a pistola entre Luis Calvo y Sánchez Guerra

En el teatro particular de Juan Ignacio Luca de Tena se representa *Don Juan Tenorio* en el que intervienen, entre otros, el propio Juan Ignacio como principal intérprete y los abecedarios Felipe Sassone, Rafael Sánchez Guerra y Manuel de Góngora. Días después, un grupo de amigos de Juan Ignacio simula una violenta discusión entre Rafael Sánchez Guerra y el sevillano Delgado Brakuenburri por una supuesta rivalidad amorosa entre Luis Calvo y Rafael Sánchez Guerra, ambos redactores de *ABC*. Estos dos van a batirse en duelo a pistola y el combate se prepara minuciosamente. Tendrá lugar en la finca de José Lamorena, en la plaza de Manuel Becerra, en cuya sede se celebra la mayor parte de los lances entre caballeros.

La puesta en escena se prepara en la consulta del doctor Jiménez Quesada, en la calle de Alfonso XII. A este lugar se trasladan los participantes de la broma en automóviles; y al sereno se le dan instrucciones.

El despacho del doctor está a oscuras. Únicamente, el brillo de unos leños que arden en la chimenea. A Sánchez Guerra lo colocan en un diván, con la cabeza vendada y un apósito teñido con el rojo de un frasco de esmalte de uñas y la bata del doctor.

Acto seguido llaman por teléfono a la Redacción de *ABC* a Luis Calvo y le dicen que, por su culpa, Sánchez Guerra se ha batido en duelo a pistola con Delgado Brakuenburi; y ha resultado gravemente herido. A Calvo se le dice que acuda con urgencia a la consulta del doctor Jiménez Quesada. Al momento llega Luis Calvo y palidece al ver tendido al amigo. El resto de los asistentes aguarda en la sala de espera. Calvo pregunta al médico si está grave y le responde que sí. *"Además, tiene un balazo en el ojo y vamos a llamar al cirujano don Laureano Olivares."*

Entretanto, el médico coge el auricular y simula una conversación con el cirujano. *"Venga con urgencia. Sí, está muy grave y, seguramente, puede perder el ojo."* El médico da más teatro a la escena y le inyecta agua destilada. Los dos redactores abecedarios mantienen una conversación patética y Sánchez Guerra pide a Luis Calvo que destruya unas cartas de mujer que le comprometen. *"Están en la mesa de mi despacho. ¡Perdóname!"*

Al instante entran en el despacho Juan Ignacio, Muñoz Seca, Felipe Sassone, Eduardo Marquina y Luis Soler. Entonces le arrancan el apósito y exclaman: *"¡Ya está bien; no hay derecho a hacer sufrir a este hombre!"*

Luis Calvo se venga

Naturalmente que Luis Calvo tiene guardada un arma con la que vengarse de la pesada broma del duelo y prepara una para Rafael Sánchez Guerra. Enviado éste por el diario de Serrano a París, pasa una breve estancia en la capital francesa y Sánchez Guerra, al regreso, abruma a sus amigos con relatos maravillosos de la ciudad del Sena. Hartos sus amigos de sus relatos y encantos parisienses, Muñoz Seca y Luis Calvo acuerdan prepararle un banquete en el entonces muy conocido restaurante Molinero, en la Gran Vía.

Una mañana, Rafael sale de *ABC* en compañía de Muñoz Seca. Este le invita a comer a cualquier restaurante y lo lleva, engañado, hasta Molinero. Qué entrada triunfal y qué ovación de los amigos allí reunidos... Suena la Marcha Real y la Marsellesa en un ambiente decorado con las banderas de ambos países.

Y llegan múltiples telegramas, hechos en *ABC*, y la felicitación de figuras importantes de la vida española.

A González-Ruano se le da por muerto

A César González-Ruano se le da por muerto, debido a un accidente de circulación; incluso su fotografía aparece en algunos periódicos portugueses y César escribe una crónica sensacional del suceso, en *El Heraldo* el año 1928. Al periódico *Le Monde* le ocurre un hecho similar y publica la muerte de la actriz Mónica Vitti, musa del director de cine Antonioni. Como reparación por el daño causado, el diario francés la "resucita" y le envía un ramo de flores.

Exposiciones de Sevilla y Barcelona y fuego en el Novedades

En plena consagración de la primavera de 1929, España se viste de fiesta con dos excepcionales exposiciones: la de Sevilla y Barcelona; y estas ciudades se visten de largo, cambian su fisonomía urbana, se hacen más grandes y más bellas. Con su belleza, con sus actos, con su vida y esperanza, en sus respectivos paisajes urbanos, permanecen las notas arquitectónicas de Aníbal González y la imaginación de Buhigas, el artístico y colorista parque sevillano de María Luisa, la plaza de España, mientras la Ciudad Condal se convierte en una fiesta de luz y agua, gracias a la magia de Buhigas.

Con su luz y color, estas dos exposiciones parecen decir adiós a la dictadura de Primo de Rivera, cuando muchos madrileños no se han repuesto aún de la tragedia del teatro Novedades, pasto de las llamas, donde mueren cien personas y otras ciento cincuenta resultan heridas, en pleno sainete lírico de *La mejor del puerto*, al oír una voz que grita "¡fuego!" y una llamarada, como un viento impetuoso, reduce a cenizas el patio de butacas.

ABC responde a *El Socialista*

En el espíritu fundacional de don Torcuato está el que el personal de Prensa Española no se afilie a sindicato alguno. Por tanto, la cuestión laboral despierta y crea numerosas polémicas. En este sentido, la prensa de inspiración socialista acusa, siempre que puede a *ABC*, de ser representante de un periodismo reaccionario y oligárquico, que mantiene una actitud feudal con sus trabajadores. A estos ataques responde *ABC* con el argumento de que nada podía hacer un sindicato socialista ante la postura de esta empresa periodística.

Al paso de estas polémicas sale el diario de la calle Serrano el 30 de abril de 1929 con motivo de la fiesta de los trabajadores, el 1 de mayo. José Cuartero escribe... *"(que)* El Socialista *lo aprovecha para motejarnos como feroces enemigos de la clase obrera y de cualquier de reforma social. Vivimos ha muchos años dentro de una de las más vastas organizaciones industriales de España; no hemos tenido nunca el menor conflicto ni la más leve dificultad, y han sido muchas las pruebas inolvidables de solidaridad y adhesión con que todos nuestros compañeros de trabajo nos han dado victorias lucidísimas contra los explotadores del societarismo. En todo lo que se refiere al régimen de trabajo, deberes jurídicos y morales del capital, derechos, aspiraciones legítimas y noble tutela de los trabajadores, nuestra conducta y nuestras obras nos han definido muy notoriamente; no tenemos que declamar teorías ni nada que aprender en la historia de los que nos combaten".*

Así el personal de esta empresa mantiene una actitud de lealtad en las huelgas de tipógrafos en 1911, 1916 y 1919. Ni que decir tiene que, durante la Dictadura de don Miguel, las relaciones laborales son buenas, pues no existen conflictos laborales.

Por otra parte, en los estertores de la Dictadura primorriverista, el diario, en un editorial titulado "La política del porvenir", publicado el 24 de marzo de 1929, hace gala del liberalismo y manifiesta que *"Defendemos (...) el régimen constitucional y parlamentario, con la separación de poderes: la garantía de los derechos individuales y la libertad de opinión...".*

En un ensayo muy interesante, Francisco de Luis Martín piensa que se trata de *"un liberalismo moderado o, si se quiere, doctrinario avanzado, entendiendo por tal una fórmula liberal-conservadora que, aceptando la forma parlamentaria de*

Gobierno, mantenía las formas ideológico-políticas propias de los grupos de poder de la España de la Restauración".

Muere la Reina Cristina

Pero en la agonía de la Dictadura de Primo de Rivera, el día 6 de febrero de 1929, el luto llega a Palacio, al Regio Alcázar, como escriben, generalmente, los periódicos. La Reina doña María Cristina muere de un ataque al corazón. A la mañana siguiente, España está de luto, especialmente su hijo, Alfonso XIII, que siente esta pérdida de una manera conmovedora, de la madre y de la consejera y queda sumido en una triste orfandad de la que tardará en recuperarse.

La muerte de la Reina Regente lleva el luto también a toda España, con la repercusión que un hecho de esta naturaleza conlleva en la vida oficial. Con tan triste acontecimiento, *ABC* hace un despliegue informativo. Imágenes de la Reina, una Reina que, curiosamente, había subido en globo sobre los parajes de la Casa de Campo. En Palacio, una multitud acude a dar el último adiós a la viuda de Alfonso XII. Miles de telegramas y firmas en el salón grande de Mayordomía.

La mañana del día 7 se traslada el cadáver de la Reina Madre al Panteón de El Escorial. Al finalizar la misa, a la que asiste la Familia Real, "clases de etiqueta" y Gobierno, el cortejo fúnebre parte hasta la Estación del Norte, donde espera un tren compuesto de trece unidades para trasladar el cadáver al Monasterio de El Escorial. Tras una ceremonia religiosa, el féretro, con los restos mortales de la Reina Madre, queda depositado en el Panteón de los Reyes. Una vez finalizado el acto, el tren real, con toda la comitiva, regresa a Madrid. Cinco días después de la muerte de la Reina Madre, se celebran solemnes funerales oficiales en la iglesia de San Francisco el Grande.

Doña María Cristina había contraído matrimonio con Alfonso XII, tras perder este a su mujer, doña María de las Mercedes. No habían transcurrido seis meses, cuando muere Alfonso XII y la Reina se halla en estado de buena esperanza. El nacimiento de su hijo Alfonso XIII viene a consolidar la Monarquía.

Juan Ignacio trata de comprar *Unión Radio*

En pleno furor de las retransmisiones teatrales, Juan Ignacio trata de hacerse con los servicios de *Unión Radio* —germen de la *SER*— y negocia la compra de las acciones de la sociedad emisora a los Urgoiti; pero el déficit de la emisora, el riesgo que ello conlleva, y la posibilidad de comprar una emisora más potente y que emita desde Barcelona y Sevilla le han cambiar de opinión.

No obstante, Juan Ignacio está descontento con la actitud del Estado de poseer el espacio y únicamente el Gobierno tiene facultades para adjudicar las frecuencias. Ya en esta época el marqués es consciente de que se puede constituir un monopolio radiofónico y desde las columnas de *ABC* exige al Gobierno que *"no convierta la materia en privilegio, el cual no sería sólo industrial, sino también político y social. Y lo que nos sorprende es que no protesten contra la probabilidad de una tal concesión todos los periódicos sin excepción alguna. Por nuestra parte* —escribe—, *acompañados o solos, nos disponemos a insistir con absoluta intransigencia".*

Edgar Neville, corresponsal de *ABC* en Hollywood

En esta década de los años veinte *ABC* cuenta la ciudad del celuloide con un corresponsal de excepción como es Edgar Neville, autor de filmes muy atractivos y muy vinculado, desde siempre, al diario de Serrano. Un Neville juvenil se fotografía con Charlot expresamente para *ABC* y cuenta la vida de este genio del cine "en la ciudad del "cinema". Neville come con Charlot y Harry Crocker en un restaurante, "El águila bicéfala", un tranquilo comedor ruso que ha puesto un general moscovita. Edgar describe el restaurante y al general que los lleva a la mejor mesa; y cuenta cómo en el transcurso de la conversación Charles Chaplin imita a una vieja criticona. La conversación es muy animada y está amenizada por troikas sentimentales. *"Charlie canta a media voz en ruso. Es muy músico; excelente oído; toca igualmente bien el violín y el piano."*

Cuenta que Chaplin es de los pocos hombres que en Hollywood lleva sombrero y tras cenar pasean bajo las estrellas; y se acompañan unos a otros… igual que en España. *"Charlot se aclimataría al primer día de llegar a Madrid. Charles vive cada día y constantemente una película suya."*

Muere Blasco Ibáñez

Con muy buena relación con don Torcuato, *ABC* recoge en la primera página de tipografía el 29 de enero de 1928, a tres columnas, la muerte en la ciudad francesa de Menton, del novelista valenciano Blasco Ibáñez. Abre la noticia un artículo de Armando Palacio Valdés. "Imagino —escribe— que no se encontraba cómodo en el sillón del escritor. Estaba llamado a la vida activa, a las empresas audaces, a las peleas y a las borrascas. Por eso, ya viejo y delicado de salud, acogió con alegría la proposición de dar la vuelta al mundo. Por aquel entonces me escribió, rogándome que le acompañase, para que juntos escribiésemos la crónica del viaje. Yo le contesté: *"Querido Blasco: Doy gracias al Cielo porque aún me permite dar la vuelta a mi casa; no tengo fuerzas para darla al mundo. (...)"*

ABC de estos años publica y hace llevadera las horas de sus lectores con los *Episodios nacionales* de don Benito Pérez Galdós.

Capítulo XI

DON TORCUATO ESCRIBE SU PROPIA ESQUELA

ALFONSO XIII LE CONCEDE EL TÍTULO DE MARQUÉS DE LUCA DE TENA

"Quien vive gracias a los medios informativos, morirá por culpa de ellos."

Obispo de Peterborough

Don Torcuato, el hombre lleno de vida y trabajador incansable, muere el 15 de abril de 1929. Torcuato Luca de Tena y Álvarez Ossorio, alma y vida de *ABC*. Aquejado de uremia, debido a una deficiencia renal, don Torcuato pasa por momentos gravísimos. Atendido por el doctor Marañón, el joven médico comenta, en una de sus visitas a Juan Ignacio, que su padre vivirá diez meses. No se confunde ni en el diagnóstico ni en el tiempo que le resta de vida. Afectado de esporádicas alucinaciones, se comenta que, al final de sus días, le hacen un periódico con una tirada especial para él y los amigos; en ese periódico aparece un artículo suyo. Los amigos le llaman y comentan su colaboración elogiosamente.

Alfonso XIII le concede el título de marqués de Luca de Tena y es el premio del Monarca a "los grandes y constantes servicios que a la Nación y a la Monarquía ha prestado el ilustre patricio".

Un don Torcuato luchador y activo, infatigable, apenas puede sostenerse en pie, diezmado y reducido al retrato de una dura enfermedad. No obstante, en su huida, un día logra burlar la vigilancia de sus enfermeros, se viste y toma subrepticiamente la calle para coger el tren que lleve a Valencia. Una alucinación le hace creer que debe estar presente en una reunión política y ha de acudir a ella por ser senador vitalicio.

Cuando se dispone a descorrer el cerrojo de la puerta de entrada, su nieto Torcuato —al que él quiere y le llama, cariñosamente, "don Torcuato"— lo ve *"enfundado en un abrigo ligero, una mano enguantada y otra no, tocado con un sombrero de ala levantada, y un paraguas de su antebrazo izquierdo"*. En ese momento, el nieto se le acerca y le dice entre sollozos: *"¡Abuelito, no te vayas!"* Esas palabras parecen devolverle a la realidad. Al momento, aparece Juan Ignacio, lo coge, lo sube a su habitación, a pesar de los pataleos y manotazos, lo desnudan y lo meten en la cama.

En las postrimerías de su existencia, acude a visitarlo su hermana Pilar. Al verla, don Torcuato se extraña y le pregunta: *"¿Qué haces aquí? Hiciste mal en venir porque dentro de unos días iré yo a Sevilla. Me encuentro mucho mejor. Hablas con un resucitado."* Son sus últimas palabras. Su nieto Torcuato se conmueve al ver llorar a su padre.

Cuatro meses antes de morir otorga testamento a sus herederos: su viuda y tres hijos. El capital social de la empresa se eleva a tres millones de pesetas y las 2.940 acciones de las que es titular se reparten de la siguiente manera: 1.470 a su viuda y 490 a Juan Ignacio, Valentina y María Pilar respectivamente. Dos meses después, don Torcuato redacta de su puño y letra la esquela mortuoria. Al margen de la misma, ordena que supriman "excelencias, cruces, senador vitalicio...". Eso sí: quiere que figure la palabra periodista. *ABC* la publica en portada. *"Entre nosotros el más asiduo y el más pródigo de su trabajo"*, escribe José Cuartero en un editorial publicado aquel día. *"Era también el gran animador de nuestras tareas con su ejemplo, con su cordialidad, con su efusión atrayente y sugestiva que a su alrededor disipaba cualquier desfallecimiento y creaba el gusto de la actividad."*

Amigo como Romanones del obispo de Sigüenza, monseñor Eustaquio Nieto y Martín[15], sencillo párroco de la iglesia de la Concepción, está muy vinculado a la familia Luca de Tena. De hecho, el templo de la calle Goya se levanta gracias a una suscripción popular promovida por don Torcuato y Romanones. Más tarde, el párroco de la Concepción accede a la diócesis de Sigüenza. El prelado seguntino bautiza al nieto del fundador y conforta el alma de don Torcuato, según reza en la esquela como director espiritual.

Pésame del Rey

El día 16 de abril *ABC* llora la muerte del fundador de Prensa Española. Y el Rey envía a su hijo Juan Ignacio una carta de pésame, escrita de puño y letra: *"Tú has perdido a tu padre* —le dice—, *y España a un patriota dispuesto siempre a defenderla, aun a costa de su vida e intereses. El afecto que sentía por él, a ti lo transmito, seguro de que seguirás su camino."*

Presidido el entierro por su amigo el dictador Primo de Rivera, al mismo concurre el "todo Madrid" de la época y su cadáver recibe sepultura en la cripta de la

[15] Monseñor Nieto y Martín es el primer prelado víctima de la pasión de la guerra del 36. Tras una añagaza inocente, un grupo de milicianos le prende fuego en una curva de la carretera que une Sigüenza con la autovía de Barcelona, cerca de la localidad alcarreña de Estriégana. Testigo de su muerte, un peón caminero, que recuerda horrorizado los gritos del obispo convertido en una pira humana. Conocí a este señor en compañía del gran canónigo de la catedral de Sigüenza, don Galo de Badiola, gran tenor y persona. Para más información, ver mi libro *Entre el azar y la muerte*, editado por Planeta.

iglesia de la Concepción. Ese mismo día, *ABC* publica un largo editorial contra la política de don Miguel en materia de prensa.

Tras su muerte, redactores y colaboradores de *ABC* elogian la tarea del fundador. Salaverría, por ejemplo, incide en la condición de periodista, del hueco que deja un empresario como él en el mundo de la prensa. Francos Rodríguez, Azorín, Fernández Flórez, Sánchez Mazas, Castell, los Quintero, D'Ors, Álvaro Alcalá-Galiano, Felipe Sassone, Manuel Bueno, entre otros, *"lloran su pérdida (...) y luego de cumplir sus deberes de padre de familia y de cristiano, dedicó las horas menos duras de su enfermedad a disponer encargos y resoluciones para el porvenir de Prensa Española."*

Enrique Mariné, secretario suyo desde la fundación del periódico, escribe cómo sigue don Torcuato el proceso de distribución y venta. *"Creo que en esos paseos, hasta observaba las caras de los compradores cuando ojeaban el diario." "Cada fotografía, cada información, cada editorial* —prosigue Mariné— *eran vistos y aprobados por él, corregidos o rechazados."* Don Torcuato se preocupa, de una manera especial, de la estructura administrativa, e incluso él diseña modelos para impresos. Diez días después, Prensa Española instituye la fundación "Casa de Nazareth", para viudas e hijos de periodistas.

Juan Ignacio: "He sido periodista por obligación"

Si don Torcuato ha nacido para crear periódicos, su hijo Juan Ignacio halla en el teatro su pasión, hasta el punto de tener un teatro en casa, un teatro llamado Paloma, de ciento diez butacas, inaugurado el año 1928 con la representación de un Tenorio. Ahora bien: Juan Ignacio significa —además de su obra teatral— la continuidad del diario, el que coge su timón, muerto su padre, y permanece asido al mismo, bien sea en los mares tranquilos, pocos, bien ante el vendaval republicano. Primeramente y después ante una España trágica y, más tarde, ante las sacudidas del franquismo en los períodos iniciales.

El gran legado de don Torcuato, su gran herencia periodística encuentra un albacea en las manos de su hijo Juan Ignacio Luca de Tena, hombre apasionado hasta la locura, por el teatro, como digo, y una afición de escritor heredada de su madre y su abuela. Sin embargo, no dudaría en confesar Juan Ignacio a Marino Gómez-Santos de que carecía de vocación periodística.

"He sido periodista —afirmaba— *por obligación, y me ha apasionado el periodismo en muchas ocasiones. Tengo además el orgullo de pensar que ABC no ha muerto en mis manos después del fallecimiento de mi padre, sino al contrario. Ha pasado los tiempos más difíciles para un periódico independiente. No ha habido quizá en toda la historia de España momentos tan duros como desde que yo fui director de* ABC."

Un mes después de la muerte del Fundador, se instituye el "Premio Luca de Tena" destinado "a estimular y recompensar el mérito y la calidad del trabajo anónimo de información". El premio está dotado con cinco mil pesetas y se concede, por primera vez, en 1929 a Juan Manuel Mata y Leandro Blanco, autores de un reportaje publicado en *ABC* y titulado "En busca de la mujer más bella de Europa".

Este reportaje, premiado con el "Luca de Tena", tiene su origen en el concurso de bellezas españolas, que organiza *ABC* como delegado de *Le Journal* y *L'Intransigeant*, periódicos parisienses, para designar a la mujer que ha de representar a España en el concurso internacional para elegir a la mujer más bella de Europa.

La Casa de *ABC* se convierte, por unas horas, en una improvisada pasarela Cibeles, en un cita de mujeres bellas y hermosas, conscientes del concurso, del que se lamenta el cronista de *El Sol*, "Heliófilo" por los *"demasiados miramientos, porque se exige mucho pudor, mucho candor, y mucha ropa",* condiciones que demandan los organizadores parisienses.

ABC es, por unas horas, un manojo de rosas, un desfile de mujeres guapas, vestidas, sencillamente, de calle o de noche. El ambiente tiene un clima especial al normal de la vida de un diario. La valenciana, Pepita Samper, se convierte en "Señorita España" y, como un perfume visual, desprende su belleza por las dependencias de la Casa y *"la bellísima valenciana, sin perder un minuto su dominio y su ánimo, se dispuso a saludar a los obreros de Prensa Española".* Su imagen refulge en una fotografía captada por Virgilio Muro.

ABC cuenta, en este tiempo, cómo la radio se oye cada vez más, se abre camino, se convierte en otro medio de comunicación, en una compañía de la palabra, la voz como complemento a la escritura; y cómo *Unión Radio* retransmite obras de teatro a los oyentes, a los que, naturalmente, cuentan con un receptor; y si las ondas se abren paso, el cine empieza a despertar imágenes y hacer soñar.

ABC de Sevilla

Sería un viejo sueño de don Torcuato: tener un hijo periodístico en el patio de azulejos de su infancia, pues quería levantar un teatro con su pariente el buen arquitecto Aníbal González con perfume a parque de María Luisa. Si don Torcuato sueña con que *ABC* sea familia numerosa por las distintas ciudades de España, *ABC de Sevilla* cumpliría su gran deseo truncado por una muerte temprana. Por eso el hijo quiere ser albacea de ese sueño e inaugura *ABC de Sevilla* —12 de octubre de 1929— con el sentido hispanoamericano del padre. *ABC* sevillano, gemelo del de Madrid, acento andaluz de redondas y cursivas, azahar de noticias locales y regionales, vermut de casino, ocio de café, dirigido por Juan Carretero y los Sánchez del Arco —"Giraldillo", que sería crítico de toros en Serrano 61—, Olmedo, Quesada... *ABC de Sevilla* es el de Madrid, nada más que con noticias, artículos y comentarios locales y regionales.

Segunda parte

LA DÉCADA CRÍTICA (1929-1939)

Capítulo I

CAÍDA DE LA DICTADURA

CORRESPONDENCIA DE JOSÉ ANTONIO CON *ABC*

"Todos somos victimas del periodismo."
Enzensberger

Con la caída de la Dictadura, la alegría llega a las redacciones y los periodistas sueñan con la desaparición de la censura y escribir sin recovecos y sin ambages, adornarse, cuando sea propicio, con la lírica y la metáfora, llamar a las cosas por su nombre, al pan pan y al vino vino. La alegría, pues, se desborda en las redacciones, como un vino derramado y se brinda por la marcha de don Miguel a París. Embriagado, algún que otro redactor, exclama: *"¡Lo hemos echao!"*

El dictador se ha quedado solo, muy solo, dramáticamente solo. Es un 26 de diciembre de 1929 y, abandonado a su suerte, sin el apoyo del Rey, los militares, los políticos, los intelectuales, los obreros... A los periódicos vuelve la política y la literatura queda orillada en las márgenes de este río convulso que se desborda por España. Don Miguel se ha ido y lo sustituye don Dámaso Berenguer, jefe del Cuarto Militar del Rey. Don Dámaso es, como lo define un periódico: *"Hombre civil enfundado en un uniforme militar."* Fino y humano, trata de salvar del desastre a la Monarquía.

Cartas

Entre los años 1930 y 1936 hay una numerosa correspondencia de José Antonio Primo de Rivera con *ABC*, correspondencia que, excepcionalmente, ha sobrevivido a los ricos y variados documentos guardados en el Archivo de *ABC* y, tristemente, desaparecidos durante el período republicano. El 15 de marzo de 1930, José Antonio dirige al director del diario de la calle Serrano, Juan Ignacio Luca de Tena, una carta en la que, entre otras cosas, le dice: *"Parece que el haber vivido desde chicos en un ambiente de publicidad y pasión (la publicidad y la pasión que han rodeado a nuestros padres) debería habernos embotado en parte la sensibilidad para todo género de impresiones. Pero a mí me ha pasado lo contrario, y por lo visto también a Vd; los ataques a mi padre (los ataques insolentes, enco-*

nados, injustos, como muchos de los que se leen en estos días) llegan a producirme una amargura hasta física tan agobiante, que me quita del todo la paz. Y en cambio, el encontrar una prueba noble de afecto, el verme entendido y apoyado, como ahora con su carta me entona de un modo que sólo puede imaginar quien lo ha sentido. (...) No encuentro palabras con qué agradecerle lo que ha hecho. Es imposible buscar nada de mayor delicadeza; adivinar la situación de espíritu de un hombre a quien ni siquiera le ligaba una amistad íntima y decirle precisamente las palabras justas para confortarle. Ha venido usted a reconocer en justicia, generosamente, los beneficios que a mi padre debe España, precisamente en estos días en que me achicharra por dentro el repugnante espectáculo que a nadie se oculta: una Prensa rabiosamente sectaria y una turba hambrienta de viejos fracasados que resucitan pidiendo a aullidos, ¡las responsabilidades de la Dictadura! (...) Tal vez los que atacan de esa manera sienten poco y por eso no adivinen el daño que hacen. Usted, al atender lo que otros sienten, demuestra que también sabe sentir. No quiero acabar yo tampoco sin darle las gracias muy sinceras por la benevolencia con que juzga un trabajo mío como aprendiz de periodista y mi actitud general en el papel de hijo. Para lo uno y para lo otro puede aleccionarme mucho su ejemplo."

Respecto a la queja de José Antonio, el marques de Luca de Tena recordará que esa época convulsa le había afectado en su etapa de niño y adolescente, cuando aún no se había desencadenado el temporal de la República y la contienda de 1936. Las polémicas periodísticas, muy feroces en ese tiempo, las recordaría especialmente el hijo del fundador, y le afectaban, sin duda. Por eso admiraba la gallardía y la defensa que José Antonio Primo de Rivera mantenía frente a los que atacaban a su padre.

Un ex redactor de *ABC* dispara ante el general Berenguer

Una tarde, en el salón en el que el general Berenguer recibe a los periodistas, un redactor de *El Sol*, Lliso, que ha pertenecido a la Redacción de *ABC*, saca su pistola y dispara contra el techo, donde se incrusta una bala. Ante la confusión reinante tras el incidente, don Dámaso pide a su guardia un trato digno para el periodista. Al parecer, Lliso sufre un ataque de locura y se le ingresa en una casa de salud, aun cuando alguien opina que esa actitud obedece a una rebeldía por la situación en la que vive el país. Con sentido del humor, el pueblo califica la dictadura de Dámaso Berenguer como "dictablanda", un periodo que trata de contener, con cierto pulso, las exclusas de la libertad, de una libertad que abre una etapa de la historia de España, un vivir y un sentir incapaces de poner puertas al campo, cuando políticos muy relevantes vuelven su espalda a la Monarquía y la combaten. En este estado de fermento revolucionario, muere don Miguel en París, el 16 de marzo de 1930, víctima de una embolia. Tres días más tarde llega a Madrid, procedente de Austerlitz, el vagón que transporta los restos mortales de don Miguel. La Estación del Norte está repleta de flores, miles de coronas y un vagón con tonelada y media de pensamientos, alhelíes, margaritas y violetas procedentes de Valencia. En el tren vienen más de trescientas personas acompañando al Dictador. Su entierro en Madrid es impresionante y una multitud le dice su último adiós entre una gran pasión política. No obstante, el Gobierno trata de que el entierro no se convierta en excusa de agravio contra nadie. *"Paz al espíritu de quien dio a España días de júbilo y de gloria"*, finaliza el editorial de *ABC*.

Bodas de plata y edificio de la Prensa

Cuando los periodistas están jubilosos, porque la censura de don Miguel empieza a colgar del recuerdo como una telaraña sepia, "los periodistas —según informa *ABC*— gozaron de la satisfacción de contemplar terminada su casa social y de abrir las puertas de ella para recibir la visita de la Real Familia". *ABC* saluda así el 8 de abril de 1930 la inauguración del Palacio de la Prensa.

En el diario de la calle Serrano reina la alegría, porque *ABC* cumple ¡nada menos! que sus bodas de plata, un acontecimiento en la Casa, pues el periódico goza de buena salud, sigue su andadura, observa cómo enemigos suyos no aguantan la carrera y se quedan en la cuneta. *ABC* está al día con sus lectores y ellos con él, en una simbiosis perfecta, de este amigo de veinticinco años, un miembro más en la familia de sus lectores, el que "entra en casa", como se decía en la época.

La pluma de José Cuartero, en el artículo "Cómo nació *ABC*", cuenta la vida del diario, lo que significa y representa...

En este aniversario se recuerda la independencia del diario de la calle Serrano, independencia puesta en entredicho, en tela de juicio, por la prensa republicana y la progresista. Para estos, *"la independencia de* ABC *no pasaba de ser una mera autocalificación desmentida o empañada, al menos, por los aplausos que rindió a los gobiernos de la Monarquía y a ciertas actuaciones de la Dictadura de Primo de Rivera* —según el profesor Martín—. *Tratando de desmentir estos juicios,* ABC *afirmaba, poco antes de la conclusión del régimen dictatorial, no aspirar a participar nunca en la formación de partidos no a representarlos. Sin embargo, tras la caída del dictador, acentuó sus contenidos políticos, tratando de galvanizar y encauzar la opinión monárquica. La postura, a su juicio, era legítima y en nada contradecía su independencia"*. En este sentido, el periódico escribe el día 7 de febrero de 1930: "ABC *no puede ser, en este resurgir de fuerzas políticas, un espectador que observe con indiferencia. Lo que sí ha de ser es lo que fue y lo que será siempre: en absoluto independiente, en absoluto desligado de todo contacto y de toda mira partidista."*

Cesa Azorín

No siempre permaneció Azorín en *ABC*. El día 5 de octubre de 1930, domingo, un suelto recoge título y noticia de *Heraldo de Aragón*: "Azorín cesa en *ABC*", noticia que confirma y divulga el diario de la calle Serrano. *"Azorín ha enviado a nuestro director una carta, en la que le comunica su separación, con un recuerdo de afecto y gratitud a don Torcuato Luca de Tena, y con la expresión del sentimiento que le produce su retirada. Bien se comprende lo uno y lo otro; su gratitud al fundador, que siempre tuvo para él apoyo incondicional y amistad cordialísima, sin el menor eclipse, y su sentimiento al salir de esta Casa, que no parece cosa fácil romper una convivencia de veinticinco años. Nosotros* —agrega el diario— *lamentamos también la separación de Azorín, doblemente por desconocer las causas a que obedece."* Sin romper su mutismo, no ingresa el escritor de Monóvar como era de esperar en el periódico *Ahora*", de pronta aparición, matinal y con huecograbado. Sin embargo, tiempo después, *El Sol* anunciaba en primera página la incorporación de Martínez Ruiz, una fotografía suya y "El Correo", su primer artículo en el periódico de Urgoiti. Tiempo después, Azorín confesaría que había guardado un año de luto por don Torcuato. Entraba en un diario que serviría intelectualmente —Ortega y Gasset a la cabeza— a la República. Empieza Azorín, como un Guadiana de la pluma, a recorrer, año por año, periódicos, hasta exiliarse en París en los inicios de la Guerra Civil.

Agoniza la Monarquía

Entretanto, España está convulsa, la Monarquía agonizante. En Jaca se vive un intento de sublevación, el "comité revolucionario" —Alcalá Zamora, Largo Caballero, Miguel Maura ingresa en la Cárcel Modelo, mientras el teatro está en un momento esplendoroso de estrenos, Benavente y Marquina— y la Baker conmueve a los madrileños con el charlestón.

Cuando la historia española inicia un periodo turbulento, la Nochevieja del año 1930 cita en la madrileña Puerta del Sol a una multitud abigarrada, que toma las uvas a seis pesetas el kilo —diez veces su valor habitual. *"Los madrileños todos, al trasponer el umbral de 1931* —escribe ABC— *mostraban en su mirada el deseo, bien humano y comprensible, de que la felicidad los cobije con su manto azul. ¡Así sea para los madrileños, para los españoles, para nuestra Patria! ¡Buen año nuevo: dichas y venturas en 1931!"*

Desgraciadamente, los buenos deseos del rotativo madrileño no se cumplirían, y este año, en el marco de la Puerta del Sol, algunos de los que celebran la llegada del nuevo año se verían envueltos, en este mismo escenario, en la barahúnda de un nuevo régimen, en el sueño de lo esperado, en la algarabía alocada de las turbas.

El Rey: "Sánchez Mazas tiene mucha influencia en *ABC*"

El primer artículo de Sánchez Mazas en *ABC* aparece en 1927. La amistad de Rafael Sánchez Mazas y Juan Ignacio Luca de Tena nace —como he dicho— en la Universidad de El Escorial, regentada por los padres Agustinos. Sánchez Mazas es *"un caso excepcional de precocidad literaria"*, según Luca Tena y, con dieciocho años, asombra a profesores y compañeros por su pluma. Dirige la revista *Nueva Etapa* y en ella publica por entregas la novela *La vida nueva de Pedrito de Andía*. En Bilbao, Sánchez Mazas frecuenta la tertulia de Unamuno —pariente suyo— y a la que asisten, entre otros, Mourlane Michelena, José Félix de Lequerica y Eguilior. Rafael siente veneración por Unamuno; aquella estampa de don Miguel al atardecer bajando por las escaleras de Begoña, mientras en su mano derecha ofrecía migas de pan a las palomas. Sánchez Mazas representa el vínculo entre la vieja y la nueva generación, esta con nombres como los de Castiella, después ministro de Asuntos Exteriores con el general Franco, y José María de Areilza, conde de Motrico.

Fallecido el fundador, y de vuelta de Roma, Juan Ignacio encarga editoriales a Rafael Sánchez Mazas. En los años treinta, *ABC* cuenta con dos editorialistas: Cuartero y Sánchez Mazas. Este escribe unos editoriales concisos y polémicos. Y el Rey felicita a Juan Ignacio por esos trabajos anónimos, sin saber que nacen de la pluma de Sánchez Mazas. Un día le dice Alfonso XIII a Juan Ignacio: *"Me dicen que Sánchez Mazas tiene mucha influencia en ABC y contigo." "Señor: Vuestra Majestad ha tenido la bondad de elogiar algunos artículos que se debían a Sánchez Mazas."*

Aún colea la vieja historia de los fallos protocolarios cuando los Reyes viajaron a Roma. Sin embargo, el Rey y Sánchez Mazas van a conocerse durante el verano de 1930. Juan Ignacio coincide en el Club Náutico de San Sebastián con Alfonso XIII; y el Rey pregunta cuándo le invita a almorzar, *"a ser posible dentro de dos días. Que sea una comida de hombres solos... Manda la lista a Luis Miranda"*. En esa lista, está incluido Sánchez Mazas. Al verla, el Rey le guiña el ojo a Juan Ignacio y le dice: *"Es perfecta."* En la sobremesa, la charla se prolonga durante dos horas. Previamente, desde la capital bilbaína, Sánchez Mazas colabora en *El Sol*, que dirige su amigo Manuel Aznar. Años después, lo envía Juan Ignacio Luca de Tena a Roma como corresponsal de *ABC*, estancia que completaría su formación humanística y literaria. Sánchez Mazas permanece vinculado a *ABC* hasta 1931 y vuelve a *El Sol*, y, además ingresa en Falange como colaborador íntimo de José Antonio Primo de Rivera. La letra del himno de Falange se debe a su pluma y muchos otros escritos. Al final de la contienda, sería ministro sin cartera con un Gobierno del general Franco, pero nunca asistía a los Consejos de Ministros, ante lo cual el general Franco observa la silla vacía y ordena que la quiten. Así se entera Rafael Sánchez Mazas de que ha sido cesado.

Amigos íntimos, de la etapa colegial, no olvidaría Juan Ignacio a compañeros tan relevantes como el inventor del autogiro, La Cierva, ni a Rafael Sánchez Guerra, ni a Ramón Pastor, tan amigo suyo y hombre importante en *ABC*. Más tarde, a un personaje por el que sentía devoción: Rafael Sánchez Mazas. No olvidaría tampoco el marqués —como se le conocía en la Casa— el día en que asesinan a Canalejas, y la noticia que tanto le impresiona al oírla, cuando sale del colegio.

Profético Juan Ignacio a Martínez Barrio

Adversarios políticos desde 1923, una vez caída la dictadura de don Miguel, Juan Ignacio y el tipógrafo Martínez Barrio —después presidente de la República y Gran Oriente de la masonería española— se encuentran en un almuerzo, una vez que se presentan a las elecciones por Sevilla. En sus memorias, Martínez Barrio cuenta que derrota a Juan Ignacio *"en buena lid, pero sus amigos políticos y el favor oficial se obstinaron en declararle triunfador. Hombre de honor, no quiso usufructar su fingida victoria, y después de proclamado diputado por el Parlamento renunció gallardamente al acta. Su gesto le ganó mi respeto, y la lucha política, que pudo ser origen de una prolongada enemistad, se convirtió en causa de mutua estimación"*.

La sobremesa resultó alterada por la ideología de cada uno. *"Él* —Juan Ignacio—, *apesadumbrado, admitía la posibilidad de que desapareciera el régimen monárquico, pero no auguraba a los republicanos mejor fortuna: 'Ustedes —me dijo— serán desbordados por los comunistas y a los tres o cuatro meses de la República la más espantosa anarquía se adueñará de España' (...). Yo le argüí que no existían comunistas en nuestro país, y que sería difícil inventarlos. Se sonrió y me miró un poco compasivamente."*

Capítulo II

LLEGA LA REPÚBLICA

JUAN IGNACIO LUCA DE TENA, A PUNTO DE MORIR

"Yo tengo el convencimiento de que mañana será proclamada la República."

Juan Ignacio

Un huracán sacude el Trono por más que el Gobierno Berenguer trate de impedirlo y quiera convocar elecciones, tras el fracaso del levantamiento de Jaca y la abortada sublevación de Cuatro Vientos. Además, los intelectuales están con la República. En *El Sol*, Ortega y Gasset publica su famoso artículo "Delenda est Monarquía" y el periódico de Urgoiti publica la noticia de haberse constituido una Agrupación al servicio de la República, en la que figuran, entre otros, el doctor Marañón, Ramón Pérez de Ayala y Antonio Machado.

El general Berenguer trata de convocar elecciones, pero se oponen todos los políticos, desde Sánchez Guerra, Burgos Mazo y Bergamín hasta los socialistas y republicanos y el mismo Santiago Alba, que permanece en su destierro de París. De nada vale que el 8 de febrero de 1931 se publiquen los decretos que restablecen las garantías constitucionales y, de esta suerte, convocar las elecciones a la par que se convocan las Cortes para el día 25 de marzo. Estos son los momentos más duros que vive Alfonso XIII. El Rey ve asediada la Corona. Previamente, podría haber dimitido, pero en quién. El Príncipe de Asturias, gravemente enfermo; don Jaime, sordomudo. Estaba Don Juan, pero era un adolescente. Tal es la gravísima situación de la Monarquía, que Sánchez Guerra dice: *"La realidad puede más que la realeza."*

Entretanto, el conde de Romanones y Cambó tratan de convencer a Alfonso XIII de la urgencia de resolver la situación política. Para colmo de males, el general Berenguer agrava la crisis: dimite el 13 de febrero, tras suspender el decreto de la convocatoria de Cortes y las garantías constitucionales y restablece la censura previa. La Monarquía entra en una crisis muy grave entre el 14 y el 18 de febrero. En un intento por salvarla, Sánchez Guerra trata de formar Gobierno en el que incluiría a catalanistas, algunos de los miembros del Comité revolucionario, presos en la Cárcel Modelo y, también, a determinados firmantes del manifiesto "Al servicio de la República."

Amigo íntimo de Juan Ignacio, una noche de diciembre de 1930, Rafael Sánchez Guerra, hijo del jefe del partido conservador, presidente del Consejo de Ministros, decide abandonar el periódico de la calle Serrano, pues está comprometido con el comité revolucionario, presidido por Alcalá Zamora, *"soy republicano"*. Y se presenta en el despacho de Juan Ignacio, le habla de su compromiso con el comité y de sus convicciones. *"Me parece feo, hasta deshonroso, seguir trabajando en esta casa y a tus órdenes. Por eso, vengo a presentarte mi dimisión irrevocable de redactor de ABC."* El marqués dice *"lo siento mucho, Rafael"*, y se despiden con un abrazo.

Por otra parte, Sánchez Guerra va directamente desde Palacio a la cárcel donde lo reciben despectivamente Alcalá Zamora, Largo Caballero, Fernando de los Ríos, Miguel Maura... Al fracasar sus gestiones, Sánchez Guerra declina el encargo del Rey, quien trata, sin conseguirlo, de formar un Gobierno presidido por Santiago Alba o Melquíades Álvarez. Este comentará en cierta ocasión a Juan Ignacio Luca de Tena, ya proclamada la República, que si Alfonso XIII lo hubiera llamado en aquella crisis, habría salvado la Monarquía. Tenía la seguridad de haber ganado las elecciones, pero la visita de Sánchez Guerra a la cárcel, calificada por él de "demencial", impide que Melquíades Álvarez aceptara el Poder y se perdió todo.

La campaña contra Alfonso XIII arrecia en la oposición y José Sánchez Guerra, jefe del partido conservador, exiliado en Biarritz durante la Dictadura de Miguel Primo de Rivera —entonces colabora en *ABC* y la censura lo respeta—, es presionado por los que desean la caída de la Monarquía, especialmente Indalecio Prieto y Jiménez de Asúa; e influyen en él. Sánchez Guerra pronuncia en el teatro de la Zarzuela su famoso discurso: acusa a Alfonso XIII de haber colaborado al advenimiento de la Dictadura y haberla mantenido durante siete años.

Discurso virulento, más propio de un republicano socialista que de un jefe conservador. Al día siguiente, *ABC* publica un duro editorial contra el discurso y se alude a los versos citados. Casualmente por la tarde Juan Ignacio se encuentra con él en el hotel Ritz. A Sánchez Guerra lo acompaña Jiménez de Asúa. Al ver don José a Juan Ignacio, se acerca a él, los ojos llorosos, lo abraza y le dice: *"Aunque me insultes, yo te seguiré queriendo como siempre; pero no olvidemos ninguno de los dos que tu madre es para mí como una hermana."* El editorial de *ABC* se atribuía a un editorialista muy en boga de la época, ¿Cuartero? Sin embargo, había nacido de la pluma del marqués de Luca de Tena.

Almirante Aznar

Tras varias consultas, el Rey, aconsejado por el conde de Romanones, llama al almirante Juan Bautista Aznar y forma Gobierno, el último del Reinado de Alfonso XIII. El almirante convoca elecciones. Tal es el panorama político social que el historiador Pío Zabala califica la situación como *"todo el retablo de un país en grave liquidación"*. El 12 de abril se celebran las elecciones municipales y el Rey conoce los datos al día siguiente: 12.150 concejales monárquicos y 5.775 contrarios al régimen. Los municipios compensan a la Monarquía frente al triunfo de la coalición republicana-socialista en las grandes ciudades: Madrid, Valencia, Sevilla, Zaragoza...

En un editorial sereno, nacido de la pluma de José Cuartero, escribe *ABC* el 14 de abril de 1931:

"La coalición antimonárquica ha logrado en los comicios municipales mucho más de lo que esperaba. Esperaba sólo un recuento efectista en Madrid y en algunas otras capitales; pero su conquista es más efectista y de más proporciones, ha superado a sus cálculos porque se le han adherido votos nuevos que no figuraban en la organización de los partidos. No es el triunfo numérico ni legal de la República, pero sí debería ser el triunfo de la paz, el abandono de la violencia, el desistimiento de crímenes y atentados contra la vida nacional.

La jornada electoral del domingo acentúa la crisis en que nos hallábamos desde la caída de la Dictadura —concluye el editorial—. *Sólo el Parlamento puede darle solución legítima. Lo demás, todo lo que se intente y se haga sin la decisión del Parlamento, cualquier empeño de resolver la crisis ilegalmente y de imponer hechos consumados a la soberanía nacional, sería la discordia y el desorden. Nos corre mucha prisa decir todo esto, por si mañana una censura periodística nos lo impidiera en nombre de la libertad."*

Alfonso XIII se reúne urgentemente con su Consejo de Ministros y pretende formar otro Consejo para celebrar elecciones a Cortes Constituyentes. Muchas conversaciones y una frenética actividad política en busca de una solución. Actúa el Gobierno provisional de la República en casa de Niceto Alcalá-Zamora, que sería su primer presidente, y este, en el domicilio del doctor Marañón, pacta con el conde de Romanones, una tregua y después una salida de España del Rey *"antes de que el sol se ponga"*.

Manifiesto del Rey

Tras estas palabras de Alcalá-Zamora se inicia el exilio de la Familia Real, ante el desconsuelo, por ejemplo, del ministro La Cierva, entristecido porque al Rey lo han dejado solo, o del general Cavalcanti, que ofrece al Monarca la fidelidad de la Caballería, mientras Sanjurjo, director de la Guardia Civil, se pone a disposición del gabinete provisional con el fin de mantener el orden durante el traspaso de poderes.

Un Alfonso XIII sereno y triste se despide de España mediante un manifiesto, publicado por *ABC* el día 17 de abril y escrito y redactado con la pluma de Gabriel Maura. Alfonso XIII da el visto bueno al texto y lo firma previa una ligera modificación y una tachadura, ambas en el penúltimo párrafo: modifica su comienzo

"Para" por *"Espero"*; y tacha *"encargo a un Gobierno que la consulta convocando Cortes Constituyentes"*, después de *"colectiva"*.

La Redacción de *ABC* está nerviosa, pendiente de cuanto ocurre en el Alcázar Regio, sensación muy extraña la que flota en su ambiente. Al fin llega al periódico, traído por un hombre de confianza de Palacio, el manifiesto de Alfonso XIII *"Al país"*, publicado el 17 de abril de 1931. Juan Ignacio Luca de Tena lo tiene en sus manos y se siente como huérfano.

En el manifiesto, el Rey declara *"que no tengo el amor de mi pueblo"*, tras las elecciones del domingo, y que *"procuré siempre servir a España, puesto el único afán en el interés público hasta en las más críticas coyunturas.*

El Rey puede equivocarse, y sin duda erré yo alguna vez; pero sé bien que nuestra Patria se mostró en todo momento generosa ante las culpas sin malicia. Soy el Rey de todos los españoles —prosigue—, *y también un español. Hallaría medios sobrados para mantener mis regias prerrogativas, en eficaz forcejeo con quienes las combaten. Pero, resueltamente, quiero apartarme de cuanto sea lanzar a un compatriota contra otro en fraticida guerra civil. No renuncio a ninguno de mis derechos, porque más que míos son depósito acumulado por la Historia, de cuya custodia ha de pedirme un día cuenta rigurosa.*

Espero a conocer la auténtica y adecuada expresión de la conciencia colectiva, y mientras habla la nación suspendo deliberadamente el ejercicio del Poder Real y me aparto de España —concluye el Rey—, *reconociéndola así como única señora de sus destinos."*

Alfonso XIII abandona Palacio en automóvil, el 14 de abril de 1931, acompañado del ministro de Marina, almirante Rivera y de su primo, el infante don Alfonso. En Cartagena, donde el Rey llega a las cuatro de la madrugada, embarca el día 15 en el "Príncipe Alfonso". Al día siguiente de la proclamación de la República, la Familia Real emprende el camino del destierro hasta Torrelodones en automóvil y en tren hasta Irún.

"El Rey salió de Madrid anoche"

El diario de la calle Serrano despide a Alfonso XIII con un editorial titulado "El Rey salió de Madrid anoche".

"Desde ayer, España no tiene el Soberano inteligente, culto, activo, cordial y animoso que ha sabido regirla con ardiente patriotismo en treinta años de reinado, a través de crisis difíciles (...). El Rey ha dejado España, por dignidad y patriotismo, para evitarle algunos duelos, ya que no pueda evitárselos todos, y para sustraerse a la discordia que no ha logrado conjurar. El tiempo serenará los espíritus y sacará del engaño a las gentes alucinadas por una campaña sañuda y tenaz de odio y sectarismo. ¡Viva el Rey!"

ABC: "Nuestra actitud"

Al día siguiente de proclamada la República, el periódico de la calle Serrano publica, recuadrada, una nota que se titula "Nuestra actitud" y en la que se escribe: *"Nuestra fe y nuestros principios no se los lleva el huracán de pasiones que ha turbado tantas conciencias y ha extraviado a una gran parte del pueblo, sumiéndolo —creemos que pasajeramente— en esa otra porción que en toda sociedad propende a la rebeldía con los peores instintos y sobre la que no ha elaborado jamás una política honrada. Seguimos y permanecemos donde estábamos: con la Monarquía constitucional y parlamentaria, con el orden, con el derecho, respetuosos de la voluntad nacional pero sin sacrificarle nuestras convicciones. La Monarquía es el signo de todo lo que defendemos, es la historia de España. Los hombres y los azares pueden interrumpir, pero no borrar la tradición ni la historia, ni extirpar las raíces espirituales de un pueblo, ni cambiar su destino."* Estas líneas definen, claramente, la actitud del diario frente a la República; no se puede decir tanto en tan pocas líneas. La esencia de *ABC* y su postura están en ese pensamiento. La República busca otro horizonte, antagónico al que pretende el diario monárquico; quiere borrar el pasado, quemarlo si puede y abrir España a nuevos aires y tiempos.

Es tal la fiebre iconoclasta que vive el pueblo, que el Gobierno republicano decreta una guerra contra los símbolos monárquicos y cambian los nombres de los principales buques y la Marcha Real deja de sonar por el Himno de Riego —abre un concurso para premiar un himno nacional y lo declara desierto—; y se sustituye la bandera por la tricolor, y se eliminan los símbolos monárquicos de los uniformes militares, y se derriba la estatua ecuestre de Felipe III, y la tasca cercana al Palacio Real "El anciano rey de los vinos", en el vendaval revolucionario, queda sustituida por "El anciano de los vinos", y hasta el Real Madrid se convierte en el "Madrid" y la Real Academia Española, se queda en Academia Española. En un clima delirante, la calle Mayor se le dedicará, tiempo después, a Mateo Morral, desde donde lanzara la bomba el día de la boda de Alfonso XIII.

ABC se opone a este cambio de nombres y recuerda que en los países más democráticos no se altera el callejero y, en este sentido, escribe que *"la España monárquica no se opuso tampoco a bautizar parques, plazas y calles con nombres ilustres del republicanismo; Castelar tiene jardines, plazas y avenidas en la mayoría de las ciudades. En Madrid, además de Castelar, Salmerón, Pi y Margall y Pablo Iglesias, entre otros. Pretender a estas alturas que desaparezca todo lo que diga o recuerde algo monárquico, sobre perturbador nos parecería tan pequeño que lo juzgaríamos ridículo. Y hasta muy poco airoso para el nuevo régimen, porque implicaría algo así como temor de que el pueblo recordase a la Monarquía, y necesidad de quitar de su vista cuanto pudiese recordárselo"*.

Grupo ideológico de *ABC*

De inspiración monárquica, *ABC* hace de la Monarquía una creencia, una fe ciega y se convierte en su paladín, porque la Monarquía, para el diario de la calle Serrano, es algo más que una forma de Gobierno; es mucho más: la médula del mismo Estado. Lo proclamará así el periódico en el estertor de la Dictadura de don Miguel: *"En España, la Monarquía no es sólo una doctrina, sino un hecho histórico, de raíz y de fuerza indestructibles, con el que tiene que contar la sensatez de todos los políticos, incluso los que doctrinalmente prefieren otra forma, si no son quimeristas y perturbadores."*

Así *ABC* entiende la Monarquía como el gran río de la Historia, el que corre por las venas de la geografía española, el que siembra las orillas de tradiciones. *ABC* no entiende España sin esta forma de Gobierno y Nación y Monarquía son consustanciales, porque *ABC* cree y defiende los valores del orden, el trabajo, la familia, la religión y todos estos valores discurren por el cauce monárquico. De ahí, que la llegada de la República sea y signifique todo lo contrario, sea y represente un mal, vamos, la anti-España, la revolución.

Ante la llegada de la República, el pensamiento del diario de la calle de Serrano se convierte en un pensamiento único en sus periodistas y colaboradores: la lucha contra el nuevo régimen. A *Acción Española*, *ABC* la ve con simpatía a pesar de su anti-liberalismo prefascista.

A los pocos días de proclamada la República y respondiendo a *Crisol* sobre esa médula, esa consustancialidad de España y Monarquía, escriba el periódico: *"Seguimos creyendo que España es monárquica, por historia, por raíz y por ensayo y unas horas de República, cuando aún no ha comenzado el ensayo no puede destruir nuestra afirmación. El curso de los acontecimientos se encargará de robustecer esa raíz espiritual."* Y el diario no renuncia, ni mucho menos, a sus convicciones: *"...dentro de los cauces legales no desistiremos nunca de propagar y de esperar el avance de la doctrina monárquica."* Y el periódico defiende en el primer bienio, como señala el profesor Francisco de Luis Martín *"una Monarquía centralista, católica pero no clerical, constitucional y parlamentaria"*.

Con la caída de la Dictadura de Don Miguel y cuando se observa cómo se precipita la agonía monárquica, hay una ruptura entre los liberales como Sánchez Guerra, Alcalá Zamora, Osorio y Miguel Maura. Este mantiene una larga entrevista con el Rey y le habla, claramente, de cómo se precipita la caída de su Reinado, por más que Alfonso XIII trata de convencerle y de asegurarle de que no será así. Estos personajes se pasan al campo republicano frente a los Sainz Rodríguez, Goicoechea, Honorio Maura y Calvo Sotelo, tradicionalistas que rechazan el liberalismo. El grupo, por tanto, tendrá una gran influencia ideológica en el diario de la calle Serrano.

Carta del general Franco a *ABC*

Nada mas proclamada la Segunda República, con fecha 18 de abril, el entonces director de la Academia General de Zaragoza, Francisco Franco, dirige una carta al director de *ABC*, Juan Ignacio Luca de Tena. Con el fin de que *"para ocupar la Alta Comisaría de España en Marruecos, mucho le agradeceré rectifique tan errónea noticia* —se refiere a unas líneas bajo una fotografía—, *pues ni el Gobierno provisional que ahora dirige la nación ha podido pensar en ello ni yo había de aceptar ningún puesto renunciable que pudiera por alguien interpretarse como complacencia mía anterior con el régimen recién instaurado o como consecuencia de haber podido tener la menor tibieza o reserva en el cumplimiento de mis deberes o en la lealtad que debía y guardé a quienes hasta ayer encarnaron la representación de la nación en el régimen monárquico. Por otra parte, es mi firme propósito respetar y acatar, como hasta hoy, la soberanía nacional, y mi anhelo que ésta se exprese por sus adecuados cauces jurídicos".*

Muere la Infanta Isabel en París

La popular "Chata" que deja, en quienes la han visto, un reguero de admiraciones en sus retinas, una imagen de simpatía, una estampa de sencillez, la Infanta Isabel no ha podido resistir la melancolía del exilio y fallece el 23 de abril de 1931 en París. *"Al final no ha tenido suerte* —escribe Salaverría en ABC. *Hubiera muerto dos semanas antes y la Fortuna le habría ahorrado la pena más profunda, la tristeza más amarga. (...) Ha muerto desterrada la mujer que parecía representar todas las cualidades esenciales de la tierra; el ser que más que nadie parecía tener derecho a reposar en el seno de esta tierra."*

Los escritores se colocan

Como premio a su apoyo, el Gobierno republicano quiere agradecer los servicios prestados a la causa: nombra a Ramón María del Valle-Inclán conservador del Tesoro Artístico Nacional; al secretario de Marcelino Domingo, durante la Dictadura, Emilio Palomo se le premia, nada menos, que con la cartera de Comunicaciones; y lo veréis a la altura de su jefe, al frente del Ministerio de Instrucción Pública.

Un hombre que, con el tiempo, será crítico literario de *ABC,* como es Melchor Fernández Almagro, sobrino de otro escritor, Almagro San Martín, hombre de dinero, pues a don Melchor, feo y granadino, que deja su firma en las páginas de *La Época*, *El Sol* y *Ya*, le cae la canonjía de la Dirección de Turismo.

El Gobierno premia, pues, los servicios de sus adictos y Salvador de Madariaga se marcha de embajador a Estados Unidos y Américo Castro a Berlín y Ramón Pérez de Ayala a Londres y con él se lleva a Luis Calvo, hombre de *ABC*... Hay otras sinecuras: Alberto Insúa que marcha a Málaga como gobernador civil, y Armiñán y Rodríguez de León, estos dos últimos hombres de *ABC*.

Juan Ignacio, a punto de morir

Con la llegada de la República, el periodismo español vive una época de inusitado esplendor. Publicaciones y diarios alcanzan una difusión desconocida. 1931 es un año de mucho movimiento en el mundo periodístico. *ABC* es, en esa época, el diario nacional más difundido y lo seguiría siendo en la etapa republicana.

Iglesia y Estado han mantenido buenas relaciones durante la época de la Restauración. Sin embargo, se rompen con la llegada de la República. En el pensamiento de *ABC* está, por supuesto, su convencido catolicismo, pues siempre se ha definido así y no clerical; y defiende que la religión es compatible con las ideas liberales frente al pensamiento reaccionario de integristas y carlistas. Como escribe el profesor Martín en un lúcido trabajo sobre "El grupo monárquico de *ABC*" (1931-1933), el diario de la calle Serrano ha de soportar de estos sectores duros ataques *"contra el 'mestizaje' de liberalismo y catolicismo"*. El *Siglo Futuro* afirma que los católicos no deben leer *ABC* por su liberalismo, a lo que el rotativo monárquico califica estas denuncias de *"sectarismo negro"*.

Pocos días después de la llegada de la República, concretamente el 10 de mayo de 1931, es una fecha que nunca olvidará Juan Ignacio Luca de Tena, consciente de lo que supone dirigir un medio de expresión que defiende la Monarquía y la persona del Rey.

Como diría el marqués de Luca de Tena, *"el cambio de régimen se había verificado sin graves trastornos de orden público hasta el 10 de mayo"*. Desde su proclamación, el nuevo Gobierno republicano anuncia la convocatoria de Cortes Constituyentes. Entonces, Luca de Tena piensa en agrupar al resto de los partidos y a los monárquicos más relevantes con el fin de acudir a las urnas. Nace así el Círculo Monárquico Independiente. Pero la militancia de algunos de sus miembros cuestionan su independencia y su libertad y, a pesar de esta actitud de apoyo a ciertos grupos antirrepublicanos, el periódico, sin embargo, trata de que ese apoyo no sea interpretado como militancia política.

En este sentido, el 9 de mayo de 1931, un día antes de los graves acontecimientos ocurridos en la sede del Círculo Monárquico, el diario escribe: "ABC *como periódico nacional e independiente, no ha de ser nunca órgano de partido alguno ni de organizaciones políticas, pero en estas circunstancias, y ante la precisión de encauzar la gran corriente monárquica nos consideramos en el caso de responder a la infinidad de personas que nos honran pidiéndonos orientaciones, recomendándoles la incorporación al Círculo Monárquico Independiente."*

La tragedia ronda a Juan Ignacio

El primero de mayo varios ministros del Gobierno republicano encabezan una gran manifestación con motivo de la Fiesta del Trabajo, mientras el cardenal Segura publica una pastoral en la que recuerda el bien para el país de "las instituciones desaparecidas". Juan Ignacio Luca de Tena nunca olvidaría la vivencia del día 10 de mayo de 1931 en los tres enormes pisos de una casa de la calle de Alcalá, próxima a la plaza de la Independencia, entre esta y Cibeles, frente al palacio de Bailén, sede del Círculo Monárquico Independiente. Juan Ignacio se preguntaba que si se tenía, como así era, el permiso del ministro de la Gobernación para inaugurar la sede y si, además, asistía al acto un delegado de la autoridad, ¿cómo podía considerarse esa reunión como subversiva y clandestina?

"Cuando llevábamos una hora reunidos —contaba—, *un mecánico de taxi tuvo un incidente en la puerta del Círculo con un rezagado que se disponía a entrar en el. El mecánico le abrió la cabeza con la manivela del coche y se lo llevaron sin sentido a la Casa de Socorro."* Según el marqués, *"este fue el principio de la revuelta o, mejor dicho, de la revolución; al día siguiente se quemaban la mayoría de los conventos de Madrid. Alrededor del mecánico agresor se fue reuniendo la gente. Primero, una docena de personas; al cabo de una hora, cientos. Dos horas después pasaban de dos mil los amotinados frente al Círculo".*

Miguel Maura: "Sonaba la Marcha Real"

"Serían las dos de la tarde —escribe Miguel Maura, ministro de la Gobernación en esos días—, *cuando me llamaron al teléfono desde el Ministerio y me comunicaron que había surgido un motín en la calle de Alcalá, que las gentes, excitadas, se agolpaban en el lugar del suceso y que habían empezado manifestaciones en el centro de Madrid. No necesité de más informes para dar sentado que había comenzado lo que desde hacía varios días venía temiendo. Con cualquier insignificante pretexto, los elementos descontentos de la extrema izquierda pasaban a la acción. (...)*

En la calle de Alcalá número 67 entre la Cibeles y la plaza de la Independencia, frente al palacio de Bailén, la multitud se agolpaba profiriendo gritos y amenazas. Ante la puerta de una de las casas, cerrada herméticamente, un furgón de la policía esperaba no sé qué, y algunos guardias de seguridad de infantería y otros a caballo rodeaban a los manifestantes, sin hacer el más leve ademán de utilizar, no ya sus armas, sino sus propias personas y sus caballos para despejar la calle.

Me acerqué a pie y pregunté al jefe de la fuerza la causa del motín. Averigüé que, por la mañana, unos jóvenes monárquicos reunidos en el piso tercero de aquella casa, que era, por lo visto, el nuevo centro del partido —se refiere al Círculo Monárquico—, *y a la hora en que el público regresaba del concierto del Retiro, es decir, en el momento en que era más numeroso, los mal aconsejados señoritos habían colocado un gramófono en la ventana y puesto, con amplificador de sonido, el disco de la Marcha Real.*

El público fue parándose poco a poco, frente al edificio, hasta llegar a formar una respetable masa en actitud hostil. Intentó, repetidamente, forzar la puerta de entrada al edificio, cerrada desde dentro, y a gritos reclamaba que fuera abierta para propinar una severa lección a los imprudentes.

Los guardias, llamados por teléfono desde el interior de la casa, acudieron para impedir el asalto al local."

El Director de Seguridad concede el permiso

"Comprendí fácilmente que el ambiente estaba excesivamente tenso para que mi presencia sirviera de algo útil, y sin más averiguaciones fui al Ministerio y Maura llama urgentemente al Director General de Seguridad, Carlos Blanco, general del Cuerpo Jurídico Militar, hombre maduro. (...) Acudió a mi despacho, y con gran abundancia de palabras me explicó, a su manera, lo ocurrido. Por primera vez, oí que la víspera, el propio Director General de Seguridad, sin contar conmigo, había conseguido la autorización a los monárquicos para inaugurar, al día siguiente, domingo, el Centro del partido en su nuevo local de la calle de Alcalá.

Ya ello representaba una libertad de conducta por la que yo no estaba dispuesto a pasar, pero además constituía una insigne torpeza. ¡Que al mes de instaurada la República se autorizase la inauguración solemne, en pleno Madrid, de un centro monárquico, equivalía a provocar un conflicto por orden gubernativa! Así se lo dije al autor de tal medida y me explicó que se lo habían pedido con insistencia Luca de Tena y el conde de Romanones y, por tanto, tuvo que acceder. (...) En efecto, segundos después, el teléfono nos anunció que las turbas en tropel se dirigían hacia el ABC, *en la calle de Serrano, con la intención de asaltar el edificio de Prensa Española. La razón de este proyecto venía del hecho de ser Juan Ignacio Luca de Tena, director y propietario de ese diario, enemigo mortal de la República, el principal instigador de la provocación."*

Luca de Tena: "Pedían nuestras cabezas"

"Pedían nuestras cabezas —relata el marqués de Luca de Tena—, *la mía principalmente, porque corría el rumor —que al poco tiempo era artículo de fe en todo Madrid— de que yo había matado a un chofer a quien intenté hacer gritar '¡Viva el Rey!'. Se aseguraba que ante la negativa del chofer, yo le había descerrajado un tiro, entrando después en el Círculo Monárquico."*

El incidente ocurría hacia las doce de la mañana. *"A las tres o las cuatro de la tarde llegaron unos camiones blindados de la Dirección General, con policías, que subieron a los pisos del Círculo para detèner a los que estábamos dentro. Y detuvieron a algunos; éramos más de mil."* El Círculo, según el marqués de Luca de Tena, tenía, como único objetivo, preparar las elecciones a las Cortes Constituyentes, elecciones que iban a celebrarse semanas después. Según Juan Ignacio, el incidente no se hubiera producido, en un principio, con dos parejas de orden público. Desde el Círculo, Honorio Maura telefonea a su hermano Miguel y le advierte de lo que acontece con el fin de que no se atribuya, a los que permanecen dentro, la provocación. *"No tengáis miedo* —contesta el ministro—. *Enseguida mandaré un escuadrón de la Guardia Civil. Todo quedará reducido a que hoy almorcéis un poco más tarde. Pero os prohíbo* —señaló— *salir hasta que llegue la Guardia Civil."*

Eran las doce de la mañana; las fuerzas del orden llegaban a las cinco de la tarde. Entretanto, los veinte desocupados del principio se habían convertido en muchos miles.

Leyenda

Como cualquier hecho trascendente, siempre lo rodea el hálito de la leyenda y, sin duda, algo de ella se ha derramado sobre dicho episodio. En la novela de Zunzunegui *Beatriz o la vida apasionada*, se cuenta este pasaje:

—Pero ¿vosotros sabéis la que se está armando...? Yo he venido por Goya y, en la esquina de Serrano, me he encontrado con un compañero de la escuela que vive en Diego de León, y me ha dicho que estaban asaltando el ABC*..., y que los del* ABC *han recibido a los asaltantes con flechas envenenadas, y creo que hay ahora allí la mar de muertos. (...).*

—¡Uuuf!..., eso es un cuento, hijo —saltó Anabitarte.

—No sé por qué va a ser un cuento, papá; mi amigo ha visto a más de uno atravesado por las flechas.

—Pero ¿cómo van a tirar con flechas habiendo escopetas y fusiles? Ni que fueran una tribu de indios los del ABC*. (...).*

—Pero es que tú no sabes que el que ha matado al chofer de taxi, machacándole la cabeza con una llave inglesa ha sido ese Luca de Tena, que es el amo del ABC.

Intento de asaltar *ABC*

"Cuando salieron los primeros camiones con los detenidos —recordaría el marqués—, *las turbas los asaltaron e intentaron linchar a los presos, entre los cuales*

recuerdo a los que salieron verdaderamente graves de la reyerta, como el ilustre periodista, director de El Norte de Castilla, *de Valladolid, Federico Santander, que, seis años después, fue asesinado por los rojos; Julio Danvila y el marqués de Camarines. A los tres, como a sus compañeros, los volvieron a subir heridos al Círculo, algunos en grave estado."*

Ha habido, en efecto, varias versiones de este suceso. El secretario de Manuel Azaña, Martínez Saura, cuenta cómo abren *"de par en par los balcones del palacio de Bailén, situado en la calle de Alcalá, entre Cibeles y la plaza de la Independencia, para hacer oír por altavoces la Marcha Real y los vivas al rey en la inauguración de su Círculo autorizada por los flamantes funcionarios republicanos, siendo todo ello escuchado en los alrededores e irritándose así a la gente que a esa hora de la tarde iba y venía del Retiro.*

Indignado el pueblo por la provocación de aquellos señoritos que el 14 de abril se habían escondido debajo de la cama, reaccionó yendo a incendiar el ABC, *porque sabía que su director Luca de Tena tenía mucho que ver en aquello y que, además, las páginas del periódico estaban sirviendo para que saliese el pus de todos los tumores alojados en el cuerpo de la nación. No entramos ahora en el curso que tomaron los acontecimientos* —prosigue Martínez Saura—, *complicándose con la quema de iglesias y conventos. Cuando la ira popular se dirigía hacia su objetivo, Luis Calvo y yo estábamos tomando café en la misma tertulia de la Granja del Henar, y vamos a presentar al personaje."*

Actitud de Calvo, según el secretario de Azaña

"Su verdadero nombre era Bonifacio, y debutó en aquel periodismo cogido de la levita de don Torcuato Luca de Tena. Por supuesto que no tenía un pelo de tonto y, debido a eso, su pluma destacó en seguida en el servicio de la aristocracia amiga de la casa y, naturalmente, del rey. Pero cuando Alfonso XIII y los suyos tuvieron que salir de la escena política del país, Calvito —como quería que le llamásemos los amigos—, a pesar de que era redactor de ABC, *cruzó a la orilla republicana y todos los días caía por la tertulia que en torno de Azaña y Valle-Inclán formábamos sus amigos y admiradores.*

Agitábase la calle por el reto monárquico, y Simeón, nuestro camarero, nos vino a decir a quienes en la peña apurábamos la charla y el café lo que a unos pasos de allí estaba sucediendo y lo que el pueblo quería hacer con el periódico.

Yo no recuerdo haber visto nunca a nadie más contento que a Luis al oír aquello —continúa el secretario de Azaña. *Empezó a dar brincos de alegría y su cara se llenó de satisfacción. '¡Vamos a ver arder el* ABC*!', me dijo alborozado. Y allá fuimos, pero no pudimos darnos ese gusto porque la República, aun con la fama de anárquica e incendiaria que tenía, lo impidió. ¡Lástima! Cómo sería de asquerosa la* *conducta del periódico que hasta quienes de él vivían —Calvito siguió desde luego haciéndolo por mucho tiempo— querían que desapareciese.*

No voy a negar, claro está, que el estado de ánimo de Luis se podía deber al interés que tendría de demostrarnos a los republicanos hasta dónde llegaba su entusiasmo por el nuevo régimen. A los azañistas nos pedía que enterásemos a don Manuel de su postura política, sin ocultarnos que celebraría ocupar algún cargo público. Y, en efecto, pronto lo consiguió, pues fue nombrado agregado de prensa en nuestra representación diplomática en Londres, con el embajador Pérez de Ayala. Dejando por cierto la pareja mucho que desear porque el insigne novelista en seguida empezó a fallar en su republicanismo y, en cuanto a Calvito, como aquello era ajeno a él, no tuvo escrúpulos ningunos en seguir otros derroteros."

Luis Calvo pasa al lerrouxismo

Según Martínez Saura, cuando cae en desgracia Azaña, a finales del año 1933, Calvo se pasa al lerrouxismo para tratar de volver al azañismo *"y, por último, pertenecer a la delegación oficiosa de Franco ante el gobierno inglés, encabezada por el duque de Alba, cuando facciosos y republicanos dirimían a tiros la controversia"*. De la supuesta colaboración de *ABC* con la República, por ejemplo, el *Pueblo Vasco* de San Sebastián dice *"que ABC ofrece su colaboración a la República"*. A esta información responde Juan Ignacio Luca de Tena con un telegrama en el que desmiente dicha información. *"No acostumbro a cambiar de casaca. Me han confundido ustedes con Picabea."* Entretanto, el desorden crece y se extiende por Madrid. *"Hacia las siete de la tarde* —prosigue el relato del marqués—, *llegó la Guardia Civil y se colocó delante de la casa con las cabezas de los caballos frente a las turbas."* Y establecieron un pasillo que llegaba desde la puerta hasta la plaza de la Independencia. *"Durante aquellas horas, por teléfono y por conversaciones telefónicas con los guardias cívicos del partido socialista —que con un brazalete rojo habían entrado en el Círculo— ya sabíamos lo que estaba pasando en Madrid, y que el motivo de la revuelta no era otro sino que yo había matado a un chófer de taxi.*

Media hora después de la llegada de la Guardia Civil dieron orden a los ocupantes del Círculo para que fuéramos saliendo. Y lo hicimos en fila india y muy lentamente, pues en la puerta de la calle los guardias cívicos —cinco años después se llamarían milicianos— pedían la documentación y cacheaban a todo el que salía. Cerca de la salida, me di cuenta de que los guardias cívicos de la puerta me habían reconocido." En ese instante, el marqués afronta *"una de las situaciones de mayor peligro* —según Juan Ignacio— *en que me he encontrado en la vida."*

Finge empuñar una pistola

Uno de los guardias cívicos le pide la documentación. *"Al entregarle la cédula fingió que deletreaba mi nombre con dificultad. Ayudado por mí pronunció mi nombre entero.*

—Usted es el culpable de todo y se va a venir ahora mismo conmigo."

El marqués conoce muy bien estas argucias. De niño, ha sorprendido a gente que espía en las puertas entreabiertas y, en su retina infantil, estaba grabada la imagen del horror. *"Si se hubiera tratado de un policía hubiese obedecido* —afirma el marqués—, *pero me di cuenta inmediata de lo que supondría para mí salir cogido del brazo por aquel hombre, que me hubiera sacado de la protección de la Guardia Civil para lanzarme a la furia de los miles de energúmenos que rodeaban el edificio pidiendo mi cabeza."*

Sin armas, el marqués, instintivamente, mete la mano en el bolsillo de la americana y finge que empuña una pistola. El marqués le mira fijamente a la cara. Entonces, el guardia cívico vacila y le dice en voz baja: *"Salga usted."*

El marqués obedece, mira hacia atrás, siempre con el puño en el bolsillo derecho. Sube hacia la plaza de la Independencia por el pasillo formado entre los caballos de la Guardia Civil y los muros de las casas, hasta que, al llegar a la plaza, ya no hay caballos y, de súbito, se encuentra en medio de la multitud.

Al reconocerle, uno grita: *"¡Ese es!"* Y, cuando se abalanzan sobre él, salta por la ventanilla de un coche que, en ese momento, se abre paso lentamente entre las turbas. *"Y pedí apremiantemente al desconocido conductor que me salvara, y él, en un arranque impulsivo y dándose cuenta de la situación, metió la primera, apretó el acelerador y tocó el claxon violentamente."*

Entran por la calle de Olozaga y por la de Villalar. Después, suben por Villanueva velozmente, sin que, entre ambos, no se cruzara ni una sola palabra hasta llegar a la plaza de Salamanca, desierta en aquel atardecer de domingo. El marqués da las gracias al dueño del coche.

Pasa, entre las turbas, ante *ABC*

Juan Ignacio pretende tomar un taxi, pero a los que intenta parar pasan de largo, sin hacerle caso. Al fin, se detiene uno. *"Y me explicó que estaban retirándose del servicio porque acababan de declarar la huelga, a causa de que Luca de Tena había matado a un chófer. Amablemente, se prestó a llevarme donde yo fuera, si no era muy lejos."* El marqués dio las señas de un amigo que vivía en la calle de San Mateo, y el taxi bajó por Lista. *"Al llegar a Serrano tuvimos que cruzar entre la manifestación que venía a asaltar* ABC. *En el trayecto entre Serrano y la Castellana pude oír dos o tres disparos que aún no sé si eran debidos a los manifestantes, a la pareja de la Guardia Civil que custodiaba el edificio, o a los hermanos Miralles, quienes, protegiéndose en un árbol muy próximo a la casa del periódico, disparaban contra los asaltantes."* Hubo varios muertos. De este suceso surgen dos patrañas: una, que los autores de los disparos habían sido los hermanos Miralles. Sus disparos habían partido ocultos tras los árboles; otra, "flechas envenenadas" arrojadas desde el periódico contra el pueblo. Esas flechas habían sido utilizadas por la Aviación en África.

Esas flechas las había llevado ante el diario un conocido mecánico de aviación, personaje, por cierto, al que, años antes, se le hizo entrega de una considerable cantidad de dinero tras una suscripción de *ABC* para premiar una gloriosa hazaña. Los muertos se produjeron durante el forcejeo entre la Guardia Civil —enviada por el ministro de la Gobernación para defender el edificio— y los revoltosos.

Miguel Maura trata de impedir la destrucción de *ABC*

Entretanto, Miguel Maura pide *"en el acto, que me pusieran comunicación telefónica con el cuartel de la Guardia Civil del alto del Hipódromo, el más cercano al edificio cuyo asalto se preparaba y, personalmente, di al jefe de la fuerza allí acuartelada la orden de que saliese con los números necesarios para acordonar la calle e impedir el acceso de las turbas al edificio de Prensa Española.*

Don Carlos —el director General de Seguridad—, al oírme dar estas órdenes en tono imperativo, me dijo que pensara bien lo que hacía, porque 'el pueblo, al ver los tricornios, va a enfurecerse y puede desencadenar una revolución'." Miguel Maura le contesta que entonces sobran los tricornios. Mientras, las turbas llegan a la Puerta del Sol. Maura tiene un retén de la Guardia Civil en el Ministerio.

No olvidaría Miguel Maura la tarde y la noche del 10 de mayo. *"El ministro de la Gobernación recluido en su despacho oficial, cuyas ventanas dan a la Puerta del Sol, repleta de mozalbetes y de gentes vociferando injurias contra él y contra la Guardia Civil, que desde el patio del Ministerio, donde está concentrada, oye cuanto se grita esperando hora tras hora la orden de sus superiores para intervenir, sin que esa orden llegue."*

Azaña: nada de sacar "un tricornio contra el pueblo"

Reunido el Gobierno, Azaña, el más opuesto a toda acción, dice: *"Todo, menos sacar un tricornio contra el pueblo." (...) "Así las cosas, nos llegaron las primeras noticias de lo ocurrido frente al edificio de Prensa Española* —escribe Miguel Maura—, *en la calle de Serrano. Las turbas habían intentado, en efecto, llegar hasta él, pero se encontraron frente al mismo con la fuerza de la Guardia Civil del cuartel del Hipódromo que, como yo había ordenado, acordonaba la calle. Las turbas continuaron avanzando hacia* ABC. *La fuerza dio los toques de atención reglamentarios. En ese momento sonó un tiro de pistola, y un niño, subido a un árbol, cayó herido, levemente, por fortuna. No hizo falta más para que los manifestantes se abalanzaran sobre los guardias que, en legítima defensa, se vieron obligados a disparar, causando dos muertos y varios heridos entre los asaltantes."*

Ante la pregunta de ¿no fue el chófer el que arremete contra una persona que entraba en el Círculo?, el marqués afirma que *"aquella persona se le traslada en grave estado a la Casa de Socorro, pero cuando comienza a arremolinarse la gente, el mecánico agresor empieza a gritar que yo le he agredido a él al entrar en el Círculo, cuando lo cierto es que yo llevaba allí más de una hora. La versión empieza a deformarse hasta afirmar que yo he matado al chófer, como a pies juntillas creía, a las pocas horas, todo Madrid, España y el extranjero, pues todos los periódicos, no sólo de España, sino los de fuera, publicaron que había matado a un chófer y que estaba detenido. Esta versión es la primera que tiene mi mujer de los sucesos, al leerlo al día siguiente en un periódico francés, en Biarritz, adonde yo la había enviado con mis hijos unos días antes"*.

ABC es el periódico de mayor difusión en España y lo seguiría siendo durante el turbulento período republicano. Según las historiadoras Seoane y Saiz, el diario tendría *"un desplazamiento hacia posturas ultra-derechistas, que desdecían de su historia"*. Sin embargo, la prensa de derechas, especialmente la de inspiración católica, sufría el acoso del Gobierno republicano. No obstante, el diario de la calle Serrano formula desde sus columnas una *"enérgica protesta, como liberales y periodistas"* ante ciertos atentados a la libertad de expresión.

Capítulo III

LUCA DE TENA, EN PRISIÓN

AZAÑA HABLA DE LA REAPARICIÓN DE *ABC* Y DE UNA HIPOTÉTICA COMPRA

"Los periódicos son archivos de bagatelas."
Voltaire

En casa de Luis Soler el marqués de Luca de Tena escucharía las versiones más contradictorias y rocambolescas que circulaban en Madrid sobre su paradero. Unos decían que estaba refugiado en la Embajada de Francia y otros aseguraban que había logrado huir de Madrid en un avión. Entonces, el marqués escribe una carta a Miguel Maura, ministro de la Gobernación, en la que le dice:

"Muy señor mío: Yo podré guardarme de las turbas amotinadas contra mí por especies calumniosas, pero de ninguna manera del Gobierno, porque no soy ningún delincuente. Estoy a su disposición en casa de don Luis Soler, calle de San Mateo, 7 y 9."

Una hora después llega hasta el refugio del marqués su gran amigo Rafael Sánchez Guerra, subsecretario de la Presidencia de la República, para detenerle y conducirlo, de parte del ministro de la Gobernación, a la Dirección General de Seguridad. Por el camino, el marqués se da cuenta de la gravedad de su situación. Su amigo Rafael lo lleva cogido del brazo, compungido, y está seguro de que ha matado al taxista, por más que Juan Ignacio trata de convencerle de su inocencia. Esa misma noche, Miguel Maura, tras ordenar la incautación de la casa de *ABC* y detener a Juan Ignacio, dice a los periodistas: *"Yo no tengo la culpa de que un hombre se haya vuelto loco."*

En la Dirección General, Sánchez Guerra lo presenta al director general de Seguridad, señor Blanco. Este lo entrega inmediatamente a la Policía gubernativa y al juez. Luca de Tena pasa la noche en un calabozo de la Dirección General de Seguridad. Y advierte al director general y al juez que en la República no puede haber detenidos gubernativos. Inmediatamente, el juez le toma declaración *"y, a pesar de ella, de haberle explicado con todo detalle lo ocurrido y demostrarle que no había visto al famoso chófer de taxi ni de lejos, me procesó al cabo de unas horas por homicidio y desórdenes públicos"*.

La mañana del día 11, reunido el Gobierno, recibe la noticia de que está ardiendo el convento de los jesuitas de la Calle de la Flor. Antes de que acabe el día, arden siete conventos; mientras, Miguel Maura, ministro de la Gobernación, habla de *"maridaje entre monárquicos y comunistas"* y Azaña lanza la conocida frase: *"Todos los conventos no valen la vida de un republicano"*, comentario que, como un reguero de pólvora, envolverá en llamas iglesias y conventos.

A Juan Ignacio es un celador quien da la noticia de la quema de los conventos y esas hogueras las presencia desde un ventanuco de la celda, subido en una mesa. A las dos de la madrugada, el marqués oye un rumor lejano, de pasos de muchedumbre. En un principio cree que se trata de los incendiarios de algún convento cercano; pero, al abrir la puerta de la celda dos oficiales de prisiones, se da cuenta del intento de asaltar la cárcel. Autorizados por el director, le dicen que vienen con el fin de hacerle compañía.

Entretanto, el marqués observa que uno de ellos atisba los rumores de la calle y sale de la celda. Al cabo de un rato, vuelve y le dice que los hermanos Miralles van a cenar en su celda una comida que les han traído de su casa. *"El director, si usted quiere* —le dice—, *lo autoriza a cenar con ellos."* Los funcionarios permanecen con el marqués durante más de media hora; entretanto, en la calle, se acallan los ruidos. El director, José Elorza, le pide secreto en este acto de cortesía. Los funcionarios se marchan y dejan solos a los tres. Los Miralles reciben con gran alborozo a Juan Ignacio. Los tres están a sus anchas.

Aislado en una celda, habla con Sánchez Guerra

Al día siguiente de la quema de conventos, es decir el doce de mayo de 1931, Juan Ignacio está incomunicado en una celda de delincuentes comunes. Su relación con el mundo exterior es la del preso que le trae la comida a la celda. En cierto momento, se abre la puerta y entra un oficial de prisiones que le anuncia una visita.

"—Pero ¿no estoy incomunicado? —pregunta con asombro—. ¿Cómo se me permite recibir visitas en mi situación?

—Se trata de una visita muy importante —responde el oficial.—"

Y lo traslada hasta un locutorio.

A través de la reja percibe la figura de su visitante. Es don José Sánchez Guerra. Juan Ignacio se emociona. (José Sánchez Guerra está en la memoria infantil de Juan Ignacio. Es probable que ahora, en estos malos momentos, haya pensado en aquella escena, él niño, sentado sobre las rodillas de su abuela y la voz del mayordomo: *"Señora: el señor ministro de la Gobernación."* Acababa de ser ministro en pleno debate parlamentario del Congreso de los Diputados. Quizás Juan Ignacio recuerde, nublado en la memoria, aquel saludo y el *"qué te ha ocurrido"*. *"Nada, nada por fortuna: apenas un ligero rasguño en esta mano. A Soriano le he dado una estocada en el brazo derecho."* Sánchez Guerra, además de ministro de la Gobernación, era diputado por el distrito de Cabra. Esa tarde, Rodrigo Soriano, el diputado republicano más mordaz y provocador, dijo en pleno debate: *"El señor Ministro de la Gobernación, que es hijo de Cabra..."* Aquello fue la guerra. El Ministro deja el banco azul, se cubre con su chistera y, sin decir palabra, se encamina al despacho de Ministros del Congreso, coge la pluma y presenta su dimisión irrevocable al presidente, don Antonio Maura. Horas después se batía a espada con Soriano.)

Para verle, el político se lo ha pedido personalmente a Alcalá Zamora. Juan Ignacio le cuenta lo ocurrido y este le cree y ahí empiezan a aclararse los hechos. Sánchez Guerra le pregunta si ya tiene abogado que lo defienda. Y ante la negativa le dice que se lo va a encargar a Vicente Piniés, ex ministro de la Gobernación y buen jurista. Este demostró en cuatro días que el marqués no había visto ni de lejos al taxista de cuya muerte se le acusa. Y, por tanto, de su inocencia. El juez sobresee el proceso y lo pone en libertad —aún permanece cuatro meses en la cárcel como preso preventivo. En su celda, el marqués lee en una de las paredes:

"Por la LIBERTAD, el DERECHO y la JUSTICIA", palabras escritas por Fernando de los Ríos, cuatro meses antes, tras firmar un documento revolucionario contra el poder constituido. Ahora, Fernando de los Ríos es ministro de Justicia.

Comida con los Miralles

El marqués comparte la comida con los hermanos Miralles. La cestita con vituallas, enviada por la madre de los Miralles, la abre Carlos y cenan una exquisita tortilla de patatas. En uno de los panecillos, Manolo Miralles encuentra un pequeño papel escrito: *"Si tienen ustedes medios para ello* —dice—, *díganle a Luca de Tena que esté tranquilo, pues antes que asalten la cárcel tendrán que pasar por encima del cadáver del oficial de guardia."* Nunca supo el director de *ABC* quién era y cómo se llamaba ese oficial de guardia dispuesto a perder su vida por él. Al leer la nota, el marqués siente una de las emociones más intensas de su vida. Una vez recobrada su libertad a los tres meses, Juan Ignacio invitaría a cenar a su casa a José Elorza; quería agradecerle las numerosas atenciones que había tenido con él.

Al día siguiente, levantan la incomunicación a los tres y los trasladan a la sección de presos políticos. Ese día ingresan en la Cárcel Modelo los miembros de la Junta Directiva del Círculo Monárquico. Un mes más tarde, el juez sobresee la causa. El marqués abandona la prisión un día del mes de agosto de 1931, mientras los hermanos Miralles continúan dos años más en la prisión. Al despedirse de ellos, Carlos, el mayor, grita emocionado al marqués: *"Juan Ignacio, ¡hermanos siempre!"* Durante el tiempo en que el marqués permanece en la prisión, no salen ni *ABC* ni *Blanco y Negro*. Juan Ignacio Luca de Tena era el director del diario. A la detención de Luca de Tena se une una foto para la historia con el siguiente encabezamiento:

"El Gobierno de la República se ha incautado de este edificio"

Es el día 10 de mayo de 1931 y el Gobierno republicano suspende la publicación del diario durante veintitrés días y se incauta del edificio de Prensa Española. En noviembre de ese mismo año vuelve a ser suspendido, durante tres días. La causa: un artículo publicado el día 20 y en el que se ataca la actuación de las Cortes y acusan al Rey de alta traición. En esa sesión, el conde de Romanones pronunciaría un discurso en defensa de Alfonso XIII.

El Presidente, Manuel Azaña, recoge, en sus diarios, escritos entre 1932 y 1933, cuanto ocurre con *ABC*, su reaparición y la familia Luca de Tena: *"Hemos acordado autorizar la reaparición del* ABC. *Hace dos o tres semanas, el ministro de la Gobernación propuso que se permitiese ya la publicación. Prieto dijo que de proponerlo el ministro, él votaba lo mismo. Pero otros ministros opinaron en contra: Domingo torció el gesto, y dijo que el* ABC *hacía mucho daño y no debía reaparecer aún; lo mismo Fernando* ("tengo muy en crisis el concepto político de libertad de imprenta", explicó un día)*; Albornoz, que sentaría mal a los republicanos; Largo también se mostró inclinado a negar la autorización, pero no insistió. Giral no estaba, y Zulueta no llegó a opinar, o por lo menos, yo no lo recuerdo. Al principio, sostuve la opinión de Casares, pero luego cambié, y propuse que se aplazara la resolución. Había muchas intrigas en torno de la suspensión del* ABC. *Los Luca de Tena están divididos, según cuentan, opinando los más que el periódico debería cambiar de tono con respecto al Gobierno y a la República, en contra del parecer de Juan Ignacio, director del periódico, que está muy furioso y dispuesto a arruinarse antes que ceder. (...) Hace cosa de un mes, Juan Ignacio fue a ver a Guzmán, a quien no conocía, para hablarle de la situación del periódico, y a mostrarle su extrañeza por tan dilatada suspensión, cuyos motivos no adivinaba. Aseguró a Guzmán que había repasado la colección del periódico y no había hallado nada agresivo contra la República. Añadió que tenía entendido que a mí me molestaban algunos colaboradores del* ABC, *como Álvaro Alcalá Galiano* (!!), *y que estaba dispuesto a suprimirlos, si yo quería. Le contaba todo eso porque conociendo su amistad conmigo, esperaba que me lo hiciese saber. Guzmán le contestó que en su opinión personal, (...) el '*ABC *estaba suspendido porque había tenido mucha parte en la gestación del diez de agosto', haciendo creer a la gente que la opinión de España era adversa a la República, etcétera, etcétera. Agregó que seguramente a mí me tenían sin cuidado los colaboradores del ABC, y que no creía probable que yo quisiera entrar en negociaciones ni poner condiciones para la reaparición del periódico."*

Acciones de *ABC* a seis mil pesetas

"Los agustinos del Escorial, que son amigos de Luca de Tena —prosigue Manuel Azaña—, *alumno suyo, y que siempre han tenido —ignoro por qué— mucha in-*

fluencia en el periódico, han hecho gestiones en favor de la reaparición del periódico, y el padre Isidoro dijo que no se atrevía a gestionarlo directamente cerca de mí. Los Luca de Tena, sin Juan Ignacio, fueron a ver a Casares, hace diez o quince días, para saber cuáles eran los propósitos del Gobierno sobre el caso. Casares se embozó y no dijo nada. (...)

Luca de Tena ha ofrecido acciones del periódico a seis mil pesetas, y no ha encontrado comprador. (...) Tan adelantado debía estar ya eso, que Maura le ha ofrecido la dirección de ABC *a Manuel Aznar, el cual lo rechazó."* La idea, según Azaña, era *"venderlo al partido conservador republicano.* ABC *no sale porque no queremos que salga. (...) Y si el* ABC *ha de reaparecer un día, más vale que salga por acto espontáneo del Gobierno y no por presión parlamentaria u otra; y mañana saldrá el* ABC. *Veremos lo que hace. En septiembre, cuando iniciaron las gestiones para la reaparición, dijo Luca de Tena, y se lo repitió a Guzmán, que si no lo hubieran suspendido el diez de agosto, habría publicado al día siguiente un artículo condenando lo hecho por Sanjurjo".* Según Azaña, Juan Ignacio *"tenía preparado un artículo elogioso para mi discurso de Santander, en la parte de política internacional, diciendo que nunca se habían tratado en España de esa manera tales cuestiones".*

Según Azaña, Juan Ignacio trata de verle

"Finalmente, hace dos días, Juan Ignacio Luca de Tena fue a visitar al doctor Marañón y le pidió que le preparase una entrevista conmigo. El recado me lo trajo Zulueta. (...) Y yo tenía el propósito de, cuando reapareciese el ABC, *que fuera sin cláusula alguna. Otro, en mi caso, no se habría privado del gusto de hacer venir a Luca de Tena a 'degollar la ternera'. Pero a mí eso no me gusta.*

El fin que perseguía Luca de Tena con visitarme era —según dijo a Marañón— sincerarse conmigo de las imputaciones que se le han hecho respecto de su participación en un complot para asesinarme. 'Yo soy monárquico y enemigo de la República, pero soy persona decente', le ha dicho a Marañón (también una cosa y otra me tienen sin cuidado). Lo más chistoso de toda esta historia es que Maura ha llevado muy a mal la reaparición del ABC. *(...) porque el* ABC *estaba para claudicar, por sus muchas pérdidas, y habría cambiado de empresa y de política."*[1]

Herrera Oria intenta convencer a Juan Ignacio

A raíz de la proclamación de la República, *ABC* y *El Debate* mantienen una polémica sobre las formas de Gobierno. En su editorial, el diario de inspiración

[1] Manuel Azaña: *Diarios, 1932-1933. Los cuadernos robados.* Crítica. Barcelona 1997. Páginas 73-74 y 75.

católica acata el poder constituido. A *El Debate* no le importan tanto las formas de Gobierno; para él es más importante la religión, la patria, la propiedad, el orden, la justicia social... Una vez proclamada la República, a los cuatro días, concretamente, Ángel Herrera visita a Juan Ignacio Luca de Tena en su casa. La intención de Herrera es convencer al marqués para que *ABC* acate el nuevo Régimen y evitar, de esa suerte, males mayores. Juan Ignacio se niega a ello. Entonces, Herrera visita a la madre del marqués, mujer muy beata y admiradora del sacerdote y director de *El Debate*, con el fin de que convenza a su hijo. Y no lo consigue. *"Todo lo que mi hijo haga en* ABC —dice la madre—, *lo apruebo sin reservas."*

Días previos a la proclamación de la República, Juan Ignacio visita a Herrera Oria, ante un panorama político que el director de *ABC* entiende difícil y problemático. Juan Ignacio espera de don Ángel la experiencia y el respeto que le tiene. Herrera Oria cree que, tras las elecciones municipales, se formaría un gobierno de centro, presidido por Cambó y del que formarían parte Antonio Goicoechea y Pedro Sainz Rodríguez. El gesto de Luca de Tena no puede ser más atónito al escucharle: *"¿Cómo cree que puede solucionarse todo esto?" "No creo nada, don Ángel* —responde tímidamente. *Yo tengo el convencimiento de que mañana será proclamada la República."* Al escuchar estas palabras, Herrera Oria se escandaliza.

A los pocos días de la proclamación de la República, los redactores de *ABC* y *El Debate* mantienen una polémica sobre la postura que deben adoptar ante el nuevo régimen. Para el diario que dirige Ángel Herrera Oria su postura es clara: acatar a la República, *"porque es un Gobierno, es decir, porque representa la unidad de la patria, la paz y el orden".* Ante la forma de gobierno *El Debate* se define de una manera ambigua: *"...ni de traer de nuevo la Monarquía ni de consolidar la República. Por encima de todo España; o, con palabras de León XIII, 'el bien común'."*

Defiende "los principios religiosos"

Si para *ABC*, en este periodo, España no se entiende sin Monarquía, tampoco se comprende sin que siga siendo, como ha sido, un país católico, actitud en la que ven las fuerzas republicanas una cortina de humo tras la cual se ocultan intereses de clase.

Año 1931, clima de huelgas, disturbios y violencia. La portada de *ABC* del 27 de marzo de 1931 en la que aparece una mujer viejecita enlutada, cansada de los crímenes y atentados de los grupos extremistas, estremece a la opinión pública. Año 1931, estela de muerte. Socialistas y sindicalistas ahondan sus diferencias y la enemistad se torna irreconciliable. Paro, atentados, atracos. La propia *Voz*, ideológicamente republicana, describe el estado caótico en que vive España. *"Sencillamente intolerable* —escribe. *La economía española no puede resistir ese cons-*

tante asalto. Se cierran las fábricas. Nadie construye. El comercio no vende. Las industrias secundarias languidecen. ¿Adónde conducirá esta situación?"

Al cabo de los 23 días de suspensión, *ABC* vuelve a su cita matinal con los lectores el día 5 de junio de 1932. En ese número, el diario de la calle Serrano explica lo sucedido. Entre otras cosas, señala:

"(...) Al mismo tiempo que los monárquicos en su círculo, se reunían frente a él grupos mandados por personas conocidas y que cometieron violencias y desmanes. Nada se hizo en aquel momento contra los agresores. La autoridad actuó inmediatamente contra los agredidos, encarcelando y procesando a muchos de ellos. La misma turba, con los mismos arengadores y capitanes, y en disciplinada formación, se trasladó sin el menor estorbo a la calle de Serrano, donde intentó el asalto y el incendio de la casa de ABC, *defendida sólo por unas parejas de la Guardia Civil (...)."* Este número también reproduce la nota dirigida por Prensa Española al presidente del Gobierno Provisional por la incautación del edificio de la sociedad editora de *ABC* y *Blanco y Negro*, *"privada y desalojada del edificio de su industria (...) e impedido el trabajo que sigue remunerando, de 750 funcionarios, redactores, colaboradores, empleados y obreros, sin que hasta este momento se le haya notificado providencia gubernativa ni judicial por la que pueda explicarse la anómala situación"*.

Ante el ambiente que vive España, el diario de la calle Serrano publica, de cuando en cuando, editoriales, en los que llama a la sensatez y a la buena convivencia entre los españoles. *"La República es para los republicanos* —escribe en un editorial. *La libertad es para nosotros solos, se suele decir y participar también. Los mismos hombres que proclamaban meses atrás la libertad de opinión son los que ahora la ultrajan sin pudor."*

Lerroux invita a almorzar a Luca de Tena

A punto de salir de la prisión, Juan Ignacio escribe una carta respetuosa y seca a Alejandro Lerroux. Acaba de morir Francos Rodríguez, presidente de la Asociación de la Prensa; y para sucederle en este cargo se elige a Alejandro Lerroux, ministro de Estado en el primer Gobierno de la República. Lerroux es miembro de "La Casa de Nazareth", institución fundada por don Torcuato. Desde *ABC*, Juan Ignacio ha lanzado ataques al jefe del partido radical. Sin embargo, como se dirá jocosamente en el argot periodístico: *"Lo Cortés no quita lo Cabanillas"* y Lerroux llama, por teléfono, a Juan Ignacio: *"¿Tengo el honor de hablar con el marqués de Luca de Tena?" "A sus órdenes, señor ministro."*

Lerroux le invita a almorzar en su finca de San Rafael. Una vez acabado el almuerzo, ambos conversan en un despacho. El político le pregunta por su estancia en la cárcel y le comenta la confianza que tiene en el porvenir de la República.

Tras un rato de conversación, muy ceremonioso y cortés, le dice: *"Yo me atrevo a esperar que, cuando pase algún tiempo, un hombre como usted acabe por convencerse de que la Monarquía se ha concluido en España para siempre y se decida a poner su talento al servicio de la República."* Al oírlo, Luca de Tena sonríe y dice: *"Y yo espero, don Alejandro, que un político como usted gobierne algún día con Don Juan III."*

Capítulo IV

SANJURJO CUENTA A LUCA DE TENA EL INTENTO DE GOLPE DE ESTADO

JUAN IGNACIO EN LA MODELO Y *ABC* SUSPENDIDO

"La suspensión de un periódico es el robo de la actualidad."

Pérez Mateos

De alguna manera, la cárcel, durante este tiempo de vendaval político, de agitación ideológica, de periodos violentos, se convertiría para el director de *ABC* en algo habitual. La historia vuelve a repetirse después de algunos años. Sanjurjo había acudido a contar a don Torcuato el proyecto de golpe de Estado de Primo de Rivera en el balneario de Alhama de Aragón. Ahora el escenario es distinto. Juan Ignacio se encuentra en su casa de San Sebastián, una mañana luminosa de finales de julio, con el mar al fondo. El general viene a contarle el propósito de sublevarse contra la República el día 10 de agosto en Sevilla. Si, en aquella ocasión —la del balneario—, a su padre, un acto así, le parecía peligroso, contraproducente y prematuro, ahora a Juan Ignacio le ocurre lo mismo; piensa que no es el momento del golpe de Estado.

En un pequeño barco — en el que huiría cuatro años después a Bayona "Pasionaria"—, dan un paseo en compañía de otros amigos. Cuando Sanjurjo observa la enseña republicana en la popa del barquito, dice: *"Dentro de unos días podrá usted colocar ahí nuestra bandera."* El idilio inicial de la República se fractura cada día más y lo que es un estado de romanticismo se convierte en violencia. El día 10 de agosto de 1932 un grupo de unos treinta oficiales, acogidos a la ley de retiro promulgada por Azaña, se reúne frente a la fachada posterior del Ministerio de la Guerra en la calle madrileña de Prim. El grupo pretende entrar en el Ministerio y detener al ministro Manuel Azaña. Fallan las previsiones y la guardia dispara ante el acercamiento del grupo a la verja. El choque ocasiona diez muertos y dieciocho heridos.

Simultáneamente a esta acción, un coronel trata de apoderarse del Palacio de Comunicaciones, ayudado por dieciocho compañeros. Dos cuarteles madrileños se sublevan sin consecuencias. Al apuntar el día, el intento ha fracasado. A esa hora en Sevilla se subleva el general Sanjurjo, tras declarar el estado de guerra y su rebeldía contra el Gobierno. A Sanjurjo lo apoya la Guardia Civil. Sin embargo, fracasa su intento golpista. El general se entrega a las autoridades en Huelva. Tras un juicio sumarísimo, es condenado a muerte, indultado y encarcelado en el penal del Dueso.

El Gobierno aprovecha esta acción para detener a sospechosos —centenares— y deportar a Villa Cisneros a 138 de los implicados más significados. El Ministro de la Gobernación suspende a 114 periódicos entre Madrid y provincias. *ABC* y *Blanco y Negro*, entre ellos. El diario de la calle Serrano no sale durante 112 días. *"La suspensión gubernativa de* ABC *ha durado nada menos que tres meses y medio, ¡quince semanas! Ni en los gobiernos de Calomarde, ni en los de Narváez, ni en los de Primo de Rivera; durante todos los gobiernos de seis reinados y de dos repúblicas se aplicó jamás a un periódico una sanción gubernativa tan dura, sin justificación legal..."*

Entretanto, el Ministro de la Gobernación Casares Quiroga establece la censura previa y suspende la publicación de 128 diarios y revistas, algunos de las cuales, como *ABC* y *El Debate*, son, además, incautados. *El Siglo Futuro*, portavoz de los tradicionalistas, no puede reanudar su publicación hasta el 17 de septiembre, fecha en la que también regresa a los quioscos *El Diario Universal*, liberal y propiedad de Romanones. *El Debate* es autorizado de nuevo el 8 de octubre, pero *ABC* ha de esperar hasta el 20 de septiembre. Todos son, en cierta medida, medios de información críticos con el Gobierno, pero ninguno ha estado implicado en la conspiración, ni tampoco efectúan apología del golpe.

Cuando reaparece *ABC* su postura es similar a la de *El Debate*; y los que quieren conocerla, *"la encontrarán en artículos de* ABC *de septiembre de 1923, diciembre de 1930 y, últimamente, en un editorial publicado semanas antes de nuestra suspensión"*.

Tras detenerle, el día 12 de agosto ingresa Juan Ignacio en la Cárcel Modelo hasta el día 12 de diciembre. En la prisión, Juan Ignacio encuentra a muchos amigos. De esa etapa no olvidaría, paradójicamente, los buenos ratos pasados en la cárcel, entre ellos con José Antonio Primo de Rivera, Joaquín Calvo Sotelo, el duque de Medinaceli. Cuando este recibía visitas, el empleado de la cárcel lo llamaba a gritos y decía: *"¡Fernández, a comunicar!"* Etapa, sin embargo, divertida: juegan a las cartas, a las prendas y mantenían reuniones literarias. La comida la reciben de su casa o la encargan a restaurantes elegantes. Hasta whisky meten clandestinamente en la prisión.

A Juan Ignacio y a José Antonio les une la afición a jugar al póquer y las visitas a los cementerios románticos, organizadas por Mariano Rodríguez de Rivas. Tras los sucesos del 10 de agosto, la amistad se hace más íntima en la cárcel; y no se quebraría ni con la polémica que ambos sostienen en las columnas de *ABC*, *"polémica que no dudo en calificar de ejemplar* —palabras del marqués— *a pesar de haber sido yo uno de los contendientes por la cortesía y el afecto mutuo manifestado por ambos al afirmar nuestros respectivos criterios"*. En una de ellas, Juan Ignacio dice: "ABC *rechaza toda política, toda organización y todo régimen que atente a la dignidad humana y que niegue como niega el fascismo...*" *ABC*, no obstante, adopta una postura distante del partido fundado por José Antonio y otros grupos fascistas.

Inesperada visita de Ramón Pastor

En la cárcel Modelo, Juan Ignacio Luca de Tena recibe una inesperada visita. ¿Quién es? Su amigo de colegio, pilarista, Ramón Pastor, ferviente republicano. No olvidaría el marqués, a lo largo de su vida, aquel encuentro y la emoción al ver al amigo de siempre. *"Apenas pude verle unos segundos* —palabras de Juan Ignacio—, *porque en cuanto aparecí en el locutorio, me agarró las dos manos con las suyas a través de las rejas. Y, con los ojos arrasados en lágrimas, me dijo: 'Perdóname.' Y sin añadir ni una sola palabra más, se marchó corriendo."*

Una gran relación une a Ramón Pastor con Juan Ignacio Luca de Tena, una vieja amistad. Ramón Pastor ingresa en la Casa, cuando apenas tiene doce años, y entra de aprendiz. Ramón Pastor ocupará, como veremos, importantes cargos en Prensa Española. Arrastrado por el vendaval ideológico de 1931, Ramón Pastor es un exaltado republicano en la égida de Felipe Sánchez Román. En Madrid llega a comentarse que es él quien coloca la bandera tricolor el día 14 de abril de 1931, en el palacio de Comunicaciones, y otro hombre de *ABC*: Miguel Pérez Ferrero.

Durante el verano y el otoño de 1932, la cárcel Modelo se convierte en el sitio de moda de Madrid. En sus puertas se estacionan, durante las horas de visitas, cientos de automóviles. En este año 1932, *ABC* sufre tres secuestros: 5 de abril, 28 de mayo y 28 de junio, además de una larguísima suspensión, a raíz de la sublevación del 10 de agosto que se prolonga hasta el 30 de noviembre.

"Sigo siendo liberal"

Con la llegada del invierno, sale de la prisión el marqués. Un día antes abandonan la cárcel los hermanos Primo de Rivera. Cuando recupera la libertad, Juan Ignacio manifiesta su desacuerdo con el golpe y dedica unas líneas de respeto al militar sublevado. A pesar de estos contratiempos, Juan Ignacio comentará que *"sigo siendo liberal"*. *ABC* vuelve a la cita con sus lectores el 30 de noviembre de 1932 y reaparece con un número extraordinario de ochenta páginas. *"Ni en los tiempos de Calomarde* —dice el editorial—, *ni en los de Narváez, ni en los de Primo de Rivera (...) se aplicó jamás a un periódico una sanción gubernativa tan dura, sin justificación legal."*

"Este movimiento ha sido otra tentativa de rectificación —dice el diario. *El general don José Sanjurjo, su principal figura, había contribuido abnegada y decisivamente a la instauración del régimen, aceptándolo como expresión de la voluntad popular... Otros predicadores de la rectificación son los que se adhirieron al régimen después del triunfo, y tampoco sabemos de dónde les ha salido, de qué obras y ejemplos, la esperanza y la ilusión de consolidar una República en la que, salvo el rótulo, todo les parece rectificable."* Las pérdidas sufridas por *ABC* se elevan a 2.391.438 de pesetas.

El día 16 de agosto de 1934, Juan Ignacio Luca de Tena concede una entrevista al diario argentino *El Día* —que forma parte de una serie titulada "¿Adónde va Europa?"— y que reproduce el rotativo monárquico. Luca de Tena afirma: *"La absorción del individuo por el Estado, que es la característica del comunismo y del fascismo, produce inevitablemente el atropello de los derechos naturales del hombre"*, y propugna para España *"un régimen que no sea democrático ni tirano"*, *"la instauración de una Monarquía constitucional y parlamentaria: naturalmente con una Constitución distinta de las de 1876 y 1931, y con Parlamento cuyo origen no sea el desacreditado, absurdo e hipócrita sufragio universal"*; en suma, *"una representación corporativa"*, que en todas partes acabaría sustituyendo el *"sistema democrático vigente aún en muchos países de Europa y América"*.

El año 1934 es, esencialmente, la revolución de Asturias y el fugaz Estado Catalán. *ABC* ataca a Manuel Azaña, especialmente por consentir ese desmembramiento del Estado. *ABC* y el Estatuto de Cataluña, debates y discrepancias, rechazos e incomprensiones de grupos políticos, separatismo para la prensa conservadora y recelos para la izquierda política. De esas discrepancias, el rotativo de la calle de Serrano critica y censura, descalifica a los *"conversos al federalismo"*. Esquerra Republicana viene a ser una pandilla de exaltados que lo único que pretende es la destrucción de España y Maciá —el "Avi" (el abuelo)— *"es un viejete magro, arriscado y quijotesco"*, encarna pasiones y resentimientos; y el diario monárquico fustiga, además, a otros catalanistas como Companys, Comas, Casanellas..., y lanza dardos contra Alcalá Zamora, valedor de la autonomía catalana.

ABC y Adolfo Marsillach[2], barcelonés, amante de la literatura, escribe numerosos artículos. Marsillach es enemigo de las fuerzas de izquierda, amantes del nacionalismo, del Estado catalán. Sin embargo, reconoce que Cataluña necesita una autonomía, autonomía que no choque con los intereses del Estado.

Redacción de *ABC*, nerviosa e inquieta por el Estatuto, tensa e intensa, editoriales pensados y medidos, levantan chispas. En su conocida sección "Acotaciones de un oyente", Wenceslao Fernández Flórez, entre otras cosas, dice: *"Nosotros hemos adquirido también una República con un fantasma: el Pacto."* (Se refiere al de San Sebastián.)

---

[2] Padre del autor, director y actor de teatro fallecido en 2002.

ABC reproduce el discurso de un exultante y emotivo Francés Maciá: *"Cataluña será grande entre las regiones civilizadas. Celebremos este día (...) en que renace nuestra Patria."* Una Cataluña desbordante de júbilo celebra el Estatuto. En los meses previos a la guerra civil, *ABC* defiende a ultranza un nacionalismo español conservador y un Estado fuerte y unitario.

Anticatalanismo: Alcalá Galiano, Bueno, Calvo Sotelo...

Mucha bibliografía hay sobre el anticatalanismo de *ABC*. Hasta el libro de Figueres, sobre este tema, ha recibido el premio de ensayo Rovira i Virgili en 1996. Escrito en catalán, dedica un largo estudio a los colaboradores y redactores abecedarios que publican artículos de opinión sobre la cuestión catalana durante el período 1931-1936. En esa lista aparece Alvaro Alcalá Galiano que pasaría de una posición liberal durante la Primera Guerra Mundial hasta un ferviente entusiasta de Acción Española: Manuel Bueno. Braulio Solsona llega a escribir de él: *"Un día le oí exponer la chocante teoría de que el escritor debería poder poner su pluma al servicio de quien le pagara."* Federico Carlos Sainz de Robles en una conferencia pronunciada en la Fundación Universitaria Española, el 18 de abril de 1975 dice: *"Colaborador fijo del diario* ABC *su fama alcanzó extremos notabilísimos. Era frecuente oír a los lectores del popular diario madrileño que apenas llegaba el ejemplar del diario a sus manos buscaban ansiosamente la crónica de Bueno, desilusionándose si algún día faltaba a la amistosa y sugerente cita."*

José Calvo Sotelo, "Máximo". Calvo Sotelo escribe especialmente sobre las cuestiones financieras del Estatuto catalán. En doce ocasiones escribiría Cuartero del problema catalán. Muchas en sus famosas "Acotaciones parlamentarias". Oculto tras el seudónimo de "Juan de Barcelona", Francisco de Asís Garrigó Riu es corresponsal del periódico de Serrano en Barcelona y sucede a Pedro Pujol. Siete artículos escribe González-Ruano. César lo envía el periódico a África en 1934 *"por las rutas posibles de los posibles prisioneros..."*. Especialmente, César, el 2 de julio de 1932 escribe una "Falsa entrevista en cuatro palabras con Maciá".

En esta línea, José Gutiérrez-Ravé, José Félix de Lequerica, Ramiro de Maeztu, Ramón López Montenegro y Frías-Salazar. Prolijo Adolfo Marsillach Costa. "Pedro Pujol y Marsillach, soldados del periodismo y de la Patria", según *ABC*. Galinsoga, Pedro Mata, Honorio Maura, Palacio Valdés, Víctor Pradera, Pedro Pujol Martínez. Juan Pujol. Este, propietario del diario *Madrid*, corresponsal de *ABC* en Londres en la Primera Guerra Mundial, viaja por Italia, Holanda, Polonia y Turquía. Con una larga vida periodística, colabora en *ABC* junto con Delgado Barreto, al dejar aquel *Informaciones* y este *La Nación*.

Antonio Royo Villanova, "estandarte en la guerra que *ABC* declara contra la causa catalana", dice Figueres. A estos nombres se unen los de Salaverría, Santander Cortés, Sassone...[3]

Proclamado el Estado Catalán

En la plaza barcelonesa de San Jaime, el día 6 de octubre, Companys, presidente de la Generalidad, proclama el Estado Catalán, ante el delirio de la gente. *"¡Ja está fet!"* Declarado el estado de guerra en todo el país, el general Batet, con una reducida columna, sofoca la revuelta. Veinticinco cañonazos contra el edificio de la Generalidad y los sitiados que se niegan a abandonarlo: 46 muertos y 117 heridos.

El domingo día 7, Madrid es una ciudad fantasmal. Los contados transeúntes llevan los brazos en alto por una ciudad en tinieblas. El silencio se rompe por los tiroteos de pistoleros desde esquinas y terrazas y respuestas de los Guardias de Asalto. José Antonio Primo de Rivera y los suyos se encaminan a cumplimentar al Gobierno Lerroux "que nos ha devuelto la unidad de España". En el palacio de Buenavista, el extremeño Diego Hidalgo, ministro de la Guerra, encarga a Franco para reprimir lo que los obreros asturianos califican de "ir a tomar el café al Fontalba".[4] Franco actúa como jefe del Estado Mayor y llama a las fuerzas africanas mandadas por el general López Ochoa y el coronel Yagüe; el coronel Antonio Aranda bloquea, con sus destacamentos, los puertos asturianos. El balance 1.196 muertos y 2.068 heridos; sólo se ejecutan cuatro reos. Al final de las hostilidades, *ABC* califica de heroica la acción del Ejército.

Lerroux visita un *ABC* fantasmal

ABC combate ardorosamente la política de Alejandro Lerroux. Este forma parte del Patronato de la Casa de Nazaret, obra de Don Torcuato. Consultado el político acerca de la fecha y el lugar donde se reuniría el Patronato, sorprendentemente Lerroux responde a Juan Ignacio, que acaba de salir de la Cárcel Modelo: *"En casa de su señora madre, la marquesa viuda..."* Y Lerroux elige el periódico, que lleva cerrado cuatro meses. Entrar en él es como adentrarse en un edificio fantasmal. Una vez finalizada la reunión, el político, el obispo de Madrid Alcalá, la viuda de don Torcuato, Juan Ignacio y Enrique Mariné hacen un recorrido por las instalaciones del periódico; Lerroux, tan vinculado a *El País*, visita, por primera vez, el dia-

---

[3] *Historia del Anticatalismo. El diario ABC y sus hombres.* Joseph M. Figueres. Tarragona, 1997.

[4] Famoso café de la época en Oviedo, ya desaparecido. Café de la burguesía. Los obreros soñaban con tomar café en el.

rio. Nadie habla, en silencio cruzan la Redacción, los talleres, la gran nave de rotativas en cuyas ruedas hay telarañas desde hace meses. Un ujier les precede y enciende y apaga las luces. Juan Ignacio se halla deprimido, acostumbrado como está a ver el mundo entre estas paredes, a sentir su pálpito, el aliento universal que desprende un periódico. El diario está desierto y transmite una sensación de soledad y muerte como si se tratara de un panteón, como si el mundo hubiese muerto. Su madre no puede resistir la emoción y llora, como lloran los demás personajes, que ven algo que es vida convertido en algo inerte. Nada tan fantasmal como un diario cerrado; al día le falta la confidencia de la voz del mundo.

A pesar de los ataques de *ABC* al jefe del partido radical, Juan Ignacio Luca de Tena llega a tener a Lerroux cierta admiración. En noviembre de 1933, tras la victoria electoral —*"victoria sin alas"*, según la frase de José Antonio—, Gil Robles pide a Luca de Tena —pues conoce la amistad con don Alejandro— que visite al líder de la CEDA con el fin de celebrar una entrevista. Al verlo, Lerroux dice: *"Amigo Luca de Tena: ¿Usted hubiera podido concebir que, a los dos años de proclamada la República, en las segundas elecciones, iba usted a obtener en Madrid más de 50.000 votos que yo?" "No, don Alejandro, nunca hubiera podido imaginarlo". "Pues así es la política. Y, ahora, ¿en qué puedo servirle?" "Gil Robles desea entrevistarse con usted." "Pues dígale que estoy a sus órdenes; que venga a mi casa o yo iré a la suya."*

A los pocos días, Lerroux sería jefe de Gobierno con el apoyo de los 115 diputados de la CEDA y de los agrarios. De esta suerte, Juan Ignacio —que combatiría la colaboración de Gil Robles con la República— sería el intermediario entre el jefe de los radicales y el de la CEDA, pacto que haría posible los gobiernos de cedistas y lerrouxistas durante más de dos años.

Violencia

Año 1932, eco de la frase orteguiana *"no es eso, no es eso"*, huelgas y sublevaciones, cosechas quemadas, Alcalá Zamora ingresa en la Academia Española —se ha suprimido el calificativo de "Real"—, su sueño, portadas del diario monárquico en el que aparecen agentes de seguridad haciendo ejercicios de tiro con pistolas ametralladoras. O la portada en el acto de desagravio de los católicos tras derribar, unos malhechores, la imagen de la Purísima. Ese año el Gobierno confisca todos los bienes de la Iglesia española y disuelve la Compañía de Jesús, y los crucifijos retirados de las escuelas. El caos acentúa aún más la tensa y violenta vida española. Un año más tarde —1933—, el luto vuelve a las familias, bien se llame Casas Viejas, donde se proclama el comunismo libertario y la Guardia de Asalto reprime sin piedad y Azaña dice el famoso: *"Ni heridos ni prisioneros, tiros a la barriga."* Dieciséis muertos. *ABC* y la portada con la imagen de los tres guardias civiles asesinados brutalmente en Castilblanco (Badajoz). *ABC* y sus tres páginas informativas del famoso mitin "de afirmación españolista" en el teatro de la Comedia, acto en el que queda fundada, oficialmente, Falange Española. Elecciones el 19 de noviembre y triunfo de las derechas y el centro. Cinco gobiernos en un solo año, el estatuto vasco y la Generalidad. Con la llegada de la República, nace Ezquerra Republicana y su líder Francés Maciá. La sombra del separatismo planea sobre España.

ABC, fiel a la unidad de la Patria. Adiós a 1933. *"Yo vislumbro en el horizonte anuncios de guerra..."* —escribe Manuel Bueno. Desgraciadamente se cumple su pronóstico; él será una de las víctimas. España del "bienio negro" —1932-33— empapada en la tragedia, *"el país se me representa como un suelo teñido de sangre* —escribe en el diario José María Salaverría—. *Como una selva oscura rayada por los fulgores de los pistoletazos, por los relámpagos de las bombas, por los brillos de las navajas. Sólo un largo proceso de saturación inconsciente puede explicar esta insensibilidad de los españoles ante la espantosa marea de sangre que crece alrededor..."* Manuel Bueno define 1933 en *ABC* como *"el año del odio"*.

Ruano, corresponsal en Berlín

Entretanto, Juan Ignacio trata de cubrir para el periódico los puntos de mayor interés informativo. Uno de ellos, de suma importancia, es Alemania. González-Ruano está feliz en Madrid, acaba de instalarse en la bonita casa del conde de Cedillo, en el número 9 de la calle del general Oraá, casa donde han vivido, entre otros, Juan Belmonte y Valle-Inclán.

En el mes de febrero de 1933, Luca de Tena lo llama a su casa con el fin de mantener una entrevista. Juan Ignacio le propone la corresponsalía en Berlín; César tiene treinta años y las condiciones son francamente buenas, aun cuando Ruano está muy contento y feliz con su nueva casa, pero es consciente de la mirada de Berlín, máxime cuando van a celebrarse las elecciones en el mes de marzo y la posibilidad de un triunfo de Hitler. No obstante, César se resiste. No sabe alemán. El marqués le dice que no importa y que lo hará muy bien. Tampoco está al corriente de la política, dice a Juan Ignacio, y el marqués le responde que no importa y, nuevamente, que lo hará muy bien.

El marqués quiere que salga hacia Berlín lo antes posible; a *ABC* le interesa mucho ese punto informativo, esos ojos a los que mira todo el mundo. Es más: el marqués dice a César que le conviene que levante la casa. No sabe lo que le ha costado amueblarla. César parte hacia Alemania. En París pasa un día con una larguísima noche y charla con José Calvo Sotelo. Encuentra un París menos animado, después pasa por Colonia y llega a un Berlín nevado y desierto; parece una ciudad rusa. César se aloja en la pensión de una judía. Berlín y sus cafés y el *"riesgo e infortunio de la civilización en las grandes ciudades"*. César se encuentra con un Berlín de paso, de gente de paso y con prisa, de pie; el alemán no pierde el humor y la templanza contra la adversidad y cuando lo pierde y le falla su religiosidad se suicida. César escucha un manojo de voces que *"rompen a pedradas de alegría, los pensamientos tristes de un español en la noche alemana. Es un camión cargado de nazis. Van cantando un himno que más tarde será familiar en mi oído. La gente mira el camión* —cuenta Ruano— *que cruza ligero con una canción prendida en el aire y muchos levantan la mano en el saludo fascista, gritando al paso de las milicias en víspera de triunfo:*

¡Heil, Hitler!

Vida de paso... También estos muchachos van de paso a algún sitio; pero ¿a cuál? ¿Para cuándo? ¿Por qué? Van hacia el 5 de marzo, según su fe, a salvar a Alemania." César vive un Berlín que se parece mucho a un "diario", páginas que Ruano envía a *ABC* unas veces mediante el telégrafo, otras se quedan en sus notas y algunas sufren el efecto de la censura. Ruano ve y cuenta la propaganda electoral, el desfile de las quince mil camisas pardas, las elecciones generales, cómo los nacionalsocialistas obtienen, con más de veintiún millones de votos, mayoría absoluta. César vive el triunfo del nazismo y describe las consideraciones de un día en Potsdam, ciudad que *"bien mirado, no es mucho más que un tópico agradable a media hora de Berlín"*.

Visita a Alfonso XIII

Durante el verano de 1933, en el castillo de Metternich, en la frontera de Alemania y Checoslovaquia, González-Ruano visita a don Alfonso XIII. En su despacho, el rey le dice: *"Vamos a hablar sin prisas... Pregúntame lo que quieras, pero si vas a escribir algo ten en cuenta que yo me he negado a las interviús desde que salí de España. Puedes hacer una crónica, reflejar mis pensamientos sobre cosas generales, si esto puede interesar, pero ya sabes que no quiero hablar de política. Yo no enjuicio nada, no critico nada, no pido nada. Mi negativa a hacer declaraciones por todos los sitios donde he pasado ha sido, como creo que sabes, terminante."* Físicamente el rey no ha envejecido, contra lo que se ha dicho. Y don Alfonso define la Monarquía como unidad nacional, imperio en el más alto sentido de la palabra, engranaje perfecto y jerarquizado, dentro de un estilo liberal, de los organismos del Estado. Desde su exilio de Bohemia, el rey sigue con atención la política mundial y durante dos horas habla a Ruano de muchos temas, el más importante: España. De pie, don Alfonso dice:

"La Providencia ha querido probar mi patriotismo disponiendo que viva fuera de mi patria. Di a todos que mi único pensamiento es pedir a Dios por ella y mi

única tristeza es languidecer día a día... Y da un abrazo a los amigos que veas y queden...”

Tertulia de Recoletos

España convulsa política y socialmente; sin embargo, vida de café con leche, de taza caliente sobre una mesa de mármol y jóvenes escritores y periodistas alrededor, sueños literarios. 1934 y 1935, cenit de la tertulia del café de Recoletos, escritores y periodistas de *ABC*, mundo de las letras y José Antonio Primo de Rivera. Tardes y noches de Recoletos, horas de ocio donde se habla, especialmente, de política más que de metáforas y versos, horas de voces monárquicas y falangistas; y actos tan curiosos como el banquete al general Pavía, parlamentario popular e histórico que disuelve las Cortes en 1874 y entra a caballo en el Congreso de los Diputados.

Recoletos de Ruano y Marquerie, Pérez Ferrero y Agustín de Foxá, gente de *ABC*. Para César, el café de Recoletos es una habitación más de su casa y en el mostrador tiene libros, papel y tintero... César siente las amenazas de las Juventudes Socialistas, porque ha escrito algunos artículos en *ABC* e *Informaciones* contra Manuel Azaña e Indalecio Prieto y sus partidarios tratan de darle un disgusto. En *ABC* había confidencias que no dudaban de ello; y Ruano, entonces, lleva, durante un tiempo, guardaespaldas. Madrid republicano y bares como el *Cok*, en la calle de la Reina; Bakanik, en la calle Olozaga, donde veréis con frecuencia a José Antonio Primo de Rivera y, en ocasiones, a Juan Ignacio Luca de Tena, preocupado con el periódico y la situación política.

Muere Xaudaró, “el Mingote de los años veinte”

En *ABC* están de luto, pues el gran Xaudaró se despide de la vida con su último chiste, en su casa de la madrileña calle Viriato (año 1933). Observaba el orbe, todos los días, con una mirada singular, “su mundo”, lo escrutaba y lo llevaba socialmente, con sus trazos, a las columnas de *ABC*, las vestía de dibujo y humor, el lenguaje cifrado de sus “monos”, la sonrisa humorística; aquellos personajes tan suyos como la mujer gorda o la niña bien peinada “a lo garçon” o el “hombre de las barbas” y, sobre todo, su perrito, fiel compañero de la fantasía, que “ni sabía morder ni aprendió a ladrar”; aquel perrito tan reproducido, mascota de generaciones de españoles, como un dibujo animado, como una pincelada de Walt Disney en el celuloide abecedario. Hoy, muchos españoles, al ver un perro, seguro que han dicho: *“Mira, el de Xaudaró”*; *ABC* se ha quedado sin la sonrisa diaria y está triste. *ABC* entierra solemne en portada, a este hombre que ha sonreído entre labios de papel de periódico.

Visita a los cementerios románticos

Acogidos al marbete de "Los Crepúsculos", "Los Jóvenes y el Arte" —expansiones un tanto extrañas y muy como de señoritos (palabras de Glez-Ruano) ante la guillotina en un Madrid achabacanado y amenazador, rojo y grosero—, llevado de la mano de Mariano Rodríguez de Rivas, emprende unas sabatinas a finales de 1935, este grupo de artistas que desviaría el canto fúnebre y noctámbulo por un itinerario de ocasos y atardeceres, sembraría de liras los parques y quitaría con versos las telarañas del tiempo en los palacios casi abandonados o, simplemente, regarían los parques con sonetos y destruirían la maleza con sus pasos de endecasílabos, a la hora en que el sol se despedía del día, en la Alameda de Osuna, por ejemplo, con un discurso inaugural de Alfredo Marquerie. ¡Raras movilizaciones! Versos de Dolores Catarineu, que le había prologado un libro Juan Ramón Jiménez; y de Foxá: "El agua es el principio de todas las cosas." Versos y romances que acompañan el último viaje del sol desde las atalayas del monasterio alcarreño de Lupiana, el Botánico —interviene Gómez de la Serna—, el palacio de Boadilla del Monte, velada que inaugura Margarita de Pedroso con un poema dedicado a Boadilla del Monte: *"Oro como los oros pálidos /de los soles en días fríos. /Son los oros de Boadilla del Monte/, es el oro de Ventura Rodríguez. (...) El sol se pone /como una bala de oro/sobre la realeza del palacio/y sobre Boadilla del Monte."*

González-Ruano cerraría el ciclo de ocasos líricos con una evocación de Baudelaire, *"ángel caído en la media noche de todos los horrores"*, a las que, sin duda alguna, hubiera asistido, porque maldecía las precisas luces de la mañana y la hora del café de los oficinistas. Ahí, en Boadilla, acababan estos crepúsculos, cuando en España empezaba a amanecer en una hora de sangre y odio. Visitarían, además, los cementerios. Mientras caen palabras como tierra lírica sobre las tumbas, en una escena de locura, algunos de los asistentes rompen con martillos la sepultura de María Concepción Elola, *"joven hermosísima, de corazón noble y siempre desgraciada"*, apartan su lápida y se dan de bruces con un esqueleto vestido de novia y *"un dorado pomo de perfume sobre el pecho que pretende, en un gesto de coquetería última, aliviar el hedor de la muerte"*. Luis Escobar coloca junto a la cabeza de la difunta un ramo de azahares, a juego con su cara definitivamente pálida, mientras Foxá recita una inspirada elegía ante el cadáver del que, por efecto de martillazos, se ha desprendido la mandíbula. César González-Ruano está cerca, encuentra el sepulcro de un caballero francés, el vizconde César de la Martiniére, fallecido en 1852, con veintisiete años. Entonces, guiado por un extraño frenesí, González-Ruano profana el féretro, síntesis de una mortaja de levita, botines y cuello almidonado, que sostiene un pliego amarillento escrito en francés: *"Para ti mis últimas líneas, hermano querido, mi niño, mi amigo; para ti mi eterno recuerdo. Sube al cielo, donde te espera aquel noble Adolfo, nuestro desgraciado hermano. (...) Adiós hermano. Sé bendecido, noble corazón, y ruega por mí. Recibe esta flor de una persona que también te llora, y mi eterno recuerdo. Luis. Madrid, 22 de julio de 1852."*

Azorín, en *La Libertad* y delegado del PEN

Aquella gloria coronada en las columnas de *ABC*, aquel hombre que alienta con su crónica la vida inicial del diario, Azorín, José Martínez Ruiz, se incorpora en el otoño de 1933 a *La Libertad*, el periódico de izquierdas que compra Juan March durante la Dictadura de Primo de Rivera. El banquero mallorquín es dueño, además, de *Informaciones*, *"la jaca del contrabandista"*, como lo llama don Inda (Indalecio Prieto).

En *La Libertad* inicia Azorín una serie de artículos en defensa del rico mallorquín, preso en la cárcel de Alcalá de Henares. El día 4 de noviembre, publica el diario con grandes titulares: *"Don Juan March abandona la prisión de Alcalá para atender al restablecimiento de su salud."*

Azorín es, durante la República, delegado del PEN —Asociación Internacional de Escritores— en España y convoca unos almuerzos mensuales para los miembros españoles, adheridos y simpatizantes en los comedores del hotel Ritz. Allí están todos, charlan, cambian impresiones, independientemente de sus credos políticos.

Raro atentado de Ventura Gassol

Por un día, en Madrid no se habla de otra cosa. En el hotel Nueva York, *"de la avenida de Eduardo Dato*[5]*, cuatro individuos sorprendieron en el lavabo al consejero de la Generalidad Catalana y diputado a Cortes don Ventura Gassol y le cortaron con unas tijeras y una máquina varios mechones de su abundante cabellera.*

El señor Gassol persiguió a tiros a uno de esos individuos, pero ni a éste ni a los restantes se les logró dar alcance. Momentos después del suceso —escribe ABC—, *el propio señor Gassol, que presenta, además, varios rasguños y arañazos y un corte de diez centímetros en el brazo, refiere a los periodistas lo ocurrido en la habitación que ocupa con el señor Puig Ferrer".* Los autores de la acción —eso no lo dice el diario— son los monárquicos hermanos Miralles. Jaime, muy vinculado al periódico, haría durante un tiempo la crónica a tribunales.

En Madrid, no se habla de otra cosa y, en la imagen que publica *ABC*, aparece el protagonista, acompañado de su hombre de confianza: José María Massip, el periodista que será, durante muchos años, un excepcional corresponsal de *ABC* en Estados Unidos.

Todo esto ocurre en ese Madrid republicano, capitaneado por la oronda y simpática figura del alcalde Pedro Rico.

---

[5] *Desgarrados y excéntricos*, J. M. de Prada. Seix Barral, Barcelona, 2001.

Capítulo V

ASESINADO UN TRABAJADOR DE *ABC*

HUELGA Y EL PERIÓDICO NO SALE

"Un país anarquista enamorado de la sangre: así es España."

André Malraux

Desde que se fundara, Prensa Española prohíbe a su personal toda clase de filiación sindical. Sin embargo, con la llegada de la República se acaba ese estatus; y, en 1931, la mayoría de los trabajadores se afilia a la UGT. El día 28 de febrero de 1934 Juan Ignacio Luca de Tena está en su despacho. Un ordenanza le anuncia que el delegado de la Casa del Pueblo en los talleres de Prensa Española quiere verle. Pasa, se sienta y dice que en la nave de máquinas hay un operario que no pertenece a la UGT. Luca de Tena le dice: *"¿Y a mí qué me cuenta usted?" "Es que se niega a inscribirse en nuestra organización. Y vengo a pedirle que le obligue a sindicarse y, si no lo hace, que le expulse."* Ante una postura así, el director del diario se niega a ello, pues el propio Largo Caballero impone la libertad de legislación laboral.

Como no lo convence el director, el operario le conmina que si al cabo de una hora, Jesús Navarro —pues este es su nombre y, al parecer, era falangista— sigue trabajando, declarará la huelga general. En ese instante, el marqués de Luca de Tena mira el reloj y dice que le sobran cincuenta y nueve minutos.

Entonces, el director de *ABC* llama, urgentemente, al notario Cándido Casanueva. Al momento, está en el despacho de Juan Ignacio. Con la ley en la mano, la huelga es ilegal; pero se inicia, con la apagada de la luz, a la hora exacta en que sale del despacho el delegado de la Casa del Pueblo. En talleres, el notario levanta acta entre velas y antorchas, tras preguntar los motivos a varios operarios, que permanecen en corrillos, al pie de las máquinas.

En esos días, la empresa tiene 890 trabajadores; el noventa por ciento de ellos va a la huelga y la empresa los despide; después algunos son readmitidos.

Debido a la huelga, *ABC* no sale el día 1 de marzo de 1934, a pesar de que en el periódico entra el turno de noche y se suma a la huelga de brazos caídos. Las puertas se cierran y el escándalo es mayúsculo. Si exceptuamos a *El Socialista*, hasta *El Sol* apoya la postura de *ABC*. Obreros de artes gráficas, pertenecientes a otras ideologías, están dispuestos a sacar el periódico. Enterados de este propósito, los socialistas declaran la huelga en todos los periódicos madrileños *"por solidaridad con los obreros de* ABC*"*. Y Madrid se queda, durante unos días, sin periódicos.[6] Ante este conflicto, Rafael Salazar Alonso, titular de Gobernación, llama a Luca de Tena. Ambos son conscientes del momento tan delicado que viven. Salazar Alonso aprueba la actitud del director de *ABC*, mientras el periodista dice *"que todo está organizado para que ABC salga dentro de un par de días, y le pido a usted protección para mi derecho". "¡La tendrá usted!"* —contesta el ministro.

A los dos días *ABC* vuelve a la calle, pero los vendedores están en huelga; y el diario puede venderse gracias a muchachos de Falange, señoras y señoritas, protegidos por la policía. Todo transcurre normalmente, sin incidente alguno. Sin embargo, el ambiente se turba al día siguiente; y comienzan los atentados contra los nuevos obreros.

Asesinado

Dos operarios del periódico, pertenecientes a la sección de albañilería, son agredidos, la tarde del día 9, por un grupo de individuos que les siguen a la salida del trabajo. Son José Herreros Abad y José Rizo. Aquel tiene veinticuatro años de edad, hace tres meses que se ha casado y muere el día 11, tras las heridas ocasionadas por arma de fuego. En un clima de crispación, Juan Ignacio entra en la Casa de Socorro, protegido por la policía.

La noticia de la muerte de José Herreros aparece publicada en *ABC* el día 14, primer número que se publica tras la declaración de la huelga, y es un homenaje al obrero asesinado. *"Sean las primeras líneas impresas en este número para dedicar un recuerdo efusivo y cordial* —dice el editorial—*, pleno de conmovida admiración y gratitud, al desgraciado José Herreros Abad, obrero de ABC, cobardemente asesinado en la tarde del viernes último, cuando salía de cumplir con su obligación en los talleres de Prensa Española."*

Los primeros números del periódico de la calle Serrano, aparecidos tras la huelga, salen a la calle sin las habituales páginas de huecograbado. El reparto y la venta la llevan a cabo jóvenes de Falange, Renovación Española y Acción Popular. Veréis su imagen, subidos en camiones, vendiendo el diario.

Durante la huelga de 1934, viene a la Casa de *ABC*, procedente de Sevilla, un personaje, un operario del periódico andaluz, al que se le conoce como "El Sargento"; y viene con otros trabajadores de distintas secciones con el fin de sacar el periódico; y se le recuerda en la Casa por su eficacia. A los pocos días de reaparecer *ABC* vuelven a publicarse todos los periódicos. Julián Besteiro comentará: *"Cuan-*

---

[6] Don Torcuato, en una huelga de *El Liberal*, dejó a tipógrafos y redactores de *ABC* para que ayudaran a sacar el periódico.

do se tira demasiado de una cuerda, esta se rompe" y Alejandro Lerroux, jefe del Gobierno: *"Los socialistas han perdido la huelga, porque es la primera vez que se han encontrado frente a un hombre."* Como diría el director del diario monárquico: él no había ganado la huelga y sí el pueblo madrileño unido a los vendedores y vendedoras voluntarios.

Personajes raros y el "estraperlo"

Con la libertad de cultos proclamada por la República, aparecen en España, como ocurriera durante la época de la guerra europea, una serie de personajes, especialmente judíos, como el gran rabino doctor Sabejai o el banquero Menahem ben Coriat, que pone en regla el oratorio de la calle del Príncipe, y el sabio orientalista doctor Yahuda, casado con una señorita judía de mercaderes de diamantes en El Cabo. También viene Avecilla, cronista de *La Voz*, singular periodista.

Llega también el judío holandés Strauss y, con su estancia, crea un término nuevo que añadir al diccionario y un escándalo político, que desemboca en la caída del Gobierno Lerroux-Gil Robles. Strauss es el inventor de un juego de azar, conocido como "el estraperlo". Strauss logra que su invento lo vea y apruebe el ministro de la Gobernación, Rafael Salazar Alonso, sobrino de don Alejandro Lerroux. El titular de Gobernación autoriza este juego en algunas capitales, concretamente en San Sebastián. A la segunda noche, la autoridad lo prohíbe. Como prueba de agradecimiento, su inventor regala un reloj al ministro. Al prohibirse dicho juego, el judío reclama su obsequio. No se le hace caso y recurre a Alcalá Zamora y don Niceto que, al parecer, está enfadado con don Alejandro, airea el asunto y este cae en la opinión pública como una bomba; y lo que, en un principio, pasa inadvertido, se convierte en un escándalo.

Boda de Don Juan

Tras la renuncia formal de sus derechos sucesorios a la Corona española del Príncipe de Asturias, don Alfonso de Borbón y Battemberg, para contraer matrimonio morganático con la señorita cubana Edelmira Sampredo-Ocejo y Robato; y la boda en Suiza, diez días después, del segundo hijo de Alfonso XIII, el infante don Jaime, sordomudo desde niño, quien renuncia también a sus derechos sucesorios ante su padre en Fontainebleau, Mariano Daranas, corresponsal de *ABC* en París cuenta *"una escena de emoción familiar y, sin duda, de trascendencia política,* (que) *se ha desarrollado en el hotel Savoy, de Fontainebleau..."*. De esta manera, el tercer hijo de Alfonso XIII se convierte, automáticamente, en heredero de la Corona española, tras la renuncia explícita de Don Jaime por sí y por los descendientes que pudiera tener. Periodísticamente, en España no se sabe que el Rey ha abdicado.

El día 12 de agosto de 1934 una tragedia ensombrece la vida de la Familia Real española. El infante don Gonzalo, hijo menor de Alfonso XIII y Doña Victoria Eugenia, fallece víctima de un accidente automovilístico en la localidad austriaca de Klagenfurt. Don Juan, especialmente, sentirá esta pérdida, pues es el que más ha convivido con él y se llevan muy bien. Sin embargo, tres acontecimientos felices alegran el ánimo del Monarca y de la Reina: el 14 de enero de 1935 la infanta doña Beatriz se casa en Roma con don Alejandro de Torlonia, príncipe de Civitella-Cesi. El 4 de marzo, el infante Don Jaime contrae matrimonio también en la Ciudad Eterna, con la señorita Manuela Dampierre; y en este mismo escenario, el 12 de octubre el Príncipe Don Juan se casa con la Princesa Doña María de las Mercedes de Borbón-Dos Sicilias y Orleáns en la basílica de Santa María de los Ángeles.

A pesar de la situación política, unos seis mil españoles viajaron hasta Roma para asistir al enlace y vitorear a los contrayentes. Sometido a una censura rigurosa, *ABC* dedica la portada a los contrayentes y se limita a informar simplemente del acontecimiento.

Adiós a Ramón y Cajal

El hombre que tanta gloria ha dado a España, viejecito venerable que acaba de escribir un libro, dos años antes de su muerte, *El mundo visto a los ochenta años*, dice su último adiós, a las once y media de la noche del día 18 de octubre de 1934. En esta obra, por cierto, cuenta que los dos libros que más le impresionan, son: *La rebelión de las masas*, de Ortega y *Las dos oligarquías que devoran a España*, de Iribarne ("Zaratustra"). A tres columnas, *ABC* da la noticia de la muerte de este sabio, que muere en su casa madrileña de Cuatro Caminos, tras una afección intestinal que arrastraba desde el verano.

Poco antes de morir, unos periodistas querían conocer su opinión sobre la situación política y el sabio aragonés contesta: *"A mi edad, señores, ya no se tiene opinión más que para la familia..."*

En su editorial, entre otras cosas, *ABC* dice: *"Todo español que sienta y ame el prestigio de su patria recibirá con dolor esta noticia, porque el sabio histólogo era una gloria nacional.*

El éxito pleno y clamoroso de sus hipótesis no le envaneció lo más mínimo. Cuando su nombre se orló con los laureles del Premio Nobel, acogió el galardón huyendo de homenajes y glorificaciones. Para él el mejor premio era un nuevo triunfo en las tenebrosidades del misterio vital.

España —concluye ABC— *acaba de perder la más alta figura que acrecentó su gloria desde el siglo XIX en la esfera de la ciencia médica."*

Los "Cavia" y "Luca de Tena" de la República

El primer premio "Cavia" de la República nace de la pluma de César González Ruano, con este artículo: "Señora: ¿Se le ha perdido a usted un niño?" Ruano se presenta por segunda vez al "Cavia". Antes de que se fallara el premio, César decide visitar a Manuel Machado, miembro del jurado, para decirle, simplemente, que se presenta y el poeta le responde que cuente con su voto. Era costumbre de los escritores premiados visitar primero al director de *ABC* —entonces Juan Ignacio Luca de Tena— y después a los miembros del jurado. Machado, que le había prometido su voto se opuso a que se lo dieran y ante la mayoría absoluta, tuvo que ceder.

Mientras, Ramiro de Maeztu, el hombre que ha dado un giro copernicano a sus ideas —desde el anarquismo hasta un pensamiento reaccionario—, levanta su copa y brinda con el "Luca de Tena" de 1931, gracias a un artículo extenso sobre "Acción Española". Maeztu es vitoriano y tiene una biografía muy densa. En su juventud, Maeztu se define como anarquista, liberal y galdosiano. En Londres desempeña la corresponsalía de *La Corres*, *Nuevo Mundo* y *Heraldo de Madrid*. Republicano y admirador de la Institución Libre de Enseñanza, colabora en la revista *España* y firma en *El Sol* de los tiempos de Ortega. Después cambiaría de ideas y sería colaborador de *ABC*. Maeztu califica en abril de 1932 a Hitler de "milagro" por unir los conceptos nacionalistas y socialistas.

Pedro Massa alza su copa con fervor republicano entre unas paredes nobles y regias por el "Cavia" 1932, mientras Fermín Mugueta escancia la felicidad fugaz de un premio por el "Luca de Tena" en un artículo horaciano y navideño, del periodista nocturno, que deja la conmoción de las noticias, por la marcha desde Zaragoza "Hacia casa". "Cavia" 1933, Mariano Tomás, novelista y poeta y publica un libro de versos, corresponsal de *ABC* durante el primer bienio republicano en Viena. Francisco Casares, "Luca de Tena" 1933 cuenta en las columnas abecedarias: "¡El comunismo libertario en Navalmoral de la Mata!"

La prosa preciosista de Eugenio Montes llega a las retinas de los lectores de *ABC*, gracias a su crónica telefónica transmitida desde Viena, "Un país en torno a un ataúd", premio "Cavia" 1934. "La Corona de Gobernación y el escudo de España", premio "Luca de Tena" 1934 de Pedro Mourlane Michelena.

Un jurado de lujo saborea como un manjar el artículo de Pemán. Don Miguel de Unamuno entra en la Casa y se reúne con los miembros del jurado en el antiguo despacho de don Torcuato. Juan Ignacio Luca de Tena saluda, por primera vez, al pensador vasco. El resto del jurado lo integran Sainz Rodríguez, Julio Casares y Manuel Bueno. Con copos de nieve, "Cavia" grande 1935, José María Pemán es la pluma de un niño transformada en muñecos de fantasía sobre la ciudad y la arena blanca gaditana.

Pedro Massa vuelve a libar la miel del otro premio grande de la Casa de *ABC*, el "Luca de Tena" 1935 por "Juguetes".

González-Ruano, a *ABC*

El premio "Cavia" trae a César González-Ruano el ofrecimiento de Juan Ignacio Luca de Tena para que escriba en *ABC*. Lo medita durante algunos días y le pide consejo a Juan Pujol, director de *Informaciones*. Este le recomienda que escriba en el diario de la calle de Serrano; y César ingresa en él con unas condiciones "que entonces eran inmejorables, tanto por su comodidad como económicamente". Ruano publicaría diez artículos mensuales y la Casa le pagaría cien pesetas por cada uno, cantidad que percibían en el diario las plumas de Manuel Bueno, Ramiro de Maeztu, Fernández Flórez...

Para ocupar su puesto en *Informaciones*, César recomienda a Juan Pujol el nombre de Alfredo Marquerie. Ruano, no obstante, y a pesar de su contrato en exclusiva para diarios de Madrid, escribe artículos para *Informaciones* y *La Nación* con los seudónimos de "Pedro de Agüero" y "César del Alda" y para la revista *Acción Española*, que acaba de fundar el marqués de Quintanar en su casa de la plaza de Santa Bárbara. Allí César se encuentra, entre otros, con Maeztu, Jorge Vigón, el marqués de las Marismas y Vegas Latapie, integrantes del grupo monárquico de Acción Española. Ruano confesará (*Memorias*) que este grupo le entiende siempre a medias y le acepta con reservas, *"porque yo les parecía algo frívolo, lo mismo que a mí, con toda estimación, ellos me parecían bastante aburridos"*.

Por esta época Ruano hace mucha amistad con Manuel Bueno, además, padrino suyo de duelo tras una rara y misterios historia amorosa.

Juan Ignacio y Honorio Maura con Alfonso XIII en París

Juan Ignacio Luca de Tena, amigo íntimo de Honorio Maura, hijo de don Antonio Maura, escritor y autor teatral, colaborador del diario de Serrano, viaja con Honorio a París para visitar a Alfonso XIII y darle las gracias por las atenciones que ha tenido con él en sus tribulaciones políticas. A Juan Ignacio le habían quitado el pasaporte cuando lo procesan en mayo de 1931. Dos años después volvería a tenerlo. Respetuoso con el Rey, Juan Ignacio se siente juanista, es decir partidario de Don Juan.

Antes del viaje, los dos cenan con Gil Robles y este les dice que le digan al Rey de su parte que la única forma de restaurar la Monarquía en España sería su abdicación. Juan Ignacio y Honorio comparten el mismo criterio. Al llegar a París, el Rey les cita en el hotel *Meurice* a primera hora de la tarde y los recibe en su dormitorio con gesto de mal humor. *"Apenas se encaró con nosotros* —escribe Luca de Tena en su libro Mis amigos muertos—, *sacó del bolsillo un periódico y, poniéndolo ante mis ojos, me dijo: '¿Me quieres explicar qué es esto?' El periódico no es otro que La Época*, fechado el 24 de junio, festividad de San Juan. En ese número se publican varios artículos en los que se exalta al Príncipe de Asturias.

"A la pregunta que el Rey me hacía —escribe Juan Ignacio—, *contesté respetuoso: 'Señor: yo soy director de* ABC, *no de* La Época.*' Entonces se dirigió a Honorio: 'Y tú, ¿qué me dices?' Y Honorio, con su habitual buen humor, le respondió jovial: 'Señor, yo, ni de* ABC *ni de* La Época*'."* El Rey se enfada, pero aquella noche los invita a cenar en el salón del hotel parisiense.

Capítulo VI

EN PLENA REPÚBLICA, *ABC* CUMPLE TREINTA AÑOS

ESQUELA DE CALVO SOTELO EN PORTADA; LA DE REYES, CENSURADA

"El español no es teatral, sino dramático."

Madariaga

ABC se vende a quince céntimos, y el dominical a veinticinco. *ABC* cumple treinta años, cuando en la calle madrileña de Alfonso XI, sede de *El Debate*, nace un compañero de fatigas diarias, un hermano de horas mundiales y nacionales, el reloj de arena de *Ya*, que nace con el frío de enero y goza de la familiaridad de *El Debate*. Su fundador, Ángel Herrera Oria, y alma del mismo, su hermano Francisco, que *"no compartía ni muchísimo menos su colaboracionismo republicano* —según José María García Escudero— *y por esta razón cesaría como consejero delegado de La Editorial en enero de 1936".*

Ya, ligero y ameno, dirigido por Vicente Gállego, buen periodista y fundador, tras la conclusión de la Guerra Civil, de la agencia oficial *Efe*. Gállego y una pléyade de nombres en la galera de la Redacción como Joaquín Arrarás, Melchor Fernández Almagro —después crítico de libros de *ABC*—, Casares, Lucientes, Fernández Cuesta, Ismael Herraiz y Juan Aparicio. *Ya* desaparecería por una información sobre el asesinato de Calvo Sotelo. En su edición normal publica, en primera página, una fotografía de Calvo Sotelo cuyo pie dice: *"José Calvo Sotelo, que ha fallecido hoy"* y debajo una breve nota necrológica.

Ante este hecho, el diario anuncia en primera página que, *"si las circunstancias nos lo permiten, esta noche* Ya *lanzará una Edición Especial".* Al comprobar el Gobierno la moderación con que trata la información, le permite publicar una información más completa, siempre en el ámbito de la censura previa.

El día 15 diría adiós, también, *El Debate.*

Baroja, académico

En plena consagración de la primavera —1935—, ingresa en la Real Academia Española Pío Baroja, el escritor menos académico, a vueltas siempre con su sintaxis y sus dudas, no digamos cuando se trata de preposiciones. El acto era muy esperado, hasta el punto de que una multitud, bastante antes de la hora anunciada para el acto, pugna por un sitio en el espacio de los "inmortales", *"Olimpo oficial donde figuran esas medianías gloriosas".*

Ante los incrédulos, *"Baroja compareció, llevando su frac con la misma naturalidad con que llevaba los demás días un chaquetón de mal corte* —decía Marañón, que contestó a su discurso—, *con los bolsillos dilatados a fuerza de papeles y de libros. Y leyó, en un discurso inolvidable, su propia biografía, desgarrada, amarga y generosa".* En la primavera del año anterior, Azorín lo visita en su casa, y le dice que *"existe una vacante en la Academia y se ha pensado en usted". "¿Pero con unanimidad?"* —pregunta Baroja. *"Sí"* —responde Azorín. *"Me choca."*

Azorín le dice que piense si le conviene o no, *"pero ha de aceptar, eso sí, el discurso de ingreso".* Al marcharse Azorín, Baroja le da la noticia a su madre y ésta se emociona. Don Pío escribe su discurso y le envía una copia a Marañón y otra a la Academia.

Dos esquelas históricas

José Calvo Sotelo tiene una cabeza prodigiosa: un número uno en Derecho, doctorado por la Universidad de Madrid frente a Sánchez Román, y abogado del Estado. Un economista que escribe crónicas musicales. Secretario de Antonio Maura, es gobernador civil de Valencia y ministro de Hacienda con Primo de Rivera. Calvo Sotelo trata de organizar, inútilmente, las fuerzas monárquicas tras la caída de la dictadura primorriverista. A pesar de ser diputado por Orense, se exilia en París y desde allí envía artículos sobre temas económicos a *ABC*, que firma con el seudónimo de "Máximo". José Antonio dice que Calvo Sotelo no sirve para caudillo de un movimiento salvador *"porque no sabe montar a caballo".* Al regresar a España de París lidera la derecha española gracias al "Bloque Nacional". Calvo Sotelo es partidario de un golpe de Estado que acabe con la República. Febrero de 1936, elecciones y triunfo del Frente Popular. El día 14 de abril se celebra el desfile militar republicano en el paseo de la Castellana y la Guardia Civil pasa ante la tribuna presidida por el presidente Martínez Barrio y el jefe del Gobierno, Manuel Azaña. Entre los asistentes, el embajador de Estados Unidos, Claude Bowers. Este oye un estallido. Se trata del ruido estruendoso de una traca, colocada por el falangista Isidoro Ojeda. Restablecida la calma, prosigue el desfile. Momentos después, desfila la Guardia Civil —tan admirada por las derechas como odiada por las izquierdas— y, en ese instante, delante de la Presidencia del Gobierno suenan unos disparos. Como consecuencia de los mismos, fallece el alférez de la Guardia Civil Anastasio de los Reyes. Para la prensa de izquierdas, una provocación fascista; para la prensa de derechas, alborotadores marxistas. *ABC* escribe en su edición del día 15 de abril:

"El entierro, una odisea, lleno de incidentes y disparos, con guardias civiles pistola en mano caminando por los laterales del paseo de la Castellana. A la entrada de la calle Lista, nuevos disparos sobre la comitiva, desde terrazas y azoteas. Prosiguen los incidentes hasta la plaza de Manuel Becerra, donde esperan tres camiones de guardias de Asalto al mando del teniente Castillo."

Corre la sangre... *"Teniente de Asalto muerto en un atentado! ¡El teniente Castillo, asesinado por los fascistas!"* Los vendedores vocean la *Hoja del Lunes*, editada por la Asociación de la Prensa, la mañana del 13 de julio de 1936. Corre la sangre y el odio. Calvo Sotelo es obligado a abandonar su casa en el número 89, segunda planta, de la calle de Velázquez, de madrugada, cuando le tienden una añagaza. El crimen se organiza desde el mismo cuartel de Pontejos, sede de la guardia de Asalto.

Entierro multitudinario —se calcula en treinta mil las personas asistentes—, en medio de un *"silencio agobiante"*, según *El Debate*. *ABC* publica la esquela en portada, a toda página.

Capítulo VII

LA MUERTE LLAMA A LAS PUERTAS DE *ABC*

TRAS EL TRIUNFO DEL FRENTE POPULAR, EL MARQUÉS DE LUCA DE TENA LOGRA HUIR

"Cuando llega la guerra, la primera baja es la verdad."
Senador Hiram Johnson

Triunfo del Frente Popular, decreto de 29 de febrero de 1936. Obliga a las empresas a readmitir a *"todos los obreros, empleados o agentes que hubieran despedido por sus ideas o con motivo de huelgas políticas, a partir del 1 de enero de 1934"* y a pagarles los salarios que les debían; y Prensa Española tiene que readmitir a trescientos trabajadores y abonarles los salarios de seis meses. Un mes antes del comienzo de la guerra, Juan Ignacio presiente lo que va a suceder en España; en cuestión de semanas o meses, los republicanos se incautarán del edificio de Prensa Española, si no les salva un golpe militar. El marqués es partidario de cerrar el periódico, muy a pesar de lo que opina la mayoría del Consejo. El día cinco de marzo Juan Ignacio presenta su dimisión como presidente del Consejo de Administración de Prensa Española y director de *ABC* por no verse obligado a readmitirlos.

ABC publica un artículo contra el ministro Indalecio Prieto, considerado por este como injurioso, se querella contra Juan Ignacio. Honorio Maura es diputado y no se le puede procesar sin autorización de las Cortes. Maura se auto-inculpa de ese artículo, pero a la hora del juicio de conciliación, a Juan Ignacio le parece una cobardía rehuir su responsabilidad como director del diario. Al preguntarle el juez quién es el autor del artículo responde que él. Jiménez Asúa, abogado de Prieto al escuchar las palabras de Luca de Tena dice que no tiene nada que añadir. El juez da por finalizado el acto y charla amigablemente con Asúa, Luca de Tena y su abogado, Colom Cardany. En un momento de distracción, el juez dice al oído a Juan Ignacio: *"Escápese usted, que le tengo que meter en la cárcel."* Tras dejar sus cargos, Juan Ignacio pasa a la frontera francesa y se instala en Biarritz. Maura acude a verlo, la conspiración está en marcha y según Juan Ignacio, empieza a conspirar por primera vez en su vida. *"Ya no era 'prematuro' el Movimiento, como le dije a Sanjurjo en el verano de 1932 en la ciudad francesa."* Juan Ignacio es enlace del general Mola, que dirige la conspiración en Pamplona, donde es Gobernador Militar.

Galinsoga, director de *ABC*

A los pocos días de dejar sus cargos en Prensa Española, Juan Ignacio pasa la frontera francesa en compañía de su familia. Le sucede como director Luis de Galisonga. Nacido en Murcia en 1900, cursa Leyes en la Universidad de Madrid. Pronto se despierta en él una gran vocación periodística. En 1918, él y Calvo Sotelo forman parte de la Secretaría del Jefe del Gobierno don Antonio Maura. Un año más tarde es Jefe de Prensa en el Ministerio de la Gobernación. En 1929, redactor jefe. Amigo íntimo de Calvo Sotelo. El 3 de Marzo de 1936 el Consejo de Administración de *ABC* lo nombra director del periódico, en circunstancias muy difíciles para la prensa independiente. Galinsoga afronta la lucha interna en el diario con los trescientos obreros represaliados e impuestos por el Frente Popular a la Empresa.

ABC de Galinsoga, encendido y arrebatado, redactores en trinchera, en guerra contra Azaña y viceversa: *"Yo no quiero hacer mártires, sino mendigos..."* Galinsoga de la época romántica, de la *belle époque*, redactor de *ABC* cuando González Ruano gira sobre la rueda lírica del ultraísmo; Galinsoga, redactor jefe en el año veintinueve y director de *ABC* en plena contienda civil.

"En Roma —escribe González-Ruano— *es donde recibo su proposición de quedarme en Italia como corresponsal de su periódico. A esta fe que en mí tenía Luis de Galinsoga debo posiblemente mi vida, porque pensaba haber regresado a España y la guerra civil me hubiera sorprendido en Madrid."* El día 19 de julio *ABC* se publica por última vez antes de la incautación. Su número: el 10.344. En este periodo, no lo reconocerán como suyo. Entretanto, el marqués en Biarritz prepara el Movimiento como enlace del general Mola. En una entrevista, el militar dice: *"Si no tengo más aviación antes de ocho días, estamos perdidos."*

En cierta ocasión, Azaña ha llegado a decir: *"O* ABC *acaba con la República o la República acaba con* ABC." En una carta de Cipriano Rivas Cherif dirigida a Manuel Azaña, a Zarauz, Rivas Cherif cuenta a su cuñado, entre otras cosas, que hay mucho dinero *"para un movimiento muy próximo"*. En Biarritz, Juan Ignacio Luca de Tena recibe la visita del banquero mallorquín Juan March. Este necesita un avión para una tarea importantísima; y le pide al marqués que lo busque en Europa. Desde París, Juan Ignacio se pone en contacto con el corresponsal de *ABC* en Londres, Luis Antonio Bolín y con el inventor, Juan de la Cierva. Luca de Tena confía su misión a La Cierva: *"No te muevas de París* —le dice—, *que yo voy a Londres y encuentro lo que necesito rápidamente."* En París, se arregla el viaje. Por orden de Juan Ignacio, Bolín finge un viaje de recreo: se desplazará a Las Palmas en avión, acompañado de dos señoritas y un amigo. Toda una estrategia para el golpe de Estado. Entretanto, Juan Ignacio visita al Rey en el exilio, en el castillo checo de Metternich. Y pide a Alfonso XIII que regrese a España, al Burgos nacionalista. El Rey responde: *"No lo creo yo así."*

Vísperas de guerra

Primavera de 1936; Madrid, un millón de habitantes. Se editan dieciocho diarios, ocho matutinos y diez vespertinos de muy variada tendencia ideológica, aun cuando se proclamen independientes. Portadas coloristas de *ABC* entre ellas la deslumbrante belleza, Rita Cansinos, Rita Hayworth para el mundo del celuloide. El dominical de *ABC* sale a la venta con una portada colorista y el correspondiente pliego de color. Nadie puede sospechar que, tras las mismas empiecen a ocultarse graves acontecimientos en Madrid; el cuartel de la Montaña sufre un asedio y capitula al día siguiente.

"Este número está visado por la censura", anuncia en su primera página de tipografía. Redacción de *ABC,* noticias de que el Ejército de Marruecos se ha sublevado contra la República; el general Queipo de Llano ha declarado el estado de guerra. La capital de España es un río de rumores. En *ABC* las primeras noticias de la sublevación se conocen durante la mañana del sábado día 18; y a la Redacción llega un conciso telegrama que informa del levantamiento de la guarnición de Melilla contra el Gobierno republicano.

En la Casa de *ABC* hay gente de variada tendencia: desde la moderación hasta el extremismo. El dominical del día 19, los vendedores lo ofrecen y venden en las calles madrileñas. Ante los rumores y noticias que llegan, los lectores lo compran y leen con avidez y ansiedad. Tras las páginas de huecograbado, tiradas con antelación, los lectores se encuentran con el "visado de la censura" y el diario publica la notas impuestas por el Gobierno.

El lunes día 20. Aviones sobrevuelan la capital de España, explosiones, ola de rumores. Al diario llega el personal del turno de la mañana. En la Redacción se vive un ambiente tenso, alrededor de un aparato de radio. Allí están el subdirector Alfonso Rodríguez Santamaría y varios redactores, también el ordenanza Pedro Ruiz Gómez.

Unión Radio

Junto a la sede del periódico, *Unión Radio* de Madrid, en la calle Martínez de la Rosa, transmite noticias: focos rebeldes en Carabanchel, la sublevación en el Cuartel de la Montaña en contra del Gobierno republicano, incautación de periódicos como *El Debate*, *Ya*, *ABC... El Siglo Futuro La Nación* y *La Época*. Pasan a la propiedad del Estado. Al oír esto se miran, estupefactos, unos a otros. Puesto en pie, Alfonso Rodríguez Santamaría dice: *"Señores: parece que esto se ha acabado. Márchense a sus casas y que sea lo que Dios quiera."*

Cuando aún no acaban de mirarse unos con otros, alguien comenta: "Ya están ahí", mientras Rodríguez Santamaría dice: *"Creo que ustedes deben ir saliendo."*

Son las tres y media de la tarde, la hora en que llega a la Casa el ingeniero jefe de talleres, Rogelio González Úbeda. En el despacho, Galinsoga, el director. Al grupo de redactores, que acaban de abandonar la Redacción, unos hombres les cachean en los pasillos.

Galinsoga y González Úbeda conversan. Se preguntan qué hacen; y Galinsoga llama a Gobernación y la respuesta que recibe es que no hay tiempo como para ocuparse de este asunto; están suspendidos no se sabe por cuánto tiempo. Entonces, el director ordena que se paren las máquinas, se limpien los cilindros... y a casa. A las seis de la tarde abandona González Úbeda el periódico y unos aprendices de encuadernación lo cachean y detienen, mientras unos operarios sacan documentos y los llevan a la casa de doña Valentina, hija de don Torcuato. Úbeda se refugia en la Embajada de Francia, después corre una apasionante aventura. Don Fernando Luca de Tena, al parecer, cierra con llave la puerta de Serrano.

Días después, Alfonso Rodríguez Santamaría, subdirector del periódico y director provisional en 1932, es asesinado. Todo un señor se le ve paseando por las calles madrileñas y un joven periodista, que lo ve, le advierte que no se deje ver. *"Pero quién se va a meter conmigo; ya estoy viejo."* Vive acompañado de una criada, entre sus libros y sus recuerdos. Gente de *ABC* en embajadas como Ramón Pastor, Wenceslao Fernández Flórez, Pérez Ferrero, Rafael Sánchez Mazas... Galinsoga se refugia en el Consulado de Rumania y, posteriormente, en la Legación polaca.

Juan Ignacio salva la vida de su amigo y redactor Ysasi

Seis de septiembre de 1936. Juan Ignacio Luca de Tena deambula por la plaza mayor de Talavera de la Reina. Espera el regreso del comandante Castejón; ha salido a inspeccionar a su tropa de Regulares. En el marco de la plaza y las calles adyacentes, hervidero de soldados y oficiales, vehículos que van y vienen, vecinos que vitorean a sus liberadores.

Juan Ignacio mira a dos camiones que se detienen a la puerta del Ayuntamiento. Desciende un grupo abigarrado, soldados armados, prisioneros. Juan Ignacio observa detenidamente una cara que quiere conocer. Va desaliñado y viste un mono azul. Juan Ignacio pregunta al oficial: *"¿Quién es ese?" "Es un prisionero; lo van a fusilar." "¿Cómo que lo van a fusilar...? Es imposible."* No da crédito a lo que está viendo; y se acerca al prisionero, y lo llama por su nombre: *"Joaquín, Joaquín..."* No le dejan hablar con él; sin embargo, Ysasi le dice: *"Dile a Castejón que me he pasado."* Castejón ha de tardar, entonces se dirige al capitán, y le tranquiliza: *"No se tomará ninguna medida hasta que llegue el comandante."* Con impaciencia, Luca de Tena llama por teléfono al general Franco, al palacio cacereño de los Golfines, su Cuartel General.

Juan Ignacio le dice que está en Talavera, en el puesto de mando del comandante Castejón. Acaba de ver, entre los prisioneros que van a fusilar, al comandante Ysasi. Al parecer, se ha pasado desde las filas enemigas. *"¿Se refiere usted a Joaquín Ysasi, Quinito?"*, pregunta Franco. *"Sí, mi general, Quinito"* —como se le conocía en la Legión. Franco pide que se ponga el capitán y le ordena que vaya a Cáceres, bien custodiado. Luca de Tena se funde con él en un apretado abrazo. Así salva la vida e inicia una gran carrera militar como comandante de Estado Mayor de Franco. Moriría en 1971. Era teniente general honorífico del Ejército.

Qué años. El popular cronista de sociedad del periódico, "Gil de Escalante", seudónimo de Juan Spottorno, muere en 1935, a causa del tifus. Vivía cerca de *ABC*. Sus sobrinos, los hijos del filósofo Ortega, escuchan en una taberna de enfrente que quieren darle el "paseo". Un atardecer, un grupo de milicianos sube al piso para detenerlo, ante la perplejidad de la familia. Se limitan a decirle que había muerto hacía un año.

Azorín, republicano, se exilia en París

El 11 de febrero de 1931, Azorín se declara ante Juan Guixé en *La Calle*, *"republicano, francamente republicano. Republicano federal"*. Es más: hace alabanzas a los socialistas —*"somos hermanos los que trabajan la tierra y los que escribimos"*—; *"el partido socialista es sólido, firme... puede ofrecer a la juventud seriedad y escrupulosidad"*. Pero, el escritor de Monóvar ¿no tiene miedo? Por su cabeza deben pasar mil imágenes, muchas frases escritas y pronunciadas y decide tomar el camino del exilio.

En 1936, Azorín no aguanta el ambiente de Madrid, no puede concentrarse en una ciudad convertida en un caos; y Azorín y su mujer, Julia, marchan a París, acompañados del doctor Hernando y familia, vía Valencia y Barcelona. Un librero de viejo, Juan Negueroles, le facilita la marcha de la capital de España. Antes de llegar a la frontera francesa, un grupo de la FAI los detiene y revisa unos papeles. Uno de ellos pregunta al escritor alicantino qué documentos son y Azorín responde que cartas de su amigo Blasco Ibáñez. Este había muerto hacía ocho años y el escritor de Monóvar está seguro de que ese nombre le salvó la vida. Amante de la cultura francesa, Azorín se queda en un hotel bastante lujoso, cercano a la estación. La incertidumbre de su suerte y su situación económica preocupa a la pareja. No sabe qué hacer en París y no tiene sosiego para escribir. Trasladados de hotel, la pareja lo pasa mal porque la situación es preocupante. Azorín pasea, visita la casa donde vivió Balzac o el estudio de Delacroix y frecuenta las librerías de lance; y los puestecitos con libros en las riberas del Sena. En la capital francesa, su vida apenas cambia. Siempre lleva en el bolsillo un cuadernito y un pequeño lápiz.

La nostalgia lo invade: *"¿Volveré yo a España? Y ¿acaso me querrán en España? ¿No soy yo bastante español? No he hecho nunca mal a nadie. A España la llevo yo metida en el corazón. Si mi obra vale algo, es —aparte del arte, de que yo no debo hablar— por su esencia de españolidad... Soy un extranjero en mi patria. ¡Y ése es mi castigo!"*

Por la noche trabaja intensamente en el cuarto del hotel y escribe sus artículos para *La Prensa* bonaerense. Azorín siente la extraña sensación de exiliado y vive inquieto con lo que sucede en Madrid. Inadaptado a la vida de París, Azorín lo sigue pasando mal; además, a ello contribuye el que no habla francés. Gracias a la familia Marañón y Hernando, alivia su melancolía. Para colmo de desdichas, el doctor Marañón le diagnostica una nefritis. Azorín es aprensivo y su ánimo cae en una tristeza que se transforma en neurosis. La pareja de Azorín y Julia visita a la familia Hernando en la casa de apartamentos de la rue Daubigny. Allí viven más españoles, entre ellos Ramón Pérez de Ayala con Mabel Rick. Poco después, el doctor Marañón, hombre de mucho prestigio en París, bálsamo para el alicaído ánimo del escritor. Azorín pide a Marañón que interceda por su amigo el escritor y gobernador civil de Baleares Antonio Espina, después colaborador de *ABC* con el seudónimo de Simón de Atocha.

La situación de Espina es delicadísima y en la cárcel ha intentado suicidarse. En el mismo París, Azorín escribe cartas a Marañón, porque es una manera de psicoterapia. Cansada la pareja de vivir en un hotel, se traslada a una casa, donde los visita Baroja. Una preocupación más en su estancia: carecen de permiso de residencia y será el doctor Marañón quien resuelva el problema.

Le falta el aire de España

Añorante, nostálgico, quiere sentir a España a través del cordón umbilical del artículo; y en marzo de 1939, Martínez Ruiz se asoma de nuevo a las páginas del *ABC* sevillano. Pero Azorín está cansado de vivir en París, de sentirse exiliado, y le falta el aire de España. La guerra acaba en el mes de abril y Azorín siente prisas por recuperar el sol familiar de sus pueblos, el sol que no le alumbra, aunque sea el mismo; y regresa a España después de haber escrito varias cartas a Franco en la que solicita su consentimiento.

José y Julia regresan a Madrid, mientras sus amigos Marañón, Hernando y Pérez de Ayala permanecen en París. En Madrid, el escritor alicantino descubre otro exilio: el interior. *"Aquí estoy como el fiel discípulo de San Bruno* —escribe al doctor Marañón. *Ni hablo ni pablo, como se dice vulgarmente. No creo que en ninguna cartuja haya un monje más silente que yo."*

La situación del escritor de Monóvar en la España del segundo año triunfal no le es muy favorable, según el testimonio de Serrano Suñer. *"Debidamente autori-*

zado —escribe Serrano, ministro de la Gobernación—, *entró nuestro Azorín en España* —Serrano y él eran muy amigos—, *pero Arias Salgado, que, como vicesecretario de la Falange, era jefe de Prensa, dio órdenes para que no se le permitiera escribir en los periódicos; y en una reunión de la Junta Política que yo presidía le manifesté que no podía creer que ello fuera cierto, a lo que él, con gran seguridad, sintiéndose sin duda respaldado por alguien, me contestó que la orden era cierta y que lo había hecho así porque Azorín era un tránsfuga. Destempladamente le contestamos —varios a la vez— que eso era una tontería y que el principal interés de la entrada de Azorín en España estaba en que siguiera actuando con toda su plenitud intelectual y no sólo para tener un titular de una 'cartilla de racionamiento'."*

Un año después, a Azorín se le concede autorización para publicar en la prensa diaria; y su firma aparece en *ABC* como colaborador en noviembre de 1941.

El escritor está anciano y se acerca a la España oficial; y los jóvenes intelectuales falangistas acogen su firma en la revista *Escorial* y en el diario *Arriba*. El día 29 de octubre publica un artículo en *ABC* de homenaje a José Antonio Primo de Rivera, y el 1 de octubre firma en el mismo periódico un elogio de Francisco Franco. Previamente le ha escrito y pretende convocar a escritores a un congreso, presidido por el doctor Marañón.

De vuelta del exilio en 1941, el doctor Marañón anima a Azorín a su retorno de inmortal a la Real Academia Española, y visita al secretario perpetuo, don Julio Casares, pero encontrará en Federico García Sanchiz un enemigo. Azorín atribuye esa animadversión de García Sanchiz porque no lo cita en un libro que ha escrito sobre Valencia.

Su nombre, por ejemplo, no figura en el Anuario de miembros perpetuos de la Academia Española hasta 1947. Pese a todo, los reconocimientos no se hacen esperar; y en 1943 se le concede un premio de la Delegación Nacional de Prensa; tres años después le otorgan la Gran Cruz de Isabel la Católica: En 1955, un grupo de bancos madrileños lo distingue con un premio dotado con medio millón de pesetas. Un año después, la Fundación March le concede un nuevo galardón y medio millón de pesetas. Años más tarde la medalla de oro al Mérito del Trabajo. Detrás de ellos, la mano de su amigo Ramón Serrano Suñer.

El largo y triste periplo de Pérez de Ayala

Decepcionado de la República, Pérez de Ayala tiene un largo y triste periplo durante su exilio. Ha sido embajador de España en Londres y desde esta ciudad trabaja activamente a favor de la causa nacionalista y escribe una carta al general Franco. En ella, Pérez de Ayala habla a Franco del encuentro con Arias Paz. *"Desde hace cerca de un año he venido buscando manera de hacer llegar a usted directamente, lo primero, mi adhesión sincera, y después, el ofrecimiento de mis humildes servicios. (...) espontáneamente y por mi cuenta y riesgo, no he cesado un instante de estar sirviendo a usted, hasta donde pude y se me alcanzó; y si bien la propia alabanza envilece, imagino, sin incurrir en ese feo vicio, que algunas de mis actividades no han sido del todo inútiles, superfluas o excusadas."*

Periplo cargado de ansiedad y melancolía, dos hijos en el frente nacionalista y una estancia en Buenos Aires. En cuanto a la obra de Pérez de Ayala, cuando su nombre suena para el Nobel, no se permite en España la entrada de sus libros publicados en Argentina, ni la edición de sus obras completas, ya que la censura excluye algunas y de otras exige la supresión de páginas.

Recién acabada la contienda, Juan Ignacio Luca de Tena quiere que colabore en *ABC*, pero no se lo permiten las autoridades franquistas. Tiempo después publica semanalmente en el diario de la calle de Serrano, hasta que el nuevo director de *ABC* espacia los artículos y los publica mensualmente.

Las cartas de Pérez de Ayala son, en ocasiones, pequeños ensayos; y, en este sentido, Miguel Rodríguez Acosta le dice: *"Tu carta pudiera ser un buen artículo de* ABC. *¿Por qué no escribes artículos? Los únicos que en* ABC *me parecen bien son los de Foxá y Carlos Sentís."* Veinte años fuera de España y la desgracia de perder al hijo primogénito: Pérez de Ayala llega en diciembre de 1954.

Un comité obrero se incauta de los diarios desafectos

Un Consejo o Comité Obrero, formado por la UGT y la CNT, decide incautarse de los periódicos desafectos al régimen. *ABC* por Unión Republicana, "o sea la moderada clientela de Martínez Barrio"; el periódico de la Comunidad Tradicionalista, que paradójicamente se llamaba *El Siglo Futuro*, para la CNT. Al flamante partido sindicalista de Ángel Pestaña le corresponde *La Época*. El Partido Comunista e Izquierda Republicana de Azaña se reparten los dos diarios de la Editorial Católica: *El Debate*, para *Mundo Obrero* y el vespertino *Ya* para *Política*. Los socialistas de Indalecio Prieto se quedan con *Informaciones*, de Juan March. Subsistían *Claridad*, tribuna de los caballeristas y ugetistas; y *El Socialista,* dirigido por Julián Zugazagoitia.

Se publican, además, periódicos independientes como *El Sol,* crepuscular; *La Libertad*, que hacía gala de su título; *El Liberal*, una sombra del diario que fue; *Heraldo de Madrid*, sacado del ostracismo por el periodista catalán Manuel Fondevila, voz de la tarde y la noche madrileñas; y compartía el protagonismo con *La Voz*, hermana noctámbula, páginas de famosos. Y *Ahora*, el más joven, convertido en 1937 en la tribuna enardecida de las Juventudes Socialistas Unificadas.

Es como un milagro el que sobrevivan los quince periódicos a los avatares de una contienda. En los primeros tiempos de la guerra, sobran periodistas; con el transcurso de la misma, faltan, por muy diversas circunstancias. Unos han decidido marcharse al frente; otros, movilizados con sus quintas y algunos siguen el camino del Gobierno a Valencia. Al final de la contienda, quedan en Madrid entre setenta y ochenta periodistas. Algunos deciden marcharse como es el caso de dos redactores de *El Liberal* y los directores de *La Voz* y de *CNT* respectivamente. Al finalizar la contienda, muchos son fusilados. El día 19 de julio, la prensa sufre las peores consecuencias del levantamiento militar. Con el ritmo habitual de las publicaciones se quiebra y comienzan las carencias de papel y tinta, sobre todo en los periódicos de empresa.

ABC: "Diario republicano de izquierdas"

La mañana del día 21 de julio acuden al diario de la calle Serrano, tres redactores; los tres guardan excelentes relaciones con los obreros, credencial suficiente como para que sus vidas no corran riesgos. *ABC* cuenta con un Consejo Obrero de gran experiencia sindical. Los miembros del Consejo consideran tarea primordial sacar el periódico. El problema es cómo hacerlo. Miembro de ese Consejo, Augusto Vivero, periodista de los años veinte, días en que es popular por su actuación en la toma del Cuartel de la Montaña. Según un relato, muchas veces transmitido por radio, cambia la pluma por el fusil. Con los tres supervivientes de la Redacción anterior, más los compañeros de Augusto Vivero, vuelve a salir *ABC* el día 25 de julio; las primeras ediciones ofrecen una precaria imagen. El día 25 de julio *ABC* aparece como "Diario republicano de izquierdas" y un "¡Viva la República!" Un soldado que observa la portada del diario, en el Alto de los Leones, se pregunta: "¿ABC, *republicano? ¿No será una broma?"* A continuación, una Nota de la Redacción: "No, querido camarada: no es una broma. *ABC* es ya republicano, por fortuna, y lo seguirá siendo siempre."

Capítulo VIII

"TODO EN *ABC* ES AHORA REPUBLICANO"

UN ORDENANZA, PRESIDENTE DEL CONSEJO DE ADMINISTRACIÓN

"Podéis arrancar al hombre de su país pero no podéis arrancar al país del corazón del hombre."
John Dos Passos

ABC, republicano y el recuadro: *"Entra hoy este periódico en una vida nueva. Frente a sí tiene un porvenir de vida republicana, franca y leal, de honda y sincera compenetración con el pueblo y con la ley que el pueblo se ha dado, en su limpia y ejemplar soberanía. Todo en* ABC *es ahora republicano. (...) Este primer número de la nueva etapa se forja con acuciosa premura, porque nos domina el ansia de ser voceros de la epopeya que escribe el pueblo con gloria inmarcesible. Tal premura se traduce en una limitación enorme de realizaciones, que se remediará sin demora. Queremos que ABC sea orgullo de la Prensa republicana, y lo será inmediatamente."*

En la guerra, la gesta y la épica, por eso ese *ABC* habla de "Segunda guerra de la Independencia": *"España está frente a su segunda guerra de Independencia. Más triste y amarga que la de 1808, y condena a los traidores como los generales Goded, Fanjul y Mola, y a Gil Robles y acaba con el aserto de Ganivet: la gran obra de España es el pueblo."*

El poeta gaditano escribe un conocido poema en el que nos describe los palacios saqueados al inicio de la contienda: *"¡Palacios, bibliotecas! Estos libros tirados / que la yerba arrasada recibe y no comprende, / (...) estos inesperados / retratos familiares / en donde los varones de la casa, vestidos / los más innecesarios jaeces militares, / nos contemplan partidos, / sucios, pisoteados, / con ese inexpresable gesto fijo y oscuro / del que al nacer ya lleva contra su espalda el muro / de los ejecutados."*

En una entrevista publicada por *ABC* el 18 de septiembre del año 1936, Alberti habla de su estancia en el palacio de los Heredia Spinola, en la calle del Marqués del Duero; y habla de los libros que encuentra en las habitaciones particulares: *"Los más recientes de 'El Caballero Audaz', Ramón Martínez de la Riva y otros escritores monarquizantes."* El primero, un notorio panfletista con escaso talento literario. Ramón Martínez de la Riva trabajaba en *ABC* y hacía la crítica de cine.

Había escrito una breve biografía de don Torcuato Luca de Tena. El 25 de septiembre de 1936 muere fusilado en Madrid.

"Los que hacemos *ABC*"

ABC republicano y su saludo *"a todos, republicanos, obreros españoles, su saludo más cordial y emocionado"*. Un editorial inflamado de gozo, de "¡Viva la República!" *"Lo primero que pensamos fue cambiarle el nombre. No queríamos arrastrar ni un día más la historia ligada a esas primeras letras del abecedario. Todo lo chabacano, la beata endomingada y la señorona altiva y pretenciosa, el analfabetismo enguantado y señorial, respiraban diariamente en las columnas de* ABC. *Gran parte de la cursilería nacional bebía su alimento espiritual en los 'Ecos de sociedad' de este diario. (...) ¡Nada de suspirar por la resurrección de* ABC*! Aquí lo tenéis, beatas, señoronas, militares de brillante espada; el* ABC *vuestro es ahora, por vez primera, un ABC nuestro, nacional, español, republicano."*

El día 31 de julio de 1936 aparece en un recuadro "Los que hacemos el *ABC* republicano". Como director figura: Augusto Vivero; subdirector, Virgilio de la Pascua; redactores: Serafín Adame, Antonio Agraz, Benito Artigas Arpón, Antonio Barbero, Juan M. Barea, Leandro Blanco, Maximiliano Clavo, José Mesías, Rafael Ortega-Lisón, 1931-36, premio "Luca de Tena", Antonio Pérez Olmedo, Augusto Vivero Precioso; fotógrafos: José Díaz Casariego y "Alfonso". Hay otros redactores que no figuran en el *"staff"*: Lamoneda, Rafael Ortega Lissón, redactor entre 1931 y 1936, Leandro Blanco, comediógrafo y redactor del diario, premio "Luca de Tena", el confeccionador Antonio Barbero Núñez y el fotógrafo Virgilio Muro.

El semblante de Augusto Vivero es de poblada barba y gafas de científico. Vivero es un republicano radical cercano al anarquismo; nacido en Cuba, ha trabajado en varias redacciones y ha dirigido *El Mundo* e *Informaciones*. Augusto Vivero ha participado activamente en el Cuartel de la Montaña y es muy conocido por su actuación. Julián Piedra López, ordenanza del periódico hasta el día 19 de julio, ocupa el cargo de presidente del Consejo de Administración. Julián Piedra había trabajado en una mina de Almadén.

Augusto Vivero dirige *ABC* hasta el día 13 de agosto de 1936. El día 6 de ese mes publica un artículo, titulado: "Al fin, la República va a ser republicana." *"Cumpliéronse ya cinco años de República* —dice—. *Y corrieron ya cinco, largos de talle, desde que hube de lanzar, desde el Heraldo de Madrid, aquello, después tan famoso, de: '¡Hay que republicanizar la República!' (...) La consigna invariable debe ser siempre: 'La República para los republicanos!' Para todos los republicanos..."* A Vivero lo sustituye Virgilio de la Pascua, hombre de su confianza e, ideológicamente, afín a él. Una vez acabada la contienda, sería fusilado...

Elfidio Alonso, segundo director de *ABC*

Bajo un clima de pasión y muerte, llega Elfidio Alonso[7], militante de Unión Republicana, a la sede de Prensa Española, situada entonces en el 55 de Serrano. Elfidio Alonso es un joven periodista de treinta años, natural de La Laguna. El nuevo director acude al diario sin pistola y tiene un sueldo de mil pesetas, cantidad similar a la que cobra en ese período un diputado. Para Elfidio Alonso Rodríguez —segundo director del *ABC* republicano—, "ABC *ha sido un periódico conflictivo, enemigo jurado del régimen y está considerado, en la conciencia proletaria, como el malo a exterminar. Acaba recientemente de salir de una huelga feroz, ocurrida en los últimos tiempos del bienio radical-cedista. En ella han tomado parte, no sólo los obreros de* ABC, *sino el sindicato de Artes Gráficas, y en el comité de huelga hubo personas que no pertenecían a los trabajadores del periódico, como fue el caso de un desdichado personaje que, desde que empezó el levantamiento, se estableció por su cuenta con la famosa Brigada del Amanecer."*

Checa de García Atadell, a un tiro de piedra del periódico, a la vuelta del edificio —un inmueble por medio, en la calle Martínez de la Rosa—, testigo callado de muertes del propio diario. Al frente de la misma, Agapito García Atadell, tipógrafo y político socialista, ingresa en prisión a raíz de los sucesos de octubre de 1934, junto a Largo Caballero. Al estallar la guerra, organiza en Madrid por su cuenta un grupo titulado Milicia Popular de Investigación; y se dedica a cometer toda clase de delitos. Elige las víctimas, generalmente de derechas y adictas a la República. Para ello cuenta con la confidencia de algunos porteros de fincas urbanas. Después, abandona España acompañado de sus secuaces. Para su marcha alega una tarea de contraespionaje en la ciudad francesa de Marsella, donde vende una partida de joyas procedentes de sus rapiñas y después embarca hacia América del Sur. El buque en el que viaja hace escala en Santa Cruz de Tenerife y es detenido por agentes franquistas. Conducido a Sevilla, lo juzga un tribunal militar, que lo condena a muerte, entra en una fase mística y lo ejecuta.

Según Elfidio Alonso, con el triunfo del Frente Popular se modifica la sentencia, ganada por Prensa Española, y la empresa es obligada a readmitir a los obreros expulsados. *"Estos acontecimientos suben la temperatura, alta desde la implantación de la República y origina la dimisión del director de ABC de Madrid, Luca de Tena, que no acepta ni se somete a ese laudo; esto da lugar a que lo sustituyera el inefable señor Galinsoga."*

Unión Republicana, el partido político presidido por Martínez Barrios, carece de un medio de difusión. Entonces, Augusto Vivero pide al Comité Nacional de ese

[7] Poco antes de que *ABC* publicara el doble *ABC* de la guerra, mantuve una larga entrevista con él, entrevista que publica *ABC* —voy a hacérsela por orden del director— y le gusta mucho. Conservo una carta suya, agradeciéndomela, desde París, donde vivía.

partido un delegado que lo represente. Elfidio Alonso ha fundado y dirigido publicaciones en Santa Cruz de Tenerife, además de ser diputado a Cortes.

ABC es, en esa época, según Elfidio Alonso, un periódico agresivo, y no le gusta ni a los mismos obreros, generalmente ugetistas. Entonces, Ortega Lissón, Barbero y Blanco declaran la guerra al director, Augusto Vivero. Este publica una fotografía de Alfonso en la que aparecen unos milicianos junto a unas momias de la iglesia del Carmen, fotos que dan la vuelta al mundo y manchan la imagen de la República. Hasta el punto que se recoge dicho número y *Claridad* y *El Heraldo* protestan. A raíz de la publicación de la fotografía, el secretario de Unión Republicana ofrece la dirección de *ABC* a Elfidio Alonso. Su nombramiento aparece el día 13 de agosto de 1936. *"Desde el presente número se ha hecho cargo de la Dirección de ABC el diputado republicano don Elpidio Alonso Rodríguez."* Con el error de Elpidio en vez de Elfidio. Como hombre de su confianza, Mariano Espinosa Pascual, redactor jefe y director en funciones, prácticamente, durante los tres años de la guerra.

Elfidio Alonso ni tan siquiera es lector de *ABC*. Sólo el destino lo lleva hasta Serrano 55 y, nada más llegar, comprueba cómo imprime carácter el mito y el símbolo de la Casa. Es algo que él percibe hasta en los obreros más revolucionarios. Elfidio Alonso conversa en dos ocasiones con el Consejo Obrero y busca una orientación más acorde con la línea de los lectores de *ABC*. Elfidio Alonso está de acuerdo con ese matiz, sin renunciar, claro está, a la defensa de la legalidad democrática *"y a no camuflar nuestro insobornable republicanismo"*. Si el periódico pudo salir normalmente a la calle, apenas ocupado Madrid por los sublevados, en plena anarquía —recordará Elfidio Alonso— tanto él como los obreros de *ABC* saben mantener las instalaciones del diario en perfecto estado y salvarlo de la destrucción. *"Los problemas con la familia Luca de Tena* —recordará Elfidio— *acabaron el mismo día que entré como director del periódico. En la sala grande donde está la estatua de Torcuato se hallaban redactores y otro personal en posturas de poca educación, comiendo bocadillos de sardina y poniendo todo perdido. A Torcuato le habían puesto un cucurucho de papel en la cabeza. Cuando entré me encaré con todos y les dije que si estaban ahí era gracias al esfuerzo de aquel hombre. Desde entonces cambiaron de actitud y se portaron correctamente."*

Marías y Julián Besteiro en *ABC*

Al cambiar las circunstancias, muchos de los nuevos redactores optan por marcharse. Los intelectuales, que se mantienen en zona republicana, difícilmente colaboran en prensa; no solo en *ABC*, sino en otras publicaciones. Más activos en su acción, los jóvenes entran en el círculo de los intelectuales antifascistas. Los mayores no se adaptan a un estremecimiento tan singular como este de la vida española.

A pesar de las dificultades, Elfidio Alonso consigue reorganizar la Redacción y, entre ellos, figura un joven muchacho llamado Julián Marías, quién hace sus primeras armas periodísticas. Marías comienza su colaboración en el *ABC* republicano en el mes de septiembre del año 36, invitado por Elfidio Alonso, "hermano de una fraternal amiga mía". Previamente en *El Sol* publica el prólogo de un diario.

Marías firma a veces y otras escribe editoriales; y no lo hace con frecuencia por los azares de la guerra. Cuando más firma en el diario es al final de la contienda, el último mes; y escribe en colaboración con Julián Besteiro, por quien más estima moral y política siente y con el deseo de que se acabe, cuanto antes, la contienda y se eviten más muertos... Algunos de sus textos se dan por radio, pues él escribe para las dos zonas. *"Yo escribía* —dice— *para todos los españoles, en un esfuerzo bastante penoso y bastante arriesgado, para convencerlos de sus dobles errores y de la necesidad de no llevar hasta el final sus parciales razones, para conseguir que el final de la guerra fuese el comienzo de una nueva etapa creadora, algo que pudiera llamarse paz."* Y Julián Marías escribe un editorial, publicado en letra negrita, en el último número de *ABC* republicano, el día 28 de marzo de 1939, despedida de la República; y lo escribe la noche antes.

Firma "Sagitario"

La prensa franquista publica que los populares Alvarez Quintero han sido asesinados en Madrid. Sabedor el director de *ABC* de la falsedad de la noticia, recurre a contrastar la información, mediante el testimonio de los protagonistas. Ante lo cual, el citado dramaturgo de poco éxito protesta y considera como un insulto a la democracia, que los Quinteros sean portada del *ABC* republicano, cuando tantas veces lo han sido del *ABC* monárquico. Enfadado, protesta al director en su despacho, y en otro periódico publica que los "Luca de Tena" continúan dirigiendo la Redacción. Elfidio Alonso publica una columna "La flecha en el blanco", tras el seudónimo de "Sagitario".

Elfidio Alonso da al periódico un tono de moderación de la guerra, aproximación a cuanto ocurre, a la verdad y más teñida de tolerancia que el resto de la prensa madrileña. La Guerra Civil, vista desde Madrid, es bastante peor, según Marías, que lo que refleja en las columnas del *ABC* republicano.

A Marías no se le olvidarán ciertos recuerdos. Tiene veinte años y viaja en el tranvía "46" que lleva a Moncloa y a la Ciudad Universitaria. *"Era uno de aquellos tranvías con plataformas abiertas. Yo viajaba en la plataforma de delante. Paró el tranvía y subió una señora. El conductor, con sus manivelas en la mano, se volvió para ver si habían acabado de subir y volver a arrancar. La señora era admirablemente preciosa. Era una mujer de la cual todavía me acuerdo. ¡Preciosa, elegante, bien vestida! ¡Una maravilla! El conductor la miró con odio, con inconfundible odio. Vio en ella una enemiga de clase, una aristócrata, una burguesa, ¡qué sé yo! y tras una especie de fulguración yo dije: '¡Estamos perdidos! Cuándo Marx puede más que las hormonas, estamos perdidos!' Lo malo es que acerté. Lo malo es que aquello era literalmente verdad. Se produjo un estado de ánimo en el cual, cuando alguien llegaba, por ejemplo, al Ateneo, y decía: '¡Oh, qué horror! He encontrado, al pasar por la Gran Vía, que habían matado a un muchacho!' '¡Ah, sí, qué horror, qué espanto! ¿Y quién era?' Entonces, alguien contestaba: 'Un falangista' o 'Un comunista'. La gente decía: '¡Ah, bueno!' A eso se había llegado. Eso es lo que llamo politización."*

Durante su etapa de director de *ABC*, Elfidio Alonso piensa, cada mañana, el tiempo y los obstáculos que habrá de salvar para alcanzar el periódico. En ocasiones, el automóvil que lo lleva hasta la sede del diario, conducido por la actriz Conchita Montenegro, sufre frecuentes detenciones, a cargo de los milicianos, en un tramo tan corto como el comprendido entre la calle Marqués de Cubas, donde vive, y la plaza de Cibeles.

Después de identificarse y alcanzada la plaza de Cibeles, Elfidio Alonso pide a los milicianos que lo custodien hasta el edificio de Prensa Española. De lo contrario, ese camino se hará eterno por las constantes detenciones. En la puerta hace guardia un obrero, llamado Lapiedra. Se toca con el gorro de miliciano y lleva un fusil. El día de su llegada, nada más verlo, le dice: *"Camarada, ¿qué quieres?"* Elfidio Alonso responde que sube a ver al comité de empresa. Cuando ha iniciado la subida de las escaleras de la Casa, se vuelve y, dirigiéndose a Lapiedra, le pide que no vuelva a llamarle de tú. Es una forma de que empiece a respetarle.

Días de pólvora, fulgor de guerra. Las noticias se reciben a través de la agencia *Febus* y no hay corresponsales en el extranjero. Interesa España, únicamente. No, no hay plumas ilustres, pues prefieren ocultarse tras el anonimato. Elfidio Alonso trata de suplir las carencias del diario con la buena técnica que aún dispone *ABC*. Entonces, los grandes cartelistas dejan, a todo color, la fuerza de su impronta, obras de arte de los grandes dibujantes como Renau, Bardasano, Alonso, Ontañón. Gracias a las composiciones fotográficas, la portada se convierte, sencillamente, en un editorial. En las páginas de *ABC* se encarta una serie de figuras significativas de la democracia española del siglo XIX.

Portada y voz de León Felipe en Serrano 55

La portada del *ABC* republicano del día 7 de noviembre causa gran impacto. El Gobierno, presidido por Largo Caballero, abandona Madrid, portada del "Coloso" goyesco, palabras de Hábeas Barga, marcha "al Levante feliz". Los periodistas no olvidarían el Madrid cercado ese día, desde Carabanchel hasta la Universitaria, ni la movilización. UGT se ha incautado de la Asociación de la Prensa. Al cierre de los periódicos de la tarde del día 6, un numeroso grupo de periodistas se reúne en la cuarta planta del palacio de la Prensa, en Callao. Discursos y soflamas. Dos horas para prepararse y reunión en el cine de la Prensa y camino después de la Casa de Campo. En el cine esperan la llegada de 300 fusiles, ahora en manos de voluntarios del Sindicato del Magisterio, que luchan junto al lago. Los periodistas esperan dormitando en las butacas. Al alborear el día, reciben dos noticias: el consejo directivo de periodistas, los que invitan a la lucha, ha sido detenido en Tarancón por un control anarquista. La noche del día 6, directores de periódicos y redactores, perdidos entre Tarancón y Valencia, al regresar, pasado el peligro, hallan el puesto ocupado. Los diarios republicanos no tienen deseo alguno de que prosperen los delirios insensatos de quienes sueñan con hacer de Madrid una imitación de la Comuna parisiense de 1871.

¡Qué días! y la noche en la que los miembros de la Federación de Artes Gráficas —excepto los que están en milicias— se concentran en Serrano 55 para organizar brigadas combatientes. Son hombres, en su mayoría, de avanzada edad, pero no exentos de un ardor guerrero. En ese murmullo de olla hirviendo, la voz poética y estentórea de León Felipe, allí, en Serrano 55 y el presagio de su poema: "Por qué los hombres hablan alto."

La censura se impone como necesidad. Instalados en los periódicos, los censores cometen verdaderos disparates. Elfidio Alonso maldice la dureza de la censura y al personaje, tosco e inculto, que tacha lo más absurdo. El director de *ABC* tiene la costumbre —para desahogarse— de llamar por teléfono a Julián Zugazagoitia, director de *El Socialista*. Cuando a este le nombran ministro de la Gobernación, el director de *ABC* ve, en este nombramiento, un rayo de luz. Y va a visitarle a Valencia para exponer el problema de la censura, encargo que le han hecho, entre otros periodistas, Hermosilla, director de *La Libertad*. Sabedor como es de los problemas de la censura, el ministro lo escucha con cara de sorna y le dice con mucha seriedad. *"Para eso, yo tengo la solución, pues he encontrado un buen jefe de Censura."* Elfidio Alonso trata de saber quién es y Zugazagoitia le responde: *"Usted."* El director de *ABC* se echa a reír.

Redacción de *ABC*. Fachada del más puro surrealismo, iconografía comunista, aniversario de la revolución rusa. Periodistas que celebran, con gran algarabía, el fracaso de los italianos en los campos de batalla de Guadalajara. Noches de una Redacción que vive bajo el cielo rojo de la guerra. En cualquier momento, el general Franco puede entrar en la capital de España y, ante los rumores, la Redacción se convierte en un hervidero de nervios, en un clima de exaltación, con el personal dispuesto a la lucha y a marcharse a combatir en las trincheras.

Por esas puertas de la historia, acude a visitar a Elfidio Alonso la gente más diversa, personas que llevan el alma atormentada, hombres y mujeres con las vidas de parientes y amigos pendientes de un hilo, acaso de una gestión. Y ven, en la figura de este director, la tabla de salvación, como si él fuera un hombre influyente.

Elfidio Alonso enferma de tuberculosis y, debido a ello, escribe los editoriales en la cama. Cuando los acaba, los dicta por teléfono al periódico. Con el transcurso de los días, *ABC* se consolida, se hace más atractivo por sus páginas de huecograbado y las imágenes de la contienda. Así se entiende que, en la trinchera, se lo disputen los soldados, lo miren y lo lean, observen a otros combatientes. Si alguien muestra una batalla, ese no es otro que el periódico y *ABC* enseña esa imagen que vale, como dice un adagio chino, más que mil palabras. Además, el diario de la calle Serrano llega a disponer de un servicio gratuito y original, el de los propios protagonistas del combate: un buen número de fotógrafos espontáneos, muchos de ellos pertenecientes a las Brigadas Internacionales. Con el entusiasmo propio del reportero, de quien ha logrado una buena imagen, algunos de estos combatientes llegan hasta Serrano 55 con documentos gráficos captados en el campo de batalla.

Azaña: "Su empresa —por *ABC*— no vale la pena"

Cuando comienza la aventura republicana de *ABC*, casi nadie cree en ella; es una empresa, sencillamente, abocada al fracaso. Ahora, con su radical línea ideológica, ¿quién va a leerlo? En un principio existe la expectación lógica por un cambio tan surrealista. No obstante, semanas después de hacerse cargo del diario, Elfidio Alonso hace una visita de cortesía a Manuel Azaña y este le dice, con la cortesía que le era habitual, pero con la acritud que lo caracterizaba: *"Creo que su empeño no va a tener éxito, y la empresa que usted acomete no vale la pena."* Sin embargo, a Elfidio Alonso no le desmoralizan estas palabras. Meses después, vuelve a visitarlo, en esta ocasión en Barcelona, en su época de presidente errante y solitario. Azaña le pregunta cómo va el periódico y el director se limita a responderle con un ir tirando. Ante lo cual Azaña responde con una sonrisa.

Sacar *ABC* cada día constituye una ardua tarea, afrontar diariamente grandes problemas, casi una odisea. El día 19 julio de 1936 sobra papel en los talleres de Prensa Española. Sin embargo, con el transcurso de los días, las existencias comienzan a disminuir. De una parte, por el papel que requiere el periódico y, por otra, porque la Federación de Artes Gráficas se incauta de las publicaciones y reparte el papel; un papel que se agota, además, porque, parte de ese *stock*, se aprovecha para usos políticos y sindicales del Comité Director. Ante esta pérdida, el Consejo Obrero acude a Unión Republicana para que influya en el Gobierno y participe en las cuotas de reparto de las importaciones de papel. No resulta afortunado *ABC* en esta petición, pues los partidos republicanos pierden fuerza, a medida que la guerra avanza. En los meses finales de la contienda, *ABC* languidece y es la sombra de aquel periódico robusto del inicio, ahora pobre en páginas de huecograbado y de tipografía.

Hay quien observa, cómo a medida de que la guerra avanza, la información del *ABC* republicano favorece a los comunistas, cada vez más poderosos en el control del Estado. Bien es verdad que, durante la contienda, la mayor parte, o una buena parte de la intelectualidad militante, pertenece o simpatiza con el partido comunista. En la Redacción de *ABC*, sin embargo, no hay ningún periodista de esa ideología.

Muy avanzado el año 1937, Elfidio Alonso se marcha a Valencia para hacerse cargo de la Subsecretaría del Ministerio de Obras Públicas, en el primer Gobierno Negrín. Trasladado el Gobierno a Barcelona, Elfidio Alonso viaja con frecuencia a Madrid y tanto el Consejo Obrero como la Redacción del periódico lo consideran siempre como director del diario. Con la separación de Cataluña de la zona Centro, debido a la llegada de las tropas nacionalistas al Mediterráneo, Elfidio Alonso pierde todo tipo de contacto con *ABC*. Durante los meses finales de la contienda, aislada la zona Centro, *ABC* es el símbolo de una tragedia. Abandonado a su suerte, los redactores, capitaneados por el redactor jefe, Mariano Espinosa, buscan acomodo político en la ambigüedad del Frente Popular; Unión Republicana ya nada puede hacer por ellos.

El día del parte final de la guerra, empieza un calvario para Elfidio Alonso; comienza la angustia del éxodo, después de un largo camino sobre la nieve, hasta el campo de concentración de Prats de Molló. En cierta ocasión corre peligro de muerte y el legendario futbolista Samitier le salva la vida. Elfidio Alonso pretende marcharse a Méjico, pero decide quedarse en Santo Domingo. En este país, bajo la dictadura del general Trujillo, pone en marcha —ironías del destino— el periódico *La Nación*; después vive en París y, finalmente, retorna a la isla de Tenerife.[8]

[8] En su libro *Mis amigos muertos*, el marqués Luca de Tena cuenta su llegada al periódico, el día 28 de marzo de 1939, una vez liberado Madrid: "Bajó al cabo la redacción usurpadora con su director, don Elfidio Alonso, a la cabeza; entregaron la casa a Pastor y a Cuartero y en seguida se marcharon a la calle. Por cierto que el tal don Elfidio fue condenado, semanas después, por un Tribunal Militar y que los nuevos directores de los periódicos de Madrid, José María Alfaro, Juan Pujol, Víctor de la Serna, Juan José Pradera, Joaquín Valdés y un servidor de ustedes, acudimos al Caudillo para pedirle el indulto al señor Alonso, quien, si vive que sea por muchos años, andará a estas horas paseándose por las calles de Madrid."

Capítulo IX

CARÁCTER ÉPICO DE LA GUERRA DE LOS DOS *ABC*

"LA HOZ Y EL MARTILLO" EN LA PUERTA DEL DIARIO

"Españolito que vienes al mundo / te libre Dios / una de las dos Españas / ha de helarte el corazón."
Antonio Machado

ABC de uno y otro bando bélico, caso único en la historia del periodismo, cada uno cuenta la contienda, cada uno la describe según su color, su ideología, una España que arde, como el óleo de Zuloaga *El Alcázar de Toledo en llamas*. *ABC* republicano habla de la *"agonía del Alcázar toledano"* y anuncia la inmediata caída *"del último reducto faccioso que queda en la ciudad"*. Catorce días después, el *ABC* sevillano divulga la liberación que pone fin a la *"defensa heroica del Santuario de la Infantería"*. Un *ABC* frente a otro: el sevillano muestra un gran optimismo respecto al frente de Madrid. Franco entiende que la guerra sería muy larga. Ese mismo día, el periódico madrileño resalta las acciones victoriosas y, cada uno, como estrategia y con el fin de mantener elevada la moral, oculta el avance del enemigo.

ABC madrileño que el día 6 de diciembre de 1936 al cumplirse *"el mes del asedio a Madrid por el ejército faccioso* (y) *en treinta días de constante ataque el enemigo no ha adelantado ni un solo paso. En cambio, sus pérdidas han sido enormes. En este mes se ha fortificado Madrid. Se ha aumentado en número que no sería discreto decir, pero que es considerable, nuestras fuerzas combatientes. Estas milicias están hoy perfectamente encuadradas y aguerridas"*.

Entretanto el "hermano" sevillano escribía: *"Las tropas del Generalísimo Franco están dispuestas para el asalto, que sucederá cuando el caudillo lo mande. ¡Frenad las ansias, madrileños! La primavera perpetua de vuestras armas destruirá la plaga del invierno ruso. Esperad confiados, pronto será vuestro abril."* *ABC* de Madrid y sus notas humanas —veréis cómo un grupo de milicianos aragoneses hace un alto en el camino en el frente para leer el diario republicano, frente al rotativo sevillano, alimentado de plumas notables como las de Pemán y Manuel Machado y, sobre todo, las fogosas charlas radiofónicas de Queipo de Llano, auténtico creador de la "guerra psicológica", que el diario reproduce íntegras y que no se suspenderían hasta 1938. El diario, en "Efemérides de la tragedia", narra la historia cotidiana de lo principales sucesos políticos acaecidos desde la proclamación de la República hasta el 18 de julio.

También utilizan ambos la caricatura como arma de guerra. El día 5 de mayo de 1937 *ABC* de Madrid ya no es un "Diario republicano de izquierdas". Ese subtítulo es sustituido ahora de su mancheta por "Órgano de Unión Republicana". El *ABC* madrileño es un periódico de ocho páginas de huecograbado y las mismas páginas dedica a la tipografía. En ellas, la guerra, el abastecimiento, algunas noticias del extranjero y la "justicia popular". La cartelera, por supuesto, y algunos pequeños anuncios en la penúltima página. El chiste político, gracias a la chispa y el gracejo del dibujo de Aníbal Tejada. Ni la mente más calenturienta puede imaginarse las puertas del diario de la calle Serrano —en noviembre de 1937— adornadas de la iconografía más revolucionaria, la hoz y el martillo, precisamente con motivo del aniversario de la revolución rusa; *ABC* republicano le dedica un número extraordinario. Su "hermano" sevillano carece, sin embargo, de huecograbado, aun cuando lleva más páginas de publicidad y, en un recuadro, solicita fotógrafos. Siempre aparece, además de la fotografía de portada, un par de fotos en el interior y los chistes de López Ruiz. Así estos dos "hermanos" periodísticos libran su particular batalla entre las columnas de sus páginas; y si *ABC* de Sevilla el 21 de octubre de 1937 titula tras el antetítulo *"¡El frente del Norte ha desaparecido! ¡Gloria al Ejército de España en la histórica y trascendental victoria de ayer!"*, es decir que las fuerzas nacionales ocupan Gijón y Avilés, el *ABC* madrileño, a tres columnas, escribe: *"El Ejército de la República prosigue su eficaz actuación en los frentes aragoneses, a pesar de la resistencia de las fuerzas invasoras." "Avance de los rebeldes hacia Gijón."*

Dos visiones opuestas de la guerra, uno y otro *ABC* la cuentan a su manera, imágenes de cómo un soldado nacional quita la placa de "Calle del 14 de abril" de una rua de Gijón con un *"fuera estorbos; se acabó la 'niña'."* O la toma triunfal de Brunete, según *ABC* de Sevilla, mientras el "hermano" habla de que *"la gloriosa aviación de la República ha derribado diez aparatos enemigos"*. Españoles de uno u otro bando escriben sus gestas, como la del capitán Cortés en el santuario de la virgen de la Cabeza, o la muerte del general Mola. *"¡Viva Mola, en el espíritu inmortal de España!"* La contienda convertida en una "cruzada" religiosa y política, término acuñado por el obispo Pla y Deniel en su pastoral "Dos ciudades"; y el decreto de Unificación como piedra angular del nuevo Estado. Los nacionales que restablecen la Marcha Real conocida por *Marcha granadera*.

Congreso antifascista

1937. Se celebra en Barcelona el segundo congreso internacional de los escritores antifascistas. Asisten, entre otros, Antonio Machado, Alberti, Bergamín, Neruda

Carpentier, César Vallejo, Malraux... *"Goya defendió al pueblo con sus aguafuertes cuando el pueblo se defendía a navajazos"*, palabras que publica el día 7 de julio de 1937 *ABC* de Madrid, pronunciadas por Corpus Barga. En la guerra, sin embargo, había tiempo para la creación. Miguel Hernández publicaba *Vientos del pueblo*; Neruda, *España en el corazón* y aparecían dos revistas, estandartes de la intelectualidad en cada zona: *Hora de España* en la republicana y *Vértice* en la nacional. La censura mantiene un fuerte control en la zona republicana y las "consignas" para tratar el asunto hacen resaltar el "complot fascista". Es clara la intervención soviética en la política interior republicana. La guerra reflejada en dos fotografías que darán la vuelta al mundo y quedarán eternizadas: la imagen de Robert Capa cuando un soldado republicano cae muerto y la que refleja cómo unas fuerzas nacionales asaltan una posición.

Primeras tropas africanas que llegan a Sevilla, mientras al bando republicano se incorporan las Brigadas Internacionales. Ambos *ABC* hablan del carácter épico de la guerra, de la gesta, y cada uno valora las palabras con las que se escribe cada uno de estos gestos bélicos. Para el *ABC* republicano los sublevados son traidores —Goded, Fanjul y Mola—, facciosos, miserables, rebeldes; y la contienda entre los españoles es como una guerra de la Independencia, *"más triste, más amarga que la de 1808, porque allí se iba contra los extranjeros..."*. "La gran obra de España es la obra del pueblo". *ABC* madrileño y el heroico pueblo de Madrid, *"pueblo indomable"*, ejemplar... El sevillano llama también a la gesta de los españoles, *"a serlo con dignidad"*. *ABC* de uno y otro bando, propagandísticos, cuenta "su guerra". Todo está visado por la censura, se mide el valor de la palabra y ojo con un desliz, que cuesta, en el ejército nacionalista, el castigo del destierro al cronista de guerra. Elevar la moral del pueblo, alabar su gesta, veréis a las mujeres con los fusiles, a las madres con sus hijas armadas en las imágenes de Alfonso, Alberto y Segovia, Díaz Casariego... Y titulares que animan al pueblo: *"Todo Albacete libre de facciosos"* o *"Palma de Mallorca va a rendirse"*.

Periódicos y emisoras clandestinos, medios incautados, ondas de radio procedentes de Lisboa, Tetuán, Burgos, Cádiz...; *ABC* de Madrid critica: *"El fascismo clerical y plutocrático emplea contra el régimen todo linaje de armas desde la radio de Lisboa a la de Tetuán, desde la de Burgos a la de Cádiz, intenta ahogar con sus procaces embustes la maravillosa verdad de los triunfos nacionales contra las hordas desleales."* Y las charlas de Queipo de Llano desde *Unión Radio* de Sevilla. El general es un maestro de la estrategia propagandística; Queipo es calculador, duro y tierno.

Emisoras de Berlín y Lisboa hablan de la mala situación de España y la debilidad del Gobierno republicano. Ambos *ABC* describen la vida en la ciudad y en los pueblos, cómo se desarrolla, cómo se resiste en la capital de España. Los dos periódicos destacan la normalidad de las ciudades. En la capital hispalense, en su sección de "Sevilla, al día", "Simplicísimo" alude a esta normalidad, mientras el *ABC* madrileño cuenta la vida cotidiana, la retrata con una pincelada de buen ambiente en terrazas y cafés, *"sin embargo, la angustia de las gentes que viven bajo la horrenda pesadilla..."*.

Estamos en la guerra, suenan disparos, se escuchan las sirenas, la gente corre, el fusil y la pólvora, la pluma y el periódico, armas claves en una contienda y ¡la radio! El *"no pasarán"* de Pasionaria el día 19 de julio y la voz del periodista de combate en la guerra de las ondas de Augusto Fernández. Todo es, sin embargo, triunfalismo en la prensa los primeros días de la guerra; un optimismo engañoso. Hasta Indalecio Prieto dice por radio el día 24 de julio: *"Yo, que soy un pesimista impenitente, tengo que proclamar aquí mi pleno optimismo. Tened la seguridad de que si no estuviese arraigado dentro de mí, yo no lo gritaría a pleno pulmón para que mi voz llegue del uno al otro confín de España."*

Periodistas en el frente

Periodistas que se acercan al frente de Guadarrama, con la cámara *Kodak* o la *Leica*, informadores que se juegan la vida cerca de la trinchera, en la búsqueda de un testimonio o en lograr una imagen. El coche, generalmente incautado, y el periodista en él carretera de La Coruña adelante, camiones de pañuelos rojos y rojinegros, mahones milicianos, puños en alto para el saludo, traca de tiros, mientras algunas voces gritan: *"¡No gastéis municiones, coño, no tiréis todavía!"* ¿Dónde está el frente? De pronto, un control detiene al periodista. *"Oye, que somos de* ABC *o de* Mundo Obrero." De *ABC* tardan en enterarse, aunque les cueste creerlo. En uno de esos chalecitos de verano, tiene su puesto de mando el coronel Asensio; y a este no le gustan los periodistas. *"Exageran. ¿Han visto lo que pasa en el frente?"* Se lucha, vaya que si se lucha, y veréis a Ramón J. Sender, con su mono, su correaje y pistolón, al frente de un grupo de milicianos. Después mandaría una columna. En el frente de Guadarrama caería el periodista Manuel Fernández Álvar, buen poeta.

Lucha, miedo, sangre, el combate y la muerte, mientras Madrid muestra un rostro de normalidad, como si no fuera con la ciudad, a cincuenta kilómetros de las trincheras. Madrid, al menos, disimula la tragedia. En el cine Fuencarral podéis ver a Imperio Argentina en *"El novio de mamá"* y en el Callao, *"Lenin, el genio de la revolución"*... Madrid, veinte teatros; cuarenta cines. En ocasiones, a la salida de las representaciones o de las películas, hay que correr y buscar un sótano para librarse de las bombas. Los bancos invitan al ahorro y *Coca-Cola* promete en sus tapones premios de una peseta. La guerra ya no sabe cómo se cuenta si por días o por meses. El 3 de septiembre de 1936, Jesús Hernández, que ha sido director de *Mundo Obrero*, dice a sus redactores: *"Ya no queda más que presentar a Azaña la lista del nuevo Gobierno."* Al día siguiente, todos los periódicos publican la noticia: Largo Caballero preside el nuevo equipo con ministros socialistas y dos comunistas, uno de ellos, el de Instrucción Pública y Bellas Artes —el que nombra a Picasso director del Museo del Prado. Rápidamente, muchos periodistas lo denominan "el Gobierno de la Victoria", entre ellos Eusebio Cimorra, que volvería a España, tras muchos años en las ondas de radio Moscú.

Lo celebra Luis de Tapia, periodista de la bohemia, autor de ripios en *La Libertad*: *"Salud, Largo Caballero, / ahora a proceder ligero: / Salud, Álvarez del Vayo, / y a proceder como un rayo. / Salud, querido Negrín, / a ver si esto tiene fin. /Salud, amigo Galarza, / ya son nuestros con queee ¡arza! / Salud, Hernández y Uribe. / Mejores no se concibe. / Salud, camarada Prieto, gran talento y gran sujeto. / Salud Giner de los Ríos / todos sois amigos míos. / Me gusta el gobierno nuevo / más que la sopa con huevo."*

En las redacciones, no se sabe qué es primero: si hacer la revolución y ganar la guerra o viceversa; y se preguntan: ¿Qué revolución? Madrid ya era un caos; una ciudad a la que vienen mujeres y niños, huyen de las bombas, de olvidarse del frente, bien sea por Parla, Getafe, Leganés... Las carreteras son caravanas de evacuados, mientras en Carabanchel se lucha casa por casa. Ya Madrid no está a ninguna distancia del frente como antes. *"El frente* —se decía— *está a quince céntimos"*; el precio del tranvía a Moncloa, a la Universidad, a Usera. *"Más de uno* —como recuerda Eusebio Cimorra— *quedó despanzurrado en mitad de la calle como un inocente tanque amarillo."* Ambiente bélico se vive en la Redacción de *ABC*, dispuesto el personal a batirse contra el enemigo y a coger las armas.

La guerra deja una estela de muerte en los intelectuales: cae en Paracuellos de Jarama Ramiro de Maeztu —*"¡Vosotros no sabéis por qué me matáis! ¡Yo si sé por qué muero: porque vuestros hijos sean mejores que vosotros!"*—, y cae García Lorca en Viznar, y tres ministros de la República son ejecutados, entre ellos Salazar Alonso, Melquíades Álvarez y Víctor Pradera. José Antonio, fusilado en el patio de la cárcel de Alicante el 20 de noviembre de 1936. "El Ausente" tan presente, de ahora en adelante, en la vida de la España que nace. Todo esto mientras el oro del Banco de España sale para Rusia; Franco, Generalísimo y Jefe de Estado. La República emite sus sellos, entre otros, uno dedicado a don Torcuato Luca de Tena y a su obra benéfica de la Casa de Nazaret.

Único entierro con cruz alzada: el de Serafín Álvarez Quintero

ABC republicano da en portada la fotografía de Serafín Álvarez Quintero y, en el fondo, una multitud que dice adiós al autor teatral, cuando el ataúd sale de su casa de la calle Velázquez. En cierta ocasión, este mismo periódico ha dado a los hermanos por fallecidos. Ahora, el diario se vuelca con la ausencia de uno de los famosos hermanos. Además, el ataúd es el único que lleva el crucifijo y cruz alzada, debido a las gestiones de Melchor Rodríguez, director de Prisiones, que tantas vidas salva durante la guerra. Según *ABC* de Madrid: *"El acto del entierro, además de la simpatía, de la admiración al dramaturgo insigne, hubiera sido una grandiosa manifestación de antifascismo, una afirmación de la conducta de la República con sus valores intelectuales..."* *ABC* sevillano recoge la noticia de la muerte a través de la "radio" roja. "(...) *A buen seguro* —señala el periódico—, *que el asco y la pena han venido a abreviar la vida provechosa y fecunda de Serafín, como cercenaron la longevidad, por tantos conceptos venerable, de don Armando Palacio Valdés."*

La guerra y Madrid, luces y sombras, alegrías y penas. Pero en la guerra se vive muy intensamente; la muerte está más cercana, más presente. El Madrid que muestra *ABC*, Madrid sitiado. *"Por los paseos de la Ciudad Universitaria serpea la larga herida de las trincheras."* No importa, cuando el aire queda limpio de la metralla de los bombardeos, las terrazas cobran vida, y la gente vive y trata de olvidar tanto horror, y entra en las tiendas protegidas con sacos terreros, y Madrid tiene un aire de soviet con películas rusas y obras de Gorki, y la gente ríe para olvidarse de los bombardeos con el caricato "Ramper" —Ramón Pérez—, que recorre escenarios y arroja, al final de la función, serrín como quien trata de borrar la sangre derramada. *"¡Serrín de Madrid!"*, exclama cuando lo arroja. Madrid de Anita Adamuz, la actriz que llena los teatros con *Prostitución*, la gente mira y admira para distraer penas y alumbrar ilusiones. No, no importa que sigan los bombardeos, y suenen las sirenas, y la gente busque precipitadamente los refugios; las ganas de vivir olvidan estos malos momentos.

ABC Madrid: "Diario al servicio de la democracia"

En el campo republicano, caía Indalecio Prieto y Negrín formaba nuevo Gobierno. En el verano de 1938, *ABC* de Madrid acusa dificultades económicas. El día 9 de agosto, en el subtítulo de la mancheta, aparece: "Diario al servicio de la democracia." *"Recientemente hemos celebrado una asamblea extraordinaria* —dice el editorial—, *en la cual se ha expuesto a todos los obreros de Prensa Española cuál era la situación económica* —ya había publicado el periódico anteriormente que no recibía subvención oficial— *y la relación que con Unión Republicana nos unía, y la Asamblea con precisa unanimidad acordó, libre y democráticamente, buscar mayor horizonte en la política española, y ser portavoz no de una ideología de determinado partido, sino ampliar dicho horizonte a la política del Frente Popular, de la que es legítimo exponente el actual Gobierno de Unión Nacional. Noblemente, como cumple a los hombres leales, tomamos esta determinación, que en nada absolutamente roza ni menoscaba a Unión Republicana, que, como partido del Frente Popular, tiene también su representación en el Gobierno de la República, y en estas columnas ha de seguir mereciendo la debida información y comentario."*

El *ABC* sevillano da, en portada, la fotografía del fallecido Pontífice Pío XI, y otra, también en portada del nuevo Papa, el cardenal Pacelli, elegido el día 2 de marzo de 1939. En el amargo exilio, el día 22 de febrero de 1939 muere en Collioure, pueblecito francés de pescadores, Antonio Machado. La noticia de su muerte no se conoce en España hasta tres días después. *ABC* de Madrid la da en su primera página: *"Ha muerto Antonio Machado." "Una emisora francesa dio, hace tres días la triste noticia, que nos resistimos a creer sin recibir su confirmación: Antonio Machado era el mayor poeta español de estos días. Es un duelo doble de su muerte: duelo para la poesía y duelo —grande duelo— para España. En su voz resuena la voz de nuestra Patria."*

A todo esto, ¿dónde está Juan Ignacio Luca de Tena? En Sevilla, de acá para allá, como un militar más. Durante el otoño, en la Italia de Mussolini, se organizan unas jornadas de homenaje a la España nacional. Para ellos, Ramón Serrano Suñer, ministro del Interior, designa a un grupo de intelectuales, políticos y militares con el fin de que representen a España en estos actos. La misión la preside Esteban Bilbao y con él Manuel Aznar, Millán Astray, Juan Ignacio Luca de Tena, Manuel Halcón, Víctor de la Serna, José Antonio Giménez-Arnau, Jesús Suevos, Dionisio Ridruejo y otros. Viajan en un destructor de la Marina italiana que desembarca en el puerto de Nápoles. Cada uno de los invitados intervendrá en mitines en distintas ciudades italianas.

Nacimiento y bautizo de Don Juan Carlos

En plena conflagación española, nace en Roma, el día 6 de enero de 1938, Don Juan Carlos de Borbón y Borbón. *ABC* de Sevilla da la noticia.

"Para la GUERRA cuenta con la acción invicta y gloriosa del Ejército. Para los COMBATIENTES cuenta con la colaboración esforzada y celosa de las retaguardias, arsenal y despensa. Para la VICTORIA cuenta con los combatientes y con la retaguardia por igual, porque cuenta con la nación entrañablemente fundida a las ansias y a los designios del Caudillo y de su Gobierno." Este anuncio, en forma de recuadro, aparecía en el *ABC* de Sevilla, junto a la crónica del "bautizo de Su Alteza Real Don Juan Alfonso Carlos".

"Será en un día tranquilo —escribe González-Ruano—. *Será sobre la estampa imperial de España fuerte. Viejos ya los jóvenes de hoy empezamos a cantar así: era el veintiséis de enero, segundo año de afán y gracia. Era el veintiséis de enero, en Roma, calle Condotti, en la capilla de los caballeros de Malta. Allí fuimos, con los romanos —con lo mejor de Roma— un puñado de españoles, haciéndonos los fuertes, pero sintiendo que el corazón se nos subía a la garganta. Una lucida representación diplomática saludaba a Don Alfonso y Doña Victoria, la madrina; Don Juan, que recibía por doquier enhorabuenas y vaticinios, el Infante Don Jaime, pa-*

drino por representación de Don Carlos, padre de la Princesa, y las Infantas Doña Beatriz y Doña Cristina."

Sencilla y breve la ceremonia bautizado por el cardenal Pacelli. En el *Gran Hotel*, la fiesta hasta cerca de las dos de la tarde. El fotógrafo Campúa se desplaza a Roma.

"Y yo diré un día —escribe Ruano— *fue el ventiséis de enero. ¡España en Roma!"*

Muere el Príncipe de Asturias

Tras una vida marcada por la desdicha y el sufrimiento, la renuncia al Trono de España como Príncipe de Asturias, casarse con la cubana Edelmira Sampedro, don Alfonso de Borbón, aquejado de hemofilia, muere trágicamente, después de que su automóvil choque contra un poste telefónico, cuando sale de un club de alterne —donde tiene amoríos con Mildred Gaydon, alias "la Alegre"— en las inmediaciones de Miami. Como consecuencia del choque, sufre una hemorragia interna y la enfermedad que padece le causan la muerte. Mildred sufre heridas leves y llora desconsoladamente en su funeral y se encuentra tan mal que no acude a su entierro; sólo asisten tres personas. La reina Victoria Eugenia no ha podido llegar a tiempo a los últimos momentos de la vida de su hijo. Don Alfonso pronuncia las palabras: *"¡Mamá ... mamá...!"* Era el 6 de septiembre de 1938 y *ABC* de Sevilla lleva a su portada la imagen del Príncipe desdichado.

Carrere y "El Caballero Audaz", ocultos en el cementerio de la Almudena

La contienda, hay que aguzar el ingenio para salvar la vida. El poeta de la bohemia, Emilio Carrere, cuyos versos declaman entre las columnas de *ABC*, lo pasa tan mal que recurre al conserje del cementerio de la Almudena, amigo suyo. Este lo esconde en un suntuoso panteón perteneciente a una noble familia. Aunque Carrere ha escrito un poema contra Alfonso XIII, titulado *"El Rey cretino"*, bien visto por la izquierda, sin embargo, algunos artículos suyos desprenden un tufillo facistoide, mal visto por los rojos madrileños; y tiene sus enemigos que lo buscan. Sin embargo, está a buen recaudo y su vida no corre peligro. El conserje le lleva, todos los días, una buena comida; no faltan las chuletas, el vino de Valdepeñas y los periódicos.

Al llegar la noche, abandona el refugio y pasea por las "calles" bajo la imagen alargada de los cipreses. Una noche, muy clara, se lleva un gran susto al observar un bulto oculto tras un ciprés. A unos metros de él, José María Carretero, "El Caballero Audaz". Este pregunta: *"¿Eres Emilio?"* Rápidamente sabe quién es. También Carretero ha elegido la Sacramental para evitar detenciones y se "aloja" en otro buen panteón. *"¡Qué sorpresa!"*, exclama Carretero. *"Yo creía que te habían dado "catite" los rojos; que eras un caído por Dios y por España." "Me he salvado de milagro; y me habían dicho que a ti te habían fusilado... en el Barrio Latino. ¡Tus artículos, Carrere!" "¡Los tuyos, José María!"* Y se abrazan, y charlan hasta el amanecer, hasta que, cada uno, se retira a su panteón.

De todos modos en Madrid corre el rumor de que "El Caballero Audaz" ha muerto. Gracias a *ABC* —2 de abril de 1939— se enteran de que el escritor vive.

Muerte y depuración de periodistas

Al iniciarse la guerra, Indalecio Prieto comunica en el Congreso a diez periodistas la primera noticia de la sublevación de Melilla. De esos diez informadores, seis mueren violentamente unos meses después; de los cuatro restantes, uno toma el camino del exilio a Francia y los otros tres: Valentín Gutiérrez de Miguel —que trabaja en *El Sol*—, Carlos Pérez Merino en *Claridad* y Eduardo de Guzmán en *La Tierra* son condenados a muerte, después indultados e ingresan en la cárcel. Para los periodistas republicanos, que han permanecido en Madrid, las penas son graves. Se calcula en treinta el número de periodistas condenados a penas que oscilan entre los seis años y un día y los treinta años de reclusión. Entre ellos, figura Serafín Adámez Martínez, que ha trabajado en *ABC*. Antonio de Hoyos y Vinent, redactor de *El Sindicalista*, muere en la cárcel madrileña de Porlier; y Mauro Bajatierra, corresponsal de guerra de CNT, muere a tiros al llegar a su casa, el último día de la contienda. El director de *Política*, Miguel San Andrés, tras ser indultado de la pena de muerte, fallece de inanición en el Fuerte de San Cristóbal, en Pamplona.

Ni un solo periodista, que hubiera trabajado en un diario madrileño, procesado o depurado, podría volver a ejercer la profesión. Ante este panorama tenían que buscarse la vida como podían, trabajando en oficios que nada tenían que ver con el periodismo; y algunos ni eso. La depuración de los periodistas se contempla en una orden del Ministerio de la Gobernación, aparecida en el Boletín Oficial del Estado, el 24 de mayo de 1939, firmada por Ramón Serrano Suñer. *"Todos los periodistas residentes en territorio que haya sido liberado con posterioridad al 31 de diciembre de 1938* —dice la disposición— *están obligados a formular ante este Ministerio declaración jurada sobre los siguientes extremos."*

Esta depuración nada tiene que ver con otra de responsabilidad penal, que corresponde al juez militar especial de Prensa; cargo que desempeña en 1939 un antiguo redactor de *El Debate*, con despacho en la propia Asociación de la Prensa y cuya misión consistía en incoar sumarios contra los miembros de la profesión y también informar de los periodistas acusados por otras autoridades. Presidía la Asociación de la Prensa de Madrid, Víctor Ruiz Albéniz, "El Tebib Arrumi", nombrado en Burgos en 1938 y secretario de la misma, Francisco Casares.

Galinsoga, director del *ABC* sevillano

El marqués de Luca de Tena le ofrece la subdirección del periódico a Manuel Halcón, director de *Vértice*, pero el escritor andaluz es reacio, en un principio, a aceptar la oferta. Únicamente por la amistad con Juan Ignacio le anima a aceptarla. El 30 de junio de 1938 Prensa Española propone, sin éxito, al ministro del Interior, Prensa y Propaganda, el nombramiento de Manuel Halcón como director de *ABC* de Sevilla. En caso de que no prospere el nombre de Halcón, Juan Ignacio piensa en Manuel Aznar, que tampoco prospera. Ante esta perspectiva, Juan Ignacio se acuerda de Fernández-Flórez. Se lo ha propuesto en una carta escrita hacia el mes de junio, misiva que no llega al escritor y humorista gallego. Sí llega, sin embargo, una que le dirige el día 5 de octubre y a la que responde Fernández-Flórez diciéndole que *"jamás hemos hablado de tal asunto, y juro que nunca recibí carta de usted que con ello se relacionase. Me gustaría aclarar esto"*.

El 30 de septiembre de 1938 Galinsoga es nombrado director de *ABC* de Sevilla tras el control político en la designación de directores de periódicos. En todo este tiempo —años 1938 y 1939—, la actividad de Juan Ignacio es frenética y le ofrece colaborar a Azorín en las páginas de *ABC* de Sevilla, que este no acepta por sus gestiones al frente del PEN Club Español y las represalias que ello le acarrearía en la zona republicana. Juan Ignacio piensa en José Pla como corresponsal en Londres. Esa corresponsalía se la ha prometido a Giménez-Arnau, una vez que finalice la contienda. Si este no aceptara, Pla sustituiría a Ruano en Roma. Poco antes de que reaparezca *ABC* de Madrid, entre Juan Ignacio y Galinsoga surgen discrepancias. Galinsoga dimite para dirigir *La Vanguardia* entonces titulada "Española". La familia Godó le asegura un buen sueldo. *"Entre gratificaciones, pluses y regalos* —dice Galinsoga a Juan Ignacio— *percibe ciento diez mil pesetas al año, con perspectivas aún de mejora. La propuesta de ABC queda muy por debajo de esta cifra. Usted no tomará a mal que yo se la haga notar. Pero, además —y esto no sería necesario si el presunto trato fuera exclusivamente con usted—, yo necesitaría un contrato a largo plazo."*

Años más tarde, la Casa intentaría nombrar a Galinsoga director de *ABC*. Juan Ignacio se lo propone en una carta fechada el 29 de junio de 1945. El marqués cuenta con el beneplácito del ministro Ibáñez Martín en el caso de que acepte. La Casa le ofrece un sueldo de 68.500 pesetas al año. Pero se marcha a *La Vanguardia*. Juan Ignacio le escribe una carta, lo felicita, agradece su lealtad y, sin embargo, procurará olvidar, en cambio, *"lo injusto y lo agrio que ha sido usted conmigo últimamente".*[9] Refiriéndose a Galinsoga, Ramón Garriga afirma que no tenía *"columna vertebral para quienes están en el poder".*

Galinsoga, cesado en *La Vanguardia*

Años después, Luis Martínez de Galinsoga se marcha a dirigir *La Vanguardia Española*. Galinsoga, apoltronado en su despacho, revisando los artículos que había que publicar al día siguiente, de pronto exclamaba: *"¡Este artículo no me parece bien!" "¡Ichaso, Ichaso* —que era el taquígrafo—, *póngame inmediatamente con el general Franco!"* Todos echaban a correr y lo dejaban solo en el despacho. Aquella situación provocaba un pánico absoluto. Sólo con el paso de los años llegamos a saber que no se refería a Francisco Franco Bahamonde, sino a su primo hermano, Salgado: *"Era un hombre huraño, con mala leche y fascista como pocos* —escribirá el economista Fabián Estapé. *Comprendí los dos primeros calificativos el día que conocí a su esposa. Él había hecho del dominó su vida. El día que el general Franco se casó, él escribía en el ABC y le tocó hacer la crónica de la boda. El titular de aquel artículo le supuso las posiciones profesionales que después obtuvo: 'Boda de un caudillo heroico.' Corría el año 1923, pero a doña Carmen le conmovió toda la vida, y a él le sirvió para impresionar al conde de Godó, que estaba convencido de que el director de su periódico tenía línea directa con El Pardo. Sus sospechas no iban desencaminadas."*

Hagiógrafo de Franco con el libro titulado *Centinela de Occidente*, el domingo 21 de junio de 1959 acude a oír misa. El sacerdote predica la homilía en catalán. Al escucharla, Galinsonga se retira al final de la ceremonia a la sacristía y allí se enfrenta con el párroco de la iglesia de San Ildefonso. Galinsoga llega a decir que *"todos los catalanes son una mierda"*. Sus frases llegan a oídos de jóvenes catalanistas, entre ellos Jordi Pujol, habitual asistente a ese templo. El grupo de Pujol emprende una campaña contra el diario. Se lanzan octavillas, se escribe a los anunciantes y suscriptores —con el fin de que retiren la publicidada y se den de baja—, y pedradas a la fachada del diario en la calle Pelayo. La situación toma tal cariz que el conde de Godó, propietario del periódico, pide al Gobierno que relevara al director. Sería el propio Franco quien sancionaría esta decisión el 5 de febrero. A Galinsoga le sustituía Manuel Aznar Zubigaray, abuelo del presidente José María Aznar.

[9] Es clave para conocer la vida de Prensa Española el libro de Francisco Iglesias: *Historia de una Empresa Periodística, Prensa Española, editora de ABC* y *Blanco y Negro*. Esta obra está publicada por la editorial de la Casa. La vida de don Torcuato, escrita por García Venero, editada por la editorial de la Casa.

"Cavias" del destierro

El palacete de la calle Serrano pierde, durante los tres años de la guerra, la ceremonia nupcial con la literatura, esa boda del periodismo con la lírica. La concesión de los premios Cavia y Luca de Tena no se interrumpe durante la guerra y se fallan en Sevilla.

Frente a la serenidad clásica, nacida de la pluma de Víctor de la Serna y Manuel Halcón, el perfume lírico de Alfredo Marquerie. Abría el paréntesis de la guerra, un "Cavia" escrito por un sacerdote de fama extremista, Fermín Yzurdiaga, con el artículo titulado "Concilio de Santa María y dogma de España". Eugenio Vegas Latapie, "Luca de Tena" 1936 por "La causa del mal". Hombre íntegro e integrista, cabal y bueno. *"El mal de España no es otro que la carencia de minorías directoras dignas de tal nombre."* "Por España, unidos en la guerra y en la muerte": Jacinto Miquelarena ingresa en el cuadro de honor de los "Cavia", 1937, diálogo entre un falangista y un requeté. La pluma viajera y fértil de Víctor de la Serna levanta acta literaria del paisaje español —"Cavia" 1938— por "Caminos del frente, sobre tierras de España y por la fe". José Losada de la Torre, "Luca de Tena" 1938, escribe del asesinato de Andrés Nin y del "Proceso del POUM". Manuel Halcón, "Cavia" 1939, llora la muerte de José Antonio y se pregunta "¿Por qué?" Y cierra el ambiente bélico la pluma lírica de Alfredo Marquerie, "Luca de Tena" 1939, por "Oro Mediterráneo".

"En el día de hoy..."

Mientras, la guerra sigue su curso de fuego y sangre: batalla del Ebro, Teruel, sangriento y gélido, a 18 grados bajo cero, el hundimiento del *Baleares* torpedeado por aviones republicanos, la retirada de las Brigadas Internacionales y el largo, larguísimo etcétera de la contienda. Todo esto mientras tres años como tres siglos, de sangre y fuego, se acaban con el parte final de la guerra, leído por Fernando Fernández de Córdoba, primer locutor de *Radio Nacional de España*: *"En el día de hoy, cautivo y desarmado el Ejército rojo, han alcanzado las tropas nacionales sus últimos objetivos militares. La guerra ha terminado."*

Entretanto, el Estado configuraba sus símbolos como el escudo nacional y se constituía el primer Gobierno. Franco había declarado a *ABC* de Sevilla el 18 de julio de 1937 que *"si alguna vez en la cumbre del Estado vuelve a haber un Rey, tendría que venir con el carácter de pacificador y no debe contarse con el número de los vencedores"*.

Parte tercera

PAZ EN ESPAÑA
Y CONFLICTO MUNDIAL.
LA LARGA POSGUERRA
(1939-1952)

Capítulo I

ABC VUELVE A NACER

LLEGADA DEL MARQUÉS Y TIRADA DE UN REDUCIDO PERIÓDICO

> *"Es necesario seguir los caprichos de la fortuna y corregirla cuando se pueda."*
>
> Napoleón

Día 2 de abril. Parte oficial de que la guerra ha termino. Pío XII felicita a Franco por la victoria; las crónicas de Manuel Sánchez del Arco y Luis de Galinsoga; "El Caballero Audaz" que "resucita" de su escondite en un panteón del cementerio del Este. Días después, según *ABC*, aparece Rodríguez Marín, ex director de la Biblioteca Nacional, oculto durante veintiocho meses en el pueblecito manchego de Tierra.

Anuncios patrióticos de películas, crónicas de posguerra, crónicas de Juan Deportista, seudónimo de Alberto Martín Fernández y de José Losada de la Torre (Juan de Córdoba). Aquel es médico y periodista y estuvo en *La Acción* y *El Día*. Ambos describen hechos de la contienda, bien sea el asesinato de Calvo Sotelo o la matanza de la Cárcel Modelo. Una gran cruz en la Puerta de Alcalá, donde, en el periodo republicano, se exhibieron los retratos de Marx, Lenin y Stalin. Los himnos de Falange, del Tradicionalismo y de la Legión y cómo hay que levantar el brazo cuando suenan. Detenciones de criminales; se recurre a *ABC* para conocer ciertos paraderos de personas.

Lentamente, Madrid recupera la normalidad en su vida y abastecimiento; el Madrid de "Las viejas casas", joya periodística de Foxá. Madrid cambia el nombre de sus calles. Mayor vuelve a ser Mayor y no Mateo Morral. Se pide que redactores y empleados rojos de la *Libertad* y *El Socialista* se presenten en la Asociación de la Prensa, en la plaza de Callao, 4.

Adiós, por fin, a las armas. En la Redacción empieza otra etapa, como quien pasa la página de la historia, como si el diario surgiera de nuevo, empezara a respirar otro aire en los pulmones de sus rotativas. Los redactores se miran unos a otros y se preguntan por muchas hechos. Con el paso de los días, se enteran de la suerte de los compañeros, de lo que ha ocurrido, por ejemplo, a Andrés Travesí, a Rodríguez Santamaría y a tantos otros nombres que, con el tiempo, figuran en la gran lápida de la Redacción. El tributo de la contienda pasa una factura trágica en Serrano 61.

ABC pierde a dieciocho personas entre redactores y colaboradores. Climent, uno de los hombres más leales de la Casa, se encarga de entregar las máquinas, el papel y las cuentas del periódico, incautado el 18 de julio.

ABC del 29 de marzo de 1939, un diario que nada tiene que ver con el surrealista periódico republicano. De ahí que, a la mañana siguiente, la mancheta del periódico rece en su tercio derecho: "DIARIO ILUSTRADO. AÑO TRIGÉSIMO SEGUNDO. Nº 10.345." Y el editorial en la "tercera" dice: *"Un periódico es algo más que un predio que puede allanarse por la fuerza... Hoy ABC edita el número que sigue al que se publicó el día 19 de julio de 1936. Esto lo dice todo."*

En la Casa de *ABC* el ambiente cambia radicalmente. A medida que avanza el Ejército nacionalista, los antiguos operarios de la Casa se incorporan a ésta cuanto antes. Algunos se presentan espontáneamente; otros, requeridos por sus jefes. Vicente Lobo, uno de los primeros en llegar al periódico, entre las ocho y media y nueve de la mañana. Aún se resiente de una herida tras asistir al entierro de Calvo Sotelo, hace tres años. A media mañana, llega Rogelio González Úbeda, ingeniero jefe.[1] Trae muy mal aspecto: la ropa sucia y vieja; unas zapatillas de cáñamo, completamente destrozadas. Salvada la vida milagrosamente, Úbeda acaba en la checa del Círculo de Bellas Artes y, al entrar los vencedores, los milicianos desertan y él se marcha directamente al periódico. Lo primero que hace Úbeda, nada más llegar al periódico, es expulsar a los antiguos operarios. Después consulta con algunos hombres de confianza para ver con quién cuenta y con quién no. Úbeda se hace cargo de todo y llama al personal despedido en 1936. Recorre las instalaciones del periódico e inspecciona con cuidado los talleres por si hubiera alguna bomba. Cuando Úbeda está realizando esta tarea, llega don Fernando Luca de Tena, consejero de la Empresa. Úbeda le cuenta la situación.

Úbeda es consciente de la dificultad de poner en marcha nuevamente el diario. Hay, solamente, dos bobinas de papel, las utilizadas por los republicanos para sacar el periódico. Úbeda recuerda que en la Casa había, al estallar la contienda, unas cinco mil bobinas. El papel con el que cuentan es muy malo y, paradójicamente, se llama "Papel Nacional". Úbeda y don Fernando acuerdan utilizar esa noche una de las bobinas; la otra se guarda para el día siguiente. Entretanto, se hacen gestiones para recibir papel procedente de Toledo. Gregorio Ruiz será el encargado de echar a andar la rotativa. Está feliz cuando tiene entre sus manos el primer número y se siente satisfecho: los corondeles limpios; el tintaje, equilibrado.

En cuanto a la energía eléctrica, en la cercana calle de la Ese —Martínez de la Rosa—, está, en un palacete, *Radio Nacional de España*. A la emisora llegan dos líneas, una de Unión Eléctrica y otra de Hidroeléctrica Española. Úbeda logra enchu-

---

[1] Condenado a muerte en tres ocasiones, Úbeda acaba trabajando en las obras del ferrocarril, en Loeches, en una finca perteneciente a don Fernando Luca de Tena y trasladado a la checa del Círculo de Bellas Artes. Ante la llegada de las tropas franquistas, abandonarían a los detenidos.

far una línea a la red eléctrica y al periódico no le falta la luz. Úbeda convencería a los Moreno, propietarios de la Papelera Peninsular, a hacer papel de periódico; convertir el de estraza en papel para el diario.[2]

Como redactores, José Cuartero y Ramón Pastor, los primeros en llegar a la Casa. Cuartero ha permanecido, durante los tres años de la guerra, en la embajada francesa; Ramón Pastor no se sabe dónde —seguramente en una embajada. El portero recibe, con alegría, la llegada de los redactores. Arriba, la Redacción republicana espera para hacer entrega de la Casa. El acto corre a cargo de su director, Elfidio Alonso. Cuartero y Pastor recorren las instalaciones del periódico y hablan con los obreros que han tirado el último número del *ABC* republicano. Entretanto, la Casa, poco a poco, se llena de gente.

El día 29 se incorpora Álvaro Cunqueiro, procedente de San Sebastián. Con setenta años, Cuartero, roto por la tragedia que ha afectado a su familia. Admirador suyo, Halcón le obsequia, en esos días de escasez, con varios huevos. Sin embargo, Cuartero los rechaza mientras acepta unos botes de leche condensada. *"Tome* —le dice—; *para los nietos."* Lejos de saber qué ha sucedido en la otra zona, Cuartero está ávido por conocer los acontecimientos ocurridos, durante los tres años, en la zona nacional. Y se lo pregunta a Cunqueiro.

Sueño de Juan Ignacio

Para Juan Ignacio Luca de Tena la llegada a la Casa es como un sueño; hasta le parece mentira que sus pies pisen, de nuevo, este suelo tan suyo, por el que ha correteado cuando era niño. Previamente, Juan Ignacio se encamina a Madrid. Conduce un automóvil marca *Studebaker*, en compañía de Halcón. Todo marcha bien hasta alcanzar el puerto burgalés de la Brújula, cuando se agarrota la rueda trasera derecha del automóvil. Al momento pasan en otro coche, procedentes de San Sebastián, el diestro Marcial Lalanda, el empresario taurino Becerra y Víctor de la Serna. Este se encamina a Madrid para ocuparse de *Informaciones*, controlado durante la contienda por los socialistas.

Ante la avería y la sugerencia del marqués, Manuel Halcón se traslada hasta la capital de España en el vehículo del torero. Madrid es una estampa del último estertor de la contienda. Prisioneros y soldados. Madrid, vestida de castrense. Refugiados que abandonan embajadas; requetés que pintan de rojo el ambiente callejero y legionarios con sus gorros. El vehículo se detiene en la esquina de la calle Goya

---

[2] El papel, que en esa época llega al periódico, lo llevan los camiones del edificio de la Papelera Española, situado junto a la casa donde viven los Úbeda, en las cercanías de la Glorieta de Alonso Martínez. Juan Manuel recuerda esta escena cuando era pequeño. Con el tiempo, *ABC* dispondrá de un gran almacén de papel y tinta en la carretera de Andalucía, edificio que levantaría el arquitecto Fernando Barandiarán, hijo político del marqués de Luca de Tena.

con la de Príncipe de Vergara, donde vive Víctor de la Serna. Halcón se apea en Serrano 61. Juan Ignacio llega poco después. Halcón lo espera en la puerta. Ambos suben las escaleras del diario; Juan Ignacio, de cinco en cinco peldaños, y viste el uniforme de teniente. El marqués llega a las ocho de la tarde y abraza, emocionado, a Cuartero y Pastor y al resto de la gente. En su despacho, frente a él, Manuel Halcón. Originales encima de la mesa. El periódico ha de salir mañana. Inopinadamente, entra María del Pilar Luca de Tena, su hermana. Está anochecido. Los hermanos se funden en un abrazo. Ella llora; él se emociona. Ambos saben el momento que están viviendo y lo que significa recuperar el periódico. Llega también a la Casa Benito Pico, último presidente del Consejo de Administración de Prensa Española, mientras el crítico de caballos Román Sánchez Arias piensa si se celebrarán o no carreras durante la primavera, en el hipódromo. Román Sánchez es redactor deportivo del diario y firma con el seudónimo "Rubryk".

Después celebran el reencuentro con la bebida de unas botellas de vino, compradas en una tienda de enfrente. Cuando se acaba la fiesta, el marqués anima al personal a sacar el periódico. Ante la proximidad del fin de la contienda, el marqués de Luca de Tena, meses antes, prepara los elementos técnicos mínimos para sacar inmediatamente *ABC* de Madrid, y se lo hace llegar a Galinsoga. Al dibujante Fresno —está en Buenos Aires— le encarga que le envíe a Sevilla *"caricaturas de varios personajes rojos, para una sección que pienso abrir en el periódico de Madrid con el título 'En la picota'."* Luca de Tena encuentra la Casa *"intacta y toda la maquinaria y servicios técnicos en perfecto estado, pero no tenemos ni tintas ni papel ni productos de ninguna clase"*.

Avatares

Redactores y operarios se ponen manos a la obra. El marqués ha traído una docena de cartones de estereotipia. Ambas ediciones de *ABC* coinciden en tamaño. Y se tira un número pequeño, sin huecograbado. El marqués se encuentra con una tarea muy avanzada, de la que se ocupan Ramón Pastor y el redactor jefe, Acevedo. Con ellos colaboran en el editorial "Decíamos ayer...", Sánchez del Arco, Alberto Martín Fernández. Otros más participan en la confección y tirada de esos primeros números. Todos visten aún con sus uniformes militares. Un éxito. El 29 de marzo de 1939 se distribuyen en Madrid, según Úbeda, más de diez mil ejemplares.

Poco a poco, el orden vuelve a la Casa. En talleres, Úbeda readmite a muy pocos operarios, que han participado en la tirada del *ABC* republicano. Todos arriman el hombro con el fin de sacar el diario en esos primeros días llenos de dificultades. A don Fernando Luca de Tena se le ve empujando carretillas. Don Fernando, además, zanja, pacíficamente, las desavenencias e incidentes —escasos— que surgen en talleres. Los propios obreros organizan un Comité de Depuración. Durante esos días, una pareja de guardias se presentan en la Casa y preguntan a Úbeda a quién hay que detener. Este les recibe, los escucha y se marchan tranquilamente. Cada día que pasa se hace más normal la vida en el diario. Acaba la reincorporación del personal de administración y talleres; y se forman colas de gente que lleva brazaletes con la bandera nacional. Durante esos días, surge otro problema: la gente que procede de la zona republicana tiene dificultades para encontrar alimentos; pero hallan apoyo en la familia Luca de Tena, además de Auxilio Social. Para su seguridad, a cada uno se le da un salvoconducto.

Entre las cinco y media y las seis de la mañana, la rotativa número tres, de las cuatro "König-Bauer", empieza a andar. El jefe de máquinas es Gregorio Ruiz. El día anterior ha tirado en los talleres de *La Voz* —donde ha trabajado— las octavillas en las que Casado anuncia la rendición. A media tarde se encuentra en la Castellana con el regente de *ABC*, Ratés. La máquina funciona con tan sólo efectuar unos pequeños ajustes. El diario sale con catorce páginas. La dificultad, la tinta. Y la máquina no la distribuye bien y se emborrona. Durante los primeros días, al no tener disolvente, se calienta la tinta por medio de hogueras. Y don Fernando se asusta, pues teme un incendio.

Cerca de la Casa, en la sede de *Radio Nacional de España*, calle de la Ese, Enrique Gil de la Vega, "Gilera" —después cronista deportivo de *ABC*— y José Ramón Alonso, el día antes de que acabe la guerra, entran los dos y la toman.

Pequeño y sin huecograbado, el número del 29 de marzo de 1939 se vende profusamente en Madrid. Con letras del marqués de Luca de Tena, en portada, el 30 de marzo de 1939: *"¡Franco, Franco, Franco! ¡Arriba España! ¡Viva España!"*

ABC de posguerra, olor a pólvora y a sangre, la imagen de La Cibeles en portada y el ojo mágico del fotógrafo Virgilio Muro. Y este pie de foto: *"La Cibeles, desprendiéndose, por mano de niños, la coraza protectora que usó en los años rojos, es un símbolo del Madrid que se libera del terror."* El poema de Foxá: "La conquista de Levante." Juan Ignacio y "La bandera de España": *"Yo tenía una bandera / de color de sangre y sol. / Me mandan que no la quiera. / Yo ya no soy español, / soy de una patria cualquiera."*

ABC, multado por un anuncio

Inicio de una España triunfal, anuncios como soflamas, profusos y variados, ánimo de interjecciones, júbilo de vencedores, mientras los vencidos —¡oh drama machadiano!— buscan el camino del exilio. *ABC* inicia una caligrafía de triunfo, transmitida por los anunciantes. *"Con el sombrero en la mano, grita ¡Viva España!"* ¡Chapeau! Quitarse el sombrero, es una manera de rendirse, de admitir el triunfo. Las páginas del diario reflejan la efervescencia, la borrachera de ánimo tras la victoria. Anunciantes echan al viento su entusiasmo, algunos tan curiosos como

"Almacenes del Sagrado Corazón de Jesús —Viuda de Dionisio Gómez. Serrano, 38. Saludan a todos los españoles: ¡VIVA ESPAÑA!". También *"La casa Domecq, al grito de ¡viva España! saluda al tradicional y españolísimo pueblo de Madrid, y al Glorioso Ejército Español. ¡¡Arriba España!!"* Sin embargo, *"¡Como una fiera, acecha el vino malo a tu salud! Toma uno de Jerez y tu salud será eterna. Para excelencia, González Byass"*. Ese anuncio le cuesta a *ABC* una multa de diez mil pesetas. El censor considera que excelencia, como madres, no hay más que una: la del Caudillo.

El día 31 de marzo de 1939 no sale el periódico; sin embargo, el papel, procedente de Toledo, no llega, por un despiste, ante la ansiedad de los directivos de la Casa. El botones de González Úbeda sale en busca del conductor del camión y lo encuentra, despistado, en el paseo de la Castellana; ya es tarde.

Franco y José Antonio en portada

Portada con el retrato de Franco, obra de Vázquez Díaz. *ABC* y el retrato de José Antonio, nacidos del pincel de Vázquez Díaz. *ABC* y, de momento, su serena navegación y la llegada de la publicidad. *ABC* y la compañía de cuatro diarios madrileños, por disposición del "Gobierno de su Excelencia el Generalísimo". Por la mañana, *Ya*, *Arriba* y *ABC*; *Informaciones* y *Madrid*, por la noche. Sus directores: Pradera, Alfaro, Luca de Tena, Víctor de la Serna y Juan Pujol. Manuel Aznar —abuelo del presidente del Gobierno, José María Aznar—, jefe de prensa de Madrid.

Nacido en Mondoñedo, Álvaro Cunqueiro vive, durante la guerra civil, en San Sebastián y es subdirector de la revista *Vértice*. En su etapa de *ABC*, recién acabada la guerra, el jefe de la Gestapo, Himmler, llega a Madrid. Por su dominio del alemán —según presume—, Serrano Súñer piensa en Cunqueiro como intérprete para acompañarlo. Por esa tarea, Serrano Súñer le adelanta la cantidad de cincuenta mil pesetas. Pero Himmler llega y Cunquiero no aparece. Entonces, Serrano ordena que la policía lo busque por todo el territorio nacional; y lo encuentra en un prostíbulo de su ciudad natal, Mondoñedo; aún le quedan unos duros. Esta actitud hace tal gracia a Serrano, que no toma represalias contra el periodista.

La espada de la censura empieza a caer sobre la libertad de expresión. Hombres y nombres entran en una esquizofrenia propia de la secuela de una contienda y una manera de entender el poder conquistado. La censura empieza su tarea y ordena, por ejemplo, quitar un artículo. A las dos de la mañana, Cunqueiro, con su pluma literaria, rellena, como puede, el hueco de ese espacio. Sin embargo, en un principio, la censura no es tan fuerte como lo será inmediatamente después. A tantos fantasmas, el Gobierno suma la obsesión con la propaganda monárquica y quiere que ni se hable de la Monarquía. El marqués de Luca de Tena se ha traído de San Sebastián algunos artículos sobre ese tema y nunca aparecerán publicados. Franco vería con buenos ojos —sirva el pleonasmo—, el apoyo de su Régimen mediante *ABC;* pero el diario, dentro de las limitaciones de la censura, juega o pretende jugar a una postura liberal con ciertas cautelas y a la baza de la restauración monárquica en la figura del heredero de Alfonso XIII, Don Juan de Borbón. En esos primeros días de la posguerra, Halcón alude, en un artículo, a que la contienda se ha alargado más de lo debido. Y, por orden inquisitorial, deberá rectificar: "*Esto no es otra cosa que un episodio callejero que no puede dar el tono de la hora de España: el tono de hoy tiene que salir de la conjunción feliz de lo sufrido con lo logrado.*"

El día 18 de julio, Fiesta del Trabajo, se celebra en los talleres del diario un cóctel a los empleados; y Juan Ignacio pronuncia unas palabras: *"Yo declaro ante vosotros que cuantos sacrificios económicos se pidan a la empresa que dirijo para contribuir a esa unificación, a esa justicia social que quiere Franco, serán aceptados con el entusiasmo de cumplir un servicio patriótico."* En pleno fervor de los "años triunfales", camisas azules y brazos en alto, presididos por Serrano Suñer, rodean la estatua del fundador y rinden homenaje al personal de la Casa muerto "por las hordas marxistas", frente a una gran lápida de mármol en una de las paredes de la Redacción.

Capítulo II

LOSADA DE LA TORRE, DIRECTOR DE *ABC*

"DORADO" DESTIERRO DE LUCA DE TENA, EMBAJADOR EN CHILE

"La prensa sólo es la cuarta rama del gobierno."
Jean Daniel

Según la ley de 1938, los directores de periódicos los designa el Gobierno. Juan Ignacio Luca de Tena preside el Consejo de Administración de Prensa Española y pretende nombrar director de *ABC* al escritor y periodista vallisoletano Francisco de Cossío, antiguo director de *El Norte de Castilla*, pero el ministro Serrano Súñer apuesta por Losada. En la terna que presenta *ABC*, Losada figura en último lugar. El día 11 de enero de 1940, Serrano Súñer impone a José Losada de la Torre como director del diario de la calle Serrano. Sevillano nacido en 1886, licenciado en Filosofía y Letras, Losada trabaja en las publicaciones de su ciudad natal *La Monarquía* y *El Noticiero Sevillano*. En el año 1916 ingresa en *ABC*. Durante la contienda trabaja en el *ABC* nacionalista de Sevilla; en Madrid dirigirá el diario durante seis años, hasta febrero de 1946.

En plena contienda, con su artículo "Cómo se devoran entre sí los revolucionarios" recibe el premio "Luca de Tena" 1938. *"De José Losada de la Torre no somos nosotros los llamados a hacer* —dice la nota del periódico—, *sin algo de rubor, el encendido elogio que se merece.*

Liberado de la tiranía roja —prosigue lo que aún no se señala como N de la R (Nota de la Redacción)—, *José Losada, durante la guerra se incorporó de nuevo a su ABC, al ABC de Sevilla. A diario* —concluye la nota—, *nuestros lectores ven ahora en estas páginas de ABC la firma de José Losada de la Torre. Sus crónicas de Burgos son positivamente un acierto de periodista excelente y escritor que no desdeña, antes al contrario, lo busca y lo persigue siempre, el reportaje vibrante y moderno, ajustado a términos que lo hacen intenso y estrictamente veraz."* En la guerra, Losada se gana la confianza de los franquistas por sus crónicas que firma con el seudónimo de "Juan de Córdoba".

Para celebrar el nombramiento de director, la Casa le ofrece una comida íntima, el día 6 de febrero de 1940. Con él se reúnen los directivos de la Casa. *"Fiesta cordialísima en la que Losada pudo apreciar el cariño de sus antiguos compañeros y el entu-*

siasmo con que todos colaboran con él en la labor que realiza al frente del periódico en honor y defensa de España y de su glorioso Caudillo. También el marqués de Luca de Tena pudo apreciar el hondo afecto que le profesan cuantos en esta Casa trabajan y el sentimiento que les produce su separación obligada del periódico por haber reclamado el Gobierno del Caudillo sus servicios para la causa de España en Santiago de Chile." Muy de esa época, la nota finaliza con vivas a España y a Franco, *"que dio el marqués de Luca de Tena y que contestaron todos en pie y brazo en alto"*.

Al frente del diario, Losada se mantiene contra la voluntad de la familia Luca de Tena. Su relación con Juan Ignacio Luca de Tena es tirante. Como director de *ABC*, Losada cobra en 1941 dos mil setecientas cincuenta pesetas mensuales; como redactor, percibía mil pesetas al mes. En ese tiempo, en los medios periodísticos, circula una quintilla de autor anónimo:

> Si el que paga es el que ordena,
> en *ABC* el tal Losada,
> francamente, me da pena.
> El pobre no manda nada,
> quien manda es Luca de Tena.

Losada actúa con *"falta de lealtad"* a la empresa y *"servil sumisión a los políticos que le sostenían"*. Léase este párrafo de una carta dirigida en abril de 1941 al director general de Prensa y en la que se pide la condonación de una multa de cinco mil pesetas, impuesta por haber publicado la noticia de un almuerzo diplomático: *"Desde que el diario reanudó su publicación después del triunfo de nuestras armas en la guerra liberadora hasta el momento presente no ha sido objeto de sanción de ninguna clase, lo que revela que su mayor satisfacción son las de haber cumplido siempre las consignas que le han sido dadas y la de estar total y absolutamente al lado del glorioso Movimiento Nacional, de su dignísimo Gobierno y de las autoridades de Prensa, de las que directamente depende."*

Tempestad del artículo "Quiénes son los otros"[3]

En estos tiempos de censura, Eugenio Suárez escribe un artículo que levanta una gran tempestad. Acogido a la famosa frase de José Luis de Arrese, ministro secretario General del Movimiento, Agustín del Río, jefe de Publicaciones y Consignas, le encarga el artículo y se publica en *ABC*. Cuando se dispone a despachar con el ministro, el falangista González Vincén se encuentra en la antesala con Arias Salgado. Casi sin mediar palabra, González Vincén propina una bofetada a Gabriel

---

[3] Relato de Eugenio Suárez al autor. El mundo de la censura está muy bien contado por Justino Sinova en un libro editado por Espasa Calpe.

Arias Salgado, responsable de que se publique. El artículo antimonárquico, titulado "Quiénes son los otros", irrita a la familia Luca de Tena.

A pesar de la confianza gubernamental, Losada no libra al diario del celo censor y el 30 de diciembre de 1942 el delegado nacional le ordena que ingrese en la caja de la Administración General de la Vicesecretaría de Educación Popular de FET y de las JONS "el importe de un día de mi haber como sanción por una errata" aparecida en un artículo. José Losada *"seguía inmediatamente a Pradera en incompetencia y falta de escrúpulos: le sobrepasaba la obsequiosidad para con la sección de prensa de la embajada de Alemania. El propietario de* ABC *podía escoger entre este control falangista y la confiscación..."*.[4]

Redactores de posguerra. Ramón Pastor, hombre de confianza del marqués. Manuel Halcón, subdirector, sueña con la gloria literaria, señorito andaluz, pariente de Villalón. Redactores jefes José Cuartero, Juan Bautista Acevedo y Manuel Reverte. Reverte tiene apellido de torero de copla, es murciano y, además, lleva a las páginas del diario los olés de la madrileña plaza de Tetuán de las Victorias.

Enrique Mariné sigue siendo el secretario de Juan Ignacio y de Prensa Española. Entre esas paredes aparecen José María Aracil, alicantino; ha dirigido, entre otras publicaciones, *La Mañana*; y Jesús María Arozamena, un donostierra, abogado, escribe teatro, guiones de cine y la vida de los músicos Guridi y Usandizaga. En lo periodístico, ha sido subdirector de *El Correo Español* y de *La Voz de España*. Los hermanos Alberto y Carlos Caamaño, toledanos de Lagartera y Oropesa, muchos años en *ABC*. Alberto lleva la sección financiera. Los Carmona, Alfredo y José, no tienen parentesco. Alfredo es militar y es premio "Luca de Tena". José es de Écija y casi toda su vida periodística transcurre en *ABC*, tras unos paréntesis en *El Nacional* y *España Nueva*; José del Campo pasa por *El Sol*, *La Voz* y *Madrid*. Los muy conocidos Álvaro Cunqueiro, Mariano Daranas, Luis Gabaldón, José Losada de la Torre, Manuel Sánchez del Arco —"Giraldillo"—, César González Ruano, Manuel de Góngora, granadino, escribe teatro, trabaja como redactor jefe en *Blanco y Negro* y cubre la corresponsalía en Argentina; Jacinto Miquelarena, después conocido corresponsal, pasa la guerra en Salamanca en el gabinete de Prensa; Mariano Rodríguez de Rivas, director del Museo Romántico y del grupo de las visitas a los cementerios románticos. Eduardo Palacio Valdés, sobrino del escritor don Armando, todo un personaje, deja *ABC* para marcharse a *La Vanguardia* como subdirector a las órdenes de Luis de Galinsoga.

ABC de posguerra obedece al signo de los tiempos, a las penurias y escasez. Completan esta Redacción Alberto Martín Fernández, médico aficionado al deporte. Alberto Martín oculta sus apellidos tras los seudónimos de "Juan Deportista" y "Spectator". Había pasado por las redacciones de *La Acción* y *El Día* para acabar en el desaparecido vespertino *Madrid*. Compañero en esa sección, Ramón

[4] J. Hughes, *La España de Franco,* París, 1948.

Sánchez Arias, "Rubryk". Pedro Pujol era hermano del histórico Juan Pujol, tan vinculado a *ABC* y después alma de *Madrid*. Miguel Ródenas, vida periodística entre las paredes abecedarias como crítico taurino y teatral, y redactor de mesa. Creador de una saga en el periódico. Manuel Tercero vive el mundo jurídico y la vida municipal. Con este elenco, la figura de Zegrí, gran fotógrafo. Y una legión de colaboradores como Eduardo Aunós, José Juan Cadenas, Fernández Flórez y los Foxá, García Sanchiz, Jardiel Poncela, López Prudencio, Eugenio Montes Manuel Machado, Salaverría, Eduardo Marquina, el marqués de Quintanar y Mariano Tomás.

Luca de Tena, embajador en Chile

Un día del año 1939, un alto cargo de la Dirección General de Seguridad llama a Juan Ignacio Luca de Tena y le pide que despida a un empleado que trabaja en la Casa como chófer. Ha sido expulsado del Servicio de Bomberos del Ayuntamiento de Madrid por un expediente de depuración. A esa llamada, Luca de Tena responde que a este señor se le ha contratado por ser un buen mecánico y experimentado conductor. Y añade que Prensa Española seguiría siendo, como desde su fundación, respetuosa con las ideologías de cada uno de sus operarios. Pues por esto, al parecer, se le designa embajador en Chile, diplomática manera de destierro, de alejarlo del periódico y evitar, de esa suerte, todo partidismo monárquico. El fondo es la apuesta de Juan Ignacio por la restauración monárquica en la persona de Don Juan. El marqués molesta, por el peso del periódico, y conviene alejarlo lo más posible.

En diciembre de 1940 llega a Chile como embajador Juan Ignacio Luca de Tena. Sustituye en el cargo a un personaje tan singular como Rodrigo Soriano, confinado en Fuerteventura junto con Unamuno por el general Primo de Rivera durante su mandato. Como representante diplomático, Rodrigo Soriano deja un buen cartel en Chile. El país andino acoge a muchos refugiados españoles, procedentes de la llamada "zona roja". Es gente de izquierda y algunos han trabajado en periódicos y en emisoras de radio.

A su llegada al país andino, Juan Ignacio arría la bandera republicana de la Embajada y encuentra un país regido por un gobierno de Frente Popular, naturalmente más moderado que el español. La llegada del marqués a Santiago es muy bien acogida en la estación. Ese júbilo se repite cuando hace entrega de las cartas credenciales al presidente Aguirre Cerdá, masón. Ahí nace un clima de mutua simpatía. Gracias a esa amistad, Luca de Tena logra que el presidente asista a los funerales por el alma de Alfonso XIII y almuerce en la embajada franquista en honor de Pérez de Ayala y Cambó, viajeros en esa época por América del Sur. Todo irá bien, generalmente, durante su permanencia en Chile, si exceptuamos los intentos de los exiliados por sabotear actos promovidos por él. Veréis una imagen de Luca de

Tena, al más puro estilo político, que grita a los alborotadores: *"¡Gora España Askatuta!"* El embajador está casado con Catalina Brunet. Juan Ignacio se lleva como secretario a su inseparable amigo Ramón Pastor.

Destituido de los cargos en Prensa Española

Antes de que finalizara el primer semestre del año 1943, el marqués de Luca de Tena es cesado como embajador de España en Chile y, poco tiempo después, muere su esposa. *ABC* publica el día 5 de mayo de 1944, un artículo "El apuntalador de la República", de Gil Robles, que Juan Ignacio considera injurioso y sale en defensa del fundador de la CEDA mediante una carta personal con amplio eco en los ambientes periodísticos y políticos —hasta *The Times* se hace eco. Juan Ignacio se entera del mismo, al regreso de un viaje de Barcelona, cuando compra el periódico en un quiosco de Guadalajara. Increpa a Losada por haberlo publicado. Pocos días después, el 25 de mayo, Juan Ignacio era sancionado. Cinco días más tarde, *ABC* inserta en la primera página de tipografía un recuadro, obligado a publicarlo el resto de los diarios: *"En virtud de la ley de 25 de agosto de 1939 ha sido sustituido de los cargos de consejero y presidente del Consejo de Administración de Prensa Española, editora de ABC, don Juan Ignacio Luca de Tena."*

El mismo día, dos páginas más adelante, *ABC* publica con el título "Aclaración y punto final" una síntesis de la polémica entorno a las hipotéticas declaraciones del jefe de la CEDA. A raíz de este hecho, el marqués de Luca de Tena recibe numerosas cartas de adhesión. Semanas después sería destituido. El día 17 de junio la Junta general de accionistas de Prensa Española elige a Fernando Luca de Tena e Ita nuevo presidente. Se hacen gestiones ante el Gobierno, pero no fructifican. Casi cuatro años está sancionado el marqués, hasta enero de 1948, en que el ministro de la Gobernación levanta la sanción.

Fernando Luca de Tena y cese de Losada

ABC no es, solamente, la pluma de sus redactores y colaboradores. El diario tiene una cara tan oscura como importante: la técnica. No pensamos en el esfuerzo de la máquina, legión de obreros de *ABC* —hasta mil trescientos— conoce muy bien las prisas y la zozobra, ante el fallo, por ejemplo, de una rotativa. *ABC* no puede entenderse sin los ruidos y la técnica. Buen conocedor de la misma, Fernando Luca de Tena e Ita, hermanastro de don Torcuato, separados en el tiempo —diecinueve años.

Ingeniero —llega a ser segundo jefe en 1920 en el Cuerpo de Aviación Civil—, don Fernando diseña los planos de la rotativa, introduce en España el huecograbado, en las páginas de *Los Domingos de ABC*; y, con ser árida esta parcela, travesía nada lírica sobre el desierto del diario, otro tanto hace con los talleres de las linotipias. Don Fernando monta una fábrica de tintas e impresiones y resuelve problemas técnicos gracias a las materias primas nacionales. Ante la posibilidad de un incendio, debido al uso del benzol, crea un sistema casi automático para apagarlo. Es un avanzado en el campo de las artes gráficas. En la época difícil, duerme cerca de la rotativa, enfundado en un mono, pendiente de la más mínima avería; y consigue para los empleados de Prensa Española el descanso dominical y la jornada de ocho horas. Reduce el trabajo en la estereotipia y renueva el aire de los talleres, con lo que evita emanaciones de los metales y los vapores del benzol. Amplía, con un nuevo edificio, las instalaciones de *ABC*, monta unas modernas máquinas planas y adquiere cuatro rotativas de huecograbado y otras tantas de impresión de texto.

Dirige *Blanco y Negro* desde 1929 a 1936 y al frente del veterano semanario crea suplementos en colores dedicados, cada semana, a un tema monográfico. Técnicamente, dirigido por él, nace en Sevilla la edición andaluza y en Madrid el semanario deportivo *Campeón*. Don Fernando, en los años cuarenta, realiza una buena tarea, cuando apenas existe papel y el plomo escasea. Abre, además, grandes posibilidades publicitarias, y a él se deben los anuncios de la victoria nacionalista. Don Fernando es también el alma de la productora cinematográfica de *Sevilla Films*. Vinculado al mundo de la banca, representa a Brihuega como diputado en las Cortes de la Monarquía alfonsina. No os escandalicéis si le veis subido en una de las furgonetas del periódico, sentado junto a Pérez Mateos, camino de una información. Hombre muy austero, hay trabajadores que lo acusan, sin embargo, de un celo excesivo.

El 19 de febrero de 1946 cesa en su cargo Losada de la Torre, precedido de una queja del ministro de la Gobernación Pérez González. *ABC* publica un resumen del discurso del ministro y no el completo. Cuando presenta la dimisión, Juan Ignacio dice que él no le ha nombrado; que se la presente al Gobierno. Cerro Corrochano acepta la dimisión y lo comunica al Consejo de Administración de Prensa Española. Con cuarenta y seis años, Ramón Pastor y Mendívil es, interinamente, el nuevo director. El día 22 de marzo se le confirma oficialmente. Eladio Portasany, su sustituto. Ramón Pastor permanecerá al frente del diario hasta el 12 de octubre de 1952.

Falta de plomo y cortes de luz

ABC recupera el huecograbado el 23 de abril con una portada en la que aparece Franco y saluda *"al Caudillo victorioso; en el rostro noble del Generalísimo se refleja toda la voluntad y toda la generosidad de la España de la Victoria"*. La petición del "Oro para el Tesoro": *"El oro que entregues contribuye a hacer más fuer-*

te y más libre esta España conquistada a tan alto precio." *ABC*, militar y militarista. Hitler en portada porque cumple cincuenta años. Gira triunfal de Franco por Sevilla... *ABC* del "año del hambre", resaca sangrienta de una guerra, penas y lutos, espejo donde se mira la vida fantasmal, surrealista y trágica de los españoles. Vedlo en las esquelas, en notas casi perdidas donde se cuenta la muerte de algunas personas a causa de las penalidades de la guerra. Qué estremecedoras las esquelas, familias rotas... *ABC* de posguerra, anuncios y anunciantes entusiastas, de alegría incontrolable frente a la gasa negra que cubre tantos sentimientos, tanta fractura, tanta orfandad; guerra que aún humea sobre los campos y ciudades de España.

ABC de escasez y penurias, propias de la época, de un Madrid carente de materias primas, Madrid de fielatos, de cortes de luz, dos o tres horas al día, de falta de plomo y, para suplirlo, se recurre, en ocasiones, al de las tuberías. El periódico vive esas horas sin luz, las máquinas paradas, el plomo de las linotipias rígido y, para combatir este contratiempo, hay que calentar los crisoles de las linotipias con hornillos de alcohol. La calefacción también sufre estas carencias y no, no hay petróleo y, entonces, las grandes estancias de Serrano 61, durante el invierno, se tornan más frías, y para conseguir un clima templado, se hace lumbre en una especie de grandes braseros alimentados de encinas. De cuando en cuando, los operarios, en un alto en su tarea, se acercan a calentarse las manos. Lejos del frío, en verano, no falta un remojo en un gran depósito. La Casa cuenta con una sala grande, inmensa, donde se recuperan los gases y las tintas.

Muere Alfonso XIII

En su exilio romano del Gran Hotel, muere el 28 de febrero de 1941 Alfonso XIII, tan vinculado al diario de la calle de Serrano, a su Fundador y a su hijo y aquella despedida suya *"Al País"* cuando deja España para siempre y exclusiva de *ABC*. La nota a las Jefaturas Provinciales, remitida por Ramón Serrano Suñer, señala que únicamente se publiquen las notas oficiales de la agencia *Efe* y prohíbe todo tipo de artículos o comentarios. Acaso esta orden tenga una torva lectura: frenar tal vez el ataque inmisericorde en los medios falangistas, que acusan a los Borbones de ser culpables de la decadencia española. A pesar de contar *ABC* con un director impuesto, difunde la noticia remitida de la agencia *Efe* desde Roma y un extenso editorial y una importante introducción a las notas de agencia: *"Ha muerto un gran español. Su corazón estuvo penetrado siempre de un amor sin límites a España. Español por su educación, por su temperamento, por sus anhelos, por aquel ideal de engrandecimiento de su patria, que fue guía y norte de sus actos. Sobre él cayeron la falsedad y el odio de quienes, quebrantándolo querían quebrantar el baluarte que se oponía a sus ansias antiespañolas. Una figura entra en la Historia y en ella encontrará la justicia que le corresponde."*

El editorial se ajusta a la realidad histórica de los graves problemas con los que se enfrenta el Rey, su juventud para reinar *"en circunstancias en que aún para la madurez y la experiencia hubieran sido trabajosas"*, la crisis del sistema agravada permanentemente por el *"dañino"* Parlamento. Alaba la actitud del Rey en su neutralidad en la guerra, sus actos humanitarios a favor del canje de prisioneros y su esfuerzo personal *"en todos los órdenes progresos de mayor o menor importancia..."*.

Veto a la firma de Pérez de Ayala

Al regreso de Chile Juan Ignacio trata de incorporar al diario plumas prestigiosas, entre ellas, la de Pérez de Ayala, pero la censura se lo niega. Tres días después de incorporarse a Prensa Española, le escribe a Buenos Aires. *"El director de ABC recabó la debida autorización de la Delegación Nacional de Prensa que es, como usted sabe, el organismo, no censor, sino director, de los periódicos españoles. El delegado nacional le dijo en un principio que se publicarían los artículos de usted, siempre, naturalmente, que se sometieran a la censura. Se enviaron entonces a este organismo donde los retuvieron durante semanas y, al fin, contestaron que nada tenían que oponer a dichos trabajos, pero que la firma de usted no podía aparecer en el periódico. En vista de ello tomé yo personalmente cartas en el asunto, pero nada he conseguido, a pesar de todos los razonamientos que expuse y puede usted suponer."*

Ramón Pérez de Ayala vive en Buenos Aires y ha sido embajador en Londres durante la República; cargo desempeñado, con exquisito tacto, en momentos nada fáciles. El escritor asturiano no hace gala de su credo político. *"Siempre supo guardar* —dice de él Salvador de Madariaga— *el dominio casi completo de sus ideas políticas que en él florecían en el intelecto sin arraigar en la pasión."*

El día 6 de mayo de 1949, el novelista publica en *ABC* un artículo; *"el que ha prestado en el extranjero servicios más eficaces a la causa de España* —a la España de Franco, se entiende—, *así en los países de Europa como de América"*. En una carta que le escribe al director del *Times* londinense, dice Pérez de Ayala: *"Mi respeto y mi amor por la verdad moral me obligan a reconocer que la República Española ha sido un fracaso trágico. Sus hijos son culpables de matricidio, y no es menos cierto que existen republicanos en un lado y en otro. Desde el principio del Movimiento Nacional lo he aprobado explícitamente y le he enviado mi adhesión, tan invariable como indefectible, al general Franco. Estoy orgulloso y honrado de tener mis dos hijos en el frente como simples soldados."*

Capítulo III

II GUERRA MUNDIAL: LA FALSA NEUTRALIDAD FRANQUISTA

CORRESPONSALES DE *ABC* EN EL FRENTE

"El periodismo es cosa grande. ¿Acaso un buen periodista no es un gobernador del mundo, si lo acierta a mover?"

Thomas Carlyle

Segunda Guerra Mundial. Por la puerta del palacete número 3 de la madrileña calle de Don Ramón de la Cruz sale un grupo de personas con un folleto en sus manos sobre la marcha de la II Guerra Mundial. En ese instante se oye un grito: *"¡La Policía!"* No son más de seis "grises" en el cruce de Don Ramón de la Cruz con la de Claudio Coello. Otros tantos en su confluencia con la de Serrano. Protegen la manzana de la Embajada de Estados Unidos y detienen a las personas mayores, mientras los niños se escabullen corriendo. La policía vigila la difusión del folleto y detiene a quien lo coge y lo lee.

Es una mañana de julio del año 1942 y a Antonio Garrido Buendía, un muchacho, le quedan dos años para convertir este camino en el itinerario de una vida en los talleres de *ABC*. Antonio Garrido crece con el sonido de las rotativas y olor a tinta. Conoce a un muchacho fino, que salta y baila. Es Antonio Gades.

Anda por huecograbado y mira las manos de los artistas. Emilio Laiz Campos, escultor y autor, entre otras obras, de la estatua ecuestre de Simón Bolívar en el Parque del Oeste y el brindis del torero al doctor Fleming. Familiarizado con la composición de Gutenberg, despide a la linotipia. Antonio Garrido empieza a descubrir la libertad en los bajos de Hermosilla 20, clandestinamente, tras el rótulo de Fomento Social. Adolescentes que conocen la doctrina social de la Iglesia o la libertad de expresión.

Inmensa sala de linotipias, fuego ardiente de plomo, hombres que teclean y componen, el regente que anda de un lado para otro, o de pie sobre un estrado como un director de música y los originales como partituras, originales lanzados en un tubo, procedentes de la Redacción, como pequeños cohetes de actualidad, despachos de correctores y atendedores, voces y prisas, el confeccionador como sumo sacerdote que oficia sobre la platina, el relieve plúmbeo de las planas (páginas) y el teléfono negro conectado con el redactor jefe, noticias convertidas en plomo, recuadros atados con cuerda, cartón y estereotipia como un cuadro barroco del día; y los ventanales ingentes asomados a la Castellana.

Regentes y linotipistas, figura enjuta de Espejo, el porte de Enrique Mediavilla; la figura de Carra, severo y mandamás. Melquiades Vicente Lobo, joseantoniano, lleva el cadáver del fundador de Falange durante un tramo entre Madrid y El Escorial. Gente sencilla, casi familiar, y aprendices, monos azules frente a la bata blanca de los ordenadores. Ambiente de risas y bromas cuando en la platina los operarios "juegan a las casitas"; es decir completan una página compuesta de plomo. Vasos de leche para el plomo. Personajes como Cosano y Casares; y otros correctores siempre consultan o aseveran una cuestión gramatical.

Garrido es de un tiempo muy ido, época de Juan Bautista Acevedo, redactor jefe de noche. Acevedo combina su trabajo periodístico con el de funcionario de la Presidencia del Gobierno —dirige el Boletín Oficial del Estado. Acevedo abandona el diario a las tres de la madrugada, duerme cuatro horas y enlaza con su trabajo administrativo.

Batalla de papel

Por las columnas de *ABC*, sobre un pavimento de redondas y cursivas, caminan y combaten alemanes e italianos, ingleses y franceses, rusos y americanos, aparecen tropas y cañones hasta el fulgor exterminador de la bomba atómica, fin del Imperio nipón; y nombres míticos como Churchill, De Gaulle, Goering, Rommel, Mussolini, Hitler, Eisenhower, Montgomery, Roosevelt, Truman... Personajes que entran en la retina de los lectores de *ABC*, a través de sus portadas, de sus fotografías y se familiarizarán con ellos, y los acogerán o rechazarán según sus simpatías; y se dividirán en anglófilos o germanófilos. Con una sentencia severa y contundente, *ABC* dice: *"En la hora decisiva, la palabra terrible y fatal ha sonado. Se ha encendido la guerra en Europa."* En la primera página de *ABC* del martes 3 de septiembre de 1939, Franco notifica la neutralidad de España.

Crónicas de Eugenio Valdés desde Berlín y Mariano Daranas desde París como cartas de dos testigos de excepción a sus lectores. Valdés habla de la *"ovación ensordecedora* (que) *ha acogido* (en el Parlamento alemán) *las palabras del Führer-Canciller",* mientras Daranas alude a *"millones y millones de almas (que) se han instalado con más resignación que inquietud en un clima de guerra. Poco ruido de tropas, pero se adivina que cada hombre está en su sitio. Jamás se habían adoptado tantas preocupaciones ni ningún sistema defensivo de la nación y el Estado funcionó con tanta exactitud. El tesoro del Louvre fue transferido hace días a los subterráneos del Banco de Francia, capaces de resistir un asedio de años".*

El periódico, guía de la contienda, diario de batalla abierto a muchos ojos. Desde Italia, González-Ruano viaja a Berlín, *"una secreta voz* —escribirá— *me decía que el Ángel de la espada de fuego iba a aparecer en aquel último paraíso de mi tiempo y que pronto todos, dolientes y heridos de muerte, emprenderíamos los senderos amargos de la dispersión. Por eso quizá, por falta de valor para presenciarlo, acepté el puesto periodístico que me ofrecieron en Berlín. Mejor que esperar allí a que la guerra viniera poco a poco, como un cáncer, hasta mí, preferí salir yo hacia la guerra. Dispuesto a cumplir con el deseo de* ABC *de que partiera inmediatamente para Alemania...".*

Ruano prefiere el ambiente de café al de la contienda, como si no quisiera enterarse, saber que existe, que no está lejos del humo del café. González-Ruano toma el autobús número uno que lo lleva al barrio oficial, a dos Ministerios donde le facilitan información y las últimas noticias, desastrosas, en un principio para los aliados; y "lee", por costumbre, dos o tres periódicos que no entiende; y algunas mañanas va más allá de Alexander-Platz, el barrio peligroso y comunista antes de 1935; y busca lo literario, la tasca, el tabernero, como quien trata de encontrar en Berlín algo parecido a Madrid.

Daranas deja París y lo sustituye Armiñán

Mes de agosto de 1944. Queda libre la corresponsalía en París. La cubría Mariano Daranas. Su error: brindar su pluma al mariscal Pétain, jefe de la llamada Francia Libre. Nada más liberar París las tropas aliadas en el mes de agosto de 1944, Daranas regresa a Madrid y *ABC* se queda sin corresponsal. Lo sustituye Luis de Armiñán, desconocido en los ambientes políticos y periodísticos parisienses. Luis de Armiñán había trabajado en las redacciones de *Informaciones* y *Heraldo de Madrid*. En el primero ingresa, llamado por su fundador Leopoldo Romeo, en 1921 y asiste en África a la derrota de Annual, y viaja y conoce muy bien Marruecos y el continente africano.

Armiñán empieza en el periodismo como empezaba la mayoría el oficio: pegando telegramas. Poco a poco se hace un nombre, escribe la crítica teatral en *El Heraldo de Madrid*. Además, ha publicado tres libros, uno literario, *Por el camino azul*. Otros dos cuestionan la dictadura del general Primo de Rivera y un cuarto se titula *La República... ¿es esto?* Una tarde, en plena República, en el Casino de Madrid, Martínez Barrios tras pronunciar su famoso discurso: "Sangre, vergüenza y lágrimas" le ofrece un Gobierno Civil. Así pasaría Luis de Armiñán por las ciudades de Lugo, Córdoba y Cádiz. Después sería cronista y militar en el campo de batalla, cerca del general Antonio Aranda.

Antes de salir hacia París, Armiñán habla con Daranas. Ambos se conocían y estimaban desde el inicio de la carrera periodística. Daranas trabajaba en *El Debate* como redactor político. En París únicamente había un sólo corresponsal español, Gutiérrez Ravé, de *La Vanguardia*, después hombre de *ABC*.

"Encontrarás una Francia bronca y dolorida —dijo Daranas a Armiñán—, *que no quiere nada a España. Tú estás limpio de culpa, pero vas por ABC y a mi no me perdonan. Busca al yerno de Emilio Herrero, que se llama Juan Bellveser, y dile de mi parte que te ponga en contacto con el sujeto que me daba noticias del gobierno. Te costará unos francos, pero te será muy útil, aunque nunca le verás la cara, ni sabrás su nombre. No creas en bombas milagrosas, las que caen son las que tú ya conoces. Que tengas muchas suerte."*

La guerra continúa en Francia y los alemanes aún permanecen en la costa atlántica, frente a Burdeos y otras ciudades. *"Un trozo de línea férrea lo tenían batido* —escribe Armiñán— *y los trenes paraban en medio del campo, para tantear el terreno. En una casa amiga me despidieron con un poco de fiesta. Asistía un ayudante del Generalísimo, el teniente coronel Mazas, primo de Enrique del Castillo, director de* Diario de Barcelona. *Me llamó en un aparte y me habló con misterio.*

—Sólo quiero decirte una cosa: ¿has pensado que la guerra continúa?

—Ya... pero por unos pocos meses.

—Serán los peores. Alemania tiene un arma terrible que pondrá en la batalla próximamente. París puede quedar destruido de un solo disparo. No vayas.

—Lo han intentado en Londres y fracasaron. Ya es tarde para ellos.

—Hay algo en lo que no pensáis. Alemania puede ser bombardeada todos los días, con luz o sin ella, de noche o con sol. A Estados Unidos no es posible ir por aire, ni por mar.

—Yo te he dicho lo que debía. Suerte. Espero que leeremos unas estupendas crónicas.

Me abrazó y se fue. A mí aquella conversación melodramática me dejó cavilando. ¿Qué diablos sabían en El Pardo? Pero era tarde para rectificar y sólo esperaba ver de cerca lo que me dejaran."

Así es como inicia Luis de Armiñán su viaje a París, un París de sombras y aún atemorizado por la guerra mundial. Escribía en el hotel Claridge, en una habitación cercana a una buhardilla, custodiado por tres ametralladoras antiaéreas apuntando al cielo. El Claridge, como todos los hoteles importantes de París, había sido requisado por los alemanes y, posteriormente, por los aliados. Parte de esa estancia parisiense de Armiñán transcurre en el hotel y su destartalado vestíbulo lleno de militares americanos, ingleses, canadienses o australianos. Y aquellas visitas suyas a la embajada de España, solitaria y aislada; y el embajador Miguel Mateu y Pla, adinerado catalán y amigo de Franco. Alcalde de Barcelona, sobrino del cardenal primado Pla y Deniel, que le aconsejaría que no aceptara la embajada. Armiñán observa a un embajador solitario, que envía semanalmente unas líneas al ministro, notas muy breves que lo decían todo.

Armiñán verá y contará la liberación de París y el juicio del mariscal Pétain y la condena a muerte. En este clima vive el corresponsal.

Con los años, el hijo de Luis de Armiñán, Jaime, escritor y director de cine, vuelve a la querencia amada por el padre y, de cuando en cuando, deja retazos de su buena pluma bien en "tercera" o en una sección y sesión cinematográfica, bajo el título "Cine Flor".

González-Ruano en la guerra

Los corresponsales españoles y extranjeros se ven todos los días, comen juntos en el *Auslands Presse Club*, de la Fasanen Strasse. Sin embargo, César no acude a la conferencia de Prensa y lo llama por teléfono el doctor Zuldorf, que le da las noticias de las ocho de la tarde y, entonces, Ruano escribe su crónica para *ABC*; y la escribe a máquina, porque no tiene tiempo; a las nueve deja la crónica en la estación del telégrafo del Zoo. A César Glez. Ruano le aburren estas crónicas, por la monotonía y la falta de interés. En Berlín, la guerra no se siente y los berlineses viven, aparentemente, con serenidad. El día que las tropas alemanas entran en París, la prensa alemana no sale con ediciones extraordinarias. A las pocas horas aparecían los periódicos con grandes titulares en la primera página, mientras el público sigue indiferente los acontecimientos bélicos en el café y en la calle. Ruano no entiende esa reacción.

Viajes de guerra

Después iniciaría un periplo, con otros corresponsales, a través de los campos de batalla, de los puentes saltados, los fuertes de Lieja, las ciudades arrasadas. Al principio, impresionado, César observaría la ironía del destino, entre patética y burlona; después, todo le resultaría monótono. Y César entra en casas abandonadas, y guarda, como recuerdo, cascos de metralla, y alguna fotografía tomada al azar, un librito de misa, una carta de amor; y después lo arroja todo a lo largo del camino. Algún detalle conmovedor como el cochecito de un niño, una cama abierta e intacta y unas medías de mujer a los pies, el retrato grande de una dama, al que la soldadesca ha pintado unos bigotes probablemente con sangre.

Caravana de corresponsales, momento dramático, cerca de Reims. El automóvil que los precede con dos oficiales alemanes, de pronto, se detiene y se escuchan unas detonaciones; y entonces reciben órdenes de que se arrojen al suelo, protegidos por unas máquinas. El tiroteo dura un cuarto de hora, los corresponsales no saben lo que sucede ni ven a nadie. Al fin cesa el tiroteo y vienen los alemanes a por los periodistas. Eran unos soldados senegaleses, hambrientos y dispersos por el monte, que atacaban una casa aislada, en la que había cinco soldados alemanes. Ese momento coincide con el paso de la caravana.

César González-Ruano observa ciudades evacuadas, tiendas con el cierre abierto y saqueadas, y el espectáculo de Amsterdam con viviendas que echan humo de las ruinas y voluntarios que continúan sacando cadáveres; y París y la catedral de Notre-Dame, protegida con sacos de arena, y las terrazas animadas a orillas del Sena, lo mismo que los bulevares, y Montmartre con mujeres que charlan con los soldados; el imperio de la vida sobre la muerte.

Corresponsales de todo tipo; el griego que se dedica en París a comprar docenas de medías y después las vende, a muy buen precio, al regresar a Alemania. En La Haya, adquiere cuatro o cinco muelas de oro y un reloj de pulsera... Aquel González-Ruano a quien algunos o muchos tildan de germanófilo, porque descubre en Alemania, los *"valores humanos de los alemanes"* o quienes sospechan de ser aliadófilo, *"porque voluntariamente había dejado Alemania para vivir en París"*.

Siente morirse

César se encontrará con una Viena muy lejos de los valses de Strauss: la primera noche, suenan las sirenas y no se mueve de la cama; o la llegada a Bratislava, casi aldeana y aquel muchacho, ministro de Propaganda, cordial y acogedor, que le enseña la ciudad en coche oficial y acabarían los dos en un lujoso restaurante, con orquesta y mujeres tanguistas; y Praga, en una aventura patética y novelesca, y la estancia en la casa de los Peters, la charla con Ilsa Peters sobre literatura y filosofía, y la visita al cementerio judío de Praga, uno de los más famosos e impresionantes del mundo.

González-Ruano cobra un gran sueldo. Además de la corresponsalía de *ABC*, colabora en la *Agencia Central Europa*, y en la radio, y en otras para el boletín informativo Aspa. Además, tenía pocos gastos, come en el Club de Prensa y los corresponsales reciben muchos bonos de racionamiento.

Para él, las molestias de la guerra son pocas y los bombardeos, entonces no muy intensos, los hacen bajar todas las noches a los refugios; y se acostumbran a ellos. Tanto que como la primera alarma era —como cosa de ingleses y alemanes— muy puntual, dejan preparado el café y cuando empiezan a rugir las sirenas bajan al refugio de la casa con la cafetera y las tazas correspondientes al número de los amigos.

A González-Ruano le fallaría la salud de tal suerte, que, un día, al despertarse, siente morirse y vuelve a París; y decide quedarse a las orillas del Sena. Ruano escribe una extensa carta a *ABC* y en ella comunica a la dirección sus deseos de volver a Roma, pero como la corresponsalía en la Ciudad Eterna está ocupada, *"esperaría en París el tiempo necesario, manteniendo con el periódico una simple colaboración literaria"*.

En la cárcel de Cherche-Midi

César emperador de la crónica y el artículo, hallaría en París el bálsamo del doctor Marañón para sus males, columna de consuelo para muchos exiliados. González-Ruano pasa por el amargo trance de que los alemanes lo meten en la cárcel *"y a poco más me mandan a criar malvas. Marañón se portó conmigo y con la única persona en el mundo que sufría por mí, de un modo entrañable, activo, eficaz, que no olvidaré nunca. Cuando recibí en mi celda de la prisión militar de Cherche-Midi un pan de higos que él me había enviado, lo tomé a pedacitos, convencido de que mientras me durara nada me había de pasar. Me consolaba y me hacía fuerte saber que fuera estaba irradiando su fuerza misteriosa en mi favor aquel hombre relimpio, con la corbata de lazo, que está por encima de todas las calamidades de la tierra"*. Aquí escribiría un poema.

Mientras la guerra prosigue su camino de muerte y destrucción, España vive un periodo de hambruna y de restricciones; y en la Redacción se vive la contienda.

Los redactores esperan las noticias del teletipo y las crónicas de los corresponsales. Las páginas son, además, las ruinas de las guerras. Por ellas atraviesan el Mossa los alemanes y desfilan victoriosos por los Campos Elíseos, y cae París, que lo cuenta González-Ruano desde Berlín. *"La significación de la caída de París no es sólo sentimental o política. París es el corazón de Francia y también el cerebro de la nación francesa. París es centro de la enseñanza y de la industria militar. París son los brazos y las piernas de Francia. París lo es todo, porque éste es uno de dramáticos inconvenientes que tiene la centralización. Francia se desmorona con París porque los centros de resistencia fuera de la capital se desmoronaban ya y se desmoronarán más en lo sucesivo."* *ABC*, espejo de los desastres de la guerra, portada y testigo del inmenso vagón donde se firmara el armisticio de 1918. Veréis a Hitler con el general Keitel; y este que lee a los parlamentarios franceses las condiciones para el cese de las hostilidades.

Londres existe gracias a su extensión

Desde Londres, *"la capital del mundo"*, escribía Luis Calvo: *"Al caer París sin un disparo, ciudad desolada y marchita, con los cafés y las tiendas abiertos, ¡qué laureles y cantos plañideros se derraman desde Londres sobre su grandeza pasada y su perenne esplendor artístico!"*

ABC, diario de batalla, cartografía de fuerzas, la llamarada de luz de los reflectores, eficaz escudo contra los bombardeos alemanes. Luis Calvo vive y sufre los desastres de la contienda en un Londres sometido al efecto de los bombardeos, y lo cuenta en el cuaderno de bitácora de la crónica: *"Dos bombardeos que, seguramente, no tienen precedente en la guerra moderna, le inducen a uno a pensar que si*

Londres existe todavía como comunidad urbana, es únicamente gracias a su extensión, ya que ninguna otra ciudad europea hubiera podido sobrevivir a tantas cenizas y desolaciones. Coventry, en cambio, ciudad pequeña y compacta, ha quedado bastante averiada en una sola noche (...) Coventry ha quedado desconocida y son más de mil las bajas."

Hombre de *ABC,* Agustín de Foxá, llega a estar con el ejército finlandés, a siete kilómetros de Leningrado. *"Era impresionante. Se veían las cúpulas de la iglesias de la ciudad. Llegamos a ver, con prismáticos, naturalmente* —cuenta Foxá a Ruano—, *grupos de obreros que entraban a las fábricas. Una noche Curzio-Malaparte me dijo: 'Si no fuera Malaparte, me gustaría ser Foxá.' 'Y a mí —contesté— de no ser Foxá me gustaría ser Bonaparte'."* Y Foxá habla de un tren de Rusia que circulaba sobre el hielo: *"Este tren, así como sus estaciones, se desmontaban en la época del deshielo."*

Carlos Sentís en el juicio de Nuremberg

Carlos Sentís cubre la corresponsalía de París durante once años y dos permanece en Bruselas. Testigo excepcional de la Segunda Guerra Mundial y uno de los pocos periodistas españoles que asisten, junto con Augusto Assía, a las sesiones del proceso de Nuremberg. En el mes de septiembre, el director de *ABC* lo envía para que vaya con los americanos a Nuremberg; la mayoría de los corresponsales eran informadores militarizados.

Carlos Sentís y su llegada a la ciudad donde se celebra el proceso a los vencidos, la ciudad en ruinas, le crujen sus zapatos cuando pisan la arenilla de los bombardeos, un ruido parecido a cuando se pisa cristal. El frío espantoso que hacía, el alojamiento, en compañía de los soldados americanos, en un castillo perteneciente al célebre fabricante de lapiceros Faber. Sentís se sorprende al ver a los alemanes cómo salen de los *bunker* —donde aún viven— con sus carteras en la mano todas las mañanas. Se pregunta dónde irían, qué hacían; y nunca lo supo. *"Supongo que obedecía a la inercia de su espíritu de trabajo."*

La gente se desentendía del proceso, y su vida, como la del resto de los periodistas, transcurría en el palacio de Justicia, porque, entre otras cosas, no había dónde ir. Vivía en el juicio y para el juicio. No hubo dificultades para los periodistas; al contrario: todo eran facilidades, en copias de los documentos, en los servicios telegráficos. El ambiente era muy favorable a la izquierda. El proceso, sin público, pero impresionante. Las sesiones, muy largas y tensas. *"Nosotros estábamos muy cerca de los acusados. Algunos mantenían una gran dignidad y había dos bandos: los acérrimos nacionalsocialistas y otros que eran menos. Conocí a todos ellos porque la acusación era personal a fin de encontrar temas de acusación no propiamente militares o políticos, y sí equiparables a crímenes comunes. El de Nurem-*

berg es el primer proceso de la Historia en que se ha acusado a unas personas por haber hecho la guerra"; y se inaugura el sistema de traducción simultánea.

"A veces oíamos las declaraciones de Goering en la voz de una mujer." Un día, repentinamente, se apagan las luces en la sala y, al fondo, observa una pantalla y la proyección de una película sobre los horrores de los campos de concentración, a la par que unos focos iluminan los rostros de los acusados. *"A partir de ese momento, súbitamente, se dan cuenta de que van a ser condenados a muerte* —señala Carlos Sentís—. *Goering, que me había impresionado más que ninguno por su elocuencia y su sentido del humor, se quedó turbado. En efecto: veían inminente la sentencia."* Poco a poco, el juicio pierde interés y dice a Juan Ignacio Luca de Tena y al conde Godó que desea marcharse a Nueva York para asistir a la fundación de la ONU, en un colegio de enseñanza media, cerca de Nueva York.

En sus crónicas, Carlos Sentís narra el deseo de destrucción por parte de los acusados. Por eso, muchas de las crónicas del enviado especial de *ABC* no caían bien en los germanófilos; y, en este sentido, llegan muchas cartas de protesta al periódico. Carlos Sentís es consciente de que, tras el final bélico, empieza una nueva era. La rendición sin condiciones exigidas por los aliados, especialmente Churchill, acaba en poco más de cuatro mil días con los *"mil años"* de los que habla Hitler. Esa caída coincide con el descubrimiento de los campos de concentración nazis.

Pro-nazi

Carlos Sentis visita una mañana de primavera de 1945 el campo de concentración de Dachau. Por la tarde, se marcha a Londres. En un solo día ve la cara y la cruz de la victoria y la derrota. La visita a Dachau no la olvidará mientras viva. Él es uno de los primeros periodistas en visitarlo, hasta el punto de que, cuando lo visita, aún había supervivientes; y no habían sido evacuados para prevenir enfermedades, seguramente, y porque los aliados, probablemente, no saben qué hacer con ellos.

La prensa española de esa época es, en su mayoría, pro-nazi. Carlos Sentís y Augusto Assía (Felipe Fernández Armesto) son excepción en describir lo que sucede en el campo aliado. *"Yo* —cuenta Sentís— *estuve primero en Brazzaville* (Congo) *y más tarde en Argelia con la tropas del general De Gaulle."* Y desde Brazzaville envía crónicas a *ABC* y a *La Vanguardia*, pero no se publican. Al llegar a Argel, Sangroniz, el representante oficioso de Franco, que ejerce de Cónsul, se lo advierte. Pero acto seguido le dice que a partir de entonces todas sus crónicas se publicarían. ¿Qué ocurre? Que la situación ha cambiado y el régimen franquista también, tras los efectos de El Alamein y de la batalla de Stalingrado.

Al regresar a España, tras el desembarco de Normandía, todo son facilidades para este histórico periodista, uno de los pocos corresponsales de guerra españoles que vive en el bando aliado la progresiva derrota alemana e italiana. En España, el ministerio de Asuntos Exteriores le concede pasaporte librado y facilidades para obtener divisas y —gracias a los franceses— viajar...

Carlos Sentís ve en la Monarquía la salida al régimen franquista. Con la llegada de la democracia, dirige la agencia *Efe* y el ministro de Información, Adolfo Gamero del Castillo, le pide que se ocupe de las relaciones con los medios de información durante la primera etapa de la transición. *"Yo utilizaba el teléfono —hasta entonces un instrumento de ordeno y mando— para pedirles moderación."* En dos ocasiones, ve a Arias Navarro. *"En la prensa —me dijo— salen muchas cosas que no debían salir. Y usted está en ese cargo para evitarlo.' Yo le respondí: 'Lo siento, pero no puedo evitarlo, no puedo hacer eso.' 'Pero cómo es posible —dijo Arias—. Esto es como si un capitán me dijera que sus soldados no le obedecen.' 'Pero es que yo no soy un capitán —dije—. No podemos aplicar la ley Fraga porque todo el mundo está en contra. Lo mejor es dejar las cosas como están. En realidad los medios se están portando bastante bien'."* Pero eso no convence al Presidente del Gobierno.[5]

Escrupulosa mirada de las crónicas

La Dirección General de Prensa vigila, escrupulosamente, la neutralidad de los contenidos. A medida del desarrollo de la contienda, no se puede tomar partido por ninguno de los países beligerantes. El periódico publica una fotografía de los monarcas ingleses y el censor advierte que no se dé carácter alguno de anglófilo. El director de *ABC*, Losada de la Torre, en una carta a Wenceslao Fernández Flórez le ruega que *"en todos sus trabajos de colaboración en* ABC *use de este criterio y de estricta y absoluta neutralidad"*. Losada permite la influencia de la Embajada alemana en las páginas del diario. Según E. J. Hughes, el director de *ABC* es un empleado de Hans Lazar, agregado de Prensa. El Ministerio de Exteriores mira celosamente las crónicas de los corresponsales españoles en el extranjero. No, no hay el menor recato en cambiar o añadir palabras. Por ejemplo: Luis Méndez Domínguez, enviado especial de la agencia *Efe*, dice en su crónica transmitida desde Vichy el 18 de abril de 1942: *"Anteayer, que hacía calor, andaban los ministros en mangas de camisas por los pasillos del Hotel del Parque."* El censor no ve bien que los ministros abandonen la etiqueta y sustituye las tres palabras *"andaban los ministros"* por estas otras tres: *"se veían personas ..."*. Al diario de la calle Serrano, por ejemplo, se le pide que cambie una larga frase retórica de tono mussoliniano, pronunciada por Franco en un discurso, por *"elogio italiano al discurso del Caudillo"*.

[5] Conversación con Carlos Sentís.

Además, la censura origina un caos en la Redacción y en la salida del periódico. No es de extrañar que a raíz de una información que afecta a *ABC* en julio de 1943, el jefe de Negociado le escriba al de la Sección de Información y Censura lo siguiente: *"Llama el director de* ABC *y comunica que en la noche de ayer recibió una llamada telefónica diciéndole que le hablaba el censor de turno y que se abstuviera en absoluto de publicar en titulares el bombardeo de la catedral de Colonia. Añade el Sr. Losada que* Ya *lo ha publicado con todo lujo de titulares, habiendo quedado* ABC *en una situación de inferioridad informativa. Como por nadie de este Negociado de Censura se cursó tal orden a* ABC *ni a ningún otro periódico, te lo comunico por si se hubiera dado el caso de una suplantación por teléfono o por si quieres averiguar si tal orden fue dada directamente a* ABC *desde Asuntos Exteriores originando la diferencia de trato de que se queja el Sr. Losada."*

La Prensa, en manos de Falange

En la larga opresión de la censura, y en sus constantes procesos de leyes, Franco en 1941 entrega las competencias de prensa a Falange. Alejado del poder Serrano Súñer, el general confía la Secretaría General del Movimiento a José Luis de Arrese, colaborador de José Antonio Primo de Rivera. Arrese es un falangista "sincero y honesto" y es el hombre de Franco en los momentos de la guerra mundial. Arrese tendrá como mano derecha a Gabriel Arias Salgado, vicesecretario de Educación Popular, católico integrista, político inflexible. Como hombre de confianza contará con Juan Aparicio, delegado nacional de Prensa. Nacido en Guadix, Aparicio procede del campo anarcosindicalista de Pestaña y después pasa a las JONS de Ramiro de Ledesma Ramos; ha trabajado con Millán Astray en la Oficina de Prensa y Propaganda. Fascista puro, de su creación son los lemas "España, Una, Grande, Libre" y "Por la Patria, el Pan y la Justicia" y adopta el yugo y las flechas.

Cesado Serrano Súñer, a raíz de los sucesos de Begoña, el ministro Jordana reclama las competencias sobre la Prensa y el general le reconoce competencias para que controle la información exterior, pero menos de las que atribuye a su cuñadísimo Serrano.

Ironías del destino, cuando Serrano Súñer, desterrado del poder, escribe en *ABC*, sufre el látigo rojo del censor y, durante muchos años, hace correcciones sobre la platina del periódico, ayudado en esta tarea por el regente Martínez Arias.

Capítulo IV

ALFREDO MARQUERÍE Y LOS PATEOS EN EL TEATRO

LA SINGULAR VIDA DE FELIPE SASSONE

"Un crítico es como un gallo que cacarea mientras otros ponen."

Giovanni Guareschi

Alfredo Marquerie, época de esplendor teatral cuando la crítica de una obra se mira con lupa por la influencia tan notable que ejerce sobre el público. *"A ver, qué dice de esta obra Marquerie"*; y de lo que diga el crítico de *ABC* depende, en buena parte, que la obra vaya bien o se caiga rápidamente del cártel. Por eso, el mundo de Talía respeta y teme a Marquerie: desde el actor al empresario; y los profesionales del teatro lo adulan, lo cortejan y, si pudieran, lo sobornarían. Ante una crítica adversa, el periodista recibe anónimos e insultos mediante llamadas telefónicas. Marquerie llega a recibir un anónimo diario, enviado por la admiradora de un autor, maltratado por el crítico de *ABC*; y se lo envía durante varios meses. De ellos, Marquerie conservaba una respetable colección. Marquerie escribe muchas críticas duras. Recordaba siempre una muy especial, la que le hizo a la obra de Martínez Soria, *Las siete mujeres de Adán*, estrenada en el teatro madrileño de la Zarzuela en 1949. Marquerie tenía gran aprecio a Enrique de Mesa, crítico famoso por su gran rigidez; y recordaba aquella crítica tan cruel que decía: *"Anoche, en el teatro Tal, se estrenó la obra Cual. ¿Por qué?"*

En esta época, Marquerie mantiene polémicas con Adolfo Torrado, autor de melodramas, muy en boga polémicas de guante blanco, respetuosas entre ambos. Torrado estrena *La infeliz vampiresa* y Marquerie le apuesta en público que la obra no llegará a las cien representaciones; y gana la apuesta. En cambio, la pierde cuando estrena *Chiruca*, obra maltratada por el crítico, que sobrepasa las quinientas representaciones en el teatro Infanta Isabel.

Marquerie entra en *ABC* en 1944 y deja la crítica teatral de *Informaciones*, porque Luis Araujo Costa cesa por edad. Araujo Costa trabajaba en *La Época*, pero su vida periodística transcurre en Serrano 61. Marquerie conoce como directores a Losada de la Torre, al que califica de *"bondadoso, cordial y sevillanísimo"*; a Ramón Pastor, de quien opina que es *"ponderado y ecuánime, prodigio de justeza y de equilibrio"*; y al *"inquieto, nervioso y genial Luis Calvo, uno de los mejores cronistas internacionales del mundo"*. Marquerie llega a *ABC* de la mano de Juan Ignacio. Este le recibe en su despacho y le dice: *"Tengo absoluta fe y confianza en usted como crítico. Le he seguido desde sus comienzos. Sólo le pido dos cosas: la primera que, aún manteniendo, como hasta ahora lo ha hecho, cerradamente su criterio, procure seguir siendo fuerte en el fondo pero suave en la forma. Ese es el estilo de la Casa. La segunda, que no se deje influir por nadie ni de fuera ni de dentro de este periódico... ¡Ah!, y otro detalle* —concluyó antes de la despedida—, *hasta ahora, cuando yo estrenaba algo reproducíamos la reseña de otros diarios, pero como sé que usted va a ser sincero conmigo puede hacer también las críticas de mis estrenos y ponga todos los reparos que se le antojen e incluso muestre, si puede, una mayor severidad con mis comedias. Así se predica con el ejemplo."*

Estreno de una obra del marqués

Marquerie comienza a hacer sus críticas y en la víspera de un acontecimiento teatral alguien del periódico le aconseja: *"Procure ser amable... 'Tenemos' mucho interés."* Entonces, Marquerie dice: *"Pero Juan Ignacio me ha dicho que no me deje influir por nadie." "¡No sea usted insolente!"*, replica el aconsejante. Con estas, pone el hecho en conocimiento del Presidente del Consejo de Administración y Juan Ignacio arma el escándalo. Así hasta que llega la primera prueba dura, y Juan Ignacio estrena en el teatro Lara. La obra no gusta y al final de los dos actos hay pateo.

Marquerie llega de madrugada a la Redacción *"mustio y cariacontecido, y los compañeros me preguntaron: '¿Qué vas a decir?'. 'La verdad'. En ese momento suena el teléfono y me anuncian que Juan Ignacio estaba al habla. '¿Lo ves? —insinuó maliciosamente algún redactor—. Te llama antes de que hagas la crítica para pedir árnica.'*

Con resonante vibración en el auricular escuché la voz del autor: 'No me importa lo que vaya usted a decir en sus comentarios a la obra, ni, por supuesto, me habría atrevido a llamarle para que dulcificara su criterio, si, como creo, es adverso. Lo único sobre lo que quiero preguntarle es acerca de la reseña informativa que suele hacer en letra redonda. ¿Qué va a decir de la reacción del público?'. 'Pues... —contesté tímidamente—, que hubo algunas muestras de disconformidad'. '¡De ninguna manera! —gritó Juan Ignacio—. Usted debe escribir exactamente lo que en realidad ha sucedido, y es que 'los dos actos fueron pateados.'

Así lo hice. Juan Ignacio guardó en su cartera esa y alguna crítica adversa mía a sus estrenos. Y cuando los autores llegaban a él para quejarse de mí, para formular protestas en contra de lo que estimaban juicios demasiados duros, el Presidente del Consejo de Administración de Prensa Española sacaba de la cartera los recortes antedichos y exclamaba: '¡También a mí me ha pegado alguna vez...! No hay más re-

medio que aguantarse. Y sobre todo, hay que sostener la independencia de la crítica, siempre, siempre que ésta sea correcta en la expresión formal, por encima de todo.

Creo que estas anécdotas dan la medida del escritor liberal y del hombre que durante tantos años continuó la labor de su padre hasta que cedió a su hijo la antorcha del relevo. 'Soy un emparedado entre dos Torcuatos', dijo humorísticamente en su discurso en la Real Academia Española, primoroso estudio sobre el teatro de los hermanos Álvarez Quintero."

Amante de la literatura, Marquerie deja voluntariamente el periodismo y la crítica teatral y pasa, al parecer, un tiempo desterrado de Madrid. Juan Ignacio quiere que vuelva a la Casa, mientras el crítico teatral se dedica a asesorar compañías de teatro; y no, no vuelve Marquerie a su pesar. Siente el marqués de Luca de Tena cuando abandona el periódico y se marcha de crítico a *Pueblo*.

En el tren con un verdugo

En cierta ocasión, hace un viaje en tren y coincide en el vagón con una extraña pareja formada por un hombre y su hija, vestidos de riguroso luto. Es un verdugo, viene de ejecutar a un asesino. El verdugo ha perdido a su mujer y siempre lo acompaña la hija. Al inicio del viaje, unos y otros se miran, hasta que el verdugo se dirige a Marquerie y dice que lo conoce. El periodista se presenta y el verdugo habla de su macabra tarea.

En cierto momento, el verdugo sugiere a Marquerie que escriba o haga un reportaje sobre su tarea. *"Hay verdugos rutinarios que se limitan a usar el garrote de siempre y que evidentemente es un instrumento anticuado* —dice. *Pero yo no soy así. Yo intento siempre introducir nuevas mejoras y modificaciones para conseguir un efecto más contundente y más rápido, con objeto de evitar sufrimientos inútiles a los reos... Creo, dicho sea sin vanidad, que lo he conseguido. Para ello suelo ensayar con gatos."*

Marquerie teme que le muestre el "garrote" y le haga una exhibición. El verdugo habla de la vida tan aislada de los dos, en una pequeña capital de provincia, de que la muchacha, según el padre, no se casará, a no ser que cambien de ciudad y desconozcan la tarea del padre. Ambos sacan las viandas y se disponen a comer; y quieren que Marquerie las comparta, pero este busca todo tipo de excusas para comerlas. Cuando la pareja llega a su destino, se despiden del periodista y el verdugo le da su tarjeta.

"Paró el tren. Padre e hija bajaron del coche y yo, a través de la ventanilla, los vi alejarse por el andén. Ella con la bolsa en la mano, agitando al andar la trenza y pisando las losetas con sus brillantes zapatos de charol y un paso ágil y elástico. El, con la pesada y oscura maleta donde se encerraban los terribles instrumentos del oficio... Dos siluetas de espaldas, vestidas de luto. Entre los dedos conservaba el rectángulo de la blanca cartulina donde se leía, encima de las letras del chalet,

un nombre vulgar. Para hacer valiente ostentación de su cargo le había faltado añadir: ¡verdugo!"[6]

Marquerie forma parte del paisaje humano de la Redacción de *ABC* de esos años. Su nariz aguileña y desmesurada, su mirada tras las gafas de unos gruesos cristales, sus cabellos lacios, su figura bajo la luz del neón, sentado en el sillón frailuno Marquerie formaba parte de la historia del teatro de esa época —dirige, durante una temporada, el Teatro Nacional María Guerrero—; y estaba en contra del uso y abuso del pateo, de "meter los pies" como se decía entonces, costumbre que al crítico de *ABC* le parecía cruel y cobarde.

Contaba escenas del pateo con verdadera gracia, en la tertulia y en la Redacción. Desde el jovencito influyente que, en una función, logra entrar con su perro en el patio de butacas, y al que azuza cuando una frase o un chiste no le gusta, hasta el conocido artista de zarzuela que llega a estrenar una obra y, como es muy mala, el público cada vez se enfada más con su autor y empieza a agitar los pañuelos —la obra se titula *El pañuelo de encaje*. En pleno escándalo, se levanta un espectador fornido, pide silencio y, cuando este se hace, exige la presencia del autor en el escenario; y este lo hace con temor y, entonces, aquel espectador fuerte, le exige que jure de rodillas que nunca más volverá a escribir una obra. El autor, temblando, se lo jura a él y al público; y ahí acaba la función.

Con motivo del estreno de una obra de Sassone, este aparece en el escenario antes de que caiga el telón, en el descanso; y Sassone aparece en medio de un gran escándalo, cuando el público patea y chilla la función. Al aparecer Sassone, los espectadores se callan, mientras él, audazmente, se dirige a ellos y les dice: *"He tenido tantos éxitos a lo largo de mi carrera como autor teatral, y he visto tantas veces los rostros de satisfacción de cuantos aplaudían mis obras, que esta noche quiero ver la cara enfadada de los que patean..."* Sassone observa al público con los brazos cruzados, mientras se arma la marimorena, y gracias a la intervención de algunos amigos, porque hay espectadores, tan iracundos, que intentan saltar al escenario y lincharlo; y, entretanto, llega la fuerza pública.

Marquerie es un hombre de teatro y, en ocasiones, hace el papel de actor; pero, sobre todo, es un amante del circo, hasta el punto de que, en cierta ocasión, se mete en la jaula de los leones, durante una gala benéfica en el Price, para hacerle una entrevista muy arriesgada al domador.

Exótico Sassone

Sassone, personaje exótico, aficionado a los toros, se esconde tras el seudónimo de "Curro Guillén". Como escribe González Ruano, *"la condición de peruano en*

[6] *Personas y personajes: memorias informales* (Dopesa, Barcelona, 1971).

Felipe Sassone se nos olvidaría si él no nos recordara siempre con tanto amor, con tanta nostalgia de su Perú lejano. De tal modo, lo tenemos siempre presente con un fondo de Madrid, como si al gran cuadro de su figura correspondiera este paisaje por derecho propio". Tiene también cara de medalla desgastada. Viéndole de cerca, se da uno cuenta de que Sassone es algo así como el cartel de Sassone. Sin embargo, los años han ido dulcificándolo, enterneciéndole. Su carácter, que quizá fue un poco difícil; sus broncas caballerescas, que formaron un capítulo importante de su biografía, y sus fobias y debilidades quedan ya un poco lejos.

Por sus buenos exámenes, su padre le premia con un viaje a España para ver a Rafael Guerra "Guerrita" en las fiestas del Pilar. Después, viviría en París y conocería a la gran actriz Sarah Bernhardt, y a María Guerrero y a Fernando Díaz de Mendoza, y a Ricardo Calvo, que le presenta a Enrique Gómez Carrillo. En París, en el café El Perro que Fuma, le enseña Gómez Carrillo a Oscar Wilde, *"un tío feísimo, gordo y fofo".* Vuelve a su Perú natal, estudia Filosofía y Letras y Sassone es un liberal y ateo; en la Universidad, en un examen, niega la libertad humana y lo echan a patadas. La familia se arruina y él, con su buena voz, canta en Sicilia. Pero como él decía: *"Para ser un gran cantante se tiene que ser abstemio y casto. No sabía serlo entonces y no sé serlo todavía aún."* Sassone vive en Barcelona donde conoce a Casas, Rusiñol, Eugenio D'Ors... Y se viene a Madrid donde conoce a Zamacois, Joaquín Dicenta, Luis Bello y Manolo Bueno. El poeta Francisco Villaespesa le lleva a vivir a su misma casa de huéspedes. Un día se va a casa de Benavente para hacerle una entrevista. Sassone vive el esplendor de la bohemia, duerme en los bancos del Botánico; y entra en el mundillo de la claque del teatro de la Comedia.

Sassone, es feliz porque don Jacinto le invita a tomar el vermut en El Gato Negro y el gran empresario teatral don Tirso Escudero le dice que tendría siempre pagado el almuerzo; y asiste a la tertulia de Benavente a la que acuden también Valle-Inclán, Manuel Bueno y otros. Gracias a Benavente, estrena en el teatro Príncipe Alfonso su primera comedia, *El último de la clase.* Autor pródigo, estrena sesenta obras de teatro y publica unos sesenta libros.

"Cavias"

El escritor gallego Luis Moure-Mariño, habitual firma en las páginas de huecograbado de *ABC*, dedica su artículo a la figura de Luis Vives. Muy ligado a *ABC*, Martín Abril, vallisoletano, vierte y convierte su prosa por un momento en un jardín de alcorques y flores cuando las hojas de los árboles visten de melancolía los bancos de la infancia y la ancianidad y un pintor recoge en su lienzo esta tristeza de sol viejo. Su artículo: "Otoño de los jardines", "Cavia" 1941. En este año, obtiene el premio "Luca de Tena", por su exaltación de la sangre española, Josefina de la Maza.

Capítulo V

JUAN IGNACIO, ACADÉMICO DE LA ESPAÑOLA

REGRESA BENAVENTE; PROHIBIDO SU NOMBRE EN LOS CARTELES

"La vida no es sino una una continua sucesión de oportunidades para sobrevivir."

García Márquez

Seguro de que José María Pemán está feliz de ver "inmortal" a su amigo Juan Ignacio Luca de Tena. El domingo día 20 de enero de 1946 Juan Ignacio se convierte en académico de la Lengua. Con mucho público en la sala, Juan Ignacio accede al estrado en compañía de Llanos y Torriglia y Martínez Kleiser. Su discurso versa sobre "Sevilla y el teatro de los Quintero".

José María Pemán, director de la Academia, le da la bienvenida y contesta a su discurso. Pemán se refiere a la labor de Prensa Española, *"fábrica de españolismo de aquella hora, de cuyos suministros han vivido en gran parte muchas posteriores resoluciones heroicas. Si los intelectuales del 98 fueron la promoción de la esperanza española, la Redacción de* ABC, *cultivando otra virtud teologal, fue la promoción de la fe en España... "*. Traza Pemán el itinerario de la obra de Luca de Tena desde cuando empieza a trabajar de linotipista por el deseo paternal de que el hijo recorra en la Casa todos los escalones gremiales de su oficio; y habla de él como heredero del fundador.

Homenaje de Benavente a Luca de Tena

El 12 de mayo de 1946 llega a Madrid, a la estación de Atocha, don Jacinto Benavente. Mucha gente acude a recibirle. *ABC* ha cuidado siempre la figura de don Jacinto, muy vinculado al diario de la calle de Serrano. *"Una de mis mayores satisfacciones al hablar de España con extranjeros* —dirá el autor teatral— *ha sido oírles ponderar las excelencias de muchos de nuestros periódicos y entre ellos, naturalmente, el* ABC, *insuperable por su presentación, su baratura y su moralidad sin gazmoñería."* Su llegada a Madrid la da el periódico en portada.

Huido a Valencia en los primeros días de la contienda, su obra se sigue representando y en un escenario del Valencia republicano, en pleno entusiasmo de una obra suya, se fotografía con el puño en alto y pagará el precio muy caro de esa imagen muy difundida en la zona nacional.

Al finalizar la contienda, don Jacinto trata de disculparse con los nacionales y, cuando entran las tropas franquistas en Valencia, el autor teatral se asoma al balcón del Ayuntamiento y grita: *"Tres años fingiendo..., ¡por algo soy comediante!"* Un año después, tras el estreno de *Aves y pájaros*, en el madrileño teatro Lara, quiere reconciliarse con el franquismo, abjurar del gesto del puño en alto y grita: *"¡Arriba España!"*

Su nombre sólo puede ser citado en los periódicos —en las informaciones y críticas y también en las carteleras— como *"el autor de La Malquerida"* o *"el autor de Señora ama"*, o simplemente como *"un autor español"*. Giménez-Arnau, director general de Prensa con Serrano Súñer, culpa a Dionisio Ridruejo de esta medida.

A punto de cumplir ochenta años, cinco de finalizada la contienda, continúa la medida de prohibir su nombre. Sin embargo, con motivo de rendírsele un homenaje nacional, la Administración cambia de criterio y pasa a ser el *"indiscutible maestro de nuestra escena"*, el *"glorioso escritor"* o el *"insigne dramaturgo"*. Su nombre vuelve a los carteles y a las publicaciones en octubre de 1944.

En 1948, *ABC* le premia con el "Cavia" y el día 15 de noviembre de 1949 don Jacinto le ofrece un homenaje a Juan Ignacio por sus recientes éxitos teatrales. Estrecha y larga amistad entre ambos. *"Gracias al marqués de Luca de Tena* —dice el Nobel—, *digno sucesor del nombre y del título de su padre: nombre que ilustra el título, a diferencia de otros que no bastan a ilustrar un nombre."*

Capítulo VI

REAPARICIÓN ESTELAR DE ORTEGA EN EL ATENEO

DURA CARTA CONTRA ÉL Y RESPUESTA EN *ABC* DE LUIS CALVO

> *"El pensamiento de un hombre es, ante todo, su nostalgia."*
>
> Albert Camus

Hijo del periodista Ortega Munilla, muy vinculado al mundo de la Prensa, Ortega es el alma del periódico *El Sol* y en él publica, entre otros, los famosos artículos "Delenda est Monarquía", puntilla periodística al reinado de Alfonso XIII y "No es esto, no es esto", desengaño de la República... Ideológicamente Ortega está muy distante de la línea de *ABC*. En cierta ocasión, alguien pregunta a Juan Ignacio Luca de Tena por qué la firma de Ortega y Gasset no aparece en *ABC* y el hijo del Fundador responde: *"Mi padre era íntimo amigo del suyo; pero Ortega nunca se llevó bien con mi padre; quizá aunque, sin duda, quería a su padre, nunca quiso a quienes su padre quería."*

No obstante, cuando el filósofo regresa a España procedente del exilio, la relación de Ortega con *ABC* es frecuente y el filósofo mantiene buenos contactos con el periódico, a través de su director, Luis Calvo. El diario de la calle Serrano cuida especialmente la actividad social y cultural de Ortega, dentro de los ámbitos y la censura de la época.

En 1946, el Gobierno español autoriza la apertura del Ateneo de Madrid, con el fin de que recupere su rango de centro cultural; a partir de 1940 cambia su denominación y se limita a una actividad silenciosa y apolítica. Pedro Rocamora visita en Lisboa a Ortega y Gasset para proponerle que inaugure el aula magna. Don José se resiste en un principio y, tras meditarlo unos días, acepta la invitación contra la voluntad de Miguel, su hijo mayor.

La disertación versará sobre "Qué es el teatro", con algunas variaciones, pues esa misma conferencia acaba de pronunciarla en Lisboa. Es, pues, la primera aparición del filósofo en España desde antes de la contienda. Por tanto, la conferencia despierta una inusitada expectación entre ateneístas y universitarios. Antes de que comience el acto, el Ateneo está lleno y muchas personas siguen la conferencia en los pasillos a través de altavoces; la conferencia la transmite la radio.

En el salón está la crema de la vida intelectual, artística y política española. Con buena voz y buen gesto, Ortega comienza diciendo: *"No hay para qué hacer excepcionales aspavientos. El Ateneo de Madrid, que ha vuelto a su antiguo nombre, como el puño vuelve al jerifalte, ha querido que inaugure esta su nueva etapa hablando a ustedes de algo. Hace muchos, muchos años, tal vez un cuarto de siglo, que yo no hablaba en esta casa, donde hablé, o mejor dicho, balbucí por primera vez; y hace también sobrados años que ando vagando fuera de España."*

En pasajes de su intervención, Ortega es interrumpido por fuertes aplausos, especialmente cuando dice: *"Mientras los otros pueblos están enfermos, casi todos, el pueblo español, lleno de defectos y de hábitos torpes, ha salido con una sorprendente salud. Pero esa inesperada salud podemos perderla si no andamos muy alerta, si no cuidamos todos —reparad en la generalidad de esta exigencia— de tener la alegría y la generosidad y la justicia —jurídica y social— de crear una nueva figura de España. Hay que inventar nuevas formas de vida en que el pasado desemboque en el futuro con originalidad, con gracia, con esa cosa sin la cual no se puede ni torear ni hacer historia: con garbo."*

El sábado día 4 de mayo de 1946 el diario monárquico publica una extensa información de la conferencia y comentarios de Luis Calvo, "Azorín" y Gaspar Gómez de la Serna sobre su discurso. Una carta dura de Jaime Miralles contra el filósofo, publicada por el periódico *Ya*, tiene su respuesta, sin firma, en el artículo de *ABC* "Convivencia con Ortega y Gasset", tras el que se esconde la pluma y estilo de Luis Calvo.

Esto escribía Luis Calvo en el diario monárquico como un "Brocense" garboso: *"Ortega y Gasset nació en una platina, como a él le gusta decir, recordando a aquel gran rumboso de la literatura y del periodismo que fue su padre, don José Ortega y Munilla. De la platina saltó a la metafísica."*

Después Ortega visita Aspen, Estado de Colorado, con motivo del segundo bicentenario del nacimiento de Goethe. En Aspen, Ortega hace amistad con Gary Cooper. Según cuenta el corresponsal de *ABC*, José María Massip: *"El filósofo y el actor en los ratos de ocio, sentados en la terraza del hotel, frente al inmenso panorama azul de las montañas, hablaron mucho de sus vidas.*

Ambos se consideraban felices dentro de su profesión, hasta el punto de que Ortega dijo a Gary Cooper que le gustaría poseer una de sus camisas de 'hombre feliz', que contradijese la fábula de que los hombres felices carecen de camisa. El actor se la envió. Me encontraba con Ortega en su habitación del hotel Plaza, de Nueva York, la tarde en que el correo le dejó un paquete con la camisa de Gary Cooper, una camisa de lana, a cuadros, de 'cowboy'."

Capítulo VII

RAMÓN PASTOR, NUEVO DIRECTOR

FICHA A MASSIP, CORRESPONSAL EN EE UU

"Quien no da el salto a la literatura está perdido."
González-Ruano

Tras la caída de Losada de la Torre, Ramón Pastor y Mendivil[7] dirigiría *ABC* desde el 22 de marzo de 1946 hasta el 12 de octubre de 1952, año en que sería sustituido por Torcuato Luca de Tena. Buen conocedor de la Casa, después Pastor pasaría a ocupar puestos responsables como subdirector del periódico en dos ocasiones.

Ramón Pastor había conocido a Juan Ignacio en el colegio Marianista del Pilar. En este centro nace una amistad; y nace también *Proyección*, el primer periódico que funda Juan Ignacio y Pastor lo confecciona. Tras acabar el bachillerato, Ramón Pastor cursa estudios de Derecho en la Universidad Central y, posteriormente, obtiene por oposición una plaza en el Ministerio de Hacienda. Pastor combinaría el trabajo del periódico con el del Ministerio. Antes de la guerra civil trabaja como redactor de mesa en *ABC* y del diario pasa a *Blanco y Negro* en 1930. Confecciona la revista y la subdirige desde la reforma de 1932.

Ramón Pastor lleva en la mano la prosa estricta de andar por casa, una sintaxis de administrativo, de funcionario de Hacienda, como es. En cierta ocasión, ante una diferencia sobre cierta expresión de Francisco de Cossío, comenta con un redactor jefe: *"Yo no soy quién para corregir al autor de* Manolo." Lo veréis en su despacho con aquel movimiento tan suyo de cabeza y el cigarrillo en los labios, mientras habla a solas: *"Ramoncito, Ramoncito: no te pongas nervioso."*

Pastor es de esos seres anónimos de periódico, personajes que escriben el currículo de su vida entre la lectura de los originales, la prosa de los redactores y la firma anónima. Antes de morir, como un cartujo exento de vanidad, pide que destruyan cuanto de él existe en el archivo del periódico. Como reza su necrológica, Pastor es *"una historia larga, fecunda, cumplida y silenciosa con un amor pudoroso pero ardiente y constante*

[7] Un personaje de la Casa cuenta que Pastor no despertaba muchas simpatías en la Redacción. Yo lo recuerdo como un hombre de gran porte, que solía venir de cuando en cuando por la mañana y se sentaba un rato en uno de aquellos sillones frailunos, junto a la mesa del redactor jefe.

por su profesión". José María Massip le había *"observado a veces, en su despacho, corrigiendo personalmente originales, llamando por teléfono a colaboradores, advirtiendo a redactores, siempre con la misma consigna: 'No nos precipitemos, no corramos. No por madrugar amanece más temprano.' Para Pastor* —afirma Massip—, *la cuestión era hacer todos los días el periódico y hacerlo, si no bien, lo mejor posible dentro de las circunstancias, sostener su peso en la vida nacional u ajustarse a las realidades de cada instante. Con la censura de su tiempo montó verdaderas batallas"*.

Ramón Pastor dirige el periódico en la etapa feroz de la censura, periodo de las inserciones obligatorias, etapa de peleas y luchas contra el ministro Ibáñez Martín, por ejemplo. Pastor, se niega a publicar un editorial. Ante esta postura, la Dirección General de Prensa decide *"suspenderle en el ejercicio de sus funciones de director"*, durante un mes y medio.

Massip, corresponsal

José María Massip, voz escrita que viene de Estados Unidos, crónica que abre, habitualmente, como un alguacilillo austero, el corondel de redondas y cursivas del periódico, caracola de allende los mares, visión crítica de la vida americana, *"un remanso de lucidez* —según Antonio Alférez— *en los años más oscuros del periodismo español"*. Massip llega a *ABC* después de escribir en sus páginas varios artículos sobre Filipinas e India, una vez finalizada la Segunda Guerra Mundial. Pastor los ha leído con interés y descubre en ellos, además, el acento literario. Una noche suena el teléfono en la casa de Massip en la Ciudad Lineal. Es Pastor quien le llama. En su despacho, pregunta a Massip si quiere ir a Londres de corresponsal. Apenas si Massip reacciona ante la propuesta. *"Yo me quedé atónito. La misión me gustaba, claro; pero en mi vida había, en aquellos años, problemas políticos. Se los expuse. Mis ideas personales no coincidían con las del periódico que dirigía Pastor.* El Sol, La Voz; *la prensa política de Barcelona en los años treinta, el Municipio de la Ciudad Condal, un escaño en el Congreso de los Diputados.*

'Mire, Pastor —recuerdo que le dije aquella noche en su despacho—, yo aceptaría con mucho gusto lo que me propone, pero se van a meter con usted, porque yo, como usted sabe, vengo de la otra acera.' Recuerdo que le cité una portada de ABC *del año 1932, con una fotografía mía al lado del diputado a Cortes catalanista Ventura Gassol, de Esquerra Catalana.*

Se lo recordé a Ramón Pastor. Conocía la fotografía. 'Lo que me interesa —me dijo con su voz seca aquella noche de primavera en Madrid— es el periodista, y todo lo que le pido al periodista, si está dispuesto a aceptar mi oferta, es que nos informe bien, con imparcialidad, de la actualidad británica.' En mi larga vida periodística, no me he entendido jamás con un director como con don Ramón Pastor y Mendívil, hombre de silencio, humanismo, cultura y profesionalidad en su pues-

to de mando al frente de ABC en los años probablemente más difíciles de su historial."

A pesar de su pasado republicano, Massip deja en *ABC* el testamento de unas crónicas lúcidas, ecuánimes y brillantes, una manera de ver y entender Estados Unidos, la lucha entre negros y blancos. La crónica de Massip es como una nota de jazz sobre el atril de la primera página de tipografía. A Massip se le espera como quien siente una necesidad para seguir viviendo en el opresivo ambiente hispánico. A todos o casi todos los lectores agrada la crónica que llega como un mensaje de botella a las playas desnudas de los ojos. Sin embargo a Fraga no sólo no le gusta, le molesta además, sobre todo la dureza crítica utilizada contra Barry Goldwater, el candidato extremista a la presidencia de Estados Unidos. Goldwater acabaría protagonizando el desastre más colosal en la historia del Partido Republicano.

Fraga acusa a Massip de expresar la opinión del Departamento de Estado. (Eran años de Administración demócrata en Washington y los *"peligrosos liberales"* del Departamento de Estado —según Antonio Alférez—, críticos hacia el régimen de Franco, eran objeto sistemático de campañas denigratorias en la Prensa oficial española.)

Portasany, redactor jefe de otro tiempo[8]

ABC es, en estos largos años, una Redacción silenciosa y sombría, densa y temerosa, dominada por el redactor jefe, Eladio Portasany, hombre draconiano. Cándido recuerda la noche de su llegada. Y la sala cuadrangular, penumbrosa; y los redactores —no más de diez— sentados a una mesa grande en unos sillones casi frailunos y cada sitio iluminado por una lámpara flexible de mesa. Y como todos, sube por la escalera que se bifurca elegantemente en dos de mármol alfombradas; y también le sorprende el patio andaluz, la fuente, el surtidor y los azulejos. Entra en la Redacción, observa, al fondo, una biblioteca presidida por el busto del "negro", el Fundador; y así lo llamaban los redactores, porque en las fotografías que solían hacerse a su alrededor los visitantes de la Casa, *"aparecía siempre al fondo la oscura silueta del busto. En la parte opuesta al 'negro' estaba, sentado a la cabecera de la mesa, el redactor-jefe don Eladio Portasany, de rostro colorado y tumefacto. Dije: 'Buenas noches.' El redactor jefe: 'Empieza usted la profesión por donde la terminan los demás'."* Siempre recordará Cándido la figura de Portasany: *"Aquel hombre de crueldad fácil, corpulento* —recordará Cándido—, *espaldudo, colorado, que cruzaba el bastón sobre su mesa y que bebía cerveza. Es imposible que hoy se re-*

[8] Conversación con Carlos Luis Álvarez en su despacho de la nueva casa de *ABC*, y me recuerda estas vivencias relatas por él, además de la charla, en sus buenos libros de *Memorias prohibidas* y *Un Periodista en la Dictadura*.

produjese en ningún periódico una situación de tan extremo dominio y humillación. Por contra —añade Cándido—, *nadie aprende ahora el oficio como se aprendía allí ni se adquiere el sentido de la responsabilidad que allí se impartía. La suficiencia que es habitual en el novato se pagaba cara y yo sabía extraer de mis catástrofes con la pluma (literalmente, porque escribíamos con pluma y tintero, no había siquiera bolígrafos, yo no sé si estaban inventados); digo que sabía extraer de mis catástrofes o desmayos la experiencia necesaria. Fuera, en los ámbitos del Régimen, lo grotesco se aliaba con lo sombrío, el analfabetismo con el poder, el miedo con la injusticia y la burocracia con la incompetencia.*

Había en la Redacción —prosigue Cándido—, *dos empleados al servicio de los redactores de manera que allí nadie osaba levantarse y mucho menos levantar la voz. Había nada más que una máquina de escribir. 'No se te ocurra tocarla, es de Lorenzo López Sancho', me dijo uno de los compañeros, José Baró, que acabó mal de los nervios. López Sancho firmaba entonces la crónica de 'Madrid al día', la crónica municipal, con el seudónimo de Isidro, y tenía mucho éxito. Yo le conocía. Era también cronista deportivo. Aquella noche no hice nada porque nadie me encargó nada. Estaba hambriento y no me atreví a pedir tortilla como vi que hacían otros. Era una Redacción de susurros que hacía más espeso el silencio. Un redactor abrió un periódico y Portasany rugió secamente: '¿Tan poco tiene usted que hacer que pierde el tiempo leyendo periódicos?'. Y le envió un montón de hojas de la agencia* Efe.

Estaba acostumbrado a sobrevivir en la hostilidad del monte bajo —prosigue Cándido—, *como los conejos, y pude olfatear enseguida el miedo que había en la Redacción de* ABC. *La violencia de Portasany resultaba inaudita y desde el principio me fue harto difícil trabajar bajo aquella opresión. No sé expresar aquel miedo de otro modo y no creo que Torcuato Luca de Tena ni nadie que trabajase durante horas en la Redacción tuviesen una idea exacta de aquel pulpo del miedo que sobrecogía aun a los más viejos, que atenazaba a todos y que llegaba a quebrar la más mínima pretensión de autonomía y hasta de verticalidad moral. Sobre todo, como corrompe el miedo. Llegabas a sentir un orgullo desmedido y hasta cierto punto vil por el leve gesto de aprobación, que de todas formas no dejaba de ser adusto, con el que Portasany recibía los arreglos que hacíamos de las noticias de agencia, la corrección de las crónicas o algún suelto que otro.*

En medio del silencio estallaba la voz de Portasany: '¡Dé por recibida la peor ofensa que pueda hacerse a un hombre!' Así le gritó una vez a Enrique del Corral, no recuerdo por qué circunstancial disención, hundiéndonos a todos en el hielo cortante de aquella injusticia. En una ocasión me pasó una noticia de agencia en la que un camión cargado de huevos había volcado. Yo no sabía cómo poner los huevos en el ladillo o título de la noticia, de modo que me devolvió el original cinco o seis veces. Desde su sitio se dirigió a mí con destemplanza: 'Señor Álvarez, ¿vamos a estar toda la noche de peloteo?' En ese momento, José Baró, que tenía al lado una taza de café con leche, mojó la ensaimada en el tintero y la pluma en el café. No soportaba la tensión, vivía electrocutado."

"Payaso"

"'Es usted un payaso', dijo una vez Portasany a Pérez Ferrero, a quien llamábamos Pérez Féretro debido a su aspecto asténico y a sus bronquios sepulcrales o de ultratumba, de los que era un apéndice natural el pitillo que invariablemente le colgaba de los labios. Miguel Pérez Ferrero (que dedicó unas líneas en un libro que hizo sobre las tertulias de Madrid a mi entrada en la casa de Pérez de Ayala) era muy famoso como crítico de cine. Firmaba con el seudónimo de 'Donald' y componía con Alfredo Marquerie (crítico teatral) una pareja extraordinaria, pero no de payasos. La sensación de que trabajaba sobre un cadalso, teniendo en cuenta que estaba allí de meritorio, me duró dos o tres años."

Enérgico y laborioso, Portasany Vidal se pasa gran parte de las horas de la noche —las horas en que el periódico se hace— discutiendo y negociando por teléfono con Zugazaga, jefe de censura, los problemas que les plantea, cuando los motoristas del diario entregan en el ministerio los originales para su aprobación.

Quizá la idiosincrasia de Eladio Portasany obedeciera a las penalidades de la contienda de 1936. Su mujer moría, víctima de la inanición y de la dureza de ese tiempo trágico; y sería enterrada en un cementerio de un pueblecito de Cuenca.

González Ruano, en su diario, escribe: *"Ha muerto Eladio Portasany, periodista. Periodista por las buenas. La muerte de un periodista merece pocos honores de los mismos periodistas. Se puede hacer periodismo inicialmente, pero quien no da el salto a la literatura está perdido. Aunque el salto pueda ser mortal, merece la pena intentar no morirse de asco."*

Capítulo VIII

REVESZ, EL GRAN PERIODISTA QUE VINO DE HUNGRÍA

ABC DICE ADIÓS A CUARTERO

"El periodista tiene la sensación, consciente o no, de estar en posesión de la verdad."

Alain Arina

ABC de los años cincuenta; viejos redactores y un personaje que nadie conoce, si exceptuamos a don Torcuato: Andrés Revesz. Se ignoran los orígenes de este personaje enigmático, figura de zíngaro y violinista sobre los tejados de la Europa de posguerra, "*su cabeza transparente aureolada a la manera de Einstein, de Ben Gurion, por un crespo, delgado, esparcido algodón blanco*", su parecido con Stokowky y Rubinstein, algo de semejanza física con Bertrand Russell, hombre inconfundible en las recepciones de embajadas, cortés y hasta un poco cursi, siempre entre mujeres.

Memoria prodigiosa de Revesz, archivo neuronal, prurito tan suyo, un poco pretencioso, de saberse de memoria las fechas de los hechos más relevantes, por ejemplo, o conocer el nombre de los presidentes hispanoamericanos. Una de esas noches en la Redacción, cuando, como tantas otras e, indefectiblemente, se dirige a los compañeros con la muletilla de la palabra *"bien"* en el inicio de la conversación: *"Bien... Estoy en un buen momento de memoria. Pregúntenme acerca de cualquier tema histórico."* Entonces alguien toma del estante un tomo de la enciclopedia, lo abre al azar y le pregunta sobre una cuestión de los años en que inicia y termina su mandato un presidente de cierta república hispanoamericana. Andrés Revesz responde erróneamente y pide perdón. A la noche siguiente, Andrés Revesz aparece con una monografía en las manos y demuestra a los compañeros que están equivocados los datos de la enciclopedia.

Andrés Revesz[9] es, en versión de Cándido (Carlos Luis Álvarez), *"una especie de sabelotodo ingenuo y excéntrico, pero no creo que todos los húngaros fuesen así*

[9] Como ya he dicho al inicio de esta obra, la primera vez que conocí *ABC* fue gracias a Andrés Revesz, en 1965, en compañía de Eugenio Nasarre; y, como a todos, me pidió que le preguntara por algunas fechas para comprobar su buena memoria.

en aquellos tiempos. Decía: '¿Ha visto la piel tan fina que tengo? Toque, toque', y ponía la mejilla. Cuando me lo presentaron me dijo que él conocía toda la historia del mundo. 'Pregúnteme lo que quiera', me animó. 'Señor Revesz, yo le creo.' 'Pregunte, pregunte.' 'Pero si yo le creo, creo que conoce toda la historia.' '¿Es que no sabe usted nada?.' Me molestó, así que le dije que enumerase los reyes de la dinastía de los Plantagenet. Me contestó: 'No, de eso no sé, pregúnteme de Iberoamérica.' Revesz vivía en una nube. Sólo sé que era un memorión infinito, lo cual no deja de ser impertinente. El patrón (Juan Ignacio Luca de Tena) *confiaba mucho en él. Una vez el redactor jefe me envió a un acto en el Ateneo, un acto contra la opresión comunista sobre los países del Este de Europa en el que hablaban Agustín de Foxá y otros. Al citar a los asistentes (en la reseña) yo no sé por qué se me ocurrió que el marqués de Nantouillet, que era valenciano, tendría que ser el embajador de Rumania. Le vi la cara y me pareció rumano. Protestó. El marqués de Luca de Tena entró en la Redacción y dijo al redactor jefe: '¿A que ha sido uno de la Escuela de Periodismo?' Yo quedé sorprendido de su intuición. Entonces ordenó que a cualquier acto de carácter internacional fuese invariablemente Revesz."*

Tal vez por eso se explica que lo contratara don Torcuato, *"una vastísima erudición en materia internacional"*, según Torcuato. Arrogante, pero no fanfarrón, siempre con un toque de exquisitez: *"Yo que de esto sé más que nadie." "Que levante el dedo quien de esto sepa más que yo."* Gracias a ese don tan preciado de la memoria, Andrés Revesz podría haberse hecho rico jugando con los naipes, pero no le gustaba jugar a las cartas, aunque *"un amigo me decía que si lo hiciera sería imbatible, pues podría recordar todas las cartas que ya habían salido en cada jugada"*.

Torcuato Luca de Tena coincide con él en una embajada sudamericana y se lo presenta al embajador: *"He comprobado, señor embajador, que sus dos apellidos son de grandes políticos en su país. Uno de su mismo nombre fue ministro de Hacienda, en 1927, siendo presidente de la República el general tal. Fue un gran Gobierno el suyo porque tuvo en Educación a Fulano, que luego fue director de la Biblioteca Nacional, y en Asuntos Exteriores, a Mengano, que más tarde fue embajador en París, y después candidato a la presidencia de la República, en las elecciones que dieron el triunfo al conservador Perengano, cuyo mandato, por cierto sólo duró once días, porque lo mató el anarquista X. Pero no fue el mandato presidencial más corto de su país, porque, en 1903, el presidente electo murió de un infarto en el Parlamento al tiempo de recibir en sus hombros la banda presidencial. 'Es usted asombroso... —exclamó el embajador sin contar su admiración. Sí —respondía Revesz, aceptando de plano el cumplido. Y en cuanto a su apellido materno, hubo un arzobispo que se llamaba así en 1929, lo mismo que aquel gran poeta que escribió la* Oda a la imprenta'. *Ante esto, el nieto del Fundador de* ABC *teme que la recite, lo coge del brazo y se lo lleva, no sin antes decirle al embajador que Revesz es 'el orgullo de nuestra Redacción'."*

Andrés Revesz llega puntual a la Redacción, y se instala en un despachito, el que, en su día, utiliza José Cuartero. Revesz aparece en las recepciones de embajadas y es frugal en sus comidas, un poco anacoreta, con la finura de un abate y el amor de un cardenal renacentista, obsesionado, sobre todo, por el tema amoroso. Andrés Revesz mantiene un club de *"fans"* de millares de amigas repartidas por España y el periodista húngaro se convierte en una especie de Elena Francis sin ondas y el mensaje del amor esparcido al viento a través de su palabra escrita. Andrés Revesz mantiene un "Consultorio sentimental" y responde a las cuitas de frustradas enamoradas y a las que les aconseja los remedios más peregrinos como el nudismo, el yoga, el vegetarianismo...

"Dígame, Marquerie, ¿cuántas veces hace usted el amor?"

Una de esas noches, Andrés Revesz despacha su consultorio sentimental y se dirige a Alfredo Marquerie, sentado al otro lado de la mesa; lo hace como es costumbre de la época, con el tratamiento de usted: *"Dígame, Marquerie, ¿cuántas veces hace usted el amor con su mujer?"* En ese momento, Alfredo Marquerie le hubiera arrojado el tintero a la cabeza, lo habría asesinado, pero se contiene. No obstante, empecinado, Andrés Revesz insiste: *"Sólo quiero saber si la cifra que usted me dé se refiere al año, al mes, a la semana o al día."* Ante la insistencia, Marquerie pierde la paciencia y le arroja el tintero a la cabeza... Afortunadamente no le alcanza. No obstante, Marquerie y Revesz mantienen buena amistad. Ni el peso del orden que impone Eladio Portasany evita un serio altercado hasta que la Redacción recobra la calma y vuelve a ser, como es habitual, una balsa de aceite.

Revesz se muestra preocupado por el creciente aumento de apellidos tan vulgares como Pérez, López, Gómez, Martínez, García. Los repasa en la guía de teléfonos, los contabiliza, con el fin de frenar ese incremento.

Celoso de sus años, guarda, con el esmero de la coquetez casi femenina, los secretos de su edad y cuida, mimosamente, su salud: *"No bebo y apenas como. En mi mesa se ha suprimido, hace mucho tiempo, el vaso. Mis comidas son siempre muy ligeras. Creo que a eso debo el excelente estado de salud. El doctor Marañón suele decirme: 'Tiene usted los tejidos de un muchacho de veinte años'."*

Exótico y estrafalario, Andrés Revesz hace gimnasia todas las mañanas nada más levantarse —y la recomienda a amigos y conocidos para, de esa manera, alcanzar la longevidad—, sube las escaleras de casa, de dos en dos peldaños, y siempre se afeita a las cinco y media de la tarde, *"mientras mi fiel sirvienta María Cruz, que lleva conmigo más de treinta años, me va leyendo los periódicos para ganar tiempo. Lee muy bien, y si tuviera buena memoria habría conseguido una gran cultura"*. Muy agradecido por los servicios prestados, un día, Andrés Revesz, acompañado de un grupo de compañeros, rinde un homenaje a esta mujer, réplica de la criada de Balzac.

Fiel a su sentido de la frugalidad, en cualquier recepción, Andrés Revesz toma, únicamente, unos canapés y bebe, como mucho, un par de zumos de naranja. Siempre educado y sensible en la noche del diario, en la Redacción grande o en su despachito, la figura cubierta y adornada con una americana negra, algo raída, un pantalón diplomático a rayas. En la Redacción, se quita la chaqueta y se queda sólo con un chaleco desabrochado. Entonces adquiere una rara imagen de *"sheriff"* del Oeste informativo de la noche, abrochado el cuello siempre con una pajarita. Animado, Andrés Revesz trabaja en el diario con un entusiasmo similar al de un chico de prácticas, desde las diez de la noche hasta las tres y media de la madrugada. Cuando llega esa hora, se levanta, mete el lazo de la pajarita en el bolsillo y lleva bajo el brazo un abultado fajo de periódicos. Lentamente deja los pasillos del periódico, llega a casa, toma un vaso de leche y se echa a dormir.

Una noche invernal, en un Madrid cubierto de nieve, la policía lo detiene al verle corriendo, desnudo y descalzo sobre las aceras de las calles.

No se creen los policías, que este señor trabaje en *ABC*. Ante la desconfianza, llaman por teléfono al redactor-jefe, Eladio Portasany, para confirmarlo y, cuando este pregunta que si el detenido tiene ciertas características como son los pelos hirsutos y sin peinar, si va, como dicen, desnudo y descalzo y corre con paso ligero y gimnástico sobre la nieve, entonces no cabe la menor duda de que ese es, sin duda, Andrés Revesz. *"Pueden soltarlo sin reparo; es un loco inofensivo"*, sentencia el redactor-jefe.

Otra noche, se dirige a Eladio Portasany. Este mira su reloj y, no exento de inquietud, observa que se marcha una hora antes de su hora habitual. Entonces le pregunta: *"¿Le ocurre a usted algo, Revesz?"* Andrés Revesz, sin inmutarse, responde: *"Es que tengo a mi mujer de cuerpo presente." "¡Por Dios, Revesz* —dice Portasany—, *márchese. Y le acompaño en el sentimiento!"*

Revesz conoce el mundo, le ha dado la vuelta varias veces, lo cuenta en ese meridiano de redondas, anda por la Redacción del *New York Times* como por su propia casa. Presume, además, de conocer a varios presidentes norteamericanos y de mantener con ellos buenas relaciones, especialmente con Truman y personajes como Barry Goldwater.

En sus comentarios del año 1932, Revesz se adelanta a importantes acontecimientos: avisa ya de los peligros que, para el mundo, representa la llegada de Hitler al poder. Revesz, políglota y genial, sufre acosos surrealistas de la censura y, en cierta ocasión, en un editorial, que alude a la sensible pérdida que había padecido el comunismo en Europa, los censores se lo recriminarán: *"Usted lo siente y se compadece"* de ese comunismo.

Artajo propone una nueva Ley de Prensa

Año 1946. Cesa Juan Aparicio. Martín Artajo y sus dos hombres de Prensa: Luis Ortiz, subsecretario de Educación Nacional, y Tomás Cerro Corrochano, director general de Prensa. Luis Ortiz, sevillano, licenciado en Filosofía y Letras y catedrático de Latín, procede de *El Debate* y es propagandista. Según él, *"la libertad sólo se comprende y sólo se puede admitir cuando se emplea en el servicio de la religión católica y de la Patria"*.[10] Tomás Cerro, madrileño, licenciado en Filosofía y Letras, doctor en Derecho, procede también de *El Debate*. En el diario católico ha sido secretario de redacción y profesor de su Escuela de Periodismo. Como persona, Cerro tiene "bastantes malas pulgas". Como censor para *ABC*, su actitud es más severa. Para Cerro *"no hay libertad para el mal ni para el error ni para la mentira"*. En una carta al director del periódico —6 de julio de 1946—, entre otras cosas, Sainz Rodríguez le dice: *"Estoy a sus órdenes para explicar lo que sea explicable y para tomar nota de lo que su deber le dicte."* El ministro Ibáñez Martín nunca tuvo interés en liberalizar la prensa, mientras Martín Artajo propone una nueva Ley de Prensa. Ha llegado el momento de derogar la totalitaria de 1938. Pero fracasa en su intento. Al fin y al cabo los más interesados en el control de la información son Franco y Carrero.

Cuartero

Treinta y cinco años, muchos editoriales y artículos, con la muerte de José Cuartero[11] desaparece un periodista de época, un editorialista, el del *"puñalito"* como él definía a su pluma, capaz de derribar gobiernos, hombre muy en sintonía con el fundador, de prosa castellana, escritura concisa y exacta, imbatible en sus campañas, patriota, *"insobornable e incorruptible, defensor de toda causa justa y, por lo tanto, de una verdad inmutable a cuyo servicio consagró lo mejor de su existencia"*. Así lo definen unos párrafos anónimos del periódico en el que transcurrió casi toda, su vida periodística.

Según Azorín, *"Cuartero* (escribía) *sencilla, clara, sobriamente. Había llegado a imponerse una norma; el imperativo, podríamos decir, con arreglo al cual trabajaba era este: un mínimo de espacio en un mínimo de tiempo. Imperativo que, dicho sea de paso, conviene tanto al periodista, al escritor, como al científico. Ha escrito Cuartero multitud de artículos; ha publicado también algún libro. Lo que de nuestro amigo quedará son sus artículos* —prosigue Azorín—: *si en lo porvenir se quiere tener una idea exacta de ciertos movimientos de la opinión en España, habrá que acudir a los artículos de Cuartero". (...)* ¿Y cuál era ese pensamiento? Gozó nuestro Cuartero de la entera confianza del marqués de Luca de Tena; sirvió a España, como el Fundador, en los trances más difíciles para nuestra Patria, Cuartero, como el Fundador, ha estado en su puesto...

---

[10] Tusell, Javier: *Franco y los católicos. La política interior española entre 1945 y 1957*. Alianza Editorial, Madrid, pág. 33

[11] Tuve la satisfacción de tratar mucho a su hija, Aurora, bibliotecaria en la Facultad de Filosofía y Letras de la Complutense, mujer culta y encantadora. Al parecer, la contienda de 1936 fue muy dura para la familia Cuartero, pues tuvo dos hijos combatiendo en los dos frentes.

Capítulo IX

EL MANIFIESTO DE DON JUAN LLEGA CON DOS AÑOS DE RETRASO

EXTRAÑA NOTICIA DE LA COMUNIÓN DE DON JUAN CARLOS

"Antes de censurar, siempre habría que ver si no se puede disculpar."

George Ch. Lichtenberg

Fechado en la ciudad suiza de Lausana, el 19 de marzo de 1945 Don Juan de Borbón lanza su primer manifiesto al pueblo español para explicar sus puntos de vista ante el dramático momento en que ponía a España la victoria de los aliados. Meses antes, mediante cartas y emisarios, Don Juan trató, inútilmente, de convencer a Franco de restaurar la Monarquía, con el peligro que tenía para España, tras el triunfo de los aliados, de restablecer una República y eliminar un régimen al que consideraban heredero de la Alemania nazi y de la Italia fascista.

El manifiesto tardaría en publicarse en España dos años, con algunos retoques y conjuntamente con el de abril de 1947. La difusión de ambos documentos se acompañaba con una sonada campaña de Prensa, ante la débil voz del diario monárquico. *"La sucesión monárquica* —se decía en un editorial— *no puede estar sometida al laudo de un grupo de españoles, por muy meritorios, por muy conspicuos que éstos sean."* Juan Ignacio Luca de Tena reparte fotocopiado el manifiesto entre sus amigos.

Día 5 de enero de 1947: Primera comunión de Don Juan Carlos. La noticia aparece fechada en la Ciudad de El Vaticano, el día 7 y la firma la agencia de la Editorial Católica, *LOGOS*. La noticia dice: *"Radio Londres ha difundido la noticia de que el infante Don Juan Carlos, hijo del Conde de Barcelona, ha recibido la primera comunión de manos del cardenal patriarca de Lisboa, doctor don Manuel Gonçálvez Cerejeira. La ceremonia se verificó en la capilla privada del cardenal patriarca, y entre la selecta concurrencia figuraba Humberto II de Saboya."*

ABC, ante la ley de sucesión

Franco anuncia, a través de los micrófonos de *Radio Nacional de España*, el proyecto de ley de Sucesión a la Jefatura del Estado. En Estoril el almirante Carrero Blanco se lo comunica a Don Juan, ante el enfado de este, actitud que nunca le perdonaría. El 6 de julio el pueblo español en un referéndum daría su consentimiento a la consulta. El Gobierno prohíbe la propaganda opuesta al voto afirmativo en el referéndum. Median entre el Gobierno y la organización monárquica, el nuncio de Pío XII y el embajador portugués. Tras este encuentro, los monárquicos expresarían públicamente su postura a través de una nota y en *ABC* un comentario. Tras una visita al nuncio, el titular de Exteriores modificaría ligeramente el texto que iba a ser publicado: *"...la causa monárquica se inhibe de participar colectivamente; y, dada la obligación individual del voto, deja a los monárquicos en libertad de emitirlo con arreglo a su conciencia."* No obstante, el ministro de Exteriores haría saber que tanto el comentario como la nota que debería publicar *ABC* se prohibía.

El 18 de junio Tomás Cerro prohíbe el editorial sobre esta ley enviado por Ramón Pastor para su consulta. Al periódico de la calle de Serrano se le obliga, durante tres días consecutivos, a la inserción obligatoria de la información oficial. *ABC* no puede expresar libremente su actitud favorable a una restauración monárquica en la figura de Don Juan y se resiste a las consignas de la censura. Apartado de su cargo directivo en la Casa Juan Ignacio, Ramón Pastor resiste numantinamente las consignas de la censura. La Dirección General de Prensa insiste en limitar el consumo de papel, con lo cual el diario no puede salir a los quioscos con más páginas.

Qué tensiones entre Cerro y Pastor, entre *ABC* y la DGP (Dirección General de Prensa)... El día 1 de julio Fernando Luca de Tena e Ita, presidente del Consejo de Administración de Prensa Española, propone a la DGP el nombramiento como subdirector del joven Torcuato Luca de Tena, debido al viaje a Portugal, el día 14, de Ramón Pastor, donde pasará veinte días, invitado por el Secretario de Información y Cultura del país luso. Cerro Corrochano no admite como subdirector al joven Torcuato y elige a Eladio Portasany. Torcuato escribe a Ibáñez Martín, ministro de Educación, y le pide criterios claros en la actuación de la DGP. Pero la censura aumenta sus medidas contra el diario monárquico. Nuevamente llega la paranoia a la censura: *ABC* no puede publicar una fotografía del Rey de Noruega, que cumple años, o el lápiz rojo tacha frases del traje de boda de Isabel II de Inglaterra.

El director de *ABC* se sube por las paredes, ante una platina llena de textos de plomo y que no se sabe qué suerte correrán. En la Casa se teme el cierre del periódico. La tensión entre Cerro y Pastor se hace cada vez más evidente. Pastor no acepta formar parte de los premios nacionales de periodismo "Francisco Franco" y "José Antonio".

Manuel Machado: "El poeta de la gracia"

El domingo 21, a mediodía, del año 1947 *"se ha ido al otro mundo Manuel Machado, sin haber visto el rostro soez de la ira, ni de la vanidad, ni de la envidia, ni de la avaricia, ni del orgullo"*, escribe Luis Calvo, en "tercera". *"No había espacio en su desprendimiento para la pasión raquítica. Lirios, y arrayanes, y fuentes locas, y naranjos y azahares, y margaritas silvestres, y 'la prima que canta y el bordón que llora', y soleares y 'soleariyas', y malagueñas, y seguidillas gitanas, y 'cipreses y acacias haciéndose rígidas reverencias', y caireles de nácar, envolvían su alma de nardo, y perfumaban y ajustaban la cadencia de sus versos y la 'tristeza vaga y lujuriosa' de su vida. Tenía el garbo y la andadura de un banderillero suelto y rumboso, canturreando a todas horas con alegría rítmica y jugueteando con la caña olorosa en la mano. Tenía donaire. Tenía ángel. Trascendía naturalmente una gracia alada, ligera y vaporosa"*, según Luis Calvo, testigo de los últimos versos escritos para *ABC* días antes de su muerte, soneto dedicado a la memoria de Manuel de Falla.

"ABC, *cuyas columnas se honraban con la colaboración del ilustre escritor y académico, se asocia al sentimiento causado por su muerte y expresa a la viuda y hermanos del vate desaparecido su condolencia más sentida."* También lloran su muerte: Alfredo Marquerie, que habla del teatro de Manuel Machado, obra "ligada, como gran parte de su poesía, a la de Antonio, además de una preocupación por los valores humanos permanentes De uno de sus versos más famosos y expresivos pudo hacer Manuel Machado su divisa: *"Oro, seda, sangre y sol. (...)"*, escribe Fernández Almagro.

Churchill escribe en *ABC*

Churchill publica una serie de tres artículos, que *ABC* ha contratado y *"cuyos derechos, en todo el mundo, para 1947, pertenecen a la Corporation Publishing Co., de Nueva York, y su reproducción, en parte o en su totalidad, está rigurosamente prohibida en todos los idiomas"*. Esta publicación es, sin duda, un éxito del periódico de la calle de Serrano. El que fuera primer ministro inglés escribe sobre "La nueva política norteamericana". *"De conformidad con mis deberes nacionales* —escribe—, *he procurado siempre moverme en comprensiva armonía con el pensamiento norteamericano, y esto ha quedado demostrado varias veces en los períodos de acontecimientos supremos. En los asuntos griegos de 1944-45 parecía que yo desafinaba. Pero hoy se ve que proseguía entonces la misma política que, poco más de dos años después, adoptan los Estados Unidos con enérgico convencimiento. Ello me produce satisfacción intensa"*, señala Churchill.

Poema de Foxá a Manolete en "tercera"

En el "agosto, augusto y lento", agosto de sol y posguerra, España es un río de sangre y lágrimas tras los ojos inmensos de los ruedos. *Manolete* ha muerto, víctima de la cornada de *Islero*, en la plaza de toros de Linares. *ABC* se hace eco de la tragedia del diestro cordobés con la bella crónica de Giraldillo, el crítico del periódico, y la "tercera" con un poema de Agustín de Foxá ilustrado con el donaire y la gracia del plumín de Antonio Casero.

Como el lunes no se publicaban periódicos, Torcuato Luca de Tena piensa en el éxito de si inserta el primer pasodoble en memoria del diestro cordobés. Torcuato se lo consulta a Luis Calvo, entonces director; localiza en Madrid al maestro Jacinto Guerrero y le dicta el romancillo que acaba de escribir y Guerrero le pondrá música. Letra fácil y música pegadiza. El diario de Serrano publica letra y partitura el martes y se apunta un buen tanto. El músico firmaría su trabajo, mientras Torcuato, con cierto pudor, firma con el seudónimo de Ca-de-te-Lu-na, cuyas sílabas debidamente ordenadas dirían Lu-ca-de-Te-na.

Ortega y Gasset quiere conocer a Torcuato

En su etapa como corresponsal de *ABC* en Londres, Torcuato Luca de Tena escribe una historia pintoresca. Un sujeto roba a punta de pistola un autobús de dos pisos con todos los pasajeros dentro, propina una patada al conductor y se coloca él al volante. Después traslada a los viajeros a donde a él se le ocurre, por más que los viajeros griten que no van en esa dirección. Acontece cuando Franco publica el texto de la Ley de Sucesión; Franco ha hecho con los españoles lo que el espontáneo conductor inglés con los pasajeros del autobús. Torcuato intuye que al buen entendedor con pocas palabras bastan, y escribe la crónica a manera de parábola. Torcuato esperaba, sin duda, algo más de sus lectores: leer entre líneas, pero se equivoca. Sin embargo, don José Ortega y Gasset ha entendido sagazmente su crónica. Al ver Ortega en San Sebastián a Juan Ignacio este le pregunta cuando llega su hijo, pues quiere conocerlo. El filósofo y el periodista se citan en un bar al aire libre, situado junto al teatro Victoria Eugenia. Ortega invita a Torcuato a unas tapitas de anchoas y a una jarra de cerveza de barril.

Capítulo X

DON JUAN CARLOS EN PORTADA A SU LLEGADA A ESPAÑA

FRANCO RECIBE A JUAN IGNACIO LUCA DE TENA

"El Príncipe es el primer servidor del Estado."
Federico el Grande de Prusia

ABC dedica la portada del día 10 de noviembre de 1948 a la llegada de un niño rubio de diez años que, en un futuro, será Rey de España y viene a su país para cursar estudios. *ABC* publica un suelto en la primera página con la noticia de la llegada del Príncipe; sin embargo, la censura prohíbe informar de los sucesos acaecidos ese día con motivo de la muerte de un estudiante monárquico. En sus diarios, Gil-Robles escribe que a excepción de la fotografía publicada por *ABC* en portada, que es buena, *"las demás, borrosas y elegidas con la peor intención, presentaban al niño con la pinta de un golfo"*. A Franco no le gusta el tratamiento de la noticia; la considera como propaganda política.

Homenaje a Benavente

Noche grande en la Casa de *ABC*. Benavente ha sido premiado con el "Cavia". Noche de estreno en la recuperada y estrenada Biblioteca y la estatua en bronce de don Torcuato. Juan Ignacio Luca de Tena recuerda el homenaje que le tributara *ABC* hacía años a don Jacinto y la independencia del jurado a la hora del fallo de estos premios. Juan Ignacio no comparte la opinión de que se haya dicho que Benavente no es un periodista. *"¿Cómo no va a ser periodista don Jacinto Benavente? Su artículo premiado ha sido el de mayor éxito y repercusión de cuantos se han publicado en ABC durante el año pasado, fue reproducido en muchos periódicos de Francia, ha ejercido una influencia internacional notoria."*

Luis Calvo, "Luca de Tena"

El marqués de Luca de Tena ofrece el homenaje también *"a mi querido amigo y compañero Luis Calvo"*, premiado con el "Luca de Tena"; y recoge Juan Ignacio

dez, lo mejor de su vida entre celdas y condenas de muerte. Buero es alto y enjuto y tiene una mirada triste —no es para menos— y comparte la escritura de teatro con la pintura. Buero Vallejo confiesa que la pintura es una falsa ilusión tras pasar por la Escuela de Bellas Artes. Esa tarde que llega a su casa el periodista de *ABC*, los lienzos del caballete están vueltos al revés. A Buero la pintura le da dinero, muy poco, pero se lo da. Hace retratos como el que hiciera a Miguel Hernández, pero lo que le interesa es el teatro, lector como es infatigable de comedias, igual que su padre. Buero no se ha asomado a los periódicos, no ha escrito una sola línea en ellos y esto lo llevará, como un dogma, hasta el fin de sus días en el año 2000.

A Buero lo veréis en el café Lisboa, una tertulia *sui generis* a la que acuden algunos jóvenes y, entre ellos, organizan certámenes literarios. Son mozos oscuros, estimulados por la afición al teatro o a la novela o al ensayo. A este Buero le gusta el teatro de Eugenio O Neill, Shaw, Pirandello. ¿Y Benavente? Eligiría doce por lo menos. Buero está en el neorrealismo de Elmer Rice. *"Pues... yo creo que si a algo se parece la comedia premiada es a ese tipo de teatro moderno, directo, intenso, realista. Imagínese: treinta años de historia en una casa de vecindad, treinta años en una escalera."* Apuesto y receloso lo capta Zegrí, fotógrafo de *ABC*, que parecía un marqués del XIX, un galán de comedia de enredo.

Capítulo XI

ABC "VUELA"

VÍCTOR DE LA SERNA[12] —"DIEGO PLATA"— CORRESPONSAL DE ESPAÑA

"Caminante, no hay camino; se hace camino al andar."
Antonio Machado

La edición aérea de *ABC* va más allá del solar hispano y trata de cubrir, tras un proyecto muy meditado, la añoranza de tantos españoles y tantas colonias lejanas de España. Torcuato Luca de Tena y Antonio Carrera Iglesias, secretario general de *ABC*, hombre muy de la confianza de Juan Ignacio Luca de Tena, echan a volar esta paloma mensajera de papel biblia, en plena revuelta y bullicio provocado por la película *Gilda.*

La edición aérea nace antes de que Torcuato Luca de Tena sea director de *ABC*. La edición aérea tenía un espacio pequeño y coqueto como un hangar de avioneta, despachito donde estaba Amillo y Manuel Adrio, frente al jefe de Confección y un ventanal abierto a esta Redacción pequeña y familiar. Luego pasa por varias manos y acaba capitaneándola hasta su jubilación Antonio Yáñez. La edición aérea nacía en 1950.

En el mes de abril de 1953, Gironella sostiene una polémica con el director de *ABC* acerca de esa bella desconocida llamada España. *"Gironella* —tercia en la polémica Víctor de la Serna—, *con ese correspondido amor de los catalanes para Castilla, y tú, despachando a Cataluña lo mejores correos de la Casa."* Estas palabras del escritor y periodista santanderino, se publican en "tercera" con el título "Esa bella desconocida". *"Los españoles, es cierto* —según de la Serna—, *conocemos mal España."*

La polémica la aprovecha el diario para lanzar un *"reto a Víctor de la Serna"*, desde la "tercera" y se le brinda *"a Víctor de la Serna la más honrosa dignidad* (la de corresponsal en España) *que un periodista puede desempeñar, como parte integrante de esta infantería de las letras que está pronta a asombrarse de todo y a no callárselo y a decirlo sencillamente y a comunicar su asombro a los demás por siete perras".*

---

[12] Entre otros libros, Víctor de la Serna ha publicado: *España, Compañero*, *La ruta de los Foramontanos* y *La Vía del Calatraveño*, crónicas recogidas y publicadas por Prensa Española. Sobre él ha escrito una muy interesante biografía Francisco Muro de Iscar, quién ha tenido la amabilidad de regalarme esta obra, libro agotado.

ABC trata de dedicar a España la información que requiere. *"Quisiéramos que fuese como un monumento literario y artístico que legaríamos a las generaciones sucesivas, lo mismo que ellas nos legaron sus interpretaciones de la historia y de la tierra de los españoles."* Así nace este corresponsal de *ABC* en España *"y se lance por esas rutas de Dios saturándose de ellas y cantando su canción de romero, nos descubra los rincones más ingotos o los parajes y términos más celebrados, acercando España a los españoles y conociendo una inquietud de conocerse y quererse y de admirarse entre las especies diversas que pueblan la Península"*.

La carta tiene un gran eco en la prensa y es aceptada. Torcuato coge su coche y se presenta en la casa de Víctor, en El Escorial. Ahí nace una sección para el hijo de Concha Espina, titulada "Corresponsalía de España". Víctor empieza a redescubrir España. Primero la "Ruta de los Foramontanos" y nace la primera crónica viajera —*"Aquí empieza España" (...) "esa cosa inmensa e indestructible que llamamos España..."*— fechada en Luzmela, antes Mazcuerras, el 21 de mayo de 1953. La última crónica de esta ruta, la escribe en Pravia, Asturias, diecisiete meses después.

Escribía Víctor estos "resúmenes de España", al final de la jornada, desde la habitación de un hotel o de una casa amiga, alguna vez también al aire libre. El objeto de sus crónicas es el hombre y el paisaje que lo enmarca, la palabra y la vida, la esencia de las tierras de España. Lo mismo habla de arquitectura que de gastronomía, temas que dominaba

Seguidor de don Antonio Maura, Víctor de la Serna participa en las luchas entre las juventudes mauristas y los jóvenes bárbaros, las juventudes republicanas de Lerroux. Víctor cursa los estudios de Magisterio en la Escuela de Estudios Superiores y consigue su primer premio literario, convocado para celebrar la inauguración de la casa social de la Asociación de Empleados y Obreros de Ferrocarriles de España, que presidiría Alfonso XIII.

Un amigo de Víctor lo anima a que se presente y, a los pocos días, se entera por la prensa de que el premio de poesía se lo han dado al viejo poeta Carlos Luis de Cuenca y el de artículos a él. Además del premio, dos mil pesetas del año 1920, sale fotografiado en la primera página de *ABC* con el Rey y el otro galardonado. 1956 es un buen año de premios para el hijo de Concha Espina. Si en 1939 se le concedía el "Cavia", ahora completa los premios de la Casa de *ABC* con el "Luca de Tena", por el artículo "La Nube", extraño suceso acaecido sobre Torrelavega.

Año triunfal en su vida periodística, recibe el título de "Periodista de Honor". Víctor no llega a ingresar en la Real Academia Española. Oculto tras el seudónimo de "Diego Plata", escribe sus famosas cartas al director de *ABC*.

González-Ruano dirá de Víctor que es *"sencillo, eficaz y directo; tan profundamente culto como para que no se le viera demasiado su cultura, tan profundamente poético como para escribir siempre en prosa, y al servicio no sólo de una idea, sino de las ideas fundamentales que discurren sobre los temas eternos, aunque a veces expongan las simples circunstancias"*. Marañón observa a este viajero menos académico que Ponz. *"Habla de lo que ve, sencillamente, y su prosa parece que es el vehículo increado, espontáneo de su goce sensorial, pero comunicativo como una arteria que late, mediante la cual la visión del autor vive ante los ojos de los demás, y acaba por llegar, palpitando todavía, al corazón."*

"Se oyeron los latines del augusto silencio"

"Me has escrito tantas cartas, Víctor —escribe Luis Calvo con motivo de su muerte—, *a las que yo nunca contestaba. Y has regocijado tantas veces las columnas de* ABC *y has sido fiel a la amistad y a esta Casa, y estabas tú tan lleno de afanes, de vida y poesía, y de patriotismo, y eras tan generoso en el derroche de leves aires castellanos, y has dejado tras de ti un magisterio periodístico tan exuberante, y eres tan desparramado, tan sencillo patriarca en tu hogar... que de verdad te digo, ¡oh Víctor de la Serna! que me gustaría que Dios me diese pronto la ocasión de contestar* tête à tête *a ese Diego Plata al que nunca he contestado. Y de verdad te digo que hoy me acuerdo —y tú quieres que me acuerde—, al decirte 'hasta luego'; de verdad me acuerdo 'Diego Plata', del prólogo amado de 'Persiles'. ¡Y a mandar, que ahora puedes!"*

"... Minutos antes de las seis y media las sogas funcionaron bajo el ataúd —escribe González Ruano. *Se oyeron los latines del augusto silencio. El colectivo rezo. Y había en torno a la fosa abierta unas pobres mujeres y unas mujeres pobres. (...) Era un gran escritor."*

"...Víctor de la Serna, el buen amigo, el gran maestro, allí donde está ahora —escribe Torcuato— *¡qué gran peso tendrá su corazón en esa balanza que sabe pedir lo que aquí abajo no sabemos! Si nos citaran como testigos de descargo, todos cuantos le conocimos podríamos declarar ante su Juez: 'Se enfurruñaba ante los necios, se irritaba con los pedantes y no podía sufrir a los malos arquitectos, a los ingenieros torpes, ni a los escritores cínicos. Pero, en cambio, anduvo enamorado, Señor, de todas las cosas bellas y buenas que Tú creaste'."*

Capítulo XII

EFÍMERA DIRECCIÓN DE TORCUATO LUCA DE TENA[13]

CESADO POR LA "OPERACIÓN BERIA"

"El periodista es un hombre que se ha equivocado de carrera."

Otto von Bismarck

ABC de Torcuato Luca de Tena y Brunet (Torcuatito, coloquialmente para muchos). *ABC* de la tercera generación. Cuando el nieto llega al mundo, el Fundador siente la alegría de la descendencia y en el lenguaje propio de los abuelos lo llama don Torcuato. Hijo de Juan Ignacio Luca de Tena y decimocuarto descendiente de Hernán Cortés. El 14 de octubre de 1952 los periódicos dan la noticia de su nombramiento. Como dirían los ingleses, Torcuato había nacido con una cuchara de plata en la boca. No exento de hipérbole, se decía que había nacido en la platina del periódico. Antes de hacerse cargo de la dirección y, por consejo paterno, pide, muy a su pesar, audiencia al general Franco para agradecerle el nombramiento. A Torcuato esta visita le cuesta hacerla, se viste de chaqué, e instruido por Huétor de Santillán se encuentra ante un general parlanchín, obsesionado, especialmente, con la masonería. No es sólo Sainz Rodríguez; es también un trabajador de la Casa como Climent, ante el que Torcuato, cuando se lo nombra Franco, hace cruces interiormente y sabe qué poco cuenta este hombre en la línea ideológica del diario.

Etapa efímera al frente del diario (14 de octubre de 1952 / septiembre de 1953). Torcuato es consciente de la renovación en nombres y hombres, tras la vieja plantilla de la guerra. Según él, el diario necesita *"una transfusión de sangre joven para reponer glóbulos en un organismo aquejado de anemia"*. Gonzalo Fernández de la Mora, editorialista y jefe de colaboraciones, descubridor de Cándido y Luis María

[13] Para conocer la vida de Torcuato Luca de Tena conviene leer sus dos libros de memorias editados por Planeta en la colección "Espejo de España": *Papeles para la pequeña y la gran historia* y *Franco, Sí, pero...*, esta última premiada con el "Espejo de España" 1993. A lo largo de esta obra, algunos testimonios se refieren a Torcuato. En la redacción de los años 1970 trabajaba, por la mañana, su hijo Tato, personaje agradable, buen compañero, que después sería corresponsal de *ABC* en Hispanoamérica.

Anson. Fernández de la Mora llega al periódico en el mes de septiembre de 1952, colabora, sin embargo, desde 1946, invitado por Ramón Pastor. Torcuato Luca de Tena le pide que le *"ayudara a interpretar el espíritu del periódico —españolista, católico, monárquico, conservador, tolerante, caballeroso y honesto— y me entregó la responsabilidad de las páginas de colaboradores y de las columnas editoriales"*.

Con Torcuato como director *ABC* inicia, tímidamente, la publicación de números en color, aun cuando abundan los extraordinarios en blanco y negro. Hay que señalar, en honor del nieto del Fundador, su preocupación por mejorar la estética tipográfica del periódico, además de rejuvenecer redactores y colaboradores y abrir otra generación, distinta de la de la contienda del 36. Estéticamente, el diseño es otro, no tan apretado, más abierto, y aparecen los recuadros. Por tanto, *ABC* cambia de imagen. Álvaro de la Iglesia, director de *La Codorniz*, llega a decir que eran como sonrisas en la *"sesuda severidad"* de *ABC*.

Torcuato lanza, con gran éxito, números extraordinarios y monográficos como el que dedica a Ramiro de Maeztu, al inventor Torres Quevedo o a los castillos de España. Gran éxito tuvo el dedicado a don Antonio Maura con motivo de su centenario, al pensador Donoso Cortés y a la Guardia Civil. Portadas como carteles de lujo, cuadros primorosos, nacidos de la mano de José Caballero o de Sáenz de Tejada.

Torcuato intenta ejercer la cortesía en la rivalidad entre los periódicos, evitar las polémicas acres y discrepar con guante blanco. Con este fin, visita a Emilio Romero, director de *Pueblo*, y a don Juan Pujol, director del vespertino *Madrid*, y a Ismael Herraiz, de *Arriba*. Sorprendido por la visita, Ismael Herraiz, sin embargo, suelta la coz de *"un artículo sin firma, contra mí, tan cargado de injurias y ultrajes gratuitos que su lectura me dejó más pasmado que ofendido. No hubo polémica de por medio, ni provocación alguna por mi parte, ni por la del periódico. Fue una bofetada alevosa e injustificada..."*. Al "Pioneros" publicado el día 23 de octubre de 1952 responde el titulado "Ciudadanos", que *ABC* publica el día 15 de octubre. En el fondo, yace la institución monárquica frente a Falange. Y *ABC* gana esa batalla periodística cuando es ministro de Información y Turismo, Gabriel Arias Salgado, el "jesuita exclaustrado", que trata a los profesionales de la prensa como si fueran chiquillos...

Con sus instrucciones, los censores ejercen la tarea de la aguja y alargan las faldas o reducen los escotes en las fotos de las mujeres, y se evitan las imágenes de playas y piscinas, y un hongo, que las mujeres toman para adelgazar, no puede citarse, por sus efectos afrodisíacos. Etapa dura, de censura previa, de surrealismo, de cuento kafkiano, el periódico pendiente del lápiz rojo y arbitrario del censor. A veces se desmanda en su tarea y, audazmente, corrige, sustituye o añade. En un artículo de Edgar Neville, publicado en *ABC*, se tacha la palabra muslo y se refiere al muslo de pollo. No hablemos de Monarquía, donde está prohibido todo lo que concierne a Reyes. Recesvinto no existe y se tacha su nombre. Cambia, por ejemplo, *"la lengua de Alfonso el Sabio"* por *"idioma de Cervantes"*, tratando, con ello, de evitar cualquier cita monárquica. En vez de *"res pública"* se escribe *"cosa pública"*.

¿Por qué? Por actitudes como esta, la edición de provincias de *ABC* pierde, en ocasiones, el tren y hay que recomponer los textos y la confección de las páginas.

La paciencia de Torcuato se agota y conversa sobre la censura con varias personalidades españolas, entre ellas el cardenal Pla y Deniel. No pueden creer lo que cuenta sobre la censura; y pide ver al ministro para exponerle los abusos del lápiz rojo. Sin el más mínimo sonrojo, Arias Salgado dice: *"Mire usted, Torcuato, es posible que, a veces, los censores se extralimiten en su celo. Pero no olvide que ese celo es el que ha conseguido que hoy salven sus almas un 70% más de españoles que antes. Si no da usted más valor a esta gran verdad que a esos pequeños errores que usted denuncia... es que hablamos lenguajes distintos."*

Sus dos bestias negras: Arias Salgado y Juan Aparicio

"Arias Salgado era educado y cordial, ¡pero nefasto para el mundo de la cultura! Otra cosa muy distinta era Juan Aparicio", recordará Torcuato. A lo largo de esta etapa, este hombre políticamente turbio y zigzagueante, feroz antimonárquico y resentido, paseaba por el mundo freudiano en los sueños de Torcuato. *"Desde el primer instante* —dirá Luca de Tena— *se mostró enemigo declarado de todo cuanto mi periódico y mi familia representaban. La destitución de mi padre como presidente del consejo de administración de Prensa Española lleva su firma; y la mía, como director de* ABC, *también. No desperdiciaba ocasión de zaherirme y humillarme ante mis colegas: 'Ahora que todos los directores de periódicos de Madrid están presentes, en mi despacho, he de darles una noticia que pueden ustedes juzgar y comentar libremente. Se han descubierto pruebas irrefutables que demuestran que el llamado Infante Juan es masón. ¿Tiene usted algo que objetar, Luca de Tena?'"*

Un brote de odio nace en el sentimiento de Torcuato hacia Juan Aparicio, una especie de doble de Napoleón, *"modelo exacto del dictadorcito"*. En un intento de congraciarse con él, Torcuato lo nombra jurado en los premios "Luca de Tena" y "Cavia", junto con otros miembros afectos al régimen. Paradojas de la historia. Un tribunal "oficialista" premia con el "Cavia" a Serrano Súñer, oveja negra del régimen y, con el "Luca de Tena", a Fernández de la Mora, la oveja negra de Juan Aparicio. Y la noche de la entrega de los premios, noche de chaqué, Aparicio, en un acto más de desprecio, se presenta en la Casa vestido con un traje campero de pana verde y un cayado de pastor en la mano. Para rematar la faena, llega el último y se va el primero.

ABC de Torcuato, etapa de Enrique Llovet y su "Mirador", reinado de Mingote, de humor y dibujo, cubre y llena el vacío de Xaudaró. *ABC* no se entiende sin Mingote, tarjeta matinal. El 19 de junio de 1953 aparecía en las páginas de *ABC* el primer chiste de Ángel Antonio Mingote. Llegaba procedente de *La Codorniz,* donde había popularizado desde 1946 su "Pareja Macabra". Mingote, sonrisa de *ABC*, grandeza de un editorial. En su nombre, la Casa instituiría el premio "Mingote" a la mejor foto del año y Antonio Mingote ingresaría en la Real Academia Española, primer humorista en la historia de la docta institución.

Editoriales de Fernández de la Mora

"Lo primero era un trabajo ingrato —según Fernández de la Mora—, *pues me leía cuanto llegaba a la Redacción, desde los artículos de los académicos hasta los de los espontáneos. Creo que durante mi etapa se mantuvo una calidad media muy alta. Trataba de evitar el lapsus de los consagrados: citando un texto clásico, que sin duda leía en francés, Pérez de Ayala, en el primer original suyo que llegó a mis manos, escribió 'javelina' en vez de jabalina. Es un ejemplo entre centenares."*

Como editorialista, el autor del *Crepúsculo de las ideologías* bate su propio record entre el día de su llegada —1 de septiembre de 1952 y el 23 de febrero del 54—: trescientos siete editoriales, a pesar de que Fernández de la Mora compagina su trabajo en el Ministerio de Asuntos Exteriores con su tarea en *ABC*. *"Era, pues* —escribe—, *al anochecer cuando despachaba con Torcuato unos minutos para decidir el asunto y la posición. Si la actualidad no brindaba un pretexto, le proponía algún tema doctrinal. Solía redactar la columna en menos de una hora y, si apremiaban las rotativas, dictaba a un excelente taquígrafo que en pocos minutos convertía mi voz en nítida y espaciada escritura. Luego, Torcuato y yo discutíamos el texto: la suya era siempre la última palabra. En un editorial el amor propio o la autenticidad personal no existen."*

De esos centenares de editoriales, Fernández de la Mora salvaría muy pocos para unas obras completas. Según él, algunos de esos editoriales se les reprocha *"un cierto culteranismo"*. Con la llegada de Luis Calvo a la dirección de *ABC*, tras la destitución de Torcuato Luca de Tena, su tarea queda muy menguada frente a la prodigalidad anterior. Ahora escribe veintidós artículos entre marzo de 1952 y diciembre de 1954, especialmente sobre temas jurídicos y diplomáticos. Ramón Sierra, director de *Informaciones*, insiste en que colabore en el diario de la tarde, pero lo llama Luis Calvo y de la Mora sostiene fuertes polémicas con la prensa falangista desde dos tribunas. Sus contradictores bautizan al modesto *Informaciones* como *"mister Eco"* o cámara de resonancia de *ABC*; es al revés: Fernández de la Mora lleva el matutino a remolque del vespertino.

"Operación Beria"

Once expedientes contra Torcuato, algunos rocambolescos como no haber designado un enviado especial a los actos conmemorativos del triunfo de las tropas nacionales en la batalla del Ebro, a pesar del editorial de *ABC*, escrito, precisamente, por Torcuato. La animadversión de Juan Aparicio hacia Torcuato desemboca en una llamada a Rogelio González Úbeda. Juan Aparicio dice al director gerente de Prensa Española que *"piensen"* en otro director. Si no es la empresa quien lo hace, se encargará de ello la Dirección General de Prensa. Naturalmente, la empresa no sustituye a Torcuato. No olvida ese día, ni la imagen de un Andrés Revesz muy excitado al entrar en su despacho con la noticia de su cese a través de la agencia *Efe*, ni la rocambolesca información publicada el día 23 de septiembre de 1953 con una interrogación: *"¿Está Beria escondido en España?"*, ilustrada con una caricatura de Manuel Menéndez Chacón. El asunto Beria le llevaría, inexorablemente, a la destitución como director del periódico.

Fascinado por la defenestración de Beria —ministro del Interior ruso, jefe de la NKGB, el mayor déspota después de Stalin—, Torcuato siente la atracción de su búsqueda, al parecer, situada en España. Todo empieza con una simple conversación con Andrés Revesz sobre el caso Beria y la probabilidad de que venga a España a través de Persia para solicitar asilo y, posteriormente, marcharse a Estados Unidos, gracias a los servicios secretos de la CIA.

Expulsión de Rocamora

El caso Beria traería como consecuencia la expulsión de Pedro Rocamora, corresponsal en París. Rocamora había sido director general de Propaganda; y afectaría al corresponsal en España de *Le Monde*, André Monconduit, seudónimo de Jean Créach, que sería expulsado de España. *ABC* tardaría diez días en dar esta noticia, debido al silencio impuesto por la censura. La expulsión de Rocamora obedecía a la de Jean Créach y explicaba, en *ABC*, que se debía a su tratamiento de los temas internacionales de la política francesa. El periódico monárquico elogia el trabajo informativo de Rocamora y manifiesta como injusta la medida del Gobierno francés. "El misterio Beria" tiene una repercusión más allá de nuestras fronteras. Se hace eco, naturalmente, *Le Monde* y comenta el malestar falangista por propaganda del diario de la calle de Serrano y su *"valentía ante la censura, a la vez que su calidad profesional, le han asegurado tanto el éxito de su venta como el de esta propaganda"*. El caso Beria colearía, y en mayo del año 1979, Alfredo Semprún, en una entrevista en *Blanco y Negro* al nicaragüense Fabio Gallo, este aseguraba que Beria había estado en España.

Torcuato sueña con descansar a la orilla malagueña del Mediterráneo, y recibe la visita de un personaje que se dice agente secreto de Estados Unidos. Torcuato, ante la presencia en nuestro país de Beria, pone en guardia desde el hombre de sucesos, Menéndez Chacón, hasta el corresponsal Massip. Torcuato siente una gran decepción cuando centenares de despachos de origen americano dan a conocer al mundo lo que él tenía como una gran exclusiva y lo lleva a su destitución como director el miércoles día 23 de septiembre de 1923.

"Lo que en Estados Unidos hubiese supuesto un premio Pulitzer, y en cualquier otro lugar del mundo libre un éxito periodístico sonado, en la España de Gabriel Arias y Juan Aparicio significó la destitución del director del periódico que tan pacientemente, atando cabos en tres continentes, y tras una investigación exhaustiva y personal, había publicado la verdad y nada más que la verdad, bien que no toda la verdad. (...) El país en que se lo buscaba (a Beria) *era y es España. Y ningún otro. Por decirlo, fui despojado de la dirección del periódico que fundaron y dirigieron mis mayores. ¡Juan Aparicio, que ya había estampado su firma en la destitución de mi padre, debió experimentar ese día espasmos de placer!"*[14]

Repercusión en España

El caso Beria tiene una gran repercusión en España hasta el punto de que el torero Domingo Dominguín organiza una corrida de toros en San Sebastián y coincide con un festival de cine en la ciudad vasca. Acabada la corrida, en el hotel María Cristina se sirve un cóctel. Cuando más animados están los salones, Domingo llama al hotel desde una cabina del mismo y pregunta por don Laurencio Beria. Hay que ver cómo se vuelven las cabezas, petrificadas y atónitas, al paso de los botones... Con su voz chillona, un tanto insolente e imperturbable, va requiriendo: *"Don Laurencio Beria, al teléfono; don Laurencio Beria, al teléfono."* No es de extrañar que se tratara de una broma, muy propia de Domingo.

"El empeño concluyó cuando Torcuato fue destituido como director de ABC —cuenta Gonzalo Fernández de la Mora—. *El motivo oficial fue su insistencia en dar con un gran alarde tipográfico la falsa noticia de que Beria se había refugiado en España. Traté de disuadirle por todos los medios, incluso movilizando de madrugada al corresponsal de* Le Monde, *mi viejo amigo Jean Créach, que me apoyó hasta la desesperación. Fue inútil; Torcuato se aferraba a sus frágiles fuentes. El ministro de Información, el ingenuo y fiel Arias Salgado, estaba irritado por nuestra indocilidad; pero creo que sin aquel poderoso pretexto jamás habría llegado a la destitución. Como último recurso redacté un escrito de apelación al jefe del Estado, que firmó un centenar de escritores. Creo que sólo uno de los requeridos se echó atrás en el último momento, mi querido y admirado amigo Rafael Sánchez Mazas.*

Me acompañó convincente, como refuerzo en aquel almuerzo del desaparecido Gaylords, Emilio Romero, quien, ya fracasados, me recordó la anécdota de los 'miedos mayores' que José Antonio Primo de Rivera reprochaba al cultísimo Rafael. Empresa inútil porque, en aquellas circunstancias, no era pensable la

---

[14] T L de T. *Franco, sí, pero...*, pág. 373.

destitución del ministro. El último episodio de la aventura fue más propio de una sátira que de un ditirambo; es lo único que me apena de tan impetuosa y excitante etapa."

El escrito, *"redactado con guante blanco"* por Fernández de la Mora, iba dirigido al ministro Arias Salgado y no al jefe del Estado y lo firmaban cien escritores y periodistas, todos ellos relevantes, incluido Emilio Romero. A este se le sugirió severamente para que retirara la firma y, al no hacerlo, fue destituido de la dirección de *Pueblo*. Dolorido e indignado, Torcuato recibe, esos días, una carta *"innoble y farisaica"*, y es tal la cólera que despierta en él, que responde en verso: *"Vosotros mis enemigos / sois mis mejores testigos..."*

A los pocos meses del incidente Beria, regresan de Rusia los soldados de la División Azul y vienen en el barco *Semiramis*. La dirección de Prensa ofrece un puesto en el barco a los periódicos más importantes de España. Sin embargo, a *ABC* no. Luis Calvo, sucesor de Torcuato, quiere que sea este quien represente a *ABC* en ese viaje. Una vez más, aparece la mano negra de Juan Aparicio y lo impide. Torcuato, en un alarde de buen periodista, viaja hasta Estambul, sube al barco y conoce al capitán Palacios. Fruto de este encuentro, nace el libro *Embajador en el infierno*, llevado, con gran éxito, al cine. Torcuato, escritor de éxito, mantenedor de Juegos Florales, apuesto y orador pasa horas enteras para memorizar y no tener que recurrir a la lectura de sus cuartillas, esmoquin y chaqué configuran una silueta digna de elogio.

A Torcuato lo cantan en versos figuras literarias como Gerardo Diego y Pemán:
"Aunque no es caricato / Torcuato / ni se encasquetó peluca / Luca / ni apenas pisó la escena / de Tena / igual triunfa cuando estrena / que sobre la mar Caribe, / cuando hojea y escribe / Torcuato Luca de Tena."

Pemán escribe un diálogo de Merlín —su seudónimo— y Torcuato:
"—Merlín. ¡Triunfado habemos!
—Ya lo sé.
—¡Ha sido perdonado tu delito!
—Qué delito?
—El de ser un señorito y tener a la espalda el ABC."

Conferencia sobre la censura en el Ateneo

Harto y cansado del lápiz rojo de la censura, de esos funcionarios sin apenas formación intelectual y mal pagados, sancionado —un mes de empleo y sueldo— por un artículo sobre la comida en Inglaterra, Torcuato recibe entre la incredulidad y la sorpresa la invitación de Pedro Rocamora, presidente del Ateneo, hombre de confianza del ministro de Educación Nacional, Ibáñez Martín. La invitación de Rocamora es para que exponga su criterio en el marco del Ateneo sobre la censura.

Temeroso de que se le tienda una emboscada, Torcuato, ayudado por Joaquín Satrústegui, abarrota —monárquicos en general— el aula magna y dice verdades que levantan gritos de admiración. *"¡Muy bien dicho!" "¡Ya era hora!"*

Exultante, se mete con la prensa del Movimiento, habla del primer compromiso del periodista, que no es otro que la verdad y, en un ambiente muy caldeado —algunos de los asistentes han decidido marcharse—, observa la sonrisa de Azorín sentado en la primera fila, y la preocupación de Rocamora; y para que sus palabras tengan más valor se apoya en las pronunciadas por el Papa Pío XII en un congreso internacional de periodistas católicos.

La conferencia es un éxito. El propio Rocamora le dice, entre sorprendido y asustado, *"eres más valiente que El Guerra*". Hasta una mujer muy conocida de la alta sociedad madrileña, se le acerca y, con suma delicadeza, le susurra al oído: *"Posees los mismos atributos que el caballo de Espartero."* Torcuato siente una gran emoción cuando Azorín le abraza.

Sin poder escribir —pues la censura le tacha todo con firma o sin firma—, Torcuato viaja, invitado por el departamento norteamericano de Turismo, a visitar Estados Unidos. Torcuato se quedará en Washington un tiempo. Su llegada coincide con el inicio de la guerra fría.

"El amiguismo" literario de Fernández Almagro

Melchor Fernández Almagro, el historiador granadino, conservador y católico, es asiduo de la tertulia del Lyon, donde se queja contra Franco. *"Todo es una farsa inmensa* —comenta—, *digna de un esperpento. Grotesco y ridículo. Haría falta un Valle-Inclán de hoy —un Cela si quisiera y pudiera— para pintar este cuadro bochornoso."*

El año 1963, lo sustituye en su tarea crítica Fernández de la Mora; y el ideólogo rompe, según confesión propia, *"con la rutina de mi predecesor, el campechano Fernández Almagro, cuyo método consistía en ojear los índices y prodigar ambiguas generalidades, juicios descomprometidos y elogios de variable intensidad según el nivel de manderinato alcanzado por el autor.*

Desde el primer día —prosigue Fernández de la Mora— *decidí leerme los libros de cabo a rabo, estudiar el tema y valorar la forma y el fondo con objetivo fundamento textual, sinceridad y máximo respeto; aspiraba a situarme en las antípodas de la frivolidad, el amiguismo y la diatriba. La crítica del pensamiento ajeno es, por lo menos, la mitad del raciocinio propio; en cada creación subyace una revisión del pasado".*

Sectores muy liberales acogen muy mal el nombramiento de Fernández de la Mora. Dámaso Alonso recita su particular hijo de la ira. *"El nombramiento de Cortés Cabanillas para subdirector, y el de Fernández de la Mora como crítico litera-*

rio —lo que es un trágala a Melchor, a quien aquél escribió una carta insultante— son síntomas lamentables", comentará Aleixandre.

Fernández Almagro se asoma también con frecuencia a la "tercera", además de recensiones y críticas de libros. Escribe una biografía de su paisano Ganivet, hace una historia del reinado de Alfonso XIII y el que escribiría en colaboración con el duque de Maura: *Por qué cayó Alfonso XIII.* No falta en su bibliografía un libro de memorias, *Viaje al siglo XX.* Almagro sería académico de la Lengua y ocupa el sillón de Francos Rodríguez. No era afortunado en su voz, mal timbrada y una dicción ensombrecida hasta el punto de que Valle-Inclán dijera que hablaba en borrador. A la hora de pronunciar los discursos de ingresos en la Academia de la Historia y en la Española confía los textos a dos compañeros. Sin embargo, en las tertulias hacía gala de ingenio. En su Granada natal, Melchor trataría a personajes como Fernando de los Ríos, Juan Cristóbal y García Lorca y ocupa un espacio relevante en el ámbito provinciano. Granada se le queda pequeña y se viene a Madrid y trataría a los personajes de la bohemia. Tendrá muy buena relación con García Lorca —le haría un poema en el que lo llamaba *"Melchorito"*— y Valle-Inclán. Fernández Almagro sustituye a Gómez de Baquero, "Andrenio" en la crítica teatral del diario *La Época* y después pasa a *La Voz.* Gómez de la Serna lo llamaba *"el moro amigo"* de las noches sabáticas de Pombo. Almagro hacía de los cafés su biblioteca de lector empedernido, biblioteca que pasaría al Instituto Internacional de Boston. Al morir en 1966 Vicente Gállego le dedicaría una "tercera" y Gerardo Diego una bella carta también en el diario de la calle de Serrano. Escribió un artículo sobre la falsa muerte de León Felipe, que no llega a publicarse al recibirse a tiempo la contra-noticia feliz del desmentido. León Felipe sobreviría a la muerte de Fernández Almagro.

Capítulo XIII

AZORÍN ANUNCIA SU RETIRADA DE LAS LETRAS

DEJA DE COLABORAR EN *ABC*

"Esto de escribir es, en España, una actividad miserable. Se acaba la vida envuelto en la última cuartilla."
Pío Baroja

En un hecho sin precedentes, Azorín anuncia, a través de *ABC*, su decisión de retirarse de las letras, y se lo ha dicho, como primicia informativa, a ese periodista feo y desgarbado, simpático, Juan Sampelayo. *ABC* lo anuncia, el 19 de noviembre de 1952, a los cincuenta y seis años de la llegada de Azorín a la capital del Reino. Azorín recibe al periodista en un saloncito con mesa camilla y brasero en su casa de la calle Zorrilla, frente a la trasera de las Cortes. Es el Azorín cercano al tintero de plata y una pluma, como recuerdo de sus primeros años. En la pared cuelga un grabado que reproduce *El testamento de Isabel la Católica*, obra de Rosales, y un retrato de su sobrino, diplomático. Azorín viste un chaleco azul, una pulcra camisa y una corbata gris; lleva el abrigo puesto.

Azorín habla de un Madrid lejano, que ha perdido los tipos populares, aun cuando estos siempre han existido en España como don Francesillo de Zúñiga en el siglo XVI y María de Loeches; y de un Madrid periodístico con nombres como los de Cavia y Julio Burell; y el teatro que preocupaba a todos y señala la figura de Fernando Díaz de Mendoza; también recuerda a dos grandes figuras del periodismo: Rafael Gasset y Torcuato Luca de Tena, el primero robustece el prestigio de su periódico *El Imparcial* y don Torcuato, transforma la mecánica periodística, acelera el ritmo del periódico y lleva la imagen a la volandera hoja diaria.

El escritor de Monóvar finaliza su conversación y su carrera literaria. *"Paso* —señala Azorín— *de actor a espectador."* El escritor está cansado y carece de fuerzas para seguir. Ahora se propone leer, ir al cine y meditar. Las palabras de Azorín causan una gran impresión y *ABC* lo expresa en un editorial. *"Desde la fundación de ABC* —escribe—, *José Martínez Ruiz ha cultivado en nuestras columnas todos los géneros de la crónica periodística, y en todos ellos ha ejercido el mismo supremo magisterio, y ha dado la ley y la norma a sus seguidores, en la glosa parlamentaria socarrada por la zumba, en la crítica de libros y teatros, en la exégesis de nuestros clásicos, en la pintura de nuestras costumbres. (...) Hace algunos meses nos decía: 'Cada vez me doy más cuenta de que no sé escribir. ¡Es tan difícil!'"*

Pío Baroja: "Yo seguiré escribiendo"

A través de Julio Romano, *ABC* ha querido pulsar la opinión de Pío Baroja sobre la retirada de Azorín de la escritura. Sentado en un sillón, con la imagen de su boina y una manta que cubre sus piernas, Pío Baroja conoce la decisión de Azorín. *"Ya vamos quedando pocos en la brecha de la llamada generación del 98, a la que yo he titulado 'generación de malhechores'. Yo soy algo más viejo que "Azorín", pero Benavente es más viejo que yo, pues tiene ochenta y cuatro años y yo ochenta. ¡Dichoso Azorín que puede retirarse! Yo seguiré escribiendo hasta que pueda. Esto de escribir es, en España, una actividad miserable. Se acaba la vida envuelto en la última cuartilla."* Don Pío conoce a Azorín desde el año 1900, *"a raíz de publicar yo mi novela* Vidas sombrías. *Después, durante muchos años, habló de mis obras con benevolencia. Treinta y cuatro años más tarde vino a mi casa al anochecer. 'Le vamos a hacer a usted académico.' Y después de decir esto, se marchó con su aire impasible. Tiene Azorín un carácter hermético. Es cosa congénita. Todo su gran talento lo demuestra en las cuartillas. Es largo en literatura y corto en palabras. Cuando murió mi hermano vino a mi casa, me estrechó la mano y me dijo: 'Todos tenemos que morirnos.' Y se marchó."* Para don Pío, *"Azorín es voluble literariamente, de una mentalidad de mariposa, hombre al que le ha gustado oler en todas las cocinas. Y lo mismo en literatura como en política, ha sido, como ya he dicho, muy voluble. Pero ha sido siempre de una gran probidad literaria. Y no ha tenido celos de nadie. Azorín, en cuestiones literarias, ha sido siempre generoso."* A don Pío le *"parece justísimo ese homenaje a Azorín, por su talento y por su obra; es uno de los grandes hombres de España".*

Quienes lo han tratado, opinan que Azorín es la cortesía misma, lleva en el periódico de la calle Serrano medio siglo y ha publicado casi tres mil artículos. Entre 1952 y febrero de 1954 en que desaparece su firma de las páginas de *ABC*, Azorín publica un par de trabajos: "Con Bretón" y "La cocina". Como un homenaje, la víspera de su cumpleaños el 7 de junio de 1953, *ABC* publica "Oración del poeta", extraída de *Blanco y Negro*, donde aparece el 20 de abril de 1907. El joven equipo directivo del diario elimina de entre sus colaboradores al más antiguo e insigne de los redactores del periódico. Alguno de esos directivos sospecha que el tiempo también ha hecho mella en el escritor levantino y piensa que pueda aburrir al lector. No obstante, jóvenes creadores leen y glosan en un viaje "Una apuesta" y recitan aquel primor de prosas. Con la caída temprana del grupo de irreverentes líricos, José Martínez Ruiz vuelve, con muchos años, a la Casa de *ABC*. Esa tropelía la repara, en la medida de sus fuerzas, Luis Calvo. Entre este y Azorín hay una rica relación epistolar. De cuando en cuando, el escritor de Monóvar llama a *ABC* para que alguien recoja en su casa varios artículos, generalmente, "Los recuadros". En ocasiones, iba a la casa de la calle Zorrilla, 21, Miguel Pérez Ferrero y se traía cuartillas intemporales de Azorín.

Repercusión del artículo del conde de Ruiseñada

Hombre de suprema confianza de la Reina Victoria, muere de repente en el tren en la ciudad francesa de Tours, cuando viene de visitarla en Lausana, Juan Claudio Güell. Es partidario de una restauración monárquica, que la Monarquía llegue de la mano colaboracionista entre Franco y Don Juan. El conde de Ruiseñada publica un famoso artículo titulado "Lealtad, continuidad y configuración del futuro", artículo que publica simultáneamente *ABC* e *Informaciones*. El manuscrito está inicialmente redactado por López Rodó. Ruiseñada reúne en su finca de "El Alamín" a Calvo Serer, López Ibor, Valdeiglesias, Vigón y Fernández de la Mora con el fin de leérselos.

En sus entrevistas con Franco, Ruiseñada expuso, al parecer, sus tesis sobre la Monarquía como continuación del 18 de julio y su idea de restaurar pronto la Monarquía en la persona de Don Juan y la desaparición del Movimiento. De todos modos, el general autoriza la publicación de artículos en el sentido de que la Monarquía no supusiera una ruptura con el 18 de Julio. El 11 de junio *ABC* e *Informaciones* abrían sus páginas al famoso artículo de Ruiseñada, mecenas de los "Amigos de Maeztu". En un principio, el artículo lleva el título de "Por el buen camino".

Ausente el Movimiento en el artículo, este no gusta en el ese ámbito por más que el ministro Arias Salgado se entrevistara con Juan Claudio Güell y le sugiriera que lo incluyese, pero el conde se negó en redondo. Ruiseñada preparó una carta para contar esto a Franco, pero, al final, no se la envió. Ante el artículo, *Arriba* respondió indirectamente, con suavidad. Es de inferir que hubiera presiones. Sin embargo, *Pueblo* pidió explicaciones del artículo. En el círculo de Estoril a Don Juan no le gustó y veía en él la mano de Franco; y lo mismo le ocurrió a Satrústegui. Este, sin embargo, veía la mano de Carrero. Fernández de la Mora lo glosa en *ABC* e *Informaciones* y defiende la Monarquía tradicional y la restauración. Tras un paréntesis, Fernández de la Mora volvería a *ABC* en 1958 como editorialista.

El Fundador de ABC, don Torcuato Luca de Tena y su nieto, Guillermo Luca de Tena, en el despacho que el abuelo utilizara en su época.

Primitiva Redacción de ABC. A la derecha, de pie, sin bigote, Azorín.

Alfonso XIII en una de las visitas a la Casa de Prensa Española. A la derecha del Rey, Juan Ignacio Luca de Tena.

Insólita conferencia del crítico de teatro de ABC, Alfredo Marquerie, en el Ateneo madrileño.

Andrés Revesz con un personaje chino.

Históricos abecedarios. De derecha a izquierda: Sánchez del Arco, "Giraldillo"; Camón Aznar, crítico de arte; López Sancho, cronista de fútbol —después sería de teatro—; Marqueríe, crítico teatral; Andrés Revesz, experto internacionalista, y Melchor Fernández Almagro, encargado de las páginas literarias.

Consejo de Dirección: De izquierda a derecha, Pedro de Lorenzo, José María Ruiz Gallardón, Andrés Fagalde, Cebrián Boné, Guillermo Luca de Tena, su hermano Torcuato y, de espaldas, Luis Calvo.

El mítico director Luis Calvo —con gafas—, acompañado por el no menos mítico Julio Camba, en la puerta de ABC, en 1956.

Redacción de los años sesenta. De pie, el redactor jefe José Calvillo.

Elfidio Alonso cuenta su etapa al frente del ABC republicano a Pérez Mateos.

El autor con José Antonio Zarzalejos, director de ABC.

El autor con Luis María Anson en su despacho de "La Razón".

Giménez-Alemám toma posesión de su cargo de director ante Guillermo Luca de Tena y Luis María Anson.

Redactores de la sección de Nacional, participantes en las tertulias electorales.

En los coloquios, con Eugenio Nasarre y la belleza de Blanca Berasátegui.

Cebrián Boné con Antonio Mingote.

Redactores de Nacional, antes de las tertulias electorales. De pie y de izda. a dcha.: Ángel Carchenilla, Roberto Velázquez Herminio Pérez, Gonzalo "Garcival", Pedro J. y Carlos Dávila. Segunda fila sentados: Luis Alonso, Miguel Ángel Nieto, Luis Peiro, Pilar Urbano, José Mª Fdez.-Rúa y José García. Abajo: Jesús Ramos, Obdulio Martín Bernal, Piedad Moreno, Ángel Antonio Glez., Carmen Fuentes, Mª José Méndez y Rafael Muñoz Lorente.

Las tertulias, con motivo de las primeras elecciones democráticas, fue todo un éxito. Celebradas en el marco de la biblioteca, hubo noches de "no hay billetes". La imagen corresponde al debate en que intervinieron, entre otros, Alfonso Guerra.

Carrascal con Reagan, el único periodista español —abecedario— en el despacho de la Casa Blanca. Exclusiva de gran eco.

El presidente de China, Deng Xiaoping, brinda con licor de maotai con el corresponsal de ABC Fernando Pastrano.

Retrato de familia. Con motivo de los 75 años de ABC, la Redacción se fotografía en la biblioteca.

Un anciano José María Pemán recibe el Toisón de Oro de manos de Don Juan Carlos.

Catalina Luca de Tena conversa con Santiago Castelo y Antonio Manuel Campoy, crítico de arte, en la cena de los premios "Cavia", en 1983.

Don Juan en una visita a la Casa de ABC, acompañado de Anson, saluda a Juan Fernando Dorrego.

Miguel Torres, en su etapa de director adjunto, en la vieja Redacción de Serrano.

Gran exclusiva de ABC: la imagen del atentado de Alfonso XIII el día de su boda.

Incautación de ABC el 10 de Mayo de 1931.

†

ROGAD A DIOS EN CARIDAD

por el alma de la Excma. señora

Doña Pilar Baamonde y Pardo de Franco

que falleció en Madrid

el día 28 de Febrero de 1934

R. I. P.

Su viudo; hijos, don Nicolás, don Francisco, doña Pilar y don Ramón; hijos políticos, doña Isabel Pascual del Pobil, doña Carmen Polo y don Alfonso Jaraiz; nietos, hermana, hermana política, sobrinos y demás parientes,

Esquela de la madre del general Franco. Como puede apreciarse no figura el nombre de su marido.

Parte cuarta

LARGA Y FRUCTÍFERA DIRECCIÓN DE LUIS CALVO (1952-1965)

Capítulo I

GENIAL LUIS CALVO, DIRECTOR

EL DIARIO CELEBRA SU CINCUENTA ANIVERSARIO

"Nunca confíes en un reportero sonriente."
Edward Koch

Día 5 de noviembre de 1952. *ABC* anuncia que Luis Calvo abandona la "corresponsalía en París" para encargarse de la subdirección de *ABC*. *"Su veteranía, su agilidad y su bien probado talento en todas lides periodísticas* —dice el diario—, *representan un deseado refuerzo para las tareas de esta Redacción. Don Luis Calvo simultaneará su labor de la Subdirección con el ejercicio de la crítica teatral que a través de dos etapas —1928 y 1951— ya había desempeñado."*

ABC informa, además, que Gonzalo Fernández de la Mora —jefe de Colaboraciones desde el mes de septiembre— *"encabeza el plantel de editorialistas de* ABC, *junto con D. Enrique Llovet, cuya acertada y generosa cooperación al frente de la crítica teatral queda plasmada ahora en la cotidiana colaboración en las tareas de este periódico. D. Mariano Daranas, que si bien nunca estuvo alejado de nuestras columnas, intensificará ahora sus vínculos profesionales con nuestra común tarea y D. Eliseo de Pablo, experto conocedor en temas agrícolas, recientemente incorporado a nuestro equipo. También nos place anunciar el próximo viaje al Norte de África de nuestro redactor D. Manuel Sánchez del Arco, como enviado especial, y la iniciación de una activa correspondencia desde París del siempre ameno y popular cronista don Carlos Sentís".*

ABC no se entiende sin Luis Calvo. Ojillos vivarachos ven la luz en el villorrio de La Carrera, aldea a un tiro de piedra de Barco de Ávila. Hijo del secretario, Luis Calvo es, como tantos, un muchacho de provincias que trata de descubrir Madrid. Listo, aprende latín gracias a la amistad de su familia con el obispo de Ávila. En la Universidad Complutense queda deslumbrado por la figura de Julián Besteiro.

"¿Que qué diablos hacía yo entonces, durante el bachiller —se pregunta—, *tras estudiar en los escolapios? Meneármela todos los sábados y domingos en la calle de la Bolsa, número 7, que es donde vivía yo con la familia después de pasarme la semana encerrado en el colegio. Luego llegaba el lunes por la mañana y me confesaba como un clavo. Y así siete años, hasta que encontré a mi primera novia, que era cha-*

lequera, y con ella comencé a hacer las cosas a medías, de pie en un portal de la calle de Las Huertas. Una tarde me la llevé a una pensión de Argüelles y allí desnuda se me ofreció del todo, pero yo hice con ella lo mismo que en el portal, porque eso de la virginidad antes de la Primera Guerra Mundial era una cosa importantísima.

También tuve otra novia que era puta en la calle Federico Balart, pero puta de casa de putas, donde yo hacía comedor. Hacer comedor significa estar de tertulia con las putas, jugar a la brisca con ellas a la luz de la lámpara y acostarse con una por la cara mientras otro cabrito paga. Yo he visto a don Santiago Ramón y Cajal hacer cola en una casa de mamonas de la calle Lope de Vega, donde había una famosa casa de 'putitas' francesas. La más importante de ellas comía aparte y con cubierto distinto. Esta mujer tenía tanta fama que se formaban colas y hasta se daban números para el deleite carnal. Por allí pasaban los tipos más dispares, ¡hasta el mismo don Santiago Ramón y Cajal llevaba su chapa de latón con su numerito en la mano, y esperaba turno! Un día don Santiago se acercó a un jovencito que se llamaba Antonio Díaz-Cañabate y le preguntó: 'Oiga, pollo, ¿qué número tiene usted?' 'El siete.' '¿No le importaría cambiármelo? Mi chapa es la 49 y llevo mucha prisa.' Como Cañabate admiraba mucho a don Santiago no tuvo inconveniente en cederle la vez. Yo también lo hubiera hecho. Eran aquellos tiempos en que al tacaño de Julio Camba se le veía regatear en la acera de Peligros con las tías, que si cinco, que si cuatro, y también a León Felipe, que era otro putero.

No obstante yo he querido a mi mujer como un católico, es decir, con un sentido paternalista, la quería como a una madre. Me inspiraba afecto, cariño... Se quedó ciega y vivió muchos años sin salir de casa. Yo la cuidaba y ella me trataba como a un niño. Ella me dijo un día: 'Luis: tú puedes elegir algo mejor que esta tétrica señora... Te mereces más. ¿Sabes lo que supone que tu mujer te diga eso?...' La quería, la he querido mucho... Pero de otra manera...

Mi amor auténtico, sin embargo, era una rubia inglesa, una rubia total que se llamaba Eve. Se trataba de una mujer maravillosa que cuando hacía el amor, en el momento del orgasmo, se cubría el rostro con un velo de seda. Nunca vi la expresión de su cara en ese lance; era una mujer muy misteriosa. Mi amor era aquella bellísima mujer, tan rubia por fuera, tan rubia por dentro. Era, además, buena, dulce, sacrificada". Hasta ya vieja me escribía y me decía: 'Ya no soy tan rubia como antes'."

A punto de ser ahorcado

Secretario de Pérez de Ayala en la embajada de España en Londres, Luis Calvo da con sus huesos en la cárcel, en la capital inglesa, durante su etapa de corresponsal a las orillas del Támesis, a punto de ser ahorcado tras acusarle el Gobierno inglés de hacer espionaje en favor de Alemania. Es una historia que conocen muy bien y han guardado celosamente —según Torcuato Luca de Tena—, el viejo duque de Alba y el buen periodista Augusto Assía. Durante ese tiempo bélico, Calvo decide venir a Madrid con el fin de entrevistarse con una alta autoridad española. Quiere conocer su impresión del Londres de la guerra. Es una tarde de invierno. Con el abrigo puesto, el periodista llega a la casa, mientras el anfitrión le ayuda a quitárselo y lo cuelga en una percha, momentos antes de la entrevista.

Durante la conversación, Luis Calvo se limita a dar una impresión de la política interna del Gobierno de coalición presidido por Churchill, el ánimo del inglés de la calle y poco más. A los pocos días, regresa a Londres. Al pasar la aduana inglesa, un funcionario le ruega que se quite el abrigo, el mismo que llevaba a esa casa madrileña. Ante sus ojos, los agentes descosen las hombreras. Estupefacto, Luis Calvo contempla cómo en ellas se esconden libras falsificadas por los alemanes y con las que pagan a los hombres de su servicio de información.

"Este abrigo —según Torcuato Luca de Tena— *estaba destinado a ser robado por el destinatario del dinero que no era otro que A. de S., siglas que corresponden a quien era efectivamente espía de los alemanes a través de un alto funcionario español."* No puede probarse ningún contacto del periodista con agentes enemigos, ni antes ni después del contrabando del dinero falso.

El embajador en Londres es, durante esa época, el duque de Alba y de Berwick —hombre con fácil acceso al Palacio Real inglés. El duque presiona para que Luis Calvo sea puesto en libertad ante dos opciones: una, que se instruya un proceso cuyo resultado puede ser la exculpación o el patíbulo; otra, que no haya proceso y, en este caso, tendrá que permanecer en la cárcel mientras dure el conflicto bélico. Luis Calvo opta por la segunda.

No obstante, Luis Calvo tiene su propia versión del suceso: *"En 1942 estaba yo en Londres de corresponsal de* ABC *y de* La Nación, *de Buenos Aires, y llegó un sapo, una cucaracha aldeana de parte del ministro de Asuntos Exteriores, Serrano Súñer, con el encargo de que debía volver a Madrid para hacerme cargo de un servicio secreto. Me negué, pero ellos insistieron, hasta que Ultano Kindelán, hijo del general, que era agregado de la Embajada española en Londres, me dijo que no había otro remedio, que se trataba de algo necesario y urgente. Fui a Madrid. Me entrevisté con dos alemanes en un piso de la calle de Caracas y estos me dieron unos polvos blancos para fabricar una tinta invisible con la que tenía que mandar cierta clase de información. Pero yo esa misma noche tiré esos polvos en un retrete del hotel* Ritz, *donde me hospedaba. Al regresar a Inglaterra, apenas había puesto el pie en Londres, me trincó el servicio de contraespionaje inglés. Estaba enterado de todo. Me sacaron los forros del traje buscando los polvos. Al no encontrarlos comenzaron a confiar en mis protestas de inocencia, pero me llevaron a un cuartel de Chelsea y desde allí en el borde de un periódico mandé una nota a Viturro, primer secretario de nuestra embajada, donde le decía que los ingleses desconfiaban de todo el personal, hasta del mismo duque de Alba. También esta vez interceptaron la nota. Y entonces me llevaron a un campo de concentración en West Ham. Los ingleses me trataron bien y esto hacía sospechar al resto de los españoles presos, diez o doce, que había allí, porque yo era bibliotecario y además tenía acceso a la cocina y les daba pasteles. Al final de la guerra me liberaron. Nos llevaron hasta Gibraltar, a todos esposados menos a mí, pese a mis protestas. Pero había una orden del coronel de que yo llevara las manos libres."*

A Calvo se le teme; por ejemplo, Miguel Pérez Ferrero. *"Le temía y acabó* —afirma Carlos Luis Álvarez— *perpetrando una pequeña venganza, la de hacer fotocopias de un texto de Kim Philby, el espía tartamudo y políglota, el más célebre de la 'célula Cambridge' y el único que no era homosexual, en el que narraba el interrogatorio al que sometió a Calvo cuando lo detuvieron en Londres con las libras falsas que pasaba desde Alemania durante la Segunda Guerra Mundial. Decía Philby que a Calvo no hubo que tocarle para que 'cantase'. A Calvo lo condenan a muerte y lo salva el duque de Alba, al alba del que iba a ser su único día luego de que le hablase desde Madrid Juan Ignacio Luca de Tena y de una intervención de Ramón Serrano Súñer, me parece que fallida, con el* Foreign Office. *A Luis Calvo se le puso el pelo blanco en una noche y así lo conocí."*

Difícil, por tanto, se le pone el relevo al sustituto en la corresponsalía londinense, Torcuato Luca de Tena.

Anarquista y sabio

Luis Calvo, institución en la Casa y en la profesión, tipo fascinante, entre anarquista y sabio, lleno de vida literaria, no se sabe dónde acaba el hombre y empieza la leyenda, forma parte del mito de *ABC*, cuando llega cada noche a su despacho y toca el timbre para que venga el ordenanza. Calvo entra en la redacción como un pregonero, siempre dando unas voces estentóreas. Qué tipos los que deambulan envueltos en una nube de humo de cigarrillos y puros... Cleto, el ordenanza, corta el pelo a algunos redactores, los afeita y hace servicio incluso a domicilio. Cleto es rechoncho y bajo, tiene un rostro indefinido, cuenta las historias más solanescas. En el hospital donde trabaja, rasura sobacos y pubis a los pacientes, antes de ser operados. En la noche, Calvo entra en la Redacción y manda a Cleto a por un par de botellas de whisky. Los dos se las beben, mano a mano, en una competición surrealista, hasta alcanzar los efluvios de la trompa, y entonces se insultan, se llaman gilipollas y acaban disputando un campeonato a ver quién de los dos lanza el orín más lejos. Otras veces, uno de ellos cae a lo largo del pasillo y se orina.

"Una noche que yo llegaba del teatro —cuenta Cándido (la época en la que Torcuato Luca de Tena echó a Enrique Llovet por haber escrito una crítica adversa de una obra de Emilio Romero)— *me encontré con Luis Calvo, que bajaba por las solemnes escaleras alfombradas del edificio de la calle Serrano. Mien-*

tras bajaba iba orinando y Pérez Ferrero iba junto a él, mirándole arrobado el dinguilindón (así lo nombra el padre Delicado en *La Lozana Andaluza*) *como si no hubiese nada mejor que ver."*

Luis Calvo, tierno y generoso también, aparece en los momentos más cruciales, cuando un compañero está enfermo o la familia pasa apuros económicos. Entonces le hace llegar algún dinero, o busca argucias para gratificarle de algún modo. A Julio Camba le reproduce en el periódico sus primeros artículos. De esta suerte, el periodista cobra alguna cantidad de dinero. En esa nómina de gratitudes, está el escritor Antonio Espina, gobernador civil durante la República en Mallorca, donde se le detiene y encarcela. En su obra *Las palabras de la tribu*, Umbral comenta que "ABC, *jugando al antifranquismo, recoge* (a este escritor) *en los años sesenta, vuelto del exilio, una firma que se esconde tras el seudónimo de Simón de Atocha. Hasta que la policía de Franco* —señala Umbral— *vuelve a perseguirlo. Antonio Espina pide a Luis Calvo unos duros para marcharse a París y Luis Calvo, el gran miserable, no se los da."* Esta versión de Umbral no coincide con la de Haro Tecglen: Calvo *"dio su dinero y su conspiración pequeña para que Antonio Espina pudiera escapar de España, buscó huecos en* ABC *para que colaborasen y cobrasen, con seudónimo, los periodistas rojos que se iban salvando. Nada de esto* —prosigue Haro— *quiere decir que (Luis Calvo) fuera republicano, ni nada que no fuese él mismo: pero con su lealtad contaron aquellos a quienes decidió servir".*

Trotamundos y mujeriego

Luis Calvo, humanista, *"conversador, reidor, desordenado, indiscreto, colérico e impaciente"*, según Torcuato Luca de Tena, personaje valioso y desconcertante, gran periodista de la década de los años cincuenta junto con Manuel Aznar. Un intelectual que siente pasión por los toros y el teatro, *"una esponja* —según Pérez de Ayala— *(que) todo lo absorbe"*. Hecho de amaneceres y claridades, casado con la noticia, Luis Calvo espera en el diario, tras varias noches en vela, la muerte de Pío XII, a quien denomina *"fulgor de la Cristiandad"*.

Trotamundos y mujeriego, políglota —¿no toma durante su estancia en la guerra de Vietnam una profesora para que le enseñe vietnamita?—, escándalo de ordenanzas y aprendices de la Casa, cuando expulsa de su despacho, con gaitas destempladas, a las amantes, corren desvergonzadas por los pasillos de la noche, sobre las alfombras, las salas y antesalas del diario ante sus gritos de *"¡puta, so puta, vete de esta Casa!"*

Conoce *"mejor que nadie* —según Anson— *el arma de doble filo"* de las columnas de *ABC*. *"Y dejaba suavemente a muchos ambiciosos y pedantes quemarse en la vanidad de escribir aquí* (en *ABC*). *De un ensayista ebrio de sí mismo, con la inteligencia deformada por la egolatría, aseguraba: 'Es un petulante y yo publico por ahora las cosas que me envía para que todo el mundo se entere de que es un petulante.' A un redactor indignado* —sigo citando a Anson— *contra un libro intolerable, le dijo: 'No sea usted tonto y no se meta con él. Elógiele diciendo que es un trabajo lleno de buena voluntad y pulcramente escrito.' De un pobre hombre que escribía en* ABC *para hundirse después al perder sus páginas, decía: 'No es periodista. No lo ha sido nunca. Se llama escritor, un nefando e hideputa escritor, sin otro relieve que la vanidad. Es como el último pedo de Azorín.' "*

Crítico y mordaz, provocador, ingenioso, lee en voz alta, en la redacción, las cartas del dramaturgo Joaquín Calvo Sotelo, ante las carcajadas histriónicas de los redactores. Calvo Sotelo es su enemigo íntimo y sostiene con él una pelea, en un encuentro fortuito, en el aeropuerto de Barajas y sale malparado ante la superioridad de las bofetadas del autor de *La Muralla.*

Una noche entra en la redacción, se acerca a un redactor, concretamente a Miguel Ródenas, revistero taurino, que cubre la información en la plaza de toros de Vista Alegre, *"buen hombre, maleado por la profesión y por toda suerte de humillaciones* —según Cándido—, *un Ródenas gacetillero taurino que, en sus crónicas, inserta, generalmente, unos versos en el inicio de la crónica. Luis Calvo se le acerca y dice: '¡Cornúpeta!' '¿Qué dice usted, señor subdirector, qué dice?' 'Digo: ¡Cornúpeta!' Ante estas palabras, Miguel Ródenas pasa por esos momentos en los que la ira se confunde con el miedo y no da crédito a las palabras que oye y le responde: 'Me extraña su conducta, señor subdirector.' 'Digo que los toros no son cornúpetos, como usted ha dicho, sino cornúpetas.' "*

Calvo conocía como nadie los entresijos del periódico, relojero de la actualidad, un libro. Buen conversador; si era en los cocidos de Zaraluqui mucho mejor, o en la tertulia de Pérez de Ayala, o si se le acompañaba a su casa —llena de libros— en las cercanías del estadio Bernabéu. Un día lo acompañaba Gómez Figueroa y Calvo mete la mano en el bolsillo: *"Es un revólver, ¿sabes?* —exclamó con una risita de conejo—. *Lo llevo de un tiempo a esta parte, por si acaso."* En realidad, era un revólver de gas, antediluviano, comprado en Londres, a un anticuario.

Calvo da a *ABC* un sello de liberalismo, con la incorporación de plumas como las de Laín, Marías, Antonio Espina —Simón de Atocha—, Marañón y grandes ilustradores. Época muy rica y atractiva para el viejo acorazado de noticias.[1]

Julia Maura publica en *ABC* artículos plagiados de Wilde

ABC de 1953 y el escándalo de la escritora Julia Maura, nieta del ilustre político, don Antonio Maura. Autora de varias obras de teatro, escritora de la aristocracia, estrena sus obras con cierto éxito en los escenarios del María Guerrero y del

[1] Un hombre muy importante de *ABC* asegura que los tres directores y los momentos más esplendorosos del periódico se viven en la época de don Torcuato, Luis Calvo y Luis María Anson.

Lara, interpretadas por conocidos actores de la época. La primera comedia se la lee a Juan Ignacio Luca de Tena. Irritada porque dos periódicos dan cuenta del fracaso de una obra suya antes de ser estrenada, Julia Maura escribe, además, en *ABC* con tres artículos a la "tercera".

Tras estos artículos se esconde un descarado plagio de Oscar Wilde, obra del "negro" de la aristócrata. Julia Maura vivía un momento de gloria, a pesar de que las críticas a sus obras eran fuertes. Luis Calvo hizo algunas y le respondió Julia Maura con agresividad. Las relaciones se enconan. Maura llega a aludir a la vida privada de Luis Calvo. Adolfo Muñoz Alonso descubre el descarado plagio y se lo cuenta a Calvo, hecho que aprovecha el director para publicar en el diario, a doble columna, los fragmentos de Wilde y los de Julia Maura.

El plagio era escandaloso. Las opiniones se dividen y Julia Maura, en pleno fragor de la batalla, es aplaudida por sus seguidores un domingo, a la salida de misa. Este asunto hace correr mucha tinta y cierta excitación. En una entrevista con Miguel Utrillo, publicada en *El Alcázar*, Julia Maura llega a afirmar que los artículos del plagio "no los he cobrado. Es más, con devolver los recibos que envían cada día, acabo".

En un recuadro —8 de julio 1953—, *ABC* afirma todo lo contrario. Al día siguiente, en otro recuadro, se escribe que *"Doña Julia Maura ha tenido la gentileza de devolvernos el importe de los tres artículos de Oscar Wilde que con su firma se publicaron en ABC en los días 11 de febrero de 1953"*. El diario hace llegar ese dinero a los dos traductores de Wilde.

El 15 de mayo de 1971 moría Julia Maura. El diario de Serrano la despedía con toda corrección y hasta con algunas palabras de afecto. En la necrológica, el periódico no alude, para nada, al tormentoso asunto.

Camba, "solitario del Palace"[2]

Al final de sus días, Camba, olvidado, en el recuerdo sepia de sus lectores se convierte, como bien lo define Gómez-Santos en "el solitario del Palace". Vive en una oscura habitación, al final de un pasillo, en la parte alta del hotel. Desde su cama, Camba escucha el zureo de las palomas y las contempla como el único paisaje de quien conoce bien el mundo que se posa en la cubierta pizarrosa. Gómez-Santos *"lo recuerda hundido en un viejo colchón, leyendo novelas policiacas en inglés, protegido de la violenta luz eléctrica por una visera de celuloide verde"*. En su habitación hay baúles, con etiquetas pegadas, de quien ha hecho del mundo un

[2] Cronista mayor, hombre de *ABC*, escritor y periodista, testigo grande de su época, amigo de estos hombres, Marino Gómez Santos ha conocido y tratado a esta generación —como he dicho—, especialmente al doctor Marañón, sobre el que ha escrito una espléndida biografía. Le agradezco mucho el interés y afecto en esta obra.

paseo literario y gastronómico. Camba está cansado de ver mundo y es como un viejo lobo de mar asido a un centenar de corbatas entre el oleaje de luz, alfombras, lejos de los hombres de hotel, gente de dinero y negocio y chicas preciosas. A veces, hacia la media tarde, Camba abandona la habitación y se sienta en algún tresillo del hotel o pasea sobre las alfombras de Palace. Vive en este hotel, en una musarda, que algunas lenguas dice que paga Juan March, con quien jugaba al ajedrez y a las cartas. Julio Camba consume su gloria literaria como quien fuma un último pitillo y deja caer las cenizas en el suelo de las hemerotecas.

Como comenta Montero Alonso: *"Ningún escritor hizo tanto para que lo olvidasen."* Vivía en el Palace como un sacerdote literario, sabedor de sus ingeniosos artículos, y sin hablar nunca de literatura. En cierta ocasión, Luis Calvo publica en *ABC* una reseña de "La Casa de Lúculo", el único libro suyo que no es una recopilación de artículos. En esa reseña, Calvo elogia la perfecta sintaxis del escritor gallego. Y en el bullicioso vestíbulo del Círculo de Bellas Artes arremete contra él: *"Pero, ¿qué es eso de la sintaxis? ¿Quién te crees que soy yo? ¡La sintaxis! Hasta ahí podíamos llegar."*

Calvo le pregunta un día: *"¿Cómo escribes? ¿Tachas mucho?"* Camba le contesta: *"No te consiento que te metas en mis intimidades."* Había vivido durante una época con Calvo en Londres. Cuando escribía una crónica o un artículo se encerraba en una habitación y no permitía que nadie lo molestara. Una vez acabada la escritura sale con los folios en la mano. Personaje raro donde los hubiere. Lo visita Dámaso Alonso, director de la Academia Española. Y le ofrece un sillón en la Academia. Cuando lo escucha, Camba dice: *"Yo no quiero un sillón. ¡Yo lo que quiero es un piso!"*

ABC capitaneado por Luis Calvo como director en funciones —era subdirector. Con él, el duro Eladio Portasany y Santiago Arbós Ballesté. Arbós, malagueño, hombre sensible al arte, casado con una pintora. Había venido de Málaga, gracias a Torcuato, pues su mujer, Blanca, es malagueña. Arbós, serio y hermético, triste y lento. En la Casa, para el vulgo de la misma, se le conocía como "Francisco Alegre y olé".

Como editorialistas del diario: Mariano Daranas, Enrique Llovet, Manuel Sánchez del Arco —"Giraldillo" como crítico taurino—, Eliseo García de Pablo, que venía de *El Adelantado de Segovia.*

Redacción silente de *ABC*, personajes como Antonio González Cavada, Vicente Gutiérrez, taquígrafo, cubre la información del Ayuntamiento, cuando Lorenzo López Sancho —"Isidro"— escribe la columna de "Madrid al día", o el inefable Menéndez-Chacón, muy valorado por Torcuato Luca de Tena. Menéndez Chacón era un reportero nato y tranquilo, aventurero, sigue "la serpiente multicolor" de los ciclistas. A veces, ejerce de redactor jefe de la edición de provincias y sus manos son tranquilas. Manolo no se altera. En plan de broma se decía de él que, ante la severidad de Portasany, había que matarlo y, acto seguido, se preguntaba: *"Pero, ¿quién lo mata?"* Menéndez-Chacón era, además, un gran caricaturista.

Testimonio 1

ANDRÉS TRAVESÍ, JOVEN REDACTOR JEFE[3]

EDITORIALISTA, DESEMPEÑA LA CORRESPONSALÍA EN PARÍS

Nunca olvidará Andrés Travesí su llegada a *ABC*, periódico tan unido a su vida, tan compartido, como amasador grande de noticias. Travesí joven sube las escaleras para examinarse, pasar por una primera prueba, eliminatoria, y un segundo examen de cultura general. Tras el examen se quedan en la Casa José Baró Quesada y Andrés Travesí. Hijo de un redactor de *ABC*, Andrés Travesí, vinculado administrativamente a la marquesa de Luca de Tena, los milicianos detienen a su padre en el mes de agosto de 1936, lo sueltan y vuelven a detenerlo en noviembre. Una noche lo sacan de casa, cuando estaba en pijama, y le dicen que no hace falta que se vista de calle; irían un momento a una Comisaría de Policía, muy cerca, en la calle de Serrano. Se trataba de una cuestión de rutina. Nunca regresó; tenía treinta y tres años.

La infancia de Andrés tiene recuerdos muy tristes. Registros y milicianos que buscan documentos inexistentes. La familia vive en la calle Serrano, encima de una ferretería de un tío suyo. Frente a la casa de Andrés, la sede del Partido Comunista. Recuerda Andrés cuando entran las tropas franquistas en Madrid, y el día en que Juan Ignacio Luca de Tena y Pedro Fagalde llegan, vestidos de militar, a *ABC* y se hacen cargo del mismo. Lo recuerda, con la mirada de un niño, cogido de la mano de su madre.

Escenas goyescas de una infancia de pólvora y muerte. La amistad de su padre con Alfonso Rodríguez Santamaría, subdirector de *ABC*. Su padre está en la casa de Rodríguez Santamaría momentos antes de que los milicianos lo detengan y lo fusilen después entre las encinas del Parque de la Dehesa, tras pasar por la checa de Bellas Artes, un día del mes de agosto de 1936. El padre de Andrés baja las escaleras y se cruza con los milicianos; y le piden la documentación. Andrés Travesí le muestra el carné de la Asociación de la Prensa. El hecho de que el carné llevara impresa la bandera republicana permite que los milicianos le dejaran pasar.

Travesí, periodista y economista, se integra en la Redacción de los Portasany, Lavedán, Ródenas, Chacón, Calvillo, López Sancho, Gómez Aróstegui, Corral, Armiñán, Pérez Ferrero... Eliseo de Pablo es el redactor jefe de la edición de provincias. De Pablo es un periodista que pasa de ser subdirector de *El Adelantado de Segovia* a hacerse cargo de la edición de provincias como redactor jefe del diario de Serrano. Nacido en el pueblo segoviano de Navas de Oro en 1904, De Pablo ejerce, además, la corresponsalía en Segovia de las agencias *Efe* y *Mencheta*. Es un perio-

[3] Conversación en casa de Pérez Mateos. Colaboramos ambos en unas páginas taurinas, "A las cinco de la tarde", ilustradas con dibujos de Antonio Casero y caricaturas de Ugalde. Tuvieron una gran acogida.

dista de escaso relieve. No se sabe cómo llega de Pablo a *ABC*, ni a qué obedece su fichaje. En ese tiempo, Ramón Pastor y Luis Calvo son subdirectores del diario. De Pablo sustituye luego al histórico Portasany por enfermedad y después le sucederían, accidentalmente, Luis de Armiñán y López Sancho. Recuerda, por ejemplo, cuando Torcuato Luca de Tena entra en la Redacción y comunica a todos que el Ministerio de Información lo ha cesado como director de *ABC*.

Travesí conoce en 1949 a Luis Calvo —luego subdirector— en una conferencia de este en Santander. Calvo charla con él, le comenta que ha conocido a su padre y ahí empieza una buena relación entre ambos. En varias ocasiones, Travesí sustituye a De Pablo, en los años cincuenta. Su acceso a la jefatura de la Redacción obedece a un asunto relacionado con el Príncipe. Don Juan Carlos ha asistido a una conferencia y, en el acto, figura un ministro. Eliseo de Pablo titula la noticia y la figura del Príncipe no es valorada en su medida. Al día siguiente, ese titular origina un alboroto en los dirigentes de la Casa. Como consecuencia de ello, De Pablo es destituido. Previamente, Luis Calvo llama a Travesí y le pide que vaya a verle a un sanatorio, donde se repone de un pequeño accidente. Calvo le dice que quiere que, desde esa misma noche, se haga cargo de la jefatura de Redacción. Llega De Pablo a la Redacción y Andrés le pregunta si no ha hablado con Luis Calvo. La respuesta de Pablo, negativa. Travesí se ve obligado a darle la noticia.

La relación entre Calvo y Travesí es cordial y le propone que escriba de toros. "Selipe" —José María del Rey— notario, le daba a la crónica un acento notarial. Travesí lo sustituye en Las Ventas.

Noches eternas de platina y plomo, cansino son de las linotipias, la teja y el ruido de las rotativas. Noches del regente Alejandro Carra. Jornadas que empiezan a las nueve de la noche y acaban al amanecer. Redacción de Portasany, redactor jefe autoritario donde los haya. Andrés lo recuerda como gran confeccionador, muy minucioso, un esclavo de la perfección. En ocasiones devolvía una noticia ¡hasta diez veces! por el simple hecho de haber repetido una palabra. Ese perfeccionismo lo llevaba a que el cierre del periódico se retrasara hasta avanzada la madrugada. Veladas de noche, en el taller, con Baró Quesada, siempre junto a Portasany; y Menéndez Chacón, que revisa las planas. Amaneceres, el conductor que lleva a su casa a Portsany, a Chacón y a él. Recorren buena parte del Madrid de la época, Andrés somnoliento hasta llegar a su casa, en la Avenida de la Reina Victoria. Andrés descabezaba un sueño y empezaba a trabajar.

Andrés recuerda un periódico de dieciséis páginas frente a las sesenta y cuatro del año 1968. Eran muchas horas y muchas responsabilidades. Torcuato Luca de Tena le recomienda un descanso y lo envía de corresponsal interino a París. Se marcha solo, pues va a permanecer un par de meses. Pero le coge el prólogo del vendaval de mayo del 68 y llega el día en que siente el agobio de estar en París solo, alejado de su mujer y de sus cinco hijos. A Travesí le había precedido en la corresponsalía parisiense Pérez Ferrero, que regresó a Madrid por motivos de salud.

Travesí regresa a Madrid y se incorpora al diario como redactor jefe de huecograbado, época en que hace un suplemento taurino. Con el tiempo vuelve a la Redacción grande, cuando *ABC* acoge en su regazo a Miner Otamendi y Andrés, prácticamente, le deja, durante la tarde, el periódico hecho. Época también de Pedro de Lorenzo, director adjunto y en la Casa se pensaba en nombrar a un subdirector. A Travesí le habría encantado desempeñar ese cargo. Pero el director de *ABC* le ofreció una corresponsalía: París, Méjico o Buenos Aires. Andrés vuelve a París en octubre de 1972, con un contrato de dos años.

El sábado 8 de junio de 1973 suena el teléfono en su casa de París. Un amigo le dice que Antonio Barrera de Irimo quiere hablar con él y que, urgentemente, coja un avión y venga a verle a Madrid. Barrera de Irimo le comenta que está formando su equipo —lo nombran ministro de Hacienda— y quiere incorporarlo como subdirector general en el Ministerio de Relaciones Externas. Para Barrera de Irimo, Travesí reúne las condiciones necesarias para desempeñar este cargo: es periodista, economista y Técnico de Administración Civil. Sólo tiene que pedir su reingreso en la Administración. Ante esta situación, comunica la propuesta a Guillermo Luca de Tena y a Nemesio Fernández Cuesta. Conscientes de una propuesta de esa naturaleza, le dicen que sentirían su marcha del periódico.

Andrés acepta la proposición de Barrera de Irimo y permanece en el cargo con los siguientes Ministros de Hacienda, Cabello de Alba y Villar Mir. Después pasa al Servicio de Estudios de la Confederación de Cajas de Ahorros. En ese ínterin, la relación de Andrés con *ABC* se mantiene a través de colaboraciones habituales, editoriales.

En cierta manera, el editorialista es la voz del periódico, el corazón anónimo que expresa el sentimiento callado de las páginas. Ignora quién hace este o aquel editorial, secreto bien guardado. En estos años, los editoriales suelen escribirlos Fernández de la Mora, José María Ruiz Gallardón, Luis Calvo, Andrés Revesz cuando el tema es internacional. A Revesz se le retoca mucho el texto. También suele escribirlos Mariano Daranas.

Testimonio 2

CÁNDIDO —CARLOS LUIS ÁLVAREZ— LLEGA AL DIARIO

CALLADA Y EXTRAÑA REDACCIÓN[4]

La vieja Redacción la conoce muy bien Carlos Luis Álvarez, Cándido. Carlos Luis, uno de los primeros en romper el dicho de don Torcuato: "ABC *no es un*

[4] Conversación del autor con Carlos Luis Álvarez en su despacho de *ABC*.

tranvía al que uno se puede subir y bajar." *ABC* era un compromiso, como quien contrae un pacto, como quien pasa en él toda una vida. Carlos Luis es ya el último abencerraje literario, y lleva en la memoria ese tiempo amarillento como un sol de membrillo. Lleno de sueños, en los inicios de los años cincuenta, asciende por la escalera marmórea una noche, estampa juvenil de este asturiano, rostro de sabio despistado. Andrés Travesí ya está en el diario; y Gómez Aróstegui también, como él.

Carlos Luis recibe el encargo de corregir los textos de Carlos Carpentier, histórico redactor de sucesos. Un día, Cándido pide a Carpentier aclaraciones de quién ha titulado una noticia que dice: *"Muerta al caer de un pozo de siete metros de altura." "Carlitos: habrás querido decir de profundidad." "No, Carlos Luis, yo he puesto de altura porque siempre escribo desde el punto de vista del muerto."*

Redactores de los viejos tiempos, un mundo conviviente, disparatado y genial. Conoce, por ejemplo, al redactor Antonio González Cavada. Cavada es el primer periodista en conocer la muerte del presidente Eduardo Dato. Tiene la fortuna de hallarse en la Puerta de Alcalá, cuando los asesinos perpetran el magnicidio. Cavada hace política nacional y tiene buenos contactos. En la contienda del 36 está a punto de ser fusilado. Cavada llega a la Redacción y saluda, como en él es habitual con su célebre frase: *"¡Hace una noche para destetar hijos de puta!"* Otras veces, al referirse a algún político del Régimen: *"A ese lo he visto yo con los cojones envueltos en un* Heraldo." Cándido le pregunta por qué se envuelven con un *Heraldo* y no con otro periódico. *"Porque las páginas del* Heraldo —le responde— *eran como sábanas."* Carlos Luis conoce al viejo Cuartero, el insigne editorialista; y a Andrés Revesz.

Carlos Luis Álvarez queda relegado a la temperatura en un verano ardiente. Calvo le ordena que, todos los días, vaya a Cascorro, a una farmacia con un termómetro en la puerta y esa es la auténtica, la verdadera temperatura y no la del Retiro, temperatura para ricos. Carlos Luis va el primer día hasta Cascorro, pero no vuelve más. Su información climatológica se limita a salir a la calle de Serrano, se pone al sol unos instantes y calcula dos o tres grados más.

Con el tiempo, entre Cándido y Luis Calvo nace una amistad lenta y cuajada. Al principio teme la arbitrariedad de la idiosincrasia de Calvo, *"no exenta de crueldad, con la que anticipaba sus juicios sobre las personas"*. Calvo *"identificaba al tonto con la velocidad del rayo y actuaba sin miramiento alguno. Cuando entraba en la Redacción se congelaba el aire"*.

Portasany dice a Calvo que Cándido nunca haría carrera; idéntico juicio hacía Aquilino Morcillo, director de *Ya*, y se lo dijo a Juan Aparicio. Ramón Pastor no entendía la prosa de Cándido y nunca se dirigió a él, en ningún sentido. *"Así que* —escribe Carlos Luis— *vive en mi memoria como un tonto lejano."* De esta suerte, a Cándido se le traslada a la Redacción de provincias, que se cerraba a las cuatro de la tarde y se hacía con los restos de la noche y las noticias que ocurrían a lo largo de la mañana. El alma de esa Redacción era Pepe Calvillo, onubense y solterón. En la ciudad andaluza había dirigido el periódico *Odiel* y contaba historias muy divertidas, incluidas las de un gobernador de posguerra, picador de toros.

Por esa época, en la Redacción de la mañana anda otro histórico, José Antonio Bayona, secretario de Juan Aparicio. Bayona era valenciano y su vida era el resumen de un fracaso. Bayona llevaba apuntado en una libretita los nombres de quienes le habían hecho daño. Ingresar en esa libreta constituía una sentencia de muerte. Y se la mostraba a Cándido. Casi todos estaban tachados, lo que equivalía a estar muertos. Aún figuraba Portasany. Al morir este, Cándido es testigo de cómo tachó el nombre. Bayona se casó con una corista de Celia Gámez, buena mujer; y tuvo un hijo muy inteligente.

Bayona hacía críticas de teatro para *La Vanguardia* y Cándido le escribe algunas. Bayona se lo agradecía con un *"Dios te lo pague"*. Esta ayuda la hace Carlos Luis, sin duda alguna, con cariño. Sin embargo, Cándido lleva como una cruz, como una aguijonazo en su ánimo cuando hace de "negro" para fray Justo Pérez de Urbel y escribe una obra sobre los mártires de la Iglesia. Muchas de esas páginas son una mezcla de invención y plagio. Entre otros libros, *Checas de Madrid* de Tomás Borrás. Este en *ABC* hacía, en ocasiones, editoriales e iba a la Casa. Cómo estará Carlos Luis que, en cierta ocasión, se acerca a él —lo conoce de una entrevista que le hace para *El Español*— y dice que le ha copiado muchas páginas del citado libro, y le puede pedir cien millones de indemnización o llevar a la cárcel a fray Justo Pérez de Urbel. *"Este es el que firma el libro que yo he escrito."* Tomás Borrás se echa a reír a carcajadas y le pregunta: *"¿Qué le ha dicho usted a fray Justo?" "Nada. No sabe que existo, no ha sentido la menor necesidad de conocerme."*

Este episodio se enquista en Carlos Luis como un virus molesto. Admirador de Luis Calvo, este se siente, en cierta etapa, maltratado por la Casa. Calvo habla a Travesí y a Carlos Luis de la posible homoxesualidad de un personaje de *ABC*. Ambos no se lo creen. Para cerciorarse de ello, Calvo y Cándido se acercan a una casa de citas, en el barrio de Salamanca. La rufiana ignora esa faceta, "pero sí es mal pagador". En compañía de dos jóvenes pupilas, en el automóvil de Calvo, se van de excursión al Valle de los Caídos. A Carlos Luis le gustaría conocer a fray Justo. Este o no estaba o no quiso recibirlos.

Tragedia de Agadir

Calvo envía a Cándido a la tragedia de Agadir, odisea en el espacio y en el viento, en una avioneta, con la compañía de Teodoro Naranjo y Menéndez Chacón. Envía crónicas y a Torcuato le gustan. Carlos Luis escribe el "Madrid al día". A esta columna le da un aire muy singular y distinto al de López Sancho. A Torcuato no lo convence la escritura y le sugiere el estilo López Sancho. Imposible. Con ello, Carlos Luis vería desnaturalizada su expresión tanto en el fondo como en la forma. El alcalde de la época es el conde de Mayalde. Este ordena cerrar el Retiro al atardecer. Ante esta medida, Carlos Luis comienza su columna diciendo: *"A mí lo que me molesta del* Caballero de la Mano al Pecho *es que la ponga en el suyo y no en el de la novia."* La que se arma. Cándido recibe todo tipo de protestas desde los amantes de El Greco hasta de las asociaciones de padres de familia. Una viejecita de Mérida le envía una estampa de Santa Eulalia con los pechos cortados en una bandeja.

El clima reinante en la Casa hacia Carlos Luis no es bueno. Según confesión propia, Cándido escribe en *ABC* siempre *"con la medida de la libertad que yo mismo me imponía y las veces que los directores o el consejo de administración detuvieron mis escritos fue porque los conflictos derivados de ellos superaban con creces la resistencia de la empresa".*

Llegada de Fraga al Ministerio de Información y Turismo y, con ella, arrecia la lucha de Cándido contra Mayalde. Su gente se queja al ministro. En esos días, el alcalde de Puerto Rico obsequia a Mayalde con una pantera negra y Carlos Luis escribe que probablemente se la echen a él encima. Pero Cándido desconoce que a Fraga sus alumnos de la facultad lo llaman *la pantera negra*. El director general de Prensa, Jiménez Quílez, le sugiere que deje Madrid y deje de escribir durante un tiempo. La pluma de Cándido está expuesta a la guillotina y él busca el juego mágico de la palabra para soslayarla. Así Fraga entiende que Cándido no tiene peligro.

Entretanto Madrid decía a adiós al tiempo y al espacio. Era una manera de morir, fruto de la especulación. *"Recuerdo el tiempo en qué defendí Madrid, lo recuerdo con dolorosa ternura, tantas ilusiones rotas, tantas batallas perdidas"*, canta Carlos Luis, tristemente, en una balada por la ciudad perdida.

Redactores de otra época. El marqués de Grijalba recorta de los periódicos madrileños cuanto se alude a *ABC* o puede interesar a don Juan Ignacio. Qué personajes. Luis Losada, gallego, dirige la televisión de su tierra. A veces, llega a la Redacción un poco ébrio y el redactor jefe lo envía a casa.

ABC cincuentón: los Acevedo, Armiñán, Miguel Ródenas, Pepe Calvillo; y Mercedes Escobar Kirkpatrick, que llevaba Sociedad. Después la llevaría Jesusa Calonge. Y en deportes, toda una firma como la de "Juan Deportista" y "Spectator" —Alberto Martín Fernández—, médico; y Manuel Lavedán, taquígrafo, en el Proceso a Julián Besteiro, corregía originales a los corresponsales de provincia y disfrutaba como Mircea Eliade con esta broza tan especial de epítetos.[5]

[5] Amplío el relato de Carlos Luis, más allá de la descripción que hiciera de Portasany.

Capítulo II

JUAN IGNACIO SE JUEGA EL PERIÓDICO EN LAS ELECCIONES DE 1954

SE ENFRENTA LA CANDIDATURA MONÁRQUICA A LA DEL MOVIMIENTO

"Curiosamente, los votantes no se sienten responsables de los fracasos."

Moravia

Finales del año 1954. Existe la posibilidad de enfrentarse la conocida como candidatura "Monárquica" a la del "Movimiento" en las primeras elecciones celebradas en la España surgida tras la guerra del 36 al Ayuntamiento madrileño. En la candidatura monárquica figuran Joaquín Calvo Sotelo, Joaquín Satrústegui, Juan Manuel Fanjul y Torcuato Luca de Tena. *Radio Nacional de España* entrevista a Torcuato Luca de Tena sobre el tema de las elecciones. Al día siguiente, su director es destituido. Nuevamente la mano negra de Juan Aparicio. La candidatura del Movimiento triunfa tras un pucherazo. Estas elecciones tienen una repercusión especial en el periódico monárquico. Juan Aparicio dirige a Luis Calvo, director de *ABC*, una carta en la que le ordena reproducir un comentario de la *Hoja del Lunes*, titulado "Una victoria política" y otro del mismo signo emitido por *Radio Nacional de España*. Ordena, además, que se destaque la información y subraye *"en sus títulos más importantes el triunfo de los candidatos del Movimiento Nacional y la identificación del pueblo de Madrid con éste"*.

Juan Aparicio justifica esta orden en el hecho de que el periódico quería publicar un editorial titulado: "Después de las elecciones municipales", que, naturalmente, había prohibido. En su celo censor, Aparicio envía a varios funcionarios para que supervisen el cumplimiento de la orden, incluso que impidan la salida del diario *"en caso de que se pretendiera presentar la información de la jornada electoral en contradicción con la realidad que se ha recogido en la Prensa de Madrid de hoy, día veintidós"*.

Noche de gran inquietud en el diario. Juan Ignacio Luca de Tena llega a decir a Juan Manuel Fanjul: *"Muchas veces me he jugado el periódico y hoy es una de esas noches."* Nerviosismo, noche larga e intensa de negociaciones con el Ministerio. Al fin, de madrugada, se llega a un acuerdo. *ABC* no publicaría nada en sus páginas de opinión. Al mes siguiente, Prensa Española sufriría importantes consecuencias económicas mediante la supresión de papel de cupo al periódico.

La censura no cesa. El día 21 de abril del año 1954 tiene lugar el acto de entrega del premio "Mariano de Cavia", 1953, a Dionisio Ridruejo, alejado y enfrentado al Régimen. El poeta de El Burgo de Osma ha sido galardonado por un artículo sobre la figura de Ortega y Gasset, titulado "En los setenta años de don José Ortega y Gasset".

La censura prohíbe la reseña extensa del acto y obliga al periódico a insertar una escueta nota, reducida a veinte líneas.

D'Ors: se apaga el páramo literario de una vida

Como diría Concha Espina: *"Medio siglo de las letras españolas las llena el nombre de Eugenio D'Ors", "uno de los escritores más originales de Europa". "Puro mediterráneo, catalán de España y español universal, muere* —escribe *ABC— dejando en las letras de nuestra patria un inmenso vacío. Fiel a aquellas ideas solares de Jonia y de la Magna Grecia, que amó desde su primera juventud, toda su vida fue una gran ascensión odisaica, un gran incremento armonioso hacia las ideas claras, normales, cristianas, clásicas, hispanas; hacia las constantes maestras y certeras, como a él le gustaba decir frente a las dudosas variaciones.*

En el aspecto intelectual puro —prosigue *ABC—, su vida y su obra fueron a la vez edificantes e irónicas, quizás como ningunas, en la historia de nuestra cultura. Así fue él una especie de* samurai *plato único, cuyas dos espadas eran las dos supremas del espíritu: edificación e ironía (...) como nadie, con un tesón casi patético, mantenía las ideas rectoras, el orden, la pureza del gusto, la claridad mental, las misiones más nobles de la razón o del sentido, la Patria como misión universal, el respeto a las supremas jerarquías y a los supremos valores. No tuvo duda en su actitud durante la guerra de Liberación. Quiso siempre servir, con esa aristocrática voluntad que es la de 'servir' contra la baja tendencia a rebelarse. Odió cuanto era negativo. Quería estar como en el verso de Dante, 'donde el sí suena'. (...) Repitió siempre: 'Lo que no es tradición es plagio.' "*

D'Ors muere como un monje medieval en la ermita catalana de San Cristóbal. *ABC* señala que, en sus últimos momentos, recordara las palabras de Goethe, su autor predilecto: *"El tema más profundo en la historia del mundo y del hombre es el conflicto entre la fe y la incredulidad."* En *ABC* y *Blanco y Negro*, D'Ors esparcía sus "glosas", *"bajo la traza mundana, allí difundía las más agudas, las más modernas y originales teorías estéticas"*. Pensador, escritor y crítico de arte, nunca se sabía, según Pemán, cuándo *"revelaba sus ufonías o cuándo disimulaba sus emociones"*. Pemán lo vio en la Real Academia Española y, al verle, con la parálisis que invadía su cuerpo, le dijo: *"Voy labrando mi propia estatua..."* Gran conversador, creador de anécdotas, ingenio y fantasía, D'Ors no llegó a encajar nunca en la Real Academia Española. Azorín lo admiraba y Leon Daudet lo consideraba el mejor de Europa. También lo admiraba Concha Espina y *"enseñó a muchos —que no siempre aprendieron— a escribir en los periódicos y dio al artículo de Prensa una jerarquía que acaso hasta él no tuvo nunca. Aquel Xenius que dejaba su glosa en los periódicos, curvada por el humor y la gracia:*

> *'La columna es enhiesta,*
> *pero los dioses prefieren del cohete*
> *la curva poco ascéptica.' "*

D'Ors, uno de los primeros en hablar de Cézanne, de Simmel, de Einstein; él que cuenta *"la sed no es pecado, sino la embriaguez de la sed"*, exige para el conocimiento *"hambre y sed de verdad"*.

Capítulo III

PESE A LA CENSURA, EXTRAORDINARIO DE *ABC* DEDICADO A LA MUERTE DE ORTEGA

PRIMERA ENTREVISTA A DON JUAN CARLOS; LA CENSURA DESOBEDECE A FRANCO

"La prensa es una boca forzada a estar siempre abierta y a hablar siempre. Por eso, no es de extrañar que diga muchas más cosas de las necesarias, y que a veces divague y se desborde."

Alfred de Vigny

Enfermo desde el inicio de su exilio, Ortega muere en Madrid el día 18 de octubre de 1955 a las once menos veinte de la mañana. Pese a las normas de la censura de que se publique una fotografía tamaño carné y una discreta información, el director de *ABC*, Luis Calvo, desobedece las órdenes y lanza un número extraordinario dedicado al ilustre filósofo. La noticia de su muerte es muy destacada en los periódicos mundiales. *Le Monde*, por ejemplo, da la noticia a cuatro columnas: "Un gran filósofo español."

El número de *ABC* del miércoles día 19 reproduce la mascarilla realizada por el escultor Juan Cristóbal. En las páginas interiores, glosan la vida y la obra de Ortega literatos y, excepcionalmente, Xavier Zubiri, quien *"tan sólo una vez en mi vida he tomado la pluma para escribir en periódicos* —señala en su artículo—; *y fue precisamente para hablar de Ortega"*. En ese número colaboran, además de Zubiri, Marañón, García Gómez, Fernández Almagro, Sánchez Mazas, Laín Entralgo, el agustino padre Félix García y Julián Marías. También se publican entrevistas con los doctores Marañón, Hernando y Duarte, amigos y médicos, que han tratado a Ortega durante su enfermedad. El número incluye, además, crónicas de los corresponsales de *ABC* en París, Londres y Washington.

De madrugada, Juan Aparicio llama a Luis Calvo para advertirle que el número no se autoriza, pero no se atreve a dar la orden de que se recoja la edición. Hubiese sido un escándalo. De madrugada, llega Luis Calvo a la casa de Ortega, situada en el número 28 de la calle Monte Esquinza; y lleva las galeradas de los artículos escritos por varios intelectuales. El número del día 19 de octubre de 1955 es antológico. A lo largo de la noche, los autores leen las galeradas sobre la muerte de Ortega; y Fernando Vela, en voz alta, lee algunos pasajes de la obra de Ortega sobre la versión orteguiana de la muerte: *La muerte como creación.*

Años después, el ministro Arias Salgado comentaría que por ese número de *ABC*, había recibido el Ministerio de Información —a través del de Asuntos Exteriores— varias felicitaciones por la libertad con que se había tratado la figura del filósofo y su muerte.

La jerarquía eclesiástica trata de hacer creer que Ortega ha muerto, renconciliado con la religión católica, tras solicitar confesión. Los hijos de don José puntualizan los hechos en una carta dirigida al entonces ministro de Educación, Ruiz Giménez, en la que entre otras cosas, le dicen: *"Atendimos el deseo ferviente de nuestra madre de que lo visitase el padre Félix García, por cuya persona y cuya Orden había tenido nuestro padre siempre clara simpatía, y el padre Félix, según nos dijo, le administró la absolución* sub conditione *con la aquiescencia de nuestro padre. Si éste lo hizo con la cabeza clara —que hasta ese mismo instante y en la medida que los ojos humanos de los médicos y de la familia pueden juzgar estaba impresionantemente perdida— o si lo hizo con la conciencia disminuida es punto que, como ha dicho el padre Félix en su artículo de ABC —en el que demuestra tener corazón e inteligencia— pertenece al misterio de Dios."*

Desde que Ortega ingresa en una clínica madrileña, tanto el ministro de Información, Arias Salgado, como el director general de Prensa, Juan Aparicio, tratan de controlar, en todo momento, la información sobre el filósofo. Por eso, en círculos estudiantiles e intelectuales de Madrid y otras ciudades los estudiantes reaccionan y publican hojas clandestinas, convocan reuniones en el patio central de la Universidad Complutense y después marchan en tropel a la tumba de Ortega y se le rinde *"homenaje de los que pudimos haber sido discípulos suyos, de los que no lo somos y estamos sufriendo el vacío que él dejó al abandonar, por causas conocidas, su cátedra de Metafísica. Es el homenaje de la juventud universitaria, de los universitarios sin universidad que somos, de los que hemos tenido que aprender muchas cosas fuera de las aulas, en los libros que no son de texto, en idiomas que no son el español. Somos discípulos sin maestro".*

También *ABC* pierde, asomada con frecuencia a la ventana del periódico, a Concha Espina: su casa era cita mayor de la literatura en la tertulia de los viernes. También moría un hombre muy vinculado a la Casa, Mourlane Michelena, "Luca de Tena" en 1934.

ABC cumple cincuenta años

Día grande, de cumpleaños feliz, de medio siglo contando el mundo como quien cuenta las estrellas cada noche y deja un resplandor sobre la Tierra. Juan Ignacio se siente un patriarca consciente de esa Monarquía periodística, y convoca a todo el personal de la Casa, fiesta de velas y bengalas, de tarta de sueños, conscientes de que habrá más aniversarios. Juan Ignacio, más ancho que nunca, con la escolta de Ramón Serrano Suñer y Ramón Pérez de Ayala en el banquete. Su voz tronitronante como un tenor de la Escuela del Periodismo y las palabras lejanas de un Azorín:

"Queridísimo Juan Ignacio: Muchas gracias por su cariñosa invitación. Siento no poder concurrir. Me siento sin fuerzas. Llevo una vida extremadamente sencilla, elemental, primitiva. No puede ser otra cosa. Con ustedes estaré en espíritu, fervorosamente. Abrazo cordial. Azorín."

Al leer la carta Juan Ignacio, los dos Ramones, sentados a su lado, exclamaron al unísono: *"¡Azorín!"*

Estas bodas de oro se empañan, en el ambiente de la familia Luca de Tena, con la muerte de doña Esperanza García de Torres, viuda del fundador, mujer culta, autora de dos libros intimistas, escritos únicamente para sus hijos: *Villa Esperanza.* Hay una gran mujer, en este caso, el dicho no falla. Alguien enjuicia a doña Esperanza: *"Sin ella no habría dado Luca de Tena su entera medida vital."*

Entrevista a Don Juan Carlos

La vida de Don Juan Carlos, sus actos y viajes, sus actividades, están sujetos a toda clase de cautelas e informativamente se despachan en la más estricta y pura gacetilla. Apenas pisa suelo español, el Príncipe sufre un vacío informativo. Los periódicos del Régimen no se ocupan de él. La Delegación Nacional de Prensa imparte consignas a los periódicos: *"Viaje Príncipe Juan Carlos a Madrid hoy, no tiene carácter oficial ni político. Por lo tanto, la información se limitará a la que se reciba de las agencias* Logos, Cifra *y* Mencheta. *Fotografías, podrán publicarse una de cada acto al que asista, tamaño postal, nunca en portada. Información y fotos será voluntaria su inserción."*

Con el consentimiento de Franco, el escritor y diplomático José Antonio Giménez-Arnau hace la primera entrevista al Príncipe Don Juan Carlos, cómo transcurre su vida en el madrileño palacio de Montellano, antes de su ingreso en la Academia General de Zaragoza. Tras algunas tensiones propias del carácter difícil del preceptor del Príncipe, el general Martínez Campos, el entrevistador pasa una jornada, como le ha aconsejado Franco, con Don Juan Carlos, y este le cuenta cómo vive, sus lecturas favoritas, la dureza del estudio, los caballos y el tiro. Giménez-Arnau escribe la entrevista, se la lee al preceptor *"después de una serie de monárquicos indiscutibles"* y, finalmente, se la lleva al ministro de Información, Gabriel Arias Salgado, *"el cual encuentra algunas cosas que corregir. 'Perdóname, señor Ministro, no hay que corregir nada. A mí me han encargado una entrevista y la traigo. Si no te gusta, se rompe y en paz.' 'No te alteres, pero estas cosas hay que perfilarlas en algunos aspectos.' 'Bueno, si te parece —le digo— voy a ver a Luis Carrero para que él diga la última palabra.' Y minutos más tarde camino apenas 150 metros y entro en Castellana, 3, y le doy cuenta de lo ocurrido al tiempo que le enseño la entrevista. Sonríe y me dice: 'No te preocupes, no hay nada que corregir. Todo está perfecto.' "*[6]

Esta entrevista se envía a la revista *Semana*, *"porque parecía que* ABC *era demasiado beligerante"*. *ABC* y *La Vanguardia* la reproducen, naturalmente, y otros muchos periódicos. Giménez-Arnau recibe una serie de giros y los envía al teniente general Martínez Campos, *"porque no me parece que yo tengo derecho a percibir ninguna suma por esa entrevista, como no lo tengo para presentarla al 'Mariano de Cavia', donde les hubiese costado trabajo no darme el premio. Pero yo no lo quería con sacacorchos, y sin sacacorchos no lo pude conseguir ni en el año 1957 ni nunca"*.

Jura

El 15 de diciembre de 1955, Don Juan Carlos jura bandera en la Academia General de Zaragoza. *ABC* dedica al acto la portada, autorizada expresamente por Franco. Al acto asisten numerosos catedráticos e intelectuales, pero la censura tacha todos esos nombres y obliga a publicar solamente los nombres de varios aristócratas para aristocratizar el acto. A este acontecimiento, el diario de la calle Serrano envía a su joven redactor, Luis María Anson. Previamente, el novelista Ignacio Agustí, elegido por el preceptor del Príncipe, el duque de la Torre, realiza un reportaje sobre la vida de Don Juan Carlos en la Academia Militar de Zaragoza y sería publicado en varios periódicos.

Cuando Don Juan Carlos se encuentra en la Academia de San Javier, Carlos Sentis, periodista muy vinculado a *ABC*, prepara un reportaje para una revista francesa. Pero se acuerda, a través del Ministerio de Información, que esa información aparezca en los periódicos españoles. Tras varias semanas en censura, el reportaje sale al fin, con el visto bueno. En ocasiones, la censura transmite órdenes por teletipo a la agencia *Efe*: *"Atención a todos los periódicos. De orden superior queda prohibida la publicación del reportaje enviado por correo del colaborador de* ABC *Carlos Sentís. La responsabilidad de su publicación, a todos los efectos, será del Director del medio, quien se atendrá a la sanción a que hubiera lugar."*

ABC, tribuna del preceptor del Príncipe, el teniente general Martínez Campos, un día, salva la vida a Pío Baroja cuando manda su tropa y no se lo agradece. Martínez Campos se asoma a la "tercera" de *ABC*, artículo que lleva al periódico su secretario, el guardia civil Antonio Banda, después muchos años en Zarzuela.

[6] *Memorias de Memoria*, J. A. Giménez-Arnau. Pág. 223.

Capítulo IV

TORCUATO LUCA DE TENA NARRA LA MUERTE DE DON ALFONSITO

GRAN EXTRA EN COLOR DE *ABC*

"La muerte es una vida vivida. La vida es una muerte que viene."

Borges

La tragedia llega a la Familia Real Española en Estoril, el 29 de marzo de 1956, festividad de Jueves Santo. Don Alfonsito, ese muchacho simpático e inquieto, muere trágicamente en su casa, cuando, con su hermano, el Príncipe Don Juan Carlos, juegan con una pistola, con tan mala fortuna que, en un forcejeo con el arma —pues se ha encasquillado—, un disparo le entra por la frente y muere en el acto. La tragedia llega de nuevo a los Borbones y viste de luto a esta familia y a los muchos monárquicos y seguidores de Don Juan de Borbón. *ABC* da extensa y destacada información de la tragedia en la primera página los día 30 de marzo y primero de abril por más que la censura imponga en las noticias sobre el Príncipe límites estrictos de gacetilla.

Ante la tragedia de Don Alfonsito, *"la celebración de funerales por el alma del Infante Don Alfonso de Borbón, únicamente se podrá publicar la reseña escueta del funeral, sin fotografías y sin que en aquellas aparezcan nombres de asistentes que no sean, concretamente, los de las autoridades que puedan haber asistido a los mismos. Tampoco se autorizarán esquelas, referencias, etc., de más funerales en otras provincias o en ésta, sin previa consulta a esta delegación. Abril 1956".*

Sin embargo, *ABC* se despacha a gusto y Torcuato Luca de Tena envía una extensa y completa crónica del entierro del Infante en el pequeño cementerio portugués de Cascaes. Frente al recuadro de la *"conmemoración del día de la Victoria",* el título "Tierra y flores de España en el sepulcro de S. A. R. El Infante Don Alfonso de Borbón".

Gran "extra" en color de *ABC*

30 de diciembre de 1956, *ABC*, número de 116 páginas para coleccionar, portada de Benjamín Palencia. Número grande y de lujo, en temas y autores. Narracio-

nes, poesía y resúmenes del año, gozo para la vista: los doce meses, vistos por los ojos mágicos de Goñi, Esplandiu, Chausa, Antonio Casero, Menchu Gal, José Caballero... Entrar en la Casa es como encontrase en un museo. Cuelgan cuadros de los ilustradores. Sin embargo, una incuria, y algunas manos largas, han expoliado parte de este patrimonio.

Cela cuenta el entierro de Baroja

30 de octubre de 1956, *ABC* publica un suelto sobre el estado de salud de don Pío Baroja, "agravado de modo alarmante". Baroja quiere un entierro modesto y civil. En la puerta de la casa número 12 de la calle Ruiz de Alarcón, muchos estudiantes, Hemingway y el teniente general Martínez de Campos, entre otras muchas personalidades.

"Quizás no debiera haberlo hecho, pero esta mañana, a la vuelta del cementerio, me lavé las manos, porque la caja de muerto de Baroja —pobre como corresponde a su último atuendo— desteñía. Miguel Pérez Ferrero se tiznó la cara y Hemingway, aún con las escamitas del catarro en la nariz, lloraba tras sus lentes artesanos, sus lentes de médico de pueblo, o de viejo marinero holgando en tierra firme. Casas y Val y Vera, los fieles, los cotidianos, los tenaces Casas y Val y Vera (médicos) —amorosos ambos: uno, tímido y mínimo; el otro, gallardo y derrotado— paseaban atónitos, idos y sin consuelo, su soledad. El pintor Eduardo Vicente tenía serios los ojos y apagó el pitillo de picadura. Clementina Téllez, criada manchega, besó al muerto en la frente y en la mejilla. Los besos de Clementina Téllez, cocinera de oficio, besos violentos y populares sonaron igual que enamorados e inútiles trallazos.

Julio Caro se metió en el bolsillo un frasco con tierra del verde Bidasoa para la tumba. Algunas mujeres lloraban por los rincones, por donde, ayer aún, Baroja alentara. Llegaron los funerarios —colilla en la oreja, blusón de feriante, gesto de estar de vuelta de todos los misterios—, y cargamos al muerto. Una voz que olía a ojén se levantó:

—Para esto hay que saber. Lo peor son las esquinas. Doble sin miedo.

Por la escalera abajo, Miguel Pérez Ferrero, Eduardo Vicente, Val y Vera y yo, tropezamos varias veces. Hemingway no bajó a Baroja.

—Es demasiado honor para mí. Sus amigos..., sus amigos de siempre.

—Como usted guste.

En la calle había doscientas personas: parte eran del Rallye Ibérico, que preparaban sus automóviles para la carrera (...). El acompañamiento ganó en los vehículos, tras el automóvil de la funeraria, la zona de suburbios, una de esas zonas que don Pío dejara reflejadas para siempre en sus novelas de la trilogía madrileña como insuperables lienzos de la historia de la ciudad. Se habían convertido las calles en camino, y ya las casas a sus lados eran humildes. Se veía que algunas eran pequeños talleres de lapidarios, y tenían lápidas apoyadas contra los muros, junto a sus puertas. En el cementerio civil donde recibió sepultura el novelista aparecía en algún trecho un jardinero que otro, o un que otro lapidario, arreglando sepulcros. El día de los Difuntos se avecinaba. (...) Pero reinaba tal silencio que las paletadas de tierra al caer se escucharon como roncos adioses. Cuando cayó la postrera, Julio Caro arrojó el puñado de la tierra húmeda del Bidasoa que llevaba consigo. Luego trémulas manos cubrieron todo de flores."

Sánchez Mazas: "Baroja, en el jardín de Narros"

ABC, firmado por tres asteriscos, oculto tras este raro seudónimo, Rafael Sánchez Mazas, escribe una bella pieza literaria, titulada "Baroja, en el jardín de Narros":

"Cuando el marqués de Narros y su hermano el conde del Real —hijos de los duques de Villahermosa— eran niños, y todavía cuando eran adolescentes, en el verano, a la hora del calor, después de almorzar, se solían sentar en la hierba del jardín solariego de Zarauz, a la sombra de un árbol. Se solían sentar para oír, porque a la sombra de aquel árbol, sentado en un sillón, les hablaba, con gran amenidad y afecto entrañable, uno de los primeros novelistas de España, una especie de Proust, avant la lettre, *pero español, andaluz y jesuita: el padre Coloma. (...)*

Las buenas novelas tienen siempre un nervio que depende, en pro o en contra, de una moral establecida; trátese de Coloma o Galdós, Tolstoi o Dostoievski, Manzoni o Fagarazzo, Stendhal o André Gide. La novela es 'historia fingida', decían los griegos, y no hay, observa Croce, más que 'historia religiosa'. La moralidad o inmoralidad de los actos —su religiosidad o irreligiosidad, en suma— es la que les da categoría de históricos y novelescos, principio que parecen haber olvidado bastantes profesionales de hoy.

En el jardín de Narros aquel novelista admirable y ejemplar moralista no era un visitante. Pasaba temporadas allí. Era como de la familia. El jardín de Narros era el centro de su perfecta información mundana.

Pasaron muchos años; alrededor de medio siglo. Las rosas del jardín no envejecían, pero parecían de otra época. En el palacio se conservaba el cuarto, los muebles incrustados de corales con el recuerdo de Isabel II. Se conservaba el 'Salón Azul' con su historia de duendes, que había servido al padre Coloma para un breve y fantástico relato. En el palacio de Narros debió conocer el padre Coloma a una preciosa niña rubia, a la que dedicó uno de sus últimos cuentos: la duquesa de Luna. Pero el padre Coloma había muerto, muchos años hacía cuando apareció este otro novelista famoso, el mejor de España, en el jardín. (...)

Caía la tarde. Don Pío Baroja tenía que volver a su casa de Vera de Bidasoa. El marqués de Narros y el conde del Real acompañaban a Baroja al coche. Le ayuda-

ban a abrigarse bien con la bufanda. Tal vez ponían una manta de pieles sobre las rodillas del gran friolero. Y lo veían perderse en el anochecer con un poco de melancolía. Muchas de estas tardes, ya dejado el trabajo, los muchachos socialistas de Eibar leerían a Baroja ávidamente en aquella Casa del Pueblo, que fue la primera de España. Muchos muchachos socialistas de toda España leían ávidamente a Baroja en las Casas del Pueblo. Tal vez hable esta noche de Baroja Radio Moscú."

Sonido de la bofetada de Gilda repercute en *ABC*

La bofetada que propina Glenn Ford a Rita Haywood en la película *Gilda* lleva a un enfrentamiento entre dos grupos que siguen la emisión de la película. Frente al carpetovetónico surge el cavernícola: desde el que protesta de por qué la censura no es más cerrada a los que, sin embargo, quieren lo contrario. El escándalo que se arma en algunas salas de proyección va más allá de lo estrictamente sociológico. En la España urbana de estos días no se habla de otra cosa: esa bofetada y cómo Rita se quita el guante ante el rechazo de algunos espectadores y la acogida de otros.

Aún no convertido en cura obrero, el jesuita José María Llanos reúne a un grupo de "luises" y este apedrea con tarros de tinta los carteles anunciadores del cine en el que se exhibe la película *Gilda*. Ante este hecho, Torcuato Luca de Tena decide escribir un pequeño editorial en el que critica la actuación del jesuita y sus chicos. Guiado sin duda por la ingenuidad, Torcuato pergueña un breve editorial. *"Así escribiré* —piensa— *algo que será del agrado de la censura."* Se lo muestra al director de *ABC*, quien le dice: *"¡Lo tacharán!"* Torcuato pregunta por qué, si lo que pretende es aplaudir la labor de la policía. El director le replica: *"Porque combatir desmanes callejeros significa que hubo desmanes callejeros. Y admitir eso, para ellos, no es tolerable."*

Capítulo V

ADIÓS DE JUAN RAMÓN Y SOFÍA CASANOVA

CAÑABATE, CRÍTICO DE TOROS

"Morir gloriosamente es un beneficio de los dioses."
Esquilo

ABC 1958, Ley de Principios del Movimiento entre la irrupción de la "tele" y el rostro de Blanca Álvarez. *ABC* sepia teñido con la sangre de la grave cogida de Antonio Bienvenida y los crímenes famosos de Jarabo. Extraña muerte del director de Orquesta Ataulfo Argenta; España llora la ausencia lírica de Juan Ramón Jiménez. Los viejos lectores de *ABC* recuerdan, con añoranza, las crónicas de Sofía Casanova, primera mujer periodista en presenciar la caída del Zarismo. Mingote se sienta en el banquillo de los acusados y resulta absuelto.

Pedro de Lorenzo hace una carrera meteórica junto a Torcuato Luca de Tena. Sería, sucesivamente, redactor jefe de huecograbado, subdirector y director en funciones.

Por un largo pie de fotografía, publicado en *Pueblo*, el 4 de enero de 1957 sería premio "Luca de Tena". El "Cavia" recaería en Manuel Aznar, por "Responso por Benito Mussolini". Foxá cuenta los motivos por los que él es reaccionario o por los murmullos al citar en su discurso a Sánchez Mazas, o por la madrugada en el despacho de Juan Ignacio, quien hace gala de su repertorio de anécdotas y cómo las cuenta. ¡Una delicia!

Cañabate, crítico de toros

Lunes de ligas y ruedos, de balones y toros, prisas y nervios en la Redacción matinal, lunes de pereza, lunes eterno que abre pausadamente el ritmo de la semana, edición vespertina y provinciana de España, la de los trenes nocturnos.

Antonio Díaz-Cañabate, "El Caña"
—quién es ese brutarate—
que en todas partes se mete
unos dicen Cañabate
otros dicen ¡coño vete!

Delgado y enjuto, más bien alto, con una cabeza de patricio romano, la cara consumida e inexpresiva, más bien fina, las cejas alteradas y una nariz de pájaro grande y enorme, un poco como de judío, siempre con el pequeño manantial de un moquillo eterno y pesado, que trata constantemente de secar con el pañuelo.

Cañabate es un personaje del mundo de los toros y fuera de él. Raro y singular, parece un filósofo del siglo XIX; puede pasar por un catedrático de la Institución Libre de Enseñanza, pobre y vagabundo, escondido bajo los arcos de las gradas de la plaza de las Ventas, cegado por el sol. Cañabate se esconde en la plaza, no se sabe dónde, pero se esconde, como hacía el solterón conde de la Corte, cuando lidiaba sus toros. Cañabate recuerda a un Antonio Machado más alto y delgadito, con ese abrigo iconográfico de retrato viejo y eterno, mugriento, la ceniza del tiempo sobre los hombros, un sombrero más rústico y en ocasiones se toca con una gorra para aliviarse del frío. Cañabate, romántico de la bohemia —escritor y no periodista—, buscador de historias y de personajes castizos por la Corrala, o por el Madrid arrabalero, un Emilio Carrere sin versos y, como él, sin apego al dinero, hombre de tertulia, seco y taciturno en su paso siempre fugaz por la Redacción y los pasillos de la Casa.

Divertido y genial en compañía de Sebastián Miranda, "El Caña" es un bohemio disfrazado de burgués desaliñado que no se cambia de traje y desconoce el olor de la colonia; y presume, además, de no lavarse. Y llega de Valencia o de Zaragoza, de las ferias, vamos, con las primeras luces del día, acentuadas las ojeras, el rostro más huesudo, más caricaturesco. Siempre saluda, secamente, con unos buenos días mientras se destoca como si nos fuera a brindar su crónica. En una mano, el sombrero o una gorra. Callado y taciturno, alguna vez, si se le pregunta, cómo lo ha pasado en la feria de Valencia, se limita a responder: *"Sin pegar ojo; allí no hay quien pegue ojo; se pasan toda la santa noche tocando, por las calles, el pasodoble del maestro Serrano."*

Cañabate llega a *ABC* en 1958 para sustituir a José María del Rey, "Selipe", y lo trae Luis Calvo con quién tiene una gran amistad. La tribuna taurina de *ABC* la había cuidado con mimo don Torcuato. Por ella había pasado Corrochano, y "Giraldillo".

Al "Caña" lo sustituye Vicente Zabala, periodista ortodoxo tanto en su escritura como en su manera de ver la corrida. Zabala había vivido el mundo del toro en casa de los Bienvenida, en el patio de la casa de Príncipe de Vergara y heredado la tradición oral del "Papa Negro". Zabala era un cronista más de su tiempo, más periodista; su pluma carecía de metáforas. Protegido por Luis María Anson, sustituía en *ABC* a Cañabate. En sus ausencias, el ambiente de olés y verónicas los llevaba a las páginas Pérez Mateos. En uno de esos silencios de las redacciones, Cañabate, tras leer una de las primeras crónicas de Pérez Mateos dice: *"He de felicitarlo a usted; me gustan mucho sus crónicas."*

Eduardo Palacio Valdés, sobrino de don Armando, era "el segundo" —dicho en el argot periodístico— de Corrochano y reflejaba en las páginas taurinas cl ambiente de las plazas de Carabanchel y Tetuán de las Victorias; y Carmona, en la posguerra, también dejaba su firma como paso por sus tendidos; y Andrés Travesí iba a las Ventas y se traía en su esportón el aire de los capotes y las muletas.

En los años de posguerra, Ródenas ejerce la crítica de teatro y la de toros. Según Cándido empieza su crítica: *"Ayer se estrenó en el Español* Don Gil de las Calzas Verdes *del camarada Tirso de Molina."* Cubría la información de la plaza de Vista Alegre y solía encabezar la crónica con unos versos:

> *"Tarde de sol abrileña*
> *calurosa y perfumada.*
> *De la fiesta nacional*
> *empieza la temporada."*

Martínez Redondo, buen crítico de cine, se traía de Vista Alegre el panorama de verónicas y naturales, el pincel del aire entre festivo y trágico.

En los seriales de San Isidro, a Vicente Zabala, los radicales del tendido 7, lo zahieren con mal gusto y gritan, en plena corrida, a coro: *"¡Zabala: tonto!"* Últimamente, "hacía las Américas", informativamente hablando, y tuvo la fatalidad de perder la vida en un accidente de aviación. *ABC* da la noticia en portada. Con su fallecimiento, *ABC* deja huérfana su histórica tribuna, y pasa a su hijo, Vicente Zabala de la Serna, secundado por el aristócrata y sabio en la materia, José Luis Suárez Guanes, y antes, Luis García.

Capítulo VI

FOXÁ DEJA PLANTADOS SUS CIPRESES

LA IMAGEN DE EISENHOWER ES CAPTADA POR JAIME PATO

"La actualidad es nuestra frágil rosa
en una hora fresca y marchitada.
Lo que el lunes fue luz, martes ya es sombra,
que el suceso es el pez de nuestras mallas."

Foxá

1959. Sellada la amistad hispano-americana; visita de Eisenhower a Madrid, dos millones de habitantes con la llegada al mundo de Ana Isabel Sainz de Cueto. El diario cuenta las glorias deportivas del Madrid —consigue su cuarta copa de Europa—, la épica victoria de Bahamontes en el Tour de Francia, ¡un 18 de julio! y el triunfo de Antonio *El bailarín*. Inauguración del Valle de los Caídos y el traslado al mismo de los restos de José Antonio. Severo Ochoa, Nobel de Fisiología y Medicina; tragedia de Ribadelago, destruida en doce minutos por la ira del agua y abrirse la presa del embalse de Vega de Tera; desaparece un pueblo de 150 personas.

Especialmente el periódico y sus lectores lloran la desaparición de Agustín de Foxá. Casi toda su obra periodística pasa por *ABC*, si exceptuamos el paréntesis impuesto por la guerra. Entonces sus artículos se publican en el *Diario Vasco* de San Sebastián, y en la revista *Vértice*. También escribe en *La Vanguardia* hacia 1939. Foxá firma por vez primera en *ABC* una crónica el 12 de febrero de 1931 desde Rumania.

Pero el 14 de abril de ese año su firma vuelve a aparecer en *ABC*. Artículos escritos con sangre, artículos cuyo estro es el terror y la guerra... Dos años después, en compañía de Curzio Malaparte firma las crónicas de "*ABC* en el frente finlandés". Y después vendrá América y su mundo, *"un universo fantástico del mañana, la tierra virgen, prometida"*, según Santiago Castelo. Foxá, pródigo en artículos, regalo para una España de posguerra, donde se le lee a la luz de un candil o un carburo; *ABC* llega tarde a los hogares. Diez artículos mensuales levantan el espíritu en los ocasos largos y en las noches interminables. Una de sus "terceras" americanas —"Los cráneos deformados"— le valdría el "Cavia" de 1948. El 25 de mayo de 1949, tras la cena en la biblioteca de *ABC*, Agustín de Foxá lee su discurso de gratitud en verso, *"un brindis a la fugacidad del artículo literario* —según Castelo—, *a la agilidad del periodismo."*

Pródiga cosecha en "terceras" de *ABC*. Quién no recuerda "El peso de la púrpura", publicado en dos ocasiones en "tercera", hecho insólito en la vida del periódico... Una, el 4 de noviembre de 1950; otra, el 10 de diciembre de 1956.

Amante del artículo

Hombre de viejo linaje —su baronía es una de las más antiguas de España—, pilarista y diplomático, viajero infatigable conocía muchos países. *"He recorrido en avión* —decía— *toda la lengua española, y puedo asegurar que en nuestra gramática no se pone el sol.*" A Luis Calvo, *"los artículos periodísticos de Foxá me han recordado con frecuencia las prosas viajeras de Morand"*. Foxá era, además, un enamorado de Madrid y la ciudad sin él era menos capital. "Su Madrid de Corte a checa" es un retablo primoroso de la ciudad durante la guerra del 36. En Foxá caben todos los géneros literarios y, sobre todo, el artículo.

En una entrevista de Santiago Córdoba, Foxá decía que su ingreso en la Real Academia Española era debido *"tal vez por mis trabajos periodísticos, que honradamente creo es lo que hago mejor"*. Foxá, voz lírica del diario de Serrano, prosa primorosa por sus páginas desde el año 1931 hasta 1957 como una delicia y recreo para el lector cada mañana. *"Foxá es ante todo* —según José Luis Messía— *el gran cronista poético de su tiempo y de su espacio."* Es incalculable su capacidad de transmutar en frescos sonetos la vida y el paisaje que le circunda. Poeta de la nostalgia de un mundo que se iba —¡esa estampa de alabarderos, pálidas duquesas y niños en el cochecito de la plaza de Oriente—, Foxá incrustaba la poesía como una piedra preciosa en el tiempo de la actualidad, es decir en el artículo; obsesionado con la infancia, el tiempo, el amor y la muerte. Poema de *Niñez del Retiro, triste*; o aquel último verso de un romance: "Con un olor de parque dormido entre las ruedas", uno de los mejores que se han escrito en este siglo, según Sánchez Mazas. O aquel poema:

"Y pensar que, después que yo me muera,
aún surgirán mañanas luminosas;
que, bajo un cielo azul, la primavera,
indiferente a mi mansión postrera,
florecerá en la seda de las rosas.
Y pensar que desnuda, azul, lasciva,
sobre mis huesos danzará la vida,
y que habrá nuevos cielos de escarlata
bañados por la luz del sol poniente
y noches llenas de esa luz de plata

que inundaban mi vieja serenata
cuando aún cantaba Dios bajo mi frente.
Y pensar que no puedo en mi egoísmo
llevarme el sol ni el cielo en mi mortaja;
que he de bajar, ¡yo solo!, hasta el abismo,
y que la Luna brillará lo mismo
¡y yo no la veré desde mi caja!"

"Mi ideal sería —comentaba— *ser el representante de una dictadura en un país democrático."* Amigo íntimo de José Antonio, en cierta ocasión, dijo: *"La Falange es una hija adulterina de Carlos Marx e Isabel la Católica."* Durante una comida con Sánchez Mazas y Juan Ignacio Luca de Tena y como en la misma se aludieran a los problemas que el comunismo representara para el mundo libre, Foxá, con gran enfado por parte de Sánchez Mazas, les dice: *"Lo que menos perdono al comunismo es que me haya impulsado a hacerme falangista."* Genial y esteta Foxá, sobre las márgenes del río del periódico planta un bosque de metáforas, un frontispicio barroco de imágenes.

Sentimental

Hombre sentimental, *"no es falangista ni franquista, sino monárquico, como corresponde a un conde* —según Umbral. *Pero un monárquico esteticista, melancólico, irónico, a quien le gusta la monarquía porque es 'bonita'."* En Madrid, hacia los años cuarenta, vive un embajador de los Estados Unidos; hombre elegantísimo, casado con una princesa rusa, mujer ordinaria e indiscreta. Refiriéndose a ellos, Agustín de Foxá dice que él parecía un príncipe ruso y ella una norteamericana. Un día, la embajadora se encara con Agustín: *"Usted es diplomático, ¿no?" "Sí, señora." "¿Y está usted destinado en el Ministerio?" "Así es." "Me han dicho que llega usted todas las mañanas a su oficina después de las doce, cuenta cuatro chistes y después se marcha sin hacer nada. ¿Y cómo se lo consienten?" "Pues..., porque yo, señora, soy el lujo de la Carrera."*

"Una casaca que cambia de ministro"

Julio del año 1945. Alberto Martín Artajo releva a José Félix de Lequerica, como ministro de Asuntos Exteriores, circunstancia que desagrada mucho a Foxá. A los pocos días, presenta en Madrid sus credenciales un embajador de Inglaterra. ¿Cómo iría vestido Artajo en la ceremonia? ¿De falangista? Ni hablar. ¿De chaqué? Franco lo veía insuficiente. Entonces, el general y el nuevo ministro acuerdan que lo haga vestido con el uniforme de embajador. Existe un problema: Artajo no es embajador. Ante este contratiempo, y como el sastre no tiene tiempo para acabárselo en quince días, entonces los altos funcionarios del Ministerio buscan inmediatamente un uniforme de embajador entre los diplomáticos que se ajustara a la talla del ministro; no encuentran ninguno. El único que le sirve es el de Lequerica. Y a él se recurre.

Cuando el embajador presenta en el Palacio de Oriente las cartas credenciales ante Franco, en el séquito figura Foxá. Ante lo que observa, Foxá dice al oído a un compañero: *"Yo sabía que muchos ministros cambian de casaca, pero es la primera vez que veo a una casaca que cambia de ministro."*

Perteneciente a los propagandistas. A los pocos días del episodio del uniforme, llega destinado al Ministerio un diplomático que lleva varios años en el extranjero. Al ver a Foxá le pregunta qué hay de nuevo por la casa. *"Cuando yo me fui* —le dice— *era ministro Serrano Súñer." "La única diferencia* —le responde Agustín— *es que, cuando tú te marchaste, al entrar en el despacho del Ministro había que gritar: ¡Arriba España! Ahora, decimos: Ave María Purísima."* Por Martín Artajo.

Los que le admirábamos —casi niños—, encendimos un cirio el día de su entierro y recitamos algunos de sus versos, y acompañamos aquella soledad lejana y triste, aquella embriaguez existencialista ya perdida.

Foxá siente un cariño especial, una predilección por el diario de la calle Serrano. Casi todas sus páginas periodísticas encuentran fruto en las besanas de *ABC*; y lo mismo ocurre con alguno de sus versos, alguno como trovador nacional en la portada del periódico. A Foxá le encanta derramar sus metáforas, su visión del mundo, a través de *ABC*; y ese amor se ve en la copiosa correspondencia privada tanto a su familia como a Juan Ignacio y Torcuato, Luis Calvo.

Fotografía

La fotografía de portada con motivo de la llegada de Eisenhower es de Jaime Pato, histórico de la Casa, procedente de la Agencia *Efe*. Pato llega a *Blanco y Negro* de la mano de Guillermo Luca de Tena. Cuando se cierra la histórica revista de Prensa Española, pasa a *ABC* donde permanece veintisiete años. Pato viaja con los hermanos Luca de Tena y sigue la información de Don Juan Carlos desde que este llega a España —lo conoce en Portugal en un partido internacional con España—; y llega a tener con él una cierta confianza. Don Juan Carlos siempre le llama Jaime y el Rey le gasta bromas. En cierta ocasión, Pato le ofrece un tabaco fuerte, los *Ideales* de la época, y Don Juan Carlos, en plan de chanza, le dice: *"Oye, que yo soy un señor y fumo americano."* Jaime Pato, pues, cubre la información de la Zarzuela hasta el punto de que el fotógrafo dice que *"vivía más en la Zarzuela que en mi casa"*.

Pato tiene en su vida una fotografía histórica, captada durante la estancia de Eisenhower en España. Pato es hijo de otro histórico fotógrafo, Hermes. Intuitivo,

Pato observa la química que existe entre el general Franco y el presidente americano. En el momento de la despedida, abandona disimuladamente la plataforma en la que están todos los fotógrafos y se arriesga a buscar la imagen soñada. Deja en el suelo dos de las tres cámaras que lleva y esconde una tercera bajo la chaqueta.

Cuando se dispone a acercarse para obtener la fotografía, observa que se aproxima Víctor de la Serna —"Vitín"—, funcionario de la Oficina de Información Diplomática, amigo suyo. Pato le susurra que no se aparte de él. Momento en que se produce el adiós de los dos generales y un abrazo inesperado. Pato lo capta con la *Pentax* y sabe el valor de esa instantánea, busca a su hermano Roberto en el aeropuerto, le da el carrete y lo lleva urgentemente a *Efe* en una moto. Nada más transmitirse a los abonados españoles, esta imagen la piden las grandes agencias internacionales para sus servicios gráficos. Por esta fotografía, Jaime Pato recibe el Premio Nacional de Fotografía de Prensa de 1959.

Capítulo VII

ENTREVISTA DE DON JUAN Y FRANCO EN "LAS CABEZAS"

MUERE EL DOCTOR MARAÑÓN

"Gobernar significa rectificar."

Confucio

Año 1960, boda de Fabiola y Balduino, romance regio, segunda entrevista entre Don Juan y Franco en la finca de "Las Cabezas", en la que acuerdan la última etapa de los estudios de Don Juan Carlos. España está de luto por la muerte del doctor Marañón. El último día del mes de marzo de 1960, en un recuadro publicado en la primera página de tipografía, bajo una información a tres columnas en la que *"Eisenhower opina que en Moscú existe un sincero deseo de desarme atómico"*, que escribe Massip; entre los corondeles de su crónica, el recuadro de la famosa entrevista entre el general Franco y el Conde de Barcelona, celebrada el día 29, en el Palacio de las Cabezas (Cáceres). *"(...) Entre los temas examinados figura el de la nueva y última etapa de estudios civiles del Príncipe Don Juan Carlos. Se han puntualizado los diferentes extremos de la organización de dichos estudios, que el Príncipe ha de realizar en nuestra Patria, en íntimo y constante contacto con la Universidad española."*

Franco y el Conde de Barcelona *"hacen público que dicha estancia se debe a razones pedagógicas y de sentido nacional, pues es conveniente que el Príncipe Don Juan Carlos se eduque en el ambiente de su Patria, lo que* (conforme a la ley de Sucesión) *no prejuzga la cuestión sucesoria ni la normal transmisión de las obligaciones y responsabilidades dinásticas. La entrevista terminó con la robustecida persuasión de que la cordialidad y buen entendimiento es preciosa para el porvenir de España y para la consolidación y continuidad de los bienes de la paz y de la obra realizada por el Movimiento Nacional".*

Por otra parte, en Villa Giralda reina la alegría por las bodas de plata de los Condes de Barcelona, acontecimiento del que informa, ampliamente, *ABC.*

Balduino y Fabiola, luna de miel en España

El viernes 16 de diciembre de 1960 *ABC* se viste de rosa con el enlace de Balduino y Fabiola, boda romántica, contada profusamente por este diario, de noventa y seis páginas y el precio del ejemplar una peseta con cincuenta céntimos. Páginas rosas, imágenes felices, abren con la portada, el sueño de lectores y lectoras; la serranía de Córdoba acoge a esta pareja como lugar de luna de miel. Imágenes de la comitiva y de la boda, "Flores de azahar en Santa Gúdula", artículo de Luis Fernández Ardavín; crónica del enviado especial, "Marco Polo", seudónimo de Enrique Llovet, malagueño, crítico de teatro de *ABC*. *"Bélgica era una Monarquía sin Reina, que amaba mucho a las Reinas. Ya la tiene. Ya ha desaparecido su nostalgia secreta. Veinticinco años de soledad real acaban de ser borrados de golpe. El pueblo sabe muy bien por qué vitorea o por qué calla. Yo no he visto nunca un espectáculo parecido. Un pueblo entero, sin reservas, entregado jubilosamente a la inmensa alegría de gritar ¡Viva el Rey! y ¡Viva la Reina!"* Así comienza la crónica "Marco Polo". Y así la termina: *"Llorando y riendo, la multitud se ha dispersado lentamente. Ricos y pobres han disfrutado del espectáculo más bello del mundo. El espectáculo del amor alegre. El espectáculo incomparable de la grande y la maravillosa pavana de unos Reyes felices y vivos."*

ABC ameniza este enlace regio, de emociones y fantasías, con un recuadro del escritor andaluz, ex subdirector de *ABC*, Manuel Halcón: "La lección de Balduino."

ABC se vuelca en este enlace y Juan de Urbina, hombre monárquico, envía una crónica especial; narra la llegada de la pareja a Sevilla. El diario de Serrano escribe un editorial sobre este acontecimiento regio.

Adiós a Marañón

Colaborador de *ABC* —un artículo suyo levanta ampollas en la España pacata cuando es joven—, médico que trata al Fundador, humanista y hombre bueno, *ABC* lleva a portada su rostro sereno, amortajado y una serie de flores y recuadros se esparcen en elogios por el médico desaparecido; lo llora Menéndez Pidal, y Azorín en un texto muy íntimo y sentido, y José María Pemán en una glosa muy suya, y las plumas grandes de la época como la de Sánchez Cantón que alude al Marañón historiador, y Pérez de Ayala, "Gregorio el Magno", y el doctor Jiménez-Díaz... España está de luto por una ausencia grande e irremplazable en el mundo de la Medicina y la Cultura.

Mingote en *The Times*

10 de marzo de 1960. *ABC* publica una reproducción de un chiste de Mingote del que se ha hecho eco el periódico inglés *The Times*. *"¡Buena jugada les ha juga-*

do Mingote en ABC *del día 5 de este mes!* —escribe *ABC*. The Times *reproducía ayer su dibujo, como vemos más arriba. Séanos permitido reproducir el 'pie' escrito en español por Mingote: 'OBSERVADORES. No son armas nucleares. Son gigantes.'* The Times *traduce, sagazmente: 'A LOS MODERNOS DON QUIJOTES: No son armas nucleares. Son gigantes.'*

¡Cómo nos agrada que nuestro admirable Antonio Mingote haya dado el 'tiro de gracia' a la estulta campaña tramada, por esos mundos artísticos, contra la sencilla y alegre Patria nuestra! Cuyo quijotismo *es verdaderamente puro, directo y ajeno a todo interés y bastardía. Este dibujo de Mingote está siendo ahora reproducido, no ya en el más sereno y alcurniado periódico de Londres, sino en otros periódicos de Europa y América."*

Capítulo VIII

CONFORTA EL ALMA DE RUANO, CAMBA, MARAÑÓN, UNAMUNO...

CONFESIONES DE ÚLTIMA HORA DEL PADRE FÉLIX GARCÍA

"Las buenas noticias siempre llegan tarde, las malas, demasiado pronto."

Friedrich M. von Bodenstedt

Durante un tiempo, el periódico acoge los artículos del padre Félix García; este agustino escucha las confidencias últimas de la vida de personajes, las cuitas de quienes ven la muerte cerca y necesitan del bálsamo de la palabra. A casi todos ellos los escucha en confesión. El padre Félix García es orador culto, articulista, escritor y poeta. *"Yo me estaba muriendo, / y de mi mal yo mismo no sabía; / pero ahora, Señor, ahora comprendo / que de tu ausencia me moría."* Es un poema suyo. Félix García es consciente del papel que desempeña como sacerdote. Y acude *"como compañero, con todo el respeto del mundo a quien le llama. Voy como el amigo que los entiende y que trata de entenderlos..."* Su palabra está cerca, por ejemplo, de Pedro de Répide, tras avisarle Víctor de la Serna. *"Es un poco indiferente* —le dice— *a estas cosas de la religión. Tú vas allí como amigo y le llevas la presencia de un amigo."* Al verlo, Pedro de Répide le dice: *"Oye, que esto que se me viene encima es algo muy serio y yo creo que conviene adecentarse un poco, como cuando uno va a ver a una persona a la que no ha visto en mucho tiempo..."*

Camba: "No me acuerdo de cómo rezar"

Otro día lo llama Luis Calvo. Julio Camba está grave y ha vivido un poco de espaldas a la religión. Cuántas veces han conversado en casa de Sebastián Miranda de lo divino y lo humano. El padre Félix García se acerca a verle. *"¿Cómo va eso, Julio?..."* Y él le responde con un hilo de voz: *"Pues esto va mal, muy mal..."* El padre Félix García le anima: *"Nos espera Sebastián Miranda un día de estos..."* El agustino le pregunta: *"¿Has rezado algo, Julio?" "Pues no he rezado nada* —le responde—, *porque no sé rezar, no me acuerdo de cómo rezar...*" "*Bueno, hombre, de algo te acordarás, por ejemplo, del padrenuestro, del avemaría...*" Camba se queda un tanto meditabundo y responde: "*Pues no me sale, padre Félix...*" De pronto, un poco tímido, pero iluminado, como un niño, confiesa: "*¿Vale lo de cuatro Angelitos tiene mi cama?...*"

Y el padre Félix asiente, porque en el fondo de Camba, como en tantos otros, está la presencia lejana de la piedad de la madre, incluso también la de la abuela, los primeros rezos.

Son muchos los personajes que recurren a este agustino. Algunos, aun estando lejos, reciben su aliento, como el poeta León Felipe: "*Yo había escrito cosas de él, cuando llegó la noticia de su muerte, que no era cierta, a España. Algo sobre aquel verso suyo que decía: 'Hazme una cruz sencilla —sin aditamentos— que dé la medida del hombre en la cruz...'*" El destino hace que el padre Félix García pronuncie una conferencia en Méjico. Y que León Felipe enferme gravemente. Entonces, le llaman una monjas: "*Padre: vamos a hacer todo lo que podamos; usted tiene la palabra.*" Y León Felipe confiesa como un viejo cristiano.

El padre Félix García es singular testigo de esas horas. Sabe, por ejemplo, que Samuel Ros, colaborador de *ABC*, siente un gran desprecio por la muerte. Llegada la hora, dirá "*me cuesta mucho morirme, en Navidad; pero, en fin, eso es bello, desde luego, así que yo me presentaré ante el Pesebre que yo he visto tantas veces, de una forma poética..., y es así como yo me siento ganado por el Pesebre*".

Ortega muere cristianamente

Y acompaña a Ortega y Gasset en los últimos momentos, y le visita asiduamente. Ortega había dicho que "*a mí no me quieren en las sacristías*", a raíz de la prohibición de sus obras en España. Para ello, el padre Félix García acude a ver al arzobispo de Toledo y decirle: "*Si se prohíben todas las obras de este filósofo será una vergüenza nacional, será peor que haber perdido la guerra...*" Y le hicieron caso.

Ortega muere cristianamente, según este agustino, "*frente a lo que dicen algunos, y cristianamente, además, se le llevó al cementerio. Para mí hubiera sido lo mismo si lo hubiéramos tenido que llevar al cementerio civil*".

Unamuno se quiere confesar laicamente con él

A lo largo de su vida, el padre Félix García trata a personajes tan singulares como Unamuno, a raíz de una crítica literaria del libro *San Manuel Bueno y Mártir*. Un día se encuentran los dos y don Miguel le dice: "*Es usted un cura muy joven, todavía, pero me gustaría hacer con usted una confesión laica fuera de esa garita donde ustedes perdonan los pecados...*"

Siempre este agustino en el adiós a la vida de pensadores y escritores, a su lado, cerca de Ramiro de Maeztu, *"porque yo viví en la celda que él dejó en Ventas. De allí salió para ir a morir. Sé que dijo, y lo sé por boca de quienes lo escucharon: 'Vosotros no sabéis por lo que me matáis, pero yo si sé bien por lo que muero.' "*

También el padre Félix García está cerca de Pérez de Ayala, junto al sillón de orejeras. El padre Félix García no olvidaría esas visitas ni el día que el escritor asturiano le dice: *"Vamos a hacer lo que hay que hacer. Esto es demasiado serio. Aunque he empleado la vida en cosas muy importantes, ha llegado el momento más importante. Y como únicamente es necesaria una cosa para ello, vamos a proceder a lo que es más importante del todo."* Y se confiesa.

Marañón: "Ahí viene el mejor médico de todos"

Lo mismo que no olvidaría los ratos con el doctor Marañón y su fe. *"Yo sé bien que había días que se levantaba a las seis y media de la mañana e iba a comulgar a los Paúles... Y él no hacía alardes de estas cosas. Cuando en la República quitaban el crucifijo de todas las clínicas, colegios y escuelas, él no consintió que de San Carlos se apeara su Cristo. Dijo: 'A mí no me estorba Cristo, así que no me lo quiten.' "*

Recordaría también aquella legión de médicos que lo rodeaban: hasta cincuenta, y la rebeldía de Marañón para tomar medicinas, *"no quería tomar nada. Si acaso el suero. Era un escéptico de la medicina. Entré con el Viático que le llevaba y él dijo a los que le rodeaban: 'Ahí viene el mejor médico de todos.' "*

González-Ruano: "Padre Félix, no me faltes"

Y está al lado de Concha Espina: *"Esta luz que presiento merece todas las cegueras del mundo; compensa de todas las cegueras."* O el encuentro con Agustín de Foxá, en el último momento: *"Yo sí que soy, querido Félix, el último de Filipinas."* Y ambos rezan algo conmovedor. O acompaña a Ruano y sus constantes muertes en su casa de la calle de Ríos Rosas o en la calle conquense de San Pedro. *"Padre Félix, no me faltes, no me faltes, que hoy me siento mal, peor que nunca, no me abandones, siento que algo se apaga en mí, me agota..."* O de Ramón Gómez de la Serna, mediante una greguería escrita desde Buenos Aires: *"Cada vez me convenzo más de que sin Dios estamos perdidos. No hay nada que hacer sin él."*

Ni de Vitorio Macho, que en el barro fresco de un medio busto de Unamuno había visto a don Miguel decirle: *"La escultura es buena, pero sólo le falta esto."* Y trazó una cruz, fresca, a la altura del corazón. Y las últimas palabras de don Juan March: *"Padre Félix: acabo de confesar, y quiero decirle que este es el mejor ne-*

gocio que he hecho en mi vida..." O Jardiel Poncela y aquella inmensa fe en la Virgen del Pilar, hasta el último momento. Y tantos otros como Melchor Rodríguez, o Salaverría —tan unido a *ABC*—, o el propio Morente, su profesor: *"Era hombre culto y respetuoso, claro y ameno. Un día me preguntó: '¿En qué categoría sitúa usted eso que los católicos llaman la gracia?' Y yo le expliqué que 'lo situaba en lo que llamaría valores biológicos y sobrenaturales'. Él sonreía. Hasta que años después lo encontré vestido de sacerdote, después de su conversión. Y me dijo: '¡Cuánto he recordado, en momentos importantes de mi vida, aquello que me contó usted, padre Félix, en aquella clase de ética!' "*[7]

[7] Vicente Aleixandre critica al padre agustino, acremente, en la tertulia de su casa.

Capítulo IX

HOMENAJE EN EL CENTENARIO DE DON TORCUATO

LA SAGA DE LOS INGENIEROS ÚBEDA

"El periodismo es la habilidad de vencer el desafío de llenar el espacio."

Rebecca West

Aún late entre las paredes del diario el espíritu de don Torcuato, su figura presente en estatuas, en el recuerdo. La Casa sigue bajo su sombra y su espíritu. El 21 de febrero de 1961 hace un siglo de su nacimiento en Sevilla y *ABC* da en portada una fotografía de Alfonso, imagen que inmortalizara el escultor Mariano Benlliure, "tercera" de Azorín, colaboradores de don Torcuato. El número es un homenaje a su figura, una visión escrita de sus colaboradores como Fernández-Flórez, Eugenio D'Ors, Víctor Pradera, Rafael Sánchez Mazas, José María Salaverría y Manuel Bueno, cantan y evocan *"la personalidad exuberante y las variadas dotes"*. También el secretario Enrique Mariné recuerda sus días junto a don Torcuato y su hijo Juan Ignacio.

21 de febrero de 1961, júbilo en Prensa Española. Centenario del fundador de *Blanco y Negro* y *ABC*, don Torcuato Luca de Tena y Álvarez Ossorio. Azorín llegaría a la Casa de su mano, escribe una "tercera" en la que, entre otras cosas, dice: *"España: has tenido en don Torcuato Luca de Tena, con su gran periódico, un aglutinante de todos los sentimientos, un elemento de unidad y cohesión debidos a la voluntad de un hombre, firme como el acero y claro como el diamante."*

Torcuato Luca de Tena obtenía el premio Planeta por la novela *La mujer de otro*. El "Cavia" lo obtenía Pedro Rocamora, editorialista y corresponsal en París de *ABC*, y el joven Luis María Anson, el "Luca de Tena". El primero había publicado en *ABC* "Los ojos de Velázquez" el 6 de agosto de 1960 y el segundo "Hasta las ruinas perecieron", que veía la luz el 3 de marzo de 1960.

El premio a Anson le traería consecuencias. Adolfo Muñoz Alonso prohibiría su firma, durante un año, en *ABC*, hasta que Vázquez Dadero le publica una "tercera".

Los Úbeda y "las máquinas del hambre"

Los Úbedas forman una saga ilustre de *ABC*, unida y vinculada a la ingeniería. La lucha de los hombres con la máquina, sus inquietudes y zozobras no las piensa el lector. Este mundo lo conocen bien los Úbeda, Quintana, Pla, Giner, Ratés, Muiña, Barreno... Este, ahora en *La Razón*, alma con Giménez Alemán de la reconversión del plomo al mundo electrónico. En 1961 llega al periódico el hijo de don Rogelio, Juan Manuel González-Úbeda y García de Mirasierra. Juan Manuel, como becario; en 1963, como ingeniero. Don Rogelio significa otra época, la de Juan Ignacio Luca de Tena, y está vinculado, por tanto, al marqués, mientras Juan Manuel se unirá, por razones cronológicas, con Guillermo Luca de Tena.

Dicen en la Casa que Juan Manuel es buena gente y su despacho se convierte, en ocasiones, en confesonario, gente que le llora penas, pide consejos... Recuerda a su padre, cómo llevaba las páginas, la combinación entre lo que es la publicidad y la información, cómo cuadraba la cuentas con la sencillez que lo haría la abuela.

Una vida —entre las paredes del diario, conocía los pasillos, el dédalo de aquella casa mejor que la suya. Ahora, cuando vuelve a Serrano 61 transformado en centro comercial, ya no reconoce la dársena del viejo acorazado. Treinta y siete años nada menos de andar y llevar, en la medida de sus quehaceres, parte del timonel de Serrano; sabe y calla, quiere a esta Casa como un enamorado. Conoce a los hombres, con sus luces y sus sombras, y tiene una cabeza bien orquestada donde las notas, generalmente, suenan bien. Recuerda, allá por 1963 el montaje de la rotativa —*König-Bauer*— que tiraba 96 páginas de tipografía, de golpe, lejos de las 48 páginas; y las dos rotativas, y las dos de huecograbado y las 160 páginas que podían tirar.

A Torcuato Luca de Tena se le antoja y se compra una rotativa marca *Regina*, muy rara. Para máquinas, las citadas *König-Bauer*. Juan Manuel conocía y se familiarizaba con las máquinas, y el papel, y las tintas; y se entristecía cuando "a la máquina le había llegado su hora", y había que venderla por dos duros: entiéndase poco dinero —vamos, que van a la chatarra— y alguna fue a parar a *Pueblo*, diario de Sindicatos. Se comentaba en Redacción, que unos ingenieros, durante una visita a un periódico del Norte, descubren una rotativa, robada pieza a pieza, perteneciente a *ABC*. Quizás sea algo de leyenda.

Hacia el año 1984, montan dos rotativas mixtas, es decir que llevaban tipografía y huecograbado, 96 páginas encuadernadas, porque cosían y evitaban el mal de la Casa, la encuadernación, que ocasiona conflictos y huelgas, y la entrada de la fuerza pública. Por eso a estas rotativas las llamaban, "las máquinas del hambre". En encuadernación trabajaban más de cien personas —se decía el "embuchado". ¿Y el papel? ¿Cómo era ese papel? El que el lector toca como una piel y quizás no repare en él, ni supiera que era satinado para el huecograbado —los "santos", como se decía entre cierta gente— y alisado para la tipografía. El papel se importaba de Suecia y Finlandia, en la parte que autorizaba el Gobierno. En España seguían la Peninsular y la Papelera Española. Juan Manuel se precia de haber vivido en y para los talleres.[8]

ABC y la herida de Franco

Transmitida por la agencia oficial *Efe-Cifra*, aparece el martes 26 de diciembre de 1961 la noticia de que el Jefe del Estado ha sufrido una herida —de pronóstico leve— en la mano izquierda, durante una cacería, intervenido en el hospital del Aire de la calle la Princesa, por el doctor Garaízabal. Al día siguiente, en la portada, la imagen —captada por el fotógrafo de *ABC* Sanz Bermejo— de Franco con la mano vendada y rodeado de su familia. El diario de Serrano titula: *"Franco, felizmente restablecido."* El periódico informa del regreso al palacio de El Pardo. Con este motivo, el colaborador de *ABC* Santiago Córdoba hace una entrevista al médico de Franco, el doctor Vicente Gil.

"—Es que ya sabíamos todos, por los partes facultativos, que, además, su organismo ha respondido maravillosamente.

—Sí; ha reaccionado como una persona sana de cuarenta años.

—¿Cuánto tiempo hace que acompaña usted al Jefe del Estado a las cacerías?

—Veinticuatro años y medio, exactamente.

—¿Conoce usted las características de esta escopeta que falló?

—No exactamente; pero, desde luego, no es escopeta española. Acababa de disparar el primer tiro sobre una pieza cuando le sorprendió el accidente.

—¿Es éste el primer accidente que ha sufrido?

—Sí, sí.

—¿Estaba usted muy cerca de él cuando ocurrió el percance?

—No; pero a los cinco minutos de producirse ya estaba yo junto a él. Enseguida me percaté de que no había nada grave; sólo las cosas propias que puede producir el tiro que sale por el otro lado.

—Grave, gracias a Dios, no; pero doloroso, sí, ¿verdad, doctor?

—Las lesiones de mano son muy dolorosas, porque precisamente en las manos es donde tiene más sensibilidad el organismo humano. Por tanto, todas las lesiones en esta extremidad, por leves que sean, son siempre dolorosas...

—El Caudillo es un gran tirador, ¿no es cierto?

—¡¡Estupendo!! De los buenos. [...]"

---

[8] Conversación con el autor en su despacho de la Casa.

Capítulo X

REPERCUSIÓN DEL ARTÍCULO DE BLAS PIÑAR "HIPÓCRITAS"

LUIS CALVO ELUDE LA CENSURA Y LO PUBLICA EN "TERCERA"

"Un buen periódico es una nación hablándose a sí misma."

Arthur Miller

Maestro en el juego de la censura, Luis Calvo, la esquiva con el mejor de los regates de un hombre sagaz. A veces alerta al propio director general de Prensa que se le ha pasado un artículo y no debe publicarse; otras, marca goles a la censura mientras se regodea. Para los lectores de *ABC*, la mañana del día 19 de enero de 1962 es muy distinta a otras, aun siendo la misma. El periódico cambia estados de ánimo, sobresalta o sosiega según las noticias, según los artículos. Este día en Madrid, en toda España no se habla de otra cosa. La "tercera" de *ABC*, generalmente, siempre se lee y se busca la firma. Este día se habla del artículo "Hipócritas", escrito por Blas Piñar, director del Instituto de Cultura Hispánica. Dice así:

"Los que se amedretan y atemorizan ante las explosiones termonucleares por vía de ensayo, y no tuvieron escrúpulos para lanzar la primera bomba atómica sobre los seres indefensos de Hiroshima; los que condenaron al fuego hombres y ciudades, y en Nüremberg se erigieron en jueces de los criminales de guerra; los que hoy, pusilánimes y temblorosos, llaman la atención sobre el peligro comunista, y se aliaron con el comunismo entregándoles como botín patrias y culturas; los que alardean, vocingleros, de anticomunistas, y, en el fondo, buscan anhelantes una fórmula de coexistencia que les permita vivir tranquilos, aunque millones de hombres continúen gimiendo como esclavos; los que firman alianzas y establecen bases estratégicas de carácter militar en países a los que llaman amigos, y luego los abandonan indiferentes y mudos cuando estos países se encuentran en el momento difícil; los que incitan a la lucha por la libertad movilizando voluntades con espíritu de sacrificio, y después, iniciada la lucha, permanecen impasibles ante la represión brutal del enemigo; los que hicieron su historia y su grandeza volando buques y atribuyendo culpas para justificar la intervención armada en beneficio propio, y ahora se escandalizan de sus mejores discípulos;

los que hablan de libertad de pensamiento y de libertad de Prensa, y de modo sistemático, y con arreglo a prejuicios irreformables, ahogan ciertas noticias, las desfiguran o las inventan, y en vez de una censura inspirada, aunque cometa errores, en el bien común, crean tantas censuras solapadas y clandestinas como intereses sectarios o grupos de presión económica y política; los que presumen de anticolonialistas, y al exigir la independencia y la autodeterminación de los pueblos subdesarrollados, pretenden uncirlos al yugo de una total dependencia económica; los que quisieron o toleraron la división de Berlín, de Alemania, de Corea y del Vietnam, y se rasgan las vestiduras y atropellan el derecho por la división del Congo; los que facilitaron armas, brindaron aliento y proporcionaron la mayor propaganda gratuita a Fidel Castro, y se estremecen ante los horrores del sistema y, lo que es más grave, ante su enorme fuerza de contagio; los que mantienen relaciones diplomáticas con las naciones ocultas tras el telón de acero o el telón de bambú, y patalean si otros Gobiernos de la órbita occidental aspiran a seguir su ejemplo; los que juegan a mantener gobiernos liberales sin apoyo popular auténtico y sin obra social entre las manos a sabiendas de su enorme debilidad para oponerse al marxismo; los que ofrecen millones en concepto de ayuda generosa, y abonan precios de hambre por la riqueza obtenida en los países a los cuales la ayuda se ofrece; los que predican los derechos del hombre, y, sin embargo, le arrancan el derecho a la vida al impedir los movimientos migratorios, condenan al hambre a millones de ciudadanos y estimulan, sin preocupaciones morales, el control de los nacimientos y el aborto; los que hablan de democracia, de sufragio universal y de un hombre un voto, y después condicionan el voto al pago de un impuesto, para evitar el voto de los negros pobres, o al conocimiento del inglés, para evitar el voto de los ciudadanos de raíz cultural distinta; los que exigen el respeto a las minorías, y ahogan con hábil y paciente terquedad a las que existen dentro de las propias fronteras; los que mientras favorecen las llamadas reivindicaciones territoriales de otras naciones mantienen con orgullo colonias inútiles en países soberanos; los que hacen del pacifismo y de la no violencia adagio y norma de conducta, y usan la fuerza cuando así lo consideran oportuno;

los que a un tiempo atropellan al débil y observan una actitud de cobarde respeto frente al vecino poderoso que los ofende (...)

los que se dicen defensores ardientes del mundo occidental, y abren, negociando y a espaldas de Occidente, un portillo por el cual un río de divisas occidentales a aumentar la fuerza del comunismo;

los que nos ofrecen su amistad y, a estas alturas y refiriéndose al descubrimiento de América, se atreven a escribir con carácter oficial: 'It was no accident that the voyages which led to the discovery of America were led by an Italian. Italian seamanship was supreme. The exploration of the Western Hemisphere was a direct result of the inquiring mind of 15 th century Italy', desconociendo y despreciando así la obra de España; los que eluden el vocablo Hispanoamérica y no estarían dispuestos a consentir que se hablase de África latina; los que lisonjean al llamado catolicismo liberal y progresista, y buscando su colaboración y ayuda bajo el lema de comprensión, diálogo y claridad, acaban, cuando triunfan, persiguiendo y aniquilando a la Iglesia de Cristo (...).

Pero nada es tan oculto que no se haya de manifestar, ni tan secreto que al fin no se sepa. (San Lucas, XII, 2).

En estos años hemos aprendido muchas cosas, tantas y tan graves, que a nuestros hermanos podemos repetir aquello de Cristo: 'Guardaos de la levadura de los fariseos, que es la hipocresía'."

El artículo —en el que no se nombra a España— supone un ataque a la política exterior de las naciones que han ganado la Segunda Guerra Mundial. Blas Piñar escribe el artículo a bordo de un avión, en un viaje de regreso a España del lejano Oriente, tras asistir en Manila al homenaje a José Rizal con motivo de su nacimiento. Blas Piñar queda estremecido al saber que, en los hospitales japoneses, ocupados por el ejército norteamericano, este ha practicado millones de abortos. Esto y contemplar un Manila *"montón de escombros, como resultado de la orden del general Mac Arthur, que no respetó que había sido proclamada ciudad abierta, la tarea deshispanizante del español y de lo español en Filipinas, y la práctica del genocidio sin defensa de tantos millones de niños japoneses"*, inspira a la pluma de Blas Piñar para escribir "Hipócritas".

El autor conserva el original. *"Cabalgan las letras sobre dos pequeños trozos de papel, y presentan los rasgos vacilantes del fuego interior que me abrasaba y del movimiento tembloroso del avión que surcaba el aire."*

En Madrid, los dedos de Blas Piñar pasan el artículo a máquina y lo envía a *ABC*, periódico en el que colabora. Blas Piñar piensa en que no se publicaría por la doble censura: la del Ministerio de Información y Turismo y la del de Asuntos Exteriores —en este caso por razón del contenido del artículo.

La mañana de la publicación del artículo, una vez que Blas Piñar se dispone a bajar de su coche oficial camino de su despacho, se detiene un taxi del que se apea un procurador de los Tribunales. Este hombre acaba de leer "Hipócritas" y, entusiasmado, se acerca a su autor, lo felicita y lo abraza.

¡Qué alboroto arma "Hipócritas"! Blas Piñar es el hombre del día, felicitaciones, llamadas telefónicas, cartas, telegramas... En contra, diez cartas hostiles, unas correctas y otras insultantes. José María Valiente, delegado de la Comunión Tradicionalista, en una carta, entre otras cosas, le dice: *"Este artículo de Vd ha alcanzado la máxima resonancia. Será el mayor triunfo periodístico de nuestro tiempo."*

El artículo lo reproducen varios periódicos, españoles y extranjeros. *Arriba* tenía la intención de reproducirlo, pero una orden lo impide: *"22-1-1962. El sábado, y cuando había orden en* Arriba *de publicar el texto íntegro del artículo de Blas Piñar, aparecido en* ABC *el viernes, así como un editorial muy virulento contra los Estados Unidos, el director del periódico llamó desde su casa a la dirección para anularla, por lo que hubo que improvisar un editorial y sustituir el espacio reservado a aquella información. El director de* Arriba *se limitó a dar la orden escueta. Interesado sobre el motivo se negó a ampliar la información."*

Franco: "La firma de Piñar sorprendió a la censura"

El primo del general Franco, "Pacón" Salgado-Araujo lo comenta: *"Hoy he hablado con Franco del efecto explosivo que había causado en Madrid el artículo de Blas Piñar llamando hipócritas a los americanos. Digo a Franco que yo tenía información de muy buena tinta de que el asunto estuvo en consulta de la censura ordinaria y que luego se pasó a la del Ministerio en donde, en veinticuatro horas, dieron su conformidad. No hubo sorpresa, y el señor Sedó, al ver la firma, no tuvo inconveniente en autorizar su publicación. Franco me responde: 'No creo en ninguna maniobra, lo que sucedió fue que la firma de Piñar sorprendió a la censura; y tampoco creo que Piñar obrara de mala fe. Es muy lamentable lo ocurrido, porque los enemigos del extranjero realizarán una campaña de prensa para convencer a sus lectores y al mundo de que el artículo fue inspirado por el gobierno español.' "*[9]

Por la publicación de "Hipócritas", Blas Piñar es destituido fulminantemente. Sin duda, el ministro de Asuntos Exteriores, Fernando María Castiella, se disgusta mucho, sobre todo cuando lo llama José Félix de Lequerica, embajador de España en la ONU, y le pide la inmediata destitución. Ante el artículo, el diario *Pueblo* reacciona de manera muy agresiva, mediante un editorial, contra Blas Piñar. Lo ha escrito Emilio Romero. *"Desde un punto de vista estrictamente político, tal como va el mundo, lo antinorteamericano es siempre un movimiento a favor de los comunistas."* Nace del ministro Castiella, que se lo pide a Emilio Romero. Por la noche, Blas Piñar recibe al diplomático Pedro Salvador de Vicente, vicepresidente del Instituto. Blas Piñar está abrumado y tenso. Según el diplomático transmitía a Piñar que él nada tenía que ver con la publicación del editorial de *Pueblo* y venía a comunicárselo de su parte. Lo que al parecer no coincide con la versión de Gabriel Arias Salgado, ministro de Información y Turismo. Arias Salgado lo llama para que Blas Piñar acuda a verle y le habla de la trascendencia del artículo tanto en España como en el extranjero. Arias desvela a Piñar la autoría de Castiella como inspirador del editorial de *Pueblo*.[10]

Castiella lo cesa. Ava Gardner

Blas Piñar visita al ministro Castiella para saber qué pensaba de este asunto. Tras recibirlo con cortesía y afecto, y ante la protesta inmediata de la embajada norteamericana, le comunica que lo ha cesado. Aun cuando ya ha pensado en Gregorio Marañón Moya para sustituirlo —le ha dado el consentimiento—, Castiella,

---

[9] Francisco Franco Salgado-Araujo. *Mis conversaciones privadas con Franco*. Edit Planeta. Barcelona 1976. Referencia al 24 de enero de 1962.

[10] Información facilitada al autor por la secretaria de Blas Piñar.

sin embargo, le consulta quién le parece el más adecuado. *"La consulta es irrelevante* —le responde— *si ya has ofrecido el cargo a Gregorio Marañón y éste ha aceptado."* De todos modos, Blas Piñar, por otros motivos, había presentado al ministro la dimisión y no había tenido respuesta. Después, pide audiencia a Franco y dice al general que lo ocurrido no afecta para nada a su lealtad.

La campaña trata de involucrar al artículo con un acta notarial que tenía que ver con la actriz Ava Gardner. En su condición de notario, Blas Piñar es requerido meses antes de la publicación del artículo para una cuestión jurídico-económica, que nada tenía que ver con ruidos o escándalos de la actriz que molestaban a sus vecinos, como intencionadamente se publicó. Blas Piñar es objeto de un delito de desacato por parte del secretario de Ava Gardner, a quien condena la Audiencia Provincial de Madrid. Como si se tratara de una consigna, la prensa mundial vincula el acta con la aparición del artículo. Este, según la prensa, es fruto de un percance, no demasiado honesto, con Ava Gardner, a raíz de la diligencia notarial. Blas Piñar sufre esta campaña. Hasta el semanario de Milán *Tempo* publica un reportaje y una fotografía en la que parece la actriz junto a Blas Piñar; el acompañante es Perico Chicote, durante una visita a su local de la Gran Vía madrileña. Ante la campaña, su mujer le dice: *"Si tuviste valor para escribir 'Hipócritas', más lo necesitas para soportar esta campaña."*

Capítulo XI

PEMÁN, EL GRAN ARTICULISTA DEL PERIODISMO ESPAÑOL

EL MÁS CENSURADO DE SU ÉPOCA

"Periódico: unos céntimos de historia envueltos en un cucurucho de papel."

Hermanos Goncourt

No se entiende el diario de Serrano sin la gracia y el artículo del escritor gaditano, el artículo que espera el lector como el primer manjar de la mañana, la sabiduría popular de "El Séneca", personaje que acabaría en una serie televisiva. José María Pemán era, pues, mucho *ABC*, intelectual de variados géneros, procedente de una familia gaditana de significación conservadora y muy cercana ideológicamente al dictador Primo de Rivera. Mentor de su dictadura, durante la etapa republicana, obtuvo algunos de sus resonantes éxitos literarios. Con el decurso del tiempo, Pemán pasa de la extrema derecha monárquica a una aceptación del liberalismo democrático. Brillante orador, durante la época de la contienda, tiene un gran relieve en materias educativas y culturales; y es, en este tiempo, director de la Real Academia y pronto tiene dificultades con la Falange. Hombre de confianza de Don Juan en la causa monárquica durante los años sesenta, Don Juan Carlos le concedería el Toisón de Oro. Con su pluma y su actitud, abre el camino de la transición en una buena parte de la derecha hispánica.

Pemán recibe muy bien la Ley de Prensa de Fraga y hace uso de ella. El primer día de San Juan, posterior a su aprobación, publica un artículo de gran repercusión en el que exalta al heredero de la línea dinástica y se refiere a la inanidad del régimen: *"Ni Don Juan ni San Juan Bautista que viniera en persona sabría encontrarle los botones y las palancas para echar a andar esta máquina institucional con mucha más nomenclatura —Cortes, municipios, sindicatos, asociaciones...— que realidades."* En su opinión, el Movimiento seguía teniendo una *"fachada totalitaria y monopolista"* y le adjudica *"años de silencio, de dedo señalador, de represión"*.

En sus conversaciones con Franco, el general se mostraba bien con Pemán. Ante la publicación de este artículo, escrito hace unos años, en la charla del general con su primo y secretario, Franco muestra una reacción muy airada contra el mismo. Pemán sabe la apuesta de este artículo y baja el pistón en su escritura, máxime cuando *ABC* sufre el secuestro por un artículo de Anson. Otro artículo suyo, titulado "Se vende el Sur" se interpretaría como un ataque a la Guardia Civil. Cómo vivimos en la Redacción los avatares del mismo, la orden de procesamiento contra Pemán, la búsqueda inútil para localizar a don Camilo Alonso Vega, ministro de la Gobernación, y evitar, de esta suerte, la decisión sancionadora... Ante la contrariedad, se busca al general Barroso, ministro del Ejército y que este "aliviara" a Franco. A Pemán se le exige que rectifique; él no había tratado de agredir a la Guardia Civil; eso equivalía a falsearle en sus raíces mismas.

Pemán es, sin duda, el escritor de diarios más sancionado de la España de su tiempo. La censura se encargó de que los lectores no leyeran, entre otros, estos artículos: "El Evangelio como ironía", "El 'Séneca', los baches y las zanjas", "Homenaje a Luis María Anson" —artículo sobre el homenaje al periodista por el premio "Luca de Tena"—; "La improvisación, hábito nacional" y "Ellos lo dicen".

Pemán explica su amor por el periodismo tras pensar en Larra, Ganivet y Unamuno y llegar a la conclusión de que encontraron en este género el que sustituía, en cierta manera, a sus sueños y obras. Larra, por ejemplo, en ser dramaturgo; Ganivet, en el teatro y la novela. *"Unamuno* —piensa Pemán— *tenía tal carga de intelectualidad crítica que hacía deformar los géneros más genuinos de creación y hasta llegó a no atreverse a llamar novela a sus novelas, sino nivola. Azorín, lo mismo..."*

"Yo no he cultivado la literatura creadora demasiado, el teatro, el cuento y demás, y así al escribir artículos abundantemente, he vertido en ellos toda la gama de mi quehacer, de mi literatura. Yo considero el artículo crítico como una parte de mi obra de creación, ni más alta ni más baja que otras. Y lo he hecho, asimismo, al hijo de un proceso moderno en el que la fórmula periodística ha cobrado tal importancia que ha creado incluso otras formas de novela, porque, por ejemplo, Truman Capote, Luis Romero, Gironella, ¿no nos dan sino grandes reportajes novelados que tienen más aceptación que la literatura de fantasía? Probablemente ello es un movimiento de la época, muy de tener en cuenta y de atender". Era difícil verle por los pasillos de la Casa; una vez lo veo salir de la Redacción y la admiración que supuso encontrarme con un personaje que había llenado tantas horas de mi vida, sus artículos que leía con avidez.[11]

[11] Recomiendo al lector, interesado en Pemán, la obra sobre el mismo editada por Planeta y escrita por Javier Tusell y Gonzalo Álvarez Chillida.

Testimonio 3

PEDRO MASSA Y JOSÉ OLMO, CORRESPONSALES EN BUENOS AIRES

Lejos este Pedro Massa, ahora corresponsal de *ABC* en Buenos Aires, del joven perteneciente a Izquierda Republicana, gobernador civil de Huesca, durante la República, amigo de Indalecio Prieto. Pedro Massa es funcionario del Estado, murciano de Cieza; redactor de *EL Liberal*, se mueve en el ambiente literario madrileño. Premio "Cavia" y "Luca de Tena" durante la República, republicano confeso, observa cómo España puede romperse por la mitad; regresa ante el panorama con urgencia a Madrid, coge las alhajas de su mujer y ambos se encaminan hacia Gibraltar, suben a un barco hasta Marsella, venden las joyas y toman el rumbo hacia Buenos Aires.

Al poco tiempo, Massa se abre camino literario en las letras argentinas. En 1961, su sobrino José Olmo y Losada, ya en la galera de *ABC*, se lo comenta a Luis Calvo; y Massa pone su acento en las columnas del diario de Serrano. Exiliado junto al Mar de Plata, vuelve a España, pasados unos años, y sus crónicas tienen influencia en la Argentina de esa época, porque *ABC* pesa e influye en América. Con el tiempo, cosas de la vida, tras un ínterin, lo sustituirá su sobrino José Olmo.

En el verano de 1956, José Olmo hace sus primeras prácticas en *ABC*. Previamente ha firmado con un compañero un reportaje sobre la última descendiente de Goya que vive en Bustarviejo. Olmo colabora en las publicaciones de la época: *El Español*, *Semana*, *Dígame*. Al verano siguiente, una vez acabadas las prácticas permanece en *ABC*, una vida que se cierra en 1996, cuando deja la corresponsalía bonaerense.

Olmo es un histórico de la época de los Calvillo, Travesí y Luis de Pablo. Conoce a Luis Calvo. Con toda timidez, le dice que no está en plantilla y lleva dos años en la Casa. Calvo, con sus formas, le responde: *"¡Pero cómo usted todavía no está en nómina! Baje a Personal y dígale a su jefe, Méndez, que lo incluya."*

Olmo forma parte de ese paisaje, lejano, y distante, en las telarañas de la memoria. Recordará a Alfredo Marquerie sentado junto a un linotipista, dictándole la crónica del estreno de una obra que acaba de presenciar; y a gente de la Casa, bien vestida, que llega del teatro; y a Rodríguez de León, jefe de Archivo, republicano y gobernador; y a González Cavada, jefe de Información Política.

Vive los nuevos nombramientos de la Casa, cuando aparece la figura de los jefes de sección, hasta entonces inexistentes. Se encargará de Nacional; Martínez Redondo, de Cultura; Adrados, de Economía; Revesz, de Internacional. Recuerda la fase final de Portasany y los recortes que hace de los diarios de Madrid, ayudado por Bayona; y, a veces, se altera, pero en tono menor a los tiempos de redactor jefe.

El marqués de Grijalba, aristócrata requeté que informa de los hechos de la Villa y Corte. Qué mezcla ideológica en *ABC*.

Olmo mantiene una buena relación con Andrés Revesz, lo lleva en coche a su casa de la calle general Pardiñas; educadísimo, con cigarrillos rubios para las mujeres; Revesz se queja en los lavabos del abuso del agua. *"Yo no me lavo la cabeza nunca; es malo. Con mis uñas largas me quito la caspa. A veces, me mojo el cabello y me pongo un pañuelo como si fuera un campesino."* Eliseo de Pablo cuando habla del *"drama humano de las ovejas"*, y nevaba, *"pobrecitas"*, y una tormenta, *"pobrecitas". "No se explican ustedes el drama humano de las ovejas."* Ve su figura cuando llama por teléfono el marqués de Luca de Tena, y se levanta.

"ABC *no jugó fuertemente la carta de la Monarquía."* El redactor Luis Losada Espinosa va a Villa Giralda y lleva una colección de galeradas tachadas con lápiz rojo; y cómo *ABC* apoya la política de Muñoz Silva y la reforma educativa de Villar Palasí. Olmo de redacción y gabinetes de prensa, compañero de Anson en la revista *Círculo* y en *Reino*. Cuando su vida transcurre, cansina, monótonamente, Anson le dice que queda libre Buenos Aires y si se anima. Cruza el charco, revive recuerdos del tío Pedro Massa y empieza una vida nueva, sobrevuela el mapa de América del Sur, viajes con la Reina, la Infanta Elena, entrevistas a Sábato —qué mal carácter— y a Bioy Casares —qué encanto—; y a Menem —poco preparado... Una luna de miel con el periodismo. Un día nombran al hijo de Vargas Llosa y él dice adiós a cuatro años felices, con la melancolía de un tango.

Capítulo XII

MIQUELARENA SE ARROJA AL METRO EN PARÍS

PÉREZ DE AYALA SE DESPIDE

"Todo lo que es mentira es vejez."

Pérez de Ayala

También Jacinto Miquelarena procede del grupo literario de los vencedores. Durante su estancia en Salamanca, participa en Propaganda y Prensa. Un día bebe los vientos de *ABC*, que soplan en los alrededores del diario, al lado de su casa, muy cerca del periódico. Crónicas de la campaña alemana de Rusia. *"¿Entre deslumbrantes oficiales alemanes y gemebundos prisioneros rusos, y sin otra protección para su autor que el certificado de ario puro que, como buen vasco que era, recibió firmado de puño y letra de Adolfo Hitler?"* Corresponsal de *ABC* en Londres, Jacinto Miquelarena, *"el de los tristes destinos* —según Jesús Pardo—, *era alto, macizo, lento de ademanes y premioso y estudiado de palabra, vivo retrato de una torre inclinada en permanente trance de desladrillamiento; cada aliento de su falso aplomo exhalaba corta, serpenteante, suspicaz atención a zancadillas.*

Ateo que camuflaba su miedo al infierno con ingeniosidades volterianas, Miquelarena era —según Jesús Pardo— *un patético globo hinchado, al borde en todo momento del pinchazo que finalmente le asestó el duque de Primo de Rivera* (embajador español en Londres) *al cortar de raíz su primer intento de reanudar el tuteo de cuando ambos eran jóvenes activistas de la Falange temprana; quedó relegado a su puesto, insuficiente para él a todas luces, de decano de los corresponsales, y aun esto más por el lustre que le impartía su periódico, el* ABC, *que por luminosidad personal".*

"¡Qué país, Miquelarena!"

Gracias a él, este país inmortalizará una frase, que la gente cita como un acto de maldición, como una greguería, un resumen de la más pura idiosincrasia celtibérica: *"¡Qué país, Miquelarena, qué país!"*, dicho que nace tras un breve viaje a Madrid, de vuelta en el rápido de Irún, en el que "a París va papá".

La escena transcurre en la Estación del Norte, en la despedida a Miquelarena de Pedro Mourlane Michelena. Los dos charlan antes de la salida del tren: Mourlane en el andén y Miquelarena asomado a la ventanilla. Entretanto, un militar de alta graduación espera la salida del tren acodado en la ventanilla vecina, y desde allí le da una orden a su asistente. *"Ve a la cantina y me traes una guindilla picante."* El asistente parte veloz a cumplir el encargo. Cuando se aleja, lo detiene el grito del jefe: *"¡Eh, pero que pique mucho, porque si no te la voy a meter por el culo!"* En ese momento, Pedro Mourlane Michelena pronuncia la frase, una de las que hacen historia: *"¡Qué país, Miquelarena, qué país!"*

"Tenía en Madrid (Miquelarena) *fama de wildeano* —afirma Pardo— *y profundo conocedor de Inglaterra y los ingleses: 'Genio de la frase brillante y acerada como una daga veneciana', se decía de él. La verdad me dejó chocadísimo: Miquelarena ni conocía Inglaterra ni sabía apenas nada de los ingleses, cuyo idioma ignoraba por completo. Despreciaba olímpicamente la recia, solidaria democracia inglesa como decadente camuflaje del poder de cuatro judíos agazapados en la City, desde donde, por intermedio de una clase dirigente servil, dictaban la voluntad de Israel a una plebe esnob y dócil, deslumbrada por el relumbrón monárquico.*

'Pura tapadera', decía, sin réplica posible, desahuciando así con condescendiente indulgencia el centenario sistema de equilibrio político y trasvase social más sofisticado de Europa. En esto, de paso sea dicho, no le iban en zaga los demás corresponsales españoles, cada uno de los cuales tenía su versión personal de la conspiración aristocrática inglesa contra el resto del país. 'Yo mimo el artículo —decía Miquelarena—, soy un pluma de oro.' "

Durante esa estancia londinense, Miquelarena no sale de casa los días de niebla y en lugar de enviar una crónica se limita a mandar un simple telegrama: "*Nothing*. Miquel."

"Y cierto es que escribía con gracia castiza —sigue escribiendo Jesús Pardo—, *y que sus* pièces montées *tenían la facilona cohesión preciosista de un Gómez Carrillo pasado por agua, pero todo quedaba en fuegos artificiales.*

Miqueralena vivía en Londres con una señora argentina llamada Felicitas Flores, mucho más fina y culta que él. Felicitas le traducía la prensa y lo tenía al tanto de lo que se decía en la calle, a la que era incapaz de lanzarse. A Felicitas, que, al parecer, había dejado en Buenos Aires una buena situación social y económica por seguir a Miquelarena, no se la recibía en la embajada, y él apenas la llevaba a casas españolas, ni, menos a España, donde su mujer legítima estaba siempre ojo avizor."

En el metro

"Un día ABC sacó a Miquelarena de su elegante piso londinense y lo forzó a irse a París con su colección de muebles y grabados ingleses y sus ediciones del Quijo-

te en inglés. Poco después desapareció entre las ruedas del metro parisino, acuciado por dos angustias gemelas: el cáncer, recién diagnosticado, y el acoso de Luis Calvo, director entonces del ABC, a quien dirigió una desesperada acusación póstuma, encontrada de su puño y letra en un bolsillo de la chaqueta del cadáver: 'Luis, tu carta, recua de insultos, 'is murder'."

La tragedia del corresponsal que lleva muchos años en el extranjero y quiere volver airosamente a España pero no sabe cómo, suele tener muy mala salida: la casualidad brillante, como en mi caso; el fracaso anónimo, como la mayoría; el infrecuentísimo suicidio, como Miquelarena, que requiere un valor no a todos deparado.

Jacinto Miquelarena, complicada su situación por la presencia de Felicitas y angustiada su vulnerable vanidad por la perspectiva de un Madrid donde estaría en desgracia y su brillo no deslumbraría a nadie, necesitó, así y todo, el acicate de un cáncer recién diagnosticado para resolver tantas acechanzas de un solo, sencillo y ejemplar golpe; yo, conociéndole, pensé entonces, y sigo pensando ahora, que también sin cáncer se habría tirado al metro —asegura Pardo.

Como en España estaba prohibido el suicidio, su muerte se transformó en accidente: 'en urgente búsqueda de la noticia', la embelleció el corresponsal parisiense del Madrid, *dando así a Miquelarena, verdadero* rond-de-cuir *del periodismo, un halo dinámico que nunca había tenido. Y todos los periódicos tiraron de fotos de archivo, en las que aparecía un Miquelarena veinteañero que en nada se parecía al atropellado."*

Adiós de Pilar Narvión

Luis Calvo, al parecer, le insinúa que está acabado como escritor, esa humillación lo conduce hasta ese trágico final. *"La última vez que me despedí de ti* —escribía Pilar Narvión en el diario Pueblo— *fue en los Campos Elíseos. Veníamos de la Embajada de España y en la esquina levantaste la mano con uno de aquellos gestos tuyos de gran señor para decirme adiós. Las grandes damas de la terraza del* Fouquet's *te miraban bien aún de mirar tu figura, de ese paso elástico tuyo de buen mozo que ni los años ni la edad pudieron arrebatarte. (...) Después, Jacinto, en tu pena, en tu doloroso estado de los últimos días, no quisiste verme. Sin duda preferías que te recordase en los Campos Elíseos, admirado por las mujeres, a que te recordase en tu sillón de cuero, aniquilado ya por tus últimas penas."*

"¿Qué hacemos con el cadáver de Miquelarena?"

El día 11 de agosto del año 1962, llega la noticia de la muerte de Miquelarena a la redacción de *ABC*. Esa noche está de redactor jefe Carlos Luis Álvarez. Llaman de la embajada de París *"y alguien me dijo: '¿Qué hacemos con el cadáver de Mi-*

quelarena?' Quedé estupefacto. 'Pero, ¿es que se ha muerto?' '¿Es que no lo sabe? Se ha tirado al metro.' " "Luis Calvo, entonces director, se encuentra en Bonn, y Guillermo Luca de Tena aún no había llegado al periódico —escribe Cándido. *Media hora después me llamó el yerno de Jacinto Miquelarena, que era un abogado de Zaragoza. Ya conocía la noticia. '¿De qué ha muerto?', me preguntó. Yo estaba en que realmente lo sabía, pero no era así. 'Bueno, de la embajada de París me han dicho que se ha caído al metro.' Guardó un silencio que era de perplejidad. '¡Pero si Jacinto no sabía dónde estaba el metro, jamás viajó en él!' Me dijo que salía inmediatamente hacia París y que me llamaría. Cuando llegó al periódico, Guillermo me llamó a su despacho: '¿Sabe lo del suicidio de Miquelarena?' 'Sí.' '¿Le ha llamado Luis Calvo?' 'No, quedó en llamarme a medianoche.' 'Si le llama, no le diga lo que ha pasado porque se suicida.'*

Cuando me llamó Luis Calvo y me preguntó por las novedades, le dije: 'Miquelarena se ha caído al metro en París.' Un breve silencio. Después: 'No, no se ha caído, se ha tirado.' Hay intuiciones que en el fondo no son más que silogismos que toman un atajo. A la noche siguiente el yerno de Miquelarena me llamó desde París: 'En uno de los bolsillos de Jacinto había un papel que decía: Esto es un homicidio. Lo cogió el embajador antes de que llegase la policía. Todo esto es muy raro. Trataré de averiguar lo que pasó.' "

"El lujo de descabezar un sueño"

El diario de la calle Serrano cuenta y llora la pérdida de esta gloria literaria: *"Por un instante, máquinas de escribir, teléfonos, teletipos, tubos neumáticos se han parado* —escribe en *ABC* una pluma anónima—, *porque todos sentíamos la muerte del compañero ilustre y querido, como si fuera un poco la nuestra y también, de sorpresa, de espanto, de dolor, nos matara. Jacinto, viajero de todos los grandes expresos internacionales, perito en las más largas rutas aéreas, práctico en periplos náuticos, ha ido a doblar su dura cerviz de vasco indomeñable en una estación de Metro de París que para él, fijado en Auteil desde hace algunos años, era un lugar doméstico.*

A Jacinto Miquelarena —continúa la pluma anónima— *le había concedido la vida esa rarísima suerte de privilegio que consiste en ser primero en alguna cosa. Él fue el primero que en plena juventud y llegado de la tierra materna a la Redacción, entonces histórica de* ABC, *se permitió el lujo insolente de descabezar un sueño sobre la mesa de trabajo, ante el asombro del redactor-jefe. Él fue también el primero que llevó a pauta de literatura y de humor la crónica deportiva en nuestro país. Su libro* Stadium *es probablemente el primero que casa y bendice con el hisopo del humor poesía y deporte."* Hubo problemas jurídicos entre la hija y la Casa.

Pérez de Ayala se despide

Con su muerte, el día 5 de agosto de 1962, Ramón Pérez de Ayala desaparecería de la "tercera". Enfermo, entregado en manos de la ciencia, a pesar de su tradicional oposición a todo tratamiento, Pérez de Ayala se despide de este mundo y *ABC* publica su muerte y le dedica varias páginas y los elogios de las mejores firmas de la época.

Con su último adiós, muere también la tertulia de la calle Gabriel Lobo, rica y sugerente, aun cuando Pérez de Ayala —ochenta y dos años— lleve varios años sin poder moverse de un sillón de su despacho, donde lee y escribe. El padre Félix García lo confiesa y, días después, el padre Federico Sopeña le administra la extremaunción.

Íntimo amigo de Luis Calvo, este le dedica un artículo, "Ramón, dual". Calvo habla de un Pérez de Ayala *"cáustico e implacable"*. *"¿Quién se sobreponía a quién en esa dualidad de la persona de Ayala? Su cultura lo hacía intransigente. Pero como hombre —poeta—, nada del hombre le era ajeno, y todo lo comprendía y no es que lo disculpara; es que se insertaba él mismo en todo lo humano. Como San Agustín, que era muy 'suyo', San Agustín fue siempre lo 'suyo'.*

Lo hemos enterrado. Un manantial muy hondo de poesía, de sabiduría, de humanidad, se ha cegado en esta tierra de España, que él —gran astur y de Tierra de Campos—, más humildemente que nadie, olía a tomillo y romero, y luego besaba sensualmente. Tengo que decirlo porque he vivido junto a él cuarenta años de amistad y de aprendizaje, y es un deber que me sojuzga. Es una oración. Porque algo, que es superior a mí, algo Ramón, que ya te tutela, el Dios que tú buscabas, el Dios en que siempre descansabas, me pide, Ramón, que, por ti rezando, salga hoy 'en los papeles'. Oración por un poeta, que sólo, aquí abajo, recababa la sencilla gloria que debemos a los poetas verdaderos, y que, allende, aspiraba nada menos que a la definitiva Gloria a Dios."

Azorín lo ve *"en su casa de Oviedo, donde yo estuve hospedado unos días. En el saloncito de estar, puestos en un anaquel, estaban los numerosos volúmenes de las Obras Completas de Balzac, en la bella edición Conard, en París, Conard en la rinconada de la Magdalena. Y Balzac me lleva —sin querer— a considerar la literatura de Pérez de Ayala. Cómo novelista, ¿qué hay en Ayala de Balzac? Novelista es Ayala por encima de sus ensayos, de sus poemas. Novelista con ironía, con sarcasmo, con toda la gama de los sentimientos humanos. Un novelista que hace pensar."*

El padre agustino, Félix García lo califica como *"un clásico en vida; pero un clásico vivificado, en activo. Su saber —hecho sabiduría y comunicación en el diálogo fluido— era enorme, sin un asomo de pedantería o suficiencia. Conversar con Pérez de Ayala era una delicia. Sabía de todo, y lo sabía todo bien. ¡Qué dominio de los clásicos y de las literaturas modernas! Leía sin cansancio y con un singular poder de captación.*

(...) Unos días antes de su muerte me decía con la mirada cargada de presentimiento y sin dejar de sonreír: 'Esta es la última ocasión, la definitiva.' Y lo decía con serenidad; no con una serenidad goethiana, mistificada, sino cristiana y paulina. Por algo decía él que los que habían calado más hondamente en su espíritu, los que le habían dejado una verdadera inquietud fecunda eran San Pablo y San Agustín. (...)

("Y se sonríe Pérez de Ayala / con su sonrisa entre buena y mala.") Lo escribe César González-Ruano: *"(...) Me hacía mucha ilusión verlo sentado en mi sillón habitual, rodeado de mis libros, de mis cuadros, de mis recuerdos. Hablamos aquella última tarde en que vino a casa de muchas cosas. Tal vez sea importante recordar sólo algún expresivo jirón de diálogo:*

—¿Qué le han descubierto a usted los años?

—Enseñan calidad e inducen a la caridad.

—¿Y qué quitan?

—Yo creo que los años no quitan nada.

Nos hablamos de usted. Aún no se habían apretado tanto los lazos de nuestra fraterna amistad. Al preguntarle cómo definiría la vejez me dijo:

—Todo lo que es mentira es vejez."

Parte quinta

LUCES Y SOMBRAS DE LA DIRECCIÓN DE TORCUATO LUCA DE TENA (1962-1975)

Capítulo I

TORCUATO, DE NUEVO, AL FRENTE DE *ABC*

CONTUBERNIO DE MUNICH

"El hombre no es más que la mitad de sí mismo. La otra mitad es su expresión."

Emerson

El jueves 12 de julio de 1962, *ABC* da en portada la jura de los nuevos ministros del Gobierno; entre ellos, figura Manuel Fraga Iribarne, como titular de Información y Turismo. Los días 7 y 8 de junio se celebra en Munich el congreso del Movimiento Europeo, en el que participan 118 españoles. Asisten, entre otros, dos hombres muy vinculados a la Casa como Joaquín Satrústegui y Jaime Miralles, que serían confinados, con otros más, en la isla canaria de Fuerteventura. El congreso era muy crítico con el Régimen. Ante el mismo, la censura aumenta la presión e impone a la Prensa crónicas de condena y de exaltación alternativamente. El Congreso de Munich coincide con una gran agitación social, especialmente en las minas de Asturias y los estados de excepción en Vizcaya y Guipúzcoa. Si exceptuamos a la revista *Ecclesia*, exonerada de la aduana de la censura, esta publicación de la Conferencia Episcopal se pronuncia a favor de la huelga. La réplica a las huelgas se transformaba, por ejemplo, en cantos folklóricos del paisaje asturiano.

Ante este acoso, Torcuato Luca de Tena escribiría una carta al director de Prensa en la que protestaba por esas coacciones. Durante el verano de 1962, Torcuato insiste a Fraga Iribarne de su urgencia por tomar, nuevamente, las riendas de *ABC*. Fraga se lo prometería y lo cumpliría: el 3 de octubre de 1962, tras la "purga" de Gabriel Arias Salgado. Nunca consiente Prensa Española la destitución de Torcuato e impugna el nombramiento de Luis Calvo, ocho años al frente de *ABC* como subdirector. Ese verano se reúne en San Sebastián el Consejo de Administración y Luis Calvo apoya la candidatura de Guillermo Luca de Tena para la dirección de *ABC*, incluso recurre a Juan Ignacio y a Estoril. Con Torcuato, de nuevo, al frente del diario, contaría con dos subdirectores: Ramón Pastor y Jesús Revuelta. Una de esas subdirecciones se la ofrece a Fernández de la Mora, pero este la rechaza. Jesús Revuelta venía del periódico *Informaciones*, que había dirigido y pertenecía al grupo lírico de "Garcilaso". No era hombre de pluma, y por tanto tenía limitada las aspiraciones en *ABC*. Su relación con Torcuato era más bien tirante y lo cesa en dos ocasiones. En la primera, media Pedro de Lorenzo, cuando Torcuato tiene, ya redactada, la carta de la destitución, que le había mostrado al padre.[1]

Torcuato cesaría finalmente a Jesús Revuelta el 11 de octubre de 1974, horas antes de su marcha a América. Este cese acarrearía algunas turbaciones. Por lo pronto, Pedro de Lorenzo, subdirector, haciendo dúo con Revuelta estaba dispuesto a dimitir si Torcuato nombraba subdirector a Anson. Revuelta se marcharía indemnizado gracias a Guillermo. Con vocación de redactor jefe, capaz de echarse el periódico a los hombros y con una llamarada irrefrenable de la hoguera literaria, 1962 es clave en la vida de Torcuato. Con la exigua herencia materna, Torcuato ha metido un dinero en negocios de cine y de publicidad —generalmente abocados al fracaso—, pero siente el calor de la literatura y sus novelas,

Torcuato era un hombre muy trabajador. No toma vacaciones y tiene escapadas increíbles, lúdicas y laborales. Torcuato viaja a descubrir la isla del Descubrimiento o para acabar una obra literaria —novela o teatro— o poner en marcha *ABC de las Américas*, proyecto descabellado —una aventura— para el marqués de Luca de Tena.

Quienes lo tratan no dudan en calificarle como un gran redactor jefe diario y vuelve loco al personal. Las grandes noticias le cogían, generalmente, lejos del periódico. Tenía en Pedro de Lorenzo y Jesús Revuelta dos subalternos. Torcuato suele llamar, por teléfono, desde los puntos geográficos más alejados y "vigila" a sus peones. Sus ausencias no le exoneran de olvidarse del periódico. De ahí que le irrite, cuando llama, no encontrar, por ejemplo, a Revuelta o a Pedro de Lorenzo, llamadas que suele hacer en los momentos de relevo de estos subdirectores. Si Revuelta no está pregunta: *"Entonces, ¿quién hace el periódico?"* Con cierta ironía, Revuelta le contesta: *"Desde luego, Torcuato Luca de Tena no."*

Por motivos de enfermedad, en ocasiones de cierta duración, Torcuato lo comunica al director general de Prensa y ruega que una copia de su carta se pase a su hermano Guillermo. Suele hacerlo en ausencias oficiales. Guillermo preside el Consejo de Administración. En la familia, como pasa generalmente en muchas y buenas familias, existen discrepancias, no son ajenas, naturalmente, a la condición humana que diría Malraux, a la sombra y a la luz, también ¡cómo no! a la lucha por el poder —circunstancia orteguiana, máxime cuando en las manos se tiene un gigante periodístico. Es lógico, por tanto, que surjan tensiones y discusiones. Que si el padre quiere más a tal hijo; que si este hermano tiene celos del otro... A pesar de las tiranteces, que las hay, la familia, en las crisis, se une como una piña.

Especie de Guadiana, aparece y desaparece, a Torcuato le encantaba el género epistolar y el artículo. Hizo famoso su recuadro "La rosa y la espada", o lo que es

---

[1] No es mi intención describir la lucha mantenida por la dirección de *ABC*, ni contar las miserias humanas de la gente del periódico, porque, en ocasiones, sería vulnerar la ética de íntimos comportamientos humanos, de las consabidas miserias de los hombres, con lo cual, el espíritu de esta obra se apartaría de la voluntad del autor.

lo mismo, el aplauso a quien se lo merece y la crítica al que ha de menester. Firmaba Merlin. Novelista de éxito, de *Edad prohibida* ha llegado a venderse más de tres millones de ejemplares; uno de los libros que más derechos de autor ha deparado.

A Torcuato, cuando le apetecía encerrarse a escribir, desaparecía de Serrano 61; y no se sabía —únicamente los íntimos— dónde se hallaba. Éxitos literarios, estrenos teatrales, fruto del trabajo en Mallorca, en *Villa Blanca* en Puerta de Hierro, o en su retiro segoviano de Pedraza. Personaje original, de otro siglo, su vida activa hace que llegue a anotarse: *"Leer* ABC, *hoy."* Hombre que habita en su reino, en sus metáforas, en sus personajes. Buen orador, memoriza los discursos, se mira en un espejo como un Castelar del siglo XX, cuida la figura. A Torcuato le sienta bien el chaqué o el esmoquin.

Torcuato arroja en su gestión un balance decadente: con él se inicia la caída del periódico, aun cuando, en esta época, una importante Universidad norteamericana incluya el periódico entre los diez diarios mundiales de mayor influencia. En los años sesenta urde un sueño colombino, animado y entusiasmado por la gesta descubridora. Así nace su libro: *Los mil y un descubrimientos de América en 1968*. Torcuato quiere hacer realidad el viejo sueño del abuelo: convertir el diario de Serrano en un periódico nacional y multirregional. Consistía en imprimir *ABC* en doce o quince lugares de España. *ABC*, elaborado en Madrid, contaría con un pliego de redacción local y pequeñas plantillas. Sin éxito, *Pueblo* intenta llevar a cabo un proyecto similar. Sin embargo, Torcuato conoce el *Wall Street Journal*, impreso en veinte ciudades norteamericanas; la estructura tecnológica es perfecta.

Juan Ignacio piensa en el proyecto *Barajas* para apuntalar el diario por lo que pueda acaecer a la muerte de Franco. Juan Ignacio se queja del proyecto de su hijo y la familia también. Durante tres años, Torcuato estaría con la mente en América y *ABC*, en cierta medida, perdería su independencia. Torcuato no sólo pretende publicar un semanario español en Nueva York; quiere repetir la fórmula abecedaria hispánica con ediciones en Miami, Los Ángeles y Puerto Rico. Después, el semanario se convertiría en un diario.

En el *staff* figura José Ignacio Rivero, ex director del *Diario de la Marina*, de La Habana. Años después, Torcuato pagaría sus servicios y lo nombraría corresponsal de *ABC* en Estados Unidos. Mediocre corresponsal que sucede a la estela literaria e informativa de Massip. Figuran en la mancheta Víctor Salmador, Jesús Picatoste y Pilar Cernuda. Torcuato reúne dinero de amigos y socios. *ABC de las Américas* está en el número 1212 de la Avenida Treinta y Siete de Long Island, frente a Manhattan.

Octubre de 1972: se bota una nueva nave periodística ante el asombro de los neoyorquinos; y la llegada de una expedición española, la bendición del cardenal Cooke y la entrega de las llaves de Nueva York por su alcalde Lindsay. Bailes de Antonio y Lucero Tena, canciones de Cafrune y Pradera. Torcuato está feliz y alude a este *"nuevo instrumento de unión entre los pueblos de habla española"*.

Carrascal, entonces corresponsal de *Pueblo*, define al semanario como una *"empresa mitad quijotesca, mitad colombina..."* Tras los fastos, la realidad de un semanario hecho con retales de *ABC*. Desde esta orilla, surgían críticas y Torcuato estaba desorientado con tanto trajín y cruzar el *charco*. Páginas injustificables y antiperiodísticas, una portada: "Carrero Blanco, caballero de la lealtad." Esto cuando la vida del general era una pavesa. La "Cuarta carabela" sería una operación ruinosa para Torcuato y sus socios. *ABC* queda tocado.

El 7 de enero de 1968 vuelve Torcuato Luca de Tena a vivir el trajín diario del periódico; y en un recuadro de doble hilo se lee que *"Tras unos meses de voluntaria separación de su cargo —a que le obligaron ineludibles quehaceres— se ha reintegrado, con fecha de hoy a su puesto, al frente de la Redacción de* ABC, *nuestro Director, don Torcuato Luca de Tena."* Escribe un recuadro durante varios años titulado "La rosa y la espada". La agencia *Europa Press* lo ficha como "cronista político": *"... de acuerdo con este periódico y teniendo en cuenta la trascendencia de estos proyectos de ley, ha querido servir a los lectores una información comentada de los debates en la Comisión de Leyes Fundamentales. Nos congratulamos al anunciar que se encargará de llevar a cabo esta difícil tarea periodística el procurador en Cortes don Torcuato Luca de Tena, una de las figuras más sobresalientes del periodismo español de nuestro momento."*

Capítulo II

BODA DE DON JUAN CARLOS Y DOÑA SOFÍA

PREVIAMENTE, JUAN IGNACIO, EMBAJADOR EN ATENAS

"El periodismo consiste en gran parte en decir 'Lord Jones ha muerto' a gente que nunca ha sabido que Lord Jones existía."

Gilbert K. Chesterton

En el mes de diciembre de 1961, Juan Ignacio Luca de Tena visita en El Pardo al general Franco con la excusa de entregarle un ejemplar de la *Historia gráfica, 1891-1960,* editado por *ABC*. Tras este pretexto, se esconde una petición: la embajada de España en Grecia. El marqués es partidario de que las relaciones entre Don Juan y Franco sean buenas. Así, Juan Ignacio será embajador en un momento histórico: en la boda de Don Juan Carlos con Doña Sofía, enlace que tiene, sin duda alguna, muchas connotaciones políticas. Días después de esta visita se hace público su nombramiento y Juan Ignacio ha de hacer gala en Atenas de una buena mano izquierda.

Según las memorias del primo de Franco, Salgado Araujo, este dice: *"Luca de Tena ha pedido el cargo* (embajador de Atenas) *al ministro de Asuntos Exteriores, Castiella, y aunque no es de mi agrado he accedido por considerar que este señor será útil en la boda de Don Juan Carlos, sin olvidar que es el propietario de un periódico de la importancia y prestigio del* ABC*."*

Amigo de Torcuato Luca de Tena, Víctor Salmador editará, con la ayuda de un cuñado de Onassis, el *Diario Español*, un periódico fervientemente monárquico y antifranquista, incluso se publica una edición apócrifa de *ABC* en la que aparece Don Juan en la portada como titular de la Jefatura del Estado transferida por el general y varias páginas en las que se habla de la democratización de España.

El *ABC* apócrifo circula y está en los despachos de algunos ministros del Régimen, con la consiguiente preocupación de altos cargos. Castiella, ministro de Asuntos Exteriores, llama alarmado a Franco y la broma se extiende por el entorno de Don Juan en Estoril. Juan Ignacio Luca de Tena pide al ministro de Asuntos Exteriores, José María Castiella, el nombramiento de embajador de España en Atenas. Castiella accede y Franco lo acepta. Sin embargo, el general no está contento con este nombramiento. Como cuenta a su primo Pacón, a él —a Franco— le agrada que sus *"embajadores estén compenetrados conmigo, sobre todo con mi pensamiento político; Luca de Tena está entregado a Don Juan, piensa como él, así que parecerá más embajador de Estoril que mío".*

Como protagonista, Luca de Tena vivirá los pormenores de la boda de Don Juan Carlos con Doña Sofía. Tanto él como Gonzalo Fernández de la Mora están en el entramado de cuanto ocurre con una boda que ofrece serias dificultades por la religión ortodoxa de la Princesa y las maneras de la Reina Federica.

ABC y el mayo florido y regio que desprenden sus páginas, regadas con informaciones y artículos helenos. Ante la boda del Príncipe, celebrada en Atenas el lunes día 14, el diario de la calle Serrano lanza la víspera del enlace un número extraordinario en el que colaboran *"las más ilustres autoridades universitarias españolas especializadas en los temas históricos y culturales del glorioso archipiélago heleno".* Plumas como las de Pemán, Camón Aznar, catedráticos de universidades españolas recorren Grecia desde la antigüedad hasta la poesía griega moderna. Portada con la imagen de la joven pareja, *ABC* cuesta tres pesetas y cuenta los pormenores de la boda, narrados por la pluma del corresponsal en Atenas, Pausanias, seudónimo de Gonzalo Fernández de la Mora.

Por tercera vez aparece en portada Don Juan Carlos y la cuarta el día de su boda, despliegue fotográfico y literario, de españoles que ponen un acento especial en Atenas. *ABC* cuenta pormenores como la visita que hiciera a España el Rey Pablo en los años veinte, cuando trabajaba de operario en una industria londinense, o la presentación de las cartas credenciales como embajador extraordinario del almirante Abarzuza al Rey Pablo, o el recuadro donde se anuncian los obsequios y las aportaciones que *"pueden hacerse a las cuentas corrientes abiertas bajo el rótulo 'Regalo de Bodas al Príncipe Don Juan Carlos' en todos los Bancos principales".* Franco no ve con buenos ojos el regalo que hace a la condesa de Barcelona su representante en el enlace regio, el almirante Abarzuza, porque le da tratamiento de Reina.

La información de la boda regia se complementa con el número extraordinario publicado por *Blanco y Negro* y las brillantes crónicas nacidas de la pluma de Eugenio Montes como enviado especial a Atenas.

Visita del Príncipe

El nombramiento de Manuel Fraga Iribarne como ministro de Información y Turismo y el nombramiento de Gabriel Elorriaga como jefe técnico de su gabinete, van a propiciar una imagen pública del Príncipe que, hasta el momento, no ha tenido y, cuando así ha sucedido, ha estado muy limitada. Será Gabriel Elorriaga quien, tras un primer encuentro casual con Don Juan Carlos, se encargue de las relaciones entre el Ministerio de Información y la Zarzuela. Gabriel Elorriaga juega un papel muy importante en esa proyección pública de Don Juan Carlos, proyección que se inicia con visitas a los diversos periódicos y medios de comunicación de la Corte. Tras visitar el periódico *Ya*, la familia Luca de Tena espera con emoción la llegada del Príncipe al diario de la calle de Serrano 61. Ningún miembro de la Realeza ha puesto los pies en la Casa de *ABC* poco antes de que Don Alfonso emprendiera el camino del exilio.

Acompañado por don Juan Ignacio Luca de Tena y su hijo, Torcuato Luca de Tena, Don Juan Carlos recorre las dependencias de la Casa, entre ellas, naturalmente, la Redacción. Hay cierta expectación entre los redactores por ver y saludar al Príncipe, que entra en la Redacción, descuidada, con cables telefónicos sueltos por el suelo y una imagen de incuria. Torcuato Luca de Tena no conoce a los redactores, entre otras cosas, porque siempre anda de un lado para otro y delega en los adjuntos. Así que la presentación de los redactores a Don Juan Carlos resulta un tanto surrealista. Siguiendo la costumbre de su abuelo, Don Juan Carlos se fotografía en la sala de rotativas y en el histórico despacho de Don Torcuato, en el que figura un busto de Alfonso XIII.

Testimonio 1

LOS GILERA Y SUS CAMPOS DE HIERBA

DEL NIÑO QUE RECIBE A ALFREDO DI STEFANO A LA EXPERIENCIA DE *CLARO*

ABC, paso por sus columnas de dos hombres, padre e hijo, Enrique y Ventura Gil de la Vega. Enrique y Ventura, descendientes del autor de *La verbena de la Paloma*. Ventura, académico y escritor; su hijo Ricardo, autor de la famosa zarzuela. Enrique Gil de la Vega, "Gilera", llega a *ABC* tras el Mundial de Chile en 1962. Sustituye a Lorenzo López Sancho, corresponsal en París. Lorenzo quiere que sea Gilera su sucesor. Torcuato Luca de Tena accede. Gilera ha pasado por las páginas de los mejores periódicos de la época. Gilera, seudónimo de los tiempos del hipódromo, donde después se levantarían los Nuevos Ministerios. Varios hermanos acuden a las carreras y se les conoce por los Gilera, y se refugian bajo un árbol. Nace así esta firma periodística. Enrique, buen cronista de una época, castizo en su estilo y así nace su personaje "El Cepas", recurso literario cuando el partido no ha sido bueno. Gilera, caballero, buena planta, voz que resuena en nuestros oídos de muchacho, como el canto de un ruiseñor desde las ramas deportivas. Los domingos y su voz al atardecer, en *Radio Madrid*, tardes de tedio y fútbol.

Gilera, cronista de mucha influencia en la época. Apenas llega a *ABC* observa, incrédulo, que, por las noches, se sirve una copa de champán, copa que hace uno de los ordenanzas. Qué Redacción tan espléndida, piensa. Transcurridos unos días, el ordenanza deja de traerle la copa, ante lo cual pregunta el porqué de tan añorada ausencia. Y le dice que, esas copas, son un regalo de Perico Chicote; por Navidad, tiene este detalle con la Redacción.

Enrique forma parte del paisaje humano en la gran mesa eucarística. Trabajador incasable, muere con la columna de papel entre sus manos, en Marbella, con ochenta y seis años, cuando sufre un infarto y lleva su folio escrito para enviarlo, mediante un fax, a correos y *ABC*. Redacción de Serrano 61, estampa de Enrique en la jornada de los lunes, lleva los originales hasta el tubo, los lanza como un cohete a talleres; su debilidad por comer coscurros de pan, que sería, acaso, una fórmula para relajar la tensión laboral de los lunes, días de mucho trabajo, acompañado de Aróstegui y Almela. Enrique y sus crónicas escritas en la vieja *Lexington 11*, las gafas caídas, resume, canta o llora el ambiente verde del estadio.

Periodo de esa época que no se entiende sin él, sin sus crónicas, época de buenos cronistas deportivos, que la siembran de metáforas y huyen de los tópicos. Antonio Valencia y Campmany. La crónica deportiva tenía en *ABC* un toque literario, algo de magia como quien golpea el balón con efecto. Wenceslao Fernández Flórez ya había inventado el *vicegol*; y por la hiedra cuadrangular de sus páginas dejan su estro, entre otros, López Sancho, Prados de la Plaza, Torrijos y la veteranía de Marichalar.

Un día llegaba a Serrano 61 el hijo de Enrique, Ventura, soñador y romántico, calderoniano, había dejado el sueño de trazar carreteras imaginarias en la Escuela de Caminos por el Periodismo; y Ventura —"Venturini" coloquialmente— sucedería al padre en el nombre y la caballerosidad. Ventura tiene en su memoria una secuencia de personajes y balones, de hierba y campo. Testigo de tantos hechos deportivos, del sueño y realidad del Madrid, el niño que espera con su padre y un personaje del Real Madrid la llegada de Alfredo di Stefano a la estación de Atocha. Ventura tratará muchísimo a Bernabéu y a Vicente Calderón. Del primero lo sabe todo o casi todo, y tiene grabada con él muchas conversaciones. De hecho iba a escribir una biografía, pero don Santiago quería revisarla; la muerte se lo impidió y, como era una condición, sólo la palabra de Ventura es capaz de frenar un proyecto de esa naturaleza y tragarse unas lágrimas de gloria.

Asesinato de Carrero. "Director: puede subir cuando quiera"

Ventura también forma parte de nuestro paisaje de la época, de los gozos y las sombras, de las prisas y las pausas, de las risas y tristezas, porque de todo reina en un periódico. El día en que asesinan a Carrero Blanco y había que cerrar la edición de Galicia a las dos para que saliera en el tren-correo de las cuatro de la tarde. Aquel día de diciembre no lo olvida Ventura y el frenesí de platinas, y la gente que se presta a echar una mano; y hasta el caos y los nervios que prenden en los ánimos. Enrique del Corral, encargado de confeccionar la edición de provincias, está de viaje y el toro coge a Ventura en el ruedo de platinas. No olvida ese día ni la llegada de Pedro de Lorenzo a talleres ni el griterío descomunal, y entonces el escritor extremeño pregunta quién es el redactor de cierre y alguien le dice: *"Aquel jovencito flaco de allí"*; y Pedro se acerca a él y le dice: *"Apáñeselas como sea pero esto es un mundo de locos; ponga orden, por favor."*

Ventura, entonces, a voz en grito, dice: *"¡Todo el mundo fuera, incluido usted!"*, mientras señala al director con el dedo índice. Reinó el silencio y, uno a uno, dejan libre talleres. En el relativo sosiego de la inmensa sala, Ventura baja las escaleras de dos en dos peldaños, llega al despacho de Pedro de Lorenzo y le presenta sus excusas: *"Director: era la única manera de desalojar el taller; puede subir cuando quiera."*

Tristes momentos de la muerte de Sanz Ropero y Joaquín Iglesia, la remodelación de Deportes, debida a la baja de Joaquín; Carlos Dávila y sus crónicas de baloncesto que firma como "Camino"; y la llegada de Pedro J. Ramírez a Deportes, la aparición de José Luis Cebrián, que quiere redactores jóvenes y cómo envía a Ventura por esos campos de Dios con la Selección Nacional y a la Copa de Europa. La exclusiva del fichaje de Paco Llorente del Atlético al Real Madrid.

Ventura introduce en las páginas el golf, as en el mundo de los hoyos. Hombre y nombre reconocido en esos ambientes de hierba y agujeros. Que se lo pregunten, por ejemplo, a Seve Ballesteros y a tantos otros. Ventura se refugia en este deporte, porque a un directivo del diario no le gusta una crónica. En un partido de Copa, el Madrid vence al Recreativo de Huelva por 5-0; la impresión es que el Madrid había jugado mal.

Claro

En 1990, Ventura vive la aventura de *Claro*, periódico alemán en el que se combina lo serio con lo popular, proyecto en el que la Casa está muy involucrada —posee el 49 por ciento de las acciones frente a las otras 51 del poderoso grupo alemán Axel Springer—, ante la negativa de Anson. El proyecto se lleva con bastante secreto y Ventura vive en Hamburgo cada paso de este nacimiento. Conoce y hace amistad con un gran periodista como es Wolf Berg. En el proyecto trabajan tres españoles y dos argentinos; y se preparan sucesivos números cero, de suerte que se imprimen y, sobre todo, se piensa en el que se ha de mostrar al Consejo de Administración de Prensa Española. *"Siempre trabajábamos pensando en ese día"*, comenta Ventura. Agradó mucho, pero el proyecto se paraliza durante un año. Al cabo del mismo, lo llama Berg y quiere que se incorpore en una tarea relevante en la parcela deportiva. Ventura no quiere correr riesgos y da nombres de conocidos periodistas. Cuando *Claro*, que se vende a cincuenta pesetas, empieza a ver la luz económica de resultados, ya está prevista la paralización del mismo. La Casa, que había remontado el vuelo, duro y difícil, pierde una millonada —se habla de diez mil.

Mario Conde

"En 1991 el banquero gallego —Mario Conde— *se propuso aumentar su poder sobre el diario conservador a través de la concesión de un crédito de 4.000 millones de pesetas para que hiciera frente a las pérdidas originadas por la frustrada aventura del diario sensacionalista* Claro. *La familia Luca de Tena, propietaria de la histórica cabecera, avaló el préstamo con el 70 por ciento de las acciones de* ABC. *Los Luca de Tena, advertidos por Pérez Escolar de que podían perder el control del negocio familiar, encargaron al abogado burgalés* —Pérez Escolar— *la venta del histórico edificio de la calle de Serrano, del que ya habían vendido el 60 por ciento en una operación anterior. Con la venta del resto del inmueble, que proporcionó una sustanciosa comisión a Pérez Escolar, Guillermo Luca de Tena logró amortizar el crédito con Banesto y recuperar el 70 por ciento de las acciones de* ABC, *pignoradas por Conde como garantía del préstamo."*[2]

Ventura y su golf: Ventura y su Guadiana como ocurre en la vida periodística. Su paso por Edición, más conocida como *editing*, su estancia en las páginas gráficas hasta sacar su pañuelo y decirle adiós a un diario, donde su vida cuelga de las paredes históricas de Serrano y las modernas de Juan Ignacio Luca de Tena. Como quien recita a Miguel Hernández *"me voy, me voy, pero me quedo"*; y Ventura se queda con el recuerdo, la vida de la etapa de Serrano, más familiar, más íntima; y aquellos personajes, últimos abencerrajes del romanticismo, de un periodismo de otro tiempo como Camilo Murillo. Un día dice a Enrique Gilera: *"Podríamos hacer una versión de* La verbena de la Paloma *con mujeres desnudas"*, ante lo que Gilera consideraba, en su fuero interno, una herejía. Seguro que Enrique hubo de contenerse verbalmente.

Enrique y Ventura; Ventura y Enrique, jugadores de redondas y cursivas en el campo plúmbeo del diario. En la hemeroteca duermen sus trabajos y desvelos, está el protocolo notarial de tantas ilusiones y frustraciones; eso sí, con el trabajo bien hecho, como le gustaba a Eugenio D'Ors.

Con los Gileras desaparecía una minisaga deportiva, en una sección de hombres y nombres como Julio Carlos Díez —gracias, Julio Carlos, por los ratos compartidos y por tu bonhomía—, Enrique Ortego, Cuéllar, Tomás González..., el corte afilado de la pluma de Torrijos, compañero en la hiedra rectangular del juego y los "saques de esquina", entre lo literario y simbólico de Pérez Mateos, la estancia de Rafael Marichalar, histórico, hombre de palcos.

---

[2] *Los compañeros de Mario Conde*, pág. 54. Miguel Pérez y Miguel Ángel Nieto, Madrid, 1973.

Capítulo III

NACE LA INFANTA ELENA

ADIÓS A RAMÓN, CREADOR DE LAS "GREGUERÍAS"

"El periodismo es el arte de llenar columnas impresas al dorso de los anuncios."

Gilbert K. Chesterton

Un Don Juan Carlos feliz celebra el nacimiento de su primer hijo, la Infanta Elena, en la ya desaparecida clínica de Loreto. Con champán, el Príncipe brinda en compañía de un grupo de informadores, entre los que se encuentra José Baró Quesada, redactor político de *ABC*, que cubre la información en El Pardo y Zarzuela. Ferviente monárquico en los tiempos duros, integrado en la acción clandestina del grupo de Joaquín Satrústegui, Baró Quesada, madrileño castizo, redacta las referencias del Consejo de Ministros o cubre actos políticos. También las Cortes. Durante el verano, Baró permanece en La Coruña, pendiente de lo que pueda ocurrir en el pazo de Meirás, las partidas de golf de Franco y sus jornadas de pesca. Al final de su estancia en la Casa, Baró Quesada se aleja del sentimiento monárquico y confiesa su credo franquista. La portada del sábado 21 de diciembre de 1963 refleja a un Príncipe emotivamente contenido, una copa en la mano derecha, en el momento de brindar *"por la felicidad de su primer hijo.* ABC *se une a este brindis de la Prensa, en día de tan justo júbilo para la augusta familia".* La fotografía es una exclusiva de la agencia *Europa Press*. En las páginas de huecograbado, egregios visitantes que se acercan a la clínica de Loreto, en el Paseo de Reina Victoria, para felicitar a los Príncipes. La Reina Federica, acompañada por doña Carmen Polo de Franco en el momento de despedirla en el aeropuerto de Barajas; e imágenes del solemne *Te Deum*, celebrado en San Jerónimo el Real con motivo del nacimiento de la Infanta Elena.

El viernes 27, portada: la princesa Sofía con su hija en el instante en que abandona la clínica, reflejada por la cámara del fotógrafo Sanz Bermejo y, en el interior, un sonriente y feliz Don Juan, conduciendo un automóvil, un Don Juan que pisa suelo español, por primera vez, tras su largo exilio, instante que recoge el fotógrafo Teodoro Naranjo.

Con motivo del nacimiento de la Infanta, el que sería, años después, director de *ABC*, José Luis Cebrián Boné, se presenta en la clínica de Loreto, con la tirada especial que, con tal motivo, ha hecho *La Actualidad Española*, que dirige.

"Greguerías"

Lo había escrito Francisco de Cossío en la "tercera" en el mes de abril de 1947, cuando aludía a que, Ramón Gómez de la Serna *"era un pequeño filósofo que estaba empezando a inventar la 'greguería'"*. Ya entonces Ramón pensaba en Hegel: *"Tened el valor de equivocaros."* Los orígenes de la "greguería" se hallan, quizá, en "El libro mudo". Ramón derramaba "greguerías" por las páginas de *ABC* desde 1961 hasta el año de su muerte 1963. En la vieja imprenta de *El Sol*, en la calle Larra, componía y ajustaba Pedro de Lorenzo las "Páginas literarias" del periódico *Arriba*. En pleno auge de Ramón, en uno de los consejillos, dice el director que viene *"a raer la literatura"*. El escritor extremeño le contesta que la sustituirá por otra. *"A Ramón no se le publica ni una greguería más... Que haga reportajes, cosas de actualidad."*

Gómez de la Serna y D'Ors eran firmas exclusivas del periódico del Movimiento. Incluso la gerencia "celebra" la muerte de un colaborador ¡tan gravoso para sus arcas! como Eugenio D'Ors, que cobra cuatrocientas pesetas por artículo. Ahora caía Ramón. Cuando el periodista extremeño se disponía a ultimar las páginas en enero de 1961, el ajustador de turno le dice que no hay nada que ajustar. *"El director ha ordenado que no se compongan literarias."*

Cuando se le sugirió a Gómez de la Serna que cambiara e hiciera reportajes, exclamó: *"¡Greguerías, siempre!"* Con un rostro cada vez más demacrado, el hombre de Pombo, el que había llenado de fantasía literaria la noche de los sábados, el de *"la pirueta inverosímil, la acrobacia constante en esa estrecha franja —tan conocida para él como los vericuetos del Rastro— que deslinda el sueño de la realidad"*, moría en Buenos Aires el 13 de enero de 1963.

"Por aquí pasa Ramón"

ABC honra con su portada la partida definitiva de Gómez de la Serna a la Sacramental de San Justo —al Panteón de Hombres Ilustres, situado en el Patio de Santa Engracia— el día 24 de enero de 1963. Recoge el momento en el que se le impone la Medalla de Oro de la Villa. En 1945 se le concedía la de plata. *ABC* envía corona de flores. Sus restos mortales reposan en la misma sepultura que los de Larra. Junto a la losa que la cubre hay un medallón con la efigie de Larra, en cuya lápida se lee esta inscripción: *"Mariano José de Larra-Fígaro. 1809-1837. Sus restos se trasladaron desde el cementerio de San Nicolás el 25 de mayo de 1902."*

En cursivas, Edgar Neville, escribe en *ABC* un recuadro titulado: "El entierro del poeta".

Por aquí pasa Ramón;-le llevan, con los ojos cerrados y el corazón muerto. Ya no percibe las últimas "greguerías" de su entierro, que sólo él podría ver. (...) ¡Adónde le llevan! Por fin va a conmorir con "sus muertos y sus muertas". No le causará pavor la primera noche de soledad en el cementerio; él era amigo de los cementerios, todo lo que rodea la muerte le embriagaba cuando todavía estaba vivo. Él mismo recuerda en "Pombo" la noche en que fuimos al ruinoso cementerio de San Martín, apilados en mi viejo "Bugatti", al cual tenía mucho más miedo que al cementerio medio destruido, donde las paredes se abrían como granadas deshojando manolas y chisperos con sus trajes goyescos. Ramón no gastaba bromas en el cementerio, no se trataba de bravuconada alguna, sino afán de descubrir el misterio de la muerte, el contemplarla cuarenta años antes del día en que se iba a hundir en ella.

Ya vas, por fin, pobre y querido Ramón, a otro viejo cementerio de tus preferencias; ahí iremos a verte primero y allí iremos a no verte después. (...).

Salas, corresponsal "a Roma por todo"

Antes de iniciar su etapa de corresponsal en Roma, José Salas y Gurior abre el apetito periodístico de los lectores con esta crónica: "A Roma por todo" publicada el martes 22 de enero de 1963, que reproduzco, abreviada:

(...) Al llegar a estas Romas de piedra y agua no tengo más remedio que sentirme peregrino de mí mismo. Un peregrino que tendrá que agarrarse fuerte a la pluma y tomar aliento antes de escribir. Porque antes que él, entre estas piedras nobles, estos mármoles ilustres, estas inscripciones milenarias, estas calles alegres, pasaron en la misma tarea gentes como Eugenio Montes, César González-Ruano, Felipe Sassone y Rafael Sánchez Mazas. Por si fuera poco, por otras vertientes periodísticas, llegaron hombres como Ismael Herraíz, Rafael García Serrano. Y dejo para final a Julián Cortés-Cavanillas, cuya desbordante simpatía me ha servido de guía experimental en estos primeros pasos de mi andadura romana. Sí, hace falta respirar hondo y tomar fuerzas delante de la primera cuartilla antes de empezar la lección aprendida de ellos. Porque ellos me enseñaron lo de las muchas Romas, y que a todas hay que llegar. Porque el que no vaya a Roma por todo se quedará para siempre como en el poema de Machado: "En el umbral del sueño", llamado por un fantasma que es la vida.

Franco comenta un artículo de *ABC*

El día 25 de mayo de 1963, *ABC* publica un artículo titulado "Hacia un nuevo Ayuntamiento" y la respuesta del alcalde de Madrid, conde de Mayalde. *ABC* publica otro artículo bajo el título "Ecuanimidad".

Franco los comenta con su primo el general Franco Salgado-Araujo:

"Ya los he leído —dice—, *pero no estoy conforme con la crítica que se hace, pues conviene no olvidar que los Ayuntamientos de las grandes ciudades tienen gastos enormes. Siempre hay que arreglar calles, hacer ensanchamientos, obras de alcantarillado, etc., etc. Para que todo esto estuviese perfectamente sería preciso un gran aumento en el presupuesto de ingresos, incrementando muchísimo las contribuciones y la subvención por parte del Estado."*

Muerte de Grimau

Cuando la censura lo permite, qué iluso, *ABC* refleja la España del silencio y encarcelada. Como escribiría Ferrater: *"Entonces no teníamos recuerdos / éramos el recuerdo que tenemos ahora."* El 21 de abril de 1963 en un simple recuadro, en negritas, tras el título "Sentencia cumplida", el diario escribía: *"Ha sido cumplida, en la madrugada de ayer, la sentencia de pena capital dictada por la jurisdicción competente contra Julián Grimau García."* Estas líneas iban insertadas en el madrileño capítulo de sucesos, dentro de la información del atropello de una niña por un taxista.

Cuatro meses después morían a garrote vil los anarquistas Delgado Martínez y Granados Gato. En esta ocasión, el diario titulaba a dos columnas esta información de la agencia oficial *Cifra*. En el sumario se explica que estos anarquistas habían colocado explosivos en la Sección de Pasaportes, Delegación Nacional de Sindicatos y en un avión de Iberia.

Testimonio 2

ABC "DESCUBRE" EL MILAGRO PETROLÍFERO DE VALDEAJOS

EXCLUSIVA DE MANUEL ADRIO

Poco a poco la vieja Redacción, esa que está unida cronológicamente con el siglo XIX, se va despidiendo de este mundo y llega lentamente a ella, con gotitas, savia joven. Llega, por ejemplo, Manuel Adrio, un gallego que haría de todo en el periódico, si exceptuamos toros. Adrio hace prácticas en *ABC*, procedente de la Escuela Oficial de Periodismo. Siempre había dos plazas en un periódico para alumnos de la Escuela. Con Adrio llega también Fernando Echeverri, buen reportero, y estaría muy poco tiempo en Serrano 61. Por esa época también, Luis Losada, gallego como Adrio, personaje de buena pluma, bebedor y muy periodista. Adrio trabajaría en la Redacción de tarde, bajo el mando de Pepe Calvillo. Al finalizar los estudios de periodismo, lo llama Andrés Travesí; y su llegada coincide con un fascinante viaje por Oriente Medio. El viaje le plantea un dilema. Muñoz Alonso quiere que vaya y Adrio teme, que a su regreso, no se le admita en el periódico. Sin embargo, el ideólogo arregla el problema después de hablar con el director, Luis Calvo; y Adrio desembarca en el puerto periodístico de Serrano 61 cuando aún hay redactores de primera y de segunda, categoría que finaliza con su llegada. Un redactor cobra dos mil quinientas pesetas mensuales.

Fuerte y deportivo, solterón, chopo grande en las orillas de *ABC*, cubre el milagro español, el sueño americano del brote del oro líquido en Valdeajos, páramo mesetario y burgalés. Adrio llega con su "Seiscientos" para cubrir, informativamente, ese dorado sueño y asiste a una rueda de prensa. Se dice en ella que no es oro todo lo que reluce y las previsiones de petróleo no son optimistas.

Cuando se dispone a mandar la crónica al periódico, desde un teléfono público situado en el pueblo de San Felices, en la carretera que une Burgos con Santander, cuál no es su sorpresa cuando escucha la información que le transmite el ingeniero de la prospección al director de Campsa. Adrio se hace cruces por lo que escucha, lejos de la visión pesimista que acaba de oír en la rueda de prensa. Oído lo cual, lo comunica al redactor jefe, Andrés Travesí, y este se lo cuenta a Torcuato Luca de Tena. Torcuato dice que *"con esto hacemos cambiar la Bolsa"*. Y así es. Al publicarse la crónica en *ABC*, el Gobierno suspende la cotización de Campsa en Bolsa. Y, ante el panorama optimista, vuelven los informadores a Valdeajos, legión dispuesta a dar fe de una carencia hispánica tan importante como el petróleo. Sólo el azar de una línea cruzada, lo convierte en una exclusiva tras un viaje desencantado.

Manolo Adrio hace de *ABC* parte de su vida. Sin embargo, el 18 de mayo de 1968 deja en un ocultamiento de Guadiana el cauce abecedario. Adrio no quiere ser redactor jefe; se niega a serlo y, tras la mano de Cándido, se marcha dos años a la revista *Índice*, dirigida por el cacereño Juan Fernández Figueroa; y de *Índice* se marcharía a Londres como corresponsal de la agencia del Movimiento *Pyresa*. Santiago Arbós, que lo estima, le escribe una carta en 1970 y le dice que la Casa vería con buenos ojos su retorno de hijo pródigo; y así es: Adrio vuelve, pero a *Blanco y Negro* como redactor jefe —el 16 de octubre de 1972—, animado, especialmente, por Alfonso Barra, corresponsal en Londres. A *ABC* pasa al llegar a la dirección Cebrián Boné.

Cuando el crítico de teatro Enrique Llovet se cansa de hacer críticas a las obras de Alfonso Paso, lo sustituye Adrio, durante un tiempo, además, jefe de Internacional. Una noche, Torcuato Luca de Tena pasa a la Redacción y se toma un whisky con él. Torcuato tenía el despacho a la altura de la estatua de su abuelo y bastaba con abrir una puerta y acceder a la Redacción, puerta que, dicho sea de paso, se abría en contadísimas ocasiones.

ABC quiere cambiar costumbres españolas

Periodísticamente hablando, Adrio hace de todo: cubre vueltas ciclistas y escribe hasta tres o cuatro editoriales que le encarga Luis Calvo, muy preocupado por las costumbres españolas, tan hispánicas y, en 1961, *ABC* se hace eco de las mismas y propugna un sentido más europeo, menos hispánico: por qué no acostarse más temprano; que los comercios abran durante todo el día. Una de esas noches, llega de un estreno teatral Alfredo Marquerie. Este ha leído uno de estos editoriales, entra en la redacción y, en voz alta, dice: *"Quién habrá sido el cabrón que ha escrito el editorial de hoy."* Al oírlo, Adrio le responde: *"Pues ese cabrón he sido yo."*

Adrio, testigo excepcional de esos tiempos, recuerda a Marquerie, que vivía en la calle Almagro y, en la puerta, había una fuente con las iniciales del Ayuntamiento madrileño y, en tono jocoso, decía: *"Por tener, tengo una fuente con iniciales: A. M."* Marquerie se marcharía del periódico, porque a Torcuato no le agradaba cómo trataba a Alfonso Paso. Recuerda la noche en que llega al periódico la noticia de la muerte de Jacinto Miquelarena; y de cómo Luis Calvo, que estaba en Alemania, le dice al redactor jefe: *"No le ha pillado el Metro; se ha tirado."* Calvo le había escrito una carta para que se viniera a Madrid y abandonara la corresponsalía parisiense.

Adrio, el último periodista de la Casa que saluda a Miquelarena antes de morir. Adrio asiste en París, invitado por el Gobierno francés, a pasar unos días con otros periodistas españoles. Agosto de 1961. Santana gana el trofeo *Roland Garros*. Con este motivo, José María de Areilza celebra una recepción en la Embajada parisiense. Allí están los periodistas españoles, y Miquelarena, creador de frases tan conocidas como "la serpiente multicolor", "los gigantes de la ruta". Miquelarena había dirigido el suplemento *Campeón* y lo había fichado don Torcuato. Le ofrecía novecientas pesetas mensuales, pero Miquelarena dijo que mil o nada; y don Torcuato accedió.

Miquelarena escribe un "Tour" desde casa

Adrio está feliz de encontrarse con un periodista histórico, charla con él, y Miquelarena, en un rasgo de sinceridad, dice: *"Yo le conozco; acabo de leerme sus crónicas de la vuelta ciclista."* El joven periodista se siente halagado por un mito; y le cuenta Miquelarena que él ha dado en dos ocasiones la vuelta ciclista a Francia, *"pero le voy a decir a usted la verdad: la primera la cubrí desde casa, junto al whisky y una guía Michelín. Fue un éxito rotundo. Las cartas que recibí. Sin embargo, cuando seguí la segunda, en plan real, fue un fracaso. Acaso me faltaba la bebida".*

Adrio, jugador de tenis, conoce como pocos Wimbledon, lleva corbatas de este juego y tiene un asiento en este recinto; Adrio, amigo de Pilar Miró, aparece jugando al tenis en la película *Gary Cooper que estás en los cielos* y los comentarios que levanta esta aparición en el diario. Adrio, viejo amigo de Martínez Redondo y Blanca Álvarez, rostro núbil de *Televisión Española.* Adrio y sus críticas de televisión, "La teletele de la tole", cuando le quitan esa columna a Enrique del Corral. Adrio leería los periódicos extranjeros y sería Secretario General de Redacción, hasta su jubilación. Bien que miraba la peseta, como algo suyo. Adrio, uno de los últimos abencerrajes de una época.[3]

Redactor ileso al estrellarse el avión del ministro

Portada del día 18 de marzo de 1964, imagen mezclada de dolor y alegría; dolor por las muertes del comandante, el capitán y dos tripulantes; alegría por los supervivientes de este avión que se estrella en Tenerife y resultan heridos leves el ministro de Trabajo, Romeo Gorría e ilesos varios periodistas, entre ellos el redactor de *ABC* José María Jiménez Aguirre.

Tocando la muerte, cualquier reacción humana es comprensible, pero el periódico espera a que uno de los protagonistas del accidente, su redactor, envíe al diario cómo ha vivido un hecho tan dramático. Lo que ocurriera a Jiménez Aguirre sólo él lo sabe; y su reacción, al parecer, fue hundirse en el sueño y, entretanto la crónica no llegaba. Sin embargo, el corresponsal en Tenerife, firma una larga crónica con las iniciales LAC.

Acaso por esa omisión, Aguirre tal vez no hiciera carrera en el diario. Un hecho como el que había vivido merecía unas líneas, aunque fuesen breves, pero no llegaron por más que se esperaron.

---

[3] Conversación con el autor.

Capítulo IV

"XXV AÑOS DE PAZ": DECLARACIONES DE FRANCO AL DIRECTOR DE *ABC*

TACHA UNAS GALERADAS SOBRE LA REINA VICTORIA

"El periodismo consiste en comprar papel en blanco a dos centavos la libra y venderlo a diez centavos la libra."
Cyril Connolly

1964, año de las bodas de plata del Régimen, conmemoración de los XXV años de paz, carteles, mitificación de *Franco, ese hombre*, biografía cinematográfica dirigida por José Luis Sáenz de Heredia. Con ocasión de la efemérides el diario de la calle Serrano publica tres números conmemorativos —el 31 de marzo y los días 1 y 2 de abril— con una visión general del pasado, el presente y el futuro del Régimen. Con este motivo, Torcuato Luca de Tena entrevista al Jefe del Estado. En sus declaraciones, el general Franco se refiere al proceso constitucional y al sistema monárquico. En cierto momento, Franco habla de que *"nos preparamos a continuar la actualización y perfeccionamiento de nuestras instituciones y a elaborar otras leyes que completen y determinen las competencias del Jefe del Estado, del Jefe del Gobierno y del sistema para su designación"*.

En otro momento de la entrevista, Torcuato Luca de Tena alude a las declaraciones que el general Franco hiciera a *ABC* de Sevilla el 19 de julio de 1937, en la que el general dice que *"si alguna vez en la cumbre del Estado vúelve a haber un Rey tendría que venir con el carácter de pacificador y no debe contarse con el número de los vencedores"*. Y en esta pregunta, Torcuato Luca de Tena alude a la preocupación del Jefe del Estado cuando en el Consejo Nacional —el 17 de julio de 1945— manifiesta su preocupación ante la sucesión y que, según el general Franco, debería efectuarse *"sin daño para la nación ni peligro para la continuidad de la obra realizada por nuestro movimiento"*. *"¿Quiere esto decir* —inquiere Luca de Tena— *que ve Vuestra Excelencia en la Monarquía la forma de gobierno capaz de asegurar la permanencia de los Principios Fundamentales del Movimiento y de superar al propio tiempo la división entre vencedores y vencidos?"* El general Franco responde: *"Creo, objetivamente, como entonces, que es el sistema monárquico en el que mejor se acomoda nuestra doctrina y se aseguran nuestros principios. No me refiero a la Monarquía demoliberal que conocimos, sino a la social, popular y representativa que pueda responder a las inquietudes y necesidades de nuestra hora; por esto no hablamos nunca de restauración sino de instauración."*

Un Franco ataviado con uniforma militar, rodeado de una montaña de papeles, fotografía firmada por Domínguez García —generalmente las hacía Campúa, según Franco, masón. *ABC* dedica un editorial "Antes y después de la cota cero", donde se hace un recorrido por esos años. *"En realidad, del cuarto de siglo transcurrido desde el día de la Victoria* —acaba el editorialista—, *España apenas ha tenido dos lustros de normalidad para llevar a cabo la reconstrucción interior. El esfuerzo realizado en este corto período es sencillamente extraordinario."* Son muchas las páginas que se dedican a los siete Gobiernos. Con motivo del día 1 de abril de 1964, el diario en la "tercera", dedica un editorial a dichas declaraciones, "Inmutabilidad de los Principios Fundamentales del Movimiento". *"Un punto es especialmente significativo: el del modo de designación del jefe del Gobierno."* El día 2 de abril, su tercer número conmemorativo *"de cara al futuro: el de España en el pensamiento de Franco, en las leyes fundamentales, en los escritos de sus intelectuales y en la opinión de tres generaciones"*.

Franco comenta el noviazgo de Carlos Hugo

Con motivo de la campaña de prensa del noviazgo de la princesa Irene y el príncipe Carlos Hugo, Franco comenta a su primo Pacón: *"Me hicieron gracia los comentarios del ABC de ayer domingo, en que se niega al príncipe su nombramiento de Carlos, diciendo 'El joven Don Hugo, pues este es su nombre y no el de Carlos'. Hace esta afirmación y ya no vuelve a mencionar a "Carlos Hugo", como siempre se venía haciendo en la prensa española. Da la consigna y Don Hugo por aquí, Don Hugo por allá..."*

Días después vuelve a comentar Franco: *"Tal vez tenga razón* ABC *en lo del primitivo nombre, pues en la fotocopia de la partida de bautismo hay una enmienda marginal en la que se hacía constar el nombre de Carlos..."*

Su primo Salgado Araujo dice que *"hoy he encontrado al Caudillo más en armonía con las teorías y campañas de* ABC *aun cuando no deja de hacer constar que para aspirar a la Corona de España será preciso un juramento a los principios del Movimiento"*.

Y también un artículo de *Signo* contra *ABC*

Franco comenta con su primo Pacón la conducta de algunos periódicos católicos que se acogen a la censura eclesiástica y sin la intervención de los órganos gubernativos. Entre ellos *Signo* y *Juventud obrera*. Franco se refiere al *"artículo violento contra* ABC *titulado* "Monárquicos y monarquía". Este artículo —dice—, impropio de un periódico católico, critica que *ABC* haya dicho *"que el sistema republicano lleva en sí el germen de la destrucción, de la demagogia y de no sé cuantas cosas más. Parece dar a entender que de gorro frigio no hay más salida, hasta ahora, que la hoz y el martillo. Tan particulares concesiones no necesitan comentarios" No se puede uno explicar* —añade Franco— *que se digan estas cosas en un periódico que se escribe con la garantía de la autoridad eclesiástica, y que se atreve a defender en España el régimen republicano que siempre tuvo por norma luchar contra todos los principios del catolicismo...".*

Galeradas de *ABC*

El primo de Franco muestra a este unas galeradas del 17 de octubre, artículo firmado por el embajador en Helsinki, señor Oliván, y que la censura había tachado. En el mismo se afirma el gran servicio de la Soberana *"a nuestra Cruzada"*. Al parecer Sangroniz lo tenía al corriente de la marcha de la guerra. En uno de los despachos con Franco, Sangróniz muestra al general una carta escrita con mano femenina. La firma en Londres la Reina Victoria y esta dice que *"deseosa de apoyar cuanto de mi dependa el Movimiento Nacional, me apresuro a decirle que dentro de unos días se va a celebrar en el palacio de Buckingham un banquete oficial, al que estoy invitada. Como a él va el secretario del Foreign Office Mr. Eden, le agradecería que preguntara usted al Generalísimo Franco qué conviene a la causa nacional que yo le diga en favor de la misma. Con el ruego de que a la mayor brevedad posible me envíe usted sus instrucciones, reciba el afectuoso saludo de Victoria Eugenia"*.

La lectura de esta carta —según su primo— produjo a Franco *"una viva y grata impresión. Quedó un rato pensativo y al poco exclamó: '¡Qué gran Reina fue Doña Victoria, y que acreedora es al afecto y a la gratitud de los españoles!'"* Oliván cuenta cómo en una misión de canje de prisioneros encuentra a la Reina en el hotel Royal y le hace un cálido elogio de Franco. A este extractado artículo, comenta Franco: *"En efecto, me trajeron el artículo para que pudiese informar si era exacto lo que el señor Sangróniz afirmaba. Contesté que no recordaba nada de lo que en él se relata, y en especial de esa conversación con el ex embajador señor Sangróniz y que el señor Oliván afirma que escuchó. Es raro que teniendo yo muy buena memoria se me hubiese olvidado lo que el señor Oliván relata. Por ello no autoricé ese artículo, que fue tachado por la censura."*

A Franco le gusta un artículo de Pemán sobre el incidente de Millán Astray

Pemán publica un artículo en *ABC* —"La verdad de aquel día"— en el que cuenta el episodio del día 12 de octubre de 1936 en la Universidad de Salamanca, protagonizado por Unamuno y Millán Astray. En su artículo Pemán contesta a un periódico americano, *Prensa libre* en el que asegura que Millán Astray dio mueras a la inteligencia. Sin embargo, Pemán asegura que el muera fue a los intelectuales, y luego añadió con ademán tranquilo: *"Los falsos intelectuales, traidores, señores..."* Según Salgado Araujo a Franco le ha agradado y ha dicho: *"Se ajusta a la realidad de los hechos. Todo fue una réplica del general a la actitud bastante molesta del señor Unamuno, que no se justificaba en un acto patriótico, en un día tan señalado y en la España nacionalista..."*

Homenaje de *ABC* a Unamuno

Con motivo del centenario del gran escritor español, *ABC* dedica un número al gran pensador vasco, en una portada ilustrada por el pintor vasco Juan de Echevarría. En "tercera", José María Pemán en "Soliloquio y diálogo" aborda la personalidad del Rector salmantino. Pemán se pregunta qué harán los católicos frente a la conmemoración de Unamuno. *"Como si fuera novedad o problema inédito para un católico celebrar el centenario de Goethe, de Leopardi, de d'Annuncio; de tantos otros cuyas ideas no sean ortodoxas o tengan algún libro incluido en el Índice."* Pemán se contentaría *"con amartillar en la puerta de acceso de las conmemoraciones unas cuantas humildes ideas que creo cristalinas y orientadoras. Y aseguro que esas ideas me parecen más precisas para corregir la posición en que un lector ha de colocarse con respeto a Unamuno, que para corregir las propias ideas de éste, cuyo doloroso espectáculo de lucha y perplejidad merece todo respeto. (...) La 'naturaleza de las cosas' puede medio estudiarse en Lucrecio y la siembra y esquilmo de las viñas puede medio seguirse por las Geórgicas virgilianas; pero sería bien problemático el conocimiento que de la naturaleza física alcanzara un lector de Juan Ramón que, siguiéndole a la letra, dedujera que el mar era amarillo, las nubes malvas y los borricos habladores.*

Algo de esto último es lo que me parece a mí que pasa con Unamuno. Se han tomado en él dudas por asertos. (...).

Lo más honrado que tuvo don Miguel es que nunca desmintió su oficio de solitario y perplejo. Se engañaron muchos con él, él no engañó a nadie. (...) Hay que decir en su honor que Unamuno no trató de hacer daño a nadie. Aunque hayan sido muchos los que hayan hecho daño a Unamuno."

El señorito Wenceslao deja su humor

Solterón entre varias mujeres, Wenceslao Fernández Flórez se despide como un señorito, un personaje del bulevar de Argüelles, el 29 de abril de 1964, estampa inconfundible, rostro singular, una estancia de más de medio siglo en el barrio, una popularidad hecha de humor, libros y artículos, novelas y "Acotaciones de un oyente".

Nadie sabe qué edad tenía por más que se indague en el Registro Civil, ni en que sitio vino al mundo. Al ingresar en la Real Academia Española, Julio Casares dijo: *"...también los hombres podemos sentir algún día la tentación de quitarnos años; y en cuanto al lugar, porque a falta de indicación precisa, nada perderá el ilustre escritor con que varias feligresías gallegas, en homenaje póstumo, se disputan el honor de haber puesto en su boca la pulgarada de sal litúrgica."*

Había sido un hombre precoz. Con ocho años, había compuesto un soneto. En el humor encontró la vía y el cauce literario. Adolescente fue atacado por la *"manía de hacer llorar a mis semejantes. Para mí, entonces, la gloria literaria consistía en tener ante mí a la humanidad entera agitada por sollozos convulsivos. Provocar una sonrisa me hubiera parecido entonces una deshonra".*

Capítulo V

GONZÁLEZ-RUANO O LA COSTUMBRE DE MORIRSE

"ÚLTIMO ABENCERRAJE DE LA LITERATURA"

"Alguien dijo que el periodismo es literatura hecha deprisa."

César de redondas y cursivas, de metáforas, de plasmar diariamente el alma del hombre en un recuadro, el alma de las cosas sobre el atril del periódico, lo trivial, con aquella prosa tan suya, tan personal, tan lírica y rítmica, con mucho de Baudelaire, como quien escruta un suceso menor, pequeño y gran filósofo de lo cotidiano, llena tantos vacíos de horas muertas, es tan agradable su prosa, se tiembla con su escritura, César es un héroe de las letras de las Galias, un personaje literario, el "último abencerraje de la literatura", cínico y mortal, siempre con la obsesión de la muerte. César y su neurosis. César y sus cafés, mármol de papel, lleva sus "penúltimas horas" hasta el sol tibio de la mañana, al paseo, a la tarde, al café y a la mesa camilla. Sus "penúltimas horas" llenan de aliento una vida aburrida. César y su prosa, única, los días sin César son distintos y se le espera con la emoción contenida de una buena carta, como el escritor que sigues en cada línea. Este César dandy que conoces en el desaparecido Aguilucho o admiras a ras de calle, en el café Teide o en el Gijón. El César que se hace anunciar para que su nombre suene y se haga más familiar. ¡Qué personaje! ¡Qué conocedor del alma humana! ¡Qué entrevistador!

César se moría como se muere el año y decía adiós con el pañuelo de una "tercera". Era el 15 de diciembre de 1965. Como tantos otros que esperan decir su último adiós, en un grado de crueldad que impone la prisa en los periódicos, las páginas necrológicas sobre Ruano dormían sobre la losa ardiente de la platina. César se había acostumbrado a morir y estaban compuestas desde hacía tiempo. Como estaban las de Gerardo Diego, que vivo estaba y yo lo vi, las de Sánchez Cantón y le hice una entrevista en el Museo del Prado, como si se la hiciera a "un cuerpo presente".

Había salvado una de sus crisis y, un día, molesto, se acercó al periódico; quería ver a Pedro de Lorenzo con quien le unía amistad —Pedro de Lorenzo, años después, como director de la Editorial de Prensa Española, le dedicaría un libro con las "trescientas prosas". La condición humana. César se quejaba del periódico, sentía cierta ingratitud: nadie lo llamaba, nadie lo recordaba...

Entonces Pedro de Lorenzo le interrumpe: *"No, César, no; siempre contigo; ya sabes, el trabajo, la cosa, no te puedes mover..."* Pero César, erre que erre, en sus lamentaciones, ante lo cual Pedro de Lorenzo tira de un cajón, saca las planillas de su muerte y se las pone ante sus ojos. Aquel hombre que se moría a diario, de repente, palidece. Mira dos páginas dobles y una biografía gráfica. Pedro de Lorenzo le dice: *"Y ahora, coño, no nos dejes mal. Ahora, ¡a morirse!"*

"La costumbre"

Horas después de publicarse este artículo en la "tercera" de *ABC*, a las cinco de la tarde, moría César González-Ruano. Helo aquí:

"He escrito mucho sobre la costumbre. Es uno de esos temas plácidos que me apasionan. Con una impar criatura de la que aprendí tantas cosas y que para siempre dio honor a mi vida, don Gregorio Marañón, hablé mucho de la costumbre. (Para entendernos, no me refiero a 'las costumbres', sino a la repetición ordenada de actos, de actitudes o de aptitudes que pueden igualmente pertenecer a la virtud o al vicio, pero suponen un escaso aprecio por la novedad, por las innovaciones vitales en la vida ordinaria, en los programas cotidianos, en nuestras preferencias, gustos y disgustos.)

Don Gregorio creía en las excelencias de la costumbre; estaba convencido de que ella era fuente infalible de provechos, y en más de una ocasión me habló de los inmensos beneficios de la monotonía. Basaba en la costumbre buena parte de la monogamia, por ejemplo. Y yo, que también en este sentido fui un ser muy inferior a él, le decía cómo amorosamente la novedad, incluso desde muy joven, me atraía poco, me llenaba de incómodos desconciertos y, contra lo que generalmente se piensa o se dice, lejos de hastiarme, me gustaba mucho más una criatura según pasaba sobre los dos el tiempo. Entonces hablábamos del donjuanismo. Sus teorías sobre Don Juan, acaso un poco exageradas y encerradas en aquel intento de comprensión —no de aceptación— de lo homosexual que en Marañón llegó a extremos obsesivos, son de cualquiera bien conocidas. Para mí, Don Juan era principalmente un hombre que no sabía fijar el estado allioroso, que sufría precoces desencantos y necesitaba una nueva búsqueda de triunfo, ya que, en sustancia, para él todo éxito suponía en realidad un secreto fracaso. Don Juan es como esos seres que necesitan viajar continuamente por algo, en esencia, muy desdichado y vulgar: porque en ningún sitio entran en costumbre ni saben hacer fundación. O esos seres que toman el alcohol como un simple sistema de evasión. (...).

(...) En mi juventud, como en mi madurez, tengo bien observado que en el capítulo amoroso —tal vez el vitalmente más importante— el ejercicio espiritual del

amor se amplía o reduce según su mayor o menor frecuentación. En épocas de intensidad hay una capacidad casi asombrosa, incluso para hacer compatibles varios argumentos simultáneos sin ningún indicio de fatiga y sobrando tiempo, dentro de un tiempo oficialmente escaso y apretado. En épocas de no frecuentación, la presencia de algo casi contraría, supone un verdadero problema; dedicar al amorío un par de horas, durante las cuales casi ciento veinte minutos están acribillados de bostezos y de secretas incomodidades que convierten lo que pudiera ser un placer en un estúpido deber, más bien filantrópico. La misma lectura es un acto de costumbre. Yo he pasado años enteros de leer como mínimo y con atención un libro diario, y unas vacaciones mal entendidas me han traído incluso meses de no leer ni los periódicos.

Voy creyendo firmemente que todo reside en la costumbre. y que, muchas veces, la muerte puede consistir en ir perdiendo la costumbre de vivir."

"Última hora" de Cándido

A la muerte de César González Ruano, Torcuato Luca de Tena propone a Cándido escribir aquella columna; y no deja de sorprenderle, porque al iniciar años antes las crónicas de Madrid le había dicho que debía escribirlas al estilo castizo de Isidro (Lorenzo López Sancho, su antecesor), lo cual le resultaba imposible. Cuando le ofreció la columna de César piensa que había cambiado de opinión. *"En esto Torcuato Luca de Tena nunca fue supersticioso; siempre que encontraba un motivo para ello, normalmente cambiaba de opinión."* La columna de César tenía de epígrafe "Penúltima Hora" y él le puso a la suya "Última Hora".

El primer artículo que escribió lleva por título "Tres hombres echan arena en un camión" y empieza así: *"Miro por la ventana y veo a tres hombres que están echando arena en la caja de un enorme camión. Bertold Brecht pregunta en una de sus canciones: 'La noche en que fue terminada la Muralla China, ¿a dónde fueron los albañiles?' Esto no se sabrá. Pero yo quiero ver lo que hacen estos tres hombres que echan arena en un camión.*

Primeramente, ¿para qué echan arena en un camión? ¿Quién les dijo que la echaran? La arena, ¿es suya? El camión, ¿es suyo? Las palas, ¿son suyas? (...)"

Capítulo VI

SÁNCHEZ MAZAS: "CLARO VARÓN DE CASTILLA"

FIRMABA CON TRES ASTERISCOS Y, EN TALLERES, LO LLAMABAN "CAPITÁN"

"Y así, clavada en vuestra cruz mi vida, así, Señor, cuándo queráis, me muera."

Sánchez Mazas

Con la llegada del otoño —19 de octubre de 1966—, Rafael Sánchez Mazas se encuentra ante la realidad de una muerte que llega casi a "vivir" tras un fusilamiento de película, la vida, milagrosamente salvada, y un soneto a Cristo: "Señor: así cuando queráis me muera." Con su marcha se va también un personaje con un perfil inconfundible, rostro de lechuza, "claro varón de Castilla", como lo define Luis Calvo. Se marcha un novelista, un poeta, un escritor hijo del Renacimiento, un poco/mucho de la Historia de España de ese tiempo, de su hermandad con José Antonio Primo de Rivera, de "aquella" muerte tan extraña y sobrevivida, de sus estancias en el palacio ducal de Coria frente a los muros catedralicios, de su recogimiento bajo su inmensa bóveda los días de Cuaresma.

Rafael de madrugadas imprevistas, requerido por sus amigos, los de cuarenta años de amistad, capaz de recitar viejos poemas perdidos en diarios y revistas de Madrid y provincias; *"y era un gozo el cabrilleo de imágenes etéreas sobre un fondo de oceánico —esencial— de amor y piedad infinitas hacia las cosas de este mundo y de esta Patria, dura y amada."* Romance de suave zumba descriptiva, había mucho también de Baltasar de Alcázar en el humor vasco y castellano de Rafael. Sonetos irisados de donaire, como aquel que se llamaba "El teatro de los Quinteros", que era una pura verja florida de Sevilla. Sonetos a la manera mística de Quevedo, como "A Cristo desnudo en los brazos de su madre" y a "Cristo en la Cruz".

Franco: "Que quiten esa silla"

Al decir adiós, Sánchez Mazas deja una estela de orfandad, humana y literaria, entre las columnas de Serrano 61. Sus crónicas romanas para *ABC*, su paso por *El Sol* y *Arriba*, ¡qué contraste!; su Ministerio con Franco y su ausencia de los Consejos de Ministros. En cierta ocasión, Franco dice: *"Que retiren esa silla..."* Sánchez Mazas, albacea de José Antonio y de Falange. Raro personaje, vive en el hotel Velázquez y llama a la Biblioteca Nacional para que le lleven enciclopedias. Raro, hasta huir ante la llegada de uno de sus hijos a una cafetería; creador de la saga de los Sánchez Ferlosio.

Con su despedida se iba un trocito de la Historia de España, de adioses de canciones y mitines, de lectura de novelas y charlas en los refugios de embajadas durante la guerra civil. Adiós, Rafael, el adiós místico con que lo despide *ABC*: *"Boscán, tallo aislado y floreciente de la tierra toscana"* — escribirá Luis Calvo.

Raro y clásico

ABC de corresponsales y sus microscopios de negritas, observan el mundo, asomados al alféizar del mapamundi, lo miran desde la ventana solitaria del corresponsal, hombres y nombres en la columna literaria e informativa; Camba y Londres; Sánchez Mazas y Berlín; Eugenio Montes y Roma... Curiosamente, Sánchez Mazas, Montes, Miquelarena, Borrás y Pemán son, como los define Umbral, los prosistas de Falange. *"Lo que caracteriza a este grupo, y le da cohesión generacional, es, ya digo* —manifiesta Umbral—, *el esteticismo, la obra corta, la calidad de página, la influencia de Ortega, D'Ors y la generación del 27, puesta en prosa, más una cierta pasión por la Historia, muy del momento. Lo que más hacen son prosas cortas, artículos, crónicas, aunque hay entre ellos unos cuantos libros memorables. Digamos que, sobre la guerra concretamente, se escribió mejor en el bando nacional. ¿Por qué, estando tan dotados natural y culturalmente, no hicieron más obra?* —se pregunta Umbral. *La contestación, para mí, es fundamentalmente política."*

Tres asteriscos

Amigo personal de José Antonio —lo veréis junto a Serrano Súñer llevando el ataúd con los restos del fundador de Falange, número cuatro en el orden jerárquico—, hombre adinerado, hereda una gran fortuna de su tía, sobrina del doctor Camisón. Con un perfil de lechuza y una nariz de judío, Sánchez Mazas posee una gran cultura, corrige hasta la exageración sus crónicas y firma, en ocasiones, con tres asteriscos y en talleres los trabajadores lo llaman "Capitán". Amigo íntimo de Juan Ignacio Luca de Tena —relación fraternal, mano auxiliadora y voz de aliento, confiesa el marqués, le conoce a los dieciocho años en la universidad de El Escorial. No duda el marqués en definirlo como *"un caso excepcional de precocidad literaria. En El Escorial, a los dieciocho años, escribía ya, en prosa y en verso, de manera tan consumada que era un asombro para sus profesores y condiscípulos"*. Atraído por su gran cultura, Juan Ignacio siente verdadera admiración por este hombre, pariente de Unamuno y lo envía a Roma como corresponsal de *ABC*. Durante los primeros años de la República vuelve a *El Sol* y, tras la guerra, a *Arriba*. Especialmente, Sánchez Mazas escribe editoriales de un estilo inconfundible, hasta el punto de que Manuel Aznar y Luca de Tena se ríen cuando Sánchez Mazas trata de enmascarar el anonimato. Escribe editoriales para *El Sol*, republicano; para *ABC*, monárquico, y *Arriba*, falangista. Según Luca de Tena, *"todos ellos eran absolutamente sinceros"*.[4]

[4] La Editorial Prensa Española dedica a los grandes escritores de *ABC* unos libros: "Las terceras de *ABC*", en 1977. Entre ellos, está el de Sánchez Mazas, con una selección y prólogo de Fernando Ponce, idea editorial de Pedro de Lorenzo, su director.

Capítulo VII

FRANCO, TREINTA AÑOS JEFE DE ESTADO

PEMÁN: "HA SIDO SIEMPRE NOTICIA Y NO HA QUERIDO NUNCA SER 'NOTICIÓN' "

"La parte más veraz de un periódico son los anuncios."
Thomas Jefferson

El fotógrafo Juan Gyenes capta con su cámara el rostro de Francisco Franco, la víspera del sábado 1 de octubre de 1966, en el palacio de El Pardo, en exclusiva para *ABC* y como tal aparece en la portada al cumplir treinta años de mandato al frente del Estado. Pemán hace un balance de esos treinta años en la "tercera". El escritor gaditano escribe: *"Es difícil realizar una obra de tanta graduación, y no alcoholizarse con ella. Para lograrlo Franco ha recurrido siempre a su alacena de los valores clásicos y tradicionales. Definió a tiempo España como Reino;* ABC *dedica varias páginas a la trayectoria del general Franco. (...) Franco ha sido siempre noticia: y no ha querido nunca ser 'notición'."*

Franco critica un artículo de Pemán

Con motivo del día de San Juan, onomástica del Conde de Barcelona, el ilustre escritor gaditano publica el artículo "En el día de San Juan". Tras leerlo, Franco comenta con su primo Pacón: *"Está escrito con la claridad e hiriente intención política de su autor, que de no ser por el movimiento militar hubiese sido 'paseado' por los rojos. Pemán parece ignorar que el que se distanció del régimen español fue Don Juan al publicar el nefasto manifiesto que todavía está por justificar; es decir, que él se puso al lado de los gobiernos extranjeros que rompieron relaciones con España y trataron de vencerla por el hombre..."*

Referéndum de la Ley Orgánica

En pleno mes decembrino, la Redacción vive el ambiente del referéndum sobre la Ley Orgánica del Estado, nos organizamos, salimos a la calle y Pérez Mateos se acerca hasta la casa de don Camilo Alonso Vega, ministro de la Gobernación, para que le informe en qué colegio ha votado y haga alguna declaración. Don Camilo no está en casa, vive junto al estadio Santiago Bernabéu. *ABC* lleva a portada una campesina dispuesta a entregar su voto en la urna. El diario de Serrano titula en un recuadro a tres columnas: "España votó ayer la nueva constitución."

ABC se hace eco del referéndum con el editorial "El futuro pertenece al pueblo". *"No parece exagerado decir que el voto de ayer presenta así dos aspectos complementarios. Por un lado, es la aprobación de una Constitución en el interior de cuyo marco jurídico pretendemos los españoles regularizar nuestra convivencia, pero simultáneamente, el disciplinario y discretísimo voto del cuerpo electoral, convocado al sufragio universal, significa también que los españoles pretenden seguir votando a través de los diversos cauces que abre en buenísima hora la ley recién aprobada en las urnas."*

Capítulo VIII

"ESTRENAMOS LIBERTAD"

NUEVA LEY DE PRENSA Y UN ARTÍCULO DE AREILZA

"La prensa es la artillería de la libertad."
Hans Dietrich Genscher

El 9 de abril del año 1966 abría un horizonte de esperanza, un ventanal abierto, un aire fresco entre las columnas de los periódicos; y, con alegría, recibía la prensa española la entrada en vigor de la Ley de Prensa e Imprenta. Sin duda alguna, la actitud más espectacular brota en el manantial de redondas de las páginas de *ABC*. El periódico tenía la dicha de estrenar algo nuevo, algo que lo ilusionaba tan castigado como estaba por la censura.

El domingo 10 de abril, publica un editorial titulado "Hoy estrenamos libertad" y *ABC* escribe que el diario *"no se acogerá al régimen de consulta voluntaria establecido por la Ley de Prensa, sino que aceptará plenamente el uso de todas las oportunidades brindadas por la Ley para el ejercicio de su libertad"*. La apertura la inicia Fraga Iribarne cuando autoriza la noticia de unos petardos colocados en *ABC*, *Ya* y *Pueblo*. El propio Fraga comentará que es más difícil seguir que empezar. El viernes 25 de enero de 1963 en Consejo de Ministros se decide denunciar los convenios de bases con Estados Unidos, que habrían que negociarse posteriormente. Y la prensa mundial acusa la noticia de la denuncia de los convenios con gran repercusión.

ABC, a su vez, publica, por primera vez, la ampliación del Consejo de Ministros antes que la propia referencia, como era costumbre.

Revuelo de "la vía española a la democracia"

El día 18 de marzo de 1966 es un "día grande" —visto desde la atalaya de ese tiempo— para la Prensa. Un día grande dicho sea entre comillas, un tira y afloja cuando el Régimen empieza a resquebrajarse y los altos cargos de la Administración están vigilantes de los textos en la Prensa hasta extremos surrealistas. Censor en su etapa de pensamiento totalitario, recién acabada la contienda, Dionisio Ridruejo ha escrito una carta al director de *ABC* con el deseo frustrado de que se publique; *"es una carta abierta, pese a la improbabilidad de que pudiera llegar a ser autorizada"*. Está dirigida a Pedro de Lorenzo.

Sin embargo, el periódico quiere conocer la actitud de los administrativos. Ramón Pastor, subdirector, nunca olvidaría esa larga tarde y parte de la noche, temeroso, como es lógico, con lo que ocurriría si retendrían o no la carta del poeta de Burgo de Osma; y habría de decidir si retirarla o no con el riesgo que ello conllevaba de que secuestraran la edición del periódico. Al final, la carta no fue autorizada.

ABC pasa por un periodo turbulento de amenazas, expedientes, citas de juzgado. Al director en funciones, Pedro de Lorenzo, le comunica el director general de Prensa que le abre expediente por una breve información transmitida por la agencia *Europa Press* y publicada, además de *ABC*, por *La Vanguardia* y *Heraldo de Aragón*. Se trata de una conferencia —sin incidentes— que pronuncia en la facultad de Filosofía y Letras el presidente de la Unión Nacional de estudiantes franceses, Pierre Vanderburie. Una vez finalizada su disertación lo detiene la policía fuera de la Facultad. Tres expedientes inhabilitaban al director; y esa noticia de la apertura de ese procedimiento la transmitirían las agencias del mundo entero.

Una vez más vuelve la lucha, el forcejeo entre la Administración y el periódico. Serían muchas. Una, por ejemplo, cuando un redactor de *ABC* descubre cómo un yate de unos norteamericanos navega cerca de nuestras costas y revela actividades ilícitas en España, o cuando el subdirector general de Prensa telefonea a uno de los directivos del diario y le dice que el ministro está muy disgustado con un artículo de José María de Areilza.

Los Consejos de Redacción

En una interpretación muy original de la Ley de Prensa, los directivos de la casa deciden constituir el Consejo de Redacción, en el que no figura, curiosamente, ningún redactor. El primer consejo se reúne el día 12 de mayo del año 1966. El presidente es el director de *ABC*. El consejo se reúne en el antiguo despacho del fundador. Don Torcuato ya celebraba consejos y existen testimonios gráficos de los mismos. Casi al año, Pedro de Lorenzo como director celebraba otro y lo presidía Juan Ignacio Luca de Tena. En una de estas reuniones, Juan Ignacio se opone a la edición de un número dedicado a la figura de Manuel García Morente, pero ya estaba hecho.

"La forma del caos"

A sus ochenta años, el buen periodista Del Arco hace una entrevista en *La Vanguardia* al histórico político Miguel Maura y Gamazo, ministro de Gobernación durante los primeros días de la proclamación de la República. Maura piensa, con arreglo a lo que contempla la ley de sucesión, que el general Franco nombre a Don Juan regente en vida de Franco y que el heredero de la Corona gobierne con sucesivos gabinetes hasta que sea convocado un referéndum en el que el pueblo español se decida por una fórmula de Estado, bien sea la Monarquía, bien la República.

Estas declaraciones de Miguel Maura levantan un revuelo y *ABC* se hace eco de las mismas en un editorial, "La forma del caos", en el que el editorialista rebate, punto por punto, las manifestaciones de Maura, en algunos momentos con citas de los editoriales de aquellos días.

Las declaraciones van más allá del editorial de *ABC* y un grupo de monárquicos, entre los que figuran, Joaquín Satrústegui —que encabeza la carta—, Fernando Álvarez de Miranda, Carlos Ollero y otros más, envían una carta al director de *ABC* para expresarle la *"impresión de perplejidad y de disgusto por el citado editorial, debido* —escriben— *a que, aun cuando* ABC *no reproduce el texto íntegro de las declaraciones del señor Maura, le fustiga con acritud, no obstante decir que 'ha proclamado como única solución para el futuro de España la vuelta de la Monarquía'.*

La posibilidad de que —continúa la carta—, *teniendo en cuenta la significación de ese diario, el editorial en cuestión pueda dar lugar a torcidas interpretaciones sobre lo que la Institución representará para nuestro futuro, nos impulsa a recordar que —como más de una vez se ha escrito en ese periódico— la Monarquía ha de ser para todos los españoles. A este respecto, Don Juan ha dicho repetidamente: 'No importa de dónde se viene, lo fundamental es saber a dónde se va'."*

Franco: "Suave respuesta de *ABC* a un artículo de Maura"

En su número del 16 de abril de 1966 *ABC* comenta el publicado en *La Vanguardia* por Miguel Maura Gamazo con motivo del 35 aniversario de la República española. Franco dice: *"Me parece suave lo que dice* ABC, *porque podía haber puesto de manifiesto el motivo por el que Muara se pasó del bando monárquico al republicano; que no fue otro que el haberse enemistado con el rey, por no haberle ayudado a éste en la quiebra de su suegro, y la actuación de los tribunales de justicia. (...) La persecución que sufrió* ABC *fue obra de Maura, y lo mismo los incidentes del Círculo Monárquico que se intentó inaugurar con arreglo a la ley. Tanto este político como Alcalá Zamora cambiaron de chaqueta por resentimientos personales."*

Capítulo IX

SECUESTRO DE *ABC*

POR EL ARTÍCULO DE ANSON "LA MONARQUÍA DE TODOS"

"Un periódico consta siempre del mismo número de palabras, haya noticias o no las haya."

Herny Fielding

La llegada de López Sancho a *ABC* coincide con la publicación el 5 de junio de un artículo del marqués de Quintanar —confinado por el general Franco en Ibiza durante la posguerra—, "Barco a la vista", ilustrado por Anson con fotografías en color de Don Juan, artículo que Julián Cortés Cavanillas aprueba sin consulta. Quintanar deja sentir en esas líneas los pasos de Don Juan de Borbón por la escalinata del Palacio Real. Esto motivaría un expediente administrativo.

Pero más grave que el artículo de Quintanar era la "tercera" de Luis María Anson, "La Monarquía de todos". El joven escritor y periodista defiende en su artículo una Monarquía constitucional y democrática en la que participaran todos los españoles. El día 21 de julio de 1966 era domingo y muchos lectores de *ABC* se sorprenden cuando se acercan al quiosco y el periódico ha sido recogido; es el primer secuestro de un diario desde la entrada en vigor de la nueva Ley de Prensa el día 9 de abril de 1966. La orden de secuestro se cumple a las ocho de la mañana, cuando los ejemplares del diario están ya distribuidos entre los quioscos y vendedores y los agentes de la autoridad recorren unos y otros para hacer efectiva la orden. No obstante, una cantidad de ejemplares no determinada llega al público.

A las ocho y cuarto de la mañana, llama por teléfono a Julián Cortés Cavanillas[5] el director general de Prensa, Jiménez Quiles y le da cuenta de la noticia del secuestro. Ausente el director, Torcuato Luca de Tena se dispone a llegar a Madrid y piensa en una segunda edición, sin el artículo motivo del secuestro, pero no hay tal edición y la que se distribuye a provincias se hace sin el artículo de Anson. Este sería condenado por el Tribunal de Orden Público y absuelto por el Tribunal Supremo.

---

[5] *Mis conversaciones privadas con Franco*, Franco Salgado-Araujo, Planeta, pág. 478. Sobre este artículo, ver la versión del autor del mismo, en el capitulo testimonio de Luis María Anson, pág. 422.

El citado artículo lo había leído, previamente, Torcuato Luca de Tena y veía improcedente el publicarlo. Según Anson se trataba de una operación contra *ABC* por campañas anteriores y con el fin de desarticular el Secretariado de Don Juan. La cosa era grave. Anson tenía una querella, por propaganda ilegal, entablada por el Ministerio Fiscal ante el Tribunal de Orden Público y Torcuato dos expedientes administrativos: uno por el artículo de Anson y el otro por el del marqués de Quintanar. Como director, Torcuato Luca de Tena corría peligro. Se le podría inhabilitar con un tercer expediente. El artículo de Anson sienta muy mal al general Franco, mientras Areilza, al frente del Secretariado político de Don Juan, lo elogia públicamente.

Pacón lo comenta con Franco

Franco Salgado-Araujo, Pacón, primo y hombre de confianza de Franco, comenta con el general el secuestro de *ABC*. Franco dice: *"Lamento mucho lo ocurrido, pero este artículo no podía ser más tendencioso, inoportuno e impolítico. El mayor enemigo de la monarquía y del régimen no hubiera escrito nada más lamentable. Después de una guerra de tres años, con cerca de un millón de muertos y media España destruida, no se le ocurre a este señor otra cosa que 'la salvación de España está en una monarquía democrática con Don Juan de Borbón', que aún no ha rectificado el manifiesto de 1945 y que está rodeado de todos los enemigos del régimen, entre los que figuran algunos que fueron amigos y colaboradores míos y que, sin saber el motivo, ahora son enemigos, tal vez por haber cesado en sus cargos que querían que fuesen vitalicios. Con tales antecedentes y partidarios poco podría durarle el reinado a Don Juan."*

Polémica *SP* y la Monarquía del *ABC*

En el mes de mayo del año 1966, el diario de la calle Serrano sostiene una polémica con la revista *SP*, dirigida por el periodista y falangista Rodrigo Royo. Según este, tras un editorial que publica, *ABC* le responde el día 5 de mayo y dice *"que mi declaración de republicanismo es anticonstitucional y sugería que las autoridades me hagan sentir el peso de la ley, como procede con cualquier delincuente. Por eso, lo que sí puede confundir y encarecer el futuro es una tajante afirmación que dictamina, sin ningún título de autoridad, 'el único rey posible'. Posibles reyes son un buen número de príncipes de sangre real y posibles regentes varios millones de españoles; cualquier dogmatismo personalista va en contra del amplio margen instituido por la Ley de Sucesión y las anticipaciones del futuro, del tipo de la de Luis María Anson, se encuentran totalmente fuera de la ley y lo más que pueden ser consideradas, benévolamente, es como oratorias de 'ciencia-ficción'".*

El artículo ansoniano crea un ambiente en el mundo periodístico, entretenido y caldeado, además, por unas declaraciones de Miguel Maura a *La Vanguardia* y un editorial en contra de *ABC*, contestado por varios monárquicos.

A raíz del secuestro del periódico, hay un "baile" en las corresponsalías: Julián Cortés Cavanillas volvía a la "Ciudad Eterna", gracias al apoyo de Juan Ignacio Luca de Tena. Sin embargo, José Salas y Guirior, marqués de Guirior, dejaba Roma y se marchaba a Rabat.

"Encuesta sobre la Monarquía"

Apenas aprobada la nueva Ley de Prensa en un diario muy cercano a *ABC* como *Madrid*, el joven periodista Joaquín Bardavío, hombre que visita, por esta época a Don Juan en Estoril y al Príncipe en Zaragoza; conversa con Florentino Pérez Embid, uno de los consejeros más políticos de FACES —sociedad que compra la empresa— y admirador de Bardavío. *Madrid* se decide a hacer una "Encuesta sobre la Monarquía", título inspirado en el conocido título del ensayista conservador francés Charles Maurras. Con ella, Bardavío trata de que dicha encuesta sea favorable a la Monarquía. El proyecto se pone en marcha con el pláceme del entonces director Luis González de Linares. Falangistas destacados se muestran partidarios del futuro Rey. *"Naturalmente no se llegó a la oposición real al Régimen* —dirá Bardavío— *porque hubiera sido imposible en la época. Pero sí se tentaron posiciones muy reticentes desde la ortodoxia del 18 de julio que no podían olvidar que España era un Reino por la fundamental Ley de Sucesión. Por tanto, de alguna manera se les tendió una trampa y la encuesta tuvo un balance netamente positivo con gran satisfacción de Don Juan de Borbón, que la siguió con puntualidad, como el ministro Fraga, alertado con ese reto a su Ley recién aprobada."*

González de Linares recibiría fuertes presiones antes de la publicación de las respuestas a la encuesta. Es más, Serrano Súñer, cuñado de Franco, monta en cólera al ver cómo la censura ha suprimido frases de su respuesta a las preguntas de la encuesta. Hasta tal punto sube su tono de indignación que se va al Ministerio a discutir con Fraga, pero este estaba fuera del mismo y, tal vez de España, y Bardavío trató y consiguió de llevarlo a la cordura de entonces. La cuestión es que la encuesta es un resonante triunfo, incluso fuera de nuestras fronteras, y hay personalidades que quieren sumarse a la misma, ante el temor de Bardavío de que este asunto se le vaya de las manos. Así se lo dice a Pérez Embid, quien, probablemente, se lo contaría al núcleo duro de la empresa. Este habló con Torcuato Luca de Tena y clausuraron la operación.

Según Bardavío, *"el periódico monárquico dio unilateralmente por hecho, tras más de una docena de intervenciones, que la encuesta había finalizado y publicó un resumen de tres o cuatro páginas en las que reflejaba las opiniones publicadas"*.

Bardavío encuentra ese día a un González de Linares *"atónito pero muy halagado"* por el despliegue de *ABC*. *"Y dio por concluido el trabajo con la reproducción, a doble página, de los titulares de varios de los más importantes diarios internacionales sobre la encuesta. La llamada Ley Fraga había tenido su primer tiento."*

ABC se hace eco de la misma a través de un editorial titulado "Opiniones sobre la Monarquía" y resalta el acierto de esta encuesta por el enfoque de la misma y *"su altura de miras"*. Las dos primeras respuestas corresponden a Joaquín Satrústegui y al que fuera ministro de Asuntos Exteriores con el general Franco, Alberto Martín Artajo.

Capítulo X

NOMBRES Y HOMBRES DE UNA ÉPOCA

MUNDILLO DE JEFES Y REDACTORES

"El camino a la ignorancia está pavimentado de buenas ediciones."

George Bernard Shaw

Redacción grande de *ABC*, presidida por la estatua del fundador, obra de Benlliure, y la de hueco con grandes ventanales a la Castellana. En 1966 Pedro de Lorenzo lleva las colaboraciones y después asciende a subdirector. Procedente de París, donde ejerce la corresponsalía de *La Vanguardia*, Lorenzo López Sancho vuelve al redil de *ABC* como jefe de Colaboraciones, tras su ingreso en la Casa en 1950. Lorenzo regresa con ese aire ilustrado y enciclopédico que imprime la capital del Sena, muy lejos de su castizo "Isidro", seudónimo de "Madrid al día", de botijo y traperos, que López Sancho refleja con una pluma elegante y toma el pulso al poblachón manchego, hasta el punto de ser Cronista de la Villa y Corte. Maragato, Lorenzo había nacido en 1910, en Astorga, en una platina donde su padre Porfirio editaba *El Faro Astorgano*. López Sancho, además, era un histórico del diario, de una Redacción romántica de luz de flexo y cuartillas cuando él tenía máquina.

Lorenzo entraba en el mausoleo grande de la Casa, en la hemeroteca, gracias, además, a sus crónicas literarias de fútbol, del Madrid glorioso de las cinco Copas de Europa; y Lorenzo desprendía un aire de pulcritud con su bigotito, sus andares cuidados y el saber estar de quien se siente superior. Por sus ideas políticas juveniles los sublevados lo capturan y encarcelan a cambio de que se aliste en el ejército nacionalista. En la Casa de *ABC*, sellada por su convicción monárquica, Lorenzo presumía de republicano aun cuando afirmaba que, con la Monarquía, España iba mejor... En el Madrid de mediados de los años 1960, Lorenzo aparcaba su lujoso *Jaguar* a la puerta del periódico y, en alguna ocasión, se siente inglés a través de un paseo por la Castellana, solitario en los asientos de cuero y el salpicadero de madera. Lorenzo era un dandy del periodismo. A don Juan Ignacio Luca de Tena lo llamaba señor Marqués. Es Juan Ignacio quien lo ficha al leer una crítica teatral. Lorenzo era elocuente y culto. Según confesión pública vivía —tras separarse de su mujer— con Alicia, de la que estaba muy enamorado; y él hacía gala de todo esto.

Era anticlerical y orteguiano, no hablaba de Panero y sí de un obispo extremeño —de Montánchez— en su infancia maragata.

"Planetario"

A López Sancho el periódico le había abierto una ventana diaria, un mapamundi, "Planetario", y en él dejaba meridianos y paralelos de redondas y saberes. Con motivo de cumplir veinte años de "Planetario" escribía:

"Todo empezó porque otro día, 21 de mayo, cayó al mar un satélite espacial que los americanos pretendían poner en órbita para predecir sequías y tormentas y yo deduje de la pequeña catástrofe que el futuro no es un planeta donde pueda el hombre posar la planta del pie. Mi leve pesimismo me indujo entonces a declararme cronista de lo efímero y ahora resulta que en lo efímero he quemado veinte años.

Unos dicen que veinte años son mucho tiempo y otros afirman, en forma de tango, que veinte años no son nada. No sé. Aquel mayo, sin poner mi horizonte en tal lejanía de cuatro efímeros lustros, cuando titulaba a esta columna 'Planetario' como secreto homenaje a Natalie Sarraute que en una antinovela así titulada había renunciado a construir un argumento, quedándose con los tropismos que vienen a ser movimientos inconclusos, (...) presentía que los acontecimientos, son sólo tropismos que vibran en el populoso espinazo de la humanidad.

En el mayo aquél, los estudiantes de París habían ocupado las calles (...). Pesados tanques engrasaban ya en Moscovia sus cadenas para pisotear la "primavera de Praga". Los poderosos norteamericanos y los incesantes vietnamitas acordaban, al fin, reunirse en París para hablar de paz. (...) Todos aquellos perturbadores tropismos no son hoy más que un horizonte de recuerdos.

Empezábamos a temer que el mundo, con tales convulsiones, estallara. Han bastado dos decenios para que nos acostumbremos a aquéllas y mayores conmociones. El futuro no existe. El presente es tan fugaz, tan inasible como el polvillo de las alas de una mariposa. Sólo nos queda, en definitiva, la memoria. Uno mismo no es más que una memoria a la que un día se le queda a oscuras la pantalla. Y ya no dirá nunca nada."

Crítico teatral de *ABC*, deja la crítica durante un tiempo, porque el mundo de Talía le llama a las tablas y estrena *Aurelia o la libertad de soñar* y una serie de televisión, *A través de la niebla*.

Con noventa años, un histórico de *ABC* decía adiós a la vida en su puesto privilegiado de colaborador. Desde hacía años vivía con Alicia en un gran hotel madrileño.

Huecograbado

Redacción de hueco, familiar e íntima. Tomás Herrero, buena gente, castizo y señor, confeccionaba desde hacía mucho tiempo las páginas de hueco y acabaría su vida en el diario. Como sucesor, su hijo José Juan con las planillas y los lápices rojos —ahora en el ordenador. También confeccionador, José María Menéndez, caballero y señor, su padre había sido jefe de Personal de la Casa; Guillermo Bolín, malagueño, crítico de cine, alma buena y lírico, primo de Luis Antonio Bolín, el que consigue el *Dragon Rapide* para Franco; Asenjo, confeccionador también; el nombre de su padre aparecía en la inmensa lápida con la que el diario recordaba a quienes dieron "la vida por Dios y por España". En otra mesa, la iconografía de las cámaras fotográficas. Sanz Bermejo y Teodoro Naranjo, los fotógrafos de ese tiempo, lejano ya los Muro, Zegrí, Duque —que muere asesinado en la contienda—.

Manuel Lavedán era un personaje, atildado y bien vestido, de otro tiempo, a pesar de todo. Hacía unos epígrafes —pies de foto—, estaba un rato y después se marchaba a jugar al billar al Círculo de Bellas Artes. En la Redacción grande, corregía las crónicas de los corresponsales de provincia y echaba pestes del mal uso del idioma y, sobre todo, discutía acaloradamente con Miguel Ródenas. Pero esta era otra época, más antigua, más de los años cincuenta y finales de los cuarenta. Lavedán había participado, como taquígrafo, en el proceso de Besteiro. En otro despacho, la edición aérea, que hacían, al alimón, José Amillo y Manuel Adrio. De esa época, José Luis Vázquez Dodero, hombre muy religioso, discípulo de Maeztu, jefe de Colaboraciones, culto y con buena pluma, muy educado. Ha muerto iniciado el siglo, longevo. Sus argumentos nacían de una visión religiosa del mundo. Hacía crítica literaria en *Blanco y Negro* y había impartido clases al Príncipe Don Juan Carlos en Miramar. Era hombre de Don Juan, abierto a los jóvenes y generoso. Después dirigió la Editorial Prensa Española y ha muerto, iniciado el siglo, muy longevo. Por su despacho pasaron, entre otros, y bebieron de sus enseñanzas, en sus primeras armas, Jesús Picatoste y Vicente Zabala en la época en que se reseñaban las conferencias, cuando en Madrid, según don Eugenio D'Ors, a las ocho de la tarde dabas o te daban una conferencia.

Pérez Ferrero

En otro despachito, muy oscuro, la figura de Miguel Pérez Ferrero —Pérez Féretro como lo llamaba Portasany por su aspecto asténico—; "Donald", seudónimo de sus críticas de cine. Pérez Ferrero era todo un personaje, con su cigarro pegado al labio, las inscripciones en las paredes de su despachito: un cerdito y "cuánto se ha escrito y cuánto tan hermoso". Pérez Ferrero llevaba en sus andares la última bohemia. Conocía las redacciones de *La Libertad*, *Heraldo de Madrid* y había sido corresponsal de *ABC* en París entre 1963 y 1965. En la época de Luis Calvo, este se metía mucho con él y aprovechaba cualquier ocasión para tirarle andanadas. Pérez Ferrero era, estaba, muy en el espíritu literario del periódico; era más escritor que periodista y llevaba las Colaboraciones. Hacía, además, la crónica diaria de Madrid y firmaba Sic en las ausencias de López Sancho. Asiento de mal agüero, pasaba la tarde en ir y venir de su despacho a la redacción grande; iba como un poseso en busca de Carlos Carpintier, otro histórico del diario, que hacía sucesos. Carpintier era un hombre descomunal, grande y gordo. Carpintier Carabantes tenía un hermano médico que había sido subdirector en 1936 de *El Sol*. Malagueños ambos, Carlos formaba parte de una Redacción a punto de extinguirse, Redacción de últimos coletazos de un tiempo que se estaba marchando, con los pies de los días.

Carlos también había trabajado en *El Sol* y formaba parte del paisaje de la década de los años cuarenta, bajo la época de Portasany. Se había incorporado a Serrano 61 acabada la contienda. Carpintier provocaba o era provocado. Ver aquella mole humana impresionaba, daba respeto, como un personaje que animara el circo humano que todos llevamos dentro. Así que Pérez Ferrero, pasillo adelante hasta la Redacción grande a provocar a Carpintier. Bromas gordas, pesadas. Una tarde, Carpintier tuvo a Pérez Ferrero cogido como si se tratara de un niño, la ventana abierta, la que miraba a la bóveda de la sala de rotativas, y lo tuvo en suspenso como quien tiene un juguete entre las manos y juega con él, dispuesto a dejarlo caer, en la comba de ese juego. A estas historias se unía Carlos Dávila; formaba parte del juego; y, en tono menor, Gonzalo García Sánchez, "Garcival".

Carlos había pasado el fielato de Portsany en las décadas anteriores. Ahora hacía sucesos, iba a la Dirección General de Seguridad, recogía una hojita escrita a máquina y la transcribía al capítulo de sucesos ocurridos en Madrid. Carlos había entrado en una especie de leyenda y de él se decían cosas muy curiosas. Por ejemplo: cuando descarriló un tren y hubo varias víctimas, al parecer escribió *"(...) afortunadamente, no hay que lamentar muertos, pues todos eran de tercera"*. En el incendio de un convento madrileño llegó a escribir que no hubo víctimas porque, a esa hora de la noche, las monjas dormían con las alumnas. Una leyenda, sin duda, se cernía sobre aquel buen hombre, craso hasta límites exagerados.

Pérez Ferrero encarnaba, llevaba la estela de un bohemio, albacea de cafés donde la literatura se hermanaba con el periodismo, donde un artículo lo inspiraba el aliento espiral de una taza de café. Pérez Ferrero había tratado y mucho a los Machado; había escrito de ellos, lo mismo que de Pío Baroja del que suscribió una biografía; y otra a Pérez de Ayala y se decía o se comentaba que había estado en la proclamación de la República en el Palacio de Comunicaciones. De ahí que Luis Calvo le zahiriese siempre y despectivamente: *"Este, siempre con el poder constituido."*

Cortés Cavanillas

Sin embargo, Cortés Cavanillas tiene ya una larga y apretada trayectoria como periodista, autor de libros, muy monárquico. Con Alfonso XIII mantiene unas conversaciones poco antes de morir el Monarca en el exilio romano. En la capital italiana, Julián se hace popular y aparece en una película. De regreso a España, gracias a Torcuato, su nombre se escribe en la mancheta del periódico y figura como secretario de Redacción, cobijado tras seudónimo de "Argos", recuadro de cursivas, distante de aquellas entrevistas dominicales, freudianas y psicoanalíticas.

Como "Argos" se convierte en dardo de polémica cruzada contra Jaime Capmany —*"comprímete, Julián",* le dice—, y aquel famoso dicho de *"lo Cortés no quita lo Cavanillas"*, ingeniosa frase y muy popular en los ambientes periodísticos. Julián acompaña a los Príncipes en varios viajes. Julián se muere viejecito y olvidado como las rosas que no le dedican versos, mustio y triste, como un parterre otoñal. Muy buen hombre y querido, de raíces extremeñas, procedía de la Escuela de Periodismo de *El Debate*, y había sido editorialista de la revista *Unión Patriótica* y colaborador de varias publicaciones. Llega a *ABC* en 1945.

Capítulo XI

AZORÍN, LA HUELLA DEL DIARIO

INCENDIO EN *ABC*

"El periodismo moderno es, en gran parte, hechura de Azorín."

Luis Calvo

El que tanta gloria diera al periódico, el que asistiera a su alumbramiento con la crónica del atentado en París del Rey Alfonso XIII, José Martínez Ruiz, se lleva el primer aliento de *ABC* el 3 de marzo de 1967, como una pavesa humana de noventa y tres años y el diario proclama su tristeza en la portada. *ABC* dedica magnánimamente páginas y artículos a su figura y una corona de flores y estas palabras: "*ABC*, al primero y más insigne de sus redactores."

Flores naturales y flores de redondas y cursivas. Marañón cuenta cómo a los quince años recuerda los artículos de Azorín en *ABC*. *"Conservo recortados y fichados* —escribe— *(no tendría que acudir a ninguna hemeroteca para buscarlos) cerca de 300 artículos suyos. (...) En el papel de periódico de entonces, hoy amarillеado por el tiempo, conservo los textos prístinos de Azorín. Muchos de esos artículos fueron ligerísimamente modificados al pasar a formar parte de libros."*

Vicente Aleixandre tan descontento en muchas ocasiones con la línea del periódico, a pesar de ser invitado a colaborar en él, escribe que *"al morir Azorín se nos muere del todo la generación del 98. Esta conciencia hace más doloroso el duelo de nuestra literatura, que tan solidaria nos parece con él a través de los siglos"*.

Todas las grandes firmas del momento quieren dedicar un recuerdo al escritor de Monóvar, bien sea Luis Rosales, quien *"recuerda sus palabras y sus silencios"*. Y Julián Marías le dedica un recuadro; y Dámaso Alonso hablará de él como *"fragancia de una vida"*. Y Vicente García de Diego habla del luto que deja Azorín en la Academia; y Camón Aznar de "El arte de Azorín". Luis Calvo contará muchas vivencias azorinianas en la redacción del periódico: *"Una vez en la Redacción de* ABC*, me dijo: 'He escrito anónimamente tantas columnas de* ABC *que, si se recogieran en libros, me llamarían El Tostado; El Tostado de don Torcuato.' Después añadiría: 'Recuerdo que una noche, don Torcuato me encargó que hiciera un número de* ABC *sobre el proceso Ferrer. Me puse a la máquina y, de una sentada, llené varias páginas.' Y terminaba: 'En aquel año —1909—, y en otros muchos años,* *anteriores y posteriores, fue más voluminosa y más importante mi labor anónima que mis artículos sobre Montaigne y los clásicos españoles.'*

(...) Solía contar que el fundador de ABC*, tras arrancarlo de la Redacción de* El Imparcial*, donde publicó* La ruta de Don Quijote*, al tiempo que Valle-Inclán publicaba sus* Sonatas*, se recluía con él en su despacho y le inspiraba aquellos famosos 'fondos' y 'campañas' que avivaban la airada controversia política en todos los ámbitos del Madrid Ramoniano de principios de siglo."* Y Juan Ignacio Luca de Tena evocará muchos pasajes de la vida de este insigne redactor. Azorín era mucho *ABC*. El periódico derrama metáforas y agita el pañuelo del adiós. Pemán le dedica una "tercera", con esa gracia única y su sagaz mirada crítica. *"Azorín* —escribe— *nació a la vida cultural de España con una etiqueta de anarquista. Era el Azorín llamativo, objetante e insolidario, que se definía por su famoso paraguas rojo. Pero con ese paraguas podía cubrirse su frente libre y descomprometida bajo los muchos chubascos y huracanes que habían de caer sobre España. Llegó a ser un clásico o tal vez un gentleman bajo un paraguas insolente y romántico..."*

Incendio en la Casa

Abril de 1967 viene con el augurio del poema de Eliot: el mes de las lilas y las tragedias. La mañana sabía a primavera y el sol entraba con fuerza en la Redacción y en otras estancias de la Casa. Era la mañana del 26 y, de súbito, se oyeron voces de alarma, voces de fuego y una llamarada descompuesta en la sala de rotativas, un brillo deslumbrador entre una nube de humo, a unos metros del paseo de la Castellana. En los aledaños de la Redacción, las mujeres de la limpieza corrían nerviosas y despistadas, porque, en una casa tan grande, era difícil saber dónde estaba el fuego y podías encontrarte con las llamas en cualquier recodo. Tardamos en saberlo y pensamos si no habría nacido en la sección de retoque o en fotografía.

El nerviosismo atenazaba a todos. Al fin, en la alocada carrera de pasos, supimos dónde estaba el foco y que algunos operarios habían alcanzado, como tabla de salvación, el paseo de la Castellana por donde iba el tranvía.

Nada más oír la palabra fuego, José Calvillo, redactor jefe de la mañana, levantó el teléfono negro y llamó a la casa de Jesús Revuelta, subdirector de noche y que se iba a dormir casi con la luz del alba. Revuelta dormía en esos momentos y se despertó sobresaltado. Revuelta tuvo una respuesta surrealista: *"¡Qué voy a hacer yo; no soy bombero!"* Calvillo habló también con Pedro de Lorenzo. Poco a poco, comenzó a llenarse de directivos.

El operario Retuerta había corrido como una tea humana en un último intento de apagar el fuego, e iba envuelto en llamas al paso del tranvía y Teodoro Naranjo, el fotógrafo, que regresaba al periódico andando, captó aquella imagen dramática que se le premiaría con el Nacional de Periodismo.

A Retuerta lo llevaron a la Unidad de Quemados de La Paz y, todas las mañanas, el redactor Pérez Mateos iba a visitarlo en nombre del periódico y hablaba de su evolución con el doctor Salamanca. Lo veía a través de un cristal y lo miraba como quien contempla una bruma espesa y triste.

La tarde del incendio hubo gente que lloró, viejos operarios incapaces de contener sus lágrimas; no podían resistir la imagen retorcida de los hierros y la Casa a oscuras. Llegó Fraga, el Patrón y más directivos. Pérez Mateos urdió unas líneas para narrar lo sucedido, pero llegó Luis Calvo y de un suceso, de esa naturaleza, habría dar fe una pluma de su categoría y alcurnia.

Como otros, Calvo tenía fama en la profesión de enviar el original limpio e inmaculado, sin la más mínima corrección al linotipista, pero era falso; Calvo corregía mucho las galeradas, como Rafael Sánchez Mazas. Calvo llegó a escribir que las máquinas se engarabitaron...

A los pocos días enterramos a Retuerta en la sacramental de la Almudena. El entierro partió del Instituto Anatómico Forense. El marqués y otros altos cargos del periódico asistieron al sepelio. A la vuelta del cementerio, Israel "vivía" la primera jornada de la guerra de los Seis Días. Pedro de Lorenzo percibe cierta simpatía de Juan Ignacio por Israel; y Luis Calvo, que tiene ya las credenciales para cubrir la información de esa guerra, coge el primer avión y se marcha a la contienda. Calvo entra en Jerusalén con las tropas victoriosas.

El diario aparece en portada con la imagen del destrozo. Dentro, imágenes que hablan de dolor y desolación, la gran bóveda de rotativas retorcida y siniestrada, fotografía de Fraga y el Marqués ante la huella del incendio y el salvamento de Flora Molina, una de las mujeres de la limpieza, gracias a los bomberos.

Tanto en la primera de tipografía como en la de sucesos, el lector conocía los avatares de un día desgraciadamente histórico en *ABC*; y el diario también cuenta al lector cómo se ha hecho hoy el diario, cómo de las 144 páginas que debía llevar el número, este se ha reducido a 80, 48 en tipografía y 32 en hueco.

Esos días *ABC* se deshizo en gratitudes y dejó de ser, momentáneamente, Serrano 61 y pasó a ser General Pardiñas, 92, sede del *Madrid*. Esto lo contaba muy bien Ángel García-Pintado en un reportaje titulado "Hoy por ti, mañana por mí" o historia de un relevo periodístico o *"cómo las páginas de tipografía de* ABC *nacen en el* Madrid *a 35.000 ejemplares por hora"*. Cuenta García-Pintado cómo llegan los cartones que se han elaborado en los talleres de *ABC*. *"Vamos a 48 páginas de tipografía. Desde Serrano, 61 tienen que llegar 24 cartones."* Y habla del buen personal que noche a noche saca adelante a este enfermo herido por el fuego.

Franco, enfadado

En *ABC* reina un clima entre la desolación y el caos propio de quedarnos sin luz, caminar en la oscuridad. Fraga Iribarne, ministro de Información y Turismo, observa la mancha negra del humo y los desperfectos en la sala de rotativas. Durante estos días, se ha cerrado el plazo de enmiendas a la Ley del Movimiento, contra la que *ABC* mantiene una fuerte campaña.

El fuego del periódico coincide con la crisis del diario *Madrid* y el cese del director, Miner Otamendi, *"un razonable moderador"*, según Fraga Iribarne. Políticamente, Franco se queja de lo que llama las *"desvergüenzas"* de los periódicos. Tan es así que el general deniega la solicitud de audiencia a Rafael Calvo Serer y Franco comenta con Fraga un libro muy crítico de García Venero, autor de una biografía sobre don Torcuato Luca de Tena, y dice a Fraga: *"Yo respondo de que desde el 1 de octubre de 1936 no hubo ejecuciones sumarias."*[6]

Lo que desconoce, con toda seguridad, el general Franco es que el patrón de la Casa de *ABC*, es decir, el marqués de Luca de Tena, sugiere en el Consejo de Redacción que cuando el Caudillo hace un viaje de importancia, como el que está realizando por Andalucía, parece obligado dar su fotografía en portada. Pero en *ABC* todos están impresionados con el incendio.

Un *ABC* apócrifo

Los senderos de la picaresca son increíbles; de ahí que el periódico haga sonar su voz de alarma y, mediante un recuadro —10-2-1967—, escriba: *"Llega a nuestro conocimiento que está empezando a circular por España un ejemplar de* ABC*, extraordinariamente parecido —en formato, cabecera, tipografía, etcétera— al verdadero. Claro que no tanto como para que un experto en artes gráficas o un buen observador no hayan de darse cuenta inmediatamente de que se trata de una falsificación. Por el procedimiento usado para imprimirlo y por otras circunstancias, parece que el fraude ha sido realizado en un país de Sudamérica.*

Por la sensibilidad que impone una correcta ética profesional, no queremos que pase sin nuestra protesta y nuestra enérgica repulsa esa burda manera de actuar. No es un procedimiento ingenioso de divulgar unas ideas, sino un modo inútil de apropiación indebida de una marca y una significación nacional, para la cual exigimos respeto. La Editorial Prensa Española ha incoado la oportuna reclamación judicial.

Rogamos, pues, a nuestros lectores y a cualquier español a cuyas manos llegue el falso ABC *que tengan por presentada esta advertencia."*

---

[6] M. Fraga Iribarne: *Memoria breve de una vida pública*. Planeta, pág 197.

Boda de la Infanta Pilar

La Familia Real vuelve a la portada el sábado 6 de mayo de 1967 con motivo de un feliz acontecimiento: la boda de la Infanta Pilar de Borbón con Luis Gómez Acebo —duque de Badajoz, título cedido por Don Juan—, apadrinados por el Conde de Badajoz y la marquesa de Deleitosa. Fotografías del acto, información amplia del enlace gracias a la crónica del corresponsal del periódico en Lisboa, Antonio de Obregón, en la que narra el grato momento de los contrayentes y la Familia Real española en el monasterio de los Jerónimos de Belem y notas biográficas de los contrayentes.

Al día siguiente, *"más de dos millares de españoles testimonian su adhesión al Conde de Barcelona"*, en un almuerzo —homenaje celebrado en el hotel Estoril Sol y en el que participan personas de todas las clases sociales llegadas de todas las provincias españolas.

ABC informa ampliamente del acto gráfica y literariamente, crónica que transmite Antonio de Obregón. El diario de Serrano amplia la información con el texto íntegro del discurso de Don Juan al que el periódico dedica dos páginas.

Don Juan destaca en sus palabras *"trabajar, pensar, vivir por una España recobrada, señora única de sus destinos". "La Monarquía no es partido* —dice—*; es una Institución que puede conjugarse con diversos sistemas políticos, prestándoles el apoyo de sus virtudes sustantivas."* Y Don Juan añade: *"Si algún día he de asumir la altísima responsabilidad de reinar en España aceptaré sin discriminaciones la colaboración de todos"*.

Lejos de esto, Luis Bolín, corresponsal que fuera de *ABC* en Londres, clave en la operación que ha de trasladar a Franco de Canarias a Melilla cuenta su experiencia y el diario la anuncia en el sumario de la primera página de tipografía y publica, en las dos últimas páginas de tipografía, "Los años vitales".

Capítulo XII

ABC JUEGA LA BAZA DEL PRÍNCIPE COMO SUCESOR DE FRANCO

OBREGÓN ENTREVISTA A DON JUAN EN ESTORIL

"El problema del periodismo es que lo normal carece de interés."

Saul Bellow

A finales de 1968, el Príncipe, Fraga y Elorriaga piensan, sin contar con nadie, en que el primero efectúe unas declaraciones en las cuales acepte las leyes del Régimen. Con este fin, Elorriaga mantiene reuniones con el Príncipe y trabajan en un texto. Una vez que está claro lo que Don Juan Carlos tiene que decir y cómo, Gabriel Elorriaga redacta las declaraciones y se las pasa al Príncipe. Este las estudia con sus colaboradores, y ya con su visto bueno, después de algunos retoques, se le da el toque final en casa de Nicolás Cotoner, marqués de Mondéjar. El ayudante de Don Juan Carlos, Ramón Torralbo, se las devuelve a Elorriaga, quien finalmente se las envía a Carlos Mendo, con el fin de que las distribuya a través de la agencia estatal *Efe*, de la que es director.

Mendo recuerda muy bien el día de Reyes 1969. En su casa de Soto del Real recibe una llamada del Ministro Fraga, quien urge que vaya a verlo. El ministro le habla de una entrevista realizada por Gabriel Elorriaga, de lo importantísima que es, "de repercusiones históricas para España". Fraga se la muestra a Carlos Mendo y le pide que la firme, a lo que accede tras mínimos retoques de estilo periodístico. A lo largo de toda la mañana, las declaraciones se transmiten a todos los abonados y durante media hora a las cuatro agencias internacionales. Tanto la clase política como la periodística quieren saber cómo se han gestado las citadas declaraciones. El redactor jefe de *ABC*, Andrés Travesí, llama pidiendo fotografías de la entrevista, pero ninguno de los participantes en la gestación de la misma ha pensado en ello y no las hay. Fraga dice a Mendo que *"ya está bien con las declaraciones"*.

Al día siguiente, Mondéjar llama a Mendo para darle las gracias y comentarle la repercusión nacional y extranjera de las referidas declaraciones. Los Príncipes reciben multitud de llamadas de España y del mundo entero. Nicolás Mondéjar dice a Mendo que los Príncipes tienen interés en verle tanto a él como a su mujer, al día siguiente, es decir, el 8 de enero. Carlos Mendo piensa que se trata de una recepción para gente de la prensa, pero cuál no es su asombro cuando, al llegar al palacio de la Zarzuela, un simpático Nicolás Cotoner entretiene a Amparo Soria, la esposa de Mendo, mientras el Príncipe departe durante media hora con el director de la agencia *Efe*. Como si se tratara de una sorpresa, que lo es, Carlos Mendo y su esposa pasan a almorzar con los Príncipes. Mendo no olvida el encuentro, grato y cordial, con el Príncipe. Este le agradece la entrevista y le cuenta unos chistes sobre Franco. Después, durante el almuerzo, Don Juan Carlos habla de su viaje de novios, las anécdotas vividas y lo carísima que está la vida en España.

El marqués rechaza el editorial

Carlos Mendo también ha participado en la divulgación de la imagen de Don Juan Carlos, manda cubrir la información de los actos a los que acude y envía fotografías de los mismos al Príncipe. Fraga *"tenía la conformidad de la Zarzuela para dar el paso al frente; no lo consulté con nadie, ni aun con el propio Franco. Dediqué aquellos días a meditar el texto de unas declaraciones del Príncipe, aclarando las cosas de una vez; en la Redacción definitiva me ayudó Gabriel Elorriaga, jefe de mi Gabinete, que las llevó a la Zarzuela, donde el Príncipe las aprobó y añadió dos líneas de su puño y letra. Yo ya había advertido a Pemán que se iba a hacer algo serio; pero el recado, o no llegó a Estoril, o no se le dio la debida importancia".*[7]

El Ministerio de Información y Turismo invita a *ABC* a glosar las declaraciones en un editorial. Es sábado, día 11. El marqués de Luca de Tena y su hijo Torcuato, director repuesto por Fraga Iribarne, se ponen de acuerdo para visitar al Director General de Prensa. Al final, no acude ninguno. Torcuato alega estar enfermo y pasa el asunto a su director adjunto, Pedro de Lorenzo. En efecto, Torcuato Luca de Tena se encuentra en cama, en su casa de la calle Peguerinos, en Puerta de Hierro; junto a él, su médico de cabecera, el psiquiatra López Ibor. Torcuato Luca de Tena comenta con Pedro de Lorenzo las declaraciones del Príncipe y las opiniones encontradas con su padre, Juan Ignacio Luca de Tena; el Patrón, como se le llama coloquialmente, no las aprueba, mientras que el hijo sí. El periodista extremeño trata de avenir a ambos. De vuelta a Serrano 61, Pedro de Lorenzo entra en su despacho, que está situado junto al del marqués. Al advertir Juan Ignacio la presencia del director adjunto, entra en su despacho. Pedro de Lorenzo habla por teléfono con Torcuato y trata de ponerlo de acuerdo con su padre.

Pedro de Lorenzo vuelve a la casa de Torcuato. Sobre la colcha, en una máquina marca *Baby Hermes*, escriben entre los dos el editorial en presencia de López Ibor. Mientras el director general espera, el periodista extremeño trata de convencer al

[7] M. Fraga Iribarne, *Memoria breve de una vida pública*, pp. 235-236.

marqués de Luca de Tena de que apoye las declaraciones. Pedro de Lorenzo les da a elegir: *"Nos adherimos o no nos adherimos; en este último caso, es que no pretendemos 'el pensamiento navarro nacional' que, como decía Baroja, ni es pensamiento ni navarro."*[8]

El marqués rechaza el editorial. Nuevamente, en casa de Torcuato Luca de Tena, se rehace el texto. Desde aquí, Pedro de Lorenzo telefonea a Prensa para la cita del Ministerio. El director general lee el editorial y no toca una coma. Son las nueve de la noche. Astutamente, tratando de evitar la presencia del marqués, Pedro de Lorenzo manda a talleres el editorial. No obstante, el marqués telefonea por la noche al subdirector, Jesús Revuelta, quien le responde con vaguedades. Con ese editorial, *ABC* aplaude las declaraciones y juega la carta de Don Juan Carlos.

Entretanto el periódico monárquico —considerado en esos días entre los diez mejores del mundo— somete a depósito un número extraordinario con significativos textos del Conde de Barcelona.

Testimonio 3

"MAYO DEL 68", ESCRITO SOBRE EL TECHO DE UN COCHE

JOSÉ JULIO PERLADO, CORRESPONSAL DE *ABC* EN PARÍS

Mayo del 68 no lo olvida José Julio Perlado, ni cuando lo llama Torcuato Luca de Tena una tarde y le ofrece la corresponsalía de París. Al día siguiente, en coche, José Julio deja atrás España, cruza parte de Francia y se instala en París. *Mayo del 68*, lo vive apasionadamente. Como un Proust que desea atrapar el recuerdo, la película del tiempo, imágenes sepias de unos sucesos que conmueven el mundo, noche larga e intensa de José Julio en el Barrio Latino, al pie de la noticia, sigue a los estudiantes hasta la Sorbona, llama al periódico desde un teléfono público. José Julio ve, está viendo, por ejemplo, a Cohn Bendit, el encuentro con los estudiantes y los obreros en uno de los puentes sobre el Sena, en la toma del Odeón.

José Julio sigue a los estudiantes, recuerda el vacío de poder existente en Francia durante esos días, las dos semanas de ausencia del general De Gaulle y la marcha de este a Budapest para inaugurar la Universidad —¡qué paradoja!— cuando está ardiendo la Sorbona.

Carreras y desórdenes, nervios y prisas, horas tensas. José Julio conoce a Mitterrand, secretario general del Partido Socialista francés, contrincante de De Gaulle, asiste a la rueda de prensa en el hotel Lutetia —el hotel de la izquierda francesa. Son las siete de la tarde, De Gaulle está ausente, periodistas de todo el mundo escuchan a Mitterrand; y habla del vacío de poder. El Presidente no está en Francia.

[8] Conversación del autor con Mendo, Elorriaga y Pedro de Lorenzo.

Entonces, un periodista le pregunta: *"¿Dónde está el general?"* Mitterrand no lo sabe. Si el jefe de la oposición no lo sabe...

José Julio Perlado recuerda la imagen inconfundible de la figura de De Gaulle, la conferencia de prensa en el Eliseo, el general vestido de azul. *ABC* quiere saber qué pasa realmente con *Mayo del 68*. Hay preocupación en la Casa: si se trata o no de una Comuna. Editorialmente, el diario trata correctamente el acontecimiento. Un día el editorial alude a una crónica de Perlado y escribe que en la página catorce de la crónica de nuestro corresponsal dice tal, *"que nosotros no asumimos"*.

París único, días inolvidables para un corresponsal. José Julio vive, además, el fin de la guerra de Vietnam y la parafernalia lenta y oriental de la misma, cómo había que colocar las mesas y qué dilación, qué retraso en todo, en traducciones. Perlado vive la vida francesa, esa esclavitud del corresponsal pendiente de la noticia y, para ello, sigue todo un ritual: la radio conectada a un magnetófono, la compra de los periódicos, la salida de *Le Monde*, la máquina de escribir en el coche, aparcado en un callejón sin salida, cerca del famoso diario. Ya tiene el tema y escribe la crónica con su máquina colocada sobre el techo del coche; y la envía por télex, cerquita del histórico *Le Monde*.

El domingo lo aprovecha para su otra gran pasión: la literatura, conoce y entrevista a los grandes intelectuales de la época: Gabriel Marcel, Anouilh... Un día llegan a París Torcuato y Joaquín Calvo Sotelo, acompañados de sus respectivas esposas. José Julio los recibe en el aeropuerto. Hay elecciones y se presentan Alain Poher frente a Pompidou. Torcuato apuesta por aquel, mientras José Julio está seguro del triunfo de Pompidou. Perlado no olvida la figura de Pompidou, la rueda de prensa tras la victoria. Se sienta en primera fila y asegura que nunca ha visto cambiar tanto a un hombre, especialmente cuando dice: *"Yo soy Francia." "En esos momentos* —recalca José Julio—, *observo cómo cambia un hombre."*

Anteriormente a la corresponsalía de París, ha vivido en Roma, enviado por el diario *Madrid*; y vive la Roma de los Campmany, Tristán la Rosa. Se reúnen en *La Stampa* y desde allí envían sus crónicas. París, sin embargo, está menos organizado, en este sentido. París, de Feliciano Fidalgo, corresponsal de *Ya*, de Pilar Narvión de *Pueblo*...

José Julio tiene su vida organizada: Amelia y sus tres hijos. Estos van al colegio. Transcurrido año y medio de su estancia en París, lo llama Torcuato con el fin de que vuelva a Madrid, pero los chicos están en pleno curso y esto le supone un serio trastorno. En la Casa quieren que lo sustituya Luis Calvo. Perlado, sin embargo, se opone a la vuelta a la Redacción, especialmente por la situación escolar de sus hijos. Volvería a la Casa, cumplido el contrato, estaría en la Redacción y subiría algunas noches a talleres para seguir las últimas fases de la salida del periódico, pero esta tarea no le iba a José Julio, hombre literario; y acabaría en la Universidad, impartiendo clases de lo que él sabe y ama, la crónica, la entrevista, el género periodístico.[9]

---

[9] Mantengo muy buena relación con José Julio.

Capítulo XIII

PRIMER DOMINICAL DE LA HISTORIA DEL PERIODISMO ESPAÑOL

GRAN ÉXITO DEL "COLORÍN" DIRIGIDO POR ANSON

"No puedo comprender que una mano pura pueda tocar un periódico sin estremecerse de disgusto."
Charles Boudelaire

Al año del incendio del periódico, el 5 de mayo de 1968 —y con retraso por este— aparecería *Los domingos de ABC*, capitaneado por Luis María Anson, desde el observatorio de un despachito, situado en la biblioteca, con vistas a la Castellana. Redacción, mínima y coqueta, en la que participan, entre otros, Florencio Martínez Ruiz, Javier Rubio y José María Moreiro. Previamente Anson ha iniciado su luna de miel y su permanencia en Vietnam. Cada día manda su crónica, escribe cartas a los amigos y a gente de la Casa. Anson viaja a Formosa y a Hong-Kong. Cariñosamente se le dice "Dante", porque está enamorado de Beatriz, su mujer.

Empecinados los directivos de la Casa en sacar un suplemento, cuentan con dos proyectos: uno que costaría cuatro pesetas y el otro cinco. Tras su dorado exilio, Anson regresa a Madrid. El periódico tiene vacantes las corresponsalías de París y de Bonn. Para la primera se piensa en Luis Calvo. Anson iría a la capital alemana. Anson no entra en los planes de dirigir el dominical y no acepta la corresponsalía de Bonn; se ocuparía de la edición aérea y de una antología de la prensa extranjera.

Nadie duda en la Casa de la brillantez de Anson, capaz de escribir desde un buen pie de foto hasta un editorial pasando por la crónica. Luis Calvo no quiere marcharse a París. Torcuato piensa que busca la jubilación y se lo propone. Calvo dice que se trate su estatuto.

Un intrépido periodista, tras ofrecerle *ABC* una comida por su marcha a París como corresponsal, se atreve a escribir bajo su fotografía *"nuestro redactor"*, hecho que lo enoja. Al final, Calvo no va a París ni se jubila; deja la Casa a los ochenta años. El azar coloca a Luis María al frente del dominical, 56 páginas. En el proyecto ha trabajado López Sancho. El dominical tira trescientos cincuenta mil ejemplares y, poco tiempo después, medio millón.

ABC y *El Colorín*, como se le llama cariñosamente. El suplemento, revista atrevida y bella, resaltada con las colaboraciones de intelectuales, entre ellos Madariaga y Sánchez Albornoz, un liberal europeísta el primero y un ex presidente de la República el segundo.

Adolfo Suárez en el "Colorín" de *ABC*

Considerado como el gobernador civil más joven de España, Adolfo Suárez aparece como un brillante político en un dominical del mes de marzo de 1969. Luis María tiene una vieja deuda con el político, a raíz del proceso por "ofensas al jefe del Estado", después que el propio Luis María reconociera ser el autor de una recensión de un libro publicado en el diario de Serrano.

Luis María cuida la imagen del político de Cebreros y el 2 de julio de 1975 aparece una fotografía de cuerpo entero, en la revista *Blanco y Negro*, dirigida entonces por Anson.[10] *"Luis Carrero Blanco* —escribía el periodista— *preparaba para comienzos de 1974 una crisis de Gobierno. Adolfo Suárez hubiera sido ministro en esas fechas si el almirante Carrero Blanco no hubiera caído brutalmente asesinado."* En la época de Carrero, un grupo de jóvenes del sistema, antiopus en su mayoría, firman una carta contra el almirante por unas declaraciones retrógradas y, aunque la misiva contiene muchas frases de Franco, enerva al almirante, máxime cuando *ABC* la hace pública, gracias a la orientación del propio Luis María. Esa carta se conoce en la intrahistoria del franquismo como "la de los cuarenta". En realidad eran treinta y nueve. Martín Villa no la firma.

Muerto Herrero Tejedor, padrino y valedor de Suárez, *Blanco y Negro* llega a decir del político abulense que *"es el hombre que ha sabido conectar con lo que el Príncipe y la sucesión significan de cara a un futuro abierto y estable"*. En la primera quincena de julio de 1974, Luis María Anson organiza un homenaje al "político del mes", Adolfo Suárez, en el madrileño hotel Ifa.

---

[10] Sobre la probabilidad de que *Blanco y Negro* fuera un periódico vespertino, el lector encontrará la versión que del mismo da, en su capítulo correspondiente, el que fuera director de *ABC*, José Luis Cebrián Boné.

Capítulo XIV

NACE EL PRÍNCIPE FELIPE

REGRESAN A ESPAÑA LA REINA VICTORIA Y DON JUAN DE BORBÓN

"Hay mucho que decir en favor del periodismo moderno. Al darnos las opiniones de los ignorantes, nos mantiene en contacto con la ignorancia de la comunidad."
Oscar Wilde

El año 1968 se abre con un acontecimiento especialmente feliz para la ideología de la Casa, grato acontecimiento reflejado en la portada de *ABC* del miércoles 31 de enero, alegría en la Zarzuela. Los monárquicos están contentos: pues hay sucesión. En la imagen, una joven pareja y un titular: "Primer nieto varón del Conde de Barcelona." El niño ha venido en los últimos días de enero —el martes día 30— en la desaparecida clínica madrileña de Loreto y el periódico amplía la noticia en la primera columna para remitir al lector a la página 43, en la que se cuenta, detalladamente, cómo se llamará el nuevo Infante de España, sus padrinos, cómo han conocido la noticia la familia del Príncipe y el general Franco. Don Juan Carlos brinda con champán en la biblioteca de la clínica con los periodistas y fotógrafos y un periodista de la Casa, José Baró Quesada —autor de la información, que, por cierto, no aparece firmada— en nombre de los compañeros alza su copa por el nuevo Infante y la Familia Real española. Con este motivo, vuelve a España la Reina Doña Victoria Eugenia y su hijo Don Juan de Borbón.

Casualmente, en la "tercera" de este número, escribe un artículo sobre la "Bibliografía de la Cruzada", Carlos Martínez de Campos, duque de la Torre, que ha sido preceptor del Príncipe Juan Carlos.

El periódico lleva a portada el rostro de la Reina, el miércoles 7 de febrero y el anuncio de la llegada a Madrid. En "tercera", José de Yanguas Messía, ministro con Alfonso XIII, traza una semblanza de Doña Victoria. En la primera de tipografía, croquis del itinerario, recuadro con las medidas tomadas por el Ayuntamiento, editorial de Torcuato Luca de Tena, titulado "Señora", canto a la regia figura, versos escritos por Unamuno, en 1934, en la Magdalena: *"A sus pies las espumas / decían de la gloria y el linaje..." "Esposa ideal para el joven Rey de las Españas, erais la más bella Princesa de Europa..."*

Llegada y despedida

Nuevamente en portada el día siguiente, al descender del avión en el aeropuerto de Barajas y una amplia información en su interior. Dos páginas de huecograbado con fotografías de Sanz Bermejo y Naranjo. El viernes, de nuevo en portada, la Reina lleva en sus brazos al Infante Don Felipe, acompañada de su hijo Don Juan; y dos páginas de huecograbado y mucha información del bautizo. El sábado vuelve a la portada Don Juan, con motivo de la visita que hace a don Ramón Menéndez-Pidal, director de la Real Academia Española. Crónica de Luis María Anson, que acompaña a Don Juan, José María Pemán y Luis Rosales. Don Juan en El Escorial, deposita una corona en la tumba de su abuela la Reina Cristina y reza ante la tumba de José Antonio, según escribe Baró Quesada, redactor político.

El martes día 13 la Reina, acompañada de su hijo Don Juan, vuelve a la portada, en momento de la despedida, en el avión que la llevaría a su residencia de Lausana. El periódico realiza un despliegue gráfico abundante gracias a las imágenes de Sanz Bermejo y Naranjo.

Carlos Hugo: "Invitado a abandonar España"

ABC de estos años, rejuvenecido con páginas dedicadas a la juventud, "Los años locos", que cierra este año 1968 con un suelto publicado el día 21 de diciembre: *"Don Hugo de Borbón Parma, invitado a abandonar España."* Tras cuatro líneas de la agencia *Cifra* una Nota de la Redacción: *"Don Hugo de Borbón Parma ha permanecido en Zaragoza dos días, acompañado de su esposa. Se alojaba en el hotel Corona de Aragón. A primera hora de ayer, viernes, recibió una comunicación oficial invitándole a salir de España. Poco después de la una y media de la tarde llegaron al hotel unos comisarios de Policía, en unión de los cuales partió en automóvil hasta la frontera de Irún. En el hotel quedó su esposa, Irene de Holanda, afectada de gripe, que horas más tarde emprendió viaje a Madrid."*

El martes, día 24 el periódico le dedica junto a un editorial —"Con claridad y respeto"—, un recuadro con *"opiniones de autoridad: la del Jefe del Estado y la de la Hermandad Nacional de Requetés Ex Combatientes."* El editorial hace referencia al invierno de 1964, cuando la princesa Irene de Holanda abraza la religión católica y anuncia su matrimonio con don Hugo de Borbón-Parma.

"Don Hugo de Borbón-Parma es, efectivamente, francés. Con su pasaporte galo —continúa el editorial— *ha residido en Madrid y viajado por España en es-*

tos últimos años." El diario hace referencia al árbol genealógico y manifiesta que no pertenece a la Comunión Tradicionalista, aunque respeta la nobleza ideológica de su causa.

Obregón con Don Juan

ABC de 1968, testigo de acontecimientos. No aparece una sola línea sobre Don Juan Carlos el día 5 de enero; ha cumplido treinta años. Domingo día 7 de enero: larga entrevista con Don Juan de Antonio de Obregón, corresponsal del diario de Serrano en Lisboa.

Don Juan y Obregón charlan en el despacho de *Villa Giralda*. Don Juan resume sus mayores alegrías del año 1967: *"La boda de la Infanta Pilar, la presencia del Pontífice (Pablo VI) en Fátima y la resolución —espléndida— de las Naciones Unidas en el caso de Gibraltar."* Don Juan aborda los acontecimientos griegos a la pregunta del redactor y comenta que el público los ha seguido, como él, gracias a las crónicas del enviado especial del diario de la calle Serrano. *"De la crisis griega* —señala el Conde de Barcelona— *sale moralmente robustecido el sistema monárquico, pues se ha demostrado, una vez más, que a los Reyes dignos de este nombre no les mueve el afán de conservar la Corona, sino lo que entienden ser el bien de su pueblo."*

Habla después de la Monarquía y dice que no trata de hacer apología de la misma. *"Es un hecho evidente que las naciones que soportaron la tremenda prueba de la guerra con menos estragos en su estructura política y social y se recuperaron con mayor rapidez y orden fueron esas mismas Monarquías."* Don Juan manifiesta su gratitud al Gobierno y al pueblo portugués.

Fotografía de Carlos Hugo irrita a Franco y a Torcuato

Vestido con ropas de minero y la cabeza cubierta con un casco, Carlos Hugo aparece fotografiado en la primera página del *Internacional Herald Tribune*, primavera de 1968. Esta imagen irrita a Franco; lo había dicho taxativamente: *"Ni Don Juan ni Carlos Hugo."* Similar irritación sienten los sectores legitimistas de *ABC* y Torcuato Luca de Tena, quien escribe una dura carta a José Mario Armero, presidente de Europa Press, agencia responsable de la difusión internacional de la fotografía. Torcuato acusa a Armero de "huguista". El ministro de Información y Turismo, Fraga Iribarne, tampoco oculta su indignación hacia la agencia informativa. Antonio Herrero Losada, director de la misma y miembro del Opus Dei, no quiere entrevistarse con el ministro. Fraga llegaría, incluso, a prohibir temporalmente la entrada de Armero en su Ministerio.

La irritación va más allá de los afectados y conmociona en Estoril y a Areilza, que preside el Consejo Privado del Conde de Barcelona. Carlos Hugo está casado con la princesa Irene, descendiente de la familia real holandesa, familia "liberal" europea. Esto inquieta en ciertos ambientes, que contraatacan calificándole de "procomunista".

El Príncipe sugiere que se retire una portada suya

Día 22 de noviembre de 1968. En la revista *Point de Vue* aparece un reportaje sobre la estancia de los Príncipes Don Juan Carlos y Doña Sofía y sus hijos en el palacio de la Zarzuela, reportaje estrictamente humano, escrito por la periodista francesa Laot. Una vez que esta ha visitado a los Príncipes, por la noche, en una cena, alguien le sugiere que Don Juan Carlos vería con buenos ojos —valga el pleonasmo— el que añada esta frase: *"Jamás, jamás reinaré en España mientras viva mi padre."* El Príncipe, pues, no ha pronunciado tal frase.

El reportaje origina un gran revuelo. *ABC* tiene ya preparada la portada en la que figuran padre e hijo con un pie de foto que reza: *"Jamás reinaré en España, mientras viva mi padre."* En Zarzuela se reúne el sanedrín para ver qué se hace y gracias al Príncipe y sus colaboradores evitan que las mismas no las publique *ABC*, que accede y cambia la portada. Afortunadamente en El Pardo no inquieta la famosa frase, pues Don Juan Carlos cuenta el incidente al general Franco y este le aconseja que no las rectifique: *"Las Familias Reales* —le dice— *no pueden discutir en Prensa. Hay que salir al paso indirectamente."* Sin embargo, días más tarde, el periódico *Madrid* se hace eco de la referida frase en un editorial que reproduce *ABC*. Una vez más, el diario falangista *Arriba* aprovecha la ocasión para meterse con la Monarquía liberal.

Carlos Murciano, corresponsal de *ABC* en el mundo de los "Ovnis"

ABC es así de original, sin duda el único diario del mundo que se ha ocupado del fascinante e imaginario mundo de los "ovnis". El escritor y poeta Carlos Murciano aparece como enviado especial a otros mundos o, al menos, a uno muy desconocido. Todo surge a raíz de un artículo, publicado en *ABC*, con el título de "Algo flota sobre el mundo", escrito por el poeta gaditano tras la aparición de un raro objeto en el cielo de Madrid y que *ABC* publica en portada. A Torcuato Luca de Tena ese artículo le llamaría la atención hasta el punto de que llama a Carlos Murciano a su despacho y le ofrece la investigación de ese mundo misterioso y mágico. Carlos Murciano dice que él no es periodista, a lo que Torcuato le responde: *"Para esto tengo cuarenta; quiero la simbiosis del economista y hombre de empresa con el poeta."* Tras meditarlo unos días, Carlos Murciano acepta la oferta y así inicia un largo peregrinaje por varios países, alejado por períodos temporales, de su empresa RCA.

Un corresponsal muy *sui generis*. Enviado, como dice el diario, *"al país más impreciso, indeterminado y extenso de la tierra: el país de los 'Ovnis'. Es decir, el país compuesto de todos los países en donde los 'Ovnis' han dejado enigmática huella de su paso y habitado por todos los hombres que han visto o han creído ver, platillos volantes, naves espaciales y otros planetas"*.

A Carlos, las crónicas le llevan mucho trabajo. Fruto del mismo, un libro que editaría, en 1969, Prensa Española, titulado *Algo flota sobre el mundo*. Carlos lleva un carné de prensa con su nombre y "corresponsal en el mundo de los 'Ovnis'". Al finalizar la serie, el periódico le ofrece la posibilidad de que se marche a Japón para proseguir la investigación, pero, muy a su pesar, Carlos Murciano no sigue.

Por esta época, aparecen en los diarios noticias relativas al mismo asunto, personas que los han visto. Carlos Murciano recorre Europa, Asia, América y empieza a relatar las misteriosas historias que ha recogido ya en Inglaterra o en Noruega; en Italia o en Pakistán. Se hace un experto en este tema y aparece en los más variados medios de comunicación.

1968 "...y poesía, cada día"

Con su marcado estilo literario, *ABC* quiere despedirse y se despide de sus lectores con unos versos, una página lírica, que salude a sus lectores como un viejo trovador. En la primavera de 1968, se piensa en una página limpia, sin publicidad. Nacía esta página fruto de la reforma de la encuadernación, la misma que aconsejaba el nacimiento de un suplemento dominical. Se pretendía que la referida página no chocara con la tenebrosidad de las esquelas. Se pensó en chistes, en un *mono* grande de Mingote, en "Hace medio siglo, *ABC* decía..." Recuadrada y bajo el título de "...y poesía, cada día", el diario derrama versos, sonetos, poemas... Esta página la mima Pedro de Lorenzo, acogido a la parodia juanramoniana: *"Humor y poesía, cada día."*

En ocasiones, Pedro de Lorenzo se pasa en su pulcritud. La página es una especie de "Alforjas para la poesía" y se escucha la voz lírica de los poetas. Al marqués de Luca de Tena y a su hijo Torcuato les gusta la poesía. Las cenas en Serrano 111, hogar de Juan Ignacio, concluyen junto a la chimenea, en veladas inolvidables y recitales de Penagos a poetas rebeldes como Alberti, viejo amigo de Juan Ignacio, o a Nicolás Guillén, firma habitual en *ABC*. Hasta el Marqués siente la llamada del verso y declama a Pemán, José Carlos de Luna, clásicos y modernos.

La confecciona y selecciona los versos Salvador Jiménez. El escritor y periodista murciano, poeta también, acaba de dejar la corresponsalía del diario en París, gracias a César González-Ruano de quien es albacea. A los pocos días de su trabajo en la Redacción nombran director de *Arriba* a Campmany y se va con él. Entonces, la página de poesía recae en las manos de Martín Descalzo y lo hace muy bien.

Son páginas que ilustra Goñi y Aquaroni. Y muy leída. A veces consigue un buen tanto en la selección de poetas como en los temas. Aunque pueda parecer increíble, la página motivó conflictos y muchos vates quieren ver reflejados sus versos en este espejo lírico. E incluso se buscan influencias para ver los poemas en la luz de la tipografía. No faltan lectores y coleccionistas de poemas que protestan, en ocasiones. Blas de Otero llega a reclamar derechos de autor por la aparición de unos poemas suyos y la Casa le envía un cheque en blanco; él lo rellena con la petición de tres mil pesetas. Un poeta llega a pedir veinticinco mil pesetas.

Después pasaría por las manos de Florencio Martínez Ruiz, especialista lírico, juncal de estrofas junto al Júcar y Torremangana, Gonzalo Garcival, Ignacio Ruipérez; y moriría con la caída de Pedro de Lorenzo, a los siete años, en 1975.

Capítulo XV

FRANCO CAZA CON EL HURÓN DE UN HOMBRE DE *ABC*

SAGAS Y GENTE DE LA CASA

"Hay que tener mucho cuidado con los niños pequeños y con los periodistas. Cuando te has dado la vuelta son capaces de tirarte una piedra."

Konrad Adenauer

Redacción de mañana, tarde y noche. Redacción matinal apacible, cuando sale el sol de la noticia empieza a salir, la portería y su pequeño mundo —guardías municipales que buscan el regalo de un periódico, o un extraño juez que conversa con Fraile, el portero, que hace barcos en miniatura— o Durán. La Casa es como una gran familia, una inmensa familia, sagas de apellidos como los citados y los Barroso, el padre jefe de automóviles y siempre acompaña al "patrón" —don Juan Ignacio. Los Barrosos, fieles y capaces, qué buena gente: Emilio, abogado en la Asesoría Jurídica; Gonzalo, ejemplar y zahorí del Archivo; los Navarros en el mundillo de Cajas sobre las platinas; los Caros, ajustadores —tienen imprenta aparte y alguna de las publicaciones de la Casa se tiran en sus imprentas.

La portería, mundo aparte, símbolo de entrada, de gente que pregunta y tiene un sello especial de botijo, cerros de periódicos, cajetines y entrega de originales y obsequios. En ese mundillo, la vigilancia aburrida de un "gris", el antiguo policía armado, tertulianos como Díaz Villasante, juez que tendría un problema judicial con Pérez Ferrero, y que sobresee el fiscal Herrero Tejedor, gracias a las gestiones de un alto directivo de la Casa. Fraile apunta la hora de llegada, la subida de la escalera, el redactor que le da la mano a la mano de hierro del águila, el mármol descarnado o cubierto por una alfombra gigantesca —según las estaciones— de la fábrica de los Stuik, el espejo grande del descansillo, el ascensor —cuando llega don Juan Ignacio se recomienda al personal prudencia en la subida, bien que esperen o suban por la escalera. Momentos antes de salir de su casa, en la colina de los chopos del 111 de Serrano, llaman por teléfono a la portería, y el Marqués llega en un automóvil marca *Mercedes*, modelo colas. Imagen inconfundible, sus pasos acelerados, sus gafas gruesas. En cierta ocasión sorprende a

Adrio y a otro redactor "encestando" tubos en la Redacción, los que llevan el original a Cajas —talleres.

Operarios

Junto a la portería, el ir y venir de operarios de la Casa, "puerta de carros", como se llama, entran y salen camiones cargados con las bovinas de papel al lado del muelle y de las rotativas. También furgonetas y automóviles del personal directivo. Al frente, el buen José Pérez Barroso, creador de una no menos buena saga en el diario. Un día Barroso hace frente a un díscolo Luis Calvo y, desde ese momento, el director lo tendrá en gran estima. Barroso acompaña, en muchas ocasiones, a Juan Ignacio en viajes a Sevilla, a El Escorial o a San Sebastián.

Gente curiosa de la Casa cae por la Redacción; carpinteros y fontaneros reparan averías y atienden, además, las demandas de la familia Luca de Tena.

La otra puerta de entrada permanece cerrada. Para la época, el inmueble está perfectamente diseñado y el transporte automovilístico entraría por esa otra puerta, daría la vuelta y, de esa suerte, se evitaban maniobras difíciles. Los obreros entran por la"puerta de los carros" y se les prohíbe la subida por la escalera principal; es lógico desde el punto de vista estratégico. Interiormente, la Casa es un dédalo de escaleras y pasillos, de despachos y plantas grandes, de ascensores y cubículos. A veces, el personal acude a la clínica, perdida por las alturas, a ver al doctor Pérez Ratés —que conjuga su misión clínica con la técnica, más dedicado a esta tarea— o a inyectarse, mejor dicho que lo inyecten bien sea Ariño o Alfonso Almarcha, gente entrañable lo mismo que el doctor Antonio del Val.

En esa andadura, el despacho de Guillermo Luca de Tena y su secretaria María Jesús, talludita, ya fallecida, el viejo despacho del fundador a la izquierda —Julián, el bedel, lo enseña bajo llave. Es una reliquia más de la Casa, símbolo del poder, reunión de jurados de los premios "Cavia", "Luca de Tena" y "Mingote", también del Consejo de Administración, Redacción y Junta de Fundadores. Al lado, la asesoría jurídica y el marqués de Santamaría de Paredes, hombre correcto y apacible. Después, si se elude el patio sevillano, la primitiva Redacción y sus techos de motivos pictóricos de palacio renacentista.

Personajes

Ahí veréis a los bedeles y a los motoristas —los que llevaban las pruebas a la censura o recogen originales de firmas prestigiosas; a las once, a por el chiste de Mingote. Bedeles y ordenanzas de *ABC*, históricos y legión ante la sala de visitas. Julián tiene porte de aristócrata y Pedro es un campesino que sueña con su pueblo toledano de Sonseca. Pedro ejerce en la casa de don Juan Ignacio como mozo de comedor, pero, con el tiempo, pierde figura y acaba de bedel en el diario con ese rostro orondo y una socarronería de filósofo campesino. De niño trabaja en una finca del conde de Mayalde en predios toledanos y, para alimentarse, caza furtivamente, y eso le trae alguna que otra represalia o bronca.

Obeso, Pedro entra en la Redacción por la mañana y siempre cuenta algún chascarrillo, cuando no inventa algo sin el menor rencor, buscando la gracia o hacerse el gracioso: *"A las siete de la mañana* —dice—, *ya estaba la familia Luca de Tena trabajando en la obra de enfrente."* O bien reprocha cómo se ha hecho el periódico. Cuando se le pregunta el porqué responde que por el lomo. En cierta ocasión, don Manuel Aznar Zubigaray quiere ver a don Juan Ignacio. Pedro le pregunta quién es y el abuelo del presidente Aznar le dice: *"Pero usted no sabe quién soy yo. ¿No me conoce?"* Claro que lo sabe, pero quiere oírlo de sus labios. Así que ambos se enzarzan en una tonta discusión. Bedeles bien uniformados, se levantan del asiento al paso de cualquier directivo. Ordenanzas, bedeles, botones, aprendices, gente que entra con doce años y, poco a poco, escalan puestos; es decir, aprenden el oficio. En Redacción, ordenanzas y bedeles raros e incunables como Barrera, serio y *rojo*, desprende buen perfume. Como si se tratara de una letanía, se acerca al oído de un redactor y le dice: *"Aquí, el día que dé la vuelta la tortilla, no hay suficiente cuneta para tantos como hay que fusilar."* Secundino, Demetrio, Miguel Ángel avanzado en sus derechos: protesta, con razón, por qué tiene que llevar cafés y comidas a los redactores.

Veréis a Cleto, en la lejanía de la década anual de los cincuenta y sesenta, cómo arregla el pelo, por cuatro cuartos, a quien lo desee, generalmente, redactores, en la parte alta de la redacción o en el servicio de la biblioteca. Cleto es barbero y trabaja en hospitales donde rasura sobacos, cabezas y pubis a pacientes a punto de ser operados. Cleto da a la Redacción un aire de barbería mezclado con algo de extravagancia y le resta solemnidad. Cleto es un personaje, un retazo de historia abecedaria, una imagen prendida en la memoria. A veces usa un servicio de señoras, situado en la biblioteca. Por las noches, cuando vencía el mes, aparecía un joven —Tejedor— con un sobre y abonaba la mensualidad a los redactores.

Yegua en la azotea

Aunque parezca increíble, en la azotea del diario había una yegua, que pertenece a don Fernando Luca de Tena, ingeniero y campesino. Dicen que en su finca, cercana a Madrid, trabajan operarios de la Casa. La yegua pasta en la gran azotea, en unos comederos y un bedel la baja —también se habla de que es un jefe de personal— en un ascensor grande y la pasea a lo largo de los raíles del tranvía, paseo de la Castellana arriba y abajo, hasta la plaza de Castelar. En la azotea, don Fernando tiene una mínima granja. En cierta ocasión, unos empleados de la Casa, en un acto de barbarie, lanzan una cabra al vacío, con la fatalidad de que el animal da con sus huesos en el jardín de la vivienda de don Benito Pico, general del Ejército, casado con una de las hijas del Fundador. La vivienda de Benito Pico es un palacete, muy de la época, levantado en el paseo de la Castellana y situado junto al periódico. Al observar el matrimonio la fechoría, se acercan indignados a la Casa —con razón. Al parecer, el animal en su caída rompe una pequeña estatua que adorna el jardín. Son historias surrealistas, de otra época.

Otro sendero para alcanzar la Redacción, es encaminarse a través del patio sevillano, evocación del parque de María Luisa sin olor a azahar, pero con rumor de fuente. Resulta gratificante cruzarlo y soñar, soñar como un califa en el día que despierta, antes del rumor de las rotativas, ahora calladas, descansando del trajín de la noche. El patio andaluz y esa fuente que llora, tal vez, tanta grandeza, y tanta historia como guarda entre sus paredes, homenajes y comidas, de la España de otra época.

Traspasado el patio como un perfume de azahar, el despacho de Torcuato Luca de Tena, a la derecha, el olor matinal a cera y la imagen de las mujeres de la limpieza; y la Redacción silente y sola con el aire fantasmal del vacío y la ausencia, preparada para recoger, sobre la mesa, el pulso de España y del mundo. A lo lejos, en un pasillo, la salita de teletipos y su ruido de chicharra sobre las ramas del tiempo.

Laberinto

La Casa es un verdadero dédalo, laberinto de despachos y senderos, un museo de cuadros en las paredes. Sancha, Aguiar, pintores y pinceles del siglo XIX y el XX. La Casa es un museo. En alguna ocasión, alguien se lleva un cuadro, hasta que, un día, se decide hacer un inventario. Cuadros y cuadros alegran pasillos y despachos; estampas que ilustraron, en su día, las páginas de *ABC* y *Blanco y Negro*, carteles de maestros.

En la Redacción matinal, un redactor que madruga, prepara sus páginas. *ABC* tiene una edición especial para Galicia: *"As nosas paginas galegas."* Veréis a su autor cómo protesta por el original del corresponsal de La Coruña, un tipo de puño cerrado, Bugallal, que escribe sobre folio escrito, casi ininteligible. De cuando en cuando, como un suspiro, grita: *"¡Cómo tengo el mejillón!"* Sí, repite las palabras de una mujer que vende este molusco en un mercado gallego. O escucharéis, si está o no José Calvillo, redactor jefe, cómo un redactor de antiguas hornadas, ya mayor, dice, todas las mañanas, como una letanía: *"Hoy la vida me sonríe / con su aroma tan distante / hoy creo en Dios / pues tira palante."* De cuando en cuando llega a la Redacción Pepe, encargado de teletipos, con un fajo de noticias y un puro en la mano derecha.

Qué Redacción y qué personajes. El redactor que llega ebrio una mañana y el redactor jefe al verlo como una cuba lo envía a casa, o el que alterna su trabajo en la Casa y, a la vez, acude a fichar a una oficina gubernamental cercana. Hay bromistas de mal gusto, como el redactor que exclama *"¡a los rojos de arriba* —operarios de las linotipias— *hay que fusilarlos!"* O Zabala, crítico de toros, detrás de la estatua del Fundador, canta y repite: *"Canten todos; hombres también."*

A media mañana, el bedel trae un café, como un rito, al redactor jefe, o sube torteles y cruasanes para el desayuno de los redactores, procedente de una pastelería situada frente al periódico. A veces, hacia media mañana, aparece un trabajador del diario, con una cesta y vende chucherías variadas; o Braojos, bedel de los subdirectores, ofrece camisas a buen precio. En este pequeño zoco no falta hasta quien proporciona electrodomésticos. Un día, el personal de Archivo tributa un homenaje al jefe, Altabella, y uno de ellos, con un vino de más, se arranca en el turno de oradores y viene a decir *"que es un hombre de letras, sí, pero no olvide que me debe cuatro letras del televisor"*.

Entre redactores, no faltan los frustrados, los que han perdido la fe de un sueño de juventud y caen en las garras del resentimiento. El periodista que abandona una próspera situación en una capital de provincias y, por la rivalidad de un compañero —que ha venido a un buen puesto en otro periódico—, piensa en la gloria madrileña, en la conquista de Madrid y se trunca, queda reducido a confeccionar el periódico durante la noche y, al salir del diario una madrugada, un americano le propina una paliza. O el que llega por la mañana tras descansar poco y, deprimido, se refugia detrás de la estatua del Fundador, y cuenta sus cuitas, y se pregunta qué sentido tiene su vida entre los compañeros.

En esa atmósfera, sin embargo, se animan y hablan de descargar la adrenalina acumulada. Para ello, recuerdan que no estaría mal dar la vuelta alrededor de la mesa, a la pata llana, como hiciera un popular redactor. Como este rito desfogador no se lleva a cabo, recurren a un método más sencillo, e imitan, con la mano, la forma de tirar del aparato de alarma del tren y rivalizan a ver quién es el mejor en este cometido y, en una especie de concurso, cada uno imita el pitido del tren.

Periodistas excéntricos y mal hablados como Eduardo Palacio Valdés, perteneciente a las viejas redacciones, llega al periódico siempre en el mismo taxi, sube las escaleras, abre la puerta de la Redacción e, indefectiblemente, saluda a los compañeros con un *"buenas noches, cabrones"*. Palacio Valdés es sobrino del popular escritor asturiano Armando Palacio Valdés y es revistero taurino —cubre la información en la plaza de Tetuán de las Victorias—, y sustituye, en ocasiones, a Gregorio Corrochano. Con el tiempo, Palacio Valdés deja *ABC* y se marcha a *La Vanguardia* de la mano de su protegido Galinsoga; y, en el rotativo de la familia Godó ejerce como subdirector.

Curiosos personajes los de este oficio. Como el redactor que llega y saluda, todas las tardes, cuando se dirige a un compañero: *"Muy bueno lo tuyo; un poco cor-*

to, breve." González Ruano llevaba a gala, al subirse a un taxi, decirle, simplemente: *"A* ABC.*"* O quien le ordena al taxista: *"Lléveme al Ministerio de la Guerra."*

Redactores pulcros como el que limpia su casita "trial la la larita". O aquel redactor jefe que acompaña a Franco, como enviado especial, en un viaje por la tierra de Campos y escribe que *"los trigos crecen al paso de su excelencia el Jefe del Estado"*. O la noche que despierta a Fernández Cid, el crítico musical y le comunica que ha muerto *Fidelibus*, y el crítico le dice que ese músico no existe. *"Querrá usted decir* Fidelius.*" "Será."* O la noche que se escapan dos leones de un circo segoviano y habla con el comandante de puesto de la Guardia Civil y, nada más coger el teléfono, le pregunta por los trigos. O quien llama a su mujer y le habla de ascensos inexistentes.

No falta el buen humor y redactores que traen productos típicos de ciudades; y la presencia de Sesé —un hermano suyo es el mejor telefonista de Prensa y trabaja en *Pueblo*— y el cachondeo con sus comidas y sus chascarrillos e historias. Un periodista en prácticas le deja a deber un considerable número de comidas. A veces, la Casa es un corral de comedías entre la seriedad, la diversión y el absurdo. Los telefonistas, Antonio, Carmona y Paquito —y aquella centralita de clavijas, guías telefónicas de toda España, algún calendario en la pared. La voz del Marqués para que le pongan al habla con alguien y la de don Torcuato, que llama al periódico, porque es el único número que sabe, y los telefonistas le hacen un "puente" para que se comunique con Blanca, su mujer, en la casa de Puerta de Hierro.

ABC: 2, 25, 17, 10. "*ABC*. Dígame." Un número en la memoria o en la consulta de mucha gente, una centralita que, de cuando en cuando, se bloquea. En Redacción hay un teléfono negro, directo, que usan altos mandos para hablar con el redactor jefe, o bien si se quiere eludir la centralita; y otro modelo de teléfono chicharra para comunicarse la Redacción con el regente. Generalmente, funciona mal y se habla a voces, máxime en Cajas con el ruido de las linotipias.

Por esa época, el diario *Madrid* cae víctima de una orden dictatorial del ministro Sánchez Bella y el rotativo de la calle Serrano acoge al director, José Manuel Miner Otamenti. Miner es autor de un par de libros, uno de ellos sobre Madrid. Miner es cronista municipal y la Casa lo nombra redactor jefe. Buen samaritano, *ABC* acoge a dos periodistas procedentes del *Madrid*, en uno de los cierres del diario de la tarde. Sin embargo, los redactores no quieren incorporarse a Serrano 61, porque recelan de su ortodoxia, hasta el punto de que Calvo Serer casi se lo ordena. Viene Joaquín Bardavío y escribe tres editoriales; y Pedro Rodrigo, crítico de cine, un todoterreno, muy buen periodista.

Un día, en la Redacción, suenan los primeros tacones de una mujer. Se llama Margarita Jiménez y, en ocasiones, los redactores la invitan a que se tape los oídos, cuando quieren contar algo fuerte, o le recomiendan que se vaya un momento al servicio. Redacción de tarde, espesa y profunda, llena de pasos, de hombres, de humo denso como una nube azulenca en el resplandor del neón, de whiskys y cafés. Por la tarde, el mundo se recoge, se acuna con sus miserias y sus grandezas en esta mesa eucarística, grande, de nogal.

Ah, el mundo de Cajas, y los regentes: Ratés, un personaje de otro siglo, lleva un enorme bigote y, gracias a él, entran en la Casa sus sobrinos Antonio Pérez Ratés y José, el primero, médico de la empresa —que no ejerce como tal—, y jefe de talleres, hombre de buena planta; y los Carra, Mediavilla, Martínez Arias y Lobo. ¡Qué personaje! Todos lo incitan al enfado y él cae en la trampa. Joseantoniano había llevado, un largo trecho, el cadáver del fundador de Falange. Linotipistas y correctores, Cosano y Casares, atendedores, cajistas, muchachos de taller, enfundados en los monos.

También el botiquín era un mundo. Había redactores que subían a que le pusieran una inyección, los practicantes Manuel Ariño y Alfonso Armarcha, que bajan a la Redacción, a veces, andan por ella, se sienten un poco periodistas, bálsamo de curas. El padre de Ariño, don Ramón, había sido presidente de la Diputación de Madrid durante la República y Ariño, de muchacho, había tratado al alcalde republicano, el obeso y popular, Pedro Rico.

Pinilla, cazador muy hábil

Raros e incunables personajes pululan por esta Casa grande, templo gótico del periodismo. Por rotativas, de cuando en cuando, don Vicente —todos le llaman don Vicente— y es chatarrero, recoge la chatarra del diario y enseña a los trabajadores un fajo de billetes, tan raro de ver en los cuarenta y cincuenta; y les da muy buenas propinas por cargarles el camión, y los invita a bocadillos y vinos en un bar cercano.

¿Personajes? Otro que obedece por Pinilla y ocupa un cargo técnico y es un gran cazador, maneja los hurones con una sabiduría desconocida; y le llaman de El Pardo para ciertas cacerías; y al general Franco le fascina la habilidad de este hombre. Pinilla y otros compañeros suyos se iban a comer paellas de conejos junto al Jarama, entre ellos, el regente de rotativas, Pedro González, José Peña, García Victoria...

¿Personajes? Qué decir también de Paco Puente, buen boxeador, que tenía cierto palmarés, y su sueño no es otro que abrir una escuela de boxeo en las dependencias de la Casa en Barajas. O un tal Puente, operario de rotativas, que, en verano, llega al periódico, envuelto el cuerpo de culebras. O Pedro Muñoz, bajito y rechoncho, pasa por la Redacción con una corte de empleados. Personajes que son como son y parecen extraídos de una novela.

¿Y los hechos? El día que unos ingenieros de la Casa descubren una rotativa en un periódico del País Vasco. Rotativa cuyas piezas habían sido robadas minuciosamente.

Entre otras almas técnicas de *ABC*, José Fernández Giner, ingeniero de talleres, "un monstruo" del oficio —según dicen—, desde la posguerra. Durante su mandato se cambian las rotativas en dos ocasiones.

La Casa tiene otras dependencias lejos. Por ejemplo en el pueblo de Vallecas, en unos antiguos hornos de ladrillos. En este almacén, alquilado a un rico del pueblo, hay maquinaria vieja y carbón. En el paseo de Yeserías se almacenan bovinas de papel, y frente a donde, en la actualidad, se halla el hospital Doce de Octubre, un almacén de libros y devoluciones de periódicos, además de las tintas, y motivos de teatro, de las obras de don Juan Ignacio. El practicante, Félix Fernández, juega y "representa" su papel de chavalote, sueña entre estas alegorías.

Rodríguez de León y Altabella

Por Archivo había pasado Antonio Rodríguez de León, un periodista del siglo pasado (XIX), cordobés de Villanueva del Duque, gobernador civil en Ciudad Real y Córdoba, en 1936. Rodríguez de León había estado muy vinculado, periodísticamente, a Sevilla y trabaja en *ABC*. En el de Madrid, con el seudónimo de "Pick" hace crítica de cine y de teatro. Su nombre aparecía aún, muy en la década de los setenta, en los fajines de los periódicos de provincia, cuando el ya había dicho adiós a la vida. *"Bueno, cordial y generoso"*, según su amigo Manuel Halcón, *"representó"*, según el académico andaluz, *"la zona digna del periodismo español de la anteguerra. Pulcro con la pluma como en su indumentaria."* Llevaba un gallito de oro como alfiler en la corbata y tenía una gran cultura, superior a la media del periodismo de los años cincuenta. Conocía el psicoanálisis y su relación con la creación literaria; y a los clásicos extranjeros. Él se desmontera cuando el dadaísmo y otros ismos se remansan y saluda al surrealismo en el cine, concretamente, a Buñuel. *"Su limpieza de criterio ante el confucionismo reinante* —según Halcón— *le valieron algunos sinsabores."*

Otro histórico, Pepe Altabella. Llevaba el periodismo en la memoria, él era el archivo, tenía en casa una colección impresionante. Pepe llevaba como un novio antiguo una fotografía de Antonio Machado y la enseñaba entre la emoción y la desconfianza. Tenía aún el miedo de la guerra y era un buen conversador. Alto y obeso, era muy locuaz y divertido en sus historias; y mantenía una especie de rivalidad con Pedro Gómez Aparicio. Un día le regalo una novela de don Pedro Go, *El idilio de Peporro*, melodramática, y la guardaba como un tesoro. Altabella gozaba de buena fama y aparecía retratado por plumas ilustres.

Hombre de Archivo, Pablo, bueno y serio, conoce muchas historias de la Casa y se jubila en el Ayuntamiento. Joaquín Sáez era también parte del Archivo, se lo conocía al dedillo y deja su estela en la Redacción, su hijo Joaquín.

Incombustible

Incombustible *ABC*. En los duros tiempos del franquismo, en las frías celdas de Carabanchel, cuando estaba rigurosamente prohibido tener la compañía de radios y periódicos. Alguien pasó *ABC* a la celda del político socialista Francisco Bustelo, cuando "el Rana", un preso, anuncia al ex rector de la Universidad madrileña y a Enrique Múgica que, en cuestión de minutos, se va a proceder a un cacheo general. Hallar un *ABC* suponía caérsele el pelo al preso. Por tanto, la única salida era que desapareciese, como fuera, el periódico. Había, pues, que quemarlo y arrojar sus cenizas en el retrete. *"Así lo hicimos, pero a costa de ímprobos esfuerzos, pues hay que intentarlo para comprobar lo mal que arde —sobre todo las páginas de huecograbado— y la humareda y olor que despide el gran diario liberal-conservador."*[11]

Herido por los "grises"

Década de los años 1960, el periódico refleja, en la medida de lo posible, el ambiente crispado del mundo universitario, eco estudiantil de los alumnos parisienses y de su algarabía en el Barrio Latino. Para cubrir el ambiente en las facultades complutenses de Filosofía y Letras y Derecho, el redactor jefe de la mañana, José Calvillo, envía a Pérez Mateos. En esta última facultad se encuentra con José Oneto y ambos asisten a una asamblea. El ambiente es crispado. En el campus, *grises* —policías armados— y autobuses de la Dirección General de Seguridad. Cuando José Oneto y Pérez Mateos regresan a coger el automóvil de este último, unos guardías le propinan una paliza y lo hieren en la cabeza.

Los dos son detenidos con otros estudiantes y conducidos a los calabozos de la Puerta del Sol. Tras ser curado de una herida en la cabeza, Pérez Mateos y Oneto pasan a una celda llena de estudiantes. Hacia las cuatro de la tarde, ambos son puestos en libertad. Desde el despacho del entonces comisario de policía, Yagüe, muy popular entre los estudiantes de la época, Pérez Mateos llama al periódico y cuenta a Calvillo lo sucedido. Al llegar a la Casa lo recibe Torcuato Luca de Tena en el despacho del director adjunto Pedro de Lorenzo. A Torcuato acaba de llamarlo el decano de la Facultad de Derecho, el profesor Tejero, y está enfadado el director de *ABC*. *"También a nosotros nos han herido a un redactor."* Después, Pérez Mateos sube al botiquín y le observan la herida, de diez puntos de sutura, el doctor del Val y el practicante Almarcha.

La imagen de su cabeza aparece, al día siguiente, con un alarmante vendaje, en las páginas de huecograbado. Entretanto, el redactor recibe numerosas llamadas. *Le Monde* publica la noticia a los dos días y *Radio España Independiente* la emite esa misma noche. Otros periódicos de ámbito nacional dan una información del suceso

---

[11] Francisco Bustelo, *La izquierda imperfecta*, pág 33.

manipulada. Tras el incidente, ya en casa, Pérez Mateos recibe numerosas muestras de solidaridad y le acompaña, especialmente, Eugenio Nasarre. En esta época, Eugenio arenga a los estudiantes en el amplio recinto de la facultad de Filosofía y Letras desde un balconcillo alto.

Testimonio 4

ENTREVISTAS CON CARTER, KISSINGER, EANES...

LOS ALUNIZAJES DE ANTONIO ALFÉREZ

Nacido bajo la luz del Mediterráneo, campo almeriense de Dalías, hijo de médico, Antonio Alférez, curioso como un periodista nato, ordenado como un buen bibliotecario, trabajador sin desaliento, parece un inglés casualmente nacido en El Ejido. Antonio llega a *ABC* tras la desaparición traumática de *El Alcázar*, de Pesa. Alférez recuerda muy bien el lanzamiento de ese periódico, bajo la dirección de José Luis Cebrián Boné. Diario que pasaría de tirar 160.000 ejemplares a 30.000, bajo el mandato de Lucio del Álamo. Antonio y su llegada a Serrano 61, el encuentro con Torcuato Luca de Tena, la advertencia de este consciente de la fuerza que tendría un tiro desde las columnas abecedarias, muy distintas si, ese disparo, se realiza desde otra posición periodística.

Muchos años después, a la vuelta de Torcuato de su estancia en Méjico, charlaría con él, en un desangelado piso de la calle Velázquez, lejos del chalet de Puerta de Hierro y de la nueva casa en el paseo de la Castellana. Tres horas de conversación con él, un Torcuato herido por las envidias familiares, el padre que lo adora y cierta sensación de perseguido y envidiado en su ambiente familiar. Encuentra un Torcuato emotivo, quizás de vuelta en el camino de la vida, sus artículos pulidos hasta el perfeccionismo tras dictarlos varias veces a los taquígrafos, la tarea casi titánica de Darío Valcárcel por conseguirle el ingreso en la Real Academia Española.

Lejos queda su primer trabajo sobre las elecciones norteamericanas, trabajo que no firma —entonces casi no se firmaba, a no ser que se hicieran méritos para ello— y Antonio, el redactor más joven de esa época, pasa a las órdenes de Miguel Torres. Tiene veinticuatro años.

Encuentro con Massip

Antonio llega a Serrano 61 con cierta frustración, nacida del cierre de *El Alcázar*. Habría ido como corresponsal, acariciado sueño. Como quien está de vuelta, no da importancia a su pasado en Serrano, sus puestos, entre la humildad y la indiferencia. El viaje a Estados Unidos, invitado por el Departamento de Estado y, sobre todo, el encuentro con el mito del corresponsal de *ABC*, José María Massip, un domingo, en su casa de Washington, sentado, con una mantita sobre sus rodillas, junto a un cerro de periódicos, cuando en España los dominicales no eran lo que son. Massip, entrañable y sensible, escucha y le dedica tiempo a un joven periodista como él; y al que conoce por sus artículos.

Muerto Massip —y esto es mío— ¿no hubiera sido A. A. el corresponsal idóneo para el acorazado periodístico? Sin duda. Personajes de relieve de la Casa saben que *in pectore*, Alférez sería su sucesor, pero Torcuato pensó, equivocadamente, en Rivero. Nacimiento de *El País*, embrión que brota en un despacho de *Standard Eléctrica*, en la calle Méndez Álvaro, encuentro con Darío Valcárcel y directores propuestos como Apostua, Delibes y Juan Luis Cebrián. Este y Valcárcel se conocen gracias a Alférez.

Antonio y su curiosidad por los viajes espaciales, publica un libro sobre la llegada del hombre a la Luna, el seguimiento que hace desde la base española de Fresnedilla, encuentro, en Madrid, con los tres hombres del Apolo XI.

Del jefe de la OTAN a Kissinger, Perón, Degrell, Pérez Jiménez...

Curioso y metódico, Antonio Alférez hace la primera entrevista al general Haig, comandante de la OTAN. En la espera, Alférez observa la gorra de un general portugués. Ante la situación lusa, el periodista pregunta a Haig si la OTAN está preocupada por el comunismo en Portugal. El general responde que *"Portugal va por buena senda"*. Antonio no le da importancia y, meses después, surge el golpe de Eanes. Este general salía del despacho, mientras Antonio entraba a la audiencia con el mandatario de la OTAN.

Trotamundos, Antonio cubrirá, después, las elecciones portuguesas en la etapa de Sa Carneiro. Recuerda de esa visita, una breve estancia en *Villa Giralda* y las fotografías que hace Naranjo a Don Juan. Anson aprovecha este desplazamiento al país vecino y, ya en Madrid, le encarga una serie de reportajes sobre los políticos extranjeros exiliados en la capital de España. Entrevista, entre otros, al dictador Pérez Jiménez, y le causa una pobre impresión. En la mansión de Puerta de Hierro, el general Perón le cuenta lo a gusto que está en Madrid, lejos de los legajos de Estado. *"Mire* —le dice— *me estoy haciendo una cultura. Voy mucho al teatro, por ejemplo, al Calderón y a La Latina, y leo a Dumas."* Qué impresión. Antonio recuerda, especialmente, el asunto del fascista belga Degrelle, cuando la entrevista está ya impresa en *ABC* y ha de intervenir, en este asunto, Fernández de la Mora. Estancia en Estados Unidos, durante las elecciones primarias de Carter y la hora de conversación con él. Carter le cuenta que ha leído la Biblia en castellano. *"Carter es un hombre muy completo. Es ingeniero nuclear, muy religioso, un poco cándido, representa la conciencia crítica de Estados Unidos y tenía un negocio de cacahuetes."*

Años después, Alférez mantiene una entrevista de cuatro horas con Henri Kissinger, en una "suite" del hotel Ritz. La noche anterior ha cenado con él Guillermo Luca de Tena y *ABC* le dedica cinco páginas a esta entrevista.

Calvo insulta a Allende

Redacción de extranjero, la de los Vara, Carrascosa, Matilde Hermida; Redacción, digo, que mira y admira el mito de Luis Calvo, el personaje que ha entrado en la leyenda abecedaria y en la admiración de todos. Esa joven Redacción se turba, se siente frustrada por unas crónicas de Luis Calvo, especialmente las que envía de Chile, tras la caída del presidente Allende y sus epítetos fuertes y equivocados; y todos nos sentimos decepcionados y, en cierta medida, el mito se nos cae de la peana. Antonio Alférez, la Casa, los ordenanzas, cómo traen del bar de Sesé, en una bandeja, la comida a los redactores —el cocido de quince o veinte pesetas—, los dictados en voz alta de Torcuato en su despacho, voces que llegan a la contigua Redacción de extranjero —a la que se accede mediante una puerta—, ese pasillo conocido como "La Orquesta", definida así por Carlos Carpintier; la llegada de Cebrián y el tiempo que tarda en recibirlo, y sus consejos de potenciar la sección de nacional, pues Franco ha muerto y lo interesante es la nueva etapa que se abre en nuestro país; y a Pedro J. Ramírez que permanece en su sección un breve tiempo —*"yo he sido jefe suyo y he estado a sus órdenes"*—; y la brillantez de Pedro Jota y su primer reportaje a los Garrigues y la gran impresión que le causan.

Alférez sabe el terreno periodístico que pisa en *ABC*, cómo debe dar sus pasos, cómo escribir en este orbe de papel; y conoce las líneas del periódico. No, no ha sido censurado. A. A, en su gran curiosidad, conoce y sigue los avatares de la Casa. Desde el viejo acorazado, un día mira el oleaje de noticias, saca su pañuelo y lo agita como quien se despide, y cambia de aires, y se marcha a *El País*. Por otra parte, tenía una oferta para incorporarse a *Diario 16* como subdirector. Con el tiempo se daría cuenta de que se había confundido. Alférez, no obstante, es hombre de la Casa y dirige el Dominical y después una importante corresponsalía.[12] Pero esto ya suena a un tiempo ido, a una melodía lejana, ahora que escucha las partituras de los maestros en el atril de la Sociedad General de Autores.

---

[12] Compañero y sin embargo amigo, mantenemos una buena amistad; y recordamos nuestros tiempos en la misma Casa y en el viejo *Alcázar*.

Capítulo XVI

MUERE LA REINA VICTORIA

"15 DE ABRIL CON DOLOR, 15 DE ABRIL CON LUTO"

"El periodismo es grande. Cada periodista ¿no es un regulador del mundo, si lo persuade?"
Thomas Carlyle

El día 16 de abril de 1969, la Familia Real vuelve a la portada de *ABC* con la bella imagen de la Reina Victoria Eugenia, que ha muerto a los treinta y ocho años de su salida de España. *ABC* escribe un editorial en la primera página de tipografía —acaso sea el único— ilustrado por una cabecita del dibujante Cañizares. Bajo el título "15 de abril con dolor, 15 de abril con luto". *"Hay fechas que nos marcan para siempre* —finaliza—, *y la casualidad es seguramente una palabra fácil para explicarnos el destino, lo que no entendemos y que, sin embargo, parece más bien como una versión, humanizada, íntima y emocionante, de los designios de la Providencia. Tal día como hoy, la Reina dejaba la hermosa tierra de España. Tal día como hoy, la Reina deja el mundo. Hay fechas negativamente ejemplares. Hay vidas dignas, fieles, puntuales. En otro 15 de abril, la Reina ha muerto."*

El que fuera ministro de la Corona, Yanguas Messía, escribe en la "tercera" sobre la figura de la esposa de Alfonso XIII. Si Unamuno le dedicó un poema, Sánchez Mazas la despide con un soneto:

> "En los cabellos de oro, Victoria, la marina
> brisa fresca del triunfo, que oreó en Salamina
> y en Lepanto se hizo española y cristiana
> cuando una Virgen de oro era la capitana,
> sea de tu belleza griega y anglolatina,
> fina Reina a caballo, graciosa y diamantina,
> victoriosa señal de una hora africana,
> ¡oh triunfal apoteosis hispanoamericana!
> Victoria: de una tierra elegante de potros
> y nueva de navíos llegue para nosotros
> con laureles y olivos la hora antigua de gloria
> y con héroes del aire, del mar y de la tierra
> fina Reina a caballo sobre coral de guerra,
> seas un día mármol al viento: ¡la Victoria!"

Flores para una Reina, a la que le horroriza el Pudridero escurialense. Amigo en sus días de exilio del rey Alfonso XIII, Julián Cortés-Cavanillas acude a Lausana e informa de las honras fúnebres como enviado especial del diario monárquico. Anson envía al fotógrafo Luis Alonso para que se encargue de la información gráfica.

Despedida

ABC empieza a despedir a gente de otra generación, amanuenses que han escrito parte de su historia; que dejan su obra en las páginas del diario, su firma y, a veces, obra anónima, escritos a la luz de los flexos. Manuel Marlasca, gaditano, pequeño y dinámico, escribe a máquina con una rapidez endiablada mientras respira fatigosamente. Manuel Marlasca escribe, durante algún tiempo, la crónica de Madrid, el "Madrid al día", una de las secciones más señeras y antiguas del periódico. Manolo escribe de espaldas al paseo de la Castellana, a la luz del día, apoyado en una mesa aislada. A él le gustaría que el "Mentidero de la Villa", que lleva Juan Antonio Cabezas, pasara por sus ojos y así haría una sección más rica, más amena, más informativa. En cierta ocasión, un reportaje sobre los Sanfermines cae tan mal en Pamplona que números del diario pasan por el fuego en una acción neroniana y Manolo Marlasca se encarga, con otra escritura, de rectificar la acción.

También se iba de este mundo José Amillo Durán, callado y discreto, casi anónimo, llevaba la edición aérea en un despachito, con Manuel Adrio, frente al de Anson, de un Anson juvenil y pensativo. *ABC* despedía a redactores y colaboradores. Emilio Novoa, Amillo, Marlasca, Antonio Iglesias Laguna, crítico literario, trágica muerte; y Samuel Cohen "Claudio Laredo".

Capítulo XVII

LA MUERTE DE RUANO

EL PERIÓDICO PUBLICA FRAGMENTOS DE SU DIARIO

"El respeto al derecho ajeno es la paz."
Benito Juárez García

Tiempo de crispación, el Régimen no entiende bien las diferencias entre unos católicos progresistas y otros. Los agentes de la Brigada Político-Social detienen la tarde del 17 de enero de 1969 al sacerdote José Bailo, a Enrique Ruano, vinculado a las Congregaciones Marianas Universitarias, a Abilio Villena, unido a organizaciones progresistas montadas por los jesuitas, y a Dolores González Ruiz, al parecer novia de Ruano. Todos estos son detenidos, por casualidad, cuando reparten octavillas en la plaza de Castilla. Alguien alerta a la policía de que un grupo anda haciendo pintadas contra la represión en el País Vasco.

Tres días después de ser detenido, los inspectores Colino Hernández, Simón Cristóbal y Galván Abascal llevan esposado a Enrique Ruano hasta un piso de la calle General Mola (hoy Príncipe de Vergara) 60. Al ser detenido, Ruano, estudiante de cuarto curso de Derecho, lleva estas llaves y acaba confesando que corresponden a un piso alquilado por unos vascos. Los tres inspectores registran, minuciosamente, el domicilio de los padres del detenido y, en él, se incautan de un diario escrito por consejo del psiquiatra cordobés Carlos Castilla del Pino.

A primera hora de la tarde de aquel 20 de enero, Ruano sube acompañado por los policías hasta el séptimo piso. El registro resulta infructuoso. Al parecer, cuando lo exoneran de las esposas, Ruano empuja a Colino, echa a correr y se arroja por una estrecha ventana. La mala fortuna hace que caiga y se estrelle en un patio interior; Enrique Ruano muere instantáneamente.

Se calcula en unas diez mil personas las que forman cola ante el portal de la calle Conde de Aranda —Ruano vivía con sus padres— para firmar en el libro de duelo. El nerviosismo es tal que la policía carga contra la pacífica cola. El día 24 se decreta el estado de excepción en España durante seis meses.

ABC publica fragmentos del diario de Ruano y algunos lectores causan baja al leer un diario íntimo, que rompe toda ética. Es verdad que el mejor escribano comete un borrón y esto le pasa al rotativo de la calle de Serrano. Hay quien ha calificado este error *"como una de las más bochornosas historias vividas por el periodismo bajo el franquismo"*. Y se cuenta que el ministro Fraga recomienda silencio a la familia Ruano —conoce a algunos de sus miembros— con el fin de encubrir este lamentable suceso; y Fraga se indigna al desayunarse con la lectura de *ABC*. La "filtración" se atribuye a los servicios antisubversivos universitarios. El teniente coronel San Martín los dirige desde un chalet próximo a Moncloa.

Gregorio Peces-Barba tuvo de alumno a Enrique Ruano y dice de él que *"llevó una vida limpia, valiente y comprometida"*; se refiere a este desdichado incidente y al cuaderno de cuartillas de Ruano, que se le ocupa, y las anotaciones que hacía en el mismo para enviarlas al psiquiatra Castilla del Pino, que le atendía; *"y aunque no figuró entre material requisado y la policía negó su ocupación, apareció sesgada y parcialmente publicado en el diario ABC, en una de las más infames acciones para desviar la atención sobre el núcleo de los hechos, que era aquella muerte irregular y llena de sospechas"*.[13]

Para Tierno Galván, "el recuerdo de Ruano es especialmente perturbador, porque rompiendo su tradición de objetividad en el tratamiento de las noticias, un periódico del que yo he sido lector continuo de muchos años, pues en casa de mis padres se leía *ABC*, había publicado un fragmento del diario de este joven, que debía haber permanecido inédito por muchas razones".[14]

Testimonio 5

"EL PROCESO DE BURGOS", VISTO POR UN CRONISTA SINGULAR

DE LAS CRÓNICAS DE MIGUEL TORRES, A SU CAPITANÍA MAYOR[15]

Miguel Torres y Gil del Real, hombre muy de *ABC*, muy representativo, muchas horas en el diario, entre las paredes de Serrano 61, en el duro yunque de la mesa de redactor jefe, o casi asido al timonel del viejo acorazado como director adjunto junto a Guillermo Luca de Tena, hombre de su confianza, la información pasa por sus manos, la revisa escrupulosamente, en el ajetreo de la noche, en el más puro oficio del periodismo, entre linotipias y platinas, en el juego del plomo, en el arranque de las rotativas, como jefe de estación que levanta la bandera roja

---

[13] Gregorio Peces-Barba: *La democracia en España* (Experiencias y reflexiones). Temas de hoy, pág. 71.

[14] Enrique Tierno Galván. *Cabos sueltos*. Bruguera, pág 617.

[15] Porque se trata de un acontecimiento muy importante de la época, figura Miguel Torres como cronista singular. y, de esta suerte, lo destaco. Su profesionalidad trasciende en materias tan importantes como para tomarle el pulso, con tino o, lo que es lo mismo, con lucidez, al mundo y haber ejercido relevantes cargos al frente de *ABC*, *Televisión Española* y la revista *Época*.

de un tren de papel para que entre en la vías del lector, el ritual de la tirada, la llegada del alba, salir con el diario en las manos, oler la tinta, perfume grabado en sus pituitarias, muy bien lo recuerda Miguel, ahora en tiempo de júbilo, cuando uno ajusta cuentas con el pasado y se arrepiente Miguel de esa escalada de puestos, de subir la cucaña del diario, cuando lo que a él lo que le gusta, de verdad, son sus crónicas de Internacional, sus viajes, lado amable del periodismo, lejos de la fragua y el hornear de las noticias. Quizás sería su camino fruto de una circunstancia orteguiana y los cargos —que son cargas— le vendrían como una cotidianidad y una costumbre.

Atalaya de *ABC*, Miguel Torres, farero mayor, pasa muchas horas de sus días, desde que llegara a Serrano 61, en una época histórica, como tantos otros que acudían a este templo del periodismo para hacer prácticas, procedente de la Escuela Oficial de Periodismo, calle Zurbano; llega a *ABC* y se encuentra con Andrés Travesí y Luis Calvo, figura inconfundible, las letras iniciales bordadas en hilo marrón sobre una camisa de seda, tan escasas en la época, la voz tan de Luis Calvo, tan brusca y destemplada, tan bronca, de tenor ronco, tan de aviso. *"No se haga ilusiones con quedarse en la plantilla* —le dice—; *no hay una sola plaza libre."*

Miguel Torres, esa tarde, volverá a pisar los pasillos para entrevistarse con Andrés Travesí. Torres y Luis Calvo fraguarían, con el tiempo, una buena relación. Miguel llega a *ABC* con un amor de niño por el periódico, el que entra en su casa, el que lee y se familiariza con nombres y firmas, vida de adolescente, imagen sepia de *ABC*.

Recuerda las crónicas de Carlos Sentís, entonces corresponsal en París, crónicas de la guerra de Indochina, muy lejos del escenario de la contienda, años cincuenta. Miguel muchacho lleno de recuerdos abecedarios, recorta las "terceras" de Pemán y Foxá, los artículos de Diego Plata (Víctor de la Serna) y los chistes de la llegada de Mingote al diario de Serrano. Miguel siente fascinación por las plumas, por sus artículos, por los cronistas.

En la revista *Mundo* con Vicente Gállego

Llegada a Serrano 61 en 1962, último año de Luis Calvo al frente de la nave periodística. Miguel y su mujer Carmen Otero, compañera de la Escuela de Periodismo y musa. Miguel y su amor también por los temas internacionales, estancia en la revista *Mundo* y la maestría de Vicente Gállego. Recuerda la llegada de Torcuato Luca de Tena a la dirección, una vez nombrado Manuel Fraga ministro de Información y Turismo. Buenos ratos con un deslumbrante Luis Calvo, recuerdos de cuando lo detienen los ingleses y arroja las cintas de Serrano Suñer al water, y el respeto de Calvo por los escritores; y Miguel que lo anima a escribir un libro con pluma tan brillante y vivencias tan ricas.

Miguel simultanea su trabajo en *ABC* y la revista *Mundo* durante tres años, época en que Guillermo Luca de Tena ficha a Vicente Gállego para que escriba de política internacional en *Blanco y Negro*, en sustitución de Manuel Aznar, nombrado embajador de España en las Naciones Unidas. Miguel Torres de un *ABC* sin secciones, cuando *"todos hacíamos de todo. A mí me gustaban los temas internacionales. Realmente la política nacional no existía y cuanto se escribía se limitaba a lo estrictamente oficial"*. Es el diario que, generalmente, abre la información de tipografía con temas internacionales, especialmente con la crónica del corresponsal en Norteamérica, José María Massip. Recuerda la primera sección de Internacional, en la que participan él, Manuel Adrio y Rafael de Góngora, ubicada tras la estatua del fundador.

Historia de un proceso

Etapa feliz de Miguel Torres, etapa de muchos viajes, de descubrir el mundo, cuando son pocos los periodistas que viajan, elecciones alemanas, viajes por Oriente Medio, a las Naciones Unidas en compañía del ministro López Bravo. Gratos recuerdos de Miguel, hasta que, un día del invierno de 1970 suena el teléfono en su casa, la voz de Pedro de Lorenzo. *ABC* quiere que él sea quien represente al diario en el Proceso de Burgos, el que dé fe, el notario mayor de unas jornadas, el cronista del juicio a varios etarras. Para cubrir este proceso, la presión existente en el periódico es grande. A Burgos pretenden ir dos redactores de ideología muy conservadora, en la frontera del integrismo: Baró Quesada y Alfredo Semprún. Ambos están dispuestos a informar de un juicio histórico. Miguel sabe que el asunto es muy delicado y se marcha a Burgos. Previamente hace un pacto con Torcuato Luca de Tena: si a este —que es el director—, no le gusta alguna crónica, se le quitará la firma y, en su lugar, se insertará la información de la oficial agencia *Cifra*.

Miguel Torres relata muy bien el ambiente que vive esos días, en el hotel burgalés del Almirante Bonifaz, donde se hospedan abogados y periodistas, los ratos en la sala del juicio, apretados unos con otros, pasar del frío castellano, aterido, al calor entre el público, apretado, las intervenciones de los abogados defensores, Gregorio Peces-Barba, Miguel Castell y José María Bandrés, el clima tenso e intenso, sus crónicas medidas y casi asépticas, imparciales, fiel a lo que se dice, crónicas de expectación, crónicas que siguen, atónitos, los lectores de *ABC*, y, sin embargo, no gustan al director. Torcuato le llama hasta el aburrimiento por teléfono y le dice que está influido por los abogados defensores. Desde Madrid, Torcuato no entiende el clima que se vive en la sala del juicio. Miguel cuenta las *"ferocidades que se dicen en la sala"*, el proceso que se vuelve contra el Régimen, las actuaciones de los abogados defensores, su verbo acusador frente a un coronel Ordovás y un ponente Troncoso, la burla con artículos del Código Penal, las palabras de Mario Onaindia y su declaración de los derechos humanos; y el desalojo, tensísimo, de la sala.

Proceso de Burgos, periodistas y otros asistentes al juicio como José Oneto, Miguel Ángel Aguilar, Ignacio Aguirre, en representación de la Oficina de Información Diplomática, Rogelio Baón, enviado especial de la Agencia *Efe*, el corresponsal de la agencia soviética Tass. Este se limita a transmitir la información oficial de la agencia *Efe*. Miguel recuerda cincelado en la memoria todos estos nombres, intervenciones y réplicas en las que se habla de tortura, el instante en que se dan vivas a ETA, el momento en que los militares desenvainan sus espadas. Esto en aquella España de Franco, el Régimen endurecido, lejanos, días gélidos, llamadas de Torcuato, la crónica suya que no se publica, el editorial de Ruiz Gallardón en el que critica las acciones de los terroristas, y el ambiente que se crea en la Redacción, crispado y tenso. Su crónica se pincha en los tablones, la marcha de algunos redactores —Guillermo Díaz-Plaja, redactor jefe de noche, Enrique Iparraguirre, Ángel García Pintado. José Luis Pérez Cebrián protesta porque la crónica ha salido tocada— cuando Miguel llega a un pacto previo con Torcuato.

Interrogatorio

Crónica del interrogatorio —dura, porque duro fue el mismo— de gran impacto entre los lectores. Periodísticamente, Miguel está muy satisfecho de esa vivencia, consciente del hecho que vive y cómo lo vive. Durante toda una noche, Miguel Torres fotocopia el sumario del proceso, en el sótano de una librería. Días después, volvería a la ciudad castellana para informar de la sentencia, el día de Navidad, la sentencia y las penas de muerte, más tarde conmutadas. El frío, nuevamente, en las calles y en las plazas burgalesas.

La vuelta a la Redacción, el regreso, cómo nada más llegar a la portería, un ordenanza le dice: *"Señor Torres: no pase usted a la Redacción, le espera en su despacho don Torcuato."* Este cree, falsamente, que su redactor va a capitalizar esa marcha de redactores, y no es su ánimo, ni muchísimo menos. Miguel se ha limitado, únicamente, a informar de la mejor manera: objetivamente. Ahora bien: la circunstancia orteguiana habla de un proceso emocional muy fuerte y duro para el ambiente hermético del Régimen.

Miguel Torres ha pasado por el examen especial del Proceso de Burgos, un paréntesis en su vida de *ABC*, vuelve a lo que a él le gusta: viajar y la política internacional, viaje que a Estados Unidos invitado por el Departamento de Estado. Un día lo nombran redactor jefe y Miguel conoce la dureza del oficio, ver el teletipo, leerse informaciones, titulares, subir a talleres, las rotativas y la salida con el alba, platinas llenas de publicidad, *"que he tenido que dejar, muy a mi pesar, treinta y cinco columnas de publicidad fuera. No, no las podía meter"*.

Experto en política internacional

A Miguel le gusta la política internacional, viajar e informar, muy lejos del yunque de la silla de redactor jefe, que maldice. Largas y eternas noches, la entrevista de Torcuato Luca de Tena a Don Juan en Estoril, larga noche de un sábado. Torcuato acude a la casa de Jiménez Quílez, director general de Prensa, y llama a Miguel. *"¿Cómo va todo?" "Bien, director."* Jiménez Quílez recibe a Torcuato en bata y le dice a Torres: *"Estoy convencido de que me autorizan la entrevista."* Miguel le argumenta las probabilidades de la salida del diario, los pros y sus contras, el secuestro... Al fin sale *ABC* sin las páginas de huecograbado, únicamente con las de tipografía. Más tarde saldría publicada.

Reinado de Torcuato, un periodo que toca a su fin, la figura del subdirector Jesús Revuelta, la noche en que Miguel lo encuentra en el despacho en plena escritura de su carta de dimisión a Torcuato, con el que se lleva muy mal, Torcuato que lo ha traído de *Informaciones*. Noches de Revuelta en el pub Polynesia, frente a *ABC*. Su marcha e indemnización de un millón de pesetas, detalle de Guillermo Luca de Tena. Los dos años interminables de redactor-jefe, que, sin duda, hubiera borrado de su vida, la llegada de José Luis Cebrián, la crisis económica e ideológica del diario, la familia Luca de Tena, cansada de la dirección de Torcuato, de sus aventuras periodísticas, la carta que seis redactores escriben con motivo de la llegada de Cebrián, y el interés de esas seis firmas porque un Luca de Tena esté al frente del timón, a ser posible Guillermo. En nombre de esos seis redactores —uno de los firmantes es Miguel Torres, quien sabe que será subdirector con Cebrián. Torcuato recibe a Miguel, como hombre representativo, y le agradece el interés que han demostrado por la familia y el periódico, mientras Torcuato trata de convencer a Torres que Cebrián es la única solución, *"excelente profesional"*, según Torcuato.

Miguel, testigo de tantos aconteceres. El desembarco de José Luis Cebrián como director adjunto, Cebrián no conoce la Casa y se marcha sin conocerla, las presiones de Ruiz Gallardón y del mismo Torcuato sobre el nuevo director, Torcuato le cambia portadas, "maltrata a un hombre con madera de Santo", su marcha, el golpe de timón de Guillermo, Torcuato le vende sus acciones, deserta, varada la histórica nave y reflotada gracias al coraje de Guillermo Luca de Tena. La marcha de Torcuato a Méjico, porque no cree en la democracia. En su etapa de director, Torcuato juega al neofranquismo, mal aconsejado por Gonzalo Fernández de la Mora.

Miguel Torres, director adjunto, días interminables de la Transición, la zozobra del terrorismo y el sobresalto de cualquier acción militar, atentados y secuestros, la democracia pende de un hilo, la entrevista a Miláns del Bosch, publicada en *ABC*, malestar en el Ejército, 23F, la marcha de Miguel Torres a finales de 1982 a la Dirección de Relaciones Externas de *RTVE*, en la etapa de las direcciones de Carlos Robles Piquer y Eugenio Nasarre.

Impulsa el nombramiento de Anson

Como un flash de urgencia que llega al teletipo de una vida abecedaria, Miguel Torres vuelve a Serrano 61 tras cumplir su excedencia. Los socialistas ganan las elecciones en octubre de 1982. Ante este triunfo, Luis María Anson deja la Presidencia de la agencia *Efe*. Miguel Torres tiene una comida muy interesante con Guillermo Luca de Tena en el restaurante O Pazo. En el transcurso de la misma, Miguel le aconseja que la mejor opción para *ABC*, una vez que Guillermo quiere dejar la dirección, es que vuelva Luis María. Según Torres, se comete un error con haber enviado a Anson a *Blanco y Negro* y no haberle ofrecido, entonces, la dirección antes de que desembarcara Cebrián. Habría sido clave, en ese momento, que Luis María tomara el timón. Miguel ofrece una serie de argumentos a favor del nombramiento de Luis María, argumentos que acaban convenciendo a Guillermo Luca de Tena. ¿No es mejor tener a Anson como director de *ABC* —su sueño—, antes de que saque *La Nación*? Por supuesto. Cuando Miguel despide a Guillermo en la puerta de Serrano 61, este le dice: *"Eres la primera persona que me ha hecho mella en el asunto de Anson.*"

Por esta época, Luis María colabora en los diarios *Ya* y *La Vanguardia* y piensa en sacar un diario. Anson tiene confeccionada una lista de redactores para el proyecto de *La Nación* y piensa en la ayuda económica para lanzar el diario. Al llegar a un acuerdo con *ABC*, Luis María ve coronado un sueño.

Testimonio 6

LA MARCHA DE ÁNGEL GARCÍA PINTADO Y OTROS REDACTORES

Era muy de la Casa convocar, de cuando en cuando, oposiciones para cubrir plazas de redactores. En esos tiempos, ingresar en plantilla, "ser fijo" era tarea ardua. A las oposiciones de *ABC* concurrían bastantes periodistas y pasaban relativamente pocos. Ángel García Pintado entraba en la plantilla como buen fichaje con otros compañeros, entre los que figuraban Federico Villagrán, rápido e inquieto, dejaría la Casa; Antonio Garrido, alma, corazón y vida de talleres, pasaría a plantilla; Ángel Padín Panizo, gallego, alma de *saudade,* y Joaquín Amado, hombre de Linares, trabaja en *Selecciones*. Con este elenco se remoza una plantilla, envejecida en parte, y traía una savia joven a la nave.

Ángel llega a la Casa, cruza el patio andaluz, se resbala por la cera y a punto está de sufrir un quebrantamiento. Buena pluma, buena gente, se le leía con deleite. Venía de *La Verdad de Murcia* y estaba ideológicamente en el espacio de la izquierda. A García Pintado no le iba el pensamiento conservador de la Casa. Tiene, en esta época, el gusanillo de la izquierda. El motivo de su marcha, romántica y osada, propia de la juventud, es la actitud del diario ante las crónicas de Miguel Torres del Proceso de Burgos. Al marcharse, Ángel se quedaba con la mañana y la noche, sin trabajo. Observa cómo se manipulan las crónicas de Miguel y, este hecho, desborda el vaso de su paciencia y compañeros de partida: Guillermo Díaz-Plaja, hijo de académico de la Lengua, Iparraguirre, pariente del vate vasco... Antes de su adiós al diario, Ángel García Pintado dirige una misiva a Torcuato Luca de Tena y le muestra su malestar, la visión que él tiene del diario, le habla de su ausencia en la redacción y se queja, también, de que no la conozca y trate a sus redactores, lejos de una concepción periodística que él no comparte. Al regreso de Miguel Torres de Burgos, se reúnen con él en el restaurante La Cruzada, en un almuerzo de homenaje y de apoyo moral.

Tanto en las páginas de *ABC* como en las de *El País* y *Hermano Lobo*, almirante de la Cultura en la agencia *Efe*, sus obras de teatro, sus novelas, la pluma de Ángel hubiera encontrado el camino en un medio ideal para él como *ABC*, pluma brillante —habría hecho carrera—, machadianamente hombre bueno.

ABC pierde un símbolo: Andrés Revesz

Día 13 de junio de 1970. *ABC* pierde uno de sus símbolos, Andrés Revesz, decano de los redactores en activo del diario monárquico. Con su muerte, *"desaparece una de las figuras más entrañables y veteranas de* ABC". El periódico es, durante muchos años, internacionalmente hablando, la opinión de este húngaro con una cabeza de pianista, personaje singular, ingresa en *ABC* el uno de enero de 1922. Anteriormente, Manuel Aznar, director de *El Sol*, lo envía a Europa Central, a los Balcanes y recorre diversas capitales europeas. Revesz es un viajero infatigable y tiene acceso a los presidentes norteamericanos, especialmente a Truman. Revesz entra en los grandes diarios con la misma familiaridad con que sube las escaleras de Serrano 61. Por su don de gentes y su caballerosidad, accede a embajadas y a círculos periodísticos y literarios. Los amantes de la política internacional tienen en Andrés Revesz a un periodista que leen cada día y se desayunan con sus recuadros, firmados, en ocasiones, con sus iniciales. Con una memoria prodigiosa, es un archivo viviente.

Joaquín Amado lo llora con unas letras de luto. López Sancho, que ha compartido con él tantas horas de redacción, lo despide desde la atalaya de su "Planetario". *"Durante toda su vida* —escribe— *Revesz será fiel a las impresiones del año 1919. (...) La política internacional será vista siempre por Andrés Revesz a la luz de los acontecimientos de ese año casi críptico que es 1919. (...) Tiene, pues, un juego de cartas que echará incansablemente durante años y años en las páginas que ABC dedica a la actualidad internacional. Las combinaciones de esas cartas son numerosas, pero limitadas. Revesz, desdeñoso de toda tendencia a la ucronía, escrutará esas cartas con tanta perspicacia que algo después de la segunda guerra, en una ardorosa polémica con otro comentarista internacional, se permitirá asegurar que no se producirá la tercera guerra mundial en los perentorios plazos que su contradictor, equivocándose, vaticina. (...)"*

ABC da por muerto al actor Sazatornil

En los periódicos ocurren estas cosas. *ABC* da por muerto al actor Sazatornil. *"Su coche se estrelló contra un camión cerca de Guadalajara."* La noticia la transmitía la desaparecida agencia *Pyresa*. Por la mañana, un redactor del diario coge un teléfono que no deja de sonar, lo descuelga y es la voz del actor. El redactor no cree, le cuesta creer las palabras que está escuchando. Al día siguiente —sábado 25 de abril de 1970—, con el título "Muerte" y "Resurrección" de José Sazatornil, en un recuadro, en cursivas, un comentario dice: *"Nuestro admirado y aplaudido José Sazatornil está, dichosamente, vivo. Ayer, por uno de esos desaguisados imperdonables que suceden hasta en las mejores familias periodísticas, lo dábamos por muerto en un accidente de automóvil. Hoy nos alborozamos al reconocerle vivo. Está visto que la prisa es tan mala consejera del automovilista como del redactor.*

Con admirable buen humor, ese que tanto ha prodigado en la escena, y con una elegancia de espíritu realmente ejemplar, don José Sazatornil ha acusado el 'golpe' informativo. Casi con enternecida comprensión nos ha llamado para agradecernos la necrológica que le dedicábamos y decirnos que, en realidad, ni le correspondía ni la merecía. Resultaría inútil explicarlo. Con el homenaje que debemos a su talento artístico va nuestro autorreproche. El redactor culpable pagará un Tedeum*; ya ha sido convenientemente azotado. Pero también es verdad que con esta ocasión tragicómica don José Sazatornil habrá podido comprobar los muchos amigos que tiene y la alegría tan grande que ha sido su repentina 'resurrección'. Que para este periódico no había otro Sazatornil, queda claro. La culpa, en parte, es de su fama y popularidad. Para nosotros, no había otro Sazatornil que 'Saza'.*

La tristeza de ayer se nos hace coro de aplausos. 'Saza', con su sentido del humor, nos permitirá decir que el difunto es un vivo. Ha sido, afortunadamente, una muerte de guardarropía, como las que ocurren en el teatro. Ha sido, también, una ocasión para que su público, sus amigos, sus admiradores, pudieran demostrar que el cariño que le tienen es de ley. Que sea por muchos años y que podamos reír juntos."

Capítulo XVIII

CINCUENTA AÑOS DE LOS "CAVIA"

PEMÁN ENTREVISTA A JUAN IGNACIO

"La diferencia entre literatura y periodismo es que el periodismo es ilegible y la literatura no es leída."
Oscar Wilde

El premio "Mariano de Cavia" fue fundado por don Torcuato Luca de Tena y Álvarez Osorio el año 1920: celebra, pues, sus cincuenta años. Con este motivo, Pemán entrevista a Juan Ignacio Luca de Tena:

"El periodismo es una ebullición de constante sorpresa. Voy al ABC *para cumplir un encargo que me han hecho. Entraba por el patio central de la casa de Prensa Española y* ABC. *Así como la exposición universal de París creó un estilo muy suyo: el modernismo* belle époque, *y la exposición de Barcelona creó como una arquitectura de aguas luminosas, la exposición de Sevilla logró un estilo de azulejos y hierros. Aníbal González es algo así como el Gaudí de la cerámica. Éste es el estilo del patio alargado de la casa de* ABC: *como si fuera un consulado de Sevilla. Pasaba un ujier o portero; alguien con botones dorados.*

—¿Dónde está don Juan Ignacio?

Así se le llama en el ABC. *El marquesado lo cuelga al llegar, en el perchero, y lo recoge al salir. Pero el ujier no tuvo que buscarlo. Se encargó de contestar el mismo Juan Ignacio, que aparecía en el fondo del patio. Venía vestido de gris, con el pañuelo haciendo juego a la camisa y todas esas cosas: galán y feliz. Juan Ignacio se opera de vez en cuando, y siempre sale de la clínica con diez años menos. Por eso vuelve a estrenar sus comedias. Me gritó desde lejos:*

—José María, ¿sabes...? Ayer, en el Infanta Isabel, cerca de setenta mil pesetas.

Juan Ignacio tiene megáfonos en vez de cuerdas vocales; su voz arrolladora estremecía los azulejos sevillanos del patio, y, por las oficinas; el bronce de las estatuas de don Torcuato, el patriarca; de Alfonso XIII, más los toritos de Berlliure. Discutiendo a los postres de un almuerzo en casa del marqués de Desio, éste decía: 'Juan Ignacio: no tiene razón; lo que tiene son facultades.' Estuve yo en Santiago de Chile cuando él era embajador. No bien pasé la puerta de nuestra Embajada oí una voz descomunal que decía: '¡Pastor...!'. Juan Ignacio se había llevado a Chile casi toda su secretaría. La Embajada era como una edición aérea del ABC *llegada a Chile: la sede de la prudencia diplomática venía a ser la sede de la imprudencia españolista y sonora.*

—Hoy no eres tú, Juan Ignacio, el que está de ensayo, sino yo.

—No lo sabía. ¿Dónde estrenas?

—Aquí, en ABC*... Porque lo que ensayo y estreno es el encargo que me han hecho de hacerte una* interviú*, con ocasión del cincuentenario del premio "Cavia".*

—¿Tú sabes, José María, cómo definía Eugenio D'Ors una interviú? Es —decía— como un artículo que hace uno y cobra otro. En este caso, el 'entrevistador' cobra su artículo; y el 'entrevistado', tratándose de ABC*, cobra siempre al cierre de ejercicio.*

Solemos bromear, Juan Ignacio y yo, sobre un fenómeno bio-literario por sí, que uno y otro parecemos escritos por Plutarco: como 'vidas paralelas'. Tenemos la misma edad. Yo le llevo unos meses; pero esto lo despreciamos como calderilla vital. Tenemos ambos nueve hijos. Dos varones y siete hembras, cada uno. Todos casados. Y ya ahí empieza la bifurcación. Él me gana en nietos, en bisnietos y en liquidaciones de la Sociedad de Autores... Pero no venía yo a hablar de estos temas domésticos. Propuse: 'Hablemos paseando...'

—El premio 'Mariano de Cavia' lo fundó tu padre, ¿no es eso?

—Sí... Fue la primera iniciativa española para impulsar un concepto literario y exigente del artículo periodístico. Mi padre no omitió pinceladas ni elemento alguno para que el premio naciera con un gran empaque y sentido cultural. Logró que el primer jurado fuera presidido por don Antonio Maura, director entonces de la Real Academia Española. El primer premio 'Cavia' lo obtuvo Dionisio Pérez.

Puede que ese nombre les suene poco a los muy jóvenes. Yo le conocí en mi muy primera juventud, pues era el diputado liberal que salía por el Puerto de Santa María, distrito del que era mi padre diputado en las legislaturas conservadoras.

—Fue un gran articulista; y un gran autor de libros de cocina. Le oía contar a mi padre que durante muchos años de su vida estuvo amistosamente separado de su esposa. Vivían en apartamentos contiguos de la misma casa. Y cada mañana se reunían en el saloncillo neutral para desayunar juntos y jugar una partida de ajedrez. Luego se despedían hasta el día siguiente. Pero don Dionisio no podía empezar su jornada intelectual sin ese prólogo o gimnasia del café y del ajedrez.

—¿Cuál era el objeto de tu padre al crear este premio?

—Es bien claro: impulsar al periodismo, y hacer ver a todos sus posibilidades literarias. Por eso no pudieron encontrar mejor santo patrón que Mariano de Cavia: el gran baturro en cuyas manos el artículo tenía toda la fugacidad de un tema actualista y toda la forma y ritmo de una exigente factura literaria.

—Tienes razón. Yo dije en la cena acostumbrada, cuando obtuve el premio, que los artículos del gran baturro que era Cavia eran 'jotas' meditativas.

—En cierto sentido se adelantó a su época: se habla mucho de cómo el periodismo, en su zona de articulismo, se va convirtiendo en el producto literario más

característico de nuestra época. El reportaje se inserta cada vez más en la novela. La última de Truman Capote, best-seller *en Estados Unidos, es un reportaje que sigue punto por punto un sumario judicial contra un asesino que mató a toda una familia. Aquí mismo, en España, las grandes novelas de la guerra civil han tenido ritmo de reportaje; tú, José María, lo has advertido muchas veces, en Gironella, Romero, Castresana y otros muchos.*

—Eso es seguramente lo que hizo fundar el premio 'Luca de Tena', en memoria de tu padre, para las crónicas sin firma, más profesionalmente periodísticas.

—Creo que así, con los dos premios, abarcamos todo el desarrollo del periodismo, que va desde el telegrama al ensayo, pasando por el editorial sin firma y el artículo firmado.

—¿Ha habido muchos que hayan alcanzado los dos premios?

—Pedro Massa, Luis María Anson, Emilio Romero, Víctor de la Serna, Gonzalo Fernández de la Mora, Luis Calvo: prueba indudable de esa ley de fusión y síntesis que va elevando el periodismo a una plena categoría literaria y cultural.

—¿Y autores de teatro?

—Ya comprenderás, José María, que el oficio de otear y entender ese 'gran teatro del mundo' que es la vida como materia periodística no podía resultar discrepante frente a la tarea teatral: ahí están Benavente, Foxá, Joaquín Calvo Sotelo, Emilio Romero... Y tú.

—¿Ideológicamente, tienen algún contenido específico estos premios que otorga el ABC*?*

—Ya sabes que no. Nuestros jurados, políticamente, han venido de todos los campos. Castrovido, por ejemplo, fue jurado un año. Tú mismo me contaste una anécdota bien expresiva de cuando tú fuiste jurado. Corrígeme si me equivoco en algo. Era cuando todavía los aspirantes al 'Cavia" presentaban los artículos con plica y lema. Quedaban dos artículos seleccionados; y convinimos los jurados en volvernos a reunir al día siguiente habiendo releído los dos finalistas para desempatar. Al siguiente día, en efecto, todos convinimos en que el mejor era uno de ellos. Se iba a dar, por tanto, el acuerdo, 'por unanimidad'. Pero Ramiro de Maeztu, con su voz de profeta bíblico, manifestó: "Yo creo también que ése, aunque sea por un pelo, es el mejor. Pero no vamos a engañarnos unos a otros: por el papel y los caracteres de imprenta se ve bien claro que uno está publicado en el Sol, *y otro, en* La Nación. *Considero el* Sol *mi enemigo: y como creo que al enemigo hay que expulsarlo, aprisionarlo, e incluso calumniarlo...".*

—Claro que todo esto era pura hipérbole espectacular, de las que gustaba mucho don Ramiro. Enseguida cedió a mi alegación de que estos premios influyen en la vida de un escritor, y la justicia y la moral nos prohíben cambiar alegremente el rumbo de una vida profesional y humana. Fue votado por unanimidad Paco Casares, que pocas semanas después pasaba del Sol *al* Debate, *y empezaba una carrera periodística llena de éxitos, que quizá hubiera podido troncharse aquel día.*

En nuestros paseos, charlando, habíamos llegado Juan Ignacio y yo a la sala de dirección. Mis pupilas han conocido dos muebles indescriptibles: quiero decir imposibles de describir, como si los hubiera inventado una fantasía exenta de toda intención geométrica. Uno, la mesa oblonga de bayeta verde de la Academia Española, con una especie de pesebre adherido para tener a mano los diccionarios, y a la que D'Ors llamaba 'la bañera del idioma'. El otro, una especie de garita de madera clara, que cobija una banqueta en forma de semicírculo, y que está en la sala de dirección de ABC. *Podría ser un confesonario para pecadores insignes. Quizá también un escondite para parejas inmortales. Algo irreal y mágico: el mueble más famoso del que fue despacho del fundador y primer director de* ABC.

Le propuse:

—¿Terminamos la entrevista en ese confesonario?

Nos sentamos en el confesonario. Así debía ser el confesonario donde el capellán de Corte preguntaba al emperador de Austria: '¿En qué se ha dignado Vuestra Majestad ofender al Señor?'.

—¿Te sientes orgulloso de todo esto?

—¿Por qué no?

—El orgullo es un pecado.

—A pesar de todo —dijo mirando esas paredes que ya son historia—, en esto pongo mi orgullo.

—De penitencia, un Ave María."

Areilza, proscrito

Bodas de oro de los "Cavia", José María de Areilza gana el premio instituido por el Fundador, pero mal visto como está por el Régimen, *ABC* le rinde un homenaje íntimo en la casa de Juan Ignacio Luca de Tena, calle Serrano 111, el 13 de abril de 1970. Tras un almuerzo, miembros del jurado y el Marqués charlan y toman el sol con Areilza. Violentas presiones del Ministerio de Información para que no se le otorgue. Tan es así que Juan Ignacio quiere visitarlo urgentemente. El ministro Sánchez Bella ha prohibido la celebración habitual en la biblioteca de la Casa. Este año, al coincidir con el cincuenta aniversario, sería una fiesta, por todo lo alto, en el hotel Palace. El ministro pide que se silencie el nombre de Areilza. Entonces, Juan Ignacio sugiere al político vasco que se le entregue el galardón en una comida íntima en la casa del marqués de Luca de Tena, en la calle de Serrano, 111. Areilza "Cavia" 1969 por su artículo: "Helicópteros en San Pedro". Areilza encuentra en las páginas de *ABC*, en la "tercera", el medio de expresar sus ideas y la manera de entender España y abrir España ante un viaje al fin de la noche. Además de *La Vanguardia* y *Ya*, Juan Ignacio lo acoge en el regazo caliente de su periódico. Areilza hablará de *"una hospitalaria y generosa aco-*

gida", a pesar de que el marqués de Luca de Tena no comparta con él los mismos puntos de vista sobre la operación monárquica. "*Juan Ignacio era,* en palabras de Areilza, *monárquico ferviente*"; y el político no deja de admirar la gallardía del hijo del Fundador en su postura ante la República y los acosos inquisitoriales del franquismo.[16]

ABC publica —16 de abril de 1970— parte de su discurso, titulado "El articulista". (...) "ABC *no hace con ello sino seguir una línea de ejemplar tradición. Si recorréis sus páginas pretéritas desde sus comienzos hallaréis la traza de esa liberalidad del periódico para invitar o elegir a sus colaboradores, que son diversos, cambiantes y antagónicos como la vida misma, fluyente por naturaleza salvo, claro es, en el anclado mundo mineral. De mí sé decir que aprendí casi a leer los periódicos en el ejemplar de* ABC *que con otros diarios traía al hogar mi padre, cotidianamente. En el Bilbao provinciano pero universalista de aquellos años de la primera guerra mundial, mi curiosidad inquieta descubría la rítmica y puntillosa prosa de Azorín, los fulgurantes editoriales de Cuartero, la crítica literaria de 'Andrenio', entre fotografías de la gran contienda y de Don Alfonso XIII inaugurando exposiciones (...)."*

El Rey, en la cena de los "Cavia"

Noche grande. El Rey Don Juan Carlos en la Casa. Guillermo Luca de Tena recordará a su abuelo. El Rey da fe, en esta velada literaria, de los premios de Prensa Española. Despliegue ansoniano, catorce páginas y un titular: *"Reitero a la profesión periodística mi admiración y agradecimiento por su contribución a la construcción de la democracia", dijo el Rey en la cena de los 'Cavia'."*

Cela declaró que *"me siento gozoso de verme inscrito en la ilustre nómina del Mariano de Cavia, el más antiguo y quizá también el más prestigioso de los premios del periodismo español, y proclamo en voz alta y con todo orgullo que, después del Nobel, no tuve que esperar más que tres años para que se me concediese: a Benavente le hicieron aguardar un cuarto de siglo".*

Las palabras de Don Juan Carlos, motivo de un editorial. *"En esta Casa de ABC, ejemplo vivo y noble del gran periodismo, quiero reiterar a la profesión periodística española, tan bien representada aquí esta noche, mi admiración por su contribución a la construcción de la democracia y por su esfuerzo diario para defenderla con entera dedicación."* Con estas palabras cerró el Rey el discurso.

Año significativo y emblemático como el noventa y dos, Camilo José Cela ingresa en la academia del "Cavia" por el artículo "Soliloquio del joven artista", publicado en *El Independiente*. El artículo premiado es de Luis Ignacio Parada

---

[16] Areilza: *Crónica de libertad.* Planeta, pág 131 y 132.

—"Luca de Tena"— y se titula "Cae lentamente el telón", en el que trata de la crisis del teatro.

Feliz está Luis Ramírez, una vida en el periódico de Serrano, cuarenta y tres años el día en que le conceden el "Mingote" por una foto en que aparecen Irene Villa y su madre, dos víctimas del terrorismo etarra, que se ven, por vez primera, tras el atentado.

Capítulo XIX

LUTO POR PICASSO, COLABORADOR DE *ABC*

MUERE MASSIP

"El arte quita el polvo que la rutina deja sobre el alma."
Pablo Ruiz Picasso

La luz de abril de 1973 se ha turbado por la muerte de Pablo Ruiz Picasso, *"artista del siglo"*, como dice *ABC* en su número del martes 10 de abril, el rostro del genial pintor en la portada, en un primer plano, páginas y páginas donde el único tema es Picasso y su genio creador. *ABC* le dedica la "tercera" y un gran reportaje sobre "las mujeres y Picasso"; y lo que opinan del maestro los pintores españoles; y un artículo magistral de Salvador de Madariaga.

El diario recuerda las páginas de Pablo Picasso, asomado a las columnas del diario de Serrano, en una exclusiva nacional de cinco artículos publicados con su firma en el dominical. Andrés Travesí escribe desde París el relato con palabras emotivas del jardinero del hombre que llena el siglo con sus colores. Travesí se entera de la muerte de Picasso cuando asiste a misa en una iglesia cercana a la Embajada española en París. Al iniciarse el oficio religioso, un diplomático español le da un golpecito en el brazo y le dice al oído: *"Acabo de oír que Picasso ha muerto."* Es domingo, y como al día siguiente en España únicamente salen las *Hojas del Lunes*, tiene tiempo suficiente como para informar de este acontecimiento.

"...de *ABC* falta algo esencial"

Con la llegada de mayo de 1973, los lectores de *ABC* pierden a un corresponsal excepcional, José María Massip, muerto en la ambulancia que lo traslada desde su casa a una clínica de la capital estadounidense. Catalán de Sitges, Massip nace un año antes del nacimiento como diario de *ABC*. Hombre de corazón caliente y cabeza fría, vive en Washington, ciudad desde la que informa durante cinco lustros a los lectores de *ABC* y del *Diario de Barcelona*. También colabora en la revista *Destino*. Massip pertenece a una generación de españoles para los que vivir es un reto tan difícil como plena y enteramente asumido. Aquel hombre joven licenciado en

Filosofía y Letras se ve envuelto en una torrentera cultural y política que, al cabo, sería la determinante de su posterior, agitado y fecundo destino personal y profesional. Sus compromisos políticos lo llevarían, al finalizar la contienda del 36, al exilio. Inicia así una larga peripecia en Filipinas, donde la contienda mundial lo descabalga brutalmente de sus quehaceres periodísticos para sumirlo en una lucha a brazo partido con la más dantesca adversidad.

Repatriado, su revelación en la Prensa nacional —en épocas anteriores, alcanza cierta fama como comentarista de la actualidad— nace a través de un artículo publicado en *ABC*, larga unión entre él y el diario de la calle Serrano. Massip redacta la Carta de Río, presentada a las Naciones Unidas por Carlos Rómulo, representante filipino y amigo suyo. Gracias a ese documento, la organización internacional instituye el derecho de los pueblos al pluralismo político, a que cada país pueda tener el régimen que quiera. España accedería, mediante este documento, a las Naciones Unidas como miembro de pleno derecho.

El profesor de la Universidad de Missouri John C. Carril lo cita en una de sus obras, *La Élite de la prensa*: *"Massip* —dice Carril— *escribe diariamente crónicas desde Washington sobre problemas de la actualidad norteamericana, consideradas, desde hace tiempo, como uno de los elementos informativos más valiosos de la Prensa española."* A Massip se le lee y se le admira hasta el punto de que un lector escribe a *ABC* con el fin de que se le tribute un homenaje nacional. Massip entiende España como una nación creadora del Derecho de Gentes, en el que el hombre —con sus derechos— aparece como centro de todo universo político.

Para Areilza, *"Massip tenía el buen sentido pragmático y terruñero del catalán que amaba a su pueblo con nostalgia visible y queda en la historia de nuestro periodismo moderno como ejemplo profesional de cronistas: puntual, objetivo, equilibrado, veraz".*

El periodista y embajador Manuel Aznar decía de él que *"va a ser muy difícil que nos habituemos a la melancolía de Massip ausente. Nos parecerá que en las páginas de* ABC *falta algo esencial; algo que, a fuerza de ser un tesoro de inteligencia, habíamos incorporado a nuestra ilusión de cada mañana. Había tomado la medida exacta a su periódico y a la sensibilidad de sus lectores. Una columna cabal, pero nada más. Brevedad, sobriedad, difícil resumen; el punto certero sobre la 'i'; el dedo en la llaga. Todo lo necesario estaba en sus crónicas; todo lo excesivo y redundante, el perifollo y el fárrago había sido expulsado de antemano (...)."*

Capítulo XX

ABC CUMPLE SETENTA Y CINCO AÑOS

1 JUNIO, 1980: GRAN RETRATO DE FAMILIA

"El periodismo es un oficio fácil. Es cuestión de escribir lo que dicen los demás."

Lovecraft.

Superviviente a muchos vendavales, festeja setenta y cinco años de vida. *ABC* lanza un número extraordinario donde se contaba mucha historia del periódico. El dibujo de la portada, de un rojo intenso, nace de los pinceles alados del gran pintor Álvaro Delgado. Setenta y cinco años no los cumple cualquier periódico. Por eso, la Casa nos convoca a esa posteridad de hemeroteca, al álbum privado, como parte de esa familia que elaboramos este pan especial, de papel y tinta. En la parte central, a doble página, redactores y personal de archivo posamos, de otra guisa, a como lo hicieran los primeros redactores.

El marco, el fondo de la biblioteca, donde había una réplica del original de la estatua del fundador, obra de Mariano Benlliure. Ahora, la imagen severa de don Torcuato había desaparecido tras unas grandes cortinas. Y todos parecíamos actores congelados de una función de teatro, la que representamos cada día, conscientes de la fuerza de esa imagen, eternizados en el colorín extraordinario. García Pelayo, malagueño y buen fotógrafo, al que siempre se le veía corriendo, nos captaba para el recuerdo sepia de las hemerotecas. Todos nosotros, cada uno a su manera, contribuíamos a contar la historia de cada día y formábamos parte de esta carabela. Estábamos apretados, juntos como una piña, sabedores del instante que vivíamos en la feria de las vanidades. Estamos bajo el árbol de Guillermo Luca de Tena, alto como un chopo andaluz, aristócrata, alma de *ABC*. En ese gran marco de la biblioteca, de noches de premios y brindis, nos apretamos en un retrato de familia.

Escoltan a Guillermo, Miguel Torres y Santiago Arbós, entonces subdirectores, Francisco Giménez-Alemán y Rafael de Góngora, hombre de la confianza de Guillermo. Rafael de Góngora había pertenecido a la Redacción de *Blanco y Negro*. Hijo de un histórico miembro de la Redacción, tiene poder en el periódico y, en ocasiones, firma la columna "Madrid al día".

Carchenilla, Juan Fernando...

En esa fila, según se mira de izquierda a derecha, aparece el fotógrafo Ángel Carchenilla, que después tendrá una ascendente y meteórica carrera en la cercanía de Juan Tomás de Salas y *Cambio 16*. Juan-Fernando Dorrego, con bigote, literario y sugerente, amante del oficio, jefe de Internacional. Teodoro Naranjo, fotógrafo "eterno", entra de adolescente en la Casa, como ayudante del histórico fotógrafo Virgilio Muro y después se haría un buen periodista gráfico, que iría a Agadir, cuando el terremoto, y a captar imágenes de accidentes de aviación, como el que se estrella en Somosierra. Naranjo era contumaz y trabajador y capta una imagen con la que obtiene el premio nacional de Periodismo: el cuerpo de Retuerta, convertido en una tea humana, cuando el incendio de *ABC*. Luis Prados de la Plaza, malagueño y ruanista, cronista mayor de Madrid, dirige, chispero y castizo, escribe y describe Madrid y crónicas de fútbol con un rayo literario, premio "Luca de Tena". Con las manos atrás, José Luis Suárez Guanes, aristócrata, escribe de toros y, en esta materia, su memoria es prodigiosa, de un Revesz taurino.

Diego Jalón, mira a la cámara con rostro serio. Diego Jalón es un editorialista que ha dejado centenares de artículos de opinión. Diego siempre escribía a mano y andaba de una manera peculiar, casi a zancadas, y hablaba, en ocasiones, en voz alta y solo, como quien desea dejar un mensaje.

María del Rosario González Vegas, Marichari para todos, tiene la sonrisa de siempre, serena y complaciente. Marichari, primera mujer en plantilla, primer sonido de tacones que se oyen entre las viejas paredes, después de los de Margarita Jiménez, la Colombine, Sofía Casanova y poco más. Sonriente y sentado, José Javaloyes, *"alto soy de mirar a las palmeras"*, elegante y perfumado. Serio y con bigote.

A su lado, Andrés Travesí, redactor jefe histórico, con sus gafas de pozo de vaso, su bigote y un rostro redondo. Codo con codo, Javier Rubio, triste y callado, casado con una francesa, habla muy bajo y es culto y sensible, especialmente al mundo de la pintura. Javier Rubio es de los redactores pioneros del dominical y, en una ocasión, se enfada con Anson y se marcha durante unas horas de la Casa para volver como el hijo pródigo. Con lo brazos cruzados, José Medina, malagueño y director de *Trofeo*, la revista de caza de la Casa.

En segunda fila, y nunca mejor dicho, Pérez Mateos y su rostro barbudo, en un rincón, casi solitario frente al inmenso grupo. Miguel Ángel Tenorio entra de ordenanza en la Redacción, chico amigo de lo justo, se niega a llevar cafés y comidas a los redactores, inquieto y generoso, acaba en el Comité de Empresa y en Archivo, en la noche con ese gran noctívago, último de una hornada, José Antonio Moraga, competente y amigo. Miguel Ángel mantiene su imagen de joven junto a Luis Peiro, informador político. Luis Peiro, hombre de izquierdas y jefe de Prensa en Interior con varios ministros socialistas y director de *Cambio 16*. Entre ellos, delante, un poco oculto, José Antonio Álvarez-Gundín, leonés, llega a *ABC* de la mano de Martín Descalzo y oficia de monaguillo periodístico en la sección de la Iglesia hasta dirigir las páginas de Cultura y subirse a la cucaña de la subdirección. Un poco más a su derecha, el fotógrafo Luis Alonso, al que veréis siempre con su cámara en las imágenes del baño inolvidable del entonces ministro de Información y Turismo, Fraga Iribarne, en Palomares.

"La Percoti"

Con un vestido rojo, Carmen Fuentes —"La Percoti" para casi todos—, hija del veterinario de Pedraza. Torcuato Luca de Tena tenía casa en este monumental pueblo segoviano, se conocen y acaba, soltera, en *ABC*, como Trini de León Sotelo, malagueña, escritora y cuentista. Trini estaba en *B y N* y no aparece en el inmenso retrato de familia. Después pasaría a *ABC* y haría entrevistas en la sección de Cultura. Camilo Murillo, ¡oh, qué personaje! Camilo sobrepasa la dimensión de la leyenda. Habla un andaluz extraño y estrena obras de café-teatro. Camilo y su mundo mágico de las quinielas, página que hace popular y soñadora para quienes sueñan con la fortuna. ¡Oh, Camilo! Viste camisas de seda italianas y cuenta que se las regalan sus amantes, mujeres repartidas por ciudades del Renacimiento. Isabel Montejano, obesa y trabajadora, conoce y canta la sierra madrileña, palmo a palmo, y la tierra extremeña. Después desaparece como un Guadiana y llena de pregones los lares serranos del Arcipreste de Hita.

Muy oculta, por encima del hombro de Guillermo Luca de Tena, su secretaria María Jesús Moyano, buen tipo y clase, saludo matinal cuando se está cerca de la Redacción. Vicente Zabala pegado a Guillermo Luca de Tena, subido en un peldaño, siempre junto al poder como diría Luis Calvo de Pérez Ferrero, sonriente, como Carlos Dávila y su cabeza redonda y calva, ahora columnista y televisivo. Ángel Antonio González, delgado y una sonrisa de paz. Apoyado en la escalera, Antonio García, hombre tranquilo, trabaja en Secretaría, y se le llevan los vales de taxis.

Una tercera fila. Santiago Castelo, serio y su inconfundible rostro y perilla. Pepe Durán lleva el teletipo, está en medio de un sonido de chicharras y tiene una hija, Paloma, la última persona en abandonar el edificio de Serrano 61, en su traslado a la sede de Josefa Valcárcel. Enrique de los Ríos trabajaba en Secretaría, junto a Antonio Carreras, el secretario general de Prensa Española. Serio y con gafas, Luis López Nicolás. Pilar Urbano, dinámica, aporrea la máquina de escribir. De cuando en cuando, pregunta nombres y se mueve con la habilidad que únicamente tienen las mujeres. Hace un libro a la Reina, a Garzón y sobre el 23F. Muy periodista, atrevida. Valenciana e hija de militar, pertenece al Opus Dei. Con una sonrisa, Ignacio Pérez Barco. Trabaja en Archivo y su padre era el abogado en la Casa. Gonzalo García Sánchez, "Garcival", barbudo y un jersey de color blanco. José Olmo Losada esboza un intento de sonrisa.

En el peldaño superior, Manuel Sanz Bermejo, fotógrafo histórico, quizás quien más haya retratado a Francisco Franco y menos a Don Juan Carlos, cubría, gráficamente, las audiencias y era hermanastro del fotógrafo Santos Yubero, memoria congelada de la historia de España. Pasaría por el amargo trance de perder a su hijo, Sanz Ropero, también fotógrafo, cuando regresaba de Vigo, con varios carretes de fotos y morir trágicamente en un accidente de automóvil en compañía de Joaquín Iglesias, redactor de deportes, jornada de luto y mucha pena en Serrano 61.

Al lado de Sanz Bermejo figura Tomás Herrero. Pasa en *ABC* casi toda su vida. Había llegado en el año treinta y confeccionado *ABC de las Américas* y otras revistas. Cerca de él, su hijo José Juan, herencia grande del padre, integrante de la saga, confeccionador como él. Miguel Ángel Flores Antúnez y su barba, obeso, anda por la Redacción de hueco, en el feudo de Santiago Castelo, dirige un año *La Codorniz* y capitanea el suplemento cultural. Florencio Martínez Ruiz, escondido tras el seudónimo de Eduardo Alcalá, muestra un semblante cercano a la melancolía y en el ambiente de la biblioteca aporrea la máquina de escribir cuando logra unas muy dignas páginas de cultura, hombre lírico, numen del símbolo conquense de Torremangana o de su río Júcar como un romance fluvial de Gerardo Diego, siembra de metáforas las páginas y las riega como un jardinero de la prosa.

Pardo...

José Ramón Pardo mezcla *ABC* y las ondas de la radio, viejo rockero que nunca muere, devuelve la nostalgia del tiempo a través de la música y deja su disco tipográfico sin revoluciones. Sonriente y feliz el añorado Rafael Muñoz Lorente. Su padre había pasado por *La Corres*, *La Voz*, *Informaciones* y Rafael, un caballero, lleva las relaciones públicas de *ABC* junto con Alicia, en la época frenética y divertida de las tertulias.

Contemplad el bello rostro de Blanca Berasátegui, símbolo cultural del suplemento, diosa de sus columnas, musa de corondeles. Anson y Blanca, barqueros del río literario, guardas mayores de los paisajes narrativos y líricos, ensayísticos e históricos en *El Cultural*. Blanca está junto a un sonriente y triunfal Pedro J. Ramírez y una dulce sonrisa de Pilar Trenas, abecedaria y televisiva. Pilar trae un rostro moderno a la Redacción y recuerdo su llegada, cuando los ladillos no deben pasar de siete palabras. La Trenas se desenvolvía muy bien en la Casa, le gustaba lo literario, porque lo había mamado en su casa, gracias a su padre Julio Trenas y andaba de la Redacción de hueco a la gran Redacción, porque se asentaba allí, en su puesto telefónico. La Trenas también se asomaba al balconcillo de "El mirador literario" y estaba presente en los grandes premios. Alfonso Grosso aludió a ella, de mala manera, la noche en que el novelista andaluz fue finalista del premio Planeta y, en su ausencia, hube de salir en su defensa. La muerte nos deja sin su belleza.

Antonio Alférez, anglosajón de Almería, sonriente, más que Antonio Fernández-Cid, el crítico musical, que trata de sonreír. Muere cuando se dispone a pronunciar una conferencia en Bilbao. Manuel Miner Liceaga, dulce sonrisa de este hombre de la Bolsa, honesto y singular, amante de la agricultura, hombre de besanas y baldíos, recupera los surcos de las páginas, interrumpidas desde la época de Eliseo de Pablo. Manuel Miner es hijo del que fuera director del periódico *Madrid*, Miner Otamendi y redactor jefe de *ABC*.

En pleno rellano, iniciando la escalera, José Luis Carrascosa. Pablo Sánchez Carrasco, jefe de Archivo, buen administrativo en el Ayuntamiento madrileño, pausado e inteligente, conoce bien la Casa. Antonio Yáñez viene a *ABC* procedente de *El Alcázar*, donde llega a mantener una buena relación telefónica con un conocido pirómano de la década de los sesenta. Junto a él Julio Carlos Díaz, alto y aficionado al baloncesto, buena gente, como Joaquín Sáez, adjunto al redactor jefe. Su padre, también Joaquín, era un sepulturero literario del archivo, lo conocía como nadie, andaba por él entre un olor especial del oro podrido de los papeles y las vanidades muertas de los hombres; Joaquín Sáez y Antonio Urda, últimos herederos perteneciente a una saga abecedaria. Y Francisco del Brío, siempre en las pruebas del automóvil, Fangio experimental y escribidor de las nuevas tecnologías automovilísticas, pasa alguna temporada por platinas, dinámico y trabajador, rápido y sagaz, compartimos la renovación alegre de un dominical sombrío y triste. O una etapa intensa de buenos reportajes, en una especie de dúo, cuando el diario ofrece más pálpito, más brío. Es más caliente, más como la vida misma. Sencillo Ángel Puerta, amante del teatro, buena gente también, pasea su quehacer por las páginas de sociedad, en las ediciones de provincias, cuando *ABC* es ya muy distinto de aquellas ventanas por las que se metía el viento de la actualidad, dos páginas, "Barcelona al día", "Valladolid al día". Ciudades provincianas de escasa información, dormidas sobre el paso rutinario de los días.

Ramírez, Domínguez...

Apretados, Luis Ramírez y Ricardo Domínguez; el primero fotógrafo, premio Mingote, buscador de noticias gráficas, siempre con la cámara a cuestas, conoce la noche madrileña y las modelos, cuerpos de vestales traspasan el cedazo de sus gafas. Ricardo vive el suceso con ansiedad y anda por los pasillos y la Redacción con unos pasos muy raros, como quien arrastra los pies. Arriba del todo, a la derecha, como quien se asoma a un balcón, Juan Antonio Franco Oliván, aragonés de Huesca, gira en la órbita del mundo del dinero, recrea las páginas financieras y combina su tarea abecedaria con la televisiva. Sobrevive en *ABC* y en la televisión, siempre en primera línea hasta que una enfermedad diezma su figura fuerte y la sacude como un viento huracanado. Con el rostro entre dos hombros, Tomás Cuesta. Tomás representa el símbolo de una generación nueva, tipo *hippy*, hace versos y tiene una buena prosa. Tomás anda con paso cansino y tiene una fulgurante escalada de la mano de Anson. Después deja la Casa y aparece en otras empresas periodísticas.

Piedad Moreno, "Piedi", todo nervio, noble y justa, rebelde siempre, disconforme con la monotonía, ella y Marichari visten de moda las páginas abecedarias, ella, precisamente, que no parece comulgar con ese mundo. Alegre y juvenil, José Alejandro Vara, cara de niño listo, corresponsal rioplatense, corona un buen currículo en la Casa, después de su paso por la delegación catalana. Apoyado en la barandilla, como un presidente taurino cuando saluda a los diestros, José Jiménez Aguirre muestra todo su cuerpo. Jiménez Aguirre tiene una voz muy peculiar y unas cejas alborotadas. Cierran esa presencia humana en el balconcillo, dos taquígrafos. Han dejado, por un instante, el confesonario de sus cabinas, donde llega la voz del corresponsal o del enviado especial.

En la última fila del rellano, Cañizares, el dibujante; la altivez, la oronda y gran figura de Pepe Altabella, conversador y locuaz, lleva la historia del periodismo en la memoria. José María Almela, murciano y algo pacense por su estancia en el *Hoy*. Después pasaría por *El Alcázar* —gran amigo entonces de Apostua— y recalaría en Serrano 61, en la sección de deportes como escudero de Gilera. Trabajador y rápido, un todoterreno del periodismo. Carlos Galindo, ahora un hombre, lejos del chaval —Anson lo llamaba Carlitos y creo que todos— que llevaba el registro de las colaboraciones, ahora en el mundo del espectáculo. Juan Estalrich, personaje singular, hombre del teletipo, solterón y gracioso. Al lado, Pedro Guijarro, también de teletipo, y Salas, caricaturista, y Rafael López, de archivo. Cierra la fila, Paco Adrados, solterón, manchego de Tomelloso, amigo del Plinio de García Pavón. Adrados pertenecía a la época de los históricos, melómano.

Maribona, Pastrano...

En la escalada de la izquierda, Antonino González, secretario de Vázquez Dodero, escribe artículos y reseñas de libros. Alineado con él, Obdulio Martín Bernal —Dubi—, viene de la Gaceta Regional de Salamanca e ingresa por oposición. Obdulio, como se dice en mal lenguaje, está adscrito al área de Nacional. Detrás de él, sacando su cabeza como un náufrago, Matilde Hermida y su risa histriónica, pasa por varias secciones. Con una media sonrisa, Carlos Maribona y Jaime Boto. Fernando Pastrano sonríe.

Arriba, en la parte superior, como quien se sitúa en la grada de un teatro Fernando Lallana, confeccionador, acaba en la Facultad de Ciencias de la Información. Pepe García, fotógrafo incipiente, después seguidor con su cámara del Rey. Juan Pablo del Campo, barbudo y pensativo, toda su vida periodística entre estas paredes. María José Méndez e Ignacio Ramos, hombre de Cebrián Boné, murciano de pocas palabras. Raúl y Merche Contreras, pareja en la imagen y en la vida, la sonrisa, siempre bella de una mujer, Julia Pérez Calvo. Roberto Velázquez muestra su rostro con barba y su altura. Roberto Velázquez y García Molina, que trabaja en archivo.

Encaramados en lo alto, el simpático José María Fernández Rúa. Cierra esta gran alineación de *ABC*, Ventura Gil de la Vega, hijo de Gilera, y José María Zamarro, adscrito al área municipal, y su semblante de niño grande.

Cierra *Blanco y Negro*

Semanario ilustrado y bello, compañero de tantas noches y tantos días, el semanario que había entrado en muchos hogares españoles, moría el 27 de diciembre de 1980. Previamente, el día 23 había habido una reunión de don Benito Pico, Guillermo Luca de Tena, Nemesio Fernández-Cuesta y Manuel Galea y en casa del hijo político del fundador procedían a darle su último adiós. Había nacido *Blanco y Negro* el 10 de mayo de 1891 y con él todo el imperio de Prensa Española.

El día 26, en la Junta de accionistas, acuerdan prorrogar por tres meses la ampliación de capital. El sábado, 27, se celebra el consejo de administración y, a la una de la tarde le comunicaban el cierre de *Blanco y Negro* a su director, José Luis Martín Descalzo. Don Benito Pico sería nombrado presidente de la Junta de Fundadores. El lunes 29 se hace público el cierre de la histórica revista. Una tristeza envuelve el ánimo de los redactores; reina la tristeza en *ABC*.

Mendo deja *Efe* y se incorpora a *ABC*

Octubre de 1969 cae del Gobierno Manuel Fraga y arrastra a Carlos Mendo, director de la agencia *Efe*. El 10 de junio del año 1970, Mendo invita a un almuerzo en su casa de Soto del Real a Castiella, Fraga, Jiménez Quílez, Torcuato Luca de Tena y Pedro de Lorenzo. Al final, Torcuato y Pedro hablan de las tareas de Mendo en *ABC*, ante una posible incorporación al diario. Al parecer, la presencia de Carlos Mendo en el rotativo monárquico no es bien vista por el nuevo Gobierno, lo que no preocupa en la Casa.

Torcuato piensa en hacerle jefe de información. Para compensarle económicamente, el director le encarga la expansión del diario por el gran Madrid. Mendo, con buen sentido del humor, definía este cargo como "inspector de carritos". Durante unas vacaciones del subdirector de noche Jesús Revuelta, Mendo lo sustituye y quiere ser subdirector. En enero de 1971, acompaña a los Príncipes en el viaje que realizan a Estados Unidos y visitan Cabo Cañaveral.

Carlos Mendo, en aquella mesa, alejada de la grande —después la ocuparía Martín Descalzo—; hora del crepúsculo, Secundino, el bedel, le trae un whisky. Mendo diligente, habla en inglés con unos y con otros, algún presidente y le da / nos da un aire de modernidad y agilidad. En sus acciones, se le ve la raza de buen periodista. Quizás el ambiente sosegado del diario llegara a aburrirle, tras el frenesí de la agencia.

Muy bien informado, campechano y llanote, hablaba muy en Fraga, contaba hazañas —un viaje en un barco que se movía hasta el extremo de casi hundirse, mientras Fraga seguía leyendo, sin inmutarse—. Carlos Mendo hablaba con voz grave y alta y conocía muy bien la vida americana y la inglesa. Alegraba la Redacción matinal con su charla.

Al marcharse, un grupo de redactores le ofrece un homenaje en el mesón de San Javier —al que solía acudir don Pedro Gómez Aparicio. Era una despedida de gente que lo aprecia. Al final del homenaje, el redactor "Garcival", un Luis de Tapia posmoderno, le da un adiós festivo y humano. Garcival declamaba:

"Hoy abre a tres. Razones cordiales
—sobre el mantel haciendo de platina—
imponen su criterio. Hoy se termina
tu gesto entre nosotros, Carlos; sales
junto al mejor amigo: Carlos Mendo;
junto al mejor maestro, buen amigo.
Cierras tras ti, en silencio, este postigo,
mas la esquina es inútil. Va latiendo
tu joven corazón por nuestra venas.
A tres columnas hoy. Pongo redondas,
del siete y caja baja. Que es apenas
noticiable tu marcha. Es que nos rondas
y siempre en tus saberes nos entrenas...
¿Cabe el adiós para estas cosas buenas?"

Adiós a la gran mesa de la Redacción

Ha llegado, pues, un momento triste para cuantos nos sentamos ante esta mesa de nogal grande y simbólica, con algo / mucho de eucarística, donde deben confluir ideologías similares. La mesa de Redacción, la que sabe tanto, la que calla tanto, donde nos apoyamos, donde escribimos, esta gran mesa de nogal tiene sus días contados; no podemos escribir en las *Lexington*, estas máquinas que, cada dos por tres, se averían y viene un señor maduro de una casa de la calle de Hortaleza, contratado por el periódico, y las revisa y las limpia.

Ya la mesa no será el coro de voces y cuchicheos, de las cuartillas y los folios, del engrudo y las tijeras, las noticias en papel verde y naranja de *Efe* y *Cifra*, el sitio de Calvillo, de Revesz, de Marquerie, de Menéndez Chacón, de López Sancho, de Sánchez del Arco y de tantas otras generaciones que nos preceden en este oficio del que cuelga, utópicamente, un cartel anónimo: "Peor sería tener que trabajar."

La mesa perderá su grandeza de mesa camilla donde tantas veces se ha descrito el mundo, donde ha llegado la queja de la última víctima de un terremoto, donde hemos enterrado al Papa, la mesa, esa mesa grande de tantas horas, tantas inquietudes, tantas alegrías; esa mesa y su sillón frailuno con algo mucho de monje de trivium y actualidad van a extinguirse, como si no tuvieran un lugar en la hemeroteca o en el mausoleo de las reliquias; y la Redacción pierde mucho de su alma, y la mirada broncínea de don Torcuato está más triste, seguro.

La mesa se la repartirán los carpinteros, la gente de esa sección que, de cuando en cuando, viene a abrirnos un cajón o a rematar una púa que nos molesta. Pedro Muñoz —ese personaje que tanto manda en la casa—, Pedro, Agustín y otros San José del organigrama abecedario se llevan las últimas astillas, las reliquias de esta madera, mientras nosotros nos quedamos huérfanos y nos vamos a esa provisionalidad de mesas de metal, sin alma; y somos otros, estamos perdidos en el mar de la actualidad, sin la gran mesa a la que nos asimos como náufragos, la gran mesa sustituida por otras funcionales, sin gusto y sin alma, para que la máquina de escribir tenga un sitio. Hoy estoy/estamos especialmente tristes. Mucha historia escrita aquí se nos ha ido y algo de nosotros también ha muerto.

Testimonio 7

EL ÚNICO PERIODISTA ESPAÑOL EN EL DESPACHO OVAL DE LA CASA BLANCA

JOSÉ MARÍA CARRASCAL Y SU ENTREVISTA CON REAGAN

ABC, muchos años, Massip, brillante corresponsal, le sucede la muy decadente pluma de Rivero, nombrado por Torcuato Luca de Tena, amigo suyo, perteneciente a la familia del periódico cubano *Diario de la Marina*. Tras ese ínterin, la llegada de Carrascal a las columnas de *ABC*, la buena escritura y la observación minuciosa de quien conoce muy bien la sociedad americana. José María Carrascal se asoma al balcón de *ABC* en el año 1958. Escritor y periodista, premio Nadal 1972, inquieto y escrutador, filólogo y marino, escribe su primera colaboración en *ABC* con un artículo sobre Berlín, tiempos de Carrascal en Alemania, época en la que ve cómo se levanta el muro de la vergüenza y vería su caída, años lejanos, tiempos de sus crónicas para el diario *Pueblo*, tiempos de Berlín y Nueva York, jirones de la vida de Carrascal y su musa Ellen, alemana.

José María Carrascal, siempre lejos de España y, sin embargo, unido a la vida española, por el cordón umbilical de la crónica, por el buzón de la corresponsalía como cartero mayor de redondas y negritas, cita epistolar diaria con los lectores de *Pueblo*, después de *ABC*, de un *Pueblo* agonizante, José Ramón Alonso director le quiere y mantiene a un costo irreal hasta ese mes del "agosto, augusto y lento" de 1976, reunida la Junta de Fundadores de la nave de Serrano 61, la llamada urgente de Miguel Torres y su premura, *"piénsatelo, las condiciones y llámame en diez minutos"*; y José María ha mandado ya —es un reloj— la crónica a *Pueblo*, José Ramón Alonso ha dado largas a sus lógicas pretensiones crematísticas, José María está en su despacho del edificio de Naciones Unidas, el 302, en pleno corazón de la noticia, un despacho de ITT, su télex conecta por teléfono con Miguel Torres, todo lo ha meditado inmediatamente, como un César periodístico se dice a sí mismo: *Alea jacta est*, conversación con Miguel Torres y la condición de *"seguir en Nueva York"* y no en Washington como hacía Massip. Muy pronto percibirá Carrascal la importancia de ser corresponsal de *ABC* y la distinción y la buena acogida que se le dispensa, contrastada con su etapa anterior de *Pueblo*.

Desde el día siguiente, y durante catorce años, José María Carrascal mantiene un contacto diario, a través de sus crónicas, con los lectores de *ABC*, crónicas medidas, exactas en su espacio, casi matemáticas en el número de palabras, porque José María vive para su crónica, la vive como un rito, como la dorsiana "obra bien hecha", tras estructurarla y darle el toque literario de quien hace de la vida una metáfora. José María es un hombre al que le gusta madrugar y, apenas se levanta, también como un rito, lee el *New York Times*. A las seis de la mañana suena el teléfono en casa de Carrascal. Es la llamada de cada día, bien sea de Antonio Alférez o de Juan-Fernando Dorrego. A las ocho y media de la mañana está en su despacho de Naciones Unidas y sabe también qué crónica va a transmitir. Si Alférez o Dorrego lo llaman a las seis de la mañana —doce de Madrid, momentos antes de que celebren la reunión—, a las seis de la tarde —mediodía de Nueva York— está enviando su crónica, una crónica variada, porque José María es un todoterreno, sensible a un suceso, a un hecho cultural, muy variado, siempre con la antena puesta, pendiente de la radio, de la *CBS*; y lo que ha de contarle al lector de *ABC*.

Viaje de los Reyes

Catorce años son muchos años —casi una generación, según Ortega— en la vida de un corresponsal, en esa empatía con el lector, como un amigo que le susurra al oído lo que acontece en el país más poderoso de la tierra. José María es el testimonio, el notario metafórico de una época, la resaca del Watergate, los coletazos de la guerra de Vietnam, los años de penitencia de Carter y los rehenes de Irán, la explosión alegre de Reagan y la Perestroika, el problema de Gibraltar en la ONU, la negociación sobre las Bases Norteamericanas en España.

José María Carrascal, además, conoce a los Reyes cuando aún son Príncipes de España, y recuerda José María ese viaje de Don Juan Carlos y la apuesta de Nixon por su figura, como elemento clave para el futuro de España, que le cede su avión presidencial para que presencie el lanzamiento del Apolo XI, viaje que coincide con el que realizan Don Alfonso de Borbón y Carmencita Villaverde. El matrimonio se había presentado ante la alta sociedad americana como Príncipes de Borbón. Después cubriría el viaje de los Reyes, cuando Don Juan Carlos dice al Congreso norteamericano *"voy a ser el Rey de todos los españoles"* y Areilza, ministro de Asuntos Exteriores, que le acompaña, acuña la famosa frase de *"motor del cambio"*. También cubriría Carrascal el viaje del Príncipe Don Felipe.

En esta etapa de corresponsal, José María no se limita a la crónica diaria —llega, incluso, a mandar seis— sino que, además, escribe grandes reportajes que acercan al lector español los "Tanques de cerebros norteamericanos" en Universidades y Corporaciones, por ejemplo, u otras series como la "Revolución conservadora", de gran eco, origen de un libro.

José María y Ellen viajan a España durante las vacaciones y, fruto de uno de esos viajes, como un turista más, por suelo hispano, es un artículo premiado con el "Cavia" en 1986. Por tanto, Carrascal disfruta de dos carismáticos galardones: en narrativa el prestigioso Nadal y en el periodismo el "Cavia".

Entrevista exclusiva con Reagan

Carrascal tiene sus lectores, algunos esperan su crónica como el cruasán matinal o la disfrutan mientras saborean el café de la sobremesa. Uno de sus lectores es un americano que ha trabajado en la productora de Samuel Bronston, Allen Brown. Gracias a su amiga la condesa de Romanones, este americano escribe a José María y le dice que, si en alguna ocasión, desea algo de Reagan no dude en decírselo, pues lo conoce desde su etapa de actor en Hollywood.

En el mes de febrero de 1985, Reagan viene, en visita oficial, a España. Como es lógico, se le pide a ver si puede conseguir una entrevista con el presidente norteamericano. Carrascal, que conoce muy bien el terreno en el que se mueve, lo ve imposible, pero recuerda el ofrecimiento que le hiciera, en cierta ocasión, el lector suyo, Allen Brown. En efecto, este le hace la gestión. Cuál no es su sorpresa —pues no sospecha la influencia que tenga Brown sobre Reagan—, cuando un buen día suena el teléfono, coge la llamada Ellen y le dice: *"Te llaman de la Casa Blanca."* Se pone José María y, una voz le dice: *"Tiene usted muy buenos amigos aquí, el señor Brown; y le llamamos para concertar una entrevista con el Presidente."* En esa conversación, la persona de la Casa Blanca expone a Carrascal una serie de condiciones, entre las que figuran: que no le preguntará nada al presidente de política americana, que la entrevista durará veinte minutos y que no lleve fotógrafo.

Un jueves que no olvida, José María en Washington. La entrevista a las tres y cuarto en punto de la tarde, llega antes a la verja, hace un alto en el camino, mide el tiempo, lo chequean y se sienta frente al presidente en el Despacho Oval.

Transcurrido el tiempo de la entrevista, en voz alta, un señor dice: *"Gracias, Presidente."* Carrascal no olvida esta entrevista, nunca la olvidará, todo un éxito periodístico, un gran tanto. *ABC* anuncia en portada el día 25 de abril de 1985 la entrevista a la que dedica dos páginas centrales y el corresponsal es *"la figura del día"*. *"Hoy, con la primicia mundial de la entrevista con Reagan* —se dice en el recuadro—, *que publicamos en este número, José María Carrascal suma un nuevo éxito más en su carrera."*

Cuando Carrascal obtiene el "Mariano de Cavia", recibe una carta de felicitación del presidente Reagan. Carrascal es, pues, parte, mucha parte, de la vida americana contada a los lectores abecedarios gracias a sus crónicas incisivas y ágiles. Cita diaria hasta el mes de diciembre de 1989 en que deja *ABC*, su tarjeta de visita matinal, emprende el apasionante camino de la televisión, tras ciertas dudas. Llega a decirle a Guillermo Luca de Tena que, si es imprescindible para *ABC*, él sigue en la corresponsalía. Guillermo alaba su postura y le responde *"esta es tu Casa"*.[16]

[16] Grata conversación con José María en su casa de la Ciudad de los Periodistas.

Capítulo XXI

"TERCERA" DE AREILZA INDIGNA AL RÉGIMEN

RESPUESTA DE "GINÉS DE BUITRAGO" (CARRERO BLANCO)

"Feliz el pueblo cuya historia sea aburrida."
Montesquieu

El día 24 de marzo de 1974, José María de Areilza publica en la "tercera" de *ABC* un artículo titulado "La vía española a la democracia", aprovechando la publicación de un libro del procurador en Cortes, Carlos Iglesias Selgas. La tesis de Areilza es que el camino para alcanzar la democracia en España ha de ser igual que el usado por los regímenes del Occidente europeo; y que los partidos han de turnarse en el poder bien sean liberales o socialistas. El artículo levanta ampollas. El subdirector general de Prensa telefonea a *ABC* y habla con Pedro de Lorenzo. El ministro Sánchez Bella, muy disgustado con el artículo, ordena el envío de este número de *ABC* al fiscal. Sánchez Bella ordena que se consulte al gabinete jurídico por si hubiere materia de instrucción de expediente administrativo. El subdirector general lamenta la campaña que está haciendo Areilza.

Ante el cariz que toman los hechos, Pedro de Lorenzo llama a Sevilla para que no lo reproduzcan. Durante esa Semana Santa, el director general de Prensa, Alejandro Fernández Sordo, llama a su despacho a Pedro de Lorenzo. Fernández Sordo está muy nervioso y no cesa de dar vueltas alrededor de la mesa. En cierto momento le entrega —le impone— la publicación de un artículo, que publica *ABC* el día 2 de abril, titulado "¡Un poco de formalidad!"

En el artículo se cuenta un chascarrillo sobre un señor Fernández, bebedor empedernido, al que hay que tratar médicamente para quitarlo de la bebida. Y al que ahora Areilza aconsejaba que volviese a beber. El artículo lo firma "Ginés de Buitrago". Areilza indaga en *ABC* a ver quién es el autor y, como respuesta, recibe una sonrisa y se le dice que se trata de un anónimo colaborador. Tras "Ginés de Buitrago" se esconde la firma de Luis Carrero Blanco.

No paran ahí las polémicas y el marqués de Valdeiglesias le contesta tajantemente y ver como inviable todo intento de traer a España una Monarquía democrática, en réplica a otro artículo de Areilza en *ABC* titulado "Acercarse a Europa". Invitado a la polémica, Manuel Aznar hace una finta dialéctica que, leída entre líneas, da la razón a Areilza en función del tiempo. Areilza es uno de esos *"apellidos nefandos"* de que habla Sánchez Bella en los almuerzos y en las sobremesas. Franco es más directo y califica a los intelectuales de *"nefastos"*.

Voladura del diario *Madrid*

Tras muchas vicisitudes políticas, el diario *Madrid*, nacional, independiente, monárquico y reformista, dice adiós a sus lectores el 25 de noviembre de 1971 después que lo fundara Juan Pujol, el 8 de abril de 1939. Con su desaparición, el diario despierta reacciones en la Prensa y en sus lectores. El primero en tomar una posición es *ABC*, mediante su editorial "Sincera y enorme consternación" que le produce una medida tan lamentable. *ABC* califica la orden de cierre como *"otra severísima resolución punitiva"* que iba a dejar *"un lamentable hueco entre los manojos de Prensa en los quioscos."*

Testimonio 8

ABC, PRIMER DIARIO ESPAÑOL EN DAR LA GUERRA DEL PETRÓLEO

JAVALOYES, LA GUERRA Y ENTREVISTA CON ALLENDE

Un día llega a Serrano 61 José Javaloyes, *"alto soy de mirar a las palmeras"* o lírico y mediterráneo, con un paisaje de palmeras —nacido y criado en Elche—, este hombre fornido y alto, elige la palabra como un virtuoso el arpa, casi siempre con una cita, cuando no habla de *"espadas como labios"* en la Redacción grande, *"¡Oh, mi capitán, mi capitán...!"* José Javaloyes, chopo fuerte plantado en las orillas del río abecedario, cuando no cauce; llega a *ABC* por los caminos del azar, cuando es hombre de la "tele", que, en Bilbao, se encuentra con el entonces director general Aparicio Bernal, amigos de los tiempos del SEU y lo anima a que venga a Madrid, vea a Ezcurra, el director; y, en Prado del Rey, por la confidencia de Jorge Víctor Sueiro, sabe de buena tinta, la remodelación del área de editorialistas de *ABC*, que se lo ha dicho Diego Jalón, y Javaloyes toma el aperitivo en el Wellington con Sueiro, Diego y "Clarito", su padre; y ahí se inicia la cucaña por el pino alto del papel y la tinta, los espinosos senderos del ascenso...

Para ser exactos, el primero de julio de 1967 empieza José Javaloyes a colaborar y escribir sus editoriales y, como gusta en la Casa, el día 12 de este año de gracia, Pedro de Lorenzo sale con él hasta el patio andaluz y, en ese marco, le habla de que queda una plaza vacante en Internacional y si quiere ser redactor de *ABC*. Rafael de

Góngora ha pasado a la jefatura de Redacción de *Blanco y Negro*, Manuel Adrio se queda de jefe de la sección de Internacional, con Miguel Torres. A esa pregunta de Pedro de Lorenzo, responde afirmativamente José Javaloyes. Compagina las tareas periodísticas de Serrano 61 con las de la "tele", época de José de las Casas, que hay que sacar una familia numerosa adelante, bajo la musa matriarcal de su Lola del alma, compañera.

Paso por esa atalaya del mundo, su "meriano internacional", recuadrito que viene a ser como el remedo del de Andrés Revesz (A R), y una travesía por los caminos abecedarios, una presencia en la mesa del redactor jefe, con su porte, sustituye a Andrés Travesí, cuando cubre la corresponsalía del periódico en París; y esa Redacción de tarde era como un barco apretado y denso, de llevar bien el timón con garbo y salvar temporales.

Pepe Javaloyes, en esa mesa de Estado Mayor de la noticia, auxiliado por Francisco Adrados, cuando el periódico era mucho periódico, y el redactor jefe parecía un lobo de mar con el océano grueso de redondas y cursivas, oleaje nacional y mundial.

Además, escribe el editorial, tarea que llevan al alimón Diego Jalón y él. Diego Jalón los escribe a mano, con una pluma de oro. Entre Diego y Pepe nace una gran amistad. En esta tarea permanecen hasta la segunda despedida de Torcuato y la llegada de Cebrián Boné. Este impone otras normas de trabajo. En su despacho se reúnen los editorialistas, se plantean los temas y se incorpora Pedro Rocamora, ex corresponsal en París. Muchos editoriales salidos de la mente y la mano de Pepe; habla de seis mil, que ya son, y ha tomado el pulso al mundo y a España en esa tarea dura y anónima.

Salvador Allende

Muchas las horas de Javaloyes en esta estancia. Gozos y sombras, premio "Luca de Tena" con 31 años por el editorial "Los límites del presidente Allende". Muy satisfecho por el galardón, Pepe regresa de un viaje muy importante para un periodista. Ha esperado diez días, como quien sabe el valor de un éxito periodístico y el conocimiento de un presidente histórico: Salvador Allende.

Estancia en el hotel Carrera, frente al palacio de La Moneda, observa el ambiente, la atmósfera de un Chile irrepetible, la guardia de palacio, paisanos con fusiles rusos al hombro, mientras un periodista de izquierdas —que moriría con Allende— y los buenos oficios de José Antonio Couceiro, a la sazón delegado de *Efe* en Chile, le abren las puertas a una entrevista histórica.

El encuentro con Allende, lejos del palacio de La Moneda, en su residencia, la casa acomodada, de clase alta, los sauces llorones, la simpatía de ese hombre pasan por la película sepia del recuerdo. Hora y media inolvidable. Cuenta Pepe minuciosamente, en modo y tono dorsiano ese encuentro. La pregunta que rompe el fuego: *"Yo lo que no entiendo, señor Presidente, la forma de la Unidad Popular que pretende un sistema liberal parlamentario con una revolución socialista que altera las estructuras capitalistas con la producción... Yo quisiera, Excelencia..."*

Ante la misma, Allende reacciona con malas formas y le dice: *"Esa pregunta está mal planteada."* Javaloyes replica: *"Excelencia: esa pregunta si está mal o bien planteada será mi director y mis lectores quienes..."* Entonces, Allende sentencia: *"No me llame Excelencia; presidente o compañero, si es que se atreve."* A lo que José Javaloyes vuelve a replicar: *"¿Compañero de qué, señor Presidente?"*

Consciente de que Allende se ha equivocado, pasa de la crispación a la amabilidad: *"Javaloyes: no me haga caso... Así me gusta la gente: que se atreva con esas preguntas."* Pepe no olvida, nunca olvidará esta entrevista, y ese tiempo con Allende, su encanto personal, le echa la mano al hombro, la observación detallada de cuanto ocurre en Chile, el pase por la izquierda de Carlos Altamirano, la coincidencia de que el día del golpe de Estado Pepe Javaloyes da la noticia en *Televisión Española*, pues presenta las noticias internacionales...

Horas y horas en la vieja galera, Redacción de humo y ruido de hielos y whisky, el humo escala y anida como una nube azulenca entre las luces de neón.

Tiempos épicos, cuando el periódico es más infantería que capitanía, más soldado que oficial; que todo se mira y remira como una lupa, que nada se pase, pero no por censura, si no por alcanzar la obra bien hecha, como si los ojos del Fundador revivieran su mirada sobre los originales, celoso como era de la buena tarea y del horror de una errata.

Insidias

Pasajes de la vida de Pepe, que le agradaría pasar por alto, sombras que tratan de sembrar, insinuaciones aviesas turban su ánimo y altera su idiosincrasia. Pepe colabora en la revista *Desarrollo* y en la Casa se trata de inmiscuirle —sin fundamento— en turbias maniobras, y se llega a escribir *"que hay periodistas que lo mismo venden nucleares que golpes de Estado"*. El lunes de la ira, las voces, el eco llega hasta el despacho de Guillermo Luca de Tena. Historia triste, trata de olvidarla, siembra una inquietud en su ánimo y en el de los suyos. Lo tan hispánico de "calumnia que algo queda...". Guillermo trata de contener y aliviar el arrebato, atemperar un ánimo crispado, el almuerzo donde planea una tensión de alto voltaje y el sedante de Guillermo.

Guillermo se reúne con los pesos pesados en un almuerzo —Pedro Crespo, Javaloyes, Giménez-Alemán y Miguel Torres. Cena de despedida a Miguel Torres en casa de Guillermo, Miguel se marcha a la Dirección General de Asuntos Externos de *RTVE* y, más tarde, a la revista *Época*.

La condición humana, la escalada, el gusto por el poder, ¡ay de los hombres! Días tristes y amargos en un hogar afectado, a la sombra de los cedros y sauces llorones. Pepe Javaloyes había vivido en la Ciudad de los Periodistas y había comprado un chalé en las cercanías de Las Rozas, amplio y bello. En el viejo solar de su estancia, en el bloque de "las palabras de la tribu", palabras al viento, palabras acogidas y recogidas en la caracola de la curiosidad y la propaganda, se propala una calumnia de este chopo humano. Con qué fundamento, insidias..., si se ha comprado la nueva casa con dinero del 23F, año 1981. Pepe la había adquirido en 1978. Gente de UCD arroja la antorcha...

23F, Tejero y su prisión cercana al Ferrol. Amaro Gómez de Pablos ofrece una exclusiva a *ABC*. Tejero está dispuesto a hablar. Periodísticamente, la entrevista es muy atractiva, pero hay que medir la sensibilidad del personaje. Quien la ofrece no es el propio Amaro, hombre muy ligado a *La Vanguardia*. Otra persona pretende que el autor de la entrevista sea Javaloyes. Reunión en la cumbre del periódico, se estudian los pros y las contras de la exclusiva. Con buen criterio se piensa que la compartan *ABC* y *La Vanguardia*; y así se hace. Javaloyes no quiere hacerla, porque, además, hay gente en la Redacción capaz de ello. Dura, muy dura es la llegada a las puertas del Penal. Vuelta a Ferrol y difíciles momentos para los tres enviados de los dos viejos acorazados periodísticos.

La entrevista sale, al fin, pero muy descafeinada.

Raro ambiente en el seno de la Redacción. Tras el 23F, la Casa quiere dar un almuerzo a Alberto Oliart en el restaurante La Nicolasa. Al enterarse Oliart de la presencia de Pepe Javaloyes, el ministro del Ejército llega a decir —intoxicado por la calumnia— que él no se sienta *"junto a un golpista"*. El buen oficio de Guillermo arregla una situación embarazosa. Guillermo dirá: *"Yo no me siento con quien no quiere sentarse con un hombre de mi Casa."* En el almuerzo, Oliart lo pasaría divinamente junto a Javaloyes y viceversa.

Pepe lo cuenta entre las sombras y las luchas humanas. Muy amigo de militares —¿y por qué no? *"José Luis Cortina y su hermano Antonio Cortina; somos fundadores de Gocsa, núcleo del que nace Alianza Popular..."*

Esta sombra trata de convertirla en luz este hombre de Elche, herido por un rayo malvado, en el recuerdo de su musa Lola, las tres rosas de cada día, frescas, en el altar de su imagen, como quien recita el versículo del Cantar de los Cantares: *"Ponme como un sello sobre tu corazón."*

La guerra: deja de sonar la música

Espíritu aventurero, hombre bragado, sueña, como cualquier otro periodista, con la exclusiva, o ese reino fugaz de la gloria, o la sentencia de Lippman: *"No olvides, muchacho, que tus exclusivas de hoy, mañana envuelven el pescado."* Otoño de

1973, estancia en Irak, los días en la ciudad de Basora, la nacionalización del petróleo, su paso por Chad al Arat, el viaje con un guía, el chófer y él, la música árabe ameniza el viaje y, de súbito, se interrumpe. Entonces, el guía dice: *"¡Es la guerra!"* Al oírlo, Pepe piensa que no puede informar desde Bagdad por razones obvias —la censura—; y quiere ir a Beirut, levantar allí su campamento y transmitir sus crónicas a Serrano 61. Regreso a la capital de Irak, el hotel, el encuentro milagroso con un español dedicado a productos farmacéuticos, telegramas de *ABC*, *TVE* y su casa. *"Vete a Beirut."*

El sueño de esa noche, una pesadilla de prisionero, no puede salir de Bagdad; y el viaje interminable, pero fascinante en un automóvil americano a través del desierto, a veces entre columnas militares iraquíes, una aventura interminable, una fascinación, la crónica de urgencia desde el hotel de Beirut, crónica que llega a las cinco de la madrugada a Serrano 61. Antonio Garrido la valora, manda parar la maquinaria y la mete en la primera página de tipografía un recuadro que dice: "Ha comenzado la guerra del petróleo." Javaloyes ha dado en la diana: es el primer periodista español en dar esa importantísima noticia; *ABC* se apunta un grandísimo tanto: el primer periódico en darla.

Pepe habla del corte del suministro del petróleo y la crisis de 1973, que rompe la prosperidad de los años 1960; el precio del barril que no repercute en la España de los últimos años de Franco, el pago en pesetas en vez de francos, el privilegio del Rey con sus hermanos los árabes, la bonanza económica hasta 1976, estallido de la crisis energética en 1976 y toda esta cadena que desemboca en los "Pactos de la Moncloa".

Todo esto lo cuenta Javaloyes con la minuciosidad de un relojero de la palabra y los hechos. Su vida entre Beirut y Damasco. El encuentro en Beirut con Tomás Alcoverro, corresponsal de *La Vanguardia*, sus ratos compartidos camino de Damasco como dos San Pablos de epístolas a sus lectores; y aquella canción que interpretan, tan de moda: *Mediterráneo,* de Serrat. Aún retumba en su memoria el bombardeo israelí, cuando toma café en la Embajada española, en la terraza, y ven la pirotecnia loca de los aviones; y Ángel Mañueco, el embajador, los invita a refugiarse en los sótanos de la Embajada —acaban de enviarle unos chorizos riojanos.

Pero quieren contemplar este "espectáculo", la noche de Damasco y la luz púrpura y de nieve a causa del bombardeo, el fanal de una luz extraña inunda el recuerdo sepia de la memoria de Pepe, *"esa fuente de dolor",* según Cela. Recorren a oscuras, él y Alcoverro, las viejas calles de la ciudad, llegan hasta la mezquita, casi vacía, con viejecitos que rezan hacia La Meca. Apoyados sobre una columna, ellos también rezan.

Su regreso a España, la marcha a Israel de Alfredo Semprún Bañares y, al declinar la contienda, Pablo Magaz pasa de El Cairo a Beirut. En Madrid y, tras una estancia, cuando se decide a marchar a Ginebra para informar de la conferencia de paz, en la que Kissinger tiene especial protagonismo, lo llama el amigo dedicado a productos farmacéuticos y le cuenta la explosión ocurrida en la calle de Claudio Coello; es el asesinato de Carrero Blanco y, como redactor jefe, se queda ya en Madrid.

Magaz, corresponsal en Rabat, tras la muerte de Laredo

Javaloyes trata a los corresponsales de esta etapa, su amistad con Pablo Magaz, nieto del Almirante Magaz, segundo marqués de Magaz. Marino de guerra, llega a ser director de la Escuela Naval Militar. Con la dictadura de Primo de Rivera, periodo en el que ocupa relevantes cargos, detenido poco después de proclamarse la República, se une a los militares sublevados al iniciarse la guerra civil. Magaz, representante oficioso del Gobierno nacionalista ante la Santa Sede, donde ha de sortear muchas dificultades dada la ambigua actitud que, en un principio, observa El Vaticano con respecto al conflicto español.

En mayo de 1937, reconocido el III Reich por el Gobierno de Burgos, es embajador en Berlín. Magaz, sin embargo, no siente simpatía por los nazis. Después pasaría a desempeñar la embajada española en Buenos Aires.

Nieto del Almirante, Pablo Magaz pasa cuatro años de su infancia en Berlín. Hombre culto, habla alemán, contrae matrimonio con Marisa Balmaseda, secretaria de Torcuato Luca de Tena, en la ausencia de Julián Cortés Cavanillas.

Pablo Magaz había nacido en Madrid en 1925, era licenciado en Derecho y capitán del Ejército del Aire. Amigo de Torcuato Luca de Tena, su sueño es el periodismo. Anteriormente, Magaz emprende la urbanización mallorquina de la Costa de los Pinos. La costa pertenece a unas descendientes del Rey Jaime I el Conquistador, las hermanas Cervera, que participan en una sociedad en la que, entre otros, intervienen Juan Manuel Fanjul, Joaquín Calvo Sotelo, Torcuato Luca de Tena... El arquitecto Miguel Fisac se encarga de construir los chalés. Después iniciaría otras urbanizaciones en Menorca e Ibiza.

A Magaz lo que le interesa es el periodismo y, tras su paso por Beirut, se marcha a Rabat. Magaz tiene porte de aristócrata inglés y es enjuto. Quienes le han tratado lo definen como una persona encantadora.

Samuel Cohen, seudónimo de Claudio Laredo, muere —por un infarto— tras jugar un partido de tenis en Rabat, donde es corresponsal de *ABC*. Ante esta ausencia, Torcuato lo envía a cubrir la información en el país vecino.

Muchas vivencias de Pepe Javaloyes a lo largo del camino, muchos paisajes en este gran chopo plantado al borde del Palmeral de Elche, *"alto soy de mirar a las palmeras"*, ilicitano, mediterráneo y sentimental, llamado Javaloyes, en la búsqueda creativa de un tiempo proustiano, siempre, siempre bajo y con el recuerdo de su musa Lola.[17]

[17] Conversación en su chalet de Las Rozas y en el café Gijón.

Capítulo XXII

ASESINATO DE CARRERO

PEMÁN: "DISCUTIMOS POR CARTA ALGUNA VEZ"

"El periodismo justifica su propia existencia por el principio darwiniano de la supervivencia de lo más vulgar."
Oscar Wilde

Entre nueve y nueve y media de la mañana, dos o tres redactores de *ABC* aparcan, como es costumbre, sus automóviles en los alrededores de la iglesia de los Jesuitas de la calle Serrano. A esa hora, diariamente, acude a misa el presidente del Gobierno, don Luis Carrero Blanco. Un redactor de *ABC* se orienta de la entrada en el periódico por la presencia del vehículo —el *Dodge Dart*— y la escolta del Presidente, a la puerta del templo. Hacia las nueve y veinticinco, el vehículo de Carrero emprende la marcha. A esa misa de nueve suele acudir una redactora de *Blanco y Negro*, Paulina Botella. Acabada la misa, Carrero regresa a su casa, situada en la calle Hermanos Bécquer, 3. Después desayuna y lee *ABC*.

El jueves 20 de diciembre de 1973, el presidente del Gobierno, almirante Luis Carrero Blanco muere víctima de un atentado de ETA. Se trata del suceso más importante ocurrido tras la contienda entre los españoles en 1936, por lo que su persona representa políticamente en los planes del general Franco. Oculto en los seudónimos de "Juan de la Cosa" y "Ginés de Buitrago" se asoma a la "tercera" de *ABC* y frena, con sus artículos, cualquier intento aperturista. Al parecer, el almirante Carrero Blanco estaba inscrito en el Registro Oficial de Periodistas.

El sonido de la explosión se escucha en la Casa de *ABC* y Paulina, comenta la noticia a su llegada a Serrano 61. En ese momento, surge el nerviosismo propio de un suceso y el redactor jefe de la mañana, José Calvillo, envía a dos redactores y a un fotógrafo al lugar del suceso, calle Maldonado, esquina con Claudio Coello. El automóvil que lleva al Almirante, es lanzado, por efecto de los terroristas, por encima del tejado del templo de los Jesuitas y cae al patio del mismo. Al principio, las noticias resultan confusas y se cree que se trata de una explosión de gas. Sin embargo, las noticias que llegan a la Redacción, poco a poco, confirman que se trata de un atentado.

Nervios y prisas en la Redacción, Redacción que prepara dos ediciones extraordinarias con la imagen del Almirante y dos títulos distintos: *"CARRERO BLANCO, MUERTO"* y *"CARRERO BLANCO, ASESINADO"*.

Tanto la muerte del Almirante como el entierro es seguido por *ABC*. Este repudia el asesinato a través del editorial: "Nuestra repulsa a la violencia." Días más tarde, en un ambiente más sereno, Pemán escribe una "tercera" titulada "Carrero Blanco", artículo muy literario que comienza con *"Del almirante Carrero Blanco podría decirse lo que dice el poema del Cid Campeador: 'Tan mesurado' (...) Mi relación con el almirante fue poca. Era de los pocos ministros que yo no tuteaba. No me podía imaginar un Carrero tuteado. Yo escribí unos cuantos artículos de humor sin riesgo y discutimos por carta alguna vez. Cuando me lo encontraba luego por la calle o en cualquier ceremonia social-académica, yo le preguntaba: '¿Está usted enfadado conmigo...?' Siempre contestaba con un gesto que subrayaba su negativa corriente: '¡Por Dios, ni por asomo!' (...)"*

Casals, "español universal"

En portada, *ABC* —el número cuesta seis pesetas— está de luto por la muerte del que califica "Español universal", Pablo Casals, y la música se ha callado, por unas horas, tal día como hoy. Pemán le dedica una hermosa "tercera" y el diario de Serrano reproduce el artículo biográfico —el periódico ha adquirido los derechos en exclusiva para España—, que publicara en *Los Domingos de ABC* el 6 de octubre de 1968. En la Corte conoce al conde de Murphy, secretario particular de la Reina Regente, María Cristina. Esta lo oye tocar y le asigna mensualmente 50 dólares para sus estudios.

Casals vive frente a palacio, en un ático; y el conde lo trata como si fuera un hijo, el que no tenía; y se preocupa de su educación, conoce a los pintores y asiste a los debates de las Cortes. *"Finalmente, una vez por semana* —escribe Casals—, *llegué a tocar el chelo para la Reina María Cristina. Ella era una perfecta pianista y tuvimos ocasión de interpretar en varias ocasiones música a dúo. Esta grandiosa y fantástica mujer fue como una segunda madre para mí."*

Huella de las ilustraciones de Casero

Con la última luz de mayo de 1973, apagado el color de sus pinceles, Antonio Casero, el último chispero de un Madrid castizo, el hombre *"de cara de golfillo de esos que se enganchan a la trasera de los tranvías"* —según Gómez de la Serna—, ha dejado de pintar, el óleo se ha oscurecido de repente y de repente su corazón grande y bueno ha dejado de latir. Antonio Casero, rayo humano que se colaba con el crepúsculo de la tarde después de una corrida de toros; y se posaba como un jilguero en una mesita de la Redacción de hueco, sacaba sus trebejos del arte e iluminaba las crónicas de Giraldillo, Cañabate, Pérez Mateos y Zabala. Su trazo era como una greguería alada en la crónica taurina. Antonio llegaba, recogía lo mejor y peor de la corrida y dejaba el testimonio de su humanidad en aquella Redacción pequeña y alta, de ventanales que miraban a un cielo azul de cortinas sobre la Castellana; y hablaba de Madrid, de un Madrid lejano y romántico, el de su padre, hombre de teatro y ripios, y de los años 30, que es cuando su padre habla con Juan Ignacio y se convierte en una reliquia de *ABC.*

Torcuato ingresa en la Real Academia Española

Cuando Torcuato vuelve al periódico tras su purga en 1962, Azorín va por la Casa —a la que no iba tras la guerra de 1936— y le anima a la Academia; aún tardaría Torcuato diez años en llegar a ser "inmortal". Hay quien sostiene, no sin razón, que Torcuato ingresa en la docta institución gracias a Pemán y a Juan Ignacio. Entonces, en la Academia, que entrara un periodista no estaba bien visto.

Tres de junio, día grande en la vida de Torcuato Luca de Tena, ocuparía el sillón N mayúscula de la Academia. Su discurso versa sobre el tema "La literatura de testimonio en los albores de América". Torcuato recuerda al *"anciano pulcro y lúcido, corto de voz, parco en palabras, que una vez le ha invitado a presentar su candidatura para la Real Academia: Azorín."* También tiene un recuerdo para su predecesor, Sánchez Cantón.

Para Luca de Tena hay quienes pretenden identificar la *"literatura testimonio"* como toda manifestación literaria que lleve cierta carta de amargura crítica, por lo que explica su concepto de esta literatura como *"la que relata los hechos reales, no la que manipula los ficticios: tal es el periodismo".* Luis Rosales contesta al recipiendario. Gracias a Leopoldo Panero, Rosales le debe su amistad al nuevo académico, cuando Torcuato es corresponsal en Londres y Panero, secretario del Instituto Español. Rosales hace un elogio del novelista y de su obra, especialmente *La brújula loca. ABC* publica el ingreso de Luca de Tena en la Academia Española con un gran lujo tipográfico, a tres columnas, y la publicación de una fotografía del "inmortal" con Dámaso Alonso en huecograbado. En el celo informativo de la Casa, cuando se trata de un Luca de Tena, la crónica del acto la recoge y firma la agencia *Cifra,* algo similar a lo que hace el periódico cuando Juan Ignacio estrena una obra de teatro.[18]

---

[18] Muy crítico con *ABC*, Aleixandre está disgustado con Dámaso Alonso —director— "por haber cedido a la presión del *ABC* para apoyar la candidatura de Torcuatito en la vacante de la Academia. La candidatura liberal —Lafuente Ferrari— sólo tuvo once votos y Torcuato 15, entre ellos los de Rosales, Gerardo, Dámaso y Cossío". *Los cuadernos de Velintonia*, pág. 199.

Parte sexta

LA TRANSICIÓN DE CEBRIÁN BONÉ (1975-1977)

Capítulo I

MUERTE DE JUAN IGNACIO

CEBRIÁN BONÉ, NUEVO DIRECTOR

"Las personas virtuosas y cultas difícilmente hacen una revolución, porque siempre se hallan en minoría."
Aristóteles

Domingo día 12 de enero de 1975. El luto vuelve a *ABC*. A la muerte de don Torcuato, el diario publica en primera página la esquela. Ahora una gran fotografía de perfil muestra la imagen del marqués. Con Juan Ignacio moría mucha historia de *ABC*; Juan Ignacio representa el siglo XIX y la convulsión de la República, el desgarro trágico de la Guerra Civil. La muerte del marqués abre muchas interrogantes y, como es lógico y humano, abre la lucha por su sucesión. Juan Ignacio Luca de Tena fallece el sábado día 11 por la mañana, tras una larga enfermedad. El periódico destaca día y noche a un redactor en la clínica de Puerta de Hierro. Al morir, sería trasladado a su casa de Serrano 111. Antonio Yáñez y Pérez Mateos se turnan por la mañana y comunican la noticia al redactor jefe de la mañana, José Calvillo, y este la transmitiría al director. Por las noches, Carlos Dávila.

Mañanas de invierno, a veces al sol, ratos en la clínica, breves charlas, partes médicos con el doctor Segovia y los paseos de su esposa, doña Isabel Bertrán y Güell, sencilla y apenada, no deja de rezar a cada momento; el chófer cuenta anécdotas de la vida de don Juan Ignacio. La mañana de su muerte, Pérez Mateos comunica urgentemente el fallecimiento a Pepe Calvillo y se viene con rapidez a la Redacción. Al momento, al periódico iban llegando los altos cargos de la Casa. Pérez Mateos escribe un *lead*, lo aprueba el redactor jefe, se manda a componer a la imprenta y, con las pruebas, se marcha hasta Serrano 111, donde Guillermo Luca de Tena lo lee, lo aprueba y, sin embargo, tuerce el gesto cuando Pedro de Lorenzo en una cuartilla sugiere si se da a esta muerte el mismo tratamiento que a la de don Torcuato. En ese momento aparece su hermano Torcuato y le dice que vendrá a la casa mortuoria el cardenal Tarancón. Serrano 111 es, en esos primeros momentos, cita de la familia.

Todo está preparado para enterrar al hijo del Fundador; reposará en la cripta de la familia en la iglesia de la Concepción. El entierro hace un alto en la puerta del periódico. José Luis Martín Descalzo reza un responso. El entierro se celebra el domingo día 12 de enero, a las 4,30 de la tarde.

"Tercera" de Pemán

Blanco y Negro dedica a la figura de Juan Ignacio un número especial el día 18 de enero. Repasa sus sesenta años de teatro, periodismo y política. Especial interés tiene la "tercera" de José María Pemán con el simple título de Juan Ignacio, *"el gran español"* y *"gran jefe de un diario de máxima circulación e influencia"*. Alude Pemán a la temporada de Juan Ignacio en la cárcel y justifica *"así la promulgación de una ley de defensa de la República, que, en gran parte, era una ley de defensa contra Juan Ignacio.*

Y contra el ABC*: desayuno impreso de casi todos los españoles; que sirve a lo ancho, de lado a lado, horizontalmente, para difundir noticias y criterios, y a lo profundo, de arriba abajo, para mantener verticalmente una afirmación moral de rectitud y de hidalguía. (...) Juan Ignacio estentóreo en la misma medida en que era sincero, claro y valiente. Por eso no era la suya 'voz clamante en el desierto', porque su misma voz, por su calor humano, poblaba el desierto y lo convertía en auditorio (...) Al decir adiós a este gran caballero del periodismo, de las letras y la política, la Casa de ABC puede estar segura de que su tristeza es la tristeza de España."*

Todos hablan del liberal Juan Ignacio, de su talante y lo subrayan al pronunciar su nombre. Con su adiós, la Casa perdía el paisaje humano de este hombre grande, lentes de vaso, manera suya de andar, muy seguro de sus pasos rápidos y largos.

El "Patrón"

En la Casa, familiarmente, se le conoce como don Juan Ignacio o el "Patrón". Don Juan Ignacio desprende un perfume liberal. *"Me sorprendió la polémica* —escribe Cándido— *entre dos personas que eran igualmente aristócratas, antirrepublicanas y monárquicas, cuyos intereses, además, funcionaban en la misma dirección. La diferencia no estaba ahí sino en que Juan Ignacio era liberal y José Antonio, fascista, quitándole a la palabra fascista todo lo que más tarde tuvo de espantoso, precisión que no suele hacerse aunque es históricamente necesario hacerla. Es indudable aquella manera liberal de Juan Ignacio Luca de Tena. Casualmente pude observar su reacción contenida (sus 'prontos' eran fuertes, pero se dominaba) con motivo de un chiste de Antonio Mingote en los peores tiempos de las relaciones entre Franco y Don Juan de Borbón, un chiste en el que aparecían el rey y la reina de los gigantes y cabezudos de las fiestas populares, el rey acercándose a husmear en una ventana mientras que salía una mano y le abofeteaba haciendo saltar por los aires la corona. La referencia era tan cruda y directa que la detonación de una carga de dinamita en la puerta del periódico habría sonado menos, teniendo en cuenta, además, lo bien que dibuja Mingote. Yo pensé si sabría rezar. Pero entró en juego la comprensión y el respeto como otras veces habría de entrar en juego conmigo."*

Juan Ignacio Luca de Tena escribe comedías y zarzuelas, en ocasiones, con la colaboración de Miguel de la Cuesta[1]. Juan Ignacio vive en la misma acera del periódico, en el número 111, chalet grande, cercano a la librepensadora y creativa "Colina de los chopos", la del "veintisiete", con versos de Lorca, dibujos de Dalí e imágenes de Buñuel. Cuando viene al periódico, llaman previamente desde su casa y subía en un ascensor. Los redactores teníamos la deferencia de esperar a que subiera. El marqués llegaba en un vehículo, marca *Mercedes*, el conocido como "Colas".

Rumores y director

Con su despedida, una inquietud flota en la Casa. Habría una lucha por el poder. Transcurrido un mes, en los mentideros periodísticos se habla de crisis y se especula con la absorción del diario por un grupo entre lo religioso y económico. En un recuadro se llega a publicar: "*¿ABC* en la oposición?" De la crisis se ocupan, además, los semanarios *El Europeo* y *Cambio 16*. Titulares como "Los misterios de *ABC*" o "Terremoto en *ABC*". El diario de Serrano suscita una preocupación nacional. *ABC* es noticia y, estos días, está en los despachos de las agencias de Prensa, los teletipos, diarios de la tarde madrileña. También en algún periódico de provincias.

En este ambiente, *Pueblo* y *Arriba* publican los días 22 y 23 de febrero la noticia, transmitida por la agencia Europa Press, de que José Luis Cebrián Boné sería el nuevo director tras el cese de Torcuato Luca de Tena. Este pasaría a presidir la Junta de Fundadores de Prensa Española y Luis María Anson y Pedro de Lorenzo desempeñarían altos cargos en la empresa. Tres días después otra agencia se pregunta sobre la compra del diario de Serrano y citan a Anson como director de *Blanco y Negro* y a Pedro de Lorenzo como vicepresidente de la dirección del periódico y director de la Editorial Prensa Española.

El día 26 de febrero el periódico *Nuevo Diario* alude a una hipotética aportación de noventa millones de pesetas, dinero que justificaría el nombramiento de Cebrián Boné, director de la revista *Actualidad Española*. *"Igualmente hay rumores de que un grupo representativo de cierto sector tecnócrata-religioso del país ha formulado a Prensa Española una propuesta de compra, que se cifra en tres mil millones de pesetas cada una, a la cabecera del periódico* ABC, *a las instalaciones de la calle de Serrano y a las instalaciones de Barajas."*

Año 1975. La tarde del día 26 se reúne el consejo de administración de Prensa Española. Al día siguiente, la prensa publica los nombramientos. José Luis Cebrián Boné, director de *ABC*; Luis María Anson al frente de *Blanco y Negro* y Pedro de Lorenzo de la Editorial Prensa Española y vicepresidente. La presidencia del consejo de dirección

---

[1] Este personaje secuestra a su novia, románticamente, mujer rica, dueña del monasterio alcarreño de Lupiana y, al final, se casará con ella.

de *ABC* la desempeñaría Torcuato Luca de Tena. El jueves *ABC* publica un editorial, a media plana, titulado: *"Los delirantes informes en torno a* ABC." El diario defiende al nuevo director y rechaza la compra del periódico. Se pone fin a los rumores.

"No es noticia si no aparece en *ABC*"

"Nunca como ahora podríamos envanecernos —decía el editorial—, *si esa fuese nuestra inclinación, de un cierto apotegma que corre, medio en broma, medio en serio, en el mundillo periodístico, incluyendo en él a muchos lectores: 'Una noticia no es noticia mientras no aparece en* ABC*'. Creemos que ha llegado el momento de demostrar que el tal dicho no es tan fantástico como a primera vista parece, aun cuando reconozcamos su hiperbólico sesgo. Nosotros le daríamos hoy una vuelta y proclamaríamos el derecho a decir: 'Una noticia acerca de* ABC *no es noticia mientras no se publique en* ABC.*'"*

Editorial, recuadrado y semblanza de los nuevos cargos. El editorial está redactado por Luis Calvo. Con la crisis, caen Torcuato, Pedro de Lorenzo y Anson. La caída de Torcuato obedece al descalabro de *ABC de las Américas.*[2] El edificio y la maquinaria de Barajas llevan al periódico a una dura crisis. El nieto del Fundador es consciente del riesgo de la operación Barajas.

Torcuato Luca de Tena publica una fotografía de la primera sesión del consejo de *ABC.* Como vocales, el nuevo director y Luis Calvo. Guillermo Luca de Tena, presidente del consejo de administración; Nemesio Fernández-Cuesta, consejero-delegado; Andrés Fagalde, administrador general y secretario, José María Ruiz Gallardón, hijo del "Tebid Arrumi".[3]

---

[2] La estructura empresarial de Prensa Española se basa en el árbol genealógico de las tres últimas generaciones de la familia Luca de Tena. Don Torcuato contrae matrimonio con Esparanza García de Torres. De ese enlace nacen tres hijos: Juan Ignacio, Valentina y María Pilar. Don Fernando Luca de Tena e Ita es hermanastro de don Torcuato. Valentina se casa con el militar Benito Pico y hereda el 27 por ciento de las acciones; el matrimonio no tiene hijos. María Pilar y Pedro Fagalde tienen cinco hijos. Juan Ignacio, único varón, se queda al frente del periódico y de la empresa; y heredaría el 27 por ciento de las acciones. Juan Ignacio y Catalina Brunet tendrían una larga descendencia: nueve hijos, dos varones: Torcuato y Guillermo. María Luisa trabajaba en *Blanco y Negro* y escribía comedías. La estructura accionarial se complica con las llamadas "acciones de trabajo". Hasta la ampliación de capital, en 1978, el 94,5 por ciento de "Prensa Española" estaba en manos de dieciséis accionistas, todos ellos pertenecientes a la familia Luca de Tena. Es decir los nueve hijos de Juan Ignacio; los cinco de María Pilar y Pedro Fagalde; doña Valentina; y don Fernando.

[3] Cebrián Boné había nacido en Barcelona el 26 de marzo de 1933. En su ciudad natal estudia la carrera de Derecho, trabaja en *La Actualidad Española* y en 1956 dirige el *Diario Regional* de Valladolid. Dos años después vuelve a *La Actualidad Española.* En 1963 dirige *El Alcázar* y, más tarde, funda *Nuevo Diario* para volver a la dirección de *La Actualidad Española.* El apellido Cebrián era común en el periodismo de la época. En la Redacción de *ABC* trabajaba José Luis Pérez Cebrián, culto y pensador; y, en el recién nacido, *El País,* Juan Luis Cebrián.

Había otros nombramientos en *ABC*, una pareja de subdirectores: Santiago Arbós, procedente de *Blanco y Negro*, se encargaría del huecograbado, del *Colorín* y de la edición aérea. Arbós era solitario y meticuloso, puntual y

El 28 de abril de 1977 el semanario *Posible* publica un gran reportaje sobre la *"Descomposición de un periódico decadente. ABC: Reyerta entre señoritos."* Lo abre con una reunión con Don Juan en Lausana el día 15 de abril y sus observaciones nada halagüeñas. El trabajo analiza también cómo está distribuido el accionariado. Con la dirección de Cebrián Boné, la venta del periódico desciende sensiblemente. En talleres, los operarios culpan de esa caída a los recuadros reaccionarios de Ruiz Gallardón. Atentado de *El Papus*. Por huelga, hay problemas con la salida del periódico. Para Torcuato, la Redacción es marxista; dieciocho redactores votan a favor de la huelga. Se piensa en un cargo para Torcuato, buscarle una salida, una embajada, incluso se ha hablado con Areilza; pero este cesa y Marcelino Oreja, que lo releva en el Ministerio, no accede a esa petición.

Declive

Año 1975, crisis de *ABC*, debida a dos arriesgadas operaciones —los talleres de la calle Josefa Valcárcel ("Barajas") y *ABC de las Américas*. *ABC* y su abundante publicidad, pequeño Banco de España. Sobra la publicidad y, exageradamente, se dice que, con el sobrante, podría vivir otro periódico. En 1970, la tirada está por encima de los 200.000 ejemplares. 1973. España y el mundo se estremecen ante una gran crisis económica. Juan Ignacio no es optimista una vez muerto Franco. Piensa en la gran imprenta comercial que sería Barajas. Proyecto faraónico y polémico en 1972. Durante tres años, Torcuato se opone, siendo director de *ABC* y presidente del Consejo de Administración. Con el proyecto está toda la cúpula familiar, Andrés Fagalde y González Úbeda. En una primera etapa la apoya Guillermo. Para Torcuato, lo lógico es que el periódico siguiera en su sitio, se ampliara con la compra del garaje colindante y la reforma de la Redacción como se hizo. Estos proyectos entran en los cálculos de la empresa. Descartada esta idea, habría que pensar en vender Serrano. Guillermo afirma: *"Somos el periódico de la calle Serrano."*

Al fin se construye Barajas y no se vende el solar fundacional. Comienzan las obras en 1971 y se edifican 15.000 metros cuadrados —gracias a Torcuato— en los 34.000 proyectados. En el proyecto se contempla un pequeño teatro para Juan Ignacio. Y se disparan las alarmas anunciadas por Torcuato. Barajas es una sangría de 700 millones de pesetas. Barajas es un Saturno que devora a sus hijos; y la Casa, por vez primera en su historia, debe dinero a los bancos. En 1973 se obtienen más de cien millones de beneficios; y habría saldo positivo en 1974. Después, los números rojos. A finales de 1982 los préstamos eran de 1.396 millones. A estos habría que sumar los 1.215 a corto plazo.

---

serio. Los dueños de las tiendas cercanas a *ABC* sabían la hora que era por él. En la Casa, algunos lo llamaban por su carácter serio "Francisco Alegre y olé". El otro subdirector, Miguel Torres y Gil del Real, llevaría el peso del diario, al frente de la tipografía.

Al error "Barajas", se une la aventura con los italianos de Mondadori en "Gráficas Toledo", proyecto de unos 8.000 millones. Esto obliga a la Casa a pedir nuevos préstamos. Los italianos exigen ampliar la inversión; la Casa renuncia y pierde el dinero desembolsado. En estos avatares, Torcuato deja la presidencia del Consejo de Administración y el cargo recae en Guillermo. Nemesio Fernández-Cuesta es el Consejero Delegado. Culpable de la crisis del diario, Torcuato invierte sus ganancias literarias en la compra de acciones de la Casa. En su testamento, Juan Ignacio establece que sus dos hijos varones pueden comprar —al 300 por ciento— hasta el 20 por ciento de las acciones de sus hermanas. Cinco años más tarde, 1980 Torcuato Luca de Tena vende la totalidad de sus acciones al cincuenta por ciento de su valor nominal. Torcuato se marcharía a Méjico.

Censuradas unas declaraciones de Don Juan a Torcuato

Al regreso de un viaje por varios países de América, Torcuato Luca de Tena —ha entrevistado a varias personalidades—, hace un alto en Estoril para saludar a Don Juan y agradecerle las atenciones con motivo de la muerte de su padre. Torcuato debe publicar el día 23 de febrero de 1975, una entrevista de dos páginas y una "tercera de *ABC*", con el Conde de Barcelona. La publicación de la entrevista coincide con la aparición en la portada de *ABC* de una imagen del Príncipe Don Juan Carlos y el presidente francés, Valery Giscard d'Estaing, invitado por este al vecino país. Las declaraciones de Don Juan al director de *ABC* pasan por varias vicisitudes. El día 8 de febrero de 1975 el periódico la tiene compuesta en galeradas para ser publicada en la primera página de tipografía, a tres columnas: *"Lo que España necesita para labrarse un futuro firme es una inteligente política de reconciliación nacional."*

ABC del día 25 de febrero de 1975 —el diario entonces cuesta ocho pesetas—, anuncia *"Las declaraciones del Conde de Barcelona"* y un subtítulo que reza: *"Resueltos los trámites administrativos que impidieron la publicación el domingo último de la entrevista de nuestro Director con el Conde de Barcelona, la insertamos en la página 31."*

Con este motivo, el director de *ABC*, Torcuato Luca de Tena recibe numerosas cartas firmadas por diversas personalidades españolas. *"La publicación parcial de ese texto representa* —dice Camilo J. Cela— *en el plano informativo, un atropello al derecho de los lectores y un quebrantamiento del deber periodístico. En el plano nacional, la censura al pensamiento de una personalidad pública y la presentación de sus palabras incompletas y en un contexto deformador constituyen un abuso hacia quien formula las declaraciones y hacia los españoles, tratados como menores de edad. Cuando por razones de fuerza mayor aún a estas alturas no puede publicarse integra una declaración de esta naturaleza, la ética profesional exige que no se publique en absoluto. Lo que no cabe admitir es una información que, por parcial y manipulada, no responde a la verdad.*

Al rechazar ese proceder, reivindicamos para todos el derecho a una información auténtica y responsable."

En este mismo sentido se manifiestan, con cartas al director de *ABC*, el entonces editor Jesús Aguirre, Tierno Galván, Raúl Morodo...

La revista *Sábado Gráfico* publica la siguiente información y una carta —que lleva el mismo texto que la enviada por Camilo José Cela— firmada por más de cien personalidades de distintas esferas políticas y sociales. La revista publica el texto de la misiva y una introducción que dice: *"Recibimos la siguiente carta, presentada en nombre de los firmantes de la que constituye el objeto del escrito. La publicamos —sin poder ocultar cierta sorpresa al conocer las predilecciones políticas de buena parte de los firmantes— por lo que significa de reclamación al derecho a estar informados que se postula, y que compartimos."*

Con esta entrevista, el mundo monárquico está revuelto. Dos días después, Antonio Fontán escribía a Joaquín Satrústegui una carta en la que dice que *"Vía Darío* (Varcárcel) *he recibido el texto de una carta colectiva al Director de* ABC *con la indicación de que una vez firmada, si la consideraba oportuna, te la devolviera a ti. No la he suscrito, porque ya antes había mandado yo una carta personal a Torcuato sobre este doloroso asunto de las declaraciones del Rey. Los términos liberales de mi carta difieren de los de esa otra, pero las líneas argumentales se parecen bastante. Yo añado que tanto él como* ABC *están obligados a hacer lo necesario para restablecer la verdad con la publicación que exigen la desfiguración de la imagen del Rey y la confusión que este lamentable hecho han producido".*

La entrevista sería publicada íntegramente el día 11 de mayo de 1975. Joaquín Satrústegui, ese mismo día, escribía a Torcuato Luca de Tena y le decía: *"Cualesquiera que sean nuestras opiniones sobre el modo de afrontar los problemas que plantea la falta de una verdadera libertad de información, la realidad es que hoy tú y cientos de miles de españoles estamos de enhorabuena al ser publicada en* ABC, *íntegramente, las declaraciones que te hizo el Rey. Por eso te felicita y envía un fuerte abrazo tu viejo amigo Joaquín."*[4]

Cebrián pide artículos sobre la transición

Nacido para el mundo de la información, José Luis Cebrián Boné juega un papel antes y después de la muerte de Franco, periodo asido al timonel de varios diarios, en una singladura turbulenta. Como si su estrella le hubiera marcado para diri-

[4] Archivo de Joaquín Satrústegui. De este tema —porque lo vive esa noche—, lo narra, en su capítulo, Miguel Torres.

gir periódicos, Cebrián vive la crisis del cierre de *El Alcázar*, de PESA (Prensa y Ediciones, sociedad anónima), diario vivo y dinámico. Luis Apostua iría de corresponsal a Estados Unidos. Juan Pablo Villanueva, director de *Nuevo Diario* y una constelación de buenos periodistas. Cebrián vive intensa, emocionadamente, esos días, pensando en que *Nuevo Diario* y *El Alcázar* se complementen, vayan al lector uno de la mano del otro. Lo diseña muy bien José Luis y piensa en un solo periódico con distintas ediciones. Su postura es lograr esa tarea de una manera escalonada. Cierre de *El Alcázar*, desde el 27 de marzo hasta el 31 de diciembre de 1968, meses de asambleas permanentes y amasar el diario, tenerlo como se tiene algo íntimo, que es de todos, que es cuanto sucede con los periódicos. Son del lector en el mismo momento en que están en la calle, en el quiosco. Cebrián no olvida esa asignatura en el bachillerato de su amor por el periodismo, la rescisión de los contratos, cómo se habla con los responsables de los diarios madrileños para que acojan a los desheredados de *El Alcázar*, lo bien que se porta *ABC*: acoge a siete redactores. Cebrián es feliz cuando ve a su gente colocada.

Cebrían puede hacer realidad la difícil salida de un diario de la noche a la mañana. Este proyecto lo ofrece a Prensa Española. Aún conserva el bosquejo de lo que sería *Blanco y Negro* vespertino. En tres días, Prensa Española le daría el visto bueno. Cebrián mantiene contactos con Torcuato Luca de Tena. El día 5 de enero de 1969, con motivo del estado de excepción, el proyecto se demora. Administrativamente, Cebrián no figuraría como director ni otro cargo en el proyecto. Sin embargo, Torcuato le comenta que el Marqués y él piensan ver a Franco para obtener el permiso, conscientes del favor que, en su día, le hacen con el *Dragon Rapide*. Fraga se da por enterado. Sin embargo, el ministro no está de acuerdo y no quiere que Cebrián sea el director. Cebrián no está en la línea y el ritmo democratizador que él tiene planeado. Prensa Española, por tanto, tendría que buscar otro director.

No obstante, Cebrián solicita un encuentro con Fraga y este lo recibe. En sus esperas, José Luis Cebrián tiene por costumbre llevar el *The Times* y lo lee mientras lo llaman. Al acabar la entrevista, reconstruye y anota la conversación. Fraga respeta profesionalmente a Cebrián y al grupo que dirige. Sin embargo, no está de acuerdo con él. No acompasa al ritmo democratizador que desea imponer el ministro. Fraga le ofrece trabajar en *Televisión Española*, favor que agradece y no concibe por la gente que lo sigue.

Ese día José Luis come en casa del juanista Jesús de Obregón. A ese almuerzo acude, entre otros, José María de Areilza. Ahí nace una gran amistad entre el político vasco y el periodista. Año 1969, ambos quieren ver el número cero de *Blanco y Negro*. Luis Calvo había pensado en otro título: "X Y Z" como cierre del abecedario. Ante este contratiempo, mucha ilusión se desvanece en el ánimo de Cebrián. Entonces, José Luis retorna a sus antiguos lares y dirige, de nuevo, *La Actualidad Española*, aunque no le atrae mucho. Al frente de ella, la tirada pasa de los treinta y cinco mil ejemplares a los cien mil. Todo un récord. Cebrían consigue la "revista familiar con ritmo periodístico", lema de su impulso.

(Pedro de Lorenzo recuerda esa actitud contra Cebrián por parte de Fraga. La acción transcurre en los primeros días de enero de 1969, en el restaurante *Jockey*. Almuerzan Fraga, Pío Cabanillas, Manuel Jiménez Quílez, ministro, subsecretario y director general de Prensa, respectivamente. Por la Casa, el marqués de Luca de Tena, Torcuato, Guillermo y Pedro de Lorenzo. En cierto momento, al referirse Fraga a las publicaciones de Prensa Española, dice que no admite que sean directores ni aun redactores jefes, Cebrián ni su gente. Fraga afirma que se cuidará de ellos; y Televisión *"les atiende mucho mejor que lo podríais hacer vosotros. Pero si alguno de ésos entra en los mandos del nuevo diario, no tenemos nada que hablar; desde ahora os digo: no autorizo la salida de* Blanco y Negro*".*)

Torcuato a Cebrián: "Me gustaría hablar contigo"

Época de *La Actualidad Española*, llegada del hombre a la Luna, proclamación de Don Juan Carlos como heredero de Franco a título de Rey. Nace una relación de amistad con el futuro Rey. Cebrián apuesta por él y se apunta tantos periodísticos, entre otros, con el nacimiento de la Infanta Elena: llega Cebrián a la rueda de prensa, en la clínica de Loreto, con un número especial del nacimiento de la Infanta. El tiempo pasa. Han transcurrido seis años del balbuceo de *Blanco y Negro*.

José Luis asiste al funeral del marqués de Luca de Tena, primeros días del año 1975. Al final, en el tumulto del funeral, Torcuato le dice: *"Me gustaría hablar contigo."* Pasados unos días, Cebrían entra en contacto con Torcuato Luca de Tena. Manuel Méndez, gerente de *La Actualidad Española*, después hombre de *ABC*, se encarga de concertar una comida. Tras algunos sondeos, Torcuato se quedaría como Presidente de la Junta de Fundadores y Cebrián de director adjunto con Pedro de Lorenzo. De viaje Torcuato, Guillermo, Andrés Fagalde y Cebrián piensan en una renovación del diario y en hacerle una oferta a Pedro de Lorenzo y otra, técnica, a Cebrián.

Al regreso, Torcuato llama a Cebrián a *La Actualidad Española* y comen en Lúculo, entonces en la calle Villaseñor. Torcuato quiere saber qué ha hablado Cebrián con su hermano y Fagalde. En la comida, Torcuato habla muy alto y la gente escucha cuanto dice. *"Tú tienes que ser director de ABC",* sentencia Torcuato. Al final, el novelista le recomienda que no lo acompañe al periódico, con el fin de evitar comentarios. Cebrián está nombrado director, aun cuando Torcuato le pide que se lo piense y José Luis sabe muy bien la grandeza de dirigir este periódico. Tras una llamada, José Luis es el hombre presto y dispuesto a regir y sortear, con el diario, los nuevos y escabrosos tiempos que se avecinan.

(En una entrevista que en los primeros días del mes de junio hace Pedro Rodríguez a Torcuato Luca de Tena en *Arriba*, este aprueba y defiende la labor que hace Cebrián en el diario. Trata de justificar pérdidas económicas y rechaza rotundamente que el periódico esté en venta o se someta a grupos religiosos o políticos. También aplaude Torcuato que Cebrián haya ganado dos horas en la salida del periódico y lo que esto supone como puntualidad en los quioscos.)

La llegada de Cebrián a *ABC* coincide con un famoso editorial: "Los delirantes informes en tomo a *ABC*." *"Nunca como ahora podríamos envanecernos, si ésa fuese nuestra inclinación, de un cierto apotegma que corre hace tiempo, medio en broma, medio en serio, en el mundillo periodístico, incluyendo en él a muchos lectores: 'Una noticia no es noticia mientras no aparece en* ABC.*' (...) Recurren a la paradoja. Al nuevo director de* ABC, *don José Luis Cebrián, se le reconoce en esos comentarios unas dotes excepcionales de profesional del periodismo y unos merecimientos poco comunes, los cuales le han granjeado claro renombre en la profesión. Pero al mismo tiempo, y como si se tratara de un reproche, se encarece su indiscutible religiosidad, dentro de la más pura ortodoxia católica. ¿Piensan acaso que son esos sentimientos íntimos y no su honesta, independiente y veraz profesionalidad lo que ha originado aquella unanimidad de los cuerpos rectores y directores de Prensa Española nombrándole director de* ABC*? Si don José Luis Cebrián fuese un zoroástrico o un mormón, ¿habría por ese mero hecho dejado de alcanzar en la profesión periodística el puesto que hoy tiene? No podemos por menos de tomar a broma esas lucubraciones y murmullos de la selva. Todo es absurdo e incongruente..."*

Oposición a la llegada y carta de protesta

El editorial se pide a cinco personas y unos y otros intervienen en esta escritura. Luis Calvo le da el último toque. Cebrián Boné llega a *ABC* con la oposición de los pesos pesados de la Redacción. Entre los firmantes, Miguel Torres, José Luis Martín Descalzo —opuesto por pertenecer Cebrián al Opus Dei—, José Javaloyes, Pedro Crespo, Diego Jalón. La carta la conoce Torcuato y, en la misma, se pide que la dirección corra a cargo de alguien de la familia Luca de Tena, a ser posible Guillermo. Leída la carta, Torcuato llama a Miguel Torres como representante de quienes la han firmado y se lo agradece. Torcuato, además, ensalza los valores periodísticos de Cebrián y afirma que es la mejor solución.

Cebrián presume de que a él se le ha parido en una Redacción. Apenas llega a la Casa, José Altabella le dice: *"Tú llegas a esta Casa, pisas una escalera mullida, después otro espacio de mármol, luego una especie de sintasol, más tarde un suelo de madera encerada, otra parte de no se sabe de qué material. La clave* —matiza Altabella— *es no resbalar."* Cebrián le agradece el consejo.

Hombre sereno y nada exaltado; agonía de Franco

Humilde y sereno, Cebrián no tiene inconveniente en confesar que ha cometido muchos errores, porque ha arriesgado mucho. José Luis se confiesa como un hombre nada exaltado, consciente del don otorgado por Dios: la profesionalidad. También le gusta conocer al personal: desde el primero hasta el último botones; ha tenido bajo sus órdenes a más de mil personas.

José Luis llega a *ABC* en uno de los momentos más críticos de este viejo acorazado periodístico. Cebrián llega, pues, en una etapa clave en la vida española, en un momento palpitante. En *ABC* vive la muerte de Franco; y ha de tener mucho cuidado con la noticia del fallecimiento, pues no son pocos los que dicen que acaba de morirse. Días de la agonía del general, los directores de periódico tienen mucho contacto y cenan con Emilio Casinello, hombre clave en esa etapa.

Una noche se acerca hasta el periódico el embajador de Estados Unidos, porque todos quieren saber qué pasa, qué ocurre. *ABC* es una buena fuente para estar informado. El embajador permanece con él dos horas muy interesantes. Hay interés, además, en conocer la evolución de *ABC*: en Torcuato tiene una postura más conservadora; en Guillermo, sin embargo, más liberal, más en la línea de Don Juan. Desde dentro de la Casa se juega limpiamente con la Monarquía, confiesa José Luis. Al llegar a Serrano 61 deja claro que la relación entre el diario y la Zarzuela, ha de corresponder a la familia Luca de Tena.

Invita a escribir a cincuenta personajes y amenazas de muerte

Para José Luis es muy clave la huelga de Metro de enero de 1976, cuando se "intenta mover la calle" y el servicio se militariza mediante soldados. Preocupado por el porvenir de España, una vez desaparecido el general Franco, Cebrián hace una lista de cincuenta personajes —verano del 75— y los invita a que expongan sus ideas. Don Manuel Aznar, entre ellos; está mayor y acaso sus preocupaciones pasen por temas más trascendentes. Fraga inicia, desde la Embajada española en Londres, una serie de artículos en los que expone su visión de la España que viene.

Luces y sombras, los fichajes de Pedro Jota y Pilar Urbano, procedentes de *La Actualidad Española*. Cebrián tiene un recuerdo para Pedro y las entrevistas de Pilar Urbano, más de doscientas, en una serie sobre la contienda civil, en *La Actualidad Española*. En cierta ocasión, Don Juan Carlos lamenta su marcha de la *Actualidad Española* a *Europa Press*. *"Yo creía que tenía ahí un amigo* — dice— *y ahora te vas"*.

José Luis, muy orgulloso de la colaboración de los cincuenta personajes, de la serie de los "Cien españoles para la democracia", también de Parlamento, la riqueza de datos, el valor para los historiadores, la ficha de Gil Robles, la entrevista a José Mario Armero, el gran personaje de *Europa Press* y de esa época.

Cebrián vive una etapa tan dura como apasionante: vaivenes ideológicos, la incorporación de Torcuato al ruedo político en las filas de Alianza Popular, Nemesio Fenández-Cuesta en su aspiración política por UCD, mientras Guillermo Luca de Tena sería designado senador real. En esas distintas concepciones ideológicas, la travesía de la Transición muy cuesta arriba, ETA se embrutecía en elevados niveles y hasta el propio José Luis recibe dos amenazas de muerte por parte del GRAPO.

Valor de las tertulias

Tiempos difíciles y duros, la salida de *El País*, *ABC* no cree, en un principio, que fuera un enemigo a batir y, por tanto, no se muestra beligerante, cuando debe pasar al contraataque. Noches largas, sucesos conmovedores, de cuchillos largos, Cebrían sereno en instantes extremadamente duros. Por ejemplo: la famosa noche de Atocha y el asesinato de los abogados laboralistas. *ABC* hace gala de una gran serenidad y contribuye eficazmente a la democracia; atalaya de las tertulias, la Casa abre las ventanas para que entrara el aire de la calle, foro de inusitado debate, al margen de que no intervinieran Felipe González ni Adolfo Suárez.

En su despacho nacen las tertulias, creador de este foro. En esos momentos, José Luis no es partidario de legalizar el Partido Comunista, pero manda la línea de la Casa, editoriales de Luis Calvo, "El Brocense", y del padre Martín Descalzo.

Gracias a Cebrián, *ABC* publica una información impresionante tanto gráfica como literaria esos días de la enfermedad y muerte de Franco como la proclamación de Don Juan Carlos como Rey. "Centrales de *ABC*", "el ruido y la nueces" de Tico Medina, despliegue de reporteros. Cebrián imprime pulso y vitalidad al diario, manda a los periodistas a los puntos informativos. Una costumbre de Cebrián es la hora que dedica al correo. Uno de esos días, un administrativo quiere verle y lo recibe, ha trabajado con el Fundador y le comenta el espíritu de don Torcuato y observa que va muy deprisa en los cambios, pero esto sería como si Cebrián transgrediera su experiencia personal.

Visita de Serrano Suñer y huelga

Noches de *ABC*, noches de este director capaz de dormir en la platina, va y viene, hace morada en la Casa. Recibe a la gente, llega una noche Serrano Suñer y le trae un artículo. Don Ramón tiene la costumbre de corregir el artículo en la platina y así se lo confiesa al director. Cebrián le advierte que él a los talleres no deja subir ni a los amigos, entre otras razones, porque sería un lío. En un momento de la conversación, Cebrián quiere que le defina la personalidad de Franco, en unas palabras. Serrano sentencia: *"Impasible."* Después le traerían compuesto el artículo y lo corregiría en la mesa del director.

Cebrián vive esas noches, la inquietud y el gozo de los personajes que pasan por su despacho. *ABC* es un mundo fascinante. Cebrián siempre ocupado y serenamente inquieto, juega con el lápiz y tira rayas, hace cambios, la gran batalla de la grapa, observa el desajuste tecnológico del diario: las máquinas nuevas se han quedado viejas. En talleres asiste a una huelga, cuando el traslado al edificio de Barajas. José Luis ha vivido las asambleas de *El Alcázar*, sube a talleres, se mezcla entre los obreros y dice: *"No podemos salir, si ustedes no imprimen."* La dirección no manda en los talleres. José Luis se marcha sin un sueño: disponer de un pequeño grupo técnico.

Esos días en los que la huelga planea sobre *ABC*, que deja a sus lectores sin el desayuno habitual, sin ese personaje que, en silencio, cuenta el mundo y España en los casinos; en esos días, según Pedro de Lorenzo, *"en* ABC *no sube a talleres nadie de la familia ni altos cargos de la empresa. Sí la Redacción: director, subdirectores, redactor jefe. La dirección no manda en los talleres, corresponde esa autoridad a la gerencia. Rehuyen los demás el encuentro con los obreros. Que escuchan a Cebrián, a Torres, a Javaloyes. Siguen sin hacer el periódico. Ruiz Gallardón permanece al lado de Torcuato día y noche* —prosigue P de L. *Talleres culpan de la caída del periódico a Ruiz Gallardón por sus recuadros reaccionarios. Hay pintadas: 'Gallardón / al paredón.' Para Torcuato, la Redacción toda es marxista. Dieciocho redactores votaron a favor de la huelga".*

Pedro de Lorenzo colabora en las páginas culturales, entra en el despacho de Cebrián y le pedía, a media tarde, la salida de una entrevista o un artículo. *("Me porté con él cruelmente* —escribirá P de L—, *públicamente cruel, por servicio al periódico y un punto de halago a los redactores...")* En ese almuerzo de homenaje a P de L se desencadena, según la versión laurentina, la caída del director de *ABC*. Pedro de Lorenzo lucha denodadamente por esta caída en favor de que la dirección llegue a las manos de Guillermo Luca de Tena. Discurso que el propio P de L denomina *"del pim, pam, pum".*

"Intrépidos amigos —dije—. Se ha hecho tradición entre vosotros agasajar a quien cesa en ABC, *o los aledaños de* ABC. *Me agasajáis: luego..."* Cebrían asiste a ese homenaje, y lo hace en silencio. *"Ni abandonó la sala, ni me agredió, ni repuso con las suyas a mis palabras."* A las veinticuatro horas recibía del director de *ABC* esta carta manuscrita: *"Querido Pedro: ¡Felicidades por el nuevo cargo!* —se refiere al adjunto al Presidente del consejo de administración de ABC. *Fue una sorpresa grata el saberlo de tus propios labios, al final de tu sincera intervención de agradecimiento del homenaje. Duras fueron tus palabras en algún momento pero comprensibles, al menos para mí. Sé toda la pasión que vibra en tu aparente frialdad, a veces, y entendí plenamente el significado de tu intervención, y lo agradecí. No es vida fácil dirigir un periódico como éste, en estos momentos. Parecen tiem-*

pos de humillación y de inquisidores que creen tener toda la verdad sobre como se debería hacer ABC. *Pero no es éste tu caso. Comprendí tu postura, admití tu corrección y apunté la experiencia. Sólo así es posible seguir viviendo y seguir luchando. Sé que desde tu nuevo puesto velarás por la línea de este indomable* ABC, *cuyo director actual pretende conducir a buen puerto. Que nunca falte entre nosotros la comprensión, la generosidad y el cariño. La reciprocidad es bilateral. Me he podido equivocar en actuaciones respecto a ti, procuraré no reincidir en errores. Cuenta, eso sí, con mi sincera amistad sin recovecos ni dobles intenciones. Un fuerte abrazo de tu siempre amigo. José Luis Cebrián."*

Le respondía P de L y, entre otras cosas, decía: *"...en cuanto a la carta en sí, es modelo de generosidad y nobleza. Muchas gracias. (...) Me has tenido siempre a tu lado, en momentos difíciles, quizá incluso desconocidos para ti. No te he pasado la cuenta porque esas cosas ni se dicen, y si ahora lo hago es por avalar una conducta (...) José Luis! Muy apretado abrazo, de todo corazón y de verdad te quiere tu —también maltratado— compañero y amigo. Pedro de Lorenzo".* El periodista extremeño sería nombrado asesor cultural de Televisión. P de L, según confesión propia, se entregaba *"a la batalla, definitiva, por Guillermo Luca de Tena".*[5]

José Luis dejaba al viejo acorazado y se encargaba de un Gabinete de Estudios, en un piso de la Casa, en la calle Padilla, y allí estuvo año y medio. Desde el recuerdo y la distancia, desde la serenidad, sin el más mínimo rencor —todo lo contrario— José Luis se despidió de todos, mediante una carta. El diario que, bajo su dirección, se había transformado, tenía otro aire, mejor o peor, más dinámico, más vivo, algo atrevido para un modelo serio como el de *ABC*. A Cebrián lo sustituiría Guillermo Luca de Tena el día 5 de octubre de 1977. Muchos años después, Cebrián sería uno de los pocos abecedarios asistentes al funeral de P de L.

"Relevo"

"El cambio en la Dirección de ABC —decía la nota del periódico— *es un relevo, no una ruptura. Deseamos y esperamos que José Luis Cebrián permanezca ligado a esta Casa."* Guillermo invita a almorzar en el Nuevo Club a ocho íntimos del periódico. No se habla del tercer subdirector. Carlos Luis Álvarez propone un periódico en profundidad. Siguen los subdirectores Torres y Arbós, incluso se piensa en un tercero. Al parecer, Guillermo ha prometido ese cargo a Carlos Mendo; volvería por segunda vez a la Casa y se marcharía enseguida. A Pedro de Lorenzo lo nombra vicepresidente del Consejo de Redacción. Este se reúne por la tarde, a las cinco: lo preside Guillermo y asisten los subdirectores, Pedro de Lorenzo y Rafael

[5] Conversación con el autor en un hotel madrileño.

de Góngora, secretario de Prensa Española. Mientras Pedro de Lorenzo, tras nueve años cerca de la dirección y quince en la Casa, prepara su jubilación.

El hijo de Hess pide la libertad para su padre a través de *ABC*

En una carta recibida con retraso en Serrano 61, el hijo del dirigente nazi Rudolf Hess, se dirige *"a los lectores de ABC rogándoles contribuyan con su firma a solicitar la libertad de mi padre. Son muchos los presos políticos españoles que podrán pasar la Navidad junto a su familia: les ruego que piensen que en Alemania, un anciano de ochenta y cuatro años sigue encerrado sin que nadie se acuerde de él. Después de Alemania y Austria ha sido España la nación que más firmas ha recogido solicitando la libertad de mi padre, por ello apelo a los españoles a que continúen con su noble acción, solicitando al apartado 529 de Barcelona o al Postfach 700666 de Frankfurt los ingresos pertinentes para pedir su libertad".* Wolf R. Hess se dirige a los *"apreciados amigos españoles"* y les dice que *"tampoco esta Navidad podrá pasarla mi padre junto a nosotros. Hace treinta y siete años que mi padre pasa la Navidad en prisión. Más de 200.000 personas en todo el mundo han solicitado su libertad. Autoridades eclesiásticas de todas las Iglesias, artistas, economistas, políticos de todas las tendencias, militares, científicos... Todo ha sido en vano. Sigue en prisión.*

Los últimos once años en solitario, sin más compañía que la de su celda. Nunca fue acusado de crímenes de guerra. Fue condenado únicamente por haber colaborado en la preparación de guerras ofensivas, cargo sobre cuya autenticidad o falsedad no quiero opinar, pero que en todo caso ha sido sobradamente pagado con esos treinta y siete años de encarcelamiento, agravados por esos once de estancia solitaria." ABC publica esta carta bajo un recuadro de "Opiniones ajenas, polémicas...".

Capítulo II

EXCLUSIVA CON ARIAS NAVARRO

PEDRO J. RAMÍREZ, UNA CARRERA EN *ABC*

"Sólo somos curiosos en proporción a nuestra cultura."
Jean-Jacques Rousseau

Pedro José Ramírez llega a Serrano 61, procedente de *La Actualidad Española*. Riojano, estudiante en la Universidad de Navarra, está llamado para la gloria efímera del periódico. Pedrito lo llamaba, cariñosamente, Cebrián. Pedro se abre pronto camino, se ve su olfato de periodista. Recuerdo el día en que va a hacer un reportaje a Mariano Haro, alcalde de Becerril de Campos, corre con él y demuestra una sensibilidad periodística. Hace deportes, Internacional y ejerce como jefe de tres reporteros durante la mañana. Asiste a la muerte de Franco, periodísticamente hablando, informa y en la Transición el destino le depara una carrera meteórica. Pedro Jota camina hacia una meta grande.

Pedro recuerda a Cebrián en Serrano 61, los dos bandos existentes, el capitaneado por Torcuato Luca de Tena y sus dos hombres de confianza en el periódico: Pedro de Lorenzo y José María Ruiz Gallardón. Para los tres, *ABC* sería un periódico franquista. Frente a este bando, el capitaneado por Guillermo Luca de Tena —hermano pequeño de Torcuato— y Nemesio Fernández-Cuesta, consejero y cuñado de Guillermo. Estos conciben un diario más liberal.

Torcuato dimitía como procurador en Cortes a las veinticuatro horas de que lo hiciera el ministro de Marina, Pita da Veiga; no admitía la legalización del Partido Comunista. Torcuato no toleraba *"la burla, la añagaza y el engaño a que las Cortes fueron sometidas"*. El domingo 15 de mayo *El País* publica en primera página una información sobre el mitin celebrado el día anterior en San Lorenzo de El Escorial. Intervienen Torcuato y Arias. El título era desolador: *"Alianza Popular pedirá al Ejército que se oponga a una nueva Constitución."* Esta afirmación se atribuía, según *El País*, a Torcuato. Sin embargo el sentido del novelista era muy distinto: Torcuato confería al Ejército la misión constitucional de velar por la defensa de las Instituciones y el cumplimiento de las Leyes Fundamentales.

El miércoles Torcuato publicaba un artículo en "tercera" —semanas antes había presentado su dimisión temporal como presidente de la Junta de Fundadores de Prensa

Española con el fin de no comprometer, con su presencia electoral, la independencia del diario monárquico— titulado “Mentiras incongruentes”. El novelista se refería al acto y decía que en la notaría de Alejandro Bérgamo —Serrano, 29— estaba a disposición de quien lo deseara la cinta grabada del mitin. *El País* manda a un redactor a la notaría de Bérgamo y reconoce la verdad pregonada por el ex director de *ABC*.

A lo largo de la campaña electoral, Torcuato protagoniza un leve incidente momentos antes de que se iniciara el mitin de Alianza Popular el día 2 de junio en la plaza de toros de Vista Alegre. *“¿Cuánto dura tu discurso?”*, preguntó Martínez Esteruelas a Torcuato. *“Media hora, ¿por qué?”* —le respondió—. *“Pues te sobran diez minutos”*, explicó Esteruelas. Entonces, el nieto del Fundador de *ABC* se sintió ofendido y contraatacó: *“¿Y cuánto dura el tuyo?” “Quince minutos”*, respondió Martínez Esteruelas. *“Pues te sobran quince* —señaló Torcuato— *porque yo soy candidato por Madrid y tú no.”* Semanas antes Torcuato había vivido una difícil situación en Benicarló cuando un grupo de jóvenes de la agrupación de Bandera Roja trataron de agredir al anciano candidato por Castellón Sebastián Carpi.

Torcuato vivió y gozó la campaña, enardeció a sus seguidores con su verbo. Buen orador, Torcuato se sabía de memoria los discursos —aunque en Huelva no encontrara las gafas y a punto estuvo de leerlo con las de un policía, pero, al fin, las encontró. Ingería un dilatador de las cuerdas bucales ayudado de unos sorbos de whisky seco. Voló en compañía de Fraga y, en Cádiz, en el proscenio del teatro, les esperaba José María Pemán con una pegatina de Alianza en la solapa

Las elecciones se vivieron muy intensamente en la Redacción de *ABC*. Con la democracia, la biblioteca se convertía en un ruedo electoral y, por unos días, perdía su ambiente de cena de los “Cavia” y “Luca de Tena” para convertirse en un hervidero de noticias y rumores. Los candidatos acuden, las máquinas de escribir echan chispas, los espectadores llenan la biblioteca. Tertulias de *ABC*, España fascinante estrena libertad y sigue las elecciones. Pedro está seguro de que el diario debe apostar fuerte por la democracia. Así, *ABC*, genuinamente monárquico, apoyaría a la Corona. Pero el trío Torcuato, P de L y Ruiz Gallardón controlan el diario y las tensiones entre los dos bandos llegan a la Redacción.

Presiones

Cebrián encarga a Pedro J. una serie titulada “Cien españoles para la democracia”, entrevistas que se publican en las páginas de huecograbado del diario. Se trataba, en suma, de una radiografía política. La abría José Mario Armero y seguían Fernández Ordóñez, Álvarez de Miranda, Pérez Escolar, Múgica, Felipe González. La serie tiene mucho eco y hay presiones de gente para aparecer en ella. Torcuato influye en Cebrián. Esta serie sirve como pretexto para organizar almuerzos a los que acuden tres o cuatro personajes en Black Bess, "pub" de la calle Serrano, cercano al periódico.

ABC muestra, una vez más, por su veteranía y su larga vida, un periodo emocionante de la Historia de España. Redactores y enviados especiales cuentan esa geografía y sus emociones en los cráteres de los mitines en las plazas de toros. Época de la Diada, Carrillo y su peluca, España abierta a los exiliados, inicio de la reconciliación. Llegada a Madrid de Tarradellas antes de la famosa frase: *"Ja soc aquí"* —ahí está Pedro J. como enviado especial— previamente a su viaje a Madrid, seguida por Pérez Mateos y el fotógrafo Naranjo, entrevista en una "suite" del hotel Palace.

Felipe González surge de las catacumbas franquistas, rostro nuevo, pantalón de pana, aparece en la serie de los "Cien españoles para la democracia", y Pedro J se cita con él, a primera hora de la mañana, en la entonces sede de García Morato, hoy Santa Engracia. Exclusiva con Carlos Arias Navarro —21 de abril de 1977. Buen tanto de Pedro J, cuando el político decide implicarse de nuevo en la contienda electoral, Pedro J, anonadado ante lo que le cuenta Arias y sus charlas con un Franco de ultratumba en el Valle de los Caídos. El periodista riojano está en la Redacción y lo manda llamar Cebrián. En el despacho se encuentra Carlos Mendo. *"Nos ofrecen una exclusiva* —dice Cebrián— *y he decidido aceptarla. Arias se presenta a las elecciones y está dispuesto a anunciarlo a través de unas declaraciones en nuestro periódico." "¡Al fin!"*, exclama Pedro J. mientras mira a Mendo. *"Va al Senado por Madrid"*, precisó.

Desde el despacho, Mendo llama a Arias y le anuncia que en cuestión de minutos acude Pedro J. Entrevista de gran eco. Al día siguiente la reproducen, casi íntegramente, varios periódicos. En mayo del 1978, Felipe González aparece, nuevamente, en una entrevista de Pedro J. antes del 28 congreso del partido. Felipe hace un planteamiento muy moderado, casi centrista, del socialismo. Entonces, la relación personal entre el político y el periodista es muy buena. Para Pedro, González se convierte en una buena fuente de información.

Tras un almuerzo con varios periodistas, González le dice que se quede y le cuenta que Adolfo Suárez, entonces presidente del Gobierno, le ha dicho que varios generales han mantenido una entrevista con el Rey y le han pedido que intervenga en la política con el fin de frenar el deterioro de la vida española. Al día siguiente, el periodista publica esta información en la primera página de *ABC*. Esta información levanta una polvareda. El entonces secretario general de la Casa del Rey, Sabino Fernández Campo, lo llama y Ramírez acude al palacio de la Zarzuela; conversa con Pedro y, al momento, se abre una pequeña puerta de la habitación; es el Rey y comenta esa información.

En un momento dado, el Monarca dice: *"Bueno, eso del secreto profesional supongo que estará vigente para todos menos para el Rey."* Siguen las bromas y Pedro J. se resiste, aunque no le dice la fuente. Ha sido Adolfo Suárez. Se lo ha dicho al que, a su vez, se la transmitía a Ramírez.

Legalización del PC

El periódico apuesta por la línea conservadora de Fraga y Alianza Popular. Pedro, con peso político en el diario, debido a sus páginas, trata de girar la nave al centro y acoge y da cancha a políticos del Centro Democrático. Aparecen en portada, en el mes de septiembre de 1977, el liberal Garrigues y Fernández Ordóñez. En el interior sendas entrevistas. El martes 30 de mayo de 1978, Pedro J. logra que posen, para la portada de *ABC*, Joaquín Garrigues y Francisco Fernández Ordóñez. Esas declaraciones se preparan en la casa de Garrigues, en Aravaca, con Pedro, Rafael Arias Salgado y Antonio Fontán, presidente entonces del Senado.

Fruto del huracán de tensiones entre los dos bandos del diario, Cebrián es destituido. Entretanto, la gente que ha ido al periódico de su mano se consolida, aunque se les mirara de reojo. Pedro J. escala la cucaña. Guillermo le encarga una sección dominical de análisis político. Pedro la cuida como la niña de sus ojos, vive para ella. Dos páginas de siete folios: "Crónica de la Semana." Las revisa hasta el escrúpulo. Pedro J. era, en cierta medida, un faro de la nueva España y se lo observa con recelo. Se comenta entre los redactores, se habla de ese cambio, se reflexiona sobre las generaciones, lectores y suscriptores de *ABC*. En la cercanía de Guillermo Luca de Tena pulula una serie de personas —editorialistas incluidos— que recelan de cualquier cambio. Esa gente anatematiza la sección del periodista riojano, lejana, en ocasiones, de la línea del periódico.

Guillermo lo apoya

Liberal, Guillermo Luca de Tena apoya a Pedro J. y lo protege de cualquier ingerencia. Pedro decide dar la batalla a los sectores inmovilistas. A veces, se altera al ver ciertas informaciones, lejos de las suyas. Pasa por trances de amarguras, fiel a su idea aperturista. La portada del día 20 de noviembre de 1979 colma el vaso de su paciencia, aniversario de la muerte del general Franco. Aparecen los seguidores de Fuerza Nueva, Pedro J. no puede más; el sector más duro del diario gana la batalla.

Entonces escribe una larga carta a Guillermo: *"Nuestra portada de hoy me parece una de las más desafortunadas de cuantas en los últimos tiempos ha publicado el periódico, en la medida en que presenta una visión distorsionada y parcial del acto del domingo."* El periodista critica el título de "Llamada a la Unidad de España y de los españoles". Pedro J. le dice lo difícil que es *"ilusionar a una Redacción como la de* ABC *en la mejora de la calidad informativa del periódico mientras nuestra línea editorial continúe siendo tan reaccionaria y hueca como lo es en la actualidad y mientras respondamos a los temas-test de forma tan poco feliz como lo hemos hecho hoy. De nada sirven los esfuerzos aislados que algunos reali-*

zamos en dirección contraria. Con portadas como esta, ABC *continuará perdiendo influencia y continuará perdiendo respetabilidad".*

De *"talante genuinamente liberal y siempre tolerante de esa magnífica persona que es Guillermo Luca de Tena"* —según confesión del propio Pedro J.— el director de *ABC* le responde y le da *"las gracias por sus reflexiones y gracias también por su crítica. No sólo no necesita disculparse por decirme sincera y descarnadamente lo que piensa sino que la opinión de sus redactores es la mejor ayuda que puede tener el director de un periódico para contrastar la labor realizada, nada más y nada menos".*

La misiva de Guillermo defiende y justifica *"con cierta minuciosidad como escaso convencimiento, ya que del conjunto de la polémica me quedó la sensación de que, en realidad, él pensaba lo mismo que yo aunque tuviera que defender el comportamiento del periódico.*

Dice usted que será difícil ilusionar a una Redacción joven como la de ABC *en la mejora de la calidad informativa del periódico, mientras nuestra línea editorial continúe siendo tan reaccionaria y hueca como lo es en la actualidad. En primer lugar y por una explicable deformación profesional toma usted una parte por el todo".* Pedro ve, en este apartado, su frustración y lo difícil que es modernizar un periódico. En esa misiva, Guillermo no ve justo que su redactor político calificara de *"reaccionaria y hueca"* la línea editorial del diario. Pedro acaba su carta y dedica la sección del domingo a analizar el acto de la plaza de Oriente, si no hubiera otro asunto más importante.

"Estoy seguro —respondía Guillermo— *de que en esta ocasión hará gala de nuevo de su ecuanimidad y buen quehacer periodístico. Si luego, como en otras ocasiones que a usted le constan perfectamente, su valiosa colaboración me causa un disgusto, habré de cargarlo a la larga cuenta de servidumbres que jalonan la ejecutoria de un director de periódico consciente de sus responsabilidades y ufano de su independencia."* De estas líneas, se siente orgulloso Pedro J. a pesar del tiempo transcurrido.

En *ABC* se recibían cartas de viejos suscriptores, se dan de baja en el periódico. Pedro dedica su sección al episodio de la plaza de Oriente. Llueven cartas..., cartas que llegan a Guillermo y se las pasa a Pedro J. El tono de algunas era muy desagradable, cuando no amenazas y anónimos con excrementos dentro del sobre. Poco tiempo después Pedro J. Ramírez se marchaba a dirigir *Diario 16.*

Testimonio 1

EXCLUSIVA DE MESEGUER: *ABC* EN LA "MARCHA VERDE"

Muchacho murciano, en 1970 sube las escaleras de Serrano 61 con el fin de ver a Tico Medina, jefe de reporteros. Meseguer empieza a colaborar en las páginas de

ABC con un reportaje titulado: "La tertulia del silencio", reunión de sordomudos que se comunican con su lenguaje peculiar en un bar de Noviciado. Manuel Meseguer, escritura periodística y literaria en *ABC*, entra en plantilla el año 1973. Meseguer viaja a la vendimia francesa con los temporeros españoles, hace entrevistas —de la de Lola Flores, está orgulloso, y, por ellas, se le premiaría con el "Del Arco". Meseguer, agradecido a Anson por la tarea y el juego que le da, le abre la cancha para que escriba. Con la marcha de Luis María y la llegada de Cebrián Boné, pasa a la sección política. En el periódico se viven los últimos días del franquismo y surge la *Marcha Verde*. Pablo Magaz es corresponsal en Rabat y se ha instalado en el parador nacional de El Aaiun. Magaz tiene serios problemas con los militares; orilla el sentido patriótico del Ejército en estos pagos y, poco más o menos, viene a decirles que están en el desierto por cuestiones de escalafón y dinero. Esta actitud le acarrea un duro encuentro con un oficial. El día 7 de junio de 1975 llega Manuel Meseguer a El Aaiun. Al día siguiente, un oficial le dice, secamente: *"Nos vamos a la guerra."* Suben a un helicóptero y aterrizan en Malibés, donde está una guarnición cercana al "mojón de las tres meadas"; ahí confluyen los territorios de Marruecos, el Sahara español y Argelia. Ese viaje a la guerra dura hora y media. Al llegar, observan a un destacamento marroquí detenido; lo manda el capitán Abua Chej. Son los primeros prisioneros desde la guerra de Ifni. Esa información es una exclusiva que el diario de Serrano valora tanto literaria como fotográficamente. Meseguer va sin fotógrafo, únicamente lleva su cámara.

Tras esta exclusiva llegan a El Aaiun Ángel Luis de la Calle, de *Informaciones*; Arturo Pérez Reverte, de *Pueblo*; César de la Lama, de la agencia *Efe,* y Ander Landáburu, de *Cambio 16*. La marcha marroquí está en pleno auge y a El Aaiun llega una legión de periodistas. Un contratiempo patológico hace que Meseguer regrese a Madrid y, una vez restablecido, vuelva al escenario de la marcha.

Un día, todos los periodistas parten para la primera línea de fuego. Meseguer se queda dormido. Sólo el azar, como tantas veces, va a lograr el sueño fugaz de la gloria que acaricia todo periodista. Al ver que los compañeros se han ido, revuelve Roma con Santiago, busca un coche, se encamina al Cuartel General del Ejército y, gracias al coronel Bourgon, al oficial Íñiguez y al gobernador general del Sahara, despegan dos helicópteros. En uno de ellos va Meseguer y contempla, en la primera línea de fuego, el colorido y la montantada humana sobre la arena caliente del desierto. Quizás ahora la vea lejana, pero colorista; y aquella inmensa bandera de Estados Unidos como una estampa de colores. Gran exclusiva, portada abecedaria, Manolo gozoso. Llegada a Barajas, el recibimiento de Cebrián Boné, el ramo de flores para Nines, su mujer.

Meseguer es, en palabras de Cebrián, un *"león del desierto"*. Por la parte marroquí, *ABC* y sus hombres, los que describen, como una pluma goyesca, los desastres de la guerra, una contienda tan contada y retratada en las páginas. *ABC* vuelve a un viejo escenario. Ismael Fuente cubre informativamente la parte marroquí del Sahara. En ese conflicto, Meseguer sabe que dos patrullas de soldados españoles están secuestradas por el Frente Polisario. Esos soldados están en Argelia; y tanto Meseguer como De la Calle van en su búsqueda y quieren correr la misma suerte. Reciben clases de espionaje y, en una avioneta, llegan hasta cerca de Tinduf y serán devueltos al Sahara. Meseguer estaría entre las paredes de Serrano 61 desde 1973 a 1976.

Como a la mayoría de los abecedarios, que siempre les queda un resquicio de nostalgia, Meseguer ha vuelto a asomarse a una ventana que no olvida.[6]

---

[6] Conversación en su despacho de la agencia *Efe*.

Capítulo III

ABC, PRIMERO EN SABER LA MUERTE DE FRANCO

TRAS UNA CLAVE DE LUIS PRADOS CON QUIEN EMBALSAMA EL CADÁVER[7]

"Cuando empecé a escribir sobre España, en la época de Franco, existía un vacío porque había cosas que los historiadores españoles ni siquiera podían mencionar. Ese vacío se ha llenado."

Raymond Carr

Luis Prados venía, como una metáfora, del sur; niño que había olido el olor a tinta y lo llevaba como un instinto más: el de periodista. Su padre funda el diario malagueño *El Sur*, hombre literario, los versos de Salvador Rueda —había escrito su biografía—, corresponsal de *Blanco y Negro* y *ABC*. Luis leía las metáforas de Ruano como quien mira mariposas. Su padre convocaba a los hijos en la mesa y les leía los artículos de César. Por eso, Prados de la Plaza estaba seguro de que había venido al mundo para gatear por las columnas periodísticas. Ni un ápice de dudas en su vocación. Ya en la "mili" soñaba con el artículo y, para colmo, aparece en el Ministerio del Aire, Luis María Anson. Lo está viendo, oye la voz del tiempo, Torcuato llama a Anson y le pide unas líneas para la semblanza necrológica de Agustín de Foxá.

---

[7] Enfermedad y muerte de Francisco Franco, gran inquietud, lógico nerviosismo en *ABC*. No es una muerte más; es sencillamente lo que representa la desaparición del hombre que ha regido la vida española durante cuarenta años. Cuando el general enferma gravemente, el periódico prepara las páginas a la espera de la noticia de la muerte. Redactores de ABC montan guardia en el hospital de La Paz, mañana, tarde y noche.

La agencia de noticias Europa Press lanza por los teletipos el primer mensaje urgente: "Franco ha muerto, Franco ha muerto, Franco ha muerto." El "flash llega a la Redacción a las 4,58 de la madrugada del día 20 de noviembre de 1975. *ABC* ya tiene en marcha una edición especial. Sin embargo, la noticia se conoce en *ABC* a las 4, 20, es decir, treinta y ocho minutos antes de que la diera la citada agencia de noticias. El "flash" se envía precedido de cierta cautela: "sin confirmar", si bien en un segundo mensaje, transmitido exactamente diez minutos después, la agencia suprime el "sin confirmar".

El periódico cuenta con una fuente singular. Luis Prados de la Plaza, entonces jefe de la Sección Local de *ABC*, posee la clave, el enlace con el embalsamador del cuerpo sin vida del Jefe del Estado español. Gracias a ese adelanto de treinta y ocho minutos, *ABC* se convierte en el primer periódico del mundo que imprime y difunde la noticia del fallecimiento del general Franco. La edición especial comienza a salir de máquinas a las 5,15 de la madrugada del 20 de noviembre de 1975.

Luis Prados organiza la oficina de prensa del Ministerio del Aire y acompaña a Anson a la jura de bandera del Príncipe Don Juan Carlos en San Javier. En esa estancia, surge una buena relación entre ambos, *"y me ayudaría mucho"*. Luis Prados, histórico, conoce el periodismo de *Arriba*, a los Herraiz y compañía, sabe mucho de ese período, y de *Marca*. En 1971 llega a *ABC* y, ese día, su padre es tan feliz como él. Llega a través de Antonio Carreras, marcado por la suerte de unos recuerdos para Pedro de Lorenzo; y este lo incorpora a la Redacción. Se siente de Serrano 61, como quien lleva en sus venas papel y tinta, un amor lento y profundo. Trata a los Travesí, a los Miner Otamendi, a Manolo Marlasca, gaditano, que firma "Madrid al día".

Le toma el pulso a Madrid

Luis miraría la ciudad con una visión distinta y crítica, le tomaría el pulso por la muñeca alargada de la columna de *ABC*, por poco tiempo, pues el marqués de Luca de Tena se la ha prometido a Antonio de Obregón, que venía de la corresponsalía de Lisboa. Sin embargo, se encarga de las páginas de Madrid, vive, intensamente, el Ayuntamiento y la información de la capital del Reino.

Luis, testigo de alguna que otra polémica en la Villa y Corte: la famosa "Torre Blanca", cuando Saporta quiere trasladar el Bernabéu a unos pagos de Tres Cantos. Anson y *ABC* le apoyan para que ese clamor de goles se quede un su sitio, en la Castellana. Castizo y conversador, cronista de la Villa, enamorado de Madrid, ramoniano, una mañana en que Torcuato pierde el avión, en la autopista de Barajas, el asfalto ha quebrado y ha habido un gran socavón. Torcuato llama a la Redacción y quiere una buena información de este suceso; y Luis cuenta lo que ha ocurrido, en dos folios, Torcuato los lee y ordena que la información se publique destacada, en negritas y a doble hilo. Se lo dice Travesí a Luis, que a Torcuato le ha gustado. Prados está satisfecho de lo escrito y no firma la información consciente, sabedor de que puede ser un "Luca de Tena". Así es: lo coronaba de gloria su amor al periodismo.

Franco muere a las 4 y 20 de la madrugada

Exclusivas fruto del azar y exclusivas que se buscan. Consuelo Roa, la mujer de Luis Prados, tiene un tío, Antonio Haro Espín, secretario del Instituto Anatómico Forense. Hombre de gran fuerza de voluntad, cursa los estudios de Medicina desde ese centro. Por él pasa toda la burocracia del embalsamiento de un cadáver. Haro Espín tiene una gran relación con los americanos de la base aérea de Torrejón de Ardoz y aprende las técnicas más avanzadas para conservar los cadáveres. En la propia Base de Torrejón existe un centro para embalsamar. Luis Padros tiene, pues, una fuente primorosa para saber la hora de la muerte de Franco. Entre Luis y Haro Espín existe una clave para el momento en el que se produzca el fatal desenlace del general.

La muerte de Franco obliga a los redactores a hacer muchas horas de guardia. En los puntos informativos están Pedro J. Ramírez, Carlos Dávila y Jorge del Corral. Juan Pablo del Campo en la Redacción. La larga agonía de Franco se convierte en una costumbre, hasta el punto de que la noche de su muerte está en la Redacción, únicamente, Juan Pablo del Campo. Juan Pablo conserva el flash urgente, en el que *Europa Press* anuncia el fallecimiento del general.

Con el teléfono a la cabecera de la cama, Luis Prados espera la llamada de Haro Espín. Haro le comunicará la noticia desde un teléfono público. Nada más fallecer el general Franco, Haro Espín baja a una cabina pública, marca el número de teléfono de Luis Prados y dice, simplemente: *"Hola, ¿sabes quién soy? A las 4 y 20."* Luis Prados es el primer periodista en saber que Franco ha muerto. Acto seguido llama a la Redacción y Juan Pablo del Campo se pone en marcha, llama a Giménez Alemán, a su casa. Luis se viste inmediatamente, pasa delante de *Arriba*, casi todas las luces del edificio están apagadas. Madrid está en calma, aún no se sabe nada de una muerte que marca tantas vidas, cierra una época y abre otra. Cerca de la sede de *Arriba*, Franco yace muerto. Luis Prados llega a la Redacción hacia las cinco menos diez de la madrugada. Al momento lo hace también Jorge del Corral, acaba de ver entrar en La Paz a Carlos Arias con un brazalete negro, pero se entera de la muerte del general en Serrano 61. Cuando llega Luis al periódico, lee el teletipo de *Europa Press: "Sin confirmar: Franco ha muerto."* Poco a poco, el periódico empieza a ser un hervidero de gentes, comienzan las tiradas de las ediciones.

El número de la muerte de Franco estaba hecho, con la portada incluida; sólo faltaba entrar en máquinas. La portada decía: *"Franco ha muerto"*; únicamente faltaba por hacer la primera de tipografía.

Sucesor de Gilera; Tierno Galván, "Quique Collares"

Luis Prados vive muchos momentos abecedarios: las tertulias municipales de 1979, el "Meridiano de la ciudad", su "Madrid al día", que cuida como una niña de cursivas; y las referencias a Tierno Galván —"Quique Collares"— y a Ramón Tamames —"Moncho Bañeras". Siempre ha escrito Luis con gran independencia y, en esos ataques y denominaciones, está en la orilla del "estilo *ABC*". El periódico nombra a Tierno "la figura del mes". Entonces, Luis Prados deja la niña de sus ojos y no firma la columna que tanto ha mimado.

Luis Prados sucede a "Gilera" en la crónica deportiva. En esta ausencia, tiene especial interés en cubrirla Nemesio Fernández-Cuesta; y Luis, ramoniano, amante de la metáfora, catador de la prosa de Ruano, le da un toque literario a su crónica.

Miguel Torres propone a Luis Prados que se vaya a dirigir *ABC* de Sevilla, pero no lo acepta; y deja, como en una vigilia temporal, el sueño de Serrano 61 por el *Ya* como subdirector, en 1981. Recuerda la frase de don Torcuato: "ABC *no es un tranvía.*" Luis Prados conoce el difícil momento económico del periódico y se marcha, sin un duro. Ese día, Giménez-Alemán le regala la "teja" con la noticia de la muerte de Franco; y se despide de Guillermo Luca de Tena.

Vuelve con Anson

Unidos por un destino común, Luis Prados vuelve a *ABC* en 1983, con la llegada de Anson. Prados se incorpora a los viejos pasillos del diario de Serrano. Atrás ha dejado, como un notario lírico, muchos hechos madrileños. En 1978 obtiene el Premio Nacional de Periodismo por sus crónicas de "Madrid al día". Luis está, en cierta medida, un poquito/mucho asomado desde las atalayas del diario. Únicamente le falta coronar su sueño: ser subdirector de *ABC*; y se lo plantea a Anson y a Guillermo Luca de Tena, pero esa operación no sale, muy a su pesar. Con la llegada de Giménez Alemán, este —le ha nombrado redactor jefe— le pide que deje de escribir, tiene algo para él. Luis dice adiós a *ABC* y deja los muros, los muros que forman parte de su patria periodística, recorre los tejados de la nostalgia como un gato de Goñi, la indemnización, y a navegar como un Platón por el mar sereno y sosegado.

Testimonio 2

MIGUEL ÁNGEL GOZALO CON BRANDT EN ISRAEL

Hombre de Antonio Fontán, Miguel Ángel Gozalo ha edificado su vida sobre las columnas periodísticas, ha extendido sus manos entre el globo del mundo, presidente de la *Efe*, Miguel Ángel, histórico de páginas, redondas y cursivas, mucha vida de la historia periodística, cuánto sabe, cuánto ha vivido entre este borgiano "museo de bagatelas", ahora con el mundo en sus manos, manos invisibles, sencillo Miguel, varado junto al padre Duero, entre libros, frases, la musa de Isabel y los nietos, como quien escucha el rumor de los versos de Machado. Larga travesía la suya, pasos en el desaparecido *Madrid*, amistad con Antonio Fontán, vive el famoso artículo de Calvo Serer: "Retirarse a tiempo. No al general De Gaulle", apoyo moral de *ABC*, ofrecimiento de refugio para redactores, Miguel Ángel tiene dos direcciones, dos ciudades: Bruselas y Bonn, dos ciudades como corresponsal. Su elección viene del interés de Fontán y la amistad con Guillermo. Miguel Ángel y su primera crónica: "He vuelto a Alemania", en la línea de Julio Camba, también desde Alemania, crónica descriptiva. Conoce y vive el Bonn cotidiano, unos españoles más, Maribel y los cinco hijos, en plena época emigratoria, sabe alemán para moverse, para la cotidianidad. Bonn de Javier Conde —embajador—, los Virgilio Colchero, Pedro Muñoz, Moya. Miguel siente atracción por la Ospolitik, la política de Willy Brandt, la primera visita del Canciller alemán a Israel, el recibimiento de un rabino: *"Va usted a vivir hoy* —le dice— *una de las páginas más tristes de Israel y de las más vergonzosas de Alemania."*

Miguel y su inquietud periodística, viaja a Rusia, Castro visita el país soviético, primer contacto con los cubanos. Torcuato le propone: *"¿Te quedarías de corresponsal en Moscú?"* No le gusta Rusia. Visitas oficiales de Don Juan Carlos y Doña Sofía a Alemania, los Juegos Olímpicos en Munich, los atletas muertos, la crónica de Miguel, cómo le gusta a Torcuato y le anima al "Cavia".

Adiós a Bonn. Bienvenido a París. Se lo ha consultado a Fontán y le aconseja París. Conoce a Luis Calvo, generoso y simpático. Miguel vive los estertores del franquismo desde el Sena, la muerte de Pompidou, los condenados a muerte por el franquismo, las manifestaciones en París, los destrozos de la Oficina de Turismo en París. París que es mucho España, exiliados y refugiados, *"lo que vives en París es España"*. Antonio Gades, reuniones y ruedas de prensa, las de la Junta Democrática. Ese pulso, esa vida, lo conoce muy bien Miguel; y hay quien cree que es el jefe de prensa de la Junta Democrática.

Miguel vive, con angustia, si se fusila o no a los condenados a muerte en Hoyo de Manzanares, viene a España con esa preocupación, mientras cruza el cielo y, a primera hora de la mañana, llega a *ABC* y escribe la crónica, la que, sin duda, no le hubiera gustado escribir.

Y se despide de *ABC*, dice adiós en la etapa de Cebrián.[7]

[7] Conversación, muy rica y grata, en su despacho de la Agencia *Efe*.

Capítulo IV

PRIMER MENSAJE DE LA CORONA

RENUNCIA Y MUERTE DE DON JUAN

"No existen las soluciones fáciles para los problemas complicados."

Michail Gorbachov

Con Franco muerto, sus mensajes navideños entraban en el capítulo de la Historia; ahora el Rey sería quien se asomara a la pantalla televisiva para enviarnos su mensaje. *ABC* comenta el mensaje del Rey y lo califica en su editorial de *"ejemplar por la brevedad y la nobleza de su contenido. Un mensaje oportuno y perfectamente adecuado a la ocasión. (...) El mensaje navideño de un Rey sencillo a un pueblo noble",* finaliza el editorialista.

Junto a este editorial, lúcido comentario de Vicente Gállego; afirma que lo que el Rey necesita son *"lealtades, no consejos. En el sacrificio por su pueblo llegan los Reyes a límites que nadie alcanza".*

Empezaba un año nuevo y, con él, una España que exteriorizaba sus deseos de libertad. El diario de Serrano cuida la figura del joven Monarca. Mientras, Don Juan Carlos celebra su primera Pascua Militar: *"Somos herederos de gloriosas tradiciones* —dice en su discurso—, *pero nuestro empeño se fija hacia el futuro"*; los empleados del Metro paralizaban *"este rompeolas de todas las Españas",* en una huelga muy dura y temerosa en esos inicios de cambio.

Con la llegada de 1976, *ABC* incrementa su precio de venta en cinco pesetas para los números dominicales y dos para los ordinarios; es decir cuesta quince pesetas. A toda página sus ofertas periodísticas cada domingo: cuatro publicaciones por el precio de una.

Don Juan Carlos en Nueva York

Portada del miércoles 2 de junio de 1976, "El Rey entrará en el Capitolio por la Puerta de España". La Casa, feliz de esta estancia regia, de un Rey en Nueva York, a la que dedica un reportaje y un editorial: "Una convocatoria del Rey": *"La His-*

panidad debe reposar menos sobre la evocación que sobre el trabajo y el común empeño de cada día; no debe ser nostalgia, sino conducta. Acción y no contemplación". Según Argos —Cortés Cavanillas—, en su recuadro "A vuela pluma", la nueva exposición Iberoamericana es idea del Rey.

ABC cuida los viajes con las crónicas de sus enviados especiales: Ismael Fuente Lafuente, Ramón Pedrós, Juan Fernando Dorrego... Don Juan Carlos es el primer Rey de España que pisa América.

ABC, periódico monárquico. *"Su adhesión a la Institución no brota de raíces sentimentales* —escribe en un editorial—*: es un monarquismo fundamentalmente racional. La historia de setenta años de salir diariamente a la palestra, sin haber desmentido nunca nuestra filiación, avala lo que decimos.*

Por ser monárquicos racionales entendemos que de ninguna manera puede ponerse en tela de juicio la Institución. (...) Y consideramos muy importante la distinción entre la Monarquía como forma de Estado, encarnada en el Rey, y el Gobierno, que hace política concreta."

Jura el Heredero de la Corona

Un Príncipe joven, vestido de militar, aparece en la portada el jueves 30 de enero de 1986 y un pie de fotografía reza: *"Hoy, a las once de la mañana, los españoles podrán ver y escuchar el juramento que compromete al heredero de la Corona con la Constitución..."*

Vuelve el diario a la excepción del editorial en "tercera". *"El Príncipe de Asturias sellará su compromiso con la nación ante la misma institución que lo hicieron sus mayores, desde Fernando el Católico y Carlos I: ante las Cortes, símbolo de la voluntad popular."* Don Felipe jura ante la presencia de su padre, el Rey y de su abuelo, el Conde de Barcelona.

Traza el editorialista el panorama reciente de nuestra historia para desembocar que lo que importa es el contenido de las formas de Gobierno. *"Hay Repúblicas execrables como la chilena o la cubana. Hay Monarquías rechazables, como algunas del Tercer Mundo. Hay Repúblicas excelentes, como la suiza o la federal alemana. Hay Monarquías admirables, como la inglesa o la holandesa.*

Cuando la forma de Gobierno —sea Monarquía, sea República— garantiza el pluralismo democrático y la soberanía de la voluntad popular, cumple su objetivo. En España, la forma de Gobierno que ha sido capaz de dar esa garantía al pueblo español, con una Constitución democrática, es la Monarquía. (...)"

Tras el acto de la jura, el diario vuelve, al día siguiente, con el título "La Corona y la voluntad popular" a insistir en el pensamiento ideológico del rotativo de Serrano sobre la Monarquía. *"Pocas veces se ha reconocido de modo tan claro e inteligente lo que representa en términos de estabilidad nacional la continuidad dinástica. La Monarquía es la representación viva de lo que hay en el Estado permanente."*

El diario destaca a tres columnas *"una jornada llena de emoción"* y en un recuadro hace *"dos salvedades": "...el olvido del crucifijo en la mesa del juramento, olvido salvado ante la opinión pública, porque el Príncipe, católico practicante, juró, no prometió; la segunda salvedad es el chaqué que vistieron las personas reales, cuando lo lógico hubiera sido el uniforme".*

Anson cuida a la Familia Real y, con este motivo, tiene lo que se llama en el periodismo una cartela con el título de "La Familia Real" o "El Rey". Hecha esta digresión, en la sección "Figura del día" se la dedica a Gregorio Peces-Barba, presidente del Congreso de los Diputados, porque ha sabido estar a la altura de las circunstancias.

Antonio Burgos, le dedica su "recuadro" a *"Un padre, un hijo, un abuelo, una estampa regia"* que concluye con *"Hoy pone su mano sobre la Constitución el que será Felipe VI. El hijo de Don Juan Carlos I. El nieto de Don Juan III. Que Dios bendiga a los tres."*

Mucha crónica regia y, en la sección muy leída del "ZIGZAG", firmada por Ovidio, seudónimo de Luis María Anson, se felicita a *Televisión Española* por este especial informativo. *"Realmente excelente."*

Zarzuela se desmarca de un articulo de Vilallonga

El escritor y aristócrata José Luis de Vilallonga, autor, entre otras obras, de unas conversaciones con Don Juan Carlos, escribe un artículo sobre Eva Sannum, amiga sentimental del Príncipe Don Felipe. El aristócrata lo escribe para que lo publique *La Vanguardia*, pero el periódico del conde de Godó no lo quiere y, por tanto, no lo publica. Sin embargo, sí lo hace *ABC*. Antes de enviarlo al periódico, se lo manda al Rey para que lo lea y *"como no me dijo nada, pues lo mandé al periódico. Si les hubiera parecido mal* —comentaría en una entrevista— *me habrían dicho algo".*

Tras aparecer el artículo, el jefe de la Casa Real publica una nota en la que se desmarca de la opinión de Vilallonga, enemigo del noviazgo del Príncipe con la modelo noruega. *"Sí* —diría Vilallonga— *y no lo entendí muy bien. No sé exactamente lo que quería decir."*

Renuncia

El domingo 15 de mayo de 1977 la portada recogía la imagen en la que Don Juan inclina su cabeza ante su hijo, cuando su voz grave resuena y dice: *"Majestad, España sobre todo."* En páginas tipográficas, el reportaje gráfico de Sanz Bermejo "Un día para la historia".

A tres columnas la ceremonia y la cesión de los derechos de Don Juan hacia su hijo. *"En virtud de esta mi renuncia* —dijo el Conde de Barcelona— *sucede en la plenitud de los derechos dinásticos como Rey de España a mi padre, el Rey Alfonso XIII, mi hijo y heredero el Rey Don Juan Carlos I."* Don Juan afirma *"creo llegado el momento de entregarle el legado histórico que heredé"*, una vez *"instaurada y consolidada la Monarquía"*. Don Juan Carlos responde: *"El pueblo español ha percibido claramente los grandes sacrificios que hemos tenido que afrontar."*

El editorial: "Sobre todo, España", habla de los *"quince minutos trascendentales en el Palacio de la Zarzuela; dos discursos en que se funden las razones de Estado con los afectos irrenunciables de la sangre, y el país ha visto cerrarse un paréntesis (...). Tres fueron las figuras protagonistas del acto histórico de la Zarzuela, de la cesión de los derechos históricos de la Monarquía española por el Conde de Barcelona al Rey Don Juan Carlos. Con ambos, Don Alfonso XIII, y con los tres un denominador común que sirve tanto al Rey que renunció a serlo para ver de no dividir a los españoles, como al Príncipe, hijo de Rey y padre de Rey, que mantuvo siempre visible la antorcha preciosa de la unidad, y al Rey que reinstaura en su persona la Monarquía en el país, sabiendo que sólo así podrá lograrse, con la unidad oficial, una unidad auténtica y electiva. En las tres figuras un mismo afán: el amor a España."* Elogios a la actitud de Don Juan, firmas como las de Julián Cortés-Cavanillas, oculto tras el seudónimo de Argos, o las *"¡Gracias, Señor!"* de Ruiz Gallardón.

En la "tercera", artículo de Seco Serrano sobre la Reina Victoria Eugenia, y la conversación que escucha de los labios de su maestro don Jesús Pabón con motivo de la estancia regia en Madrid para amadrinar a su biznieto Don Felipe de Borbón. Ha llegado el momento de elegir: *"¡Ya son tres!"* Franco se emociona y asiente.

ABC, feliz por la generosa postura del Conde de Barcelona. *AB*C, y el editorial en "tercera" le rinde desde estas columnas, una vez más, el homenaje sincero y profundo que su conducta merece.

Apunte

Especialmente bello es "Un apunte emocionado", escrito por un anciano José María Pemán: *"Tendré que darle las gracias a la Providencia porque ha sido generosa con mi vida y me ha permitido, aun echando horas extraordinarias con mis días, conocer muchas cosas de todos los reinos minerales, vegetales y animales. Me dejó estar a la orilla del río con una pasión contemplativa admirando el lago, el bosque, el ramo de flores... Pero no bastaba esa pasividad contemplativa. No: en el zumbido de la caracola se oye el viento de la vida que busca su salida temblorosa como un débito de las cosas al aire.*

Don Juan de Borbón, Conde de Barcelona, ha tenido no pocas horas de olvido pacífico, de entristecido silencio. Combatió Don Juan los valores negativos de la pe-

reza, de la vida, en explosión de vida positiva. Han sido como unos escapes de gas que se le iban escapando de entre sus propios pies... Don Juan sabía desde el primer instante que aquel montaje sobre la base de un Príncipe presente a toda hora y un Rey ausente a toda hora resolvería la solución del jeroglífico inevitablemente a favor del presente. Pero me daba ocasión todo esto de conocer, visto por dentro, el modo de obrar. Habría de intentar esa operación de deformación dinástica, habría que haber planeado ese montaje de políticos desprendido del árbol de la ciencia del bien y del mal, y hubiera sido casi imposible avanzar hacia la eficacia con desdén de la justicia. Al que ha sentido en su propia carne esas cargas explosivas, esos torrentes de moderación, de sacrificio, le habrá sido casi imposible contener sus lágrimas frente a un espectáculo humano ejemplar y brindado totalmente al Amor.

A mí, por lo pronto, me ha sido imposible contenerlas al trazar estos breves renglones sobre el episodio humanísimo que acabamos de ver."

Escriben sus opiniones sobre el acto, Antonio Garrigues: "Don Juan y Don Juan Carlos". En su recuadro, Garrigues afirma que *"el ser Rey es una noble servidumbre"*. Pedro Rocamora habla de *"la ejemplaridad de un Rey sin trono"*, de la dura biografía de Don Juan, su lucha inerme contra Franco.

Los restos de Don Alfonso XIII en El Escorial

Titular y portada acariciada por la Casa de *ABC*; un sueño hecho realidad. Gran despliegue informativo de la exhumación del cadáver. Lo cuenta el corresponsal en Roma de *ABC*, Joaquín Navarro Valls. Este viaja en el avión del Pontífice Juan Pablo II y se convertirá en el portavoz de El Vaticano. Navarro Valls hace una entrevista a Don Juan en el hall del Gran Hotel donde se hospedaba el Rey. Entre otras cosas, Don Juan cuenta cómo *"antes de cerrar el féretro, juré sobre el cadáver del Rey que toda mi vida serviría a España y a la Monarquía. Era lo que mi padre me había pedido"*. Torcuato Luca de Tena envía sus crónicas desde Cartagena e inicia, en sentido contrario, el amargo itinerario de salida del abuelo de Don Juan Carlos. Parte de estos actos, los describe, muy emotivamente, un juanista como es el poeta extremeño, Santiago Castelo.

ABC de estos días, evocación del Rey que marcha hacia el exilio. La "tercera" cuenta con un testimonio excepcional: el diario que escribiera el almirante don José Rivera, entonces ministro de Marina. Y no falta el editorial: "Alfonso XIII, de nuevo en España."

El periódico, dirigido por Guillermo Luca de Tena, publica un recuadro, "Sangre de Reyes", firmado por Luis María Anson, Presidente de la agencia *Efe*.

Muere Don Juan

Fiel en su singladura al faro regio del palacio de Oriente, Don Juan muere. *ABC* lo despide con los mayores honores periodísticos y hasta el *ABC* ansoniano, que da "caña" al Gobierno socialista, dedica un recuadro elogioso —"Un diez a Felipe González"— por rendirle *"los honores fúnebres que corresponden a los Reyes de España"*. Varias portadas, números especiales en estos días, dolor y lágrimas —también los Reyes lloran como *ABC*, tres días de abril es Don Juan y su itinerario, su cuaderno de bitácora, su larga marcha de destierro, su iconografía desde niño al reencuentro final con España, a la que amaba apasionadamente. Estos días, *ABC* es perfume de números singulares, es real y regio, machadino por lo que se pierde, machadiano por este marinero mayor entre oleajes.

Don Juan reposa como un Rey; y *ABC* arroja al mar azul de tantos ojos, cartas, frases, palabras, elogios, comentarios de *"Uno de los más grandes españoles del siglo XX"*, como escribe Luis María Anson en "tercera" del viernes 2 de abril de 1993. También haría un buen despliegue el rotativo madrileño con motivo de la muerte de Doña María de las Mercedes.

A lo largo de la primavera de 1993, *ABC* inicia una suscripción para levantar en Madrid un monumento al Conde de Barcelona. Detrás de este monumento, la mano de Luis María Anson, quien contesta personalmente a los donantes, incluidos los que deseen permanecer en el anonimato. En todos los actos de la Casa, Anson tiene el detalle de dejar los discursos siempre a cargo de Guillermo Luca de Tena, salvo en esta ocasión, que se reserva para él. La obra de Don Juan se alza en la entrada al Parque Ferial Juan Carlos I, y a la inauguración del mismo asistiría la Familia Real española.

Capítulo V

LA NOCHE EN QUE "TIEMBLA" LA BIBLIOTECA DE *ABC*

ÁNGEL ANTONIO GONZÁLEZ, HACEDOR DE PERIÓDICOS

"La historia de la prensa libre es la historia del sensacionalismo."

Joyce Milton

Mucha vida de Ángel Antonio González, colgada en la percha fugaz del diario de Serrano 61. Mucha vida de este pacense —en *ABC* ha habido siempre extremeños, reducido reino de taifa con Pedro de Lorenzo, Santiago Castelo, el propio Ángel Antonio, el dibujante Solís, José María Vera— gran internacionalista —y Pérez Mateos, entre otros—; digo que mucha vida de AAG está escrita en las columnas de los días, en la fugacidad del pan de la noticia, como si este hombre, alto y enjuto, hubiera cronometrado kilómetros y kilómetros de noticias, informaciones y teletipos. Porque Ángel Antonio, amante de la obra dorsiana, ha estado en la cucaña del periódico, en los secretos y en el horno íntimo de la masa periodística.

Este muchacho, sin embargo, no leía *ABC*. Sus retinas desconocían la prosa de Foxá y Pemán y le entusiasmaba *Pueblo*. Nacido para amar una rara profesión como es vender noticias, entusiasmado con estas gacetas, olía la tinta y el plomo de su *Hoy* natal, el viejo de la calle Portugal, y se asomaba a la actualidad, la que lleva impresa un periódico.

Ángel Antonio tampoco tenía pensado hacer prácticas en *ABC*, en el *ABC* laurentino, el paisanaje abría la puerta grande del viejo acorazado periodístico. Lo animó José María Almela, que hizo la milicia periodística en la galera del *Hoy* y se prendó de una chica pacense. Casi sin quererlo, como quien se encuentra con su propio azar, Ángel Antonio recibe la bendición de Pedro de Lorenzo y sube la escalera de mármol un día del mes de julio de 1971. Ahí inicia una escalada larga y empinada por el viejo acorazado. El encuentro con Travesí, la vida de la noche en la Redacción, larga y lenta, apretada e inquietante, siempre bajo la espada de Damocles de la noticia, la crónica del "santón" Massip, habla de cómo Nixon pretende devaluar el dólar, crónica que se queda vieja, porque el teletipo anuncia esa devaluación y transmite una buena información, más avanzada, más actual. Así que Antonio Garrido, lechuza de platinas y confecciones, y Ángel Antonio se encuentran con el problema de no publicar la crónica del mítico corresponsal. Hasta el punto que AAG se "carga" esa crónica.

Al día siguiente, Antonio Garrido sería felicitado por esa decisión; le diría a Jesús Revuelta, subdirector, que la acción se debía a Ángel Antonio. Este conoce la noche, la vieja furgoneta que lo lleva a casa con la hora del alba. Pasa a la mañana, Redacción familiar de José Calvillo, se quiere potenciar la edición de provincias, AAG se encarga de internacional, en la vieja mesa eucarística, papel verde del teletipo.

Compuesta la primera página: Franco había muerto a las 17,55

Ángel Antonio, protagonista de una época apasionante de la historia de España. Atrás queda su paso por la Redacción matinal y llega a la tarde para potenciar la sección política, mínima y de los José Baró, Herminio Pérez Fernández; y se incorporan Roberto Velázquez, Gonzalo "Garcival", Fernández Rúa, Carlos Dávila, Pedro J. Ramírez, Luis Peiro, María José Méndez, grupo hetereogéneo y difícil ideológicamente, sin embargo, de una buena comunicación humana. Gentes de tendencias izquierdistas, otros escorados al centro...

Recuerdo de la muerte de Carrero, cuando AAG se dispone a aparcar su coche junto a la Embajada americana. A las dos de la tarde, llama Antonio de Obregón —hacía entonces "Madrid al día"— *"si pasa algo", "pues que han asesinado a Carrero"*. La larga agonía de Franco y la llamada, a las 4, 30 de la madrugada de Giménez-Alemán. AAG se pone en marcha hacia el periódico, *ABC* está hecho desde hacía algún tiempo y desprendía un color amarillo de tardanza. A mediados de octubre de 1975, alguien ha dicho al director, de muy buena tinta, que Franco había muerto a las 17,55; estuvo compuesta la primera página de tipografía. Por eso, al llamarle, Giménez Alemán le dice: *"Esta vez es verdad. Franco ha muerto"*.

Vive la proclamación de Don Juan Carlos como Rey, el manifiesto de Don Juan desde París; *ABC* no lo da completo, el torrente político de la época, gran número de partidos políticos, la permisividad para el Congreso de UGT, la "peluca de Carrillo", el tenso e intenso trabajo —21 días— de la campaña electoral de 1977, la fascinación de las tertulias electorales, el error de *ABC* de escorarse más a la derecha, Torcuato en las filas de Alianza Popular, error, qué inmenso error, no haber apostado fuertemente por la Monarquía; se habría evitado el despegue de *El País*, sus despachos con Cebrián Boné, que no es partidario de que a las tertulias acudan políticos del PSOE y PCE, mientras AAG le pide cancha para todos y el director responde con el *"yo me debo a la Junta de Fundadores"*.

"Tiembla" la biblioteca

Viene, sin embargo, a las tertulias gente del partido de Tierno Galván, acude a la primera Donato Fuejo y dice en el histórico recinto de la biblioteca que su partido —el PSP— no admite la Monarquía y tiembla el viejo acorazado. La huelga del Metro y el tanto que se apunta el diario, pues anuncia cuando acaba la misma, gracias a la fuente de Roberto Velázquez, muy metido en el partido socialista. Muchos acontecimientos: la lucha por el poder en UCD, los teléfonos intervenidos de la Redacción. Él y Dávila escuchan una conversación entre Alzaga y Herrero de Miñón. La noche eterna del 23F, reuniones y corros, la espera de un oficial, los contactos con Anson en la agencia *Efe* y con Pilar Trenas en *Televisión Española*; palabras de Guillermo Luca de Tena: *"Si aquí viene un militar, mi nombre no aparece en la mancheta."* El miedo reinante de cierta gente, esa noche, en la Casa, el conflicto laboral que se vive en talleres, momento en el que aparecen dos hombres del Sindicato Unitario y dan marcha atrás en su postura de huelga.

Las tertulias con motivo de las elecciones municipales de 1979 y las generales, moderadas por Rafael Muñoz Lorente, el duro homenaje a Cebrián Boné, las elecciones de 1982, moderadas por Antonio Garrigues Walker, tras un encuentro entre Guillermo Luca de Tena y Ángel Antonio en la casa del director en la calle Lagasca. La llegada al Gobierno de los socialistas, la visita de Felipe González a Serrano 61, y cómo, de esta suerte, logra Ángel Antonio una fotografía del dirigente socialista con el busto de Alfonso XIII al fondo. Con el advenimiento de los socialistas, Pilar Urbano coge su agenda y la deja caer, mientras dice: *"Esta agenda ya no vale para nada."*

Primera portada no fotográfica

Cómo no la llegada de Anson, la expropiación de Rumasa, el "pulso de Cebrián al periódico", el sentido liberal de Guillermo al mando del timonel del viejo acorazado, su "dejar hacer", que es una manera de ser liberal. Sus pasos por distintos puestos directivos, especie de segundo Travesí, en la tarea y la manera de llevar este trasatlántico de noticias, porque AAG es un hacedor de periódicos, le gusta imaginárselo y crearlo, no limitarse a *laissez faire laissez passé*. A él le encanta crear la información desde ese "casado" en blanco y acude a los Consejos de Redacción con varias propuestas. A su sugerencia, por ejemplo, accede Anson a llevar a portada —la primera no fotográfica— en que el dibujante crea el tema de "La peseta, en la cuerda floja".

Comisión Ejecutiva, convoca a los Torres, Valcárcel, Góngora... una vez al mes, poco a poco, acaba diluyéndose como un azucarillo. Afirma que *ABC* resurge con Luis María, gran profesional y trabajador incansable. Para AAG, Anson se encuentra, además de un Gobierno socialista —ideal para *ABC*—, con una Redacción cansada, sumida en una atonía, deseosa de nuevos horizontes.

Anson marca las distancias con el PSOE y mantiene frente a este partido, en la década 1983-93, una postura beligerante, de epítetos muy conocidos como *"el rodillo", "el Congreso del Pesebre"*... El resto, es decir la etapa que transcurre entre 1993 y 1996, es "muy dura y desmadrada", tiempo de la llamada conspiración, de potenciar al *Mundo*. Luis María aumenta espectacularmente la tirada y, por organizar, organiza también la distribución. Luis María aumenta las ventas, le gusta oler la tinta, y baja todas las noches a las rotativas. Una noche —que esto lo ha visto AAG— observa una rotativa de tipografía llena de polvo —el hueco se tiraba en Barajas y las "tripas", como se llama en el argot periodístico a la tipografía, en Serrano—; pues Anson la recupera y facilita muchas urgencias y el ritmo adecuado del periódico.

Edición especial de las bodas de las Infantas

Noches de cierre y rotativas, una de ellas, Anson dice a AAG, no sin cierto rubor por parte de este: *"Oye, Ángel, eres muy buen profesional."* No, no lo conocía bien de otros tiempos. No se es justo con el ascenso que merece, ha escalado, poco a poco, la cucaña, hasta la llegada de Giménez-Alemán, que lo hace subdirector de Información. Oficio de este pacense en la boda de la Infanta Elena, con qué pericia suple un error de recepción de las fotos y la edición especial que, con dicho motivo, sale en Sevilla, lugar de la boda; y lo mismo acontece con el enlace de la Infanta Cristina en Barcelona, y dos ediciones especiales que aparecen en la Ciudad Condal. Testigo de aconteceres, AAG asiste a la larga marcha de Luis María —según él le sobran tres años en la dirección—, y al desembarco de Giménez-Alemán, director *in pectore* hasta el final de la etapa ansoniana. Giménez-Alemán se limita a ver, oír y callar, asiste a los Consejos de Redacción de la una del mediodía y no dice ni pío. El periodista almeriense se limita a trabajar en el nuevo proyecto de *ABC*, el que irrumpe ante los ojos de los lectores con cuatro columnas y un diseño acorde con la llegada del siglo XXI. AAG escribe el editorial —conjuntamente con Fernando Rodríguez Lafuente— que publica el diario sobre el asesinato del político popular donostiarra Gregorio Ordóñez, excepcionalmente aparece en "tercera".

Un día, en un dorado otoño de 1999, decía adiós a muchos años de actualidad y recogía del perchero la chaqueta de la ilusión, la que dejó colgada en julio de 1971.[8]

[8] Un poco posterior, pero de esa época: José María Vera; llegaría a *ABC* con José Antonio Vera, director de *La Razón*. Debido a los mismos apellidos, hubo cierta confusión al adjudicar los puestos en prácticas. José María Vera, de una larga experiencia internacional y, por tanto, viajera, de visitas a países y encuentros importantes, dejaría *ABC* para capitanear el mundo internacional de la revista *Época*, donde deja la buena estela de su firma. Al ser nombrado Juan Ignacio Barrero presidente del Senado, se iría con él como hombre de confianza. Después retornaría a *Época*.

Capítulo VI

GUERRA, TRIBU PERIODÍSTICA Y AMISTAD CON DUARTE

AVENTURAS DE JUAN-FERNANDO DORREGO

"Las grandes pasiones son enfermedades incurables. Lo que podría curarlas las haría verdaderamente peligrosas."

Johann Wolfgang von Goethe

No puede imaginarse este muchacho, que obedece por Juan-Fernando Dorrego Tiktin, que el día en que acude, en compañía de su padre, hombre de confianza del banquero Fierro, al entierro de Juan Ignacio Luca de Tena; no puede imaginarse —digo— que, un día, entrará por esa puerta abierta y clásica de Serrano 61, por la que, en ese momento, salen operarios de *ABC* que portan coronas de flores mientras el padre Martín Descalzo reza un responso; y hay lágrimas, emoción por la marcha última de este abencerraje del periodismo y del teatro, padre mayor de la saga.

No lo olvidará JFD, sellado en la memoria, grabado el ruido, que aún escucha, cuando entra en lo que es hoy Centro Comercial *ABC*, y lo siente como tantas noches, cuando la Casa tiembla en el momento en que las rotativas vomitan el mundo al ponerse en marcha. Como no olvida el ruido en el momento de fundirse el plomo en la gran nave de Cajas, artesanía periodística de plomo y cuerdas, trabajos que trae el marqués como si de un coleccionista se tratara y que JFD usa para cortar las líneas que sobran.

De todo esto es testigo Juan-Fernando, cuando entra y sube por las escaleras de mármol de este templo gótico del periodismo, recién nombrado director Cebrián Boné, y fichado, tras un acuerdo con Juan Pablo Villanueva. Dorrego conoce muy bien el mundo de la noche, la masa de noticias y el hornear el pan de la actualidad hasta la llegada del alba, como un auriga nocturno, en ese ambiente que tanto disfruta, con gente sencilla, ordenanzas como Demetrio, alto como un chopo, Barrera, hombre de izquierdas, el de la letanía: *"¡Ya vendrán los nuestros!"* ¡Gente de talleres! A Juan-Fernando le gusta andar en ese mundillo como a Santa Teresa entre los pucheros; y tratar y conversar con los Carra, Ovidio, Moncho, Víctor y, especialmente, el último bohemio abecedario: Camilo Murillo y su mundo mágico de las quinielas, sus obras de café teatro, el hombre que toma el puente aéreo de Barcelona, degusta una paella y se pasea por el Barrio Chino y vuelve a su horario en esa mesa oscura y ensoñadora, según se entra en la Redacción.

Testigo de ello es; y de la tensión de Cebrián, y de sus palabrotas; y de que se cierre lo más pronto posible para no perder el correo; y de la puerta de carros, luego de furgonetas de repartos y del fin de semana en el que el diario pasa del plomo al ordenador, metamorfosis que se aleja de la galaxia Gutenberg. El día en que *ABC* vive su tercera Redacción, lejos de la azoriniana, bajo un techo de frescos y oros, y los redactores escriben a mano, por más que Azorín piense en la máquina de escribir y anime a sus compañeros: *"Aprended a escribir a máquina; llegará ese día."* Al fin no sólo llegaba, se entraba en otra era, en un mundo casi de ficción, sin papel. A él, como testigo privilegiado, asiste este hombre silencioso y sabio, curioso como buen periodista. Ahora en una operación relámpago, dejamos nuestros sueños entre las viejas paredes de historia y fantasía, prendidos en las telarañas del tiempo, y nos vamos más arriba, a estar más juntos, menos desunidos; a ser más Redacción.

Cuando recuerda esto, Juan-Fernando entra en una veladura melancólica. Dorrego esconde bajo su corpachón, su voz baja, su bigote, un humanista, un amante de la creación, enamorado del periodismo y la literatura; y lo vive con la magia y el misterio, este hombre de familia judía —su abuelo Juan introduce en España las apisonadoras de obras públicas y trabaja en la casa Krupp—, familia rota en los campos de exterminio nazi.

Dorrego elogia a Cebrián y esa travesía de director como de un llanero solitario, de lo que significa su etapa, difícil, de tensión, de nueva era cuando España cambia de aires; y elogia *ABC*, casa de grandes periodistas, de la riqueza y aprendizaje bien sea a titular, a escribir un pie; de todo esto se le ve orgulloso.

Recuerda su fugaz paso por la sección de Nacional, la entrevista a Sánchez Albornoz en Barajas, aquel hombre que se consumía como una pavesa; que sabía que no volvería más a España; que parecía, en fin, un alma en pena; y después sus aventuras por tantos países, cubre la información en los primeros viajes de los Reyes a América, África y Oriente Medio, el coraje para vender una España nueva. Es una etapa en la que el viejo acorazado está mal económicamente, pero Guillermo Luca de Tena quiere darle a esos viajes el rango y la importancia que tienen. Viajes duros que recuerda JFD como el de Guinea Ecuatorial, gente del séquito y periodistas enfermos debido a una comida; la estancia de un mes largo en Jartum de este redactor jefe más joven de la sección de Extranjero, cómo estudia y observa la política internacional, sus aventuras para llegar a Bagdad, con un grupo de la tribu periodística, la guerra Irán-Irak, el recuerdo de la noche, el esplendor de los bombardeos y él solo en el hotel, en la centralita de teléfono comunica con el diario, la gente en los refugios.

Todas estas y otras vivencias están selladas en la memoria, la amistad con José Napoleón Duarte, la experiencia centroamericana que Juan-Fernando cuenta con tanta meticulosidad como sabiduría, la asistencia a la fiesta del Trono de Hassan II y su primera visita al Sahara, en compañía de Ángel Carchenilla y su cámara, la exclusiva y las prisas para llegar a Madrid a lo largo de la noche por una vieja carretera en un automóvil alquilado con un conductor somnoliento. La aventura, en fin, de aquel viaje a la leprosería de Mikomeseng, leprosos en los árboles, instantáneas captadas por Carchenilla, que le valdría el Premio Nacional de Periodismo Gráfico de aquel año.

Vida y experiencia rica la de JFD Admira el coraje de Violeta Chamorro. Comprende el gran cambio en la vida de Beguin y siente la tristeza de Sadat, hombre del Egipto profundo. Dos vidas, dos sentimientos separados por el canal de Suez. Redactor jefe al frente de una poderosa área de Internacional vive en el templo abecedario una oración libre; y la satisfacción experimentada cuando el diario de Serrano incorpora a las páginas la infografía, gracias a Fernando Rubio, un argentino procedente del mundo del Comic. *ABC* enseña al lector el mundo con nuevos elementos.

Dorrego habla todos los días con los corresponsales, conoce la tradición en este campo de *ABC*; y le echa flores a Joaquín Navarro Valls, ese psiquiatra que informa de Italia desde otra óptica, sus crónicas del conflicto polaco en los astilleros y Walesa. *ABC* es el que mejor da esa información; esas crónicas llegan al Papa Juan Pablo II y, de esta suerte, Navarro Valls llegaría a ser jefe de Prensa del Vaticano.

Esas mismas flores las vierte en las crónicas americanas de José María Carrascal, de su exactitud, tono medido, como si escribiera con un cronómetro; recuerda a Pablo Magaz, bohemio y soñador, y Alfonso Barra, corresponsales de una Europa aburrida.

Todo esto y mucho más lleva y queda en su mochila Juan Fernando, una estancia, la abecedaria, que marca su vida, porque la Casa, ¿qué tiene la Casa que marca de una manera u otra, pero marca? Acaso los primeros sueños envueltos en la sábana ilusionada de los jóvenes, acaso. Juan-Fernando y Angelika, pareja de abecedarios, unidos como una piña. Angelika pasa muchos años en *ABC* con su mundo de páginas para nuevos lectores, como quien siembra sueños en los niños. Son veinte años primero con *Abecelandia* y luego con *Gente Menuda*, en unas páginas infantiles y juveniles, ilustradas por Adriana Exeni, que tendrán un enorme prestigio. Juan-Fernando y Angelika, en sus ratos, quizás hablen de esos tiempos, porque él sigue escuchando el mundo, cómo tiembla la Casa, cuando pasa por ese naufragio, ahora comercial del Centro de *ABC* y sigue escuchando el ruido de las rotativas.[9]

Areilza, figura del mes

"Los de *ABC*", como dice don José María, lo eligen la figura del mes —ahora es ministro de Asuntos Exteriores— y le dan un almuerzo en Jockey con palabras de

[9] Juan Fernando ha "vivido" la escritura y elaboración de esta obra. Siempre su aliento y ayuda han permanecido en el ánimo del autor. Con idéntico entusiasmo, su mujer, Angelika.

Torcuato y de Guillermo. Este lee unas cuartillas en las que glosa frases de artículos suyos de antaño, no desmentidas por los acontecimientos posteriores. Areilza improvisa una respuesta en la que habla de la Monarquía y su función en los momentos actuales; y el homenajeado sale al paso del futuro gironazo, cuyo texto —redactado según dicen por Gonzalo Fernández de la Mora— se lo han dado a conocer. *"Mis palabras logran visible impresión."*

"En las páginas fugaces y perennes de los periódicos —dice— *expuse muchas veces estas ideas que hoy son realidad. Si algo añoro en estos momentos es no poder escribir con el placer del hábito en la 'tercera' de* ABC."

Tierno: "*ABC* me ha tratado con corrección"

Tierno Galván hace unas declaraciones a *ABC* y algunos comentarios que él califica de demasiado dogmáticos. *"Aunque he procurado siempre decir lo que debo* —señala Tierno—, *la política me ha enseñado que si dijésemos todas las verdades, no existiría la convivencia. Tanto más lícito es esto cuando las verdades que se exponen perturban la tranquilidad de los demás. En el orden político la verdad absoluta sólo existe en la intención." "*ABC*, me ha tratado siempre con corrección y con neutralidad."*

Fundación clandestina de *El País* en *ABC*

Dos hombres de *ABC*, Carlos Mendo y Darío Valcárcel, acarician la idea de sacar un diario liberal, comprometido con los derechos humanos y con la idea de transformar la sociedad española. El proyecto tiene una filosofía intelectual. Ambos venden la idea a Guillermo Luca de Tena y tratan de incorporarlo a la aventura editorial.

A los Luca de Tena les encanta el proyecto, pero días después, tras hablar con su padre, dan marcha atrás porque no lo ven factible. Darío, que ocupa un alto cargo en *ABC*, le dice que, al no decidirse, tendrá que marcharse del periódico. *"No sabes* —dice Guillermo a Darío— *cuánto me gustaría acompañarte."* Muy clandestinamente y entorno a Darío Valcárcel y a Carlos Mendo se une un reducidísimo grupo compuesto por Antonio Alférez Castajón, Miguel Torres, Pedro Crespo, José Luis Pérez Cebrián y Julio Alonso Cardenete. Este no olvida la llegada del motorista del Ministerio de Información al edificio Azul —situado frente al hotel Eurobuilding— con la orden del cierre del diario. Julio Alonso llega a *ABC* y se incorpora a la sección de Internacional, y en ella trabaja entre 1973 y 1976.

En el despacho que el abogado Ramón Jorrán de Urries posee en el número 11 de la calle Españoleto se reúne el "grupo clandestino" de *ABC*, que piensa en un proyecto periodístico y saldría tras la muerte de Franco. Julio Alonso, experto en temas internacionales, tiene un "hobby": el de la confección. Él prepara un informe de cómo sería el diseño del nuevo periódico. En *El País*, Julio Alonso llegaría a ser subdirector. Entre los redactores que dejan la casa de Serrano 61 figuran, entre otros, Ismael Fuente Lafuente, que moriría trágicamente y Ángel Santa Cruz.

La salida de *El País* —4 de mayo de 1976— causaría preocupación en la Casa de *ABC*; el nuevo periódico aparece ante el estreno de un panorama político en nuestro país y le hurtaría lectores.

El diseño de *El País* tiene, junto a su autor Reinhard Gäde, a Julio Alonso Cardenete como confeccionador. Ironías del destino: para dirigir *El País* se ha pensado en Miguel Delibes, Santiago Nadal y Vicente Gállego. Carlos Mendo salía muy bien colocado para capitanear esta nave periodística, pero su cercana estancia a Manuel Fraga lo aleja de tomar el timón. Descartado pues Carlos Mendo, la dirección recae en Juan Luis Cebrián. Poco juego espera a los partidarios de Mendo y Valcárcel. A Julio Alonso le gustaría trabajar en Internacional y Cebrián le sugiere confección. El informe elaborado por Julio Alonso lo lee Cebrián y lo hace suyo. Ambos coinciden con la misma visión del periódico que a él le gustaría hacer.

Años después, Guillermo Luca de Tena quiere un nuevo diseño del viejo diario monárquico y piensa en Reinhard Gäde para llevarlo a cabo; a él se opone Luis María Anson.

Capítulo VII

HUELGAS E INDECISIÓN EL 23F

ROBERTO VELÁZQUEZ Y SU ACCIÓN SINDICAL
TESTIGO DE UNA ÉPOCA SINGULAR

"El pueblo que valora sus privilegios por encima de sus principios, pronto pierde unos y otros."
Dwight Eisenhower

En la vieja Vetusta de posguerra, aquel niño, Roberto Velázquez crece entre papel de periódico y olor a tinta, un olor que aún lleva como perfume en la memoria. Para el niño Roberto Velázquez, *La Voz de Asturias* era como su segunda casa, como un lugar de juegos, donde entra con su bici y la guarda junto a las bobinas de papel. ¿Que por qué? Porque su padre es Roberto Velázquez Riera, "Robín" para casi todos, dirige este periódico asturiano. "Robín", periodista y escritor, autor de novelas, con una vida truncada a los cuarenta y ocho años. Ideológicamente, "Robín" está en la socialdemocracia. La madre de Roberto es, además, un personaje literario, una mujer que escribe relatos y cuentos, y se asoma al ventanal del periódico asturiano. Como si se tratara de un cuento más en la vieja Vetusta, desde las ventanas de su casa del marqués de Pidal 5, observa el despacho de "Robín" en la calle de Gil de Jaz, 5.

No podía hallar, por tanto, Roberto Velázquez un clima tan propicio para que brotara en él su amor por el periodismo. Desde la ventana, el niño y adolescente Roberto veía al padre en el fragor de la batalla diaria; y lee a su paisano Pérez de Ayala en las "terceras" de *ABC*; y Roberto sube por la solemne escalera de Serrano 61 en el verano de 1972. Prosigue así su sueño periodístico.

Roberto Velázquez, lejos de su regazo verde del Campo de San Francisco y *La Voz de Asturias*, conoce a Andrés Travesí y a Cándido del colegio de San Isidoro, para huérfanos de periodistas. Su llegada a *ABC* coincide con la de B. B. Blanca Berasátegui, modelo y belleza en la pasarela de Serrano 61. Está muy bien ver un rostro guapo, cuerpo juncal en el trajín raro del trabajo periodístico. Roberto llega a conocer los últimos capítulos de una época y presencia los postreros estertores de los clásicos, los Carpintier, los Baró Quesada, los Herminio Pérez, último aliento del fin de unos tiempos. Con la llegada de Roberto, nace como tal la sección política.

ABC se renueva poco a poco, está en ese punto de inflexión, en el que algo mucho muere y algo mucho nace. Sección política de los Ángel Antonio González, los Meseguer, los Pedro Jota, los Obdulio Martín Bemal, los Luis Peiro, los Ignacio Ramos.

Herminio hacía las últimas Cortes franquistas con mucho respeto político hacia él; Herminio, castellano que se movía sin molestar y con prestigio. Baró tenía su parcela en El Pardo, el Pazo de Meirás y la Zarzuela. A Baró, monárquico en la posguerra e integrista más tarde, siempre le preguntábamos por Franco, por su salud, él que lo veía, estaba relativamente cerca, como si fuese de la familia, y nos hablaba de su pesca y del golf y de su salud de hierro. Se lo preguntábamos en esa penumbra de la puerta grande, en un rincón oscuro y triste, bajo la lápida del Fundador, solemne y virtuosa.

Hombre bueno

Época en que la vida de Franco toca a la parusía, el diario refleja el ambiente de una época que se apagaba como una pavesa, lo mismo que el general y la irrupción de energía de Don Juan Carlos, si no había sobresaltos. Con esta savia nueva, de mozos ilusionados, el ambiente en Serrano 61 es muy bueno y se diría que hasta casi familiar.

Roberto viene de Asturias y trae, además, una inquietud de hombre de izquierdas, sensato y bueno, nada de resentimiento, como quien ha escuchado el eco de una revolución, de quien sabe que el sueño de los obreros asturianos, durante la Revolución del 34, es tomar café en el Peñalva ovetense, cita de la burguesía.

"Robín", socialdemócrata. Roberto, más escorado y un acento entre la bonhomía de magnolio grande del parque de San Francisco y el amor a un ideal. Con Roberto se vive en *ABC* una época de cambios internos, del nacimiento sindical de una nueva etapa, la muerte del viejo Sindicato Vertical. Roberto toma, en la Redacción, esa bandera laboral y reivindicativa; y representa a la Redacción.

Roberto, alma de esa época, alma creativa y laboral ¡Qué hubiese dicho de él el Fundador! Hay también una simbiosis entre talleres y la Redacción. La primera huelga y las otras acercan a las personas, se las conoce e, ideologías aparte, a pesar de las tensiones, el ambiente, no obstante, es bueno. En talleres es mayoritario el Sindicato Unitario, que abandera Luis Royo, hombre de la ORT (Organización Revolucionaria del Trabajo). Con menos fuerza, Comisiones Obreras y UGT.

Huelga de febrero de 1976, cuando se encarcela a los periodistas Rodrigo Vázquez Prada y Fernando Castelló, por negarse a revelar sus fuentes. Con ese motivo, surge la huelga en la Prensa. En *ABC* la secundan siete redactores, entre ellos, Roberto, Meseguer, Ángel Santa Cruz, Jorge del Corral...

La huelga origina tensiones. Un editorialista dice que está dispuesto a trabajar y tiene un enfrentamiento con un compañero. Los siete salen del periódico y se van a una tasca, El Jaleo. Cuando están allí, se presentan Luis Royo, Luis

Cabo y gente de talleres. Han recogido firmas y se solidarizan con ellos. En aquel clima, uno de ellos dice: *"¡Compañeros, ¿cuándo paramos las máquinas?"* No procedía...

El 21 de febrero de 1976, Roberto Velázquez recibía una carta del Consejero Delegado, Nemesio Fernández-Cuesta. Entre otras cosas, la carta rezaba: *"El pasado sábado, día 14 de los corrientes, se negó a realizar trabajo alguno a pesar de que su jefe inmediato le invitara a cumplir con su obligación. (...) La Dirección de la Empresa ha tomado el acuerdo de suspender la aplicación de la sanción aludida dando orden de conservar este escrito en su expediente."*

Nunca aparecería nada en su expediente. Es más, con motivo de esa adhesión a la huelga por los dos compañeros encarcelados, la Editorial Católica expulsaría a un redactor, que la secundó y *Cambio 16* a dos, entre ellos, Ignacio Fontes. Con su postura, *ABC* tenía un comportamiento ejemplar.

El 26 de enero de 1979, la Redacción enviaba una nota a la agencia *Logos* y mostraba su preocupación por la ruptura en las negociaciones del convenio colectivo de Prensa Española; y *"las partes deliberantes para que, con la mayor urgencia posible, recurran a la mediación del Ministerio de Trabajo"*. La Redacción es consciente de que *"una huelga interrumpe el contacto con los lectores y se opone a la propia naturaleza de la actividad informativa. La Redacción insta a la dirección de la empresa a que informe, concreta y detalladamente, sobre sus planes para contener el constante deterioro de la situación económica"*.

La nota alude al *"estado de crispación actual* (y) *valora negativamente el estado de crispación actual, que ha provocado lamentables enfrentamientos entre algunos miembros de la empresa..."*.

Nemesio Fernández-Cuesta saca a los sindicalistas de la DGS

No quedaría constancia de ello en su expediente. "ABC *es una casa peculiar."* Recuerda a Nemesio Fernández-Cuesta como hombre extraordinario y abierto, negociador; la dureza en las negociaciones de los convenios, pero, a pesar de todo, con un espíritu tolerante. A los sindicalistas de la Casa —recordará Roberto—, iba a sacarlos de los sótanos de la Dirección General de Seguridad —en la vieja Casa de Correos— el propio Nemesio Fernández-Cuesta. Recuerda también dos huelgas más; y *"la Asamblea de Redactores del día 21 de junio de 1977 para elegir representantes y proceder a la designación, por votación secreta, de los representantes que han de tener a su cargo las relaciones con la empresa en todas las ocasiones en que sea necesario y con motivo de los problemas que surjan, de cualquier tipo, que afecten a la Redacción"*.

Por el subdirector, Miguel Torres, se explica y sugiere la posibilidad de constituir, si así se acepta, un órgano colegiado compuesto por cinco redactores, representantes de las diferentes secciones, de los cuales uno podría ser el representante titular ante la empresa, otro el suplente y los tres restantes asesores.

Se indica que están interesados en constituir esta Comisión —dice el acta de la Asamblea—, *"el redactor-jefe Francisco Giménez-Alemán y los redactores José Luis Martín Descalzo, Roberto Velázquez, Fernando Lallana y Marino Díaz"*. Una vez realizada la votación, se comprueba que existen 48 votos afirmativos y cinco negativos. Roberto obtiene, 22 votos; Martín Descalzo, 17; Giménez-Alemán, 8; Marino Díaz, 7 y Fernando Lallana, 3. Roberto Velázquez es el titular y Martín Descalzo el suplente.

Al final de la misma, *"La Redacción de* ABC*, reunida en Asamblea general, quiere expresar su más calurosa felicitación al Presidente del Consejo de Administración de Prensa Española, don Guillermo Luca de Tena y Brunet, por la distinción de que acaba de ser objeto, al ser designado senador por S.M. el Rey".*

Al mismo tiempo la Asamblea desea agradecer las declaraciones de don Guillerm Luca de Tena, quien, al tener noticia de su nombramiento de Senador del Reino, manifestó públicamente que con ello *"se reconocía la más limpia tradición de la Casa de* ABC *al servicio de España y de la Corona, ideas ambas que nos confirman en nuestro convencimiento de que el periódico ha de seguir ofreciéndose a los intereses superiores de la Patria, sin hacer bandera de ninguna idea partidista".*

En este clima de confrontaciones, llegan las Elecciones Sindicales. Roberto Velázquez representa a la Redacción por UGT. Huelga del 20 de enero de 1978 y tormentosa Asamblea en la Redacción. Roberto y su verbo bajo la estatua del Fundador, lo veo, lo estoy viendo, en un hecho inusitado, algo nuevo de una España nueva, una España que estrenamos, en este recinto, donde se ha escrito y se escribe la Historia de España. Discusiones y agarradas con Diego Jalón. A pesar del ambiente enrarecido, siempre flota sobre el mismo un aliento de humanidad y concordia. Estamos aprendiendo a convivir con los problemas laborales, circunstancia desconocida en nuestra existencia.

Roberto siente toda esta etapa, forma parte de su ideología, de su romanticismo, de su lucha por mejorar laboralmente la condición humana; y guarda el mejor recuerdo tanto de Nemesio Fenández-Cuesta como de Guillermo Luca de Tena. El sentido de la amistad por encima de estas tensiones, relajadas después con una copa, especialmente con Diego Jalón, el más combativo.

Tertulias

Y las tertulias, noches de humo y entusiasmo, de palabras y pensamientos en voz alta, la apertura que significaban, el aire que desprendían, el conocimiento de los personajes, los políticos más cercanos y humanos, lejos del sentido hierático del franquismo. Algunos políticos de izquierda tenían cierto recelo a acudir a las tertulias de *ABC*, pero Roberto Velázquez y su gente los convencen, y vienen, y se llevan una buena impresión de la Casa, en aquella especie de fotomatón de la entrevista "a pie de máquina", periodismo dinámico y vivo, caliente, con la primera edición bajo el brazo, el pan político informativo y calentito. Tertulias de braseros galdosianos en la noche de debate, en la apertura de la discusión y la discrepancia, en la riqueza de la palabra y del pensamiento. Esto es, sin duda, un sobresaliente para Cebrián, Rafael Muñoz Llorente y Alicia Conde.

Años inolvidables de un *ABC*, paréntesis de la reciente historia española. Cerrada la primera edición, los redactores de Nacional se van a cenar a Black Wees, *pub* cercano al diario, que cerraba el dueño para que cenasen estos redactores. Cuando acababan, regresaban a la Redacción para recibir a los candidatos invitados; y se los entrevistaba *"a pie de máquina"*, como decía Cebrián. Ángel Antonio e Ignacio Ramos coordinan las entrevistas.

La biblioteca, foro improvisado de un coloquio abierto y rico, moderado por Miguel Ángel Nieto, hombre de radio, en esta época en la galera de Serrano. Para este cometido fue elegido media hora antes de la primera tertulia. A esta fueron invitados los componentes de todos los partidos, si exceptuamos a gente del PC, vetado por la dirección. Sin embargo, la dirección sí dio el "placet" a gente del partido de Tierno Galván. Uno de sus hombres, Donato Fuejo, pregunta a Ángel Antonio hasta dónde se puede llegar en la expresión y este le responde que la tertulia es abierta y libre. Donato Fuejo llega a reivindicar la República como forma de Estado, ante el consiguiente susto del director. De esta suerte se abre aún más el abanico político. El único veto se concreta en la persona de Santiago Carrillo. Felipe González no asiste, molesto por unas líneas que han sufrido cierta alteración en una entrevista.

Normalmente acuden a la tertulia unas ciento cincuenta personas. La noche en que asiste Fraga Iribarne se desbordan las previsiones y se duplica el aforo. Al final del debate, hubo un pequeño susto por un falso aviso de bomba y, en orden, el público desaloja la biblioteca y no cunde el pánico. Esa noche, Fernando Morán sufría una lipotimia.

Hubo otros hechos curiosos: el histórico don José Prat, llega temprano a la tertulia, cuando no se ha cerrado aún la primera edición y se sienta, discretamente, en una silla; o la noche en que discuten acalorada y públicamente Enrique Múgica con su mujer.

Las tertulias llevan al ánimo del lector la inquietud política de España; y mejoran la imagen de la vieja nave periodística; y suben las ventas. La tirada está en los 260.000 ejemplares diarios.

Roberto revive este pasado lejano, también el sendero por las páginas de Local, la mejor información, sin duda, de la prensa, tradición de *ABC* con ese viejo estilo de tratar el municipalismo, y las secciones de Consumo, Tribunales —firmadas por

"Romano", José María Jiménez Aguirre. Sección de Consumo, que lleva Fernando Delgado; Sucesos, Ricardo Domínguez y Alfredo Semprún. Diez años de vida, muchas horas, vivencias, noticias e informaciones pasan por sus manos, las revisa. Roberto, pacífico y bueno, atento a la confidencialidad y al problema.

Editorial del 23F

Como un rescate proustiano, la tarde y la noche inolvidable del 23F, el sonido de los tiros, las noticias confusas, el nerviosismo, el humo del tabaco, los teléfonos bloqueados; la sensación de aislamiento, de ser prisioneros de la duda. Qué ocurre y, sobre todo, qué va a pasar. La llegada de un oficial, de no alta graduación, los corros de redactores, los comentarios, la postura del periódico, los momentos eternos de indecisión. El grupo desea una apuesta del periódico por la Constitución, frente a la minoría proclive al triunfo del golpe, los que tienen miedo.

Al fin triunfan los primeros, los que están por la apuesta constitucional. Entonces, Roberto Velázquez pergeña unas líneas básicas para el editorial, después se retoca y se pule. Años no exentos de tensión en la dura y larga travesía democrática. El secuestro de Oriol y Villaescusa, la llamada anónima de un lector. *"Están en un piso de la calle Barquillo."* Roberto y Obdulio Martín Bernal llegan hasta el mismo; y resulta que está vacío. Al instante, llegaba la policía. En la Redacción, *"nuestros teléfonos están intervenidos"*.

"*ABC* traidor"

Duros tiempos, difíciles momentos para los informadores, especialmente cuando asisten a una rueda de prensa en la sede de Fuerza Nueva, se les llama "traidores" y "*ABC*, traidor". El 19 de febrero de 1981 habría otra huelga, en la sección de local (Madrid), la harían Roberto Velázquez y Julia Pérez Calvo. Roberto escribe una carta a Luis Prados de la Plaza, redactor jefe de *ABC* y le dice: *"Aunque nuestra actitud tiene carácter meramente testimonial, ya que en los momentos de producirse las alteraciones habíamos finalizado nuestro trabajo y la sección local, había 'cerrado', quiero que tengas conocimiento de estos hechos en tu calidad de redactor jefe, responsable de este área."*

Roberto Velázquez crearía la Sociedad de Redactores, después de la de *El País*. La sociedad se disolvería tras su marcha. El niño que corría por los talleres, y veía desde su casa a su padre en el despacho de un viejo periódico, goza con las mieles del arte y lleva sellado en su memoria el cuadro de su etapa en *ABC*.[10]

---

[10] Conversación con Roberto en su despacho de Telefónica.

Inocentadas

Fiel a su tradición de las inocentadas, la portada de *ABC* del día 29 de diciembre de 1976 es sorprendente y refleja un avión de despegue verticalísimo, del que se entregarían hoy nada menos que tres mil aparatos a las Fuerzas Armadas USA. Algunos lectores, los menos precavidos, se quedarían asombrados.

El 28 de diciembre de 1979, otra inocentada en un recuadro, dice: *"La OPEP reduce el precio del petróleo a España, y el precio del barril descenderá de 24 a 1,62 dólares barril. Consultadas por* ABC *Económico fuentes de la Administración, se ha detectado la satisfacción que ha producido la citada decisión de la OPEP, y los responsables económicos han cursado sendos telegramas de agradecimiento al señor Al Oteiba y jeque Yamani, principales promotores de esta decisión."*

Testimonio 3

ÁNGEL PUERTA: CORRESPONSAL DIPLOMÁTICO

ABC de esa época es más que un periódico: hogar grande, el sentido familiar, como un falansterio de papel. Parte de la familia Puerta emigra a Madrid y trabaja en *ABC*. Adrián y Francisco entran en Serrano 61 durante la República. El primero trabaja en cilindros; Paco, en fotografía. Con los años, Ángel Puerta, sobrino de Adrián e hijo de Paco entra como aprendiz en la Casa, manera de aprender el oficio, la Casa ayuda a los hijos de los trabajadores con becas para estudios, tienen prioridad frente a los que vienen de fuera. Paco sueña con que su hijo Ángel, muchacho que ama el teatro y la fotografía, forme parte, un día, de la Redacción, el chico cumple los sueños del padre, Ángel Puerta entra como aprendiz de fotografía, estudia periodismo y llega a la Redacción desde otros pisos, Hace las prácticas e ingresa en plantilla. Ángel Puerta asistirá a la muerte de la confección de lápices de colores, sustituida por la maqueta modulada, más exacta, sin la tarea de quitar líneas de plomo.

Con Antonio Garrido, aprende y conoce el oficio, pasa por varias secciones y estrena Sociedad con Matilde Hermida. En el otoño de 1999 participa en la apertura de las Delegaciones de Alicante y Toledo. *ABC* se hace más grande, acude a una cita más directa y local con sus lectores, lejos de las secciones de "Bilbao al día", "Valladolid al día".

"Sábado Santo Rojo"

Ángel Puerta recuerda el "Sábado Santo Rojo", cómo se vive en la sección de fotografía, observa rostros sonrientes. En la sección de retoque está Luis Royo, líder sindical nato, nacido para luchar por el movimiento obrero. Royo pertenece al Sindicato Unitario. Independiente de su ideología, buen tipo. En *ABC*, la sección más conflictiva ha sido la de Manipulado; es decir la grapa, santo y seña del diario. Ángel Puerta, corresponsal diplomático, hace tándem con un muy preparado Alberto Míguez. Puerta publica la información en la que Fidel Castro abonaría la deuda española con caramelos, material sanitario y chatarra. La fuente: Loyola de Palacio. Maneja documentos sobre el convenio de las Bases con Estados Unidos. Sigue las visitas de muchos mandatarios españoles a nuestro país, hace un viaje a Cuba con Fraga. Buena relación con los exiliados cubanos, conoce a personajes tan singulares como Luis Zúñiga, "El Papillón cubano", fugado en tres ocasiones de la cárcel. En Ginebra asiste a unas reuniones sobre derechos humanos. Un día descubre en su habitación, cuando se dispone a afeitarse, ciertas anomalías: un jabón con la marca de Paco Rabal y una crema de niño que lleva con una señal de corte en la boca. Vive las elecciones de Noriega en Panamá.

Muchos recuerdos, la noche larga del 23F, la compañía con Obdulio Martín. Son muchos treinta y seis años de vida en la Casa, ahora junto a Antonio Urda, vida plutarquiana, muchachos que comparten talleres y sueños.

Noche del 23F. Antonio Urda visita las sedes del Partido Comunista y la del PSOE con cierto temor. Podría salir, inopinadamente, un ultra y confundirle. Pasan toda la noche en la Redacción. A las siete de la mañana, las mujeres de la limpieza, que están en plantilla, sienten compasión por los redactores. En un acto caritativo, suben del bar García un puchero con chocolate y unos churros.[11]

---

[11] Conversación con ambos en la Redacción.

Capítulo VIII

RUIZ-MATEOS RECHAZA ACCIONES DE *ABC*

POLANCO COLABORA CON *PRENSA ESPAÑOLA*. MARÍA JOSÉ MÉNDEZ, PIONERA INFORMATIVA EN LAS FUERZAS ARMADAS

"Si puedes, hazte amigo de un periodista."
Hill Murray

Figura señera de Manuel Méndez, casado con Pilar, hija del histórico general de Caballería, Monasterio. Manuel Méndez Encinas llega en el año 1966 y permanece en la Casa hasta 1978. Don Manuel ha colgado en la percha de sus emociones el traje y la gorra de comandante y entra en la constelación de los empresarios periodísticos. Gerente del *Diario de León*, al frente de Sarpre ("grandes obras"), Movirecord, llega a la Casa de *ABC*. Elogios para la figura de Rogelio González Úbeda: *"En esa época, dos figuras irrepetibles: la de don Rogelio y la de Francisco de Luis en la Editorial Católica."* Muy satisfecho por lo que aprende de don Rogelio, de aquellos paréntesis en la tarde, toman el té y cambian impresiones, de *"la rigurosidad como administrador, fuera de lo común"*. Don Rogelio decía que *ABC "no había pedido un crédito en los últimos tiempos. El dinero lo tenía en cuenta corriente. El diario trabaja con el Banesto de Aguirre Gonzalo. A don Juan Ignacio se le proponía ser consejero de esta entidad bancaria y no quería. El dinero de la venta de los ejemplares en Madrid, iba íntegro a Banesto. El periódico no conocía el dinero a plazo; luego empezarían los créditos y sus consecuencias. Banestc y el Central podrían haberse quedado con el diario"*.

Don Manuel, en su despacho de la primera planta, frente al de Andrés Fagalde, administrador del periódico; Méndez, director comercial, la promoción publicitaria, la incorporación de José Medina, las figuras de Rafael de Góngora y Emilio Pérez Vázquez. Cómo prepara las Juntas Góngora y las buenas actuaciones de don Guillermo, cómo se decide no entrar en la operación de *ABC de las Américas*, se estudia si entrar o no en periódicos provinciales, se compra *Miss* y *Trofeo*. La tarea editorial desde el gabinete de la Presidencia con las grandes obras, los "inmortales", "grandes de todos los tiempos", los acuerdos con Mondadori. Libros de grandes tiradas, treinta mil ejemplares, ventas en los quioscos, el libro *Kruskesch recuerda*, coedición de Prensa Española y Santillana, la figura de Polanco, *"viene a Serrano*

61 con Pancho Pérez González; ese libro es un éxito...". Méndez Encinas y su labor al frente de "Gráficas Toledo", imprenta de cine y pionera en España.

En esa época, se propicia la venta de las acciones de Doña Pilar Luca de Tena, hija del Fundador, y se ofrece a José María Ruiz-Mateos un elevado porcentaje. Ruiz-Mateos responde a Méndez que no quiere hacer inversiones en Prensa, llevarse con el Poder, mantenerse neutral. Qué error; de haberlas adquirido, con esa fuerza representativa, a lo mejor otro muy distinto hubiera sido su destino.

Adiós a Úbeda

Rogelio González-Úbeda, ingeniero industrial; Don Rogelio, manera familiar de una época, conoce esta maquinaria del mundo, panadería de noticias, mar de papel, ríos de tinta y dunas de noticias. Don Rogelio, ayudado en su tiempo por el famoso "señor Gregorio Bragado", regente mayor, animoso brazo suyo, comparte apuros y alegrías también.

Úbeda conoce la zozobra de la noche, la angustia de la nave periodística, cualquier oleaje a destiempo. El camino entre Serrano 61 y la calle de Hermanos Quintero, donde vive, forma parte de la geografía de sus pasos, de su corazón encogido... Nadie como él, cuando desayuna con el periódico como amigo mayor de la mañana, allí, junto al café con leche, nadie como él, digo, huele el penetrante olor a tinta.

No es de extrañar que al tocarlo como un agnóstico Santo Tomás, se levante, eleve sus brazos y grite todos los días: *"¡Milagro, milagro, milagro!"* Que el hombre conozca que hay más mundos.

Don Rogelio ha dicho adiós y no volverá a oír el ruido de las rotativas.

En las Fuerzas Armadas

Cebrián Boné en Serrano 61. Octubre del año 1976, entra por la puerta grande de *ABC*, la mujer joven y guapa, cordial y simpática, musa inicial y presente en la estancia del diario. ¿Quién es esta chica que sonríe tan seria en el oficio? María José Méndez Monasterio, hija de Manuel Méndez, hombre de la Casa, nieta del general Monasterio, "Mariajo" coloquialmente, hace su Guadiana correspondiente bajo el suelo del oficio, pies de fotos en la Redacción de hueco: *"Un buen periodista* —le dice Cebrián— *ha de saber escribir bien los pies de fotos."* María José iría poco a poco, como la niña que da sus primeros pasos, aprende a andar con el taca taca del cícero y las redondas por las distintas secciones de la Casa. Está María José en el equipo de la sección política con nombres y hombres como Ángel Antonio González, Pedro J. Ramírez, Luis Peiro, Obdulio Martín Bernal, Carlos Dávila, Rúa, Garcival. María José lleva una sección nueva, fruto de la España nueva, la de las preautonomías, le toma el pulso autonómico, entrevista con Tarradellas en una *suite* del hotel Palace, a los Sánchez de León.

También el Ejército está inmerso en una metamorfosis, María José coge su fusil de la pluma, su sonrisa, su seriedad, anda entre los trajes color caqui y entre las estrellas, hace un curso para periodistas en el campamento de la información; la primera mujer periodista, se abre paso con la bayoneta calada del buen hacer y la ayuda del apellido Monasterio y lleva a *ABC* por el mundo alto cuartelero, tomas de posesión, Ceseden, entrevista con Alfonso Armada, tras el golpe: *"Con que me den un Regimiento"* —le dice—, experiencias en el campo de San Gregorio, maniobras arriesgadas, entrevista al director que deja la Academia de Zaragoza y se enrola en la mística religiosa, cursillos en la Armada, maniobras en el mar, recuerdo del teniente general Quintana Lacaci, asesinado por ETA, *"qué señor"*, exclusivas, cuando en tiempos del Jefe del Estado Mayor se pretende que desaparezca el cuerpo de Caballería e Infantería y ambos se incorporen a la Acorazada, ese anteproyecto lo tiene María José en sus manos, y otras informaciones privilegiadas. Se hace un nombre en el mundo de Defensa —premio Ejército— y presenta en el Teatro Real un festival de música militar. Toma de posesión del ministro Narcis Serra, nombrado a raíz del día de las Fuerzas Armadas en Barcelona; todo un éxito. A la hora de buscar un ministro de Defensa, Felipe González se acuerda de él; Serra no había hecho la "mili". Su llegada causa recelo en el ambiente militar.

ABC informa, mejor que ningún otro diario, del mundo de la Defensa. Cuenta, por ejemplo, la primera vez que blindan parte de la tribuna de los Reyes en Zaragoza, a raíz de un atentado. Los militares acogen muy bien *ABC*, sigue asistiendo a maniobras, como he dicho, algún saludo al Rey, después la información del diario en Zarzuela, época de Fernando Gutiérrez, bodas de oro de los Condes de Barcelona, adiós al Ejército como quien deja las estrellas por la vida social —la sustituye José Antonio Vera, hoy al frente de *La Razón*. Catalina Luca de Tena en la información de Zarzuela. Su vida toma otros derroteros, caras nuevas, palacios nuevos, gente que se incorpora a sus días, Embajadas, el velo para entrar en la de Irán. Contentos con quien representa a *ABC* en estos ambientes sociales, como la Calonge histórica, el legendario Gil de Escalante...

María José, su paso por el PDP de Óscar Alzaga, vuelve a los lares de Serrano 61 y los destinos amorosos de Ignacio Ruiz la llevan allende los mares, a pagos de Uruguay, donde ejerce la corresponsalía de *ABC*. Recuerdos del presidente Sanguinetti, visita de los Reyes, Aznar, Fraga, Ardanza —habla en vasco a unos compatriotas del Club Vasco, pero no saben vascuence—, rifirrafe con gente batasunera —Uruguay, paraíso etarra—; y María José les planta cara, está valiente, ante un deseo de diálogo con el Rey; Ortega Lara está secuestrado.

Mascota de tantos compañeros y, sin embargo, amigos, la llevamos prendida como una medalla buena y sonriente[12].

---

[12] Conversación con el autor.

Capítulo IX

ARIAS NAVARRO, SUÁREZ Y GONZÁLEZ, PRESIDENTES

EL PRIMERO, "GENEROSO"; EL SEGUNDO, "INTEGRADOR"; EL TERCERO, "PRAGMÁTICO"

"Mantener el poder político es mucho más difícil que ganar unas elecciones."

Nelson Mandela

El diario de Serrano, dirigido por Cebrián Boné, cuesta diez pesetas y comenta, ideológicamente, la dimisión de Carlos Arias Navarro *"la etapa más crítica y más difícil de nuestro tiempo"*. Torcuato le dice adiós a Arias: *"Con profundo respeto al hombre que —tras una larga, limpia y eficaz ejecutoria de servicios a la Comunidad— se aleja, tal vez definitivamente, de la vida pública. (...) Hizo bien el Rey en confirmarle como presidente del Gobierno, y ha hecho bien el Rey en aceptarle su dimisión."* Y lo define como *"generoso y patriota"*.

Torcuato lleva "La rosa y la espada", excepcionalmente, a la "tercera", acogido al lema calderoniano *"Cordura y prudencia ha sido / con el peligro menor / vencer el mayor peligro"*, y al título "La prudencia en la política y los cambios de rasante". *"A la hora de redactar una Constitución, de renovar o perfeccionar unas instituciones; de encontrar la necesaria coherencia entre unas nuevas Leyes Fundamentales tan diversas y complejas, debemos ser conscientes de que España es hoy, tal vez, el país más difícil para emprender y realizar con razonables posibilidades de éxito la noble tarea democratizadora en que está empeñada. (...)"*

Suárez

El rostro de Adolfo Suárez ocupa la portada del domingo 4 de julio de 1976, y una información llega a retratar el júbilo existente en su pueblo abulense de Cebreros, gracias a la pluma de Ismael Fuente Lafuente y la cámara fotográfica de Naranjo. El diario de estos días está henchido de información política. *ABC* dedica al presidente un editorial y un perfil político. En el primero, *"la opción real ha sido, a lo que cabe juzgar en estos primeros momentos, una decisión a favor de la joven política, de la política que muy bien puede simbolizar, con experiencia suficiente en el servicio a los más altos intereses nacionales y comunitarios, pero sin excesiva carga cronológica".*

En el otro comentario, lo define como *"un hombre integrador"* y traza una semblanza de su vida política.

ABC refleja el nuevo Gobierno, mientras aparecen los primeros sellos con la efigie del Rey. El periódico dedica un editorial a "La llegada de una nueva generación"; y otro a "Los amigos del Rey": *"Se habla estos días, sin duda que con ligereza, de los amigos del Rey. El* New York Times, *por ejemplo, dice que el Rey tiene ahora un amigo como primer ministro, (...) tendríamos que el Rey quiso que se incluyera en la terna presidenciable un determinado nombre para hacerlo presidente del Gobierno. Lo cual es, como mínimo, disparatado, pues ni el Rey tiene amigos para tales fines ni, por el lógico desmentido de la hipotética frase desafortunada, pudo hacerse nunca tan absurda petición. El Rey no tiene esa clase de amigos que, para entendernos, se llaman de camarilla. No tiene el Rey más amigos ni otros enemigos* —prosigue el editorialista— *que los que lo sean de la Patria."*

Para Carlos Luis Álvarez, Adolfo Suárez estaba, en la intimidad, lleno de dudas —y se refiere, naturalmente, a las dudas políticas— y el periodista asturiano confiesa que él participa en la cacería del político abulense *"que fue atroz"*. Cuando Adolfo Suárez recoge los restos del naufragio de el Centro Democrático y Social almuerza con él en el Ritz *"y se refirió comprensivamente, con talante generoso, a mi pasada actitud".*

Se quejaba especialmente de un artículo publicado por Cándido en *ABC* y, *"al decírmelo, sentí daño, un menoscabo de mi mismo ante él pues aquél artículo y otros habían sido históricamente injustos"*. Suárez recordaba el titulado "La Lección". *"Ningún partido del Congreso, excepto UCD, ha aprobado la gestión de Suárez. Y si eso indica que Adolfo Suárez ha fracasado es porque fue establecida, con arrogancia y sin cautela, la premisa de que sabía gobernar antes de haberlo demostrado".*

Felipe González, pragmático

Nunca un Presidente socialista ha sido portada ¡nada menos que tres días consecutivos! El 1 de diciembre de 1982 con motivo de su discurso de investidura como Presidente —*"un discurso bajo el signo de la moderación"*, según el diario. Felipe González, sonriente, viste un terno cruzado, lejos de su tradicional chaqueta de pana y no lleva corbata. Sus zapatos relucientes ponen una nota negra sobre la colorista alfombra del pasillo del Congreso. Aún el periódico no ofrece el color matutino en sus números diarios. Felipe vuelve a la portada el jueves día 2, en una imagen informal, en el despacho de su casa, con el diario *ABC* en primera línea. El diario de Serrano titula este reportaje: "Presidente a los cuarenta años." En el interior, un álbum fotográfico, una escena familiar con su mujer, Carmen Romero y sus hijos; y una portada de *ABC* de Sevilla tras el veintiocho Congreso del PSOE cuando Felipe González dimite de su cargo. El viernes 3 de diciembre un serio González promete su cargo ante la grave mirada de Don Juan Carlos en el palacio de la Zarzuela. El periódico dedica un editorial al discurso de investidura. Felipe González es el primer presidente socialista, *"el primero de un partido que, por primera vez, en cien años, llega, en solitario y por amplia mayoría, al poder. (...) la primera sorpresa que depara la intervención de don Felipe González es su pragmatismo y moderación. (...)"* Las informaciones del Partido Socialista las escribe Obdulio Martín Bernal, salmantino, paso fugaz por la *Gaceta Regional*, ingresa en *ABC* en la última oposición que hace la Casa.

Pedro Rodríguez ha dejado sus buenas entrevistas en *Arriba* y trae a las columnas de *ABC* un estilo nuevo. En su parcela periodística, "Jornada de reflexión", el "Por qué llegó Felipe": *"Seamos serios. Acabamos de asistir a un espectáculo inédito en la política española: la entrada de una gigantesca maquinaria de poder. Ha sido tan impresionante como la entrada de una legión romana."*

El rotativo de Serrano, durante estos días de estreno de Gobierno socialista, no deja de sentar su doctrina a través de editoriales.

Mucha gente del diario espera el triunfo de los socialistas. Cada redactor se limita a hacer sus deberes, unos con más entusiasmo que otros. Había gente de izquierdas en *ABC* y gente de derechas. Esta mira con recelo la llegada al poder de los herederos ideológicos de Pablo Iglesias.

Cándido recuerda cómo se acerca a Serrano 61 de madrugada, tras pasar por el Palace, y encuentra allí a Darío Valcárcel *"buscando desesperadamente resquicios contables en aquel naufragio de la derecha"*. Un año antes, le había hecho una larga entrevista a Felipe González para *ABC*, en su casa de la calle Pez Volador y hablaba con Felipe mientras Carmen cosía. Esa entrevista era muy interesante para el diario, pues, en cierta medida, la figura de Felipe González se presentaba a los lectores de *ABC* y la entrevista se urde un poco furtivamente entre Giménez-Alemán y Cándido.

Voto republicano del Partido Socialista

El diario de Serrano es fiel a su apuesta por la Monarquía, como lo hiciera el mismo Fundador. *"La alternativa republicana no tiene ahora —y esperemos que no lo tenga nunca más— sentido en nuestro país. Sin concreto refrendo directo, la Monarquía, encarnada en Su Majestad el Rey Juan Carlos, salió refrendada con la votación masiva favorable al cambio de las leyes fundamentales políticas y obtuvo, análogamente, un refrendo de hecho con la pacífica celebración de las primeras elecciones libres, que luego de muchísimos años pudieron celebrar los españoles."*

El diario de Serrano abunda en estas fechas de despertar político, de una nueva conversión de España, de *"esta última fase de la transición a la democracia"* lo que el *ABC* y el editorial "El socialismo y la Monarquía", en el que se narra el acontecer político de nuestra historia con argumentos del editorialista. *"Los dirigentes socialistas* —finaliza el editorial— *han demostrado sentido político para distinguir entre la zona más radical de sus militantes y la base infinitamente más amplia de quienes el 15 de junio les votaron."*

Testimonio 4

RODRIGO GUTIÉRREZ: TESTIGO DEL ABUCHEO A GONZÁLEZ EN LA ACORAZADA

Legión de abecedarios, cada vez menos, aún oyen el ruido de las viejas rotativas y llegan a Josefa Varcárcel —hoy calle dedicada a Juan Ignacio Luca de Tena—, en la cúspide de altos cargos. Rodrigo Gutiérrez, niño que leía *ABC*, sabía cosas del periódico, sueña entrar en Serrano 61, llega para hacer las prácticas, verano del 79, chaval de veinte años, sube, entusiasmado, la escalera de mármol, lo recibe Antonio Carreras en Secretaría y se lo presenta a Javaloyes, redactor jefe. Rodrigo, feliz, sabedor que esta Redacción es la Capilla Sixtina del periodismo. Hace de todo, trabaja con Álvaro López Alonso, cuando Álvaro lleva, con su buen pulso y creatividad, la vida de la Villa y Corte; trabaja con Antonio Garrido, se familiariza con el viejo mundo de la galaxia Gutenberg. Rodrigo vive los últimos estertores del plomo, conoce a los últimos regentes. La milicia lo aleja, entre paréntesis, de Serrano 61.

Durante su estancia en la División Acorazada Brunete, Rodrigo presencia la llegada de Felipe González —otoño de 1982— como presidente del Gobierno, acompañado del ministro de Defensa, Narciso Serra. Rodrigo se ha encargado de la megafonía del acto, primero al que acude Felipe González como Presidente. Cuando llega a la sala de oficiales, estos lo reciben con pitos y silbidos. El superior ordena que se callen, información que pasaría inadvertida; no se da.

En su andadura de Serrano 61, Rodrigo coincide con el desembarco de Anson y lo nombra redactor jefe de noche. Muchos años de vigilia para que no se pierda una noticia importante, celoso guardián y con el teléfono en contacto con el director. A las diez, Luis María mira escrupulosamente el diario; y, a veces, cambia paginas. Rodrigo pone en marcha el primer suplemento de Educación —ocho páginas—, años de la LODE, la LRU, la revuelta de los estudiantes, el cojo "Manteca".

Trabajador incansable, emprende el suplemento de Ciencia y Futuro, le ayuda Javier Badía, en el mundo educativo. Rodrigo vive, además, la tragedia del capitán

Martín Barrios, asesinado por ETA; es la exclusiva de la suerte. Está en Bilbao por otros motivos y llega a la casa de la viuda. En ese momento entra el lehendakari Carlos Garaicoetxea; Rodrigo pasa por un escolta más. Éxito periodístico; lo mismo al día siguiente, en la sala de autoridades del aeropuerto de Sondica, donde mantiene una larga charla con el ministro Serra. Al verle, el jefe de su gabinete lo confunde con Damborenea.

Edición especial del golpe de Estado en la URSS

Rodrigo en su casa, lo llama Pedro Rodríguez, corresponsal en Estados Unidos. En la Unión Soviética, ha habido un golpe de Estado; y llama a Anson a su casa. *ABC* saca una edición especial, la única de un periódico español.

Alto y fuerte, de origen extremeño, tranquilo, recuerda otras exclusivas: la muerte de Pedro de Toledo, presidente del banco Vizcaya, la noticia llega a las tres de la mañana y la da en portada con una fotografía del banquero fallecido; o la noche del incendio en la discoteca de Alcalá 20. Sale del periódico, observa un raro movimiento de coches de policía y ambulancias. Rodrigo acaba en las puertas de la discoteca sacando y ayudando a los heridos. Al ver a un fotógrafo, le dice que le compra todo el material. Sin dormir, llega a *ABC* y este publica una gran información.

Rodrigo entra en la historia de *ABC*, percibe el aroma del viejo Serrano, olor a cera, tinta y papel. Ha asistido, por ejemplo, a la muerte de la Edición Aérea, en 1995, empieza a editar en Internet la edición "www.abc.es". *ABC*, primer periódico en el soporte de Internet; trabajan dieciséis personas, ocho de ellas periodistas. Rodrigo lleva, en 1999, como subdirector, las ediciones locales y regionales de Cataluña, Comunidad Valenciana, Castilla y León, Galicia, Córdoba, Toledo y Canarias. Ahora desempeña el cargo de subdirector de Información general.

Rodrigo, niño grande y alto, leía *ABC*; se mueve por este campo de pantallas y cerros de papel, Redacción muy lejana y distinta a la de sus primeros sueños, ahora realidad[13].

Testimonio 5

RAMÓN PEDRÓS: PRIMER CORRESPONSAL EN MOSCÚ

Lírico y vate, Ramón Pedrós hace de la vida poesía, de cada hora una metáfora y sueña con la subida del monte Carmelo al parnaso literario. Está seguro de que

[13] Conversación en su despacho de *ABC*.

para vivir ha de hacerse periodista. Ramón lo sabe en ese escarceo por Madrid, procedente de su Lérida natal. Ramón tiene en Luis Rosales a un padre lírico y, algo más, al consejero pragmático. *"Si quieres vivir de la pluma* —le dice—, *hazte periodista."* Las buenas relaciones del poeta granadino con Torcuato Luca de Tena le allanan el camino de entrada a la Casa. Ramón Pedrós llena su alforja de versos y la derrama por las columnas abecedarias. La llegada de Pedrós y sus páginas abrirían *ABC* a todas las corrientes literarias. Pedrós combina su tarea entre las páginas de cultura y el suplemento, el "Mirador literario" en la cumbre de la vida intelectual española, donde suena el eco de los vientos entre sonetos y pensamientos. El timonel lo lleva Miguel Pérez Ferrero, pero, a pesar de ser un personaje difícil, el horneo lo realiza Ramón, hombre abierto y afable, cuando por *ABC* pasa la vida intelectual española, se recoge en el muelle de papel, en este puerto, se acercan los escritores de la época, la *"crème de la crème"*. Ramón, cortejado, halagado, solicitado, en suma, para que este u otro escritor vea publicada la reseña de su libro o una entrevista.

Si Pere Gimferrer trae a la mediterraneidad el aliento poético de Octavio Paz, Ramón Pedrós lo presenta en la Villa y Corte y lo expande por las columnas abecedarias, le hace una extensa entrevista y el poeta mejicano empieza a ser más conocido. Pedrós y Octavio Paz, buena relación, lo mismo ocurre con los Rosales, Vivanco, Panero... o con Pepe Hierro... o Brines, Claudio Rodríguez, Bousoño... o Gerardo Diego. A veces, la libertad de Ramón en tejer de cultura las páginas de *ABC* sufre el celo de Pérez Ferrero, y le hace una de sus pequeñas maldades: por ejemplo: quitarle el teléfono si está hablando y no puede escucharle. Cosas veredes. Tres años de estancia y vida cultural. *ABC* abierto a todos, sin el más mínimo estigma de sectarismo. Acoge la obra de los escritores y la difunde, bien sea la de los jóvenes creadores, o los "novísimos", a tantos que se hacen un nombre con el sonido del bando de redondas y cursivas. A Ramón vienen a verle los santones de la época, castellanos y catalanes como Carlos Barral y Baltasar Porcel.

Entrevista a "Pasionaria" que no se publica

Feliz metido en este mundo, entre una niebla y un sol de versos, *ABC* se dispone a abrir la corresponsalía, la primera de un periódico español en Moscú; y siente Ramón un gusanillo por el misterio del "telón de acero". Torcuato Luca de Tena y Nemesio Fernández-Cuesta piensan en él, como embajador de redondas, cerca del viejo reino de los Zares. Un año de rodaje en la sección de Internacional: se abre el mundo misterioso de la URSS, un sueño, vive un Moscú apasionante, su estancia coincide con la llegada de Juan Antonio Samaranch como embajador, la amistad con él, muchas horas de encuentro. Buenos tiempos, la suspicacia de los soviéticos, las transmisiones de sus crónicas desde la sede de la agencia *Reuter* y, a raíz de descubrir a unos espías en España, tratan de purgarlo; Samaranch frena cualquier destierro. En el baúl en que se convierte la vida de un periodista, recuerda Ramón la entrevista a Pasionaria, una entrevista larga, la mujer sueña con venir a España y la vieja deuda de hacer una revolución. *ABC* no la publica. Sin embargo, Pedrós se la daría a su amigo Osnos y la publicaría en el *Washington Post*. Para *ABC*, Pasionaria era *"un fantasma del pasado"*.

Compañeros españoles en Moscú, dos personajes, Celso Collazo, de la agencia *Efe* y Eguiagaray, de *Radio Nacional de España*, falangista convertido al más puro estilo soviético; y otros personajes singulares como el ministro de las Religiones, un tipo ateo, al que le hace una entrevista para *ABC*. Recuerda un viaje de Marcelino Oreja, ministro de Asuntos Exteriores y cómo se desprende del techo de la Embajada un poco de estuco y aparece un enjambre de micrófonos, ante la sorpresa de todos.

Ramón Pedrós, seguro de cómo era espiado, pero, en el fondo, salvo esa reciprocidad —al ser los espías expulsados de España—, no tuvo más problemas. Luego Ramón se despediría de las páginas abecedarias y pasaría a la agencia *Efe*, en la corresponsalía de Moscú; y una fructífera carrera periodística cerca del honorable Jordi Pujol como hombre de comunicación durante nueve años, y al frente de un periódico, pero siempre en su vena literaria, sus versos —*El album rojo*— de quien recuerda los viejos tiempos de Serrano 61, sus estancias, donde componía poemas, y el mundo era más tierno como el periódico con la lírica.

CELA QUIERE SER DIRECTOR DE *ABC*

En la etapa en que *ABC* está a punto de quedarse sin director y se barajan varios nombres, Guillermo visita a Camilo José Cela en una clínica de Marbella, donde se somete a una cura de adelgazamiento. En la conversación, Guillermo Luca de Tena comenta que está buscando un director para *ABC*. Entonces, el Nobel dice: *"Yo tengo un nombre."* Guillermo le pregunta de quién se trata. Rápidamente, el escritor dice: *"Yo."* Situación embarazosa para Luca de Tena, quien sale muy airosamente del trance.

Tras este deseo, está, al parecer, la mano de su mujer; vería con satisfacción ser subdirectora del mismo y, de esta suerte, tendrían coche de la Casa y escolta.

Parte séptima

EL VIEJO LEÓN VUELVE A RUGIR (1977-1996)

Capítulo I

GUILLERMO LUCA DE TENA, NUEVO DIRECTOR

"PADRE CORAJE" PARA REMONTAR UNA CRISIS

"Todos somos víctimas del periodismo."
Enzensberger

Cuando es cesado, Cebrián dice: *"Veo muy razonable que vuelva un Luca de Tena a la dirección de* ABC." Alegría en la Redacción. Llega Guillermo, el deseado, y sigue con los subdirectores Torres y Arbós. Piensa en Mendo como adjunto y en Pedro de Lorenzo como director de *Los Domingos de ABC*. Este aparece en la mancheta como vicepresidente del Consejo de Redacción y Carlos Luis Álvarez suena como subdirector. Cándido apuesta por un diario *"en profundidad*" como una razón metafísica de supervivencia. Había partidarios —Pedro de Lorenzo y Nemesio Fernández-Cuesta— de que no hubiera nada más que dos subdirectores.

Guillermo había prometido una subdirección a Carlos Mendo. Este había dejado la Casa, cuando, según él, era *"inspector de carritos"*. Carlos volvía al área administrativa para expandir Prensa Española y Rafael de Góngora, secretario de la Casa.

La estancia de Mendo en *ABC* sería muy efímera. Guillermo ha sido consejero de la agencia *Efe*, cuando Mendo dirigía la agencia oficial. Discrepancias entre Torcuato y Guillermo —y sus familias respectivas, gente que ha sido azotada por el vendaval de la guerra—, luchas humanas como en casi todas las familias, máxime si está detrás la sombra alargada y poderosa de *ABC*; el periódico no va bien y se piensa en un nuevo organigrama.

Estas discrepancias coinciden con el atentado del *Papus* y el editorial del diario. Torcuato se opone a la amnistía. Entretanto, en casa de Guillermo se reúnen los directores de los periódicos madrileños y, en talleres, el ambiente es tenso. El diario corre el riesgo de no salir. Los operarios de Cajas culpan de los males de *ABC*, de su agonía, a la columna de Ruiz Gallardón, a sus recuadros reaccionarios. Alguna pintada: *"Gallardón/al paredón."*

Incansable

Sobre Guillermo Luca de Tena cae el peso de *ABC*, nieto y heredero de la tercera generación. Guillermo es consciente de cuánto vale esa herencia. Director y presidente del Consejo de Administración, madrileño, ha nacido el año 1927. Guillermo accede al diario de Serrano con un bagaje muy experimental, gerente y director de *ABC* de Sevilla entre 1953 y 1957, viene a Madrid a dirigir *Blanco y Negro* y como Consejero Delegado de Prensa Española en 1962. Diez años después, presidente del Consejo de Administración. En el otoño del 77, director de *ABC*.

Con un tres por ciento de las acciones, Guillermo se convertía en el hombre fuerte de la Casa. Lleva la empresa y el diario. No era ni economista ni un periodista brillante, crítica que se le ha hecho, acaso injustamente. Amable y sencillo, abierto y liberal, monárquico convencido. ¿Qué le impulsa a Guillermo a hacerse con estos dos mandos tan difíciles? ¿Acaso la ambición o el devolver a este rostro nacional la imagen inicial del abuelo?

A su llegada abre las ventanas para que entre un aire nuevo en la Casa. Los reajustes resultan insuficientes y *ABC* sigue siendo, para los redactores, el segundo empleo. El periódico continúa desangrándose; entre 1977 y 1982 pasa de 156.000 ejemplares a 127.000. Guillermo está ante un desafío importante, el más dramático de los últimos cuarenta años y necesita cierta serenidad para salvar la empresa y pagar la nómina. A pesar de todo, en 1980, Prensa Española es la primera empresa periodística de España en facturación y, dos años después, en ingresos por publicidad. Sin embargo, la gran plantilla amenaza con embarrancar al diario.

Mayo de 1978. Se crea una dirección empresarial. Al frente, Manuel Galea. Llegan aportaciones financieras y empresariales pero no fructifican. Año 1979, aportación de dos importantes bancos. Mil millones de pesetas, 10 por ciento de interés y una cláusula de penalización del 8 por ciento si no se hace frente a los compromisos en el plazo adecuado, cláusula que podría asfixiar a la empresa. Noviembre de 1982, Guillermo Luca de Tena logra renegociar la deuda con las entidades bancarias Banesto y Central; y el fin de la espada de Damocles de la cláusula de penalización no cae sobre Prensa Española. Los ejercicios correspondientes a 1978 y 1979 resultan pésimos. El año 1980 se veía satisfactoriamente y, sin embargo, caía la vieja dama de la Casa: *Blanco y Negro*, dirigida por José Luis Martín Descalzo.

Ampliación de capital

Año 1980, fecha clave en la transformación del diario. Adiós al plomo y bienvenida a la fotocomposición y los fotopolímeros. La Casa reduce su plantilla, si exceptuamos la Redacción. De 2.025 trabajadores en 1979 se pasa a 1.659 en 1982.

Al fin, Guillermo Luca de Tena aborda la ampliación del capital de Prensa Española; y pasa de 280 millones de pesetas a 450 millones entre 1979 y 1982. Guillermo compra 81.000 acciones por un valor de 81 millones de pesetas. A su vez, Torcuato vende sus acciones. Guillermo reúne a los directivos y les dice que está en posesión de todas las acciones. *"Acabo de comprar las de mi hermano."* Se las compra en cinco millones de pesetas En el Consejo de Administración siguen varios miembros de la familia Luca de Tena, entre ellos el hijo de Torcuato, primogénito de la cuarta generación. Nuevos accionistas: Rafael Atienza, Joaquín de Cárcenas, Juan Manuel Fanjul, Rafael Pérez Escolar, Andrés Reguera Guajardo e Ignacio Vega de Seoane.

Junio 1974, diario de 232.400 ejemplares, edición matutina y 79.000 edición de provincias. *ABC*, boyante y poderoso, se distancia de la tirada de 130.000 en el mes de junio de 1980. El día 10 de marzo de 1979 *El Alcázar* publica un suelto, que dice: "ABC: *los Luca de Tena pueden perder el control."* El 28 de marzo de 1979 *El País* reza: *"Pérdidas en Prensa Española en el pasado ejercicio"* y publica los datos manejados en la junta de accionistas, que autoriza una ampliación de capital. Meses después, a cuatro columnas, *El País* publica una información de su propia junta general; y dice: "El País *es el diario de mayor difusión de España."* Tiempo antes, el rotativo de la mañana *Ya* se proclama como el periódico de mayor venta en Madrid y cuenta que *ABC* ocupa el tercer puesto.

Sin ayuda

Guillermo y su esfuerzo encomiable. En la ayuda, hay faltas importantes: por ejemplo la del Gobierno de UCD, generoso con tantos no ayuda a *ABC*. El vicepresidente económico, Juan Antonio García Díez, bloquea, en 1982, unas ayudas encaminadas a la reconversión industrial de *ABC*, *Ya* y *La Vanguardia*. Miguel Bayón, titular de Industria, era el autor del proyecto; y en 1982 se ultimaba un plan de regulación de empleo en la empresa; afectaba a 219 empleados. Ante la proximidad de las elecciones, el titular de Trabajo se salía por la tangente y retiraba su apoyo.

Elecciones de 1982 y victoria socialista, nuevo desafío para el viejo periódico. La victoria socialista, por otra parte, abría un horizonte positivo para *ABC*. Podría ser un buen momento para ser crítico con el Gobierno socialista. Siempre y cuando el diario tuviera las espaldas cubiertas. Es decir: que el periódico estuviera exonerado de la acción de Hacienda y la Seguridad Social. Así evitaría cualquier acoso.

De todos modos, *ABC* ya no era el mismo *"vicio nacional"* del que hablaba Marañón; y la mancha informativa, cada vez más extendida de *El País*, restaba lectores. Guillermo seguía angustiado. Los salvadores de *ABC* pasan por la crisis de seguir creyendo en la singladura del periódico. Otoño de 1982: un grupo de amigos de Guillermo piensa y baraja nombres para dirigirlo. Flota el nombre de Luis María

Anson, descartado en 1975. Anson era querido y, hasta cierto punto, temido. Guillermo piensa en Antonio Fontán, nombre que circula en la crisis de 1975, cuando llega Cebrián.

Por fin, Anson alcanzaría su sueño. *ABC* vuelve a sus orígenes liberales; Banesto, fundamental en la recuperación económica, especialmente Juan Herrera, marqués de Viesca de la Sierra —el anterior a la llegada de Mario Conde—, Escámez es otro banquero y apuesta por la vida del diario. Olarra también ayuda en la recuperación. Guillermo incansable, vive para salvar el diario. Pide ayuda al Rey, ofrece el diario a UCD —Landelino Lavilla al PSOE. Ninguno lo quiere.

El café de Mario Conde

Mario Conde invita a comer a su casa a Guillermo. A la hora del café, Mario le dice que le venda el periódico. El diario ha remontado el vuelo, vuelve a unas cifras de ventas aceptables y entra la publicidad, gracias al esfuerzo de Anson y de la gente de la Casa. Ha habido un desliz: la aventura de *Claro* y la pérdida de diez mil millones de pesetas. Para pagar esa inversión, el Banesto de Mario Conde ha concedido a *ABC* un crédito de 5.000 millones de pesetas, arma usada por Conde en el momento del café. Anson liquidaría ese crédito con una idea brillante y los beneficios obtenidos por la venta del edificio de Serrano. Don Juan, preocupado por la marcha del periódico.

En la sobremesa, Mario Conde insiste a Guillermo en que le venda el periódico, ante la resistencia del nieto del Fundador. Existe un tira y afloja. En ese instante suena el teléfono. Lo coge Mario Conde y pasa la llamada a Guillermo. Al oír la voz, se queda estupefacto: es Don Juan: *"Hazle caso a Mario Conde",* le dice. En esta circunstancia, Guillermo le responde, con todo el corazón: *"Señor: me está pidiendo lo único que yo no puedo darle."*

Guillermo aguanta estoicamente los avatares de esta época. Hombre liberal, se le llega a tildar en el ambiente familiar ¡nada menos! que de comunista. Ver para creer. Cómo gravita la edad en las personas y en la Junta de Fundadores, gente azotada por los avatares de la República y de la contienda civil... Con esos años, el pensamiento se hace muy conservador. Doña Esperanza Luca de Tena, la esposa de Herreros de Tejada —firma la crónica de las carreras de caballo con el seudónimo de "Legamarejo"— envía una carta el 28 de diciembre de 1977 contra la política del director.

Años duros, casi naufraga la nave grande del periodismo español entre la primera década de los años setenta y la de los ochenta. El diario pasa por momentos gravísimos. Cuando llega Luis María, Guillermo le dice: *"No llegamos a los 'Cavia'."* ¿Qué había sido de tanta grandeza, cuando se decía que *ABC* era el Banco de España y se permitía el lujo de dejar en talleres, anuncios sobrantes de publicidad?

Muchas causas habían ayudado a morir un poco. La falta de reflejos de la puesta al día. Muerto Franco, *ABC* debía haber apostado, fuertemente, por el sistema democrático y estar, políticamente, en una línea de independencia. La vinculación de Torcuato a Alianza Popular, la quebranta. Por otra parte, *ABC* perdía firmas. Los responsables de colaboraciones no muestran sensibilidad con estos intelectuales y se quejan del trato recibido, sus artículos tardan en salir o se les devuelve. Hay, por otra parte, personas no capacitadas para ejercer ciertos cargos, por ejemplo, al frente de *Los domingos de ABC*, una buena locomotora para tirar del diario. Influye, también, la salida y auge de *El País*.[1]

ABC doble diario de la Guerra Civil

Recuerdo de la contienda de 1936, sima profunda de las dos Españas. La Casa quiere recuperar la memoria triste de esa época, como si recuperara los versos de Luis Cernuda: *"Recuérdalo tú/recuérdalo a otros."* Independientemente de su significación comercial, *ABC* se apunta un buen tanto. Dirigido por Javier Tusell, Elfidio Alonso, director del *ABC* republicano, cuenta su experiencia a Pérez Mateos en el "hall" del hotel Palace y el joven redactor conoce las aventuras de la historia del diario y el protagonismo del que fuera director en un periodo tan turbulento. *ABC* publica nueve tomos, muy útiles, para estudiar un período tan apasionante.

Los fascículos se presentan en el marco de la biblioteca con la intervención de Julián Marías, redactor del *ABC* Republicano. La presentación tenía lugar el martes día 24 de octubre de 1978. Al día siguiente, en su sección: "Dietario personal", la pluma de Rafael García Serrano en el diario *El Alcázar* lamenta que, en la presentación de los fascículos, no se aluda para nada al editorial que firmara el escritor vasco, José María Salaverría; y lanza un aguijón a Julián Marías.

[1] Se cuenta en otro capítulo.

Capítulo II

ANSON, DIRECTOR: DESEADO Y TEMIDO

CATAPULTA EL DIARIO[2]

"La información, como el misil, tiene como misión fundamental ser lanzada."

Alain Minc

Adolescente, casi niño, Escuela Oficial de Periodismo, tiempos de la calle Zurbano, sorprende a compañeros y profesores, por su memoria, su verbo, su viveza e inteligencia, su militancia monárquica. Este muchacho, Luis María Anson, llamado para la gloria literaria, inmortalidad de los elegidos, un sillón en la Academia del "fija, brilla y da esplendor" del lenguaje, escrito como está en el libro misterioso del destino, adolescente Luis María, entre intelectuales y aristócratas, compañeros que admiran su memoria, alineaciones de equipos, cara de niño, rostro inconfundible, especie de Andrés Revesz, neuronalmente hablando, precoz y listo, prendido por la llama literaria, abrasado en la negritud, buscador de versos, *"pastor que con tus silbos amorosos",* marinero en redondas y negritas, orillado su amor por la arquitectura como quien busca a Dios a través de la geometría, para abrazar el mundo de noticias, cogerlo y atraparlo entre sus manos de papel. Luis María tiene e inventa un calendario periodístico, sin inspirarle Shakespeare: *"Al hombre se le vence por la vanidad."*

En su casa de la calle Ayala 4, lee *ABC*, lo estudia, se da cuenta del carácter del diario como institución, lo que significa la defensa de la unidad de España, descubre el catón de la noticia, la vida es una pizarra de papel, de paralelos y meridianos, cuaderno grande impreso, atrapado por el periodismo, prácticas en *Radio Nacional de España* e *Informaciones*, recuerdo de Peña Ibáñez, saga periodística, de Haro Tecglen, en la sección de Internacional. Academia de Periodismo, chicos que salen, recuerdan, como Joaquín Bardavío el paso por ella, juanista vital, Estoril su Corte, aún cuando no le guste ser cortesano. Inteligente y listo, pronto publica libros, Luis Calvo lo descubre, sabe que tiene un diamante pulido, alumbra y deslumbra, lo llama y sus pasos adolescentes se mueven por el dédalo de Serrano 61, anda con sus andares tan suyos, como a quien le cuesta caminar, a pesar de su "pedigree", su cuerpo de galgo

---

[2] El 14 de enero de 1983, *ABC* anuncia como director el nombramiento de Luis María Anson.

hinchado para la noticia, un día —lo contaba Álvaro López Alonso—, qué velocidad, qué destreza, Fangio periodístico a través del laberinto de calles y semáforos para una meta periodística. No, no te lo imaginas al volante como un reportero más.

ABC, su segunda piel, "alma, corazón y vida" como una canción. Su Beatriz Casasola de papel, llega al diario de Serrano como un sueño, encontrar hombres y firmas que lee, carrera meteórica, viaja al extranjero cuando son contadísimos los periodistas que ven el mundo, Luis María en Alemania, el muro aún no se ha levantado y se trae en su mochila un artículo con el Metro en medio.

Luis Calvo, muy contento con él, lo envía a un viaje a Filipinas —Calvo quería asistir al entierro de Gregorio Corrochano— y, con urgencia, vía Londres, llega a Manila, conoce a los históricos mandatarios, Diosdado Macapagal, a su hija, entonces una muchacha.

ABC y Luis María son una pareja de estrellas. Editoriales, enviado especial —asiste, por ejemplo, a la Jura del Príncipe Don Juan Carlos en Zaragoza—, entra en la órbita de quien tiene la bola del mundo entre sus manos, combina el amor por el periodismo y el sueño restaurador de la Monarquía, marcha a Estoril en su *seiscientos*, juega a la clandestinidad; es un líder, un muchacho, además, entre longevos aristócratas. Luis María enlaza vital y humanamente el siglo XIX con el XX.

Vedlo en el despachito de la Redacción de Huecograbado, elige fotos, reportajes, le da vida al escaparate abecedario, al atardecer deja su verbo inconfundible en unos momentos de ocio y disconformidad por el mismo precio de *Arriba* y *ABC*, *"no hay derecho con la diferencia entre uno y otro"*.

La "Monarquía de todos" y TOP

Aldabonazo ansoniano de su "Monarquía de todos", escándalo de julio del 66, "tercera" de las antológicas, el periódico recogido, los "grises" en los quioscos con el alba, el diario guardado bajo el brazo —quien lo logra— como una reliquia, los guardias civiles en los pueblos, lo tenía planeado con Torcuato. Luis María, vituperado por el aire escrito en "tercera" y esparcido por las retinas, Franco habla de él como enemigo del Régimen, proscrito como hombre de Estoril. Soledad a raíz del artículo, aristócratas escandalizados, momentos duros, Juan Ignacio viene de Palma de Mallorca y Fraga le pide la cabeza de Luis María. El Marqués lo llama a su despacho. Palabras de afecto para Juan Ignacio. Si sigue escribiendo, si permanece en España, no llegará el cupo de papel en noviembre. Entonces, Luis María decide casarse. Beatriz y él emprenden un "dorado exilio".

En los días previos a su boda, a raíz del artículo, Anson siente la zozobra de los días, muy parecida cuando publica una reseña en las páginas culturales —"Libros nuevos"—, libro de Víctor Salmador sobre Juan Antonio Ansaldo, cuenta, en la recensión, el accidente de Sanjurjo. A Luis María le interesa el libro, cuenta a qué obedece el accidente, causa de la muerte del general Sanjurjo y no se trata, como se piensa, de un atentado. Luis María escribe la reseña del libro, no la firma —no se firmaban. Por esta estupidez, calificada como injurias al Jefe del Estado, le pueden caer seis años de cárcel.

Luis María se sienta ante el TOP (Tribunal de Orden Público), defendido bien por el abogado falangista Martín Calderín. No olvida esos días, ni los olvidará. En la casa madrileña de El Viso, donde vive su madre, recibe una extraña visita; sospecha que se trata de una persona que vendrá a pedirle un favor: un artículo, una reseña, algo para el periódico. La criada le dice: *"Suárez."* Anson está tan decaído y le da igual quien sea; al menos lo distrae. No conoce a Suárez —después le dirá el político que se vieron en un acto con el gobernador Hermenegildo Altozano. Suárez conoce a Rafael, hermano de Luis María, trabaja con él en la Dirección de Planes Provinciales, a las órdenes de López Rodó. Adolfo sabe el mal momento que está viviendo Anson. Al verlo le dice que es muy amigo de Miquelo, juez del Tribunal, puede interceder ante él, *"espero a lo que tú digas". "Me parece estupendo, aunque es arriesgado para ti, hombre de Falange." "Es de justicia."*

Adolfo hace la gestión y lo llama al día siguiente; le dice que serán suaves con él si retira la manifestación de estudiantes socialistas, movidos por las Juventudes Monárquicas, si no es altivo con los jueces —*"no es mi estilo",* responde Luis María— y que no asistan los corresponsales extranjeros. *"Aunque había convocado a Novais y otros, ¿cómo iba a impedirles que asistieran?"*

Sin quererlo, Luis Calvo ha contribuido a este proceso. *"Estuvo espléndido Andrés Travesí. Como redactor jefe, dijo que estas reseñas se hacen rápidamente y, en ocasiones, se recurre a la solapa del libro, y se entrega enseguida."* La sentencia queda limitada a unas faltas, Martín Calderín recurre al Tribunal Supremo y lo gana. Luis María agradecerá siempre el gesto de Suárez.

De Agadir a Tierra Santa

Combativo Luis María, viajero y cronista, Agadir —*"hasta las ruinas perecieron"*—, el Congo, Anson coronado con los laureles del "Cavia" y "Luca de Tena", Quintana y Zorrilla sobre las peanas abecedarias, homenajes y palabras de Pemán, censuradas en el diario. Luis María, asomado constantemente al alféizar de la "tercera", sobre la barandilla de tres columnas nobles, el anti-nietzscheano *"Dios no ha muerto";* Luis María entra en los carteles de las borgianas *"bagatelas de minucias",* en desayunos, sobremesas, cafés de los casinos, en la aristocracia y la burguesía hispana, con las flores de Azorín.

Luis María, el del Dominical, *Colorín* coloquial, aire nuevo y único en la prensa, sonrisas y bellezas, coloquios, firmas de Madariaga y Bertrand Russel, aumento de tirada, colorido y esplendor, Carmen Sevilla, "maravillosa" beldad. Envía un telegrama desde la mediterraneidad de Tarragona al verse en la portada de muchos hogares españoles.

Luis María, peregrino con Pemán, enviados especiales a la visita de Pablo VI a los Santos Lugares. En un principio, Pemán no se fía de él: *"Este tío, que conoce el oficio, se va apuntar los tantos." "Mire usted don José* —le dice—, *hay un acto muy entrañable que es cuando el Papa pisa Tierra Santa, baja al Jordán y debe usted ir; no al acto protocolario de Damasco."* Entonces se fía de él, piensa todo lo contrario, nace una amistad.

La llegada del Papa fue tremenda, la multitud, sesenta periodistas, el pobre Pablo VI casi a punto de ser derribado y él está para salvarlo —hay una foto en *Paris Match*, donde se le ve con Pablo VI y la cara de pavor. Escribiría unas bellas crónicas de este acontecimiento, paso por lugares unidos a nuestra iconografía sentimental y cultural, éxito de dos plumas, como un dúo que canta bajo la bóveda del templo periodístico.

Luis María, en el despachito de la biblioteca, ventanal a la Castellana, púlpito y pálpito de una España nueva. Por entonces llega Coral Pérez Cobo —simplemente Coral— como una vestal romana, *ABC* necesita una secretaria. Marino, el hombre de confianza de Pérez Ferrero, secretario en Colaboraciones, le dice que el periódico está buscando una. Antonio Carreras le hace el examen en el despacho del marqués, en las bambalinas de una iconografía de retratos; y así llega Coral a ser parte de Luis María, clave en su agenda. Hay que citarla por eficaz y abecedaria, parte del paisaje humano.

"Torcuato tocaba de oído"

Luis María y la escalera de papel, los peldaños de tinta, su cercanía a Torcuato. *"Torcuato tocaba de oído, si le sonaba la melodía",* entonces le salía algo atractivo: *"Aquello que hizo de los 'quinquis', por ejemplo. Si no, la sinfonía sonaba desafinada."* Torcuato soñaba con su mundo de creación, sus negocios, sus sueños de carabelas —*ABC de las Américas*— como un personaje del dieciocho, un Hernán Cortés lejano y pariente. Torcuato —llamaba a Luis María "Savonarola"— llega a aburrirse y se "pierde", tiene adjuntos en los que delega, Pedro de Lorenzo y Jesús Revuelta, llama por teléfono desde el lugar más insospechado, no está en el diario. A Torcuato se le ocurre mandar a Carlos Murciano —está escrito en su lugar correspondiente— como enviado especial al mundo de los Ovnis.

Luis María, en otro despacho, sustituido y arreglado por el primero, el de huecograbado, el que yo vivo, él preocupado, días previos a la proclamación de Don Juan Carlos. En ese despacho, ahora arreglado, Luis María tiene un semáforo, para evitar al visitante el uso de los nudillos.

Anson viviría el momento de la muerte del Marqués, la caída del diario, el fichaje de Cebrián, su nombramiento de director de *Blanco y Negro* —"qué error, qué inmenso error" no haberle nombrado entonces, otro muy distinto hubiera sido el derrotero de *ABC*.

Inicio de la decadencia del diario, a pesar de la sonrisa dominical del *Colorín*. Luis María pasa por las distintas estancias del poder abecedario. Ha traído a una constelación de firmas, entre otras, la de Sánchez Albornoz. Años antes, en su intenso activismo monárquico, recibe, desde Buenos Aires, una carta del historiador y político abulense; y le cuenta que *"los monárquicos* (tienen) *el camino despejado si logran establecer una monarquía constitucional y el pueblo la respalda"*. Eufórico, Luis María escribe una carta a Luis Calvo, director de *ABC* y quiere atraer, a tan relevante político, para la causa de Estoril.

Luis Calvo, antifranquista

Luis María aprecia mucho a Luis Calvo, le dedica una "tercera" a su muerte. Habla de él con la veneración de un alumno, de cómo rompe con la atadura franquista, de sus fintas, de sus apuestas por incorporar firmas de personajes liberales, aunque hablen de los peces y las aves. Laín, Marañón, Marías, Antonio Espina, Regino Sainz de la Maza. Calvo juega con la censura y quiere hacer un periódico antifranquista, en la medida de lo que pueda. Soslaya, si puede, la censura. Pedro Sainz Rodríguez publica, acogido al seudónimo, un artículo. Carrero Blanco envía otro y lo llama masón. Calvo resiste tres días, tres, y no lo publica, cuando ya lo habían hecho el resto de los periódicos. Calvo envía a Lisboa, a la dirección de Vicenta, la fiel criada de Sainz Rodríguez, galeradas tachadas por la censura, naturalmente, sobre Don Juan. En Estoril están al tanto de todo, gracias a Luis Calvo, quien, por cierto, no iba a Estoril.

Nunca desvinculado de *ABC*, el mundo sería más mundo en el orbe de la agencia *Efe*, ecuménica e hispanoamericana. Luis María la catapulta. Cuando llegan los socialistas, estos no lo destituyen de la Presidencia de *Efe* como se ha dicho. Es más: Felipe González quiere que siga, pero a Luis María, como un virtuoso, le gusta marcar los tiempos, no quemarse en el cargo, estar el tiempo debido. Coincide la marcha de *Efe*, cuando *ABC* entra en una pendiente muy pina y peligrosa, capaz de perder los frenos. Luis María habla mucho de los profesionales, los que hacen los periódicos. ¿Qué le pasó a Juan Tomás de Salas con Pedro J.? Pues que Pedro era un profesional y Juan Tomás no; *"y se lo comió"*.

Llegada a Serrano y convocatoria de empresarios

Por estas calendas, Luis María tiene perfectamente diseñado un diario, *La Nación*. Si lo saca, puede herir de muerte a *ABC*. Sólo Luis María es, en esos momentos, quien puede poner a flote el viejo acorazado. Guillermo ha pensado en Antonio Fontán, sin embargo, hay quien le ha convencido; Luis María es el único salvador.

Luis María llega a Serrano 61, se estremece el barquito de papel, seguro como está, de que al periódico hay que someterlo a una terapia de *electrochoks* en todas las secciones; lo mima y lo cuida, a pesar de la mala suerte del amigo de Ciudad Real, le trae un queso y contrae unas fiebres de Malta. Con un esfuerzo sobrehumano, Luis María trabaja incansablemente. Guillermo le ha contado lo mal que está económicamente el periódico. *"Quizás no lleguemos a los 'Cavia'."* Encomiable cómo lucha Guillermo por sacar el diario. Para su proyecto, Luis María iba a recibir de Carlos Ferrer Sadat, presidente de la CEOE, mil millones. Después le sucedería Cuevas.

ABC lleva diez años bajando en ventas. Anson no es partidario de pedir dinero a los empresarios. Entonces, para salvar el diario, urde el siguiente plan, de acuerdo con Guillermo. Convocan en la Biblioteca de *ABC* a los cien empresarios más importantes de España. Recuerda Luis María la llegada a la biblioteca, la moqueta está mal, las luces mortecinas. Guillermo lleva tres años sin comprarse un traje. Esto no empaña, no desdice, todo lo contrario, la actitud de un hombre, luchador por salvar el legado histórico de su abuelo.

Subida de ventas

Llegan los empresarios. Anson les dirige la palabra, su verbo claro y contundente. *"Necesitamos mil millones de pesetas para eliminar una nómina oprobiosa. De lo contrario, nos hundimos. De esos mil millones, cada uno pone veinte en publicidad; y se la damos adelantada, sin subida."* A todos, les encanta la idea y la suscriben. El Corte Inglés aporta cien millones. Poco a poco, el periódico va subiendo. Cada mes sube, es una escalada. En 1995, para dar una idea —y no quiero cansar con los números, aunque canten—, la media es de 335.000 ejemplares. Escalada vertiginosa, Luis María lo coloca en cifras escalofriantes: un millón cien mil con *Blanco y Negro*, a pesar de que critican la cabecera. Luis María está feliz, casi pisándole el talón a *El País*, a sesenta mil ejemplares, esos raros ejemplares de convenio con los colegios y el extranjero, que no se controlan.

Luis María catapulta *ABC*, recuerda la campaña de Pedro J. Ramírez, las vallas publicitarias, campaña promocional de *Diario 16*. *"Somos los segundos. Los segundos serán los primeros." Diario 16* pisa los talones a *El País* y ha sobrepasado *ABC*.

Dicho vulgarmente: le tenía ganas Anson a *El País*. Desde *ABC* acuñaría la denominación *"el diario gubernamental"*; y cala en el feudo de la Redacción de la calle Miguel Yuste. Juan Cruz, autor de "Una memoria de *El País*", escribe:

"...muchas veces esa presión psicológica tuvo efectos perversos sobre nuestro propio trabajo. Anson no tuvo éxito en su propósito de desprestigiar el periódico para su propio beneficio comercial, pues El País *nunca vio que descendieran sus ventas, pero sí alcanzó el objetivo de indignarnos como profesionales."*

Luis María ha metido pulso e impulso al viejo acorazado, se le llama, en algunos ambientes, "*ABC* Anson", calificativo que *"no me hace gracia";* esos tantos, para Guillermo, con el que guarda, toda suerte de deferencias, hasta el punto de que siempre, cuando hay que pronunciar unas palabras, deja que sea Guillermo quien haga uso de ellas, excepto en el homenaje a Don Juan, cuando se inaugura el monumento en el Parque Ferial Juan Carlos I y él se reserva el discurso ante la Familia Real.

Atrás queda la zozobra de Guillermo, el hombre que vive para salvar el diario. En un gesto propio y valiente de Guillermo, ha pedido ayuda al Rey y, en Zarzuela, espera la llamada del Monarca al presidente Calvo Sotelo, quien, a su vez, transmitiría el ruego a Juan Antonio García Díez, vicepresidente económico; todo ha resultado baldío.

Ni Lavilla ni Felipe González quieren *ABC*

Había, además, un plan de ayuda tecnológico de mil quinientos millones de pesetas para *Ya* y *ABC*; esa ayuda no llega. ¿Y cuando se le ofrece el diario a la UCE (Unión de Centro Democrático) de Landelino Lavilla por cero pesetas? Y su respuesta es negativa. ¿Y cuando se toma la misma actitud con Felipe González? Y a Felipe tampoco le interesa. *ABC* sería un periódico de derechas, nada beligerante, sin molestar. En el Partido Socialista hay gente que sí quiere, pero la palabra del jefe decide. Esa operación la hace Giménez-Alemán.

Lo que son los tiempos. En la etapa ansoniana, azote y martillo de herejes, en los desmanes socialistas, aun cuando Anson se lleva bien con todos, excepciones muy contadas. Comidas, cenas, reuniones. Con Luis María, el político se puede entender bien. Tiene las ideas claras en cuestiones de Estado, bien sea Exteriores o Interior —el tema del terrorismo. Conoce la filosofía de *ABC*, defensor de la unidad de España y valores como el Ejército, la Guardia Civil, la sociedad de libre mercado, el Derecho Público Cristiano.

La Casa se metería en el proyecto *Claro*. Anson se opone rotundamente. Ha explicado, por activa y pasiva, lo difícil que es sacar un diario sensacionalista en España, si no es con una inversión disparatada. El día de la presentación de *Claro*, lo llama, por la mañana, Guillermo y le dice que, por la tarde, vaya al acto. Deliberadamente, Luis María no asiste. No quiere aparecer en la fotografía del acto. Cuida la imagen de esa fotografía, lamenta la pérdida de diez mil millones de pesetas, lo que supone esa cifra para la consolidación y el aumento de *ABC*. *"Ahí hubiésemos sobrepasado a* El País." Anson le explica el riesgo que se corre *"y ahí Guillermo estuvo muy bien y lo cierra"*.

No se puede concebir Luis María sin su monarquismo. Al día siguiente de la renuncia de Don Juan a sus derechos, el día 15 de mayo de 1977, reúne a un grupo de personas en un almuerzo. Don Juan agradece las lealtades y les pide que, con la misma lealtad que le han servido, lo hagan con su hijo. Luis María llama al Rey —*"nunca me ha gustado ser cortesano"*— y le cuenta lo que ha dicho su augusto padre; ahora seguirá siendo fiel y leal súbdito de Don Juan Carlos.

En los años de la dirección de *ABC*, nunca ha pedido audiencia y, si llama el Rey, como de hecho ha ocurrido, él está para lo que sea. Anson en la atalaya de lo que ocurre y cómo ocurre, el catalejo en sus ojos, desde el otero de papel, como el capitán que lleva puestos los prismáticos, mira y remira España, a sus hombres, no es de extrañar su poder.

Cuánto vive y cómo lo vive desde la atalaya de papel. El caso Manuel Prado y Javier de la Rosa, por ejemplo, la portada, un terremoto —a Luis María le ha gustado mucho jugar con la portada, rostro y chispa del diario; además, es innovador en un estilo de portadas—, *"escaramuza entre empresarios"*.

Javier de la Rosa, citado por la Corte judicial inglesa, puede dar con los huesos en la cárcel, trata de implicar a Manuel Prado y Colón de Carvajal y, en cierta medida, a Don Juan Carlos. El Rey, completamente limpio. Manuel Prado abusa económicamente del Monarca, como Intendente de la Casa —Luis María conoce muy bien este organigrama por su suegro, el marqués de Puñoenrostro, que ejerciera como tal con Don Juan. La cuestión es que al implicarle de la Rosa, Prado quiere que los medios de comunicación estén con él, porque, si no es así, están contra el Rey. José Luis Gutiérrez, en una entrevista, se hace eco de lo que dice Manuel de Prado. Todos los periódicos están a la expectativa de lo que diga *ABC*. Anson habla con Guillermo, está en Sevilla. Luis María investiga, se asesora, no quiere columpiarse en un asunto como este; y espera a la segunda edición y lanza esa portada, *"escaramuza entre empresarios"*.

Portada del 16 de noviembre de 1995. Prado cumple 64 años, de la Rosa ha levantado un escándalo de chantaje al Rey. El Rey va a cumplir veinte años de Reinado; es, o puede ser, un escándalo. Luis María se reúne con Guillermo y Manuel de Prado en la Biblioteca Colombina. Le deja que hable. Después toma la palabra Anson y es un torrente: le dice que *"José Luis Gutiérrez no me ha podido mentir, le conozco desde hace años, y has sido tú quien pediste la entrevista..."*. Guillermo intercede por *"el bien de España"*. El riesgo de ir a la cárcel Manuel Prado, la manera de que se vaya de España... Esto lo conoce como una maquinaria de reloj Luis María y *"el corazón generoso del Rey; yo al lado de mi amigo"*. El comunicado inspirado por Luis María, el editorial del día 22, con motivo de los veinte años de la coronación de Don Juan Carlos, la alusión velada a estos hechos: *"La Corona no tiene amigos ni sirve intereses parciales."*

En la línea del diario de Serrano 61, Aznar califica el asunto como *"trifulca entre empresarios"*.

Muchos momentos importantes. *"Ojalá dure el PSOE muchos años en el poder* —se le atribuye—, *para la consolidación de* ABC *y de la Monarquía."* La denuncia, mediante una campaña, de la excarcelación de etarras por la lentitud de la Justicia, la crítica constante, mediante portadas, contra Pujol —*ABC* lo llama *"pequeño dictador"*— por la inmersión lingüística en Cataluña y otras de mantener "genuflexo" a González. Jornada de reflexión para las elecciones catalanas, *ABC* publica en primera página una fotografía de Aznar. *"Éxito de Aznar* —dice— *en el proceso de catalanización racional del PP, que recupera el espíritu de Cambó."*

ABC se abre al pensamiento más diverso. Escribe "tribunas abiertas" Marcelino Camacho, hombre de Comisiones Obreras y Alberti, gran amigo de Anson. *ABC* ansoniano no deja indiferente a sus lectores y a sus detractores. Portadas, pies de foto, "caras de la noticia", pequeños editoriales, los "Ovidios" y "Ziz-zaz" y los columnistas. Campmany, Pedro Rodríguez, Lorenzo Contreras, Antonio Burgos, Mauro Muñiz, Jiménez Losantos..., columnas aderezadas con los "monos" de Mingote y Summers.

El *Cultural*

Privilegiado, en la instrahistoria del Poder, sin embargo, el mundo para Luis María pasa por la mirada lírica, por el pensamiento, vendedor de metáforas, coleccionista de colores —amor también por la pintura. Lanza el *Cultural*, sabe que *ABC* siempre ha ejercido un criterio liberal en la cultura, y observa el sectarismo de *El País*, cómo promociona a sus escritores...; entonces tiene una buena idea: que los catedráticos, los grandes expertos en los distintos campos literarios, se asomen al *Cultural*; y ahí están las firmas de Lázaro Carreter, Ricardo Senabre, Darío Villanueva, García de la Concha, Jaime Siles. El *Cultural* entra en la Universidad, y es más, lo piden las Universidades más prestigiosas del mundo. Supera a "Babelia", suplemento cultural de *El País*. *"Le dimos, por primera vez, una gran altura y el máximo prestigio."*

Ha llegado el momento de la despedida. Siempre es triste decir adiós. A Anson le gusta la movilidad, porque enriquece en todos los sentidos. Lleva catorce años al frente del viejo acorazado de noticias y ve que su etapa se ha cumplido. Quería contribuir a la derrota de Felipe González y había que volcarse, *ABC*, *El Mundo* y *La Cope* para la derrota en 1996.

Se lo había dicho a Guillermo Luca de Tena y, además, Azcárraga le hacía una oferta deslumbrante, al frente de la plataforma digital en España, seis canales veinticuatro horas. La conversación había transcurrido en el mes de julio —*"ya me lo temía yo"*, dijo Guillermo. En septiembre rematarían las cosas.

En el mes de agosto, cuando en el periódico trasciende la marcha de Anson, este recibe una visita que no duda en calificar de muy gratificante: se trata de gente de la Casa, personal de talleres —dicho sea en vocablo antiguo—, personal del Comité de Empresa. Son conscientes de lo que vale y significa esa marcha y lo animan a que siga, se lo piden. Luis María se siente muy halagado, sin duda; y pagado y bien pagado por estos gestos. Porque Luis María hace de su profesión más que un acto de fe, fe ligada al amor, el dorsiano gusto por la obra bien hecha. De ahí que, para Luis María, el trabajo no sea una maldición bíblica, todo lo contrario: gozo y disfrute. Lo veréis en domingos y fiestas de guardar, en el "agosto, augusto y lento", en el erial humano de Madrid. Ahí está Luis María, siempre junto al timón. Con una salud de hierro, no conoce desmayo, azoriniano y barojiano —la voluntad y la acción, por qué no "el rayo que no cesa"— es, en este sentido, un hombre parecido, por su amor al trabajo, al Fundador. Pedro José Ramírez se le acerca en esta faceta laboral.

Sí, en cierta medida, contraen "matrimonio" con el periódico y lo controlan desde cualquier ciudad, ven pruebas, están encima de él, dicho sea en tono coloquial. No les importa —al revés— hacer un pie de foto, un titular, esas minucias a las que otros directores no descienden.

Hecha esta digresión, y en el paréntesis del verano, Guillermo le dice que *"necesitamos un director adjunto, que lo orientemos".* Anson le plantea a Azcárraga que puede capitanear *Televisa* y la dirección de *ABC*. Tiene fuerza y coraje para llevar los dos monstruos de la información. Con Guillermo acuerdan el nombramiento de un director adjunto, y barajan dos nombres, el de Joaquín Vila y el de Francisco Giménez-Alemán, dos hombres de la Casa. El segundo con más tiempo de permanencia. Entretanto, Guillermo recibe una llamada telefónica. Es Manuel Prado y le dice que el Rey vería con agrado el nombramiento de Giménez-Alemán. Guillermo no le hace caso. *"Mira, Guillermo* —dice Luis María—, *has hecho mal. Entre uno y otro periodista hay pocas diferencias y ¿por qué vamos a contrariar al Rey en una cosa como esta?"* La recomendación de Manuel Prado era mentira, un "farol".

Giménez-Alemán sería director adjunto, moría Azcárraga y dejaba una herencia conflictiva. Anson no se entendería con el hijo como lo hacía con el padre. Además, Televisa entra en crisis y Anson es partidario de que se cierren las delegaciones del extranjero. No queda más remedio que cerrar Televisa España. Con Anson se han ido unos treinta periodistas descontentos en el diario. Entonces, Luis María piensa en sacar un diario de la tarde aprovechando la maquinaria de *ABC*. Guillermo se muestra cauteloso aunque Anson le diga que entre con el porcentaje que quiera. En la Casa, Anson se queda como director del Consejo de Dirección, consejero de Administración y director del *Cultural*.

Tras el Fundador, Anson es quien más tiempo permanece al frente de *ABC*.

Un día recibe una carta dura de Guillermo Luca de Tena. Luis María no puede vivir sin el amor de un periódico y se lanza a la aventura de *La Razón*.

El reto de la libertad

Aurora Pavón, seudónimo de Pablo Sebastián, que fuera corresponsal abecedario en Bruselas, le dedica estas líneas, acortadas por mí:

"Luis María Anson, único periodista que sobrevivió, desde un cargo de responsabilidad y desde la independencia, a la gran cacería de la prensa libre que organizó durante más de trece años el felipismo, ha dejado, con generosidad y grandeza, la dirección de ABC. *Periódico monárquico y liberal que el citado periodista y escritor situó en las más altas cotas de su historia, bajo la brillante presidencia de Guillermo Luca de Tena, su amigo y el último y gran editor de la prensa nacional. Ambos consiguieron mantener a buen recaudo de las intrigas y turbulencias del poder el buen nombre, la independencia y el prestigio de* ABC, *abriendo las páginas del diario a todas las ideas del arco político, informativo y cultural español."*

Amado y odiado, a nadie deja indiferente. Joaquín Leguina lo define como *"un periodista militante"* y alude en un artículo a que *"Anson consiguió remontar las ventas y convirtió el periódico conservador en una empresa saneada. Un mérito que los accionistas de Prensa Española no podrán regatear".* Y para Jiménez Losantos *"es un hombre ilustrado en el sentido clásico del término, de perfil renacentista y que necesita reconocer el acerbo cultural de una persona para hacerle manifestación de sincero aprecio. (...)*

Sigue siendo el niño primero de la clase, lleno de sorna y sentido del humor, sin pasar los años por él, divirtiéndose con las fobias que suscita, no sé ya si librándose de todas las celadas que le tienen tendidas, no siendo la peor la que le procura ETA."

ABC sin Anson

Ansoniano, Umbral que firma unas "terceras" y deja de asomarse a ellas, escribe de Anson: *"Se preguntaba aquí Luis Solana* (en El Mundo) *qué hace Luis María Anson, dónde está Anson, qué pasa en el* ABC *sin Anson. La gente también comenta. La gente comenta siempre. Yo no voy a dar un rumor, sino un juicio. 'Pues creíamos que el* ABC *se iba a hundir sin Anson y está como siempre.' Bueno, como siempre, pero sin Anson. ¿Qué le falta al* ABC *post/Anson? Le falta Anson. (...) pero el toque Anson, la malicia, la audacia, el touche, el detallito jodido, la gracia matinal y escondida, toda esa delicia que es/era el periodismo de Anson, lo hemos perdido perdiéndole a él (no como amigo, cuidado). Es ley del periodismo que no hay que confundir información con opinión. Bueno, pues Anson, que se sabe eso muy bien, titulaba casi siempre opinando, en portada."*[3]

---

[3] He tratado bastante a Luis María y conozco, por sus palabras, algunos hechos de los aquí relatados, charlas, siempre con un gran cariño hacia la Casa.

Testimonio 1

LÓPEZ NICOLÁS Y SUS EXCLUSIVAS MUNDIALES

Entre la acción barojiana y la voluntad azoriniana hay que definir —si es que es definible— este raro e incunable ejemplar periodístico, fugaz como un rayo, como el que tiene la urgencia de una exclusiva entre las manos y quiere ser como la luz y publicarla en los periódicos. Hablo de Luis López Nicolás, aventurero y periodista, hecho siempre al galope, a los ojos de las ruedas de una bicicleta —llega a ganarle a Bahamontes en una carrera—, un perro de presa que intuye la exclusiva, la busca y la coge con unos colmillos singulares.

Que se cuente cómo obtiene el favor de Barnard, que se anuncie, lo diga en estas líneas cómo llega a Johanesburgo, cena con el embajador español y, al saber a qué ha ido, no puede por menos que decirle: *"Está usted loco; hay periodistas del mundo entero que buscan a este médico y les cuente el trasplante."* En la cena, azares de la vida, está una nieta de Xaudaró, el Mingote de tantos años abecedarios; y se presta a ser su intérprete.

López Nicolás llega al Groot Square Hospital, Barnard está operando en esos instantes. Ha deambulado de un lado para otro. La nieta de Xaudaró no aguanta la tensión de este periodista de raza y lo deja solo. ¡Qué casualidad! López Nicolás queda a un tiro de piedra de donde está operando Barnard y observa cómo se viste para entrar en el quirófano un médico. En un arranque propio de quien busca la gloria periodística, de quien sabe cuánto vale esa atmósfera, ese otro mundo de Eluard, en ese arranque, digo, Luis se transforma en un espontáneo cirujano y se viste, y esconde su cámara bajo la bata. Entra, el escenario es similar al de un hemiciclo y, abajo, sobre una mesa el genio del trasplante opera a corazón abierto.

No puede creerse López Nicolás lo que está viendo; y cómo ruedan unos cámaras —son alemanes y han pagado por la exclusiva un millón de dólares. Cuando el enfermo vuelve a la vida, estupefacto, el doctor observa qué incidentes ocurren entre los periodistas alemanes y López Nicolás. Al fin se hace la calma; y López Nicolás se encuentra a un Barnard que se lava las manos.

Como por ensalmo ha aparecido la nieta de Xaudaró y es probable que Barnard se sienta seducido por quien ha dejado atrás medio mundo para encontrarse con el suyo; y, además, Luis ha llevado los regalos más diversos de España. Un hermano de Barnard lleva a revelar el carrete; y Luis deja una estela hispánica —banderillas incluidas— en el hospital. También lograría otra gran exclusiva mundial: la del magistrado Garrison.

Fraga cierra *El Alcázar;* redactores en *ABC*

Quizás sea, en esos momentos, el hombre más feliz del mundo; sabe la joya que trae en el estuche de su entusiasmo; y lo que vale en su vida profesional; y ahora que *El Alcázar* cierra por orden del ministro Fraga Iribarne. El general Villalba, presidentes de la Asociación de Ex Combatientes del Alcázar, se queja de que haya desaparecido de la cabecera la laureada colectiva de San Fernando. *"¿Cómo?",* pregunta un irritado ministro de Información y Turismo. Las normas de la fortaleza de la gesta, el dar en su aniversario un reportaje y unas fotografías; que España no olvide esa epopeya..., todo esto lleva al éxodo a varios periodistas y trabajadores de *El Alcázar* de PESA (Prensa y Ediciones Sociedad Anónima).

La historia de *El Alcázar* de PESA finalizaría en septiembre de 1968. Semanas después, Cebrián y Guillermo Luca de Tena tendrían los primeros contactos. Desde *ABC* se había seguido con interés la meteórica ascensión de *El Alcázar*; se habla incluso de trasvasar la Redacción del vespertino madrileño a Prensa Española. Esta ha registrado el título de *Blanco y Negro* como diario de la tarde. En brevísimo tiempo, ayudado por el confeccionador Fernández de la Cancela, Cebrián prepara un "número cero" y días después, la Casa aprobaría el proyecto. Sin embargo, Fraga no le daría el visto bueno y el proyecto quedaría sumido en el sueño de los justos [4].

Luis trae esta exclusiva mundial y la publica *Nuevo Diario*, que dirige José Luis Cebrián Boné. Pero, ¿qué pasa con los periodistas que se quedan en la calle? *ABC* recoge a seis: Jesús Ramos, José María Almela, Antonio Yáñez, Antonio Alférez, Alfonso Martínez Garrido y López Nicolás.

Poco a poco, *El Alcázar* ha perdido el viejo tufillo franquista y se encarama entre los vespertinos más vendidos; le sigue los talones a *Pueblo*. López Nicolás no olvida la acogida, de buen samaritano, del viejo acorazado de la calle Serrano; y el día en que los recibe Torcuato Luca de Tena les dice: *"Tengan ustedes en cuenta que desde ese periódico se dispara con carabina; vienen a un periódico que, cuando se dispara, se hace con cañón de gran alcance; y les pido moderación." El Alcázar* paga la nómina y el dinero que les da *ABC* lo revierten al *Alcázar*..., hasta que este no puede pagar la nómina. Entonces, *ABC* abre sus generosos brazos y los acoge definitivamente. Se piensa que ingresen en plantilla mediante una oposición, pero esta prueba se anula y Torcuato los acoge encantados.

Jefe del Gabinete de Prensa de ocho ministros

Ante este hecho, López Nicolás no deja por menos que desmonterarse y elogiar la actitud de la familia del viejo acorazado periodístico. No caben en estas líneas

[4] Lo repito por boca de uno de los protagonistas.

tantas gestas, la vida y la lucha de un hombre, además, intrahistoria del engranaje administrativo y ministerial. Luis hace del día un sueño y una realidad, trabaja en *El Alcázar*, delegado de la revista *Ondas* y de la publicación del Barça. Ahora, López Nicolás entra en la constelación y en el récord de los gabinetes de Prensa; y lleva a ocho ministros, ocho, las relaciones con la prensa. Desde López de Letona hasta Bayón pasando por Santos Blanco, Pérez de Bricio, Álvarez Miranda, Oliart y Rodríguez Sahagún.

Esa intrahistoria solo puede escribirla López Nicolás, el periodista que entra en un Consejo de Ministros para decirle algo a su titular; o la que arma cuando la crisis del petróleo e Irak regala a España un petrolero que atracará en Cartagena; y cómo Luis revuelve Roma con Santiago para que esa noticia sea portada y los hilos que mueve y cómo para lograrlo. Si no tuviera un instinto especial, no podría haberlo hecho. Además, en ese lance, estaba el seguir siendo jefe de prensa del ministro. Santos Blanco le había dicho tras un Consejo de Ministros: *"Su Excelencia me ha dicho que quiere que se difunda el regalo de un petrolero."* Para eso estaba López Nicolás.

López Nicolás y sus páginas de deportes en el mundial de España. Guillermo Luca de Tena se encuentra a Felipe González y le dice que está aprendiendo gracias a los buenos números que saca; y no olvida el homenaje en Mayte Commodore y las palabras de Guillermo Luca de Tena: *"Señor López Nicolás: queremos mucho que sea usted redactor jefe; y que no pueda serlo por su trabajo en el gabinete de Prensa del Ministro. Tiene usted el tren parado, pero el día que usted decida ponerlo en marcha, le haremos redactor jefe."*

Al ganar los socialistas las elecciones, López Nicolás retorna, a jornada completa, a *ABC*; y seguirá escribiendo las horas de sus días y sus noches. Sus encuentros con Anson —al que quiere mucho *"y mucho me ha tenido que aguantar"*. No olvida la noche en que liberan a Prado y Colón de Carvajal; y Luis María cambia el número. Luis no olvida esa tormenta, el agobio sobre su ánimo, sus lágrimas, la calma final de Luis María, la carta que le escribe al día siguiente. Amante del arte, López Nicolás ha visto cómo el futuro es un niño que sentamos sobre nuestras rodillas[5].

Testimonio 2

MARICHARI Y *ABC*, EN EL IMPULSO DE LA BASÍLICA DE LA ALMUDENA

Qué lejos queda el 6 de julio de 1966, cuando llega la primera mujer a la plantilla abecedaria. Previamente, estuvo muy efímeramente Margarita Jiménez, la mujer que

[5] Conversación con López Nicolás. Me enviaría a escribir, informativa y literariamente, el "crimen de los Galindos".

sugerían los redactores que se tapara los oídos cuando se disponían a charlar algo fuera de lo corriente. Ahora suenan los tacones de los zapatos de Marichari González Vegas, Marichari para todos; y llena con su perfume y su belleza una imagen colectiva de rostros humanos, una belleza con una sonrisa siempre. Qué lejana esa etapa —llegan al unísono Marichari y Pérez Mateos—, qué lejana digo, cuando uno u otro va a la Dirección General de Seguridad a por la "papela", la hojita de los heridos en accidentes de tráfico, fina y transparente, parte de los sucesos de la Villa y Corte; lejana etapa cuando comemos en la Redacción y el redactor jefe Pepe Calvillo pide a la cocina un filete a dos columnas —cosas del subconsciente—, ante la rara pregunta de Sesé, un personaje encargado de la cocina, un retal de la historia abecedaria.

Después Marichari hace modas, escribe un pie de foto y López Sancho se lo firma. Llega Anson y la moda se inscribe en el marco de la tipografía, tres páginas, los miércoles, bajo la dirección de Travesí; y Marichari convierte en pasarela las columnas abecedarias con las personales ilustraciones de Tauler.

Marichari forma parte del paisaje abecedario, de ese extraño bosque que florece cada día y, a la caída de la tarde, se le caen las hojas y entran en el otoño de la hemeroteca. Ella, como todos en esos tiempos, es un todoterreno, chica para todo, todo lo bueno, se sobrentiende, y hará información en el Ayuntamiento en ausencia de Marlasca o Cabezas. Marichari desprende la sonrisa de la amabilidad, un rostro femenino de las pioneras y esto siempre es halagador para el hombre. En cierta ocasión, Arias Navarro le dice que uno de sus compañeros siga enfermo porque así la verán más por la Casa de la Villa.

Recuerdos escritos sobre la losa blanca de la cuartilla, recuerdos perennes en los suelos abecedarios. Aquella rueda de prensa de un "quinqui" presentado a los periodistas y un militar que dice que va a ser ejecutado. Como es lógico el periodista lo escribe todo. Pero hay informaciones que se miran con lupa; esta sería una de ellas y Jesús Revuelta al verla, valora lo bien redactada que está, pero le impresiona la ejecución y se lleva las manos a la cabeza.

En *ABC*, al menos en el *ABC* de esa época, no hay consignas, a nadie se le dice o se le marca una pauta; eso sí, lo pasábamos muy mal al consultar algún tratamiento de la Familia Real; ahí sí teníamos dudas, en cuestión de tratamientos.

Como tantos otros, Marichari es un Guadiana diverso e informativo: culturales, páginas que dirigía Miguel Pérez Ferrero —recensiones de conferencias, las hacía también Jesús Picatoste—, aquello de Eugenio D'Ors que en Madrid, a las ocho de la tarde, o das o te dan una conferencia. Recuerda Marichari especialmente dos conferenciantes, ininteligibles y surrealistas; y Pérez Ferrero lo entiende y sale del paso de esas disertaciones como puede.

Esencialmente, Marichari será mucho el Ayuntamiento de la Villa y este, algo Marichari; días de gloria, mañanas de pleno, debates en ese "Patio de Cristales", que ella da fe tipográfica de cuanto ocurre en la Casa de la Villa. "Patio de Cristales" no exento de ironía, complemento de la información de la Villa y Corte, nacido durante la estancia de Álvaro López Alonso, que llevaba la gracia andaluza a ese reducido Madrid de *ABC*, y había risas y bromas; y periodismo del bueno.

Marichari se trae su patio de cristales, secretaria grande de la cursiva, y lo levanta entre las columnas abecedarias. Muchos patios, que quince años dan para eso; y muchos regidores a lo largo del camino periodístico: García Lomas, Arespacochaga, José Luis Álvarez, Huete, Tierno, Barranco, Álvarez del Manzano.

Son años claves en el Ayuntamiento mayor del Reino, años que ella deja escritos entre los corondeles de *ABC*, sin directriz alguna, fiel a lo que oye y escucha. Bajo ese patio de cristales vive la transición, la toca digamos, porque el Ayuntamiento es una casa común, algo cercano, que pisas. Y si sabrá Marichari y lo que ha visto: el asunto Alonso Puerta —aquello de la corrupción—, y el triunvirato Puerta, Barrionuevo y Tamames, y la ruptura del PC, y el caso singular de Gálvez, el personaje que incluyen en la lista del PC y por esos raros casos llega a concejal y tratan de destituirlo, como escribiría Marichari: *"Demasiado para Gálvez."*

Tierno: "Usted tiene mucha fe"

Marichari y su buena relación con los regidores. Un día Tierno Galván le dice: *"Usted tiene mucha fe y yo soy agnóstico, lo que no quiere decir que sea ateo. Mi madre tenía mucha fe. Y envidio a la gente que la tiene. Yo la tuve hasta los quince años";* y Tierno anima a la cronista abecedaria: *"Pues siga, siga usted así."*

Sin duda, lo que más recuerda, y está muy satisfecha Marichari, es de la construcción de La Almudena, cuando la izquierda quería levantar en ese lugar un centro cívico. La idea de la Basílica parte de Arespacochaga y Luis Prados de la Plaza inicia una campaña cuando está al frente de la sección de local. Después, Marichari la anima. En este largo camino, hay momentos de fatigas. Anson llega a pensar que *"no conseguimos nada"*. Y Marichari en un pasillo con él, "ABC *tiene mucha fuerza"*. Así nace un coloquio, el 8 de enero de 1984; y en él, Ayuntamiento, Comunidad, Caja de Ahorros, Arzobispado y Fundación Villa y Corte. Así nace la Fundación con el cardenal Suquía y surge la Basílica de La Almudena por suscripción popular, sueño del Rey Alfonso XII para que repose su esposa, la Reina Mercedes. Empresarios que ponen dinero, el Presidente del Gobierno, Felipe González que los anima tenazmente a la obra. *"Por eso la Almundena nos pertenece a todos, sean del signo que fuere."*

Muchos, muchos recuerdos en la memoria de Marichari: la enfermedad y muerte de Tierno Galván — noches de guardia por si fallece—, la muerte de los diez bomberos, cuando arden los almacenes Arias, el drama del fuego en la discoteca de Alcalá 20.

No se entiende *ABC* y su sección local de estos años sin la pluma de Marichari, sin su "Patio de Cristales", mentidero de la Villa y Corte. Un día deja la plaza de la

Villa, esta plaza que conoce sus pasos y sus pasos a ella. Cosas de los periódicos, recibe directrices y se acoge a la sección religiosa del padre Martín Descalzo primero y Santiago Martín después.[6]

Testimonio 3

FERNÁNDEZ-RÚA: PRIMERA ENTREVISTA A ALFONSO GUERRA

José María Fernández-Rúa Plasencia, José María para los íntimos, Rúa, más habitual, físico y periodista, sobre todo periodista como a él le gusta, hijo científico de un hombre de *ABC* como Luis Bru, inquieto y dinámico, menudo y con raza, cronista parlamentario de la agencia *Pyresa*, un chaval bajo la sombra cronológica de los periodistas históricos. Qué hace un muchacho como tú, José María, en un mundo de redondas, en este microscopio de papel, muchacho que cubres la vida parlamentaria de los últimos estertores del franquismo, incorporado a *ABC*, Serrano 61, tras un encuentro, afable y afectuoso, con Antonio Alférez en tierras suizas...

Miguel Torres te integra en el equipo de los informadores políticos: Baró Quesada, Hermino Pérez Fernández y tú. José María había dejado atrás su paso por el edificio *Arriba*; y recuerda que Donato León Tierno, el director de la agencia, al marcharse a *ABC*, le dice: *"Es un periódico muy difícil. Si a los tres meses no encajas, aquí está tu puesto"*; y Fernández-Rúa agradece esas frases gratas que, con el tiempo, cobran más fuerza y sabiduría.

Dinámico Fernández-Rúa, con *pedigree* de la noticia, olfatea e informa del Congreso y, sobre todo, del Senado, comparte los nuevos tiempos democráticos en Serrano 61, conoce a Alfonso Guerra, lo aborda y le pide una entrevista. *"Para un tebeo"*, dice Alfonso Guerra. Pero su sagacidad y reflejos le responden: *"No es un tebeo: se lee y mucho."* Ambos pactan esa aparición periodística de un ser como Alfonso Guerra, intelectual y leído, que siembra la retina conservadora de España como el látigo del peor socialismo. Así que, Fernández-Rúa hace un pacto con Guerra: el día en que aparezca la entrevista, *ABC* no abrirá la Caja de Pandora para descargar algo contra el político en un editorial, que no es propio del diario.

Como es natural, Fernández-Rúa se apunta un tanto periodístico, un *scoop* en palabras de los anglófilos, recibe felicitaciones y *ABC* muestra a sus lectores la visión, siempre interesante, de un hijo ideológico de Pablo Iglesias. Aquel Fernández-Rúa de las tertulias, de "Cien españoles para la democracia", sección que comparten y escriben Pedro José Ramírez, Pilar Urbano y él; y recuerda a los entrevistados, entre ellos, el desaparecido Fernando Ybarra y López Dóriga, Consejero de *ABC*. También recuerda cómo lo espera, al final de las deliberaciones constitucio-

[5] Marichari ingresa en *ABC* el mismo día que el autor de estas líneas. Conversación con ella.

nales en el Senado, Guillermo Luca de Tena y lo lleva en su coche al periódico, para facilitarle la llegada y la urgencia propia de la crónica y el cierre del diario. Recuerda, además, la tensión del día largo, largo y tenso del entierro de los abogados laboralistas de Atocha. Al finalizar el cortejo fúnebre, cuando él y Ramírez, el mecánico de Guillermo Luca de Tena, se disponen a dirigirse a Serrano 61, en un automóvil que lleva impresa en las puertas las letras de *ABC* y *Blanco y Negro*, recuerda vivamente la imagen de una chica, con una piedra en la mano, dispuesta a arrojársela. Ante el gesto de ira, Ramírez, instintivamente, le pregunta: *"¿Qué hacemos?";* y José María responde: *"¡Párate!"* Son momentos breves, pero largos, que ahora, a pesar del tiempo transcurrido, recuerda Fernández-Rúa como si lo estuviera viendo, prendido, como está, en su memoria.

Amor por la ciencia

A pesar de su amor por el periodismo político, sus pasos por el pasillo de los "Pasos Perdidos", ¿no lleva José María Fernández-Rúa un microscopio en su fuero interno, un sentido científico de la vida, un admirador por los sabios que en el mundo han sido? Pues seguro que sí, por más que Luis María Anson lo nombre redactor jefe de Nacional y le diga que *"no",* porque, en el fondo, y también en la superficie, a Fernández-Rúa le gusta lo que Víctor de la Serna llamaría la *"infantería de las letras",* sustitúyase por *"infantería de las noticias",* y Fernández-Rúa tras un breve paso por el diario *Ya* y ser guadiana en las cercanías del poder monclovita —que en Consejo de Ministros se le nombra asesor ejecutivo de Javier Moscoso, encargado de la cartera de la Presidencia—, retorna a los feudos abecedarios y vuelve al reinado de Anson, a su parcela, querida y cultivada, de la Ciencia, la Medicina y la Salud, sección que nace a raíz de los partes facultativos con motivo de la enfermedad y muerte del general Franco.

En este sentido, Carlos Dávila y él forman un dúo fructífero y prosiguen la esencia de la ciencia, sembrarla y derramarla, por las páginas del diario, como ya cultivara el Fundador. De esa sección es hombre creativo Miguel Torres y así quiere Fernández-Rúa que conste en acta, lo mismo que los científicos como Ángel Martín Municio; y esos dieciocho años con Anson, que convertiría las páginas del *Cultural* en un laboratorio donde Fernández-Rúa informa y forma de los arcanos del hombre con la obra bien hecha, y un *ABC* competitivo a la altura del *New York Times*, y todo esto lo dice José María Fernández-Rúa con una humildad agustiniana y la relevancia del equipo científico que propaga medicina, salud y ciencia a los lectores de *ABC*. El microscopio de los investigadores es una introinspección, una búsqueda y el diario se encarga de divulgarla.[7]

[7] Conversación con Fernández-Rúa.

Testimonio 4

JOAQUIN AMADO MODERNIZA EL PERIÓDICO: DEL PLOMO AL ORDENADOR

En su casa de Linares, entraba *Ya*, así que Joaquín Amado tarda en descubrir *ABC*, hasta que se adentra en él, es seducido por él y llega a Serrano 61 gracias al concurso de una oposición, que aprueba el 5 de abril de 1968, junto con Ángel García Pintado, Antonio Garrido, Federico Villagrán y Ángel Padín Panizo.

Joaquín Amado, adelantado a su tiempo. Con 17 años, se marcha a trabajar a Inglaterra. Amado sabe idiomas, taquigrafía y mecanografía, materia esta muy importante para el ejercicio periodístico. En el Ejército, Joaquín es el campeón de mecanografía. En el diario de Serrano pasa por la Redacción de la mañana y la de la noche —*"Andrés Travesí era muy exigente"*. Joaquín vive muchos hechos transcendentales entre las paredes de la historia de *ABC*. En el rescoldo de la memoria, el ambiente tenso a raíz del recuadro de Cándido, "El palio", una glosa sobre el Rey Negus, el emperador de Abisinia y en el Pardo ven la figura de Franco.

Joaquín vive el ambiente previo a la muerte de Franco y la Transición. Recuerda que Torcuato les encarga un informe a Carlos Dávila y a él sobre la muerte del estudiante Ruano, y el buen ambiente abecedario, cuando todos nos conocíamos, a pesar de que había algún hecho desagradable: el redactor que denuncia a otro a la policía porque recibe una revista de Checoslovaquia. Pero había unión y homenajes, algunos organizados por Joaquín, en el hotel Sideral, el Chalet Suizo, La Criolla.

Tras un paréntesis de ocho años en la revista *Selecciones*, vuelve en 1984 a Serrano 61. Su llegada coincide con la etapa de Anson, habla con Torres y Luis María lo acoge con la condición de que Joaquín renuncie a la categoría de redactor jefe, que desempeñaba al marcharse. *"¡Que vuelva, pero desde abajo!"*, dice Anson. Un día Miguel Torres le muestra unos ordenadores, *"tú sabes de esto* —le dice—; *podrías encargarte"*. Joaquín accede siempre y cuando se le reconozca su estatus de antes. Así, poco a poco, Joaquín se convierte en un periodista imprescindible en las tareas del diario. En talleres ya existen ordenadores, pero en la Redacción no; y los redactores siguen escribiendo en las viejas máquinas. Durante cinco meses, Joaquín entrena a los redactores que, poco a poco, y por secciones, se incorporan a las nuevas técnicas. Joaquín entrena a dos generaciones. En Serrano utiliza un primer sistema y, en Barajas, dos sistemas y el QuarkXPress, que permite el formateo de páginas. Así Joaquín se convierte en el jefe de Informática, en el hombre que, en cierta medida, mucha, pone el diario al día de las nuevas técnicas.

Perspicaz como es, Anson aprovecha la capacidad laboral de Joaquín y le pide que organice el Servicio de Documentación. Y así el viejo archivo tiene más vida, se incorporan redactores y se redactan biografías y otras informaciones. Amado vive el traslado de *ABC* de Serrano a Barajas, traslado difícil y agotador, de la biblioteca y el archivo, especialmente.

Únicamente se pierde la carpeta de Cantinflas. Esos días la Redacción pide fotografías a Serrano y, en ese trasiego, se es consciente del valor —a veces menospreciado— del archivo. Es una semana sin disponer de la cercanía de una foto, imágenes dispersas por el suelo. En esta tarea, a Joaquín le ayudan Gonzalo Barroso y José García.

En esta época, la vieja sala de Redacción se transforma en un aula cultural. Lejos queda ya esa estancia de lo que fue, de su gran mesa eucarística, ahora con butacas y la estatua del Fundador. En esa sala se celebran conferencias y, por ella, pasan los Vargas Llosa, Marías, José Donoso, Lázaro Carreter...

Emotiva despedida de Anson

Gracias a Anson, Joaquín pone en marcha, también en Serrano, la Escuela de Prácticas de *ABC*, que es una manera de seleccionar gente joven que se incorpora al diario. También organiza, en cooperación con la Universidad Complutense, el Máster en Periodismo y, como además, Amado tiene esa otra versión técnica, combina la escritura de editoriales con un CD ROM, el primero de la prensa española, en el que se recoge toda la publicación del *ABC Cultural*. Y en esta carrera, por no perder el tren de la modernidad, crea la página web de *ABC*, mete el viejo acorazado en la galaxia globalizadora en 1996.

Amado confiesa que *"Anson confía en mí, llega a confiar mucho en mí"*. Así Amado redacta y edita el libro de estilo de *ABC*, se encarga de organizar el monumento a Don Juan, en el Parque de las Naciones. Su última etapa en *ABC* coincide con el centenario de *Blanco y Negro* y Amado prepara una magna exposición que recorre varias ciudades de España.

En esta actividad, que podría definirse de frenética, Joaquín Amado pone en marcha también la visita y estancia en *ABC* de los nuevos jueces, que es una manera de que estos conozcan la sociedad a través de un periódico; y acuden durante dos visitas al año a la sede del diario, asisten a coloquios, a los Consejos de Redacción, se hacen un poco periodistas, conocen el organigrama, la vida interna de un periódico; y los jueces se van encantados de *ABC*.

Así, poco a poco, se despide Joaquín Amado del diario; y no olvida muchos hechos, especialmente, la despedida de Luis María Anson, el último Consejo de Redacción, veinticinco personas. *"Ese acto significa para mí un testamento, un legado periodístico, profundo, de un hombre único como es Anson. No olvido esas palabras de aliento y de la defensa de los valores de* ABC. *Nos puso a todos un nudo en la garganta."*

Luego llega Giménez-Alemán para capitanear esta nave. Ambos han sido redactores jefes en la etapa de Cebrián. Surgiría, como tantas veces las debilidades de la condición humana, la despedida de Giménez-Alemán, a la manera de la milicia:

"Yo, desde la primera posición de saludo." Joaquín se iría después con la nostalgia del marinero, saca su pañuelo, lo agita al viento, tras una larga travesía, en la nave de sus sueños.[8]

Testimonio 5

ADIÓS, SERRANO: EL PERIÓDICO CAMBIA DE SEDE

Qué lejos este edificio moderno y funcional del viejo palacio de Serrano 61, lleno de sueños y de historia... El viejo edificio de Serrano, nacimiento y vida del antiguo acorazado periodístico, dársena mayor de un superviviente a los azares de la historia, panadería mayor de la noticia. *ABC*, Serrano 61, Casa grande, casa mayor de la noticia, paso de hombres, *"hombre inteligente como un periódico. Lo sabe todo. Lo que sabe cambia cada día",* según Elías Canetti. Gracias a esa Casa, *"todos somos víctimas del periodismo",* afirma Enzensberger y es así, lo que ha significado y significa en nuestras vidas, es tan perfecto como el calendario egipcio. De alguna manera, regía y grababa hechos en nuestra memoria, en un calendario muy singular.

Qué lejos este edificio, ahora en la calle rotulada con el nombre de Juan Ignacio Luca de Tena... Si don Torcuato levantara la cabeza, no podría creerse, por ejemplo, que el papel ya no existe, prácticamente, que las rotativas —la sala de rotativas— parece de cine. Que la teja ya no existe, ni el plomo, que la hechura del periódico en nada se parece al que nacía en el palacio de Serrano.

Cuando don Torcuato pensó en Serrano, era extrarradio de la Corte, alfoz y campo. Ir hasta allí, en la época, era casi una aventura. Hasta que la ciudad fue tomando cuerpo y se iba extendiendo poco a poco, lentamente. Decir adiós a Serrano 61 era hacer llorar al corazón, romper con un amor de muchos años, en fin, un trauma. Ahora bien: el diario crecía, la Redacción se hacía más grande; la de huecograbado estaba por un sitio; la grande, por otro. La Casa era un dédalo de pasillos y ascensores medio ocultos. Arriba, *Blanco y Negro*. Pasamos, en tiempo de obras, en la biblioteca, a la sombra y bajo la mirada del Fundador; y como todo crecía, se fue ampliando y la Redacción se hizo muy grande, una sala inmensa, desde donde se veían los tejados de Madrid y sus gatos como un dibujo surrealista de Goñi.

La planta de abajo, el llamado "paso de los carros": cuando se metían por un lado y salían por otro. Ahora los camiones tenían que hacer largas y complicadas maniobras, interrumpían la circulación. Por la noche, las furgonetas casi taponaban Serrano a la altura del diario.

Había llevado tiempo buscar un solar ideal donde levantar el viejo acorazado periodístico; y se habían visto solares cercanos a Madrid. Corría el año 1972, vivía

[8] Conversación del autor con Joaquín Amado.

don Juan Ignacio y, descartados unos terrenos en la carretera de Burgos, Prensa Española adquiere, en 1974, el solar de Barajas, a un tiro de piedra del aeropuerto y de Madrid. Cuarenta mil metros cuadrados por los que la Casa paga la hoy ridícula cantidad de noventa millones de pesetas.

Ahora el desplazamiento resultaba difícil; Madrid no se había estirado como un chicle de cemento. Cuando *ABC* llega a la calle Josefa Valcárcel, hoy Juan Ignacio Luca de Tena, la Standard era el único edifico que había. Antes en Barajas se tiraba el *Dominical* y los redactores jugábamos los domingos un partidito de fútbol en los muelles actuales.

ABC entraba en un diario de cine: sala.de rotativas, las tres alemanas MAN para Madrid y una para la edición de Sevilla, y cada una hasta 160 páginas tamaño normal hasta la llegada de dos nuevas MAN para Madrid y otras tantas para Sevilla, a más velocidad que las anteriores, digo, de cine, y el nuevo formato a cuatro columnas, a las puertas del año 2000. Llevar el diario a estos muelles mesetarios no fue tarea fácil. Fernando Barandiarán, hijo político del marqués, arquitecto, realizó los planos. Guillermo Luca de Tena quiso traerse los símbolos arquitectónicos de Serrano 61, tres especialmente, tres espacios que daban a este edificio funcional un toque mágico. No podía faltar, por ejemplo, la biblioteca, testigo de la noche literaria de los "Cavia", "Luca de Tena" y "Mingote"; tampoco el patio andaluz y el despacho de don Torcuato.

Lentamente la Casa se ha ido quedando huérfana, fruto de la época y de las necesidades económicas de la empresa. Jubilaciones anticipadas y, por tanto, pactadas, de una plantilla de 2.500 personas en el año 1963 se ha pasado a mil. Para la empresa, el ideal económico es una plantilla de 850 personas.

El edificio histórico se vendió a Plataforma 61, una sociedad inversora, y cómo no sería la obra de restauración —que Juan Manuel, como digo, no reconoce nada— y cuál su precio, para que, al final, Banesto se quedara con el edificio y *ABC* recuperara una inyección económica muy sustanciosa. Mil kilitos nada más y nada menos. Ese centro comercial por el que muchos recuperan, como románticos proustianos, parte del tiempo perdido, un espejo al que acuden para verse en el tiempo ido y subir las escaleras y sentir la emoción abecedaria.

Testimonio 6

ROSA OVEJERO: LA NIÑA QUE LEÍA *ABC;* LA NIÑA DE LA HUELGA

Nacida en el pueblo abulense de Becedas, en la cercanía al de Luis Calvo, Rosa Ovejero, la niña que, cada día, espera como un juguete *ABC*, la niña que lee *ABC*, la niña que sueña con *ABC*, Rosa Ovejero espera, con ansiedad, el ejemplar que le trae el mundo, se lo acerca a un pueblo aislado. *ABC* entra en la casa del médico, después lo leen las fuerzas vivas. Rosa lo espera como si se tratara del joven de sus sueños, lo lee y relee con afecto y despierta su vocación periodística. Rosa cree, únicamente, en lo que se imprime. Para ella, *"ahí hay verdad"*.

Rosa, bonitos ojos, atrapados por la lectura abecedaria, Rosa y sus sueños periodísticos. Quizás lo recuerde, sin duda, cuando sube las escaleras de mármol, pizarra de pasos donde se escribe la historia. Según sube recuerda los ratos adolescentes de sus ojos con la lectura abecedaria.

Rosa viene a *ABC* con su faltriquera económica, es una chica romántica y a la par pragmática, conoce las miserias campesinas, viene a *ABC* de la mano de Javier Ayuso, que sustituye a José Luis Carrascosa. Javier Ayuso, gran tipo y profesional. Javier llega a *ABC* con Anson, procedente de la agencia *Efe*; y forma un equipo económico para competir, con gente como Rosa, José María Urquijo, Vicente Clavero, Franco Oliván. Este equipo realiza un buen suplemento. Rosa está feliz y se siente libre, periodísticamente hablando. Rosa es de izquierdas y se lo ha dicho a Anson, como quien recita un credo particular. En la segunda edición, en ocasiones, le tocan alguna información. Ante esta contingencia, pide que se quite su firma.

Discusiones con Anson —Luis María no entendía que, a veces, la peseta estuviera fuerte por el dólar. Para Anson la culpa se debía a la debilidad de la peseta. Durante su permanencia, recuerda la ley de las Cajas de Ahorro y la postura del diario frente a la politización de la misma. Especialmente, Rosa recuerda la huelga, a la que ella se suma como único miembro de la Redacción, huelga en la que el periódico falta tres días a su cita con los lectores. En esa época trabajan mil empleados en la Casa, cien son periodistas. El Sindicato Único es mayoritario y Rosa está ausente, esos días de su silla y su mesa. Rosa permanece con los huelguistas, en las asambleas, en la puerta, pasillo humano por el que entran a trabajar.

Momentos antes de que finalice la huelga, hacia las cuatro de la tarde, Rosa vuelve a su mesa y a su silla y espera, inútilmente, que le llegue el trabajo, porque, previamente, ha asistido al fin de huelga. Ha visto y oído cómo todos están dispuestos a sacar el diario a lo largo de la tarde y parte de la noche.

Mientras espera órdenes de trabajo, entra Luis María en la Redacción y, a voz en grito, dice: *"Por fin, mi querida Rosa, has vuelto a trabajar. Sólo la gente como tú es consecuente como tú."*

Entonces, los compañeros se acercan a ella, la rodean, rompen su aislamiento. Memoria de Rosa, en sus gozos y en sus sombras, la marcha de Javier Ayuso, su ausencia y orfandad... Recuerdo de Rosa, cuando baja las escaleras de mármol, y vuelve a sentirse la niña que fue, se acuerda de los "abecés", los que espera como el mejor juguete para sus ojos.[9]

---

9 Conversación del autor con Rosa Ovejero.

Testimonio 7

LORENZO CONTRERAS ACUÑA EL TÉRMINO "CONGRESO DEL PESEBRE"

ABC y los columnistas, musgo crítico en los recuadros, Lorenzo Contreras cita matinal con los lectores, durante la etapa de Anson, para levantar sus manos del teclado de redondas y cursivas, cuando Luis María deja el diario y Lorenzo se queda un poco huérfano. Elogios para la etapa ansoniana, halagos simples, comedidos, normales. Lorenzo, muy a gusto y cómodo, acodado a la ventana matinal.

Lorenzo Contreras conoce muy bien las penalidades de la posguerra española, en el seno de su familia, la pérdida del padre. Lorenzo y su vivencia infantil en una Ronda muy lejana de los versos de Rilke, horrores de la contienda, influiría en su pensamiento escorado hacia la izquierda. Lorenzo Contreras tiene problemas durante el franquismo, en *Informaciones*, toques políticos por las autoridades del Régimen. Lorenzo había pasado por la *Hoja del Lunes* y heredaría la última página de Pedro Rodríguez. Se siente a gusto en *ABC*, columna firme, en la que se apoyan sus lectores.

Durante su estancia en el alféizar de Serrano 61, escribe la palabra "pesebre" con motivo del Congreso Socialista, calificativo que no agrada a los socialistas, especialmente a Felipe González. A raíz de ello, rifirrafes e intentos de querella, evitada gracias a la mano intercesora de Javier Solana. En un acto, Felipe González tiene el detalle de darle la mano y se disculpa. Lorenzo, sin embargo, está herido y eso respira, al menos, con cierta gente de *ABC*. No obstante, subraya la caballerosidad de Guillermo Luca de Tena. No siente que el aire fresco dejara de llegar a su ventana, sino por la manera con que se le cerró, y cómo se le cayeron los folios.

Testimonio 8

MÁRQUEZ REVIRIEGO, EN SU "BURLADERO"

Columnistas de *ABC*, el periódico, en un principio, tarda en abrir la ventana del columnismo, las "firmas" como notarios de la actualidad. Víctor Márquez Reviriego, onubense y culto, hombre de la revista *Triunfo*, agnóstico y sentimental, hombre de izquierdas, llega a *ABC*, se cita cada día con la actualidad, la interpreta y la quiebra con el natural de su prosa, dosis de humor e ironía, desde su "Burladero".

Antes de escudarse en su columna, Víctor se presenta a los lectores como un embajador en la "tercera", dos "terceras", pagadas, según dice Darío Valcárcel, a precio de Areilza, es decir como se le abonan al escritor y político.

Víctor viene/venía, de cuando en cuando, por la Redacción, acude a ver a Calvillo, por ejemplo, paisano y ex director de *Odiel,* Víctor deja en ese diario sus primeros afectos periodísticos. Víctor tiene querencia a Serrano 61, sabe que el diario es liberal e historia. Como columnista, confiesa que de las muchas líneas escritas *"no me han tocado ni una sola letra; únicamente en una ocasión que cito al director* —Anson— *para bien y borra su nombre".*

Víctor llega, pues, a *ABC* con la consigna de que hay que ser respetuoso con Dios y el Rey, llega después de una cena con Anson y Losantos. Curiosamente, en esa cena, Víctor se encuentra con un camarero de la cafetería Morrison, camarero que ha servido el aperitivo en la fiesta de la legalización del Partido Comunista. Su llegada no nace en esa cena, pero hay coqueteos. *El País* aprecia su firma y quiere que colabore en sus páginas. Darío ha pensado en él para *ABC.* Siete de septiembre de 1993, día de gracia para este periodista andaluz, que desembarca en la Corte; y viene como Azorín y como tantos: a la conquista de Madrid. Recuerda su estancia inicial en el despacho de Ángel Antonio González, al que entrega su primer artículo.

A su casa acude un motorista diariamente a recogerle el artículo; en alguna ocasión lo envía por fax. Víctor anda por el mundo de presentaciones de libros, siempre buscando unas píldoras para enriquecer su columna. En una exposición de Toral se encuentra con Alfonso Guerra. Los dos se conocen de los tiempos de Sevilla, cuando Guerra tiene dieciocho años y a Márquez Reviriego le sorprende la voracidad lectora del socialista en la Casa Americana. En la exposición está también Guillermo Luca de Tena y se saludan. *"Te quería dar las gracias* —dice Guillermo a Reviriego— *porque escribas en* ABC; *ese es tu sitio."* Otro día encuentra a Guillermo en Las Cortes y descubre su curiosidad, lógica, por conocer a "Pasionaria".

Día tras día, Víctor deja caer el ingenio, las hojas de redondas y negritas en el campo tipográfico *ABC,* sin faltar un solo día. El día 7 de septiembre de 1993 —ingresa un siete y se marcha un siete de septiembre—, Emilio Contreras lo llama por teléfono; la nueva dirección ya no cuenta con su ingenio y la columna que levanta cada día, la que leen los más variados lectores, que recibe cartas de Serrano Suñer y de la nietas de Eduardo Marquina, Natalio Rivas y Canalejas.

Amante de la Historia, un día sueña con la cátedra de su amigo y maestro Luis Díez del Corral. *"Víctor: No tenga usted pena por no haber heredado mi cátedra* —le dice—; *si usted supiera cómo se ha puesto la Universidad. La cátedra que usted tiene en* ABC *es mucho mejor que la que podría tener allí."*

Víctor se siente muy orgulloso de su río abecedario, por el que su pluma fluía libremente.[10]

---

[10] Conversación del autor con Lorenzo Contreras y Víctor Márquez.

Testimonio 9

FERNANDO PASTRANO, PRIMER CORRESPONSAL EN CHINA[11]

Los Pastrano forman parte de una saga de *ABC*. Es natural que este muchachote fuerte, con sueños de periodista, pase por Cajas, confeccione en el período de prácticas, mientras espera a acabar la carrera. Fernando Pastrano, con dos tíos en la Casa, llega en 1971 tras conversar con Miner Otamendi; y conoce a un Miner poco comunicativo, que él achaca *"a que no le he tuteado"*. Miner era hombre campechano y sencillo. Tras el inicial fogueo como confeccionador, Fernando prosigue el camino de sus sueños, empieza a colaborar en Internacional, con temas de su predilección que no son otros que China. Años en que es difícil firmar una información, no digamos un artículo. A los cinco años de su estancia Fernando mira con ilusión su nombre impreso. Pasa por la sección de extranjero, dirigida por los Torres, Alférez, Juan-Fernando Dorrego, Alfredo Semprún, Juan Carlos Azcue, Acuña, Pérez Maura...

Su amor por China lo lleva a escribir su tesis sobre ese país y estudia la lengua. Casualidades de la vida: en 1984, un periodista chino desea conocer las técnicas informáticas para una revista. Habla con Anson, llega al acuerdo de un intercambio, Pastrano se va al país de sus sueños como corrector de estilo en la revista *China reconstruye*. Fernando ya conoce ese país, lo ha visitado en 1977. *ABC* abre su corresponsalía en la persona de Pastrano y permanece en ese país desde 1985 a 1986. Época dura para un profesional, país políticamente difícil a la hora de informar, aunque económicamente está en un buen momento.

Pastrano envía sus crónicas por telex y se desplaza hasta correos, a unos quince kilómetros, cerca de la "Ciudad Prohibida". Es feliz, esa fecha marcha un antes y un después en su vida. La "Ciudad Prohibida" no tiene secretos para él. Amigo del periodista norteamericano Einstein —toda una institución, lleva cincuenta años viviendo en Beijing—, le ofrecen un homenaje en la gran plaza del Pueblo; al mismo asiste Deng Xiao Ping. El intérprete de Pastrano es de la misma región que Deng. En el transcurso del homenaje, el intérprete saluda a Deng y le presenta a Fernando. Los tres conversan unos diez minutos. Fernando y el dirigente chino posan y se hacen una fotografía, de la que Fernando, como es lógico, está muy orgulloso.

Con tanta experiencia en *ABC*, Fernando se siente muy identificado con el diario, admira la libertad y la línea del mismo. Como a los japoneses, no le gustaría cambiar de periódico. Pastrano, viajero por el Extremo Oriente, incluso,con los Reyes a India, en una ausencia de Catalina Luca de Tena. Don Juan Carlos se acerca a conocerle y admira la pequeña máquina fotográfica que lleva. Fernando le hace una foto; el Rey está con una copa en la mano.

[11] Conversación del autor con Fernando Pastrano en la Redacción.

El muchacho, que accede al diario con veinte años, está feliz de su biografía y se siente ya un histórico, como quien ha entrado en un capítulo de la vida abecedaria.

Testimonio 10

CARRASCOSA: RELIEVE FINANCIERO EN CUATRO COLUMNAS

Con el tiempo, el diario pierde viejos "tics", se torna más flexivo, a medida de la llegada a la Redacción de periodistas más preparados y creativos. José Luis Carrascosa inicia una relación abecedaria a través del *Colorín*, colabora con Anson y este lo tiene en la agenda de fichajes. Con el nombramiento de Cebrián como director abecedario, ha de esperar; y un día suena el teléfono con esa noticia que tanto esperas; y lo llama Miguel Torres para la sección de Internacional. A las órdenes de Antonio Alférez, Carrascosa viaja por el mundo para la sección hasta que se agotan las reservas económicas del gran diario de Serrano.

José Luis hace un alto en el camino y se marcha una temporada a Bruselas, donde prepara un trabajo sobre la Unión Europea. Un día se pone en contacto con él Nemesio Fernández-Cuesta y le encarga unas páginas económicas. Con todo el ánimo del mundo, Carrascosa se vuelca en un proyecto que le encanta: una buena sección de Economía; e incorpora, por primera vez, las cuatro columnas al diario y una maqueta innovadora y moderna; páginas a las que se suman firmas como las de Jesús Cacho, Feliciano Fidalgo, Elías Ramos, Salvador Arancibia y Amancio Fernández. De esa plantilla solo queda Amancio. A los pocos meses de la llegada de Anson, por una concepción distinta de las páginas y de la economía, el grupo abandona la galera abecédaria.

A pesar del tiempo transcurrido, José Luis Carrascosa guarda un gran recuerdo y añoranza de esas páginas, páginas que impresionan a los mismos periodistas de *El País*. Qué paradoja: Carrascosa se marcha a dirigir *El Europeo* con una excedencia. En el fondo piensa que un día tal vez vuelva. Guillermo Luca de Tena lamenta su marcha. *"Si este director me da gritos a mí... Usted es un hombre de* ABC."

Vuelve a los lares de Serrano 61, una vez finalizada la excedencia y José Luis va como corresponsal del periódico a Marruecos, donde permanece un año. Hubiese estado más tiempo, pero a su hijo Borja, como a tantos otros hijos de diplomáticos y periodistas, le afectaba el clima húmedo, y contraían bronquitis.

Hassan II llama a Don Juan Carlos

Carrascosa, Tomás Cuesta y José Alejandro Vara dan un aire nuevo a *ABC*. Son los tres mosqueteros —así se les llama— de aquellas páginas "Al día", en el año 1976, que hacen al diario más moderno, más juvenil, más atractivo, en suma.

José Luis nunca olvidará su permanencia en Marruecos y las luchas con el ministro del Interior. Este sabe vida y milagros del nuevo corresponsal, que transmite sus crónicas a través de un portátil pequeño. Hasta dónde llega el celo de las autoridades que le cortan la comunicación en situaciones del más puro surrealismo. *ABC* apoya la españolidad de Ceuta y Melilla y las autoridades marroquíes tratan de controlar los medios informativos. El propio Hassan II en las ruedas de prensa, cuando pregunta un periodista español, responde en francés; habla, sin embargo, muy bien castellano.

En ocasiones, el Rey alauita llama a Don Juan Carlos y le pide que le cambie el corresponsal de *ABC*; y se queja del periódico. Don Juan Carlos piensa que su primo cree que un Monarca cambia un corresponsal así por las buenas. Carrascosa está en Marruecos en 1987. Un día, a la vuelta, un directivo del diario no está a la altura de las circunstancias y Carrascosa escribe una dura carta a Anson. Después, su vida transcurre por otros medios; y, a pesar del tiempo transcurrido, Carrascosa siente *ABC* como un veterano jugador siente los colores de su camiseta. En este sentido, *ABC* imprime carácter o lo imprimía; y es como si aquella Casa dejara algo de sus telarañas en el ánimo de los que se marchan, aunque se vayan enfadados.[12]

Último periodista retado a duelo

En un proceso de modernización, *ABC* crea, en colaboración con la Universidad Complutense, el máster en Periodismo, bajo la dirección de un histórico periodista, Enrique de Aguinaga, siempre vinculado al también histórico diario *Arriba*. Aguinaga es el último periodista retado a duelo por Manuel Valdés Larrañaga, amigo de José Antonio Primo de Rivera. La circunstancia ocurre en el año 1958 a raíz de una información publicada en el diario de la Falange y que firma Enrique de Aguinaga.

La familia del duque de Veragua, descendiente de Cristóbal Colón, inaugura unas instalaciones muy modernas en su finca toledana de “El Molinillo”. Al acto acuden, entre otras personalidades, tres ministros, entre ellos el de Trabajo, José Antonio Girón, quien pronuncia unas palabras. En su información, Aguinaga recoge fielmente las palabras de los oradores, palabras en las que se alude al paternalismo de ciertos patronos.

Cuál no es la sorpresa de Aguinaga cuando, apenas ha salido el diario a la calle, el director de *Arriba* recibe una carta del duque de Veragua, en la que se pone de manifiesto que no está de acuerdo con lo que se escribe en esa información. Ismael Herraiz llama a Aguinaga, le muestra la carta y lo convence de que no se publique. El convencimiento de Herraiz se fundamenta en que las palabras por las que se siente ofendida la familia Veragua las ha pronunciado el propio Girón y que él recoge.

[12] Conversación con José Luis Carrascosa.

En vista de que la carta no se publica, Manuel Valdés llama a Aguinaga con el fin de que rectifique parte de esa información; y si no lo hiciera, lo reta a duelo, acción que, naturalmente, está prohibida y pertenece más al periodismo romántico que a una actitud fascista. Tras dimes y diretes, Aguinaga acaba en el despacho de Valdés; y cuál no es su sorpresa —él piensa que qué pinta Valdés en este asunto— cuando, al entrar en su despacho, se encuentra con el duque —que llegaría a Almirante y sería asesinado por ETA en un atentado. Pues bien: Valdés actúa porque está casado con una Veragua y se siente ofendido por algo sin importancia. En ese encuentro, se le recrimina a Aguinaga por la información publicada. No hay otra comidilla de conversación en el Club de Golf que la referida información. Días después, el periódico publicaría una publicidad de las mejoras efectuadas en la finca, y que, sin duda, no apagaría el duelo fogoso del viejo amigo y uno de los fundadores de Falange.[13]

[13] Charla del autor con Enrique de Aguinaga, amigo, paisano y profesor.

Capítulo III

GIMÉNEZ-ALEMÁN, DIRECTOR ENTRE LA TRADICIÓN Y EL SIGLO XXI

UNA CARRERA PERIODÍSTICA EN *PRENSA ESPAÑOLA*

"Donde falta la información, crecen los rumores."
Alberto Moravia

Adolescente que lee *ABC*, sueña con él en su casa de la Puerta de Purchena, casa de análisis clínicos, el doctor don Francisco Giménez Fernández, su padre, hombre ilustrado. En una de esas estancias espera Francisco Giménez-Alemán —Paco para los amigos—, la llegada de *ABC*, la edición de provincias, el sueño que cubre sus ratos de ocios, biblia de evangelistas de redondas, Pemán y González-Ruano pasan y conviven en su espíritu, adolescente literario, enamorado poéticamente de García Lorca, sueños en sus estudios de Granada, Paco empieza a ver el mundo por los ojos de las metáforas, lo descubre como un Paul Éluard almeriense en el susurro de la Alhambra, se desprende del ambiente provinciano para entrar en la constelación mágica de la creación, mira el ambiente a través de los prismáticos bien pemaniamos, bien de Foxá, bien de Ruano, la "Penúltima hora", el diario que entra en su vida, en sus horas como un devocionario, Kempis laico y ecuménico.

Así *ABC* entra en Giménez-Alemán y Paco entra en *ABC*, sin que uno y otro sepan que, un día, se convertirán en una pareja bien avenida. Paco tenía escrito en las estrellas este libro singular de papel, borgiano "bagatelas de minucias", timonero mayor del viejo acorazado de noticias, remero en la galera desde las vías de aguas, joven en prácticas llega a Serrano 61, a las órdenes de Lorenzo López Sancho en la Redacción de huecograbado.

Amigo de López Sancho

Sin duda de aquí nacería la amistad de Paco y Lorenzo —trabajan en *Marie Claire*, hasta el adiós final de López Sancho, y un obituario alemaniano al escritor maragato—; y Giménez-Alemán sube las marmóreas escaleras, históricas escaleras de Serrano 61, hará un alto en el camino ante el espejo inmenso donde se miran Azorín y tantos otros, escucha el sonido de sus pasos sobre la tarima del pasillo, mira con asombro el patio andaluz y acaso piense en los versos de Machado —*"mi infancia es un patio sevillano..."*—, no oye, sin embargo, los pasos sobre la alfombra inmensa de los Stuik, sus sueños se van convirtiendo lentamente en realidad.

Recuerda a su padre y la amistad colegial entre don Francisco y don Rogelio, hombre grande, ingenio e ingeniero de la maquinaria del periódico; y ahí comienza el reto, la carrera, la seducción de quien, como un maratoniano periodista, quiere ver su frente coronada de laureles de papel, de hacer realidad el corazón abecedario y sellarlo como un versículo del *Cantar de los Cantares*.

Paco nacía y se hacía en la Casa y, como un Guadiana, pasa por las distintas secciones, como divertimento "Mundomóvil", que le permite viajar y disfrutar de los coches, el banco de pruebas de la Redacción de noche —redactor jefe— de la mano de Cebrián Boné —para quien tiene palabras de afecto. Recuerda las noches sobre ese yunque de noticia y sus ecos, la muerte de Franco. Giménez-Alemán deja, para el museo de *ABC*, la teja y el cartón de esa madrugada histórica, y otras tantas noches cuando España es una olla caliente, abierta a la esperanza regia —el editorial de la proclamación de Don Juan Carlos escrito por José Luis Martín Descalzo—, Paco es templado aunque los nervios vayan por dentro, pero lo disimula y transmite serenidad.

Compartimos vivencias, el ambiente de una época, cuando Emilio Romero y su "gallo" mantenían rivalidades con Campmany y su "pajarita" o lo que es lo mismo *Pueblo* y *Arriba*, los viejos sindicatos y Falange; esas vivencias y aquella resurrección del dominical de *ABC* con las firmas de Aranguren, Tovar... En este sentido, es justo señalar el atrevimiento de Giménez-Alemán por incorporar y abrir el periódico a firmas liberales.

Compartimos también el frenesí y la aventura de las primeras elecciones municipales, su moderación, aires nuevos que entraban por los ventanales de Serrano y la Castellana. En su cucaña abecedaria, subdirector con Guillermo Luca de Tena y los sobresaltos de la Transición, el golpe de Tejero..., y el Sur, el Sur es más que una metáfora, como quien toma el timón y navega Guadalquivir abajo con el barquito de papel de la edición sevillana, año 1984, un reto más, una vuelta a su tierra, los nuevos nudos de *ABC de Sevilla* de 34.000 a 72.000 ejemplares en 1996.

Crece *ABC* como la marea y crece también el Partido Popular bajo la dirección de Arenas: de 26 a 44 diputados. *ABC* articula la derecha andaluza y su influencia en esta sociedad es extraordinaria, hasta el punto de que un personaje importante socialista le dice: *"Querido Francisco: convéncete de un hecho cierto; la mayoría absoluta la tienen el Partido Socialista y* ABC."

ABC de Sevilla habla inglés

Recuerda la efemérides de 1992, nuevas naves, nuevas rotativas, una edición diaria en inglés. *ABC* de Sevilla dobla la tirada, se consagra: 150.000 ejemplares.

Recuerda también el día de la boda de la Infanta Elena, la creación de un póster de los novios, póster que figura en los comercios sevillanos y alaba Don Juan Carlos. La boda y, cuando los comensales salen, se encuentran con una edición especial, memorable.

ABC liberal, que Paco abre como un abanico para que en él expresen sus opiniones cuantas corrientes del pensamiento lo deseen: desde la derecha a la izquierda. Esa estancia andaluza tiene un desenlace feliz cuando, el día 5 de septiembre de 1996, este hombre, muchacho en el pasado almeriense, el chico que soñaba con *ABC*, recibe el "placet" de Guillermo Luca de Tena y ambos se funden en un abrazo, en ese despachito en el que figuran don Torcuato, don Juan Ignacio y don Guillermo. Giménez-Alemán y Guillermo Luca de Tena han sido los dos únicos directores que han llevado una carrera plutarquiana, en lo que a capitanía del barco abecedario se refiere.

Este hombre, amante del tren, machadiano de la llanura manchega, pasa mucho tiempo entre Sevilla y Madrid, Madrid y Sevilla, sobre esas dos líneas de hierro, tiempo de pensamientos y cavilaciones. Admira a don Torcuato, el Fundador, y a Juan Ignacio, ejes férreos de la carreta volandera de papel, guarda en sus afectos a Guillermo y su tríptico de "caballero, leal y bueno"; a Catalina y Soledad...

En Madrid, lejos de la marisma, le espera el reto del siglo XXI y piensa, discurre, planifica estas hojas becquerianas "Juguetes del viento son", las que entran como un rapsoda por debajo de la puerta, las que comparten mesa y mantel, el amigo que tomamos de la mano y vemos y revemos, nos forma, nos informa, nos entretiene. *ABC* que entra en casa, el que llenaba sus horas libres, por el que veía el mundo, carta magna, atlas mayor del tiempo y de la condición humana.

Durante unos meses, Giménez-Alemán vive para que su amigo de papel sea más paulino, hombre de su tiempo, incorporado a las nuevas técnicas, que una tarde me dijiste: *"Aquí ya no hay papel";* y era como de ciencia ficción, que don Torcuato se hubiera llevado las manos a la cabeza de haberlo visto, y don Juan Ignacio, y don Fernando, y don Rogelio.

En estas cavilaciones, Giménez-Alemán tiene claro, como quien ve nítidamente el lago de papel, el alma de don Torcuato, el humo sagrado del incienso y la nube de aroma que asciende e inunda esta catedral renacentista del periodismo. Todo esto como un dogma de fe, mientras el diario entra en la rueda del siglo XXI, unos centímetros más de alto y otros de ancho, Luis María se marcha, dice adiós tras dejar la nave varada y Giménez-Alemán lo releva al frente del timón, en días procelosos: asesinato de Miguel Ángel Blanco, la muerte de lady Di y la madre Teresa de Calcuta, la tarea apasionante de cada día, los apoyos de Guillermo, Catalina y Soledad, el honor que tiene y siente como undécimo director, mientras recordamos el día en que Felipe González —allá por 1982— asiste a un coloquio en el despacho del Fundador y, en el fondo, aparece la imagen del busto de Alfonso XIII; otra en las vísperas de las elecciones del 99 y la entrevista que le hiciera Cándido en la calle Pez Volador, años antes, mientras Carmen Romero cose...; y el *Cultural* y María Luisa Blanco, la portada de Eduardo Arroyo, la firma de Rafael Sánchez Ferlosio...

Todo quizás se le agolpe en la película de su memoria a este hombre de Gutenberg, ahora en la imagen de las parabólicas, en este despacho abierto al alfoz madrileño, entre no sé cuantos monitores, cuántos rostros... aquel chico que espera el tren correo en Almería y le trae un amigo que lo visita cada día y se llama *ABC*.[14]

Testimonio 11

EMILIO CONTRERAS: HOMBRE DE ANSON, DE GOBERNADOR A SUBDIRECTOR

Hijo de un notario de Almería, Emilio Contreras estaba seguro, cuando cursaba estudios de Derecho, que no estaba llamado para el mundo jurídico, y un día descubrió que su camino estaba en el periodismo. En su casa entraba *ABC* y estaba familiarizado con las firmas de la época. No obstante, antes de asomarse al mundo de la actualidad, cursó estudios en la Sorbona y, de esta suerte, adquiría una formación jurídica. Emilio Contreras es "hombre de Anson" y lo recalca como quien está segurísimo de su amistad y admiración hacia este director de semanarios y diarios. Toda su singladura periodística corre plutarquiana con la de Anson, si hacemos dos paréntesis en los que Emilio es gobernador civil en Ávila y en Santander con UCD.

Siendo muy joven queda fascinado por el verbo de Anson en una conferencia y, durante la milicia en Robledo, tiene el atrevimiento de sacar a ciclostil copias del artículo de Anson, "La Monarquía de todos", por el que secuestran *ABC* y manda esas hojas desde la estafeta del campamento con el riesgo que ello implica. Él vive con Anson la primera apertura abecedaria, el aire nuevo, el colorido dominical del Suplemento, el primero de la prensa española, con aquella fotografía "maravillosa" de Carmen Sevilla en la portada. Así asiste a un viento fresco, a plumas que dejan su huella en *ABC*, bien sea Salvador de Madariaga, Bertrand Russell y otras. Emilio vive esa etapa en que en España "todo es política".

"No creo que lleguemos a los 'Cavia'." Petición al Rey

Con la llegada ansoniana en febrero de 1983, Emilio Contreras vuelve a Serrano 61 como jefe de colaboraciones y adjunto a un proyecto de televisión privada, que no cuaja. Recuerda los números especiales, los recuadros de Anson, que los introduce en la prensa nacional, las firmas diversas como Enrique Múgica, Marcelino Camacho, Ricardo Gullón, el recuadro del iconoclasta Julio Cerón; y señala la tarea

---

[11] Conversación del autor con Giménez-Alemán en su despacho de *Telemadrid*.

impulsora de Anson en ese período en el que *ABC* está en crisis. Un día, a primeros del mes de enero, dice Guillermo Luca de Tena: *"No creo que lleguemos a los 'Cavia'."* Anson lucha por obtener créditos y se los concede Escámez y consigue un avance de publicidad de El Corte Inglés de 700 millones de pesetas. También es importante la ayuda de Juan de Herrera, marqués de Viesca de la Sierra.

Guillermo lucha denodadamente porque este viejo acorazado no se hunda y llega a hipotecar su casa y pide ayuda al Rey. En una audiencia espera a que Don Juan Carlos llame a Leopoldo Calvo Sotelo con el fin de que se le conceda al diario una ayuda técnica, pero Juan Antonio García Díez, vicepresidente económico, no se la concede. En UCD no están contentos con el comportamiento del diario, pues se ha metido bastante con el partido de Centro y, ahora, le pasa factura.

Emilio hace editoriales y, en esa etapa, Gabriel Cisneros es uno de los grandes editorialistas del diario. No duda Emilio en calificarlo —todo lo contrario— *"como un excelente editorialista que adjetivaba como nadie"*. Cisneros escribe el editorial donde sea, incluso en el coche. Subdirector de opinión en la etapa de Giménez-Alemán, recuerda a otros editorialistas abecedarios como Ignacio Sánchez Cámara, Luis Ignacio Parada y José María Ortiz, ahora en el gabinete de Ruiz Gallardón. La etapa de Giménez-Alemán la califica de más sosegada e independiente, y la tensión se suple con el análisis. Conoce muy bien Emilio Contreras los entresijos de las sucesivas etapas abecedarias, y los sueños de grandeza de algunos dirigentes, la adquisición de televisiones y radios, que merman, notablemente, la capacidad económica del diario, hasta que un día, con harto dolor de su corazón, dice adiós a una Casa, que ha sido un poco suya, porque un periódico es algo singular que nos pertenece a todos, algo tan abstracto y, a la par, concreto; y Emilio, ante las circunstancias, vuelve a la empresa privada y al mundo de las ondas, como contertulio en el programa de la *SER* "Hora 25".[15]

Testimonio 12

J. A. VARA: VIDELA HABLA DEL CATOLICISMO DE *ABC*

Rostro de niño, José Alejandro Vara lee, cada día, el periódico de la Editorial Católica *Ya*. Este diario es el que entra en casa. ¿Por qué? Porque su padre, José Vara Finez, ejerce la crítica de arte en el *Ya*. Su hijo, sin embargo, cambia de Casa periodística y llega a Serrano 61 con *Le Monde* bajo el brazo, animado por José Luis Carrascosa con quien trabaja en *Actualidad Económica*.

Tras una charla con Antonio Alférez —al que denomina maestro—, Vara se incorpora a la sección de Extranjero y, desde su llegada, durante cinco años, viaja

[15] Charla del autor con Emilio Contreras en el hotel Ritz.

como enviado especial por los países de Iberoamérica y hace una entrevista al general Videla tras la guerra de las Malvinas; y le habla de los regímenes represivos de Iberoamérica.

Es una entrevista tensa, de dos horas, en la que Videla comenta sus principios católicos y las raíces católicas de *ABC*. También entrevista al presidente mejicano López Portillo. Para Vara, *"hombre soberbio"* y seductor en el trato personal. El tema de España lo trata con cierto resquemor.

Con la llegada de Anson, Vara le pide una corresponsalía y Luis María le ofrece la sección de "Al día", unas páginas de juventud, que da a *ABC* un aire juvenil, de contacto con nuevos lectores, de abrirse a una nueva generación. Por esas páginas, pasa la gente artística de la movida madrileña de la época del alcalde Tierno —Carlos Berlanga, entre ellos. En la sección de "Gente", aparece un día "Dios" y se arma un gran revuelo, un escándalo, pero Anson no dice nada. Esas páginas de "Al día" dan nervio y atractivo al huecograbado.

La soledad de Borges

Un año después de la llegada de Anson, Vara se marcha de corresponsal de *ABC* a Argentina. El histórico Pedro Massa está muy viejecito y el director quiere cubrir informativamente tanto ese país como el resto del Continente. Esa marcha de Vara a la capital argentina coincide con la llegada, por parte de *El País*, de Martín Prieto.

En Buenos Aires permanecerá José Alejandro cinco años. Es una ciudad a la que Vara quería ir desde hacía años, desde que descubriera a Borges; y en Buenos Aires se cumplía ese sueño. Vara conoce a un Borges solitario, poco antes de que aparezca en su vida María Kodama, un Borges que siempre espera a alguien; y Vara pasa muchos ratos con él, y a la una del mediodía le acompaña a un "boliche" argentino, confitería, donde el escritor siempre toma pasta y zumo de naranja. Así nace entre ambos una amistad. José Alejandro habla de Borges con deleite y con delicadeza, sin presumir, ahora que los amantes de la prosa y la poesía se sienten tan borgianos.

A Borges no le agradaba nada el peronismo y, en pleno juicio de los militares argentinos, asiste un día de la mano de José Alejandro y otro compañero periodista. A unos tres metros del general Videla, Borges, contempla atónito, asiste a una sesión de cinco horas de juicio. Vara lo recuerda como una estatua y unos gestos de cara al oír hablar de secuestros, raptos, algo inolvidable.

Para el *Cultural* le haría una entrevista. Esa estancia es muy rica en la vida de este periodista. Trata, además, a Bioy Casares, Roa Bastos —Anson le pide firmas—, César Arias, Rodolfo Rabanal; y crece con una generación de escritores, el grupo de la revista *Sur* de Victoria Ocampo. Es un mundo apasionante y que Vara recuerda con gozo. Asiste, además, a la llegada de Alfonsín y su estancia bonaerense coincide con la caída de los Regímenes dictatoriales de Pinochet en Chile, y los militares de Uruguay y Paraguay.

A la Reina Sofía le roban la capa

José Alejandro recuerda la llegada de los Reyes a Argentina, la información que hace, él y su equipo, para el diario, la recepción a los Reyes en la Embajada de España, el momento en que se marchan y no aparece la capa de la Reina, alguien que se la llevaría; y esa desaparición entra en la leyenda argentina.

Tras su estancia bonaerense, Vara se incorpora a la Delegación del diario en Cataluña, en Barcelona, principio de los años noventa. Tomás Cuesta necesita gente pensando en el reto del 92 y ahí permanece Vara casi nueve años. Lo llama Giménez-Alemán para el nuevo proyecto del diario y Vara coordina el cambio de las tres a las cuatro columnas. *ABC*, un poco catalán, autonómico, signo de los tiempos, edición que se imprime —se tira según el argot— en las rotativas del grupo Zeta.

Vara dirige *Blanco y Negro*, pone en marcha una serie de suplementos: el de salud, televisión, *Los Domingos de ABC*... hasta esta función actual, menos periodística, como director de comunicación del Grupo Correo-Prensa Española, este histórico de Serrano, en el alfoz extensivo de la prensa y las urbanizaciones, sigue con su cara de niño.[16]

Testimonio 13

CARLOS RODRÍGUEZ-MARIBONA, UNA VIDA EN EL DIARIO

Como otros muchos periodistas, Carlos Rodríguez-Maribona Dávila llega a *ABC* por la vía de las prácticas, bautismo en las aguas periodísticas, en la histórica Redacción de Serrano 61. Hoy subdirector, Carlos Maribona, como le llamamos, viene ya de la Facultad de Ciencias de la Información, lejos del aprendizaje de las Escuelas de Periodismo, y viene gracias a los buenos oficios de Nemesio Fernández-Cuesta, el histórico, no el actual, con quien la familia de Carlos mantiene lazos de viejo parentesco.

Más tarde llegaría su hermano Óscar y trabajaría en Opinión. Uno le recuerda, como si lo estuviera viendo, en la sala grande de Redacción, en Serrano 61, la que sustituiría a la histórica, lo veo escribiendo una nota crítica, con máquina, muy cercano al despacho de Darío Valcárcel. Óscar nos diría adiós, tristemente, un adiós a la vida, en plena juventud.

Hecha esta digresión, curiosamente Carlos conoce la vivencia del periódico en el sosiego de la noche —siempre relativo en el ajetreo de un diario—; y llega en 1981. Carlos Maribona, en contra de lo usual, va destinado, como un chico lleno de sueños, a la Redacción de noche, una Redacción que crea Giménez-Alemán, íntima

[16] Conversación con Vara en la Redacción.

y familiar, de contadísimos redactores, atípica, *"un poco autista",* como la define Maribona, porque la noche en un periódico tiene un cierto sentido de guardia, de "Última hora", página final donde cabe todo y se metían los postreros coletazos del mundo o de España.

Intimidad de la noche

Esa Redacción tiene el aliento de los últimos estertores románticos, máxime si por ella vaga el ínclito Camilo Murillo, bohemio y soñador, autor de obras para café teatro, noctívago donde los hubiere, que llega o va a *Radio Nacional de España* con una carterita y unos estímulos alcohólicos; y Camilo Murillo mezcla el coñac con el café y la coca-cola, hace guardia bajo los luceros de plomo y comparte esas horas, pues con Carlos Maribona, Juan Pablo del Campo, Fernando Pastrano, otro lobo de la noche, amante de la platina donde hornea Antonio Garrido. Aún hoy Carlos Maribona recuerda con nostalgia y afecto aquellas horas del viejo Serrano, aquellos afectos con la gente del taller, que se comparte viandas y risas entre los Carra, los Navarro, los Ovidio y tantos hombres del oficio artesanal del periódico, cuando *ABC* es muy de artesano, de plomo y tinta.

No es de extrañar que Maribona sienta la lágrima de la nostalgia, pues en ese reino oscuro de la noche pasa nada menos que siete años, que son muchos años, en un ambiente reducido, una Redacción que no conoce, prácticamente, los avatares de los hombres de la mañana y la tarde, Redacción un poco de apéndice, dicho sea con respeto y afecto, descolgada del bullicio ardiente de las siete de la tarde, por ejemplo. Redactores que se iban con el alba, el periódico en la mano, el esfuerzo recogido en páginas; y ese ritual noctívago lo recuerda, como si fuera ayer, Carlos Maribona entre este sol que se cuela en su despacho, donde figura un retrato del Fundador y una imagen en la que aparece el Rey Alfonso XIII en la sala de rotativas, acompañado por Don Torcuato.

ABC, visado por la censura

En ese recodo romántico y sepia, Carlos Maribona recuerda que no se podía salir, es decir traspasar la garita del portero con el periódico, si no se tenía, previamente, el visto bueno de la Censura, sí de la Censura, que hasta el portero velaba porque no saliera un solo ejemplar si este no llevaba el sello censor. Todo esto ocurría cuando aún andábamos pisando la dudosa luz de las mañanas de la Transición, que lo recuerda muy bien Carlos, que aún estaba vigente la Censura, además del coche de la Casa, que llevaba a los últimos redactores a su morada, un "mil quinientos" familiar, y Eusebio Durán, el conductor, trasladaba y velaba por la seguridad de alguna redactora.

Esto lo recuerda muy bien Carlos Maribona, y los buenos ratos de la noche, y el asueto de unas partidas de cartas —cerrado el periódico—, que alegraban y hacían más corta la vigilia en el viejo acorazado. Recuerda, además, la llegada de Luis María Anson en febrero de 1983, su desembarco de marinero albertiano en la arena de papel, veleros de papel azotados por los alisios de las prisas, las ganas de Anson de conquistar todos los puertos, y recuerda esa inicial singladura con cariño, un *"Anson que venía a comerse el mundo y nos arrastraba a todos, y nos transmitía entusiasmo, y nos sacaba el doscientos por cien, y veíamos resultados"*. Anson lo nombra jefe de la sección local, *"y vivimos los primeros años de Leguina, las campañas contra él. A veces comíamos con el presidente madrileño y Anson le engatusaba"*. Recuerda la aparición de la colza y cómo nace la sección de Sanidad y Consumo, gracias a esta epidemia.

Anson le hace después, en 1984, jefe de Huecograbado, etapa para él, *"angustiosa. Anson llevaba el hueco muy personalmente y escribía los pies de foto, además de elegir las portadas; y despachaba todos los días con él; y le conocí muy bien, tanto en sus manías como en sus virtudes"*. Recuerda su paso como redactor jefe de continuidad cuando tiene veintinueve años y Luis María apuesta por una Redacción de jóvenes, el incidente de un articulito: "Requisue se casó", en el que Blanca Berasátegui se siente aludida y su paso al frente de Nacional, las llamadas de Luis María a las ocho y media de la mañana, a su casa y la bronca cuando algo había salido mal.

Después, en 1986, aparece en el escenario del periódico Joaquín Vila como redactor jefe y, este nombramiento, trae consecuencias en la vida y carrera de Carlos Maribona, que pasa por ciertas frustraciones y exilios interiores, tras la sima que abre en la Redacción el citado nombramiento. Carlos pasa por cargos surrealistas, ve en tres ocasiones a Luis María y vive junto a Manuel Adrio un año de burócrata en la Secretaría de Redacción, dos sin hacer nada.

Recuerda 1992 y dos números especiales: el dedicado a la Expo 92 y a los Juegos Olímpicos, obra suya, que, gracias a ellos, Carlos recupera su *"razón de ser"*; y la cercanía de Tomás Cuesta, en *Blanco y Negro*. Es Tomás quien quiere que siga allí y, durante dos años, Carlos Maribona anda por el mundo, recorre el mundo en asiduos viajes para el periódico, etapa que no duda en considerarla la *"más feliz"*.

De la Edición a subdirector

En 1995 nace el departamento de Edición, integrado por diez personas, entre ellas Ventura Gilera y Luis Prados de la Plaza. Carlos define esta estancia *"como un pelotón de castigo"* y no deja de ver en ella, sin embargo, como director de edición, un trabajo muy importante para el periódico. En Edición trabajan, además, dos filólogos, uno de ellos es la hija de Lázaro Carreter y Carlos valora mucho la tarea realizada, el cometido de sus integrantes, leen el periódico de manera exhaustiva, analizan los contenidos y los titulares.

En su etapa inicial, *El País* cuenta con un departamento de edición bastante amplio. El de *ABC* desaparece con la llegada de Giménez-Alemán, quien trata de recuperar a redactores en otras tareas, darles un cometido más rico.

Carlos Maribona recuerda la última etapa ansoniana y una Redacción muy dividida entre sus incondicionales y sus adversarios, *"cuando Luis María preconizaba, precisamente, una unión. Esa última etapa de Anson, según mi criterio, es muy complicada y azarosa, de portadas muy tremendas como la del general Rodríguez Galindo".* Etapa que coincide con el desembarco de Francisco Giménez-Alemán, crónica de un desembarco anunciado. Giménez-Alemán ha dirigido *ABC* de Sevilla y viene como director adjunto ante la animadversión de los fieles ansonianos. Desde su atalaya, Giménez-Alemán espera, pacientemente, la marcha de Anson y, en ocasiones, asiste a los consejos de Redacción, y su presencia se limita, exclusivamente, a escuchar.

Entretanto, Luis María está incorporado y dispuesto a capitanear *Televisa*, el imperio televisivo del mejicano Azcárraga, con tan mala suerte que "El Tigre" muere y Luis María deja su cargo y saca el periódico *La Razón*. La salida de este diario le viene muy bien a Giménez-Alemán, pues muchos abecedarios, cercanos a Anson, dejan *ABC* para incorporarse al nuevo proyecto. También, según Maribona, esa deserción beneficia a la Casa.

Ilusión y frustración

Como tantos otros redactores, reciben, con ilusión, la llegada de Giménez-Alemán para capitanear la nave de *ABC*, tan en su galera. Maribona, entre ellos. *"Yo colaboraba en las páginas de 'Mundomóvil', que dirigía Paco. Fue una lástima, pero me defraudó.*

Pienso que desaprovechó una coyuntura muy favorable. Tenía la Redacción entregada, pero él se mantuvo distante y lejano. Además, su llegada coincide con la de Nemesio Fernández-Cuesta, un presidente ejecutivo, lleno de ideas, impulsor y dinámico. Hay, además, otro problema: el cambio tecnológico. En el editorial 'Grandes esperanzas' se citaba a Rimbaud: 'Hay que ser absolutamente moderno.' Y, en fin, hay que ser moderno, porque ABC *lo ha sido desde aquel lejano 1903, cuando con insólita novedad nació a la Historia del Periodismo con una clara vocación como rotativo gráfico y literario."*

ABC entraba en otro siglo con el proyecto informático "Lanza 2000", el nuevo diseño de Milton Glaser y las rotativas Euroman imprimían hasta 65.000 ejemplares por hora. Hubo fallos y el diario aparecía, reducido a cincuenta y seis páginas, excesivamente débil, llevado y deshojado por el viento de la marea en las playas.

Apoyado en y por José Alejandro Vara y José Luis González Besada, Giménez-Alemán no admite crítica alguna en lo que al nuevo proceso tecnológico se refiere. La caída de ventas del periódico resulta alarmante y la editora Catalina Luca de Tena lucha, entre la preocupación y el denuedo, por aliviar la caída de ventas del periódico.

Todo esto lo recuerda muy bien Carlos Maribona desde la atalaya de su luminoso y funcional despacho, muchas horas en la Casa, pegado a la noticia y el mínimo "ocio" de unas clases en el CEU y su crítica gastronómica. Así descansa del ritmo del mundo y recobra el paisaje de su Asturias "patria querida"[17].

[17] Conversación con Carlos Maribona en su despacho del periódico. He compartido afectos y gratitud por sus detalles.

Parte octava

NUEVA SINGLADURA COMO GRUPO CORREO PRENSA ESPAÑOLA (2000)

Capítulo I

ZARZALEJOS, UN DIRECTOR "ATÍPICO" DE *ABC*

DE *EL CORREO* A UN DIARIO EN CRISIS[1]

"El hombre dispone de dos fuerzas para vivir: el olvido y la esperanza."

Blasco Ibáñez

El niño con recuerdos de una calle zamorana, la rúa de los Notarios, el niño bilbaíno y un poco mesetario por la rama materna, la madre monárquica, el padre fiscal con añeja ascendencia vasco navarra, lleva esa estampa verde y mar del País Vasco en su *"patria de la infancia"*, que diría Rilke, y toda una vida en la vera de la ría, asomado al ventanal de las redondas y negritas, a las columnas de periódico *El Correo* —que dirigía—, tan vinculado a sus horas, al discurrir de sus días periodísticos, este vasco sereno y meditabundo, amante de las soledades, ahora en este despacho sencillo y funcional del viejo acorazado de Serrano 61, la bandera española, un retrato de don Torcuato, viejos grabados de *Blanco y Negro*, el óleo de un paisaje, fotografías de Zarzalejos con Juan Pablo II, con Felipe González, recuerdos, al lado de la Redacción, porque a José Antonio le gusta compartir las horas con la infantería de las letras y las noticias, y está en un recodo de esa inmensa nave de ordenadores, tan distinta y distante de la de Serrano 61, ahora *ABC* más

---

[1] El día 9 de septiembre de 1999, la Casa dice adiós a la historia, a gente que ha estado unida a ella, que ha crecido periodísticamente entre los muros de Serrano 61. Atrás van quedando los históricos, si exceptuamos a José Luis Cebrián Boné, hombre no de *ABC*, que venía de fuera, lo mismo que este bilbaíno de 45 años, José Antonio Zarzalejos, abogado y periodista, director editorial del Grupo Correo, muy vinculado a publicaciones vascas, veinte años en Euskadi, ahora en Madrid, premio Luca de Tena y Godó.

Zarzalejos es hombre al que le gusta el rigor de la información. El nuevo director tiene como interlocutor en La Moncloa a su hermano Francisco Javier, secretario general de la Presidencia del Gobierno. Su llegada al viejo acorazado periodístico de Serrano 61 se produce en la renovación abordada por el actual presidente, Nemesio Fernández-Cuesta. La Casa ha invertido más de 10.000 millones de pesetas en equiparse tanto industrial como técnicamente. Nemesio Fernández-Cuesta ha sido durante dos años el número dos del ministro José Piqué al frente de la Secretaría de Estado de Energía y Recursos Minerales.

Esta incorporación de Zarzalejos tendrá, sin duda alguna, gran repercusión en el devenir del viejo acorazado periodístico. En un mundo de fusiones, Zarzalejos es hombre ideal para la que será una gran simbiosis con Prensa Española, entre Nemesio Fernández-Cuesta y Alejandro Echevarría, consejero delegado del Grupo Correo. Ambas empresas mantenían, desde hace cinco años, una buena relación que incluía un intercambio accionarial del uno por ciento; han adquirido, por separado, un cinco por ciento de la cadena *Cope*.

transatlántico, más americano, más de nuestros días, más parecido, por ejemplo, a la Redacción del *New York Times*, moderno y centenario, como quien conserva la esencia, la pátina del tiempo y adquiere otro *look,* otra imagen.

Este periodista ya rezaba *"la oración laica de la mañana",* que decía Hegel, cuando era un crío, porque en casa entraba *ABC*, se leía *ABC* —José Antonio disfrutaba con la lectura de las "terceras" de Pemán, Manuel Halcón y otras firmas; y se aleja temporalmente de las páginas abecedarias hacia el año 1983. Naturalmente que lee la prensa bilbaína, de una manera preminente *El Correo*, diario que José Antonio vive con intensidad en ese rincón paradisíaico de España, salpicado de verde y sangre, comprometido con la esencia de su pueblo, pues como lo vería Unamuno, por ejemplo, rico y diverso.

Así que José Antonio Zarzalejos ha venido a la "Corte de los milagros", a lo que, antiguamente, se decía la *"conquista de Madrid",* y deja entrever en sus palabras, o yo así las percibo, una estampa de amor y nostalgia de caserío y música de Guridi y busca el mar como Leopardi: *in mare, il mare e no pensare a niente.* Lleva, pues, en esa paz que desprende de confidencialidad, de hablar quedamente, como quien transmite sosiego, ese *"sosegaos, pues",* que Felipe II pedía a sus súbditos. También lleva muy dentro el drama de su pueblo, esta calle, este atentado, esta muerte como una representación macabra sobre un fondo verde y un oleaje de mar agitado.

Al timonel de la nave de *ABC*, José Antonio Zarzalejos se confiesa como un director "atípico" de *ABC*. En efecto: no ha trabajado en la Casa, es el más joven en el reinado de los directores, es bilbaíno, y ha dirigido otro acorazado importante en la prensa regional como es *El Correo*. Por eso, su dirección al frente de *ABC* "es singular".

La noche previa a que su nombre figurara en la mancheta del diario, cena con Nemesio Fernández-Cuesta, la editora Catalina Luca de Tena y el presidente honorario, Guillermo Luca de Tena. En el transcurso de la misma, como quien se siente depositario del legado periodístico de don Torcuato, le dice Guillermo: *"José Antonio:* ABC *es un periódico que tiene un profundo sentimiento monárquico como la mejor fórmula de Estado para España; un periódico que cuida el valor de la unidad de España, fiel a la Constitución de 1978; un periódico que pregona los valores del humanismo cristiano; un periódico, en suma, radicalmente independiente, con un sentido universal de la cultura por encima de cualquier ideología."*

Guillermo: "Hombre de lealtades"

Y este dogma de fe lo lleva el director a la práctica, en una armonía con los editores, para quienes no tiene más que palabras de elogio. *"Por encima de un negocio* —dice—, ABC *es un proyecto editorial con unos criterios fundacionales, que se van renovando con el tiempo, pero una esencia que siempre permanece"*, y lo extiende para Guillermo Luca de Tena, al que califica de *"personaje de lealtades"*, un "patriarca" del que destaca *"su enorme coherencia. Cuando nos referimos a él, surgen las difíciles singladuras de esta nave periodística, de sus malos momentos y del papel relevante que juega este nieto de don Torcuato, como perseverancia"*.

Ha hecho el director de *ABC* un alto en el camino, un paréntesis tras una reunión y su estancia en la gran sala de la Redacción, una Redacción de la que él se siente muy satisfecho, que acogió muy bien su llegada, en un momento delicado de la Casa, una Redacción que no duda en definirla de ilusionada.

José Antonio desembarca en el muelle periodístico de la calle de Juan Ignacio Luca de Tena, con la ilusión de quien alcanza un sueño, de quien conquista algo, de quien siente dirigir esta gran nave periodística. Atrás ha dejado mucha parte de sus horas en el Grupo Correo, primero como director, después como editorialista del Grupo. Pero a Zarzalejos le gusta más tomar el pulso a la actualidad con el fonendoscopio de la dirección que a través de los análisis reflexivos que conlleva la tarea del editorialista. Vamos: que José Antonio tenía, dicho sea en un término muy coloquial, "mono" de periodista, coger el mundo en sus manos, saber qué pasa y cómo, sentirlo y, hasta cierto punto, padecerlo.

Así llega a este trasatlántico periodístico, tras un "agosto, augusto y lento", en que, como él dice, los *"listillos"* hablan de que se ha reunido en Las Playetas —zona cercana a Vinaroz, donde veraneaba el Presidente Aznar y Nemesio Fernández-Cuesta. Se dice, se comenta que allí tiene lugar una reunión con el José María Aznar y con Nemesio Fernández-Cuesta. Nada de esto es verdad. Ese mes de agosto de 1999 es duro para *ABC*, duro y frustrante, reducida la paginación a cincuenta y seis páginas, tras un cambio tecnológico importante. Ese mes de agosto en que bajan las ventas de una manera alarmante y *ABC* pasa por una encrucijada. José Antonio contaba, en esa fecha, cuarenta y cinco años de edad y estaba en plenitud de vida, varado en la arena de los editoriales del Grupo Correo. José Antonio había tenido ofertas periodísticas y, en el mes de julio, ya sabía que estaría al frente de la nave abecedaria. Su incorporación se llevaría a cabo hacia el mes de noviembre o diciembre.

Llamada urgente de Nemesio para dirigir *ABC*

Ahora bien: esa súbita caída de lectores, esa agonía pronta de *ABC*, ese déficit de ventas, la mala situación del diario, precipitaría su llegada a la calle Juan Ignacio Luca de Tena. El día uno de septiembre de ese año de gracia de 1999 recibía una llamada de Nemesio Fernández-Cuesta y, esa llamada, iba a cambiar su vida. Nemesio quiere cenar con él y le habla de la urgencia en el cambio de la dirección del periódico. El diario tenía una imagen plana y, en este punto, José Antonio tiene un respeto para Giménez-Alemán —a quien sucede—, con quien ha mantenido siempre una buena relación. Ante la caída súbita de ventas del diario y la mala marcha del mismo, Nemesio ha de tomar una decisión urgente. Este, además, ha convocado a la Junta de Fundadores para el día 7 de septiembre; de ahí las prisas.

Por su parte, Zarzalejos es consciente de la decisión que toma y la estela que deja en el Grupo Correo, tan en sus afectos como en su tarea periodística, y así aparece su nombre en la mancheta del diario. Todo esto lo recuerda como si acabara de ocurrir, a pesar de que ha cumplido al frente del timón tres años. Recuerda bien esos días, el periódico deprimido que encuentra, la ilusión de los redactores, el apoyo de la editora Catalina Luca de Tena y del presidente Nemesio Fernández-Cuesta. También recuerda la travesía de medio año cuando aparece la condición humana, la mala cara de ella, y lo mueven el sillón varias personas, dentro y fuera de la Casa.

Ahora, tras esta singladura, puede hacer un balance de cómo ha cambiado el diario —y él habla siempre de la ilusión de la infantería de las letras y las noticias, es decir de los redactores. Con él, se anuncia la "tercera" en portada, palco mayor del periodismo español, se ha centrado la cabecera histórica de tres letras, ingenio de don Torcuato; la Redacción se ha estructurado e incorporado nuevas firmas, la secciones se han rejuvenecido "y hemos recuperado el terreno perdido". Sus palabras desprenden ilusión con los cambios visuales y temáticos en *ABC*.

Gran tarea del Grupo Correo

Oh, *"las palabras de la tribu",* que diría Mallarmé, esas maledicencias de corrillo periodístico, *"insidias"* en palabras de Zarzalejos, cuando, algunos, al referirse a *ABC*, aluden al periódico de los vascos en tono peyorativo, o en una acepción de tono cuasi despectivo; y esto le duele, en cierto sentido, porque José Antonio Zarzalejos sabe muy bien lo que ha significado y significa el Grupo Correo en el País Vasco. El papel que ha jugado y juega constitucionalmente este Grupo, cómo otra familia vasca saca adelante un proyecto editorial y lo extiende, con éxito, por toda España, y se remonta Zarzalejos a la relación que ha existido entre la familia bilbaína y los Luca de Tena, vieja relación, una trayectoria histórica que desemboca en un interés empresarial común, una fusión lógica por muchas razones, entre ellas, la de mercado, en la que Guillermo Luca de Tena pasa a ser el primer accionista individual del nuevo Grupo con un nueve y medio por ciento y los antiguos administradores de Prensa Española alcanzan hasta un veintidós por cien del nuevo Grupo.

Está seguro José Antonio de que *ABC*, a medio plazo, podría navegar tranquilamente, pero su singladura, con el transcurso del tiempo, correría peligro, de ahí que nazcan las fusiones: *"Cómo unas empresas se unen a otras."* En este sentido, para Zarzalejos, el Grupo Correo ha asumido lo que significa *ABC* y él vela, mientras sea director, para que la esencia, esa historia y filosofía que corre por el cauce abecedario, se mantenga fiel al ideario fundacional, acorde, naturalmente, con la evolución de los tiempos.

En lo estrictamente personal, Zarzalejos se confiesa como un amante de la soledad, que reparte y comparte su tiempo con la familia, practica el golf: pasea, lee ensayo e historia, también novela; y, acaso, soñar con la estampa verde de su País Vasco, los paisajes de Zubiaurre, el país querido y compartido entre la hermosura y el sufrimiento, entre el gozo y el llanto, la añoranza del caserío como una "saudade" entre los versos de Unamuno y la musicalidad de Guridi. Recuerda el "11S", la edición extraordinaria del periódico, otras efemérides, la muerte de Cela, las noches de los "Cavia". Cae la tarde, José Antonio volverá a la Redacción, horno grande de la noticia, pan matinal de la actualidad.[2]

[2] Conversación con José Antonio Zarzalejos, en su despacho de *ABC*.

Capítulo II

SANTIAGO CASTELO, LÍRICO ENTRE EDITORIALES

SUBDIRECTOR ENTRE ESCRITORES Y "TERCERAS"

"Leemos el mundo al reves y nos lamentamos de no comprender nada."

Rabindranath Tagore

José Miguel para los íntimos; Castelo para todos, "paisa" para los que compartimos el mismo sol, la misma luna y el mismo agua, porque, como dice la copla, *"el pozo es medianía"*. Santiago Castelo es un lírico, un endecasílabo, un poema en el velero de papel de la calle Serrano, amores adolescentes en los días largos de su Granja de Torrehermosa, flechazos de sol entre José Miguel y *ABC*, espejo de redondas y negritas, como un lago, narciso sepia de *ABC* que deslumbra sus retinas, catón grande, ábaco mayor de quien sueña con la corona de papel. José Miguel recuerda, como si acabara de ocurrir, el día de la muerte de la abuela María Luisa, él con quince años, pena grande mientras lee *ABC*, el amigo de tantos ocios, que entra en casa, como un vecino indefinible, los domingos y fiestas de guardar. Por eso, cuando acaba los estudios en la Escuela Oficial de Periodismo —que no hay dudas en él marañonianas, el expediente más brillante en todas las escuelas— el "González Ruiz" y lo dice con cierto rubor —es el de José Miguel.

Ahora es él quien devuelve la visita al vecino tan amado, llega a Serrano 61, sube las escaleras regias, se mira en el espejo, escucha sus pasos sobre la tarima, observa el patio andaluz y recuerda la infancia de Machado, mira a los ordenanzas y remira las estancias de este templo mayor de la noticia, donde viene a oficiar latines de actualidad, imágenes del mundo y de España; y no olvida el verano de 1970, su sueño convertido en realidad.

Aún veo a José Miguel en la niebla de la memoria por la gran sala de Redacción, hace sucesos con Aguirre, conoce la Casa y los menesteres múltiples del diario, una entrevista a Miguel Muñoz en el Bernabéu, este lírico que haría mejor una oda o un poema, aunque no le gusta el fútbol, y hace, además, toros, en una tragedia lorquiana de un torero muerto en las Ventas.

Santiago Castelo, todoterreno, esponja de la vida, olfatea el mundo y España entre el ruido de chicharra del teletipo, el primer artículo, el que leería y releería entre la incredulidad y el sueño, "Siete espigas bajo el sol", un canto a La Granja de Torrehermosa, estampa que José Miguel lleva sobre el pecho como un escapulario, la torre de la iglesia, *"que no puedo olvidar"*, como la canción, el paisaje abierto, el estro y la musa brotan como petunias en su jardín de nardos, el acento extremeño imperecedero, su voz de tenor.

José Miguel necesita la tierra y la tierra a él, la tierra extremeña, cantarla y escuchar los mirlos, verla con un Paul Éluard de estío, alimentarse de un mundo de estrofas; y algo similar creo que le ocurre con *ABC*. José Miguel es *ABC* como *ABC* es José Miguel; hay entre ambos una simbiosis, un espíritu compartido, una esencia, una empatía con la familia Luca de Tena. Santiago Castelo trata a Juan Ignacio, y a Torcuato, y a Guillermo y, a Catalina, y a Soledad, y, de esa cercanía, recoge la antorcha y mantiene la luz del pebetero de *ABC*. En Serrano 61, José Miguel ha hallado su camino, ha montado su tren de Machado, la vereda de espacios entre las columnas abecedarias y *"poesía cada día"* juanramoniano.

Escrituras a mano de Pemán, García Gómez, Caro Baroja...

A estas alturas —treinta y dos años en la vida del diario, subdirector lejano— dos generaciones para Ortega, José Miguel ha visto el paso del tiempo como quien ve diariamente pasar por el mar de su retina un velero de papel, donde se refleja la agitación y la mansedumbre del mundo y España. Toda una vida en el Hueco, días y años de imágenes, de que tiemble el mundo, España, de sosiego y lirismo, también, de quien vive y convive con las metáforas, asomado al ventanal grande de las colaboraciones, la ojiva de la "tercera", que tan bien conoce; y sus vidrieras con colores de Pemán, *"escribía a mano. También escribía a mano García Gómez, ¡qué letra tan bonita!, y Caro Baroja, y Eugenio Montes y su letra estupenda"*. Castelo conserva estos originales como quien guarda una reliquia. El sabe lo que significa la "tercera", y que habría gente que pagaría por asomarse a este alféizar de redondas, y el valor de la tradición como la escritura de Julián Marías y Alfonso de la Serna, históricos y eternos, literarios, que riegan de metáforas la yedra cuadrangular de las páginas; y busca una combinación entre los históricos y los modernos, al compás del tiempo. Sabe que *ABC* ha sido, es, un diario de vates, Ángel María Castell, Manuel Machado, José Carlos de Luna, Gerardo Diego, Sánchez Mazas, Luis Alberto de Cuenca, el propio Juan Ignacio y Torcuato.

Borges, Zambrano y amistad con Cela y Lorenzo Vilallonga

En Opinión, ha convertido la escritura en la voz del diario, no, no es su voz la que canta preocupaciones por las esquinas del diario; es la voz de *ABC*, su esencia y presencia como un Zubiri sencillo que desciende al entendimiento de la calle, editoriales y editoriales, seis veranos en Mallorca, la del mar y la de adentro, la de Marivent y su información sobre la Familia Real, la calma del puerto, charlas largas y matinales con Don Juan, largas y amenas, del regio lobo de mar, marinero en tierra y mar, su libro *Siurell,* la amistad con Robert Graves, el redescubrimiento de Cela y su amistad en muchos ratos de Palma y el amor celiano por Extremadura, la amistad póstuma con Lorenzo Villalonga y la devoción por su viuda Teresa Gelabert.

Recuerda a un Borges, solitario y sentado, en una sillita, en la recepción en el Palacio Real con motivo del Cervantes, y José Miguel se acerca a él, le descubre su acento y le habla de Gabriel y Galán, y Borges le recita "El ama", *"nosotros* —dice— *lo sabíamos de memoria y lo recitábamos en las escuelas argentinas".* O José Miguel y su lucha por recuperar firmas y lo que le cuesta, por ejemplo, que colabore en *ABC* María Zambrano, terca y tozuda, hasta que sale Extremadura a relucir; y María Zambrano se rinde porque su padre era extremeño y deja su artículo en las páginas abecedarias.

José Miguel "viste" *ABC* como quien saca su capa del armario del tiempo. Yo lo recuerdo no sé si como un Carrere de hoy, y algunas frases suyas como, al tomar un taxi, decirle al conductor: *"Lléveme al Ministerio de la Guerra",* donde ahí haría la milicia, bajo el color lírico de López Anglada, cuando le coge el asesinato de Carrero y José Miguel está en *ABC.* Él "viste" *ABC* y "viste" la Academia de Extremadura, con el frac puesto desde el otero del palacio de Lorenzana, como un conquistador de cursivas, arriba en el otero, abierto a la llanura, remero de barcas entre dos orillas, habanero y universal, extremeño y abecedario, llega agosto, observa un paisaje de espigas y reza, devotamente, "la oración laica de la mañana", y a lejos del sepia grabado en su retina.

Templo de una religión extinta

"Su despacho de ABC —dice Prada— *es el templo de una religión extinta, y hasta allí vamos, como penitentes necesitados de confesor, quienes nos resistimos a claudicar a la pujanza de los nuevos cultos, impuestos por decreto, para engolfarnos en una conversación por la que discurren, como fantasmas benéficos, Pemán y González-Ruano, Azorín y Camba, Montes y Foxá, aquella panoplia de genios modestos que se inmolaron en la urgencia del artículo y se consumieron en su chisporroteo, para mayor gloria de* ABC*. Santiago Castelo recibe en mangas de camisa (incluso levemente remangado, como si se dispusiera a repartir bendiciones o sopapos), con su barriga de escritor sedentario en/ajada por un chaleco que le transmite un aspecto entre aristocrático y bohemio. Cuando uno lo ve detrás de su escritorio, tecleando una crónica o pasando las hojas de los periódicos con las yemas de los dedos manchadas de tinta (porque* ABC *mancha mucho las*

yemas de los dedos, y por esas manchas se transmite luego a la saliva el veneno de la literatura), uno siente una especie de instantáneo alivio, y da las gracias a Apolo por permitir que las musas hayan abierto embajada en una Casa ya casi secular que sin Santiago Castelo sería como una casa deshabitada de su mujer fuego. Santiago Castelo mantiene encendida en ABC *la llama nutritiva de la literatura, la llama benigna de la tolerancia estética, la llama inextinguible de las tradiciones que merecen conservarse (ya nos dijo Rubén que había que ser muy antiguos y muy modernos a la vez), la llama reparadora de la hospitalidad sin doblez, la llama sagrada de un periodismo* —finaliza Prada— *que brinda su mano limpia a la poesía.*"[3]

[3] Comida y charla con Santiago Castelo en un restaurante del viejo Madrid.

Capítulo III

"LOS LUCA DE TENA SEGUIMOS MANDANDO EN *ABC*"

GUILLERMO LUCA DE TENA: ESENCIA Y PRESENCIA DEL FUNDADOR

"La historia de los padecimientos de esta Patria es la historia de su gloria."

Ulises Francisco Espaillat

Qué lejos y desaparecido el despacho de Guillermo Luca de Tena —don Guillermo en la Casa—, en Serrano 61, en el recodo del inicio del pasillo, antes del patio andaluz, a la salida del ascensor, casi frente al de don Torcuato... Aquel despacho, su secretaria María Jesús, don Guillermo, alto y pelo blanco, como un chopo crecido en la ribera de este río de papel, como quien vigila este faro informativo. Ahora, Guillermo Luca de Tena, en la nueva Casa —calle Juan Ignacio Luca de Tena— ha querido ser más esencial, más hereditario, más *hereu*, como diría un jurista catalán, más comprometido con la herencia del abuelo, con la saga de una noble familia, vigilante mayor del espíritu abecedario, porque un periódico tiene alma en su cuerpo de papel, tiene la palabra —lo dice *ABC*, comenta la gente, como si se tratara de un dogma, al menos en otro tiempo—, y se ha instalado en un despacho centenario, el famoso "confesonario" de don Torcuato, lugar de encuentros y fallos de los premios "Cavia" y "Luca de Tena", el despacho con el busto de Alfonso XIII, obra de Benlliure, despacho que recuerdo vigilaba en Serrano Julián, el bedel y, con gran nobleza, sacaba una de las muchas llaves y lo enseñaba como una reliquia, una obra de arte, y el cuarto de baño, el espejo y el burro pintado, obra de Xaudaró y el letrero: *"Ya somos tres."* Es ese despacho en el que un día, el "Patrón", don Juan Ignacio observa cómo llora Azorín la ausencia de don Torcuato.

Guillermo Luca de Tena —don Guillermo para la gente de la Casa—, es consciente, desde este faro grande del viejo acorazado periodístico, lleno de recuerdos familiares, cartas del Rey Don Juan Carlos, sabor a otro siglo, como si se adentrara uno en otra estancia, digo que Guillermo Luca de Tena es consciente y depositario de este océano de papel, olas de redondas y negritas, tras la mesa, la pátina del tiempo, de quien se siente heredero de la gran obra del abuelo, quien oye, como una caracola la tempestad de las rotativas, y lleva, en su memoria olfativa, un perfume de tinta. Cerca de él, en la planta noble, el gran despacho de Catalina, su hija, coloquial y amistosamente Cata, editora, y Soledad, la otra hija, más en la sombra, asesora en cuestiones económicas y vicepresidenta. Cata ha seguido mucho los viajes de los Reyes, que, hasta en esto, el diario ha querido cuidar su amor por la Monarquía y ahora Cata vela por la esencia y presencia del apellido en el registro de las rotativas.

En la Casa han tenido el buen gusto de rescatar y trasplantar símbolos de la época de don Torcuato: el patio andaluz, por ejemplo, este despacho, la biblioteca. Maderas nobles, los modelos escultóricos del Fundador y su hermanastro don Fernando. En realidad, piensa Guillermo Luca de Tena, el abuelo no contó cómo nace el título del diario, esas tres letras claves y rápidas, ideal para un título de periódico, tan en la retina y en la memoria de los españoles, tan simple, pero tan penetrante. En Sevilla existe una calle, en el barrio del Arenal, que se llama calle del "Abc", reportaje que se ha publicado en el diario y consta ese nombre de una manera sencilla y humilde. No duda don Guillermo que el Fundador conociera esa calle y que el nombre de la misma le inspirara el del diario.

Innovador y liberal

Don Guillermo repasa, brevemente, la vida de don Torcuato, densa, muy rica; y señala, especialmente, cómo *"separa su dedicación política de sus obligaciones en la empresa periodística, de la que fue, sin duda alguna, pionero en España, porque la innovó en todos los sentidos, tanto en lo tecnológico como en el sentido ético".*

ABC lleva a gala definirse como un periódico conservador liberal y, de ello, está seguro Guillermo Luca de Tena: *"En la Casa no hemos pedido a nadie su filiación política para trabajar y ahí están las firmas que lo corroboran."* Para el nieto de don Torcuato, *"el éxito inicial del diario nace con lo gráfico y la incorporación del huecograbado del que es pionero* ABC, *porque el abuelo hace grandes inversiones tecnológicas, siempre en la vanguardia de los grandes inventos, especialmente en maquinaria y en impresión, naturalmente, la fotografía, tan valiosa. Por sus páginas han pasado los grandes pintores, dibujantes, ilustradores, una lista larga y nombres como los de Sancha, Bagaría, Xaudaró, Penagos... El fondo es considerable: cincuenta mil dibujos, un tesoro".* En el centenario el público se enriquece con estas esencias artísticas.

Don Torcuato lucha por la profesionalidad del periodista y quiere que a quien publica un trabajo se le pague; y así procede. El sueldo mínimo era de cincuenta duros. Por ejemplo, cuando ingresa Luis Calvo en la Casa, en 1927, percibe setecientas pesetas mensuales como redactor. Recorre Guillermo Luca de Tena, como protagonista de la historia abecedaria, los hechos más curiosos de la larga vida del diario y recuerda cómo se niega Wenceslao Fernández-Flórez a tomar el tren y marchar a Barcelona para informar de los sucesos de la Semana Trágica, cuando el humorista gallego mantenía una opinión distinta a la de *ABC*. Ahora bien: Don Torcuato le conminó: *" '¡Te vas ahora mismo en mi* Rolls, *te informas, vienes a mi despacho y cuentas lo que has visto!' Y así lo hizo."*

Corresponsales y escritores bajo la censura

Recuerda, además, la nómina de corresponsales, elogios para el gran José María Massip, los González-Ruano, Sánchez Mazas, Montes, Sentís; y el elenco de la "tercera", Pemán y tantos otros, las dificultades de Gregorio Marañón y Pérez de Ayala, a quien su padre, don Juan Ignacio, ayudó a regresar de un largo exilio en Argentina, y a Alejandro Casona. No puede, por menos, de aludir a la censura, tan fuerte con *ABC*, tan castigado: *"Podría escribirse un libro. Mi abuelo expulsó de su despacho al embajador inglés cuando pretendía que* ABC *defendiera la participación española en la primera Guerra Mundial. En nuestra contienda, el periódico fue incautado y, durante los tres años, se editaron dos ediciones distintas; una en Sevilla, zona nacional y la otra en Madrid, feudo de los republicanos, quienes nos arrebataron el periódico. Entonces interrumpimos la numeración del periódico y la repusimos después contando con los ejemplares editados durante esos tres años de contienda. ¿Los directores de ese período? Hubo de todo. Honrada la postura de Elfidio Alonso."*

ABC, en su larga historia, ha tenido problemas: *"Mi padre padeció la política informativa en la etapa de la Dictadura de Primo de Rivera, tanto con la censura como con las notas de inserción obligatoria; y no digamos la censura en la época de la República y los espacios en blanco; y lo mal que lo pasa mi padre, su estancia en la cárcel Modelo, acusado del asesinato de un taxista, el taxista que nunca existió... También el artículo contra Gil-Robles, de inserción obligatoria, 'El apuntalador de la República'. Mi padre se entera de su publicación al comprar* ABC *en Guadalajara, cuando venía de Barcelona. Al llegar se armó una gorda y lo destituyeron del cargo de Presidente y vocal de Prensa Española y, al día siguiente, los periódicos españoles daban la noticia en primera página. En esos primeros años, también se nos acusó hasta de masones. Censura diaria, la noticia de Beria, previamente censurada y Torcuato que no hace caso, la publica y lo destituyen hasta que, vuelve a la dirección con la llegada de Fraga, como ministro de Información y Turismo."*

ABC ha pagado multas, ha sido secuestrado, ha tenido restricciones de papel...

Guillermo tiene un recuerdo especial para la labor de Ramón Pastor y su lucha contra la censura. A su abuelo no llegó a conocerlo, pues tenía sólo dos años cuando el Fundador fallece, pero le ha interesado mucho su vida y siente admiración por él. Sobre su padre, Guillermo confiesa que, gracias a él, fue posible la restauración de la Monarquía en España, *"a la que hemos servido en tantos años difíciles. Yo mismo padecí los malos avatares del Régimen y quisieron expulsarme de la Universidad.* ABC *ha defendido siempre a la Monarquía* —prosigue Luca de Tena—, *el mejor sistema para España. Siempre hemos entendido que lo primero de todo para nosotros ha sido el bien de España y, después, la Monarquía".*

La tarea del Fundador va más allá del campo estrictamente periodístico, le interesa lo social y Prensa Española funda la Casa de Nazaret con el fin de albergar en ella a los huérfanos de periodistas, *"una idea que desarrolla mi abuelo, quien deja un millón de pesetas para este fin benéfico, Patronato que preside el Cardenal Arzobispo de Madrid. Al fundarse, era, únicamente, para huérfanas de periodistas. Prensa Española ha sido una empresa muy avanzada en lo que respecta a lo social: da a los trabajadores una participación anual de beneficios, antes de que el régimen instituyera la paga anual. Sus setecientos trabajadores venían cobrando últimamente nuestra pensión y la de la Seguridad Social. Aquella la suprimimos por un fondo de pensiones".*

"No se nos puede imponer un director"

Oteador desde este faro de la Historia, la singladura de la nave, temporales, tiempos de calma, ahora la fusión con el Grupo Correo, "ABC *es una sociedad* —señala— *que pertenece al grupo Correo-Prensa Española",* y, ante los rumores de que *ABC* pierda influencia ante la fusión —Guillermo Luca de Tena es tajante—: "ABC *tiene, dentro de los pactos de esa fusión, un Estatuto formado por consejeros, que somos mayoría, procedentes de Prensa Española. Los Consejeros tomamos decisiones en exclusiva. ¿Un ejemplo? Si nosotros no estamos de acuerdo, no se nos puede imponer un director de* ABC. *Para que quede claro: los Luca de Tena seguimos mandando en el periódico."*

Como quien conserva el peso de la Historia, este farero grande, timonel del histórico acorazado de noticias, utiliza el mismo teléfono que usara su abuelo, en este despacho donde el libro de la historia guarda tantos secretos.[4]

[4] Manuel Román, buen periodista, ha sondeado, brillantemente, al nieto del Fundador, en una buena entrevista.

Capítulo IV

PEMÁN, CELA, TORCUATO...: ADIOSES ABECEDARIOS

DESAPARECE UNA GENERACIÓN DEL PERIÓDICO

"... cómo se viene la muerte
tan callando..."

Jorge Manrique

El domingo día 19 de julio de 1981 un Pemán anciano —ochenta y cuatro años— dice adiós a la vida entre un oleaje dulce en su *"Cádiz, salina claridad",* y *ABC*, fiel a su genial articulista, le dedica un número especial. Hacía unos días que el gran articulista había enviado su último artículo al periódico, titulado "Apolo visita la fragua de Vulcano". Pemán decía adiós a sus lectores a través del ventanal de la "tercera" de *ABC*, cortijo literario de su prosa lírica, sabia y socarrona, saludo matinal de redondas a los lectores, que esperaban cada mañana su mensaje como un regalo y lo leían con una fruición inusitada, a veces entre líneas, porque Pemán, a pesar de su prosa clara, hacía fintas y regates a los censores. Con ese artículo, Pemán —el mejor articulista de la Historia del Periodismo español— se despedía, después de casi medio siglo de cita con generaciones de lectores de *ABC*. Por los ventanales de las "terceras" derramaba el escritor gaditano su gracia literaria, el sentido de la actualidad periodística, de humor, de ternura y poesía, también de sal.

ABC y Pemán, una simbiosis, un sinónimo. Nunca un articulista ha tenido tal poder de convocatoria con sus lectores. Era desayunarse con él y mirar el mundo con él, descubrirlo conjuntamente, con su ingenio y su gracia, como quien derrama la sal de la bahía por las "terceras" abecedarias. Además, Pemán es un hombre que evoluciona de una manera considerable: desde posturas reaccionarias hasta un liberal gaditano. Es, además, un señor, un caballero, ama la poesía y tiene contactos con Cernuda y Alberti. En la circunstancia orteguiana de su tiempo juvenil lo arrastraba el temporal de la política, pero, más tarde, era un pensamiento acunado por la marea de un Cádiz liberal. A su muerte, el periódico, maestro en el género necrológico, le dedica un número extraordinario. *"Grande de España"* lo llamaba en el editorial. *"Mucho más que un hombre* —decía—, *con la tristeza que una vida tala-*

da comporta, se nos ha ido un símbolo: algo de la entraña española, un auténtico, digno e ilustre 'Grande de España'."

En este número, Santiago Castelo, como enviado especial a Cádiz, cuenta el último estertor de la vida de este patriarca de las letras, este número, digo, lo ilustra un magnífico chiste de Mingote con un dibujo de Pemán que, en las nubes del otro mundo, saluda a un griego y le dice *"el señor Séneca, supongo"*, más una extensa semblanza del escritor y periodista, su artículo "Nieve en Cádiz", premio "Cavia" 1935; y colaboraciones de Pedro Sainz Rodríguez, Areilza, Joaquín Calvo-Sotelo, Alfaro, su yerno Ysasi-Ysasmendi y Luis Calvo, que habla de un Pemán académico.

Calvo recuerda cuando Pemán venía de cuando en cuando a la Redacción de *ABC "y nos entregaba uno, dos, tres artículos, todos de comentario zumbón de la vida en torno, y sutiles, centelleando ironías, esquivando al quiebro los alardes de la censura, artículos saturados de doctrina política, sabia, levemente apuntada en esguinces y entreverada con malicias de buen tono. Fue, será siempre un artífice del periodismo. (...).*

En esa tarea de asiduo articulista de ABC —prosigue Calvo— *José María Pemán, entre bromas y veras, y a contrapelo, reparaba sus impaciencias, aliviaba sus quebrantos políticos, recobraba su optimismo de español nostálgico, desagraviaba su amargura. El resultado se condensaba en pequeñas piezas maestras de la literatura periodística española. (...) 'No dejéis de publicarlo antes del Consejo de Ministros', nos decía. Y era que Pemán estaba al tanto de lo que iba a ocurrir en ese Consejo. Fino e hiriente como una aguja, y eficaz; recio y fúlgido como un diamante".*

Cela

ABC despide a Camilo José Cela con una gran foto, en portada, de Gonzalo Cruz... Un Cela pensativo, más allá del que proclama la *"vulgaridad de la muerte". "Sé bien que me estoy muriendo, pero no de vejez sino de amor."* Es, más que los viejos pies de fotos, un titular de gran tamaño. Debajo, "El último poema de Camilo José Cela, en 'tercera' ". Editorial y páginas 3 a 30, innovación del diario en los últimos tiempos. Por segunda vez en su centenaria historia, la noble "tercera" se cubre de versos. Ahora: "Casi cien acrósticos" (Poemilla para el día de Reyes del año MMII). Ilustran estos versos un autorretrato inédito de C J C dedicado a Manuel Augusto García-Viñolas el 6 de junio de 1949. En el interior, un despliegue encomiástico y firmas académicas y no académicas cantan la obra de este vagabundo viajero de la Alcarria. El presidente de honor de Prensa Española, Guillermo Luca de Tena le dedica el artículo: "Mi amigo Camilo" y, entre otras cosas, cuenta cuando en los años 1960 Cela viene a Madrid con el fin de pronunciar una conferencia, *"crítica con la situación política y en consecuencia silenciada por las fuerzas del Régimen. Las contadísimas personas que asistimos a ella tuvimos ocasión de cenar con él tras su intervención y fue entonces cuando comenzó a labrarse esa amistad con la que me ha honrado y que se ha mantenido, sin solución de continuidad, durante tantos años".*

El diario de Serrano le dedica, además, un largo editorial titulado "Pasión literaria"; y el *Cultural* de mayo de 2001 con motivo de celebrar sus 85 años de pasión literaria, en una portada genial, una vez más, de Mingote.

Siempre estuvo muy ligado a Serrano 61 desde el cuento, con sabor extremeño, publicado en abril de 1945 hasta el poema de "tercera" o la necrológica que le dedicara a José María Sánchez-Silva, su último artículo días antes de morir. Cela mantiene buena relación con la gente de *ABC*, llámese Luis Calvo, Ramón Pastor, Jesús Revuelta, Pedro de Lorenzo. Con Guillermo, una gran amistad a raíz de su estancia en el Senado, cuando el Rey nombra a ambos senadores reales. Gracias a Guillermo, volvería tras el "Viaje por el Pirineo de Lérida", a colaborar con su "Juego de los tres madroños", ilustrado por el genial Goñi, republicano perseguido y acogido, como tantos otros, al regazo de la Casa. Cela recibe en 1965 el premio "Vega Inclán", importe que entrega a la Casa de Nazaret, de Prensa Española, para huérfanos de periodistas.

Cela llevaba en mano sus colaboraciones. Testigo, Santiago Castelo; y allí arrellanado en el sillón, con su magnífica voz, leía "los madroños" a Guillermo y al poeta extremeño. Su primer "madroño" se titula: "Escribir en *ABC*", donde Cela habla de la independencia de los escritores en este periódico. Aunque no cultivaba el artículo de actualidad, le resultaba difícil la elección de temas; y Cela escribía a mano, siempre a mano.

Santiago Castelo conoce como pocos esa relación del Nobel con la Casa, porque a él le llamaba con frecuencia, a veces temprano, para comentarle tal noticia o para interesarse por algún escritor preterido. También le pedía la redacción de una necrológica anónima de un conocido o familiar; y el poeta extremeño conoce también los gozos de la felicitación por un premio o el pésame por el familiar cercano. Aquellas líneas, siempre escritas a mano, letra pequeña y clara.

Cela pasa por las páginas del periódico como un vagabundo literario, aunque no es, sin embargo, articulista. No tiene habilidad para ello, ni tema. Tenía pocos lectores. Por su "Viaje al Pirineo de Lérida" hubo muchas quejas en el diario. Luis Calvo, "El Brocense" le "sacudía" bien en la *Hoja del Lunes*; sin embargo en *ABC* lo elogiaba. *"No es admisible que un escritor con grado de bachiller nos hable de los 'periodos álgidos de la Humanidad'. ¿Se refiere al cuaternario? No lo parece. Se refiere a los periodos culminantes de la historia de las artes y la industria. Pero es que 'álgido significa ese foco glacial que acompaña al estado febril'."* Al día siguiente de su muerte, *ABC* vuelve a volcarse con su obra y vuelve a desplegar sus páginas, acogerle bajo el olivo de sus columnas y escribe una elegía Arrabal y el *Cultural* se hace más Cela con un extraordinario dedicado a su memoria, dos poemas inéditos, escritores y periodistas glosan y cuentan cosas de Camilo.

Elfido Alonso, Luis Calvo...

Muere, con la llegada del siglo, Elfidio Alonso, a los 98 años. Elfidio dirige "*ABC* republicano". Tras la muerte de Franco regresa a España, aunque pasara temporadas en París. Elfidio moría en la casa de su hijo, el fundador del conjunto musical canario, "Los Sabandeños". La desaparición de Elfidio Alonso quedaría reflejada también en las páginas de *El País*. Eduardo Haro le dedicaría una columna en la que destacaba su caballerosidad. "ABC *republicano fue un gran periódico",* escribe. También Cándido le recordaría en un artículo. *"Cuando llegué a la sede del periódico, en la calle Serrano, lo que debió de ser hacia el 5 de agosto, me di cuenta de lo difícil que le iba a ser a la algarabía penetrar en la solemnidad del edificio; pues aunque mucha gente no lo crea, estas solemnidades imprimen carácter hasta en los obreros revolucionarios."* Como era lógico el *ABC* republicano se colocó en la vanguardia de la situación, pero curiosamente los intelectuales de izquierda se resistieron supersticiosamente a escribir en el periódico (*ABC* como petición de principio monárquico, pase lo que pase), y fue precisamente Julián Marías quien empezó en aquel *ABC* su dilatada y magistral labor periodística. Enlazando con la formidable nómina de ilustradores de *ABC* y *Blanco y Negro* aparecieron allí los grandes cartelistas que obtendrían fama internacional, dibujantes como Renau, Bardasano, Ontañón y Alonso, entre otros, mientras que las portadas del periódico, concentrando imaginativamente la actualidad, con ayuda de composiciones fotográficas, continuaban la tradición más significativa de *ABC*, la de *"también los guardias civiles tienen madre"* o la de muchos años después con la portada del cuadro de "Las Lanzas" para ilustrar silenciosamente y por contraste las ejecuciones de Nuremberg.

Desaparece también otro director, Luis Calvo, a los noventa y tres años de edad, gloria periodística de *ABC*, maestro de periodistas, un símbolo, una leyenda. Anson se vuelca en la despedida y le dedica una extensa información y, sobre todo, el sello personal de una "tercera". *"Como un fogonazo que quema me llega la noticia de la muerte de Luis Calvo en esta madrugada del lunes y apenas soy capaz de recordar, entre el temor y el temblor, la imagen profunda del periodista a quien tanto admiré."*

Virtuoso de la pluma, crítico mordaz y elocuente, en sus "Diálogos de la Lengua", oculta su nombre tras el seudónimo de "El Brocense", en las páginas de *Hoja del Lunes*. Luis Calvo refrenda con oficio aquella afirmación suya: *"La grandeza de esta profesión es ser guía e intérprete de la opinión del pueblo."* Cuando su sobrina esparce las cenizas por las márgenes del río Jarama, se iba mucha vida de *ABC*.

Torcuato, "un escritor enamorado de su oficio"

A los 75 años de edad, un año antes de que fenezca el siglo, fallece Torcuato Luca de Tena, director de *ABC* en dos etapas. Torcuato acababa de presentar la novela *Mercedes, Mercedes;* iba en silla de ruedas y tenía clara su cabeza. *"Torcuato Luca de Tena* —escribía Cela— *fue la imagen misma de la vocación literaria; su trabajo asiduo, constante y con una dedicación absoluta de su vida entera es buena muestra de lo que quisiera saber decir."* Cela coincide en la Real Academia Española con Juan Ignacio y Torcuato y recuerda *"aquellos tiempos en los que la vida nos sonreía a todos"*. Para el director de la Academia, García de la Concha, Torcuato es *"un escritor enamorado de su oficio"; "señor en sus acciones"*, según Gregorio Salvador. *"A todos los que en algún momento nos hemos sentido honrados de haber podido contar con su amistad* —escribía Fraga—, *la desaparición de Torcuato —silenciosa y discreta, como su vida— nos provoca un escalofrío difícil de superar."*

Campmany traza una *"breve loa del amigo muerto", "desde antiguo, santo de mi devoción, y me consta que yo no andaba lejos de la suya, y así nos lo dijimos muchas veces, cuando yo presentaba un libro suyo o cuando él prologaba, en romance, mi* Libro de Romances". El diario le dedica siete páginas.

Recién estrenado el segundo milenio, Pedro de Lorenzo, adjunto de Torcuato, dice adiós y vuelve a la tierra extremeña, al cementerio humilde de Las Casas de Don Antonio —*"amó su pueblo, escribió la memoria de sus muertos"*. Ya es memoria y muerte. Separado del diario a causa de un libro comprometido para la Casa, Pedro de Lorenzo pasa los últimos días de su vida escribiendo libros para amigos, manera de alimentar su hoguera literaria. A pesar de ese libro, Guillermo pregunta por él y sigue los últimos alientos. Lo que había sido vida, ya era muerte y don Pedro me contaba algunas cosas del diario. No hay *Kempis* tan sabio como el de un periódico, comparable, escatológicamente hablando, a las coplas de Jorge Manrique.

Eugenio Montes, "estrofas es lo que vuelve"

Superviviente del grupo de Torcuato Luca de Tena, editorialista y timonel de las páginas literarias, dice adiós a la vida en febrero del 2002 Gonzalo Fernández de la Mora. *ABC* lo despide con una página y un comentario lúcido de Darío Varcárcel: *"Un gran intelectual autoritario."* Discrepante con su pensamiento y sus posturas políticas —GFM pasa del antifranquismo al más enfervorecido franquismo tras un paréntesis juanista— lo define, sin embargo, como *"un intelectual íntegro, ciclópeo trabajador y fiel a sus verdaderos amigos. Hombre de grandísima cultura e inteligencia, supo enseguida que el gran caudal con que cuenta el ser humano, el tiempo, debe ser aprovechado al minuto y se cuidó de dejar en más de cuatro mil páginas —la mitad de ellas en este periódico— una parte de su pensamiento"*.

Eugenio Montes deja en el periódico una prosa sabia, concierto de estrofas, *"estrofas* —decía— *es lo que vuelve"*, como quien escribe al susurro de las olas, como quien las espera sentado sobre el oro de la arena. Acaba de plantar en el alcorque de la hemeroteca un árbol de hojas sepias. Eugenio D'Ors había definido a Montes como un alfil blanco, de marfil. Y Dalí lo admiraba. Buscadle en sus crónicas como quien descubre el curso de un Sil con pepitas de oro, melodía y susurro como un canto renacentista. González-Ruano sostenía que Montes —del que era amigo íntimo— llevaba dentro muchas novelas sin escribir, *"y eso se le notaba al hablar (gran conversador), pero yo creo* —dice Umbral— *que escribía demasiado bien como para ser novelista. Entiéndaseme: cultivaba en exceso, como todos ellos (se refiere al grupo de la Falange), la calidad de página, la lámina literaria, y éste es un género que lleva implícita la brevedad".*

También se marchaba de este mundo, muy longevo, José Luis Vázquez Dodero, hombre bueno, un caballero; y Lorenzo López Sancho dejaba sin rodar su "Planetario", mucha vida en *ABC*, toda.

Otros clásicos, ligados a *ABC*, también se despiden

La década de los años noventa, trae a portada la mano y la pluma del autor de los *Hijos de la ira*. Dámaso Alonso nos deja solos en este Madrid casi lleno de cadáveres. Tal como este día, en 1948, pronuncia su discurso de ingreso en la Real Academia; con el tiempo sería director. Anson cuida —habitual en él— la figura de este poeta excepcional y el periódico le dedica veinticinco páginas, cuatro de ellas en huecograbado. La "tercera" de Lázaro Carreter; y un editorial al *"maestro* (que) *se asomó a los abismos de la teología en las tensas formulaciones de Hombre y Dios. La trayectoria intelectual y literaria de Dámaso Alonso* —escribe el editorial— *es una de las más apasionantes de la cultura española en lo que va de siglo. (...) Todo cuanto hizo lo hizo Dámaso Alonso con enorme profesionalidad y con igual fervor".* Despliegue ansoniano para este arpista de versos. No falta el buen mono de Mingote. Se canta lo que se pierde, López Sancho en su "Planetario" y, *"un adiós a un maestro del idioma",* a cuatro columnas —*ABC* se ha ensanchado— y los Rosales, Alberti, Bousoño, Alvar, Lapesa, Anson, Torrente Ballester, Octavio Paz, García Nieto, Sábato, Claudio Rodríguez; vamos la *"crème de la crème",* lo despiden con las letras hechas versos, a este hermano mayor del Parnaso, ahora un cadáver más de su "Insomnio".

Dámaso Alonso se asoma, de vez en vez, al ventanal del periódico. En alguna ocasión, el autor de estas líneas le pedía una colaboración, y me ponía unas letras o la clave para ponerse al teléfono, y preguntaba cuánto se le abonaba. Entrañable don Dámaso, con nombre papal, al que vi en su casa de Alberto Alcocer, junto al olivar de Menéndez-Pidal, y a veces, me cruzaba con él, y se quitaba el sombrero ante mi mujer. Un poeta y un caballero.

Con una original fotografía de Miguel Berrocal en portada, el diario despide a un insigne colaborador, Luis Rosales, poeta y académico. Rosales colabora en *ABC* desde los años cincuenta y encarna, junto a otros escritores de gran talla, la denominada Generación del 36, de la que se le considera "hermano mayor". Rosales está ya en la *Casa encendida*. El diario monárquico publica en "tercera" el último artículo: "Un milagro perfecto", precedido de un antetítulo: "La importancia de la acción en la novela." *ABC* le dedica un editorial y un extenso cuadernillo central bajo el lema *"Desaparece el poeta del desengaño"*. En él dejan sus palabras líricas Alberti, Hierro, Octavio Paz, Colinas y la prosa sobre su vida y su obra de Lázaro Carreter, Marías, Onetti, Torrente Ballester, Zamora Vicente. Adiós de *ABC* al autor de la *Casa encendida* con la llama escogida de sus versos.

Históricas plumas mojan sus plumas en el tintero de la vida y, lentamente, como un goteo de adioses, se despiden de *ABC* y este inmenso algibe de letras y firmas, está un poco triste, porque, cada vez más, se suman a la carpetilla del Archivo el polvillo de la gloria.

También dejan sus glorias literarias y humanísticas Joaquín Calvo Sotelo y Juan Rof Carballo, su habitual firma en "tercera", su estilo y su humanismo, médico pionero de las enfermedades psicosomáticas, académico de la Lengua, colaborador de Serrano 61, durante cuarenta años. *"La bondad* (que) *fluía de su corazón",* según Lázaro Carreter. El periódico le dedica una "tercera" con su artículo "Cara y cruz de una nueva medicina" y unas páginas especiales, que firman Laín con el suelto "Dolor de amigo"; Marías con "Una vida creadora y fecunda"; Botella Llusiá con "Envolvía lo común con su poesía"; Martín Municio con "Modelo de sabiduría" y otros más.

"Torre del aire"

Nunca olvidará Pedro Corral, responsable de Cultura en *ABC*, corresponsal del diario en Roma, el mal rato que pasa cuando conversa, telefónicamente, con el gran sabio Emilio García Gómez y se muere en ese instante tras sufrir un desvanecimiento. Un trago para el bueno y joven periodista. Pedro escribe la información y el diario le dedica unas páginas especiales. Gran arabista, reflejado por el trazo genial de Mampaso, aparece en la portada del 1 de junio de 1995. Anson mima su figura y le dedica la "tercera" con el artículo "Felicidad y cultura". Más de medio siglo en el desayuno de este *"gran sabio español",* editorial con el que *ABC* le despide.

Muchas las firmas que escriben de este excepcional arabista: Lázaro Carreter, Bousoño, García de la Concha, Jover Zamora, Marías, Chueca Goitia, Laín, Alarcos, Artola. Amigo íntimo de Ortega y Gasset, premiado, el Rey Juan Carlos lo hizo Conde de los Alixares. Cierra estas páginas especiales un artículo de Anson sobre *Ben Quzman,* uno de los libros más importantes publicados en España en las últimas décadas.

Muere también el académico José López Rubio, autor teatral. López Rubio aparece en el escenario teatral tras conseguir el primer premio del concurso de Autores

Noveles, convocado en Madrid, en 1928, por el diario *ABC*, con la comedia *De la noche a la mañana*, escrita en colaboración con Eduardo Ugarte y estrenada en el teatro Reina Victoria, en 1929. López Rubio formará cónclave con los humoristas de *La Codorniz*, Mihura, Tono, Jardiel, en esa generación que encuentra su vena en ese catecismo cultural de 1941.

Anson corona de redondas y cursivas la vida y la obra de estos escritores y se vuelca con quien significa algo en el mundo de la Cultura. En la vieja Vetusta, muerto inesperadamente Emilio Alarcos, renovador de la Gramática española, prosa de altura, líricos y académicos vierten elogios por el académico desaparecido, entre ellos Víctor García de la Concha en una "tercera" —"Memoria" de Emilio Alarcos—, Ángel González, Zamora Vicente, Adrados. *ABC* borda estos numeros, los convierte en una necrológica de altura literaria, en una antolgía de esquelas.

Gonzalo Torrente Ballester deja su casa de la Gran Vía salmantina a los 88 años, cerca de la "Torre del aire", glosa que le pedimos para incorporarlo al elenco grande de colaboradores. Alguna vez venía por la Casa, con ese aire tan suyo como quien ve la vida desde otro mundo, fantasioso y socarrón como lo define el editorial que le dedica *ABC* y esa fotografía tamaño carné en la columna de entrada de la portada. *"T B deja una novela a medio hacer,* finaliza el editorial, *y se ha ido en una saga fuga hacia otra dimensión."* Entra en el jardín de las delicias de Juan Pedro Quiñonero, corresponsal en París, en la prosa de Campmany y en la de José Saramago con "España tendrá mucho que llorar"; y la Cultura lleva luto de cuatro columnas en varias páginas, entrevistas, imágenes de este escritor, oculta la ironía tras las gafas, escribe a máquina y define a Don Quijote como lo único fantástico que hay en España. Con media puerta cerrada como antaño y el incienso lírico de la prosa, así lo despide *ABC*.

También se iba de este mundo el Nobel Vicente Aleixandre. *ABC* lo despedía con afecto, a tenor de la medida, grande, de su poesía. El poeta era muy crítico con el diario de la calle Serrano y son constantes las alusiones al periódico, según se desprende de sus conversaciones —"Los cuadernos de Velintonia"— con José Luis Cano. El 17 de marzo de 1984 comenta la publicación en *ABC* de los *Sonetos del amor oscuro,* de García Lorca. *"Ha sido un acierto y una buena jugada de Anson, pero sorprende que la familia Lorca haya escogido precisamente el* ABC, *con toda su historia reaccionaria y franquista, para publicar esos sonetos. El artículo de García Posada es el mejor"* —y alude al tabú de lo que significa la palabra homosexual.[5]

Superviviente

Helo ahí al viejo acorazado periodístico, superviviente a los azares y avatares de la Historia de España. Como afirmaba Luis Calvo: "ABC *sobrevivirá siempre"* y no

[5] Ejercería la crítica literaria, durante un tiempo, en el diario de Serrano.

le faltaba razón por más que hayan sido muchas y muy difíciles, su centenaria travesía. Ni Azaña tampoco pudo con él: *"O* ABC *acaba con la República o la República acaba con* ABC." Ni el general Franco y su férrea censura. El diario como la mamá que cumple cien años ha sobrevivido a coetáneos compañeros de quioscos como *El Sol*, *El Heraldo*, *La Corres*, *El Imparcial*, *El Debate* y numerosos compañeros de mañana y tarde. Más recientemente, a los *Ya*, *Arriba*, *Informaciones*, *El Alcázar*, *Nuevo Diario*, *El Imparcial*, *El Independiente*, *El Sol*, *Diario 16* y tantos otros regionales y provinciales que no han podido sobrevivir a la carrera diaria por la pista del papel del mundo y España. Helo ahí al viejo acorazado de noticias, amado para muchos, denostado por otros. Arzalluz dirá de sí mismo que *"está a medio camino entre* ABC *y* Egin"; Alfonso Guerra que se trataba de un *"tebeo"*. Sin embargo, todos le tienen respeto.

Inacabable río periodístico, firmas en las márgenes como chopos de redondas. Tantos nombres, gente de la "tercera" como Camón Aznar, Leopoldo Eulogio Palacios, Fernández Cruz, Gerardo Diego, legión de plumas, columnistas como Carlos Dávila, Luis Ignacio Parada, Alfonso Ussía, Prada, César Alonso de los Ríos, Campmany, los Darío Valcárcel, Jiménez Losantos, Alberto Míguez...; capitanes de secciones: José Antonio Álvarez Gundín, Fernando Rodríguez Lafuente, Miguel Ángel Flores, Matilde Hermida, la otrora abecedaria Luisa Palma, ansonianos como Tomás Cuesta, José Antonio Vera, Sentis, José Antonio Sánchez en la cúspide de la comunicación, muchos nombres, algunos en el desván traidor de la memoria, registro involuntario. Por la premura de 2003, que una obra de esta naturaleza lleva mucho tiempo y no he dado fe, como así lo quisiera, en el protocolo de este gran acorazado periodístico.

Todo se acerca, en el nuevo edificio, a un diario virtual/ideal; y, por desaparecer, hasta ha desaparecido la centralita de teléfonos, más simple que la del viejo edificio de Serrano, voces familiares y amigas. En la última centralita, año 2002, la voz amable de Félix Barbero, último telefonista, cordial y bueno, recuerda especialmente una noche al habla con un niño que tiene miedo. Su madre trabaja en la limpieza nocturna del diario y el niño, en su casa, escucha unos raros ruidos. La madre trata de tranquilizarlo. Después Félix habla con él largo tiempo y resulta que el ruido no es fantasía del niño; en la pecera hay una bolita, causante del mismo. Félix es, pues, el último testigo de una voz. Recuerda también el día en que la centralita se colapsa por el número de llamadas de batasuneros, a raíz de una campaña de Anson.

Entre la portada y la esquela

Miles y miles de portadas, el diario escribe la historia y, además, se fotografía. Pionero *ABC* en su portada, única por su formato y sus características eminentemente gráficas, lo que le permite recoger, día a día, la noticia de mayor actualidad. Poco después de su nacimiento como diario, cuando es habitual en la prensa la publicación de los anuncios, *ABC* inserta una fotografía que recoge el estreno de Antonio Palomero, popular comediógrafo y redactor del periódico. Un año después se inaugura la "monoportada" con una fotografía de la Reina Victoria Eugenia el día de su santo. Después aparece el huecograbado y la portada de *ABC* resulta estática. No obstante, siempre se busca la actualidad y la exclusiva como la imagen del atentado anarquista de Mateo Morral contra los Reyes Alfonso XIII y Victoria Eugenia el día de su boda.

"Domingos *ABC*", cara admirable del arte, ilustración de pintores. Así, cada domingo, se convierte en una lámina artística, en un encuentro con la magia. En otras ocasiones se busca la intención o la broma como las famosas "inocentadas", o la belleza de las estrellas del cine como la portada en que aparece Rita Cansino —Rita Hayworth— el 19 de abril de 1936, pincelada de Palacio o la plácida ilustración de Mairata el 18 de julio de 1936, contraste vital con los gravísimos acontecimientos del inicio de la guerra anunciados en la parte interior, en las páginas de tipografía. A veces, la portada es el luto de un importante personaje como la muerte del fundador del periódico o el asesinato de Calvo Sotelo. En otras ocasiones, vuelve la pincelada de los artistas, urgente, como ocurre el 15 de marzo de 1934, recién aparecido *ABC* tras el "cierre político" con el dibujo del pintor extremeño Solís Avila.

Otra portada de urgencia, nacida de los pinceles de Vázquez Díaz para el primer número de *ABC*, recién acabada la contienda. Portadas que reflejan la noticia, algunas apocalípticas como la del incendio de Santander, la mayor tragedia nacional de los años cuarenta. La original de "Vencedores y vencidos", finalizada la Guerra Mundial y el Proceso de Nuremberg, plasmada con cuadros de Rosales y Casado del Alisal.

Frente al saludo del periódico, como un bautizo del día, el adiós a la vida. Esquelas de *ABC*, finisterre de vidas, noticia de la muerte, sociología del último adiós. *"No te mueres si no apareces en* ABC", como diría Camba. Durante una época, en *ABC* no se consienten las esquelas sin la cruz, ni el nombre de los políticos fallecidos en el exilio o enterrados en cementerios civiles.

Hombres de izquierda pasan a mejor vida sin despedirse del mundo a través de *ABC*. Sobre las esquelas podría escribirse un libro. Problemas que ocasiona, por ejemplo, la esquela del padre del periodista José Antonio Novais, corresponsal de *Le Monde* en España, hombre cercano al presidente Azaña. O el interés, en los años 1970, del capitán general de Cataluña, que llega a enviar a un hombre de su confianza desde Barcelona a Madrid para que informara a un alto cargo de la Casa de la biografía del fallecido. O las vicisitudes de los Tamames, porque el viejo médico republicano sería enterrado en el cementerio civil. No, no saldría la esquela; sin embargo, aparecería una nota necrológica. Con la apertura de la Iglesia, se abre también la mano en este camposanto de orlas y redondas. Esquelas que se entregaban un día antes de su publicación y se admiten, únicamente, los fallecidos en el día. El verano no era estación para morirse, los amigos y conocidos dispersos geográficamente por las vacaciones y los deudos esperan a la llegada de septiembre. Entonces, con la esquela, se da noticia de su fallecimiento.

En sus primeros números, anuncia el 28 de marzo de 1906 la tarifa de once tipos de esquelas cuyos precios oscilan entre las 25 y las 500 pesetas. Si incluyen retratos, se fijan tres tamaños y el precio varía entre las 250 y las 1.500 pesetas. Los originales se pueden dejar en las principales agencias funerarias. El 23 de marzo de 1906, el periódico inserta una esquela con retrato, de doña Sofía Dutico de Avilés y el día 27 otra de doña María del Rosario Falcó, condesa de Siruela.

La esquela de la madre de Franco, aparecida el 28 de febrero de 1934, coincide con una huelga de prensa. Entre los deudos, figura su viudo y se omite el nombre. Separada como estaba, la familia prescinde del nombre conscientemente. En su primer aniversario, ni figura el viudo. Al morir el padre de Franco, su esquela no aparece en ningún diario. La censura prohíbe su publicación. Sin embargo, aparece en un periódico italiano.

Niños que "suben al Cielo", son frecuentes en las páginas de luto, relativamente corriente durante la posguerra. El año 1977, el periódico se niega a la publicación de una esquela después de ser abonada en la Administración. La esquela comunica el aniversario de un padre y sus dos hijos *"asesinados por la chusma roja al servicio del Gobierno marxista en Paracuellos de Jarama el día 7 de noviembre de 1936"*. El rechazo del periódico para ser publicada propicia una demanda.

Muchas, muchísimas esquelas a raíz de finalizada la contienda. Paracuellos figura en muchas de ellas y los lugares más diversos de la geografía española. Es impresionante tanto el número como la calificación *"La canalla marxista"*...

Un empleado de la Casa vivía de las esquelas, personaje enjuto, lleva, escrupulosamente, el cómputo y la fecha de aniversario de los fallecidos. Antes de que se cumpla, se pone en contacto con los familiares para que inserten la esquela. En cierta ocasión, visita la casa de un de redactor-jefe. Al abrirle la puerta, el visitante está a punto de caerse desmayado.

No falta alguna historia entre la realidad y la fantasía: quien llega con un ataúd a la portería y, ante la estupefacción del conserje, preguntan por *"Cajas"* —como se conoce, coloquialmente, la sala de composición—, y el conserje responde, incrédulamente, *"arriba, en el tercer piso"*. Bromas macabras, inocentadas con motivo de los Santos Inocentes.

En el inicio de los setenta, en una reunión celebrada el día 2 de noviembre —día apropiado para ello—, los dirigentes de la Casa se plantean de nuevo la modernización de las esquelas, aliviar los lutos de las orlas, estrecharlos.

Qué tipos. El que llega y no se fía de que sus hijos pongan la esquela el día de su muerte y se empeña en dejarla escrita y pagada. O el camarero que leía las esquelas y acudía a darles el pésame a los deudos. Para una sociología de inmuebles y personajes que lo habitaron, las esquelas de *ABC* juegan un papel relevante. Porque la gente nacía y moría en casa; y constaba la "casa mortuoria", una hoja de la puerta cerrada, en señal de luto, y "dejar tarjeta", cuando no la rúbrica en el libro de firmas.

"No, no te mueres, si no apareces en ABC", como dice Julio Camba. Y hasta el teatro, llega el mundo de las necrológicas. En cierta ocasión representan el Tenorio Juan Ignacio Luca de Tena como Don Juan y Joaquín Calvo Sotelo como Don Luis. En el elenco de nombres conocidos, se tiene la sospecha de que, en la representación, uno de los intérpretes introducirá unas frases de su invención —"morcilla" en el argot teatral—, habitual en la representación de la obra de Zorrilla. En el momento en que combaten Don Juan y Don Luis, este cae al suelo, herido. Entonces, Calvo-Sotelo recita:

> "Con habilidad notoria
> me has dado muerte, lo sé.
> Sólo un ruego a mi memoria:
> Que mi esquela mortuoria.
> Se publique en *ABC*."

Despedida

Qué fuerte, como dicen los chicos actuales, digo qué fuerte resulta despedirse de *"los muros de la patria mía",* deshacer los sueños que la ilusión teje, las columnas y los recuadros, el reportaje o la entrevista, tan consustanciales en el amor hacia una profesión, la estancia y el trabajo, la lucha y la entrega, allí donde se forja la vida y suena el yunque, donde se hacen amigos —los enemigos nunca faltan—, donde se comparten afanes y frustraciones, donde la noticia se alía con el sentimiento como un extraño amor o desamor.

Vivir en un periódico es algo muy raro. Con razón, un anónimo colocado en la mesa del director del *New York Times*, rezaba: *"Peor sería tener que trabajar."* Vivir en un diario es habitar sobre la boca del volcán de la actualidad. Actualidad que, por otra parte, no ocurre —aunque a veces así sea. Si los periodistas no existieran, no habría, sin duda, actualidad. Así la vida se convertiría en acontecimientos. Al fin y al cabo, un periodista es un raro ser que se alimenta de noticias o, como diría Julio Camba: *"Dejemos que se llamen periodistas esos aficionados que acuden a los periódicos para quitarnos el sitio y desahogar sus vanidades."*

Con cierta altivez, Borges presumía de no leer periódicos, pues de los grandes acontecimientos, tarde o temprano siempre se enteraría. *"Ahí está, por ejemplo, el nacimiento de Jesucristo y nos enteramos a pesar de no existir periódicos."*

No, nunca tuve la más mínima duda en la vocación que el destino me tenía reservada. En mi caso, sobraba el ensayo de Marañón sobre este tema. Desde niño, con el *ABC* en mis manos, supe, meridianamente, cuál sería mi camino. Bien es verdad que, contra lo que afirma Billy Wilder, yo estaba dotado para el periodismo, pero no era impertinente, ni extraordinariamente fogoso, ni tenía talento para exagerar y ni estaba convencido de que en breve aprendería a plantear sin tapujos las más desvergonzadas preguntas; no, nada de eso

Ni tampoco, como escribe Tom Wolfe, que *"el periodismo era el motel donde pasa la novela camino del destino"*. Nada de eso. Peter Handke hablaba de quienes sufren demencia periodística. Y se preguntaba: *"Quién lo dice?" "Uno amenazado de demencia periodística."*

Afortunadamente, yo estaba lejos de esta paranoia, pero, en cierta manera, me quedaba huérfano de lo que Voltaire llamaba *"archivos de bagatelas"*, es decir los periódicos, de escribir en sus columnas, de asomarme a sus ventanas con los ojos de la pluma, de saludar a algún lector y de que algún lector, en la callada y anónima complicidad, me saludara en esa extraña simbiosis o, tal vez, me increpara. Un periodista sin periódico es, dicho muy llanamente, como un cuerpo sin alma. Sin ese espíritu, la andadura resulta solitaria y el camino desierto. Tal vez por eso yo haya buscado los miles de espejos ocultos en sus páginas.

No voy a contar los motivos de sacar el pañuelo y decir adiós. Desde esa orfandad, tenía que aprender a vivir sin ese raro y extraño oficio, sin el misterio de la noticia —runrún lúdico de la vida—, *"nuestra mentira cotidiana"* que diría Sciascia y, gracias a Dios, lo he conseguido a fuerza de una voluntad férrea.

Así firmo esta obra,
en el lagar "Cimero" o molino de Melecio,
en Villanueva de la Sierra,
en la provincia de Cáceres,
el día 29 de septiembre de 2002,
festividad de San Miguel Arcángel,
día grande en mi infancia y mocedad.

APÉNDICES

Otros premios "Cavia", "Luca de Tena" y "Mingote"

1972: MARAÑÓN MOYA Y JAVALOYES. El hijo del doctor Marañón, Gregorio Marañón Moya, obtiene el "Cavia" por un artículo titulado: "Un paisaje lleno de sal". Desde 1969, Marañón Moya es un asiduo colaborador de la "tercera". Marañón está feliz y declara su profunda alegría por lo que hubiera conmovido este premio a su abuelo Miguel Moya. Muy vinculado a la familia Luca de Tena, el artículo premiado es un canto a la costa de los Pinos y al Mediterráneo. Cuarta vez que José Javaloyes se presenta al "Luca de Tena", en esta ocasión con un editorial: "Los límites del presidente Allende".

1973: ALFARO, CRESPO Y ANTONIO GABRIEL. Crítico literario de *ABC*, José María Alfaro queda tocado por la gloria de la calderilla con el artículo "La lectura", premio "Cavia". Alfaro está emocionado por la concesión del premio como quien se siente un adolescente. *ABC* publicaba el domingo siguiente a ser proclamada la República su "Oda a Burgos". Pedro Crespo era hombre de *ABC* y, sin embargo, pasa una temporada en el *Arriba*. Allí publica el artículo premiado con el "Luca de Tena", coincidiendo con el décimo aniversario de la muerte de Marilyn Monroe, sus flores en la tumba.

Cierra los galardones Antonio Gabriel, séptimo premio "Mingote", fotógrafo de *Nuevo Diario*, al que presentan sus amigos. La fotografía premiada es una dura imagen de Managua tras el terremoto y esa fotografía, captada por él, se publica en *Paris-Macht.*

1974: MUÑOZ ALONSO, LA CIERVA Y SANZ BERMEJO. El filósofo Adolfo Muñoz Alonso se incorpora a la lista de los "Cavia" con un artículo titulado "Zubiri y el Príncipe", publicado en el diario *Arriba*. Muñoz Alonso es un hombre de biografía densa, que lo ha sido casi todo en esta época, desde Rector de la Complutense hasta decano de la Facultad de Ciencias de la Información. El artículo es una reflexión sobre cómo siguen los Príncipes Juan Carlos y Sofía las dos lecciones de Xavier Zubiri. Feliz Muñoz Alonso y Ricardo de la Cierva por obtener el "Luca de Tena", al que había presentado dos editoriales, ambos publicados en *ABC*; y es su primer premio periodístico por "Atención a Sevilla", meditación sobre la ciudad andaluza y sus hombres. Un hombre muy de *ABC*, donde ha transcurrido su vida periodística como fotógrafo, Manuel Sanz Bermejo —catorce mil informaciones gráficas—, una meta que coincide con treinta años de estancia entre sus paredes. Sanz Bermejo es el primer redactor que consigue la plaza en un concurso fotográfico organizado por el diario de Serrano. La fotografía premiada es un impresionante documento en el que aparece un Franco conmocionado por la muerte de Carrero Blanco en el momento de dar el pésame a su viuda en San Francisco el Grande, tras el funeral.

1975: ALCÁNTARA, PRADOS Y LÓPEZ ALONSO. Malagueño y poeta, periodista de columna diaria, Manuel Alcántara canta la desaparición del poeta conquense Federico Muelas y se aupa a la columna efímera y gloriosa de la orla del "Cavia". Hombre muy premiado, Alcántara no duda en afirmar que este premio "es la alegría profesional más grande de su vida". Un hombre de la Casa como Luis Prados de la Plaza obtiene el "Luca de Tena" por la información sin firmar titulada "Colapso en el camino de Barajas".

El "Mingote" premia la tarea a un popular fotógrafo del diario Pueblo, muy vinculado al mundo taurino, Leo para todos —Leocadio López Alonso. Leo capta la imagen del canónigo malagueño, Luis Vera, que sale a hombros por la puerta grande de la catedral conquense con motivo de unas Jornadas de Hermandad Sacerdotal.

1976: CIERVA, DESCALZO Y SORIANO. El historiador Ricardo de la Cierva ha escrito un denso artículo en *Informaciones* titulado "Ante el hecho de la Monarquía", un trabajo premonitorio en torno a la Monarquía y glosa un libro de Aranguren. Esta convocatoria al "Cavia" ha sido muy rica por los temas y sus autores. Ricardo de la Cierva lo obtine por mayoría y el jurado destaca la calidad de los trabajos de López Rubio, Castillo Puche y José Luis Herrera.

El sacerdote José Luis Martín Descalzo obtiene el "Luca de Tena" por el editoral publicado en *ABC*, titulado "Responsabilidad frente a la inmoralidad pública", primera vez que se presenta a este premio "y me ha hecho una ilusión enorme, de verdad. Para mí era como una especie de obligación tenerlo, llevando tantos años en esta Casa. Además, quería estar en la lista...".

Lucio Soriano es de esos fotógrafos que, como un cuento, duerme con la cámara en su mesilla; y es un histórico del periodismo gráfico, que empieza su carrera en el diario *Ya*, recién fundado en 1938, y es ese "chico del magnesio" —antecedente técnico del flash— con su maestro Martín Santos Yubero. Soriano capta una imagen histórica: el instante en que doña Carmen y su hija se acercan a ver a Franco muerto, imagen impresionante.

1977 CÁNDIDO, JOAQUÍN L. ORTEGA Y DÁVILA. Un jurado presidido por Pedro Sainz Rodríguez premia a Carlos Luis Alvarez "Cándido" con el "Cavia"; a Joaquín Luis Ortega, con el "Luca de Tena" y al caricaturista José Luis Dávila con el "Mingote". Al periodista asturiano se le otorga por un artículo titulado "El balance", cita diaria del periodista con sus lectores en la columna de "Ayer a hoy". Eligió este artículo entre los muchos de su asidua columna. "El balance", según Cándido, "quiere significar que en la sociedad actual hay una jerarquía de valores mal hecha y que en España el llegar a algo equivale a encontrar un destino, que equivale, a su vez a tener asegurada la vida y el vegetar doradamente y para mí, todo eso es no llegar a nada".

Cándido escribe en *ABC*, "desde que volví es una prueba irrefutable del fondo liberal de *ABC*". El sacerdote Ortega obtiene el "Luca de Tena" por el editorial publicado en la revista *Eclessia*, que dirige. El editorial, titulado "Justo es agradecérselo al Rey", comenta el gesto de Don Juan Carlos al ceder el uso del privilegio que autorizaba a la Corona a intervenir en el nombramiento de los obispos. El "Mingote" significaba para José Luis Dávila su máxima aspiración como caricaturista. Dávila colaboraba en las páginas abecedarias e ilustraba los rostros del teatro en las páginas de espectáculo.

1978: PEDRO RODRÍGUEZ, ANDRÉS TRAVESÍ Y JOSÉ GARCÍA. Dos hombres de *ABC*, Andrés Travesí y el fotógrafo José García, coronan la cucaña de los premios el "Luca de Tena" y "Mingote". Pedro Rodríguez, buen entrevistador y columnista de *Arriba*, "gallego triste, de alma quebradiza, sentimental y depresivo, con una de las plumas más brillantes y discutidas del país", escribe en este diario falangista un artículo titulado "Plegaria por los españoles del Belén" y figura en la orla periodística de los "Cavia". Él define su trabajo premiado como "un artículo 'cheli' escrito con el nuevo estilo de la nueva España del 77". Es —según su autor— el clásico artículo de las siete de la tarde que escribes después de haber bebido un par de cafés".

"Ser o no ser español" es un editorial escrito con el corazón y encargado por el director. Travesí llevaba escrito, hasta esta concesión, mil doscientos editoriales. Este "Ser o no ser español" nace a raíz de unas declaraciones de Telesforo Monzón, ministro de la Gobernación en el gobierno vasco y declarase: "Los vascos no somos españoles..." Pepe García es ya un clásico de la fotografía periodística.

Cuando le conceden el "Mingote", es el más joven de los galardonados con este premio. Fotografía de Fraga y Carrillo juntos y sonrientes en el Club Siglo XXI, más que una imagen grabada en muchas retinas, símbolo de la reconciliación de las dos Españas.

1979: BLANCO TOBÍO, CAMPMANY Y PASCUAL. Manuel Blanco Tobío se incorpora al censo periodístico de los "Cavia" con el artículo titulado "Impromptu español", publicado en *ABC*, colaborador habitual de larga trayectoria, corresponsal de *Pueblo* en Estados Unidos, director de *Arriba*. Blanco Tobío aborda en el artículo premiado la improvisación de los españoles en los momentos históricos de la transición. Blanco Tobío escribía muy rápido y apenas si hacia dos o tres correcciones.

Campmany obtiene el "Luca de Tena" con un editorial publicado excepcionalmente en la "tercera" de *ABC*. "España tiene derecho —dice— a organizarse en libertad." El periodista murciano había conseguido el "Cavia" en 1966 por un artículo a la muerte de González-Ruano.

"Un año democrático" es el balance del aniversario de las primeras elecciones generales celebradas en junio de 1977. La dirección del periódico le encarga el editorial y lo escribe con prisa, "porque tengo la mala costumbre de dejarlo todo para última hora. Y es que yo no sé escribir sin la urgencia de un periódico".

Rafael Pascual, fotógrafo de la agencia Europa Press, obtiene el "Mingote" por una fotografía en la que el senador Olarra y el vicepresidente Abril Martorell aparecen discutiendo acaloradamente en el instante final de la Constitución...

1980: GARCÍA NIETO, AGUINAGA, NARANJO Y MONTANER. El poeta José García Nieto está feliz por subir al olimpo de los "Cavia". García Nieto se había presentado en dos ocasiones. Ahora vería cumplido su gozo tras escribir y describir una visión de la plaza mayor madrileña. Enrique de Aguinaga veía la realidad de un sueño a un comentario suyo publicado por *Arriba* —"Kilómetro cero"—, un breve escrito como una máxima predicada por él. Teodoro Naranjo forma parte de la historia de *ABC*, donde transcurrió toda su vida periodística, intensa y rica, más de dos mil portadas. Al "Mingote" se había presentado varias veces; la Casa bendecía la trayectoria de un buen profesional que entró en Prensa Española de botones.

El escritor cubano Carlos Alberto Montaner obtenía el "*ABC* de Sevilla" por una evocación del descubrimiento de América, "Los hermanos Pinzones".

1981: TORBADO, GARCÍA-SABELL. Por un artículo "pasional, irónico y (que) ha molestado a todos", según su autor, Jesús Torbado, escritor y periodista, ingresa en la nómina de los "Cavia" por el artículo titulado "El niño García Pérez Etcétera". Torbado no había previsto presentarse hasta dentro de diez o quince años, pero se animó a hacerlo al ver las bases. Por este artículo, Torbado había recibido muchas cartas amenazadoras de muerte "y otras tantas de paliza. Algunas venían firmadas y otras eran anónimas." El ilustre humanista y médico Domingo García-Sabell obtiene el "Luca de Tena".

1982: PORCEL, VELASCO Y HERNÁNDEZ DE LEÓN. El escritor y periodista catalán Baltasar Porcel se aupa a los hombros periodísticos del "Cavia" gracias a su artículo "Cataluña, Madrid, Castilla...", publicado en *ABC*. "El 'Cavia' era un premio que quería tener" y a él se había presentado numerosas veces. Miguel Angel Velasco, responsable de la sección de la vida religiosa del diario *Ya*, publicaba un artículo en el diario católico titulado: "Jesucristo hoy habría nacido también en la calle" y se alegraba de que se hubiese premiado un tema religioso y humano.

Y Manuel Hernández de León ingresa en el elenco de los ganadores del "Mingote" por la fotografía tomada en el Congreso de los Diputados el 23 de febrero de 1981. Hernández de León es un fotógrafo histórico de la agencia *Efe*, en la que ingresó cuando era un niño.

1983: GARCÍA GÓMEZ, EUGENIO SUÁREZ Y PERIDIS. El insigne arabista Emilio García Gómez se encarama en la lista de los "Cavia" con un artículo publicado en *ABC* por la historia entre el músico Falla y el pintor Zuloaga. Con una gota de humor, Eugenio Suárez se presentaba por vez primera a un premio y quería ganarlo, "para no tener una esquela muy corta". Eugenio Suárez escribía un editorial en su revista *Sábado Gráfico*: "Elecciones: renovar el crédito." "Y habrá que votar, pues de otro modo la democracia se va al garete..."

También Peridis se presentaba por vez primera al "Mingote", humorista de quien "soy amigo bilateral y multilateralmente". La tira de *El País* —el nuevo gobierno del PSOE— se reproducía ahora en *ABC*, gracias al premio de este arquitecto castellano.

1984: LÁZARO CARRETER, VALCÁRCEL Y SÁNCHEZ PASTOR. El académico y gramático Fernando Lázaro compartía el premio con el alma de su paisano Mariano de Cavia por el artículo "Elecciones en la Complutense". Para Lázaro Carreter el Cavia "es el premio más acreditado de todos". Darío Valcárcel es premiado por un editorial sobre Kennedy y la revisión del mito. Para Darío, este político "afortunadamente no era un idealista".

Sánchez Pastor no se podía creer que le hubiesen dado el "Mingote" por esa fotografía que capta la gravísima cornada que un toro de Moreno Silva le infiere a Curro Vázquez, una tarde de la feria de San Isidro.

1985: MARÍAS, VIGNAU Y CHUMY CHUMEZ. Marías, premio "Cavia" por una "tercera" titulada "La libertad en regresión". "Hace falta estar ciego para no ver la progresiva y rápida disminución de la libertad en España desde hace año y medio: desde 1981 había había experimentado lo que podríamos llamar un principio de entumecimiento: había menos vivacidad, menos alegría, menos espontaneidad personal y social, un sentido más débil de empresa, de camino abierto hacia el futuro; la libertad era todavía respetada, pero no incitada o estimulada."

Donostiarra de nacimiento, Alfonso Vignau ha estado vinculado a *La Vanguardia*, lector devoto de la "tercera" hasta el punto de que influiría en su vocación periodística. Cuando cursaba la carrera de Derecho, sus profesores aconsejaban a él y a sus compañeros que leyeran, cada día, la página noble de *ABC*. Su comentario, titulado "Principe de Girona", lo había publicado *La Vanguardia*. Chumy Chumez había colaborado anteriormente en *ABC*, incluso una portada en color llevaba su firma. Ahora recibía el "Mingote" por un chiste publicado en el diario *El Progreso*.

1986: CARRASCAL, ARIÑO Y MAILLO. Carrascal obtiene el "Cavia" por su artículo, publicado en *ABC*, titulado "Cambio, pero menos". "Venían a cambiar España, y lo único que ha cambiado son ellos." España parece, al menos a este viajero, más igual a sí misma que nunca: nerviosa y nervuda, polarizada y polémica, insolidaria e insólita, desorientada y "diferente".

Gaspar Ariño, valenciano, catedrático de Derecho Administrativo en la Universidad de Valencia, es un colaborador habitual en el año 1982 y, desde entonces, es firma habitual en las columnas de *ABC*. Su trabajo "No hay democracia sin jueces independientes" es un editorial publicado en el diario de la calle Serrano y el primer premio periodístico en su carrera. El editorialismo, según Ariño, debe comportar "la virtud o habilidad de explicar verazmente y con sencillez lo que es complicado y trascendente. Escribir superficialmente es fácil, pero no lo es tanto conseguir que un lector medio comprenda igual cuando lo que se le ofrece es un análisis riguroso".

Un veterano de la fotografía como el salmantino Jacinto Maíllo obtenía el "Mingote" por una fotografía publicada en la revista *Época*, imagen impresionante de un atentado y que hubiese sido portada de *ABC* si ese día no hubiera coincidido con la firma del tratado de adhesión de España a la CEE.

1987: SÁENZ GUERRERO, PÉREZ CAMARÉS Y SUMMERS. El que fuera director de *La Vanguardia* muchos años, Horacio Sáenz Guerrero, entra en la galería de los "Cavia" por un artículo publicado en el diario catalán, "Descubrimiento, palabra nefanda".

Un ingeniero industrial dedicado a la crianza y elaboración de vinos, Francisco Pérez Caramés, que colabora en el semanario *Bierzo 7*, hace una llamada de socorro sobre el "Bosque de Teixedo, alarma roja", un paraje muy amado por él, muy transitado, muy pateado.

El trazo, las viñetas, los chistes simples de Manuel Summers forman parte muy importante del paisaje visual de los lectores de *ABC*. Amiración por "Mingote" llega al extremo de cantarle en la radio una coplilla que dice: "Desde niño te admiré / con tus chistes me reí / ya de mayor te copié / y así pude conseguir / entrar en el *ABC*."

1988: ANTONIO BURGOS, PABLO SEBASTIÁN Y BARRIOPEDRO. Burgos escribía en *ABC* un recuadro y un artículo "Habanera gaditana para un Príncipe" como un Carlos Cano de letra impresa y melodía de retina. Sería premiado con el "Cavia". Pablo Sebastián, corresponsal de *ABC* en Bruselas, "Aurora Pavón" como columnista dominical del periódico de Serrano, publica un editorial en *El Independiente* titulado "Fin del aislamiento y principio de la modernidad". Obtendría el "Luca de Tena".

Cerrando este trío, Manuel Pérez Barriopedro, fotógrafo de la agencia *Efe*, autor con Manuel Hernández de León de la imagen de Tejero en el Congreso con la pistola en la mano y que sacó el carrete oculto en uno de los calcetines.

1989: ALBERTI, GARCÍA POSADA Y ESTEBAN. El miércoles 19 de abril de 1989 las columnas abecedarias brotan de metáforas y versos y Alberti las convierte en un mar sereno y, a su vez, en una triste despedida de María Teresa León, "Las nuevas ramas de tu muerte". Premio "Cavia". Junto a este ramillete de jacintos, la prosa clara de García-Posada, premio "Luca de Tena" por "La utilidad del idioma". En esta época, García-Posada estaba muy vinculado al periódico de Serrano como crítico literario, hasta que un día alzó el vuelo de papel camino del "Babelia" de *El País*. Cerraba esta lotería, José Manuel Esteban, que firmaba dibujos en *Los Domingos de ABC*, dirigido entonces por Consuelo de Prat.

1990: UMBRAL, ZABALA Y BERROCAL. Francisco Umbral reconoce en el "Mariano de Cavia" el galardón "más importante que existe en la historia moderna de España". Ahora, la Casa lo corona con el bonete literario, canto sacro y laico, como una letanía de metáforas, a la figura enferma del padre Martín Descalzo. Vicente Zabala "Luca de Tena" con "La sangre de los toreros". Miguel Berrocal, fotógrafo de *ABC* y "Mingote" por la foto de Juan Pablo II en Oviedo, hecha con una sola mano y mucha dosis de suerte, según confesión propia.

1991: NIEVA, HERNANDO Y RIOJA. Habitual firma en "tercera", el autor teatral Francisco Nieva cubre su parte de gloria literaria con el galardón del "Cavia" y su artículo "¡Música, maestro!" denuncia del "estancamiento emocional de la música". Benardino Hernando ingresa en la cofradía anónima del comentario con "Los paréntesis de Felipe González". Emilio Rioja coronaba un sueño de "monos" y viñetas con el "Mingote", chiste publicado en el Diario 16 de Andalucía.

1992: Los premios se otorgaron a Cela, Parada y al fotógrafo Luis Ramírez y están incuidos en la primera parte de los premios.

1993: GIMFERRER, BLANCA BERASÁTEGUI Y TOLSA. Pere Gimferrer obtiene el "Cavia" por un artículo en el que está presente su visión poética de la vida: "Destino, expresión, belleza." El "Luca de Tena" recaía en Blanca Berasátegui, dama cultural de las columnas de *El Cultural*, "Sábado Cultural". Ahora BB escribía un comentario sin firma, "En el laberinto de la soledad", un elogio de este sentimiento creativo.

Armengol Tolsá, "Ermengol" alegra a los lectores de *Segre*, diario ilerdense, y ahora su vida de humor tendrá un antes y un después del "Mingote".

1994: CASALS, JIMÉNEZ LOZANO Y MILLÁN. Habitual firma en esta época en *ABC*, el novelista catalán Pedro Casals se encarama en el "Cavia" con el artículo "Los demás", una reflexión sobre los mecanismos del poder, publicado en *La Nueva España* de Oviedo. Jiménez Lozano se sube al olimpo sin firma del "Luca de Tena" y escribe un comentario en *El Norte de Castilla* de Valladolid, titulado: "El eterno Retablo de las Maravillas." Jiménez Lozano, "la voz mística de Castilla", una pluma frecuente en la "tercera". Ángel Millán, fotógrafo de *Efe*, capta la imagen plañidera de Don Juan Carlos y Doña Sofía en el entierro de Don Juan, en la basílica de El Escorial.

Otros premiados con el "Cavia": Octavio Paz, María Elena Cruz Varela, Vargas Llosa, Arrabal, Juan José Millás; Fernán Gómez y Alfonso Ussía.

Con el premio "Luca de Tena": José Luis Gutiérrez, Faustino F. Álvarez, Juan Tapia, José Antonio Zarzalejos, Ignacio Sánchez Cámara, Antonio Franco e Indro Montanelli y con el premio "Mingote": Tomás Serrano, José María Martínez Barroso, Martinmorales, Jaime García, Antonio Madrigal, Daniel García López y Fernando Puig.

Algunos mensajes breves del Rey, a través de *ABC*

Pendiente de los actos de la Familia Real Española, *ABC* siempre cuida la imagen de los regios inquilinos del palacio de la Zarzuela y, en los desplazamientos regios, ha enviado siempre a un periodista, desde Luis Calvo a Catalina Luca de Tena, pasando por Ismael Fuente Lafuente, Ramón Pedrós, Lorenzo López Sancho, Cortés Cavanillas, Juan Fernando Dorrego, Clara Isabel de Bustos... Ofrezco, muy resumidos, algunos mensajes del Rey en Navidad y la Pascua Militar, también del Príncipe de Asturias.

LOS 80: UNA DÉCADA QUE CAMBIÓ EL MUNDO. En un par de editoriales, recién estrenada la década de los años noventa, *ABC* hace un balance de "los 80: Una década que cambió el mundo". Estos editoriales trazan el panorama de los hechos más importantes ocurridos a lo largo de estos diez años claves en la reciente historia de nuestros días, con momentos tan convulsos como el fallido golpe de Estado del 23 F.

Un Rey marcial saluda a las Fuerzas que le rinden honores a su llegada al Palacio de Oriente, ocupa la portada de *ABC*, en una imagen del fotógrafo Jaime Pato y un titular extraído de su discurso: "La misión de las Fuerzas Armadas es la defensa de la integridad territorial"; y el Rey, en esta Pascua Militar, hace un llamamiento a la disciplina.

El Rey habla de "las innovaciones en las Fuerzas Armadas, se han publicado disposiciones muy importantes y sin duda se ha avanzado en los propósitos de modernización y de adaptación a las circunstancias que los tiempos hacen indispensables".

A LA JUVENTUD: "ES PRECISO SER GENEROSOS Y SOLIDARIOS." Don Juan Carlos vuelve a portada con motivo de la Pascua Militar del recién estrenado año 1991 y foto de Jaime Pato. *ABC* dedica, además, a este acto un editorial e información en páginas interiores. El editorialista hace una historia de la festividad de la Pascua Militar y se refiere a la presencia de marineros españoles en la crisis del Golfo. Como ha dicho en el mensaje navideño, "el Rey glosó el deseo de libertad, impulso de los procesos democratizadores, singularmente en la Europa central y del Este. Aunque Su Majestad advirtió que 'aquellos cambios han de consolidarse todavía durante un complicado y difícil período de adaptación'."

La evocación del valor paradigmático de la transición española permitió a Don Juan Carlos recordar la decisiva contribución militar a dicho proceso: "La sociedad española de hoy debe saber que las Fuerzas Armadas han respaldado con generosidad, con entendimiento, el proceso de la transformación democrática de nuestra nación. Ellas han sido las valedoras de la libertad."

Otro eje del discurso fue el mensaje a la juventud: "Tengo la esperanza de que la juventud, en la que se apoya nuestro futuro, comprenda que es preciso ser generosos y solidarios, porque una sociedad se debilita cuando deja de creer en la defensa de los valores esenciales de la libertad y la independencia, o piensa que estos se logran sin esfuerzo y sin sacrificio." El Rey tuvo un "recuerdo humanizado en la persona del coronel García Lozano, compañero de promoción del Monarca".

AUSENTE EN LA PASCUA MILITAR. Debido a un accidente en la nieve mientras practicaba el esquí, en el que fuera su paisaje invernal suizo de Gestand, Don Juan Carlos no puede asistir a la cita habitual del día 6 de enero de 1992 con sus compañeros de armas. El Rey convalece en la clínica madrileña de Puerta de Hierro. Ante esta ausencia, el Rey entrega su discurso al ministro de Defensa, Julián García Vargas en el que agradece la disciplina y lealtad de las Fuerzas Armadas.

LAS FUERZAS ARMADAS, CLAVES EN EL CAMBIO. Un *ABC*, que cuesta cien pesetas —225 con *Blanco y Negro*—, con sede en la Avenida de América, 124, se hace eco del discurso del Rey en la festividad de la Pascua Militar. "Nunca como en los momentos de desconcierto y de cambio necesitan las sociedades libres la presencia y la seguridad de las Fuerzas Armadas." Don Juan Carlos hizo hincapié durante su alocución también en la necesidad de conseguir "una perfecta integración de los militares en la vida del país".

Junto a estas palabras, un recuadro de doble hilo en el que figuran los dos hombres fuertes de la Casa del Rey, cuyo nombramiento aprobará al día siguiente el Consejo de Ministros. Se trata del jefe de la Casa del Rey, José Fernando de Almansa, y el secretario de la misma, Rafael Spottorno. Después sigue la información del discurso y el Rey "una vez más quiero repetir la necesidad de que los españoles se sientan orgullosos de sus Ejércitos". Don Juan Carlos se muestra satisfecho por los actos del 92, "una muestra de la vitalidad de España, de su capacidad de organización y de su proyección en el mundo".

También tiene palabras de "mi sincera satisfacción y mi agradecimiento profundo por la concesión a mi padre, el Conde de Barcelona, del empleo honorífico de Capitán General de la Armada, con el que se honra a un gran español, que en estos momentos es presa de la enfermedad y al que envío aquí mi respeto, mi admiración y mi cariño".

"LA CORRUPCIÓN EROSIONA LA CONVIVENCIA." En una España atizada por la corrupción, en un primer plano del Monarca aparece su imagen y un pie de foto que se refiere al asunto de la corrupción al que el Rey alude en su mensaje navideño del año 1994. En el interior, el diario de Serrano ofrece una gran información del mensaje y un editorial. El Rey recuerda que la ley es igual para todos y exhorta a corregir los abusos de la corrupción. Para ello, propone firmeza ante los abusos y reflexión sobre sus causas para poder erradicarlos. En sus palabras, Don Juan Carlos insta a compartir su inconmovible confianza en España y su futuro.

FRENO A LA CORRUPCIÓN. Un Rey risueño llena la portada de *ABC* el 26 de diciembre de 1995 con motivo de su cita navideña con los españoles. Título y texto de la portada abordan, brevemente, las preocupaciones de Don Juan Carlos expresadas mediante el mensaje.

"LA DIVERSIDAD DEBE UNIRNOS." Una vez más el Rey vuelve a la portada de *ABC* el 7 de enero de 1994, con motivo de su discurso en el acto de la festividad de la Pascua Militar. Don Juan Carlos, como reza el pie de la portada, manifiesta que "la diversidad que nos enriquece debe unirnos en lugar de separarnos".

En un gran primer plano, el Rey dice que "estamos construyendo una España mejor que nos obliga a superar las tradicionales desuniones" y elogia el patriotismo y la serenidad de las familias de los "cascos azules" que han muerto en Bosnia. *ABC*, como en casi todos estos discursos, expresa su opinión mediante el editorial y una gran "cabecita" de Mampaso ilustra y ameniza la página informativa de tipografía, siempre a tres columnas.

FELICITACIÓN A LOS SOLDADOS ESPAÑOLES EN MISIONES DE PAZ. Ante el atril, y en el Salón del Trono, acompañado por la Reina y el Príncipe, el Rey, como todos los días de la festividad de Reyes, aparece en la portada abecedaria, rodeado de miembros del Gobierno socialista y las Fuerzas Armadas con motivo de la Pascua Militar. Como Capitán General de los Ejércitos, el Monarca felicita a los soldados españoles que desempeñan misiones de paz en Bosnia y otros territorios y agradece a los miembros de las Fuerzas Armadas su lealtad, disciplina y profesionalidad. Asimismo, el Rey se congratula de la plena incorporación de España al sistema internacional de seguridad colectiva.

"LOS EJÉRCITOS, CLAVES EN LOS ESTADOS MODERNOS." Un *ABC* de cuatro columnas, y a cuatro "cols" —columnas— se lee este titular: "El Rey confía en que la evolución económica permita aumentar los presupuestos de Defensa para conseguir una mayor eficacia"; y un sumario que reza: "Los Ejércitos siguen siendo una pieza clave en la organización de los estados modernos." Un primer plano del Monarca, con su pecho cubierto de medallas y las palabras de esta Pascua Militar.

Don Juan Carlos acaba de cumplir sesenta años y la prensa italiana elogia la trayectoria del Monarca. El autor del editorial señala, entre otras cosas, "el reto que tiene ante sí el Ejército español es el desafío de la plena profesionalización, exigida por la inmensa mayoría de los ciudadanos en las urnas, y que obliga a persistir en los esfuerzos presupuestarios ya realizados".

PROFESIONALIZACIÓN DE LAS FUERZAS ARMADAS. Un primer plano del Rey, el Príncipe de Asturias y la Reina en el Salón del Trono, el presidente Aznar, el ministro Mayor Oreja y altos mandos militares asisten a la última Pascua Militar del siglo XX. El Rey destaca la profesionalización de las Fuerzas Armadas. El diario dedica la portada al Rey y al acto. Como en todos estos actos, el ministro del ramo hace un balance del año.

INDIGNACIÓN CON EL TERRORISMO. *ABC* vuelve a llevar a su portada la figura del Monarca en el ambiente íntimo de la Zarzuela. El Rey pronuncia un mensaje en esta Navidad de 1991, en el que manifiesta su indignación por la actitud de los terroristas y tiene un recuerdo para las víctimas del mismo y sus familiares.

El despliegue de *ABC* con esta intervención regia es similar al de otros mensajes: mucha información, texto íntegro del mensaje y el editorial "El discurso del Rey".

BATALLA AL DESEMPLEO. Un gran plano del Rey, con unas cuartillas en sus manos, la boca un poco abierta y las palabras del mensaje navideño de 1993; y una llamada a los españoles para ganar la batalla al desempleo. Como siempre, el diario de Serrano dedica una amplia información al mismo y el periódico quiere expresar su opinión con un editorial titulado "aliento y esperanza".

MISIONES INTERNACIONALES. Con el inicio del milenio, el acto de la Pascua Militar es más restringido por el luto oficial decretado por la muerte de la madre del Rey. Don Juan Carlos transmite a los Ejércitos el "orgullo de los españoles" por sus misiones internacionales, la labor de nuestros Ejércitos en restablecer los derechos humanos y garantizar la estabilidad en Kósovo, así como la tarea desempeñada por la Guardia Civil en operaciones de paz y apuesta por unas Fuerzas Armadas profesionales y más modernas.

DURA ADVERTENCIA A LOS TERRORISTAS. A la portada del 26 de diciembre de 2001 vuelve, como cada año, la figura de Don Juan Carlos y sus palabras. Con un rostro sereno, empañado por la tristeza del infarto cerebral de su hijo político, Jaime de Marichalar. "El Rey considera —reza parte del texto de la portada— que la inmigración es uno de los principales desafíos de España." El diario le dedica la "tercera", "Habla el Rey en Nochebuena...", artículo de Benigno Pendás, profesor de Historia de las Ideas Políticas. En el mismo, el articulista afirma que "el Rey inspira confianza, otra virtud inherente a la autoridad moral". *ABC* dedica un largo texto en el editorial al mensaje, que "no es un acto protocolario sino parte esencial de la acción institucional del Jefe del Estado".

Agradecimiento del Rey a los españoles "y el respaldo prestado por los ciudadanos con motivo del 25 aniversario de su Reinado".

"No ha sido una excepción. Desde la hora, esperanzada e incierta, de su primer mensaje de 1975, Su Majestad ha acertado a convertir sus mensajes de Navidad en verdaderos actos de Estado que pasan revista a los problemas y preocupaciones de los españoles." *ABC* recuerda en su edición de hoy el contenido fundamental de los veintiséis mensajes pronunciados hasta el de anteayer.

En las páginas interiores, *ABC* da el texto íntegro del discurso, tras un resumen del mismo en la página anterior, ilustrada con una fotografía del Monarca y las palabras de condena al terrorismo.

Con motivo de los veinticinco años del Reinado de Don Juan Carlos, el diario ofrece al lector un resumen de los pronunciados por el Rey, bajo el título "La historia de España en un mensaje". "La defensa de la democracia y el rechazo al terrorismo, ejes de los discursos navideños del Rey."

UNIDAD Y ESPERANZA. Un Monarca, en una postura no habitual, ocupa, con motivo de su mensaje navideño de 1979, la portada de *ABC*. En la primera de tipografía el diario de Serrano, en caracteres muy grandes, tras el antetítulo "Integrador mensaje de Navidad", titula a tres columnas: "Llamamiento del Rey al orgullo nacional" y estos dos sumarios: "Tenemos un proyecto de vida en común que se llama España. Ella nos acoge, protege y nos pide nuestra entrega." "Con voluntad seremos capaces de recuperar la terquedad en el triunfo, signo de nuestros mejores siglos."

ABC de 104 páginas, veinte pesetas número, dirigido por Guillermo Luca de Tena. "Como un español más", "mensaje que no dudamos en calificar de trascendente —escribe el editorialista— (...) se desprenden dos temas fundamentales, dos ideas, que son como las columnas que sostienen la entera arquitectura del discurso. La primera es una ardiente incitación a la unidad. La segunda, un generoso aliento a la esperanza".

"*ABC* —finaliza el editorialista— une su más ferviente deseo al empeño patriótico de las palabras del Monarca, este hombre que 'como un español más', sin triunfalismos ni retóricas, llega a nuestros hogares en una fecha solemne, compartiendo nuestro temor y nuestra alegría. Esperemos que 'nuestra gran familia española' sepa agruparse estrechamente al amparo multisecular de la Corona para que, sobre su indestructible unidad, pueda brillar sin nubes la luz de la esperanza."

EL PRÍNCIPE DE ASTURIAS, EN LA PASCUA MILITAR. Días después de su habitual mensaje navideño, Don Juan Carlos celebra la Pascua Militar, con un hecho singular la presencia, por vez primera —1989—, del Príncipe de Asturias, que ha concluido su formación militar. En este sentido, "ha inspirado a Don Juan Carlos emocionadas palabras de Rey y de padre en las que ha expresado su agradecimiento por "el ejemplo que le habéis brindado a su paso por las Academias Militares", academias donde ha aprendido las mejores lecciones de "compañerismo, de la disciplina y del honor", escribe en su editorial *ABC*.

"Como en toda ocasión —señala el editorial—, y la más reciente ha sido el mensaje de Navidad, el discurso del Rey se fundamenta en una valoración correcta de la realidad nacional e internacional en la que nunca los juicios quedan distorsionados por criterios de mera circunstancialidad política. Tiene España, como todos los países democráticos, en palabras del Soberano, 'problemas que todavía no se han resuelto o cuestiones que surgen de la propia creatividad del nuestro. Pero es preferible —afirma el discurso del Rey— un pueblo que tiene problemas, porque es activo, que un pueblo sumido en el quietismo, porque pueda carecer de estímulos o de ilusiones.' Como lógica secuencia de este reconocimiento positivo de la situación real que vive nuestro pueblo, ha reiterado el Rey su doble demanda navideña de concordia y unidad."

"UNÁNIME HOMENAJE DEL CONGRESO AL REY." Lo que había sido una tibieza por parte de la izquierda cuando el Rey alzara el telón de la legislatura y muchos pensaban que la Monarquía no tendría futuro, *ABC* está exultante por la imagen del fotógrafo Naranjo, que recoge el instante en el que los parlamentarios están en pie y tributan una fuerte avación al Rey, interrumpido por "la palabras del presidente de la Cámara cuando éste, en una declaración institucional previa, al comienzo de la sesión, se refirió al decisivo papel de Su Majestad el Rey en la feliz solución de los gravísimos acontecimientos del lunes y el martes, tras el asalto armado del hemiciclo". Volvían los Reyes a portada en el momento de la jura de Calvo-Sotelo, mientras el diario informaba del arresto domiciliario del general Armada en su domicilio.

Impresionante la visión humorística de Mingote en la página editorial, habla de "hacia el futuro sin traumas". El trazo de Mingote sobre la pared de una plaza es de una gran elocuencia: "Con Cánovas éramos más contemporáneos" u observar en otro número al general Gutiérrez Mellado, fumando sentado solo en el hemiciclo y este pie: "Señor delgadito vestido de paisano, a quien los ingenieros frenéticos de la nostalgia llaman displicentemente 'el Guti', que ha sido, qué casualidad, el brillantísimo defensor del honor del Ejército, de la dignidad de España y de la libertad de los españoles (incluida la de quienes pueden seguir llamándole 'el Guti', y allá ellos."

LOS REYES, LA CONSTITUCIÓN Y "LOS CIEN". Los Reyes vuelven a ser portada en su viaje por los Emiratos Árabes, información que cubre, como enviado especial, Juan Fernando Dorrego, jefe de la sección de Internacional. A este viaje real dedica un editorial en el que el editorialista subraya lo que significa "desde una perspectiva estrictamente política, un contacto directo con el tronco de moderación árabe. (...) Nuestros políticos y nuestros empresarios son los que después habrán de tener la palabra".

Además, el diario realiza un despliegue informativo con motivo del Día de la Constitución. Con este motivo, Mingote refleja en la portada del domingo día 6 de diciembre un dibujo primoroso, una torre humana, al estilo catalán, y el último ofrece la portada de la Constitución de 1978. No falta un editorial, "Cómo hacer viva la Constitución".

También refleja el diario de Serrano su inquietud por "El documento de los cien" y se hace eco del mismo en un editorial y "La noble, enérgica y justísima nota que ayer —8 del 12 de 1981— emitió la Junta de Jefes de Estado Mayor sobre el manifiesto que un centenar de oficiales y suboficiales hizo público en la noche del sábado nos eximiría realmente de emitir mayores juicios, ya que en ella se resume y condensa la seria descalificación que nuestro periódico comparte íntegramente sobre tal texto. Si añadimos a ella este editorial es porque la gravedad del hecho exige algunas clarificaciones y porque el honor de la Prensa —que no quiere desmerecer a ningún otro honor— está en juego...".

"No trataremos de magnificar ni generalizar un documento triste. Gestos como éste no nublarán un ápice la alta estima que el Ejército nos merece ni el reconocimiento de su servicio a la democracia querida y elegida por los españoles."

ABC de esta época, Pedro Rodríguez lleva su estilo peculiar a los lectores los domingos en la "Jornada de reflexión". Fuera de la cita dominical, lo hace con la sección titulada "Papeletas". En el Cultural del sábado, Torrente Ballester, que antes escribiera bajo el lema del "Torre del aire", sigue deleitando a los lectores literarios con la sección "Cotufas —en— el golfo".

El diario se anuncia con un "levántese con buenas costumbres. *ABC* es una de ellas. Porque *ABC* le cuenta lo que pasa en nuestro país y en todo el mundo. Empiece el día con *ABC*".

Alférez, Antonio, *Cuarto poder* en *España. La Prensa desde la Ley de Fraga de* 1966, Plaza y Janés, Barcelona, 1986..
Alonso, Elfidio, "Mi testimonio como director de ABC en Madrid (1936-1939)", en *Periodismo y periodistas de la Guerra* Civil, AA.VV Banco Exterior de España, colección Seminarios y Cursos, 1987.
Altabella, José, biografía de Torcuato Luca de Tena y Alvarez Ossorio, en *Enciclopedia Rialp,* tomo XIV; Ediciones Rialp, Madrid, 1984. Altabella conserva un gran archivo, que he consultado, y la amistad con él era un gran vivero de la vida periodística.
Álvarez, Carlos Luis (véase Cándido).

BIBLIOGRAFÍA

Alférez, Antonio, *Cuarto poder* en *España. La Prensa desde la Ley de Fraga de* 1966, Plaza y Janés, Barcelona, 1986..

Alonso, Elfidio, "Mi testimonio como director de ABC en Madrid (1936-1939)", en *Periodismo y periodistas de la Guerra* Civil, AA.VV, Banco Exterior de España, colección Seminarios y Cursos, 1987.

Altabella, José, biografía de Torcuato Luca de Tena y Alvarez Ossorio, en *Enciclopedia Rialp,* tomo XIV; Ediciones Rialp, Madrid, 1984. Altabella conserva un gran archivo, que he consultado, y la amistad con él era un gran vivero de la vida periodística.

Álvarez, Carlos Luis (véase Cándido).

Álvarez Chillida, Gonzalo, en colaboración con Javier Tusell, *Pemán,* Planeta, Barcelona, 1998.

Anson, Luis María, *Defensa del periodismo,* Gráficas Sánchez, Madrid, 1961.

— *Don Juan,* Plaza y Janés, Barcelona, 1994.

Araquistain, Luis, *Las columnas* de *Hércules. Farsa novelesca,* Mundo Latino, Madrid, 1921.

Areilza, José María de, *Cien artículos,* Editorial Revista de Occidente, Madrid, 1971.

— *Crónicas de libertad, 1965-1975*, Plaza y Janés, Barcelona, 1985.

— *A lo largo del siglo,* Planeta, Barcelona, 1992.

Armada, Alfonso, *Al servicio de la Corona,* Planeta, Barcelona, 1983.

Araujo Costa, Luis, *Biografía de La Época*, Madrid, 1946.

Azaña, Manuel, *Diarios 1923-1933, Los cuadernos robados,* Crítica, Barcelona, 1979.

Azorín (Martínez Ruiz, José), *Obras Selectas,* Biblioteca Nueva, Madrid, 1943.

— *Obras Completas,* Aguilar, 1959.

— *Parlamentarismo español,* Editorial Calleja, Madrid, 1916.

Ayala, Fracisco, *Recuerdos y memorias,* Alianza Editorial, 1995, Madrid.

Barrera, Carlos, *Periodismo* y *franquismo.* De *la censura a la apertura,* Ediciones Internacionales Universitarias (EIUNSA), Barcelona, 1995.

— *Historia del periodismo español. Desde sus orígenes hasta* 1975, en colaboración con Sánchez Aranda, Ediciones Universidad de Navarra, Pamplona, 1992.

Bolín, Luis, *Los años vitales,* Espasa Calpe, Madrid, 1967.

— "Rumbo hacia la historia", en *Selecciones del Readers Digest,* enero de 1958, pp. 13-19, 1958.

Brines Lorente, Rafael, "Labor de prensa de Wenceslao Fernández Flórez", *Gaceta de la Prensa Española,* núm. 112, 1957.

Bugallal y Marchesi, José Luis, *Softa Casanova: un siglo de glorias* y *dolores,* Litografía e imprenta Roel, S.A., La Coruña, 1964.

Cabrera, Mercedes, *La industria, la prensa* y *la política, Nicolás Marta de Urgoiti 1869-1951*, Alianza Editorial, Madrid, 1994.

Cacho, Jesús, *El negocio de la libertad,* Foca Ediciones, Madrid, 1999.

Calvo Serer, Rafael, *Franco frente al Rey,* París, 1972.

Camba, Julio, *Obras Completas,* 2 tomos, Plus Ultra, Madrid, 1948.

— *Londres,* Espasa Calpe, Colección Austral, 10.ª ed., Madrid, 1986.

— *Alemania,* Espasa Calpe, Colección Austral, Madrid, 1947.

— *Sus mejores páginas,* Espasa Calpe, Colección Austral, Madrid, 1996.

— *Esto, lo otro* y *lo de* más *allá,* Ediciones Cátedra, Madrid, 1994.

Campmany, Jaime, *El callejón del gato,* Espasa Calpe, Madrid, 1999.

Cándido (Carlos Luis Álvarez), Las *ciento* y *una "Últimas horas" de Cándido,* Índice, Madrid, 1968.

— *Un periodista en la Dictadura,* A. Q, Publicaciones, Madrid, 1976.

— *De ayer a hoy,* Forma, 1978.

— *Memorias prohibidas,* Ediciones B, Barcelona, 1995.

Cansinos-Asséns, Rafael, *La novela de un literato*, tomos 1, 2 y 3, Alianza Editorial, Madrid, 1995.

Casanova, Sofía, *Obras Completas,* Librería Editorial, Madrid, S.A., 1927.

— *La revolución bolchevista,* Biblioteca Nueva, Madrid, 1920.

Cierva, Ricardo de la, *Historia del franquismo* 1939-1945 y 1945-1975, 2 tomos, Planeta, Barcelona, 1975-1978.

Cierva, Juan de la, *Notas de mi vida,* Editorial Reus, S.A., Madrid, 1955.

Cimorra, Eusebio, "Periodismo en Madrid durante la Guerra", en *Periodismo* y *periodistas en la Guerra Civil,* AA. VV; Banco Exterior de España, Colección Seminarios y Cursos, 1987..

Delibes, Miguel, *La censura de Prensa en los años 40 (y otros ensayos),* Ámbito, Valladolid, 1985.

Desvois, Jean Michel, *La prensa en España 1900-1931*, Siglo XXI Editores, Madrid, 1977.

Díaz-Cañabate, Antonio, *Historia de una taberna* (8.ª ed.), Espasa Calpe, Colección Austral, Madrid, 1997. (Mantuve una buena relación con él y le sustituía en la crítica de toros.)

Echeverría Pazos, Rosa María, *Wenceslao Fernández Flórez, su vida y su obra*, Diputación Provincial de La Coruña, 1987.

Espina, Antonio, *El cuarto poder. Cien años de periodismo español*, Aguilar, Madrid, 1960.

Fernández, Carlos, *Wenceslao Fernández Flórez, vida y obra*, Diputación Provincial de La Coruña, 1987.
Fernández Almagro, Melchor con Miguel Maura, *Por qué cayó Alfonso XIII*, Ediciones Ambos Mundos, Madrid, 1948.
Fernández Areal, Manuel, *La libertad de prensa en España*, Cuadernos para el Diálogo, Madrid, 1971.
Fernández Flórez, Wenceslao, *Acotaciones de un oyente*, 2 tomos, Prensa Española, Madrid, 1962.
Fernández de la Mora, Gonzalo, *Río arriba. Memorias*, Planeta, Barcelona, 1995.
Ferrer, Sol, *Vida y obra de Francisco Ferrer Guardia*, Luis de Carat, Barcelona.
Figueres,]osep M., *Historia de l'anticatalanisme. El diari ABC i el seus ho.mes*, Ediciones El Médol, Tarragona, 1997.
Fontanar, Conde de, Archivo, gracias a la generosidad de su hijo Jaime Carvajal y Urquijo.
Fraga Iribarne, Manuel, *Memoria de una vida pública*, Planeta, Barcelona, 1980.
Franco Salgado-Araújo, Francisco, *Mis conversaciones privadas con Franco*, Planeta, Barcelona, 1980.
Fraser, Ronald, *Recuérdalo tú y recuérdalo a otros. Historia oral de la guerra civil española,* 2 tomos, Crítica, Barcelona, 1979. (Aparezco citado en su obra y charlamos largamente.)
Fuentes, Juan Francisco, con Javier Fernández Sebastián, *Historia del periodismo español,* Editorial Síntesis, S.A., Madrid, 1977.
García Alix, Conrado, *La Prensa española ante la II Guerra Mundial,* Editora Nacional, Madrid, 1974.
García Venero, Maximiano, *Torcuato Luca de Tena y Álvarez-Osorio. Una vida al servicio de España,* Prensa Española, Madrid, 1961.
Garriga, Ramón, *Juan March y su tiempo,* Planeta, Barcelona, 1976.
— *La España de Franco,* 2 tomos, G. del Toro, editor, Madrid, 1977.
Gil Robles, José María, *No fue posible la paz,* Ariel, Barcelona, 1968.
— *La Monarquía por la que yo luché,* Taurus, Madrid, 1976.
García Sánchez, Gonzalo (Garcival), *Cármina serrana.* Ripios dedicados a abecedarios. Edición no venal. Almarabú. 1986..
Gómez Aparicio, Pedro, *Historia del periodismo español,* 4 tomos, Editora Nacional, Madrid, 1970, 1971, 1974 y 1981.
Gómez Llompart, Josep Lluís, con Jesús Timoteo Álvarez y otros, *Historia de los medios de comunicación en España,* Ariel, Barcelona, 1989.
Gómez-Santos, Marino, «Mariano Daranas cuenta su vida», serie de ocho artículos, publicados en el diario *Pueblo,* los días 13,14,15,17,18, 19,20 y 21 de julio de 1967.
— *12 hombres de letras,* Editora Nacional, Madrid, 1969-1.
— *Españoles universales,* Cultura Hispánica, Madrid, 1969-2.
González-Ruano, César, *Seis meses con los nazis,* La Nación, Madrid, 1933.
— *Mis cien mejores crónicas,* Biblioteca Nueva, Madrid, 1954.
— *Diario íntimo,* Taurus, Madrid, 1970.
— *Memorias. Mi medio siglo se confiesa a medias,* Fundación Cultural Mapfre Vida, Madrid, 1997-1998..
Gutiérrez-Rave, José, *Artículos famosos,* Prensa Española, Madrid, 1964.
Guzmán, Eduardo de, «Periodistas en Madrid durante la guerra civil. La represión» , en AA. VV, *Periodismo y periodistas en la guerra civil,* Banco Exterior de España, Madrid, 1987.
Herrero, Luis, *El poder popular: ¿Quiénes son, cómo piensan? Los hombres de Aznar,* Temas de Hoy, Madrid, 1996.
Hernández, Abel, *El quinto poder: la Iglesia: de Franco a Felipe*, Temas de Hoy, Madrid, 1995.
Hernández Girbal, F, *A los 97 años , personajes, amigos, recuerdos y añoranzas*, Ediciones Lira, 1999.
Iglesia, Celedonio de la, *La censura por dentro,* Compañía Iberoamericana de Publicaciones, Madrid, 1930.
Iglesias, Francisco, *Historia* de *una empresa periodística, Prensa Española,* Prensa Española, Madrid, 1980.
Insúa, Alberto (seudónimo de Alberto Galt y Escobar), *Memorias,* Editorial Tesoro, Madrid, 1953.
Jiménez Quesada, Mateo, *De Fleming a Marañón, anécdotas de mi archivo*, edición del autor, Madrid, 1972.
Laín Entralgo, Pedro, "Melchor Fernández Almagro", separata del Boletin de la Real Academia Española, tomo XLVI, Cuaderno CLXXV!I, enero-abril de 1966.
López de Zuazo Algar, Antonio, *Catálogo de periodistas españoles* del *Siglo XX,* Madrid, 1981
López Rodó, Laureano, *La larga marcha hacia la monarquía,* Noguer. Barcelona, 1977.
Lorenzo, Pedro de, *Diario* de *la mañana.* Universitas Editorial. Badajoz, 1983
Luca de Tena,]uan 1gnacio, Mis *amigos muertos,* Planeta. Barcelona, 1971.
Luca de Tena y Brunet, Guillermo, El *papel de la prensa en la consolidaci6n de la democracta,* Prensa Española, Madrid. 1980.
Luca de Tena y Brunet, Torcuato, *El Londres* de la *posguerra.* Espasa Calpe, Madrid, 1948.
— *Mrs Thompson, su mundo* y yo, Prensa Española, Madrid, 1952-1.
— *La Prensa ante las masas,* Ateneo, Madrid, 1952-2
— *Los mil y un descubrimientos de América,* Revista de Occidente, 1968.
— *Señor ex ministro,* Planeta, Barcelona. 1976
— *Papeles para la pequeña y la gran historia*, Planeta, Barcelona, 1991.
— *Franco sí, pero...*, Planeta, Barcelona, 1993.
Luis Martín, Francisco de, *El grupo monárquico de ABC en la segunda República española*, 1931-1933, Ediciones Universidad de Salamanca, Salamanca, 1987.
Marías, Julián, *Memorias, 1*, Alianza Editorial, Madrid, 1988.
— *Memorias, II* y *Memorias, III*, Alianza Edilorial, Madrid, 1989.
Marqueríe, Alfredo, *Un mes en el circo*, Taurus Ediciones, Madrid, 1955.

— *El teatro que yo he visto*, Bruguera, Madrid, 1969.
— *Personas y personajes Memorias informales*, Dopesa, Barcelona, 1971.
Martín, Miguel, *Las cuatro vidas de Juan Ignacio Luca de Tena*, Planeta, Barcelona, 1998
Martínez de la Riva, Ramón, *Luca de Tena, la obra magnífica de una poderosa voluntad y una gran inteligencia*, Ediciones Nuestra Raza, Madrid (s.f.).
— *El libro de la vida nacional*, Tipografía Giralda, Madrid, 1920.
Martínez Ruiz, José (véase Azorín).
Martínez Saura, Santos, *Memorias del secretario de Azaña*, Planeta, Barcelona, 1999.
Maura, Miguel, con Melchor Fernández Almagro, *Por qué cayó Alfonso XIII*, Edicíones Ambos Mundos, Madrid, 1948
— *Así cayó Alfonso XIII*, Ariel, Barcelona, 1962.
Maura Gamazo, Gabriel, *Lo que la censura se llevó (1938-1954)*, Fundación Antonio Maura, Madrid, 1988.
Mendaro, Eduardo, *Recuerdos de un periodista a principios de siglo*, Prensa Española, Madrid, 1958.
Mina, María Cruz, "ABC en la preparación ideológica del 18 de julio", tomo 11, España 1931-1939, Servicio Editorial de la Universidad del País Vasco, Bilbao, 1990.
Mingote, Antonio, *Las portadas de ABC*, Editorial Grupo Libro 88, Madrid, 1992.
Muro de Íscar, Francisco, *Víctor de la Serna, compañero*, Fundación Conrado Blanco, Madrid, 1972.
Ortega y Gasset, José, *Obras Completas*, Revista de Occidente, Madrid, 1966.
Ortega y Gasset, Manuel, *El Imparcial Biografía de un gran periódico*, Librería General, 1956.
Ortega Spottorno, José, *Los Ortega*, Taurus, 2002.
Pabón, Jesús, Archivo, gracias a la generosidad de su familia.
Pérez Mateos, Juan Antonio, *Un Rey bajo el sol*, Plaza Janés, Barcelona, 1998.
— *Premios de ABC 1920-1977*, Prensa Española, Madrid, 1977.
— *Premios (los) de ABC: Mariano de Cavia y Luca de Tena*, Prensa Española, Madrid, 1955.
Pujol, Juan, *De Londres a Flandes. Con el Ejército alemán en Bélgica*, 1915.
— *En Galitzia y el Isonzo. Con los ejércitos del general Von Mackensen y del archiduque Eugenio de Austria*, Madrid, 1916.
Ramírez, Pedro J., *Conversaciones con Marta Robles, El mundo en mis manos*, Grijalbo, Barcelona, 1991.
— *Así se ganaron las elecciones de 1977*, Planeta, Barcelona, 1977.
Rocamora, Pedro, *Medio siglo en la colección de ABC. Florilegio de grandes episodios y pequeñas anécdotas*, 1905-1955, Prensa Española, Madrid, 1995.
Romero, Emilio, *Tragicomedia de España*, Planeta, Barcelona, 1985-1.
Stanley G. Payne, *El Régimen de Franco*, Alianza editorial, Madrid, 1987.
Sainz Rodríguez, Pedro, *Un reinado en la sombra*, Planeta, Barcelona, 1981.
Salmador, Víctor, *Don Juan de Borbón. Grandeza y servidumbre del deber*, Planeta, Barcelona, 1976.
Sáiz, María Dolores, con María Cruz Seoane, *Historia del periodismo en España*, vol. 3, Alianza Editorial, Madrid, 1996.
— "Los ABC de Madrid y Sevilla en la primera fase de la Guerra Civil", en AA. VV; *Periodismo y periodistas de la Guerra Civil*, Banco Exterior, Madrid, 1987.
Sánchez Aranda, J. J., con Carlos Barrera, *Historia del periodismo español. Desde sus orígenes hasta 1975*, Ediciones Universidad de Navarra, Pamplona, 1992.
Santos, Félix, *Periodistas*, Temas de Hoy, Madrid, 1995.
Satrústegui, Joaquín, ed., *Cuando la transición se hizo posible*, Tecnos, Madrid, 1993.
— Archivos. Gentileza de su viuda Jorgina.
Sentís, Carlos, *Aproximació al procés de Nuremberg*, Ediciones La Campana, Barcelona, 1995.
Seoane, María Cruz, *Historia del periodismo en España*, tomo 2, Alianza, Editorial, Madrid, 1982.
— *Historia del periodismo en España*, tomo 3, en colaboración con María Dolores Sáiz, Alianza Editorial, Madrid, 1996.
Serna, Víctor de la Serna, *Nuevo viaje de España*. 1955.
— *La ruta de los foramontanos*, Prensa Española, Madrid, 1979.
— *Nuevo viaje de España. La vía del Calatraveño*. Prensa Española, Madrid, 1960.
Setenta años de España a través de ABC. Coleccionable de 75 fascículos, publicado en Los Domingos de ABC, 1975.
Silva Muñoz, Federico, *Memorias políticas*, Planeta, Barcelona, 1993.
Sinova, Justino, *La censura de prensa durante el franquismo*, Espasa Calpe, Madrid, 1989.
Terceras de ABC, Las, libros dedicados a Azorín, Manuel Bueno, Melchor Fernández Almagro, Wenceslao Fernández Flórez, Agustín de Foxá, Ramón Gómez de la Serna, Edgar Neville, José María Salaverría, Rafael Sánchez Mazas..., Prensa Española, Madrid, 1947.
Terrón Montero, Javier, *La prensa de España durante el régimen de Franco*, Centro de Investigaciones Sociológicas, Madrid, 1981.
Thomas, Hugh, *La guerra civil española*, Grijalbo, Barcelona, 1983.
Timoteo Álvarez, Jesús, y otros, *Historia de los medios de comunicación en España*, Ariel, Barcelona, 1989.
Tuñón de Lara, Manuel, *La prensa de los siglos XIX y XX*, Servicio Editorial de la Universidad del País Vasco, 1986.
Tusell, Javier, *Franco, España y la II Guerra Mundial*, Temas de Hoy, Madrid, 1955.
— *Doble diario de la guerra civil*, 80 fascículos, Prensa Española, Madrid,1978.
— *Historia de España*, y AA.VV., Taurus, Madrid, 1998-1-con Gonzalo Álvarez Chillida, Pemán, Planeta, Barcelona, 1998-2.
Utrera, Federico, *Memorias de Colombine, la primera periodista*, H.M.R., Majadahonda, 1998.
Viñas, Ángel, *La Alemania nazi y el 18 de julio*, Alianza Editorial, Madrid, 1974.

ÍNDICE ONOMÁSTICO

ÍNDICE general

PARTE SÉPTIMA
EL VIEJO LEÓN VUELVE A RUGIR (1977-1996)

ABC
HISTORIA ÍNTIMA DEL DIARIO
CIEN AÑOS DE "UN VICIO NACIONAL"

SE TERMINÓ DE IMPRIMIR EN MADRID,
EL 18 DE DICIEMBRE DEL AÑO 2002, DÍA DE
NUESTRA SEÑORA DE LA ESPERANZA
EN GRÁFICAS COFÁS,
ESTANDO LA EDICIÓN AL CUIDADO DEL
EQUIPO EDITORIAL DE
LIBRO-HOBBY-CLUB, S.A.

FINIS CORONAT OPUS